中国报关协会会长作序　十位业内一线专家审稿

报关报检单证实操手册

检验检疫单证篇

孙双进　孙宪　编著

中国海关出版社

图书在版编目（CIP）数据

报关报检单证实操手册·检验检疫单证篇/孙双进，孙宪编著．—北京：中国海关出版社，2013.6
ISBN 978－7－80165－952－1

Ⅰ.①报… Ⅱ.①孙…②孙… Ⅲ.①进出口贸易—海关手续—中国②国境检疫—中国 Ⅳ.①F752.5②R185.3

中国版本图书馆CIP数据核字（2013）第112841号

报关报检单证实操手册·检验检疫单证篇
BAOGUAN BAOJIAN DANZHENG SHICAO SHOUCE·JIANYAN JIANYI DANZHENG PIAN

作　者：	孙双进　孙　宪		
责任编辑：	冯　伟		
助理责编：	黄　阳　陈思诺		
出版发行：	中国海关出版社		
社　　址：	北京市朝阳区东四环南路甲1号	邮政编码：	100023
网　　址：	www.hgcbs.com.cn；www.hgbookvip.com		
编 辑 部：	01065194242－7538（电话）	01065194231（传真）	
发 行 部：	01065194221/4238/4246（电话）	01065194233（传真）	
社办书店：	01065195616（电话）	01065195127（传真）	
	北京市建国门内大街6号海关总署东配楼一层		
印　　刷：	廊坊市晶艺印务有限公司	经　销：	新华书店
开　　本：	889mm×1194mm　1/16		
印　　张：	34.75	字　数：	850千字
版　　次：	2013年6月第1版		
印　　次：	2013年6月第1次印刷		
书　　号：	ISBN 978－7－80165－952－1		
定　　价：	120.00元		

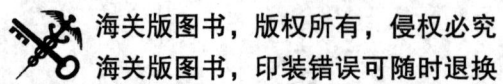

海关版图书，版权所有，侵权必究
海关版图书，印装错误可随时退换

作　者
孙双进　天津海关
孙　宪　天津机场海关

特约审稿
白凤川　中国报关协会
苏君华　天津海关
潘　军　天津海关
王　辉　天津出入境检验检疫局
张益海　天津青源报关行
唐玉霞　深圳市华商联物流报关有限公司
葛基中　上海欣海报关有限公司
郑　捷　广州挚联报关有限公司
李洪运　天津津通报关有限公司
张彦玲　天津财经大学

序

　　进出口货物通关从某种意义上说，也是单证的通关，因为口岸管理部门的主要工作之一就是审核进出口货物收发货人或其代理人所提交的单证是否合法、正确、有效。因此，准确填制相关通关单证并规范申报，对进出口货物收发货人提高通关效率、降低经营成本，以及对国家的对外经贸安全、健康发展有着重要的意义。

　　长期以来，通关单证填制、申报错误一直是影响进出口货物快速通关的主要原因之一。一方面是因为进出口货物通关是一项涉及面广、政策性强、国际化程度高的系统工作，涉及的单证种类繁多、要求各异；另一方面市面上也缺乏系统介绍通关单证的图书，难以满足相关从业人员的学习、使用需求。"报关报检单证实操手册"丛书分《海关单证篇》、《检验检疫单证篇》和《贸易管制单证篇》三册，分别对海关、检验检疫及贸易管制三大领域所涉及的单证进行全面、系统介绍，并附有单证样本供读者参照，填补了这一图书出版领域的空白，具有较高的业务参考价值。

　　孙双进同志长期从事海关、报关协会等方面的工作，潜心研究海关和报关业务，熟悉口岸通关工作，具有较为丰富的专业知识和工作经验，经过多年的钻研、不断的收集和辛勤的编纂，终于使本书付梓。我衷心祝贺"报关报检单证实操手册"丛书的出版，希望本书在进出口货物通关、口岸管理部门监管方面，以及在相关在职、在校人员的学习、工作、培训等方面发挥应有的作用。

中国报关协会会长
2013 年 4 月

前　言

本书所称"检验检疫单证"，是指相关单位或人员办理各类检验检疫事务所使用的相关单据或文件。根据不同用途，可以将检验检疫单证分为通关类单证、备案注册类单证、检疫许可类单证、签发类单证等。

通关类单证，是相关单位或人员办理出入境检验检疫通关手续，以及用于办理海关等口岸通关手续所涉及或使用的各类相关单据或文件。通关类单证主要包括：报检单、通关单、报检委托书等单证。

备案注册类单证，是指相关单位或人员办理出入境检验检疫机构等级备案、注册，以及与检验检疫事务相关的其他各类备案、注册等事务所使用的相关单据或文件。备案注册类单证主要包括：报检人注册单证、检疫场所注册申请单证、特定企业注册申请单证、特定商品备案审核申请单证等单证。

检疫许可类单证，是指相关单位或人员办理进出境货物（尤指动植物类进出境货物）检疫手续所涉及或使用的相关单据或文件。

签发类单证，是指出入境检验检疫机构向签发的对进出境货物实施检验检疫，以及与进出境货物检验检疫相关的其他事务的各类文件。

本书收集、整理了由国家出入境检验检疫主管机构统一规定、在全国范围内统一使用、统一格式的各类常用检验检疫单证，进行详细介绍，并客观归纳和总结了单证应用及办理相关事务的须知和注意事项。

各章基本分为4部分内容：一是简要介绍该章单证的基本定义、主管部门、主要作用、适用范围等内容；二是介绍该章单证的单证项目设置及填制；三是介绍与该章单证相关的须知及注意事项；四是附录，展示各种单证的单证样本。

本书单证收集比较全面，实用性较强，既可作为报关、报检、进出口企业单证作业人员的操作手册，也可作为相关政府主管部门管理人员的查询工具书，还可作为涉及单证相关工作的行业协会、院校、企业、单位的培训教材。

由于作者水平有限，错漏之处，敬请读者指正。

作　者

2013年4月

目 录

第一章　报检委托书 1
　　第一节　概述 1
　　第二节　报检委托书项目设置及填制 2
　　第三节　报检委托书须知及注意事项 4

第二章　出入境货物报检单据 6
　　第一节　概述 6
　　第二节　报检单据项目设置及填制 7
　　第三节　报检单据须知及相关注意事项 18

第三章　出入境货物通关单 25
　　第一节　概述 25
　　第二节　出入境货物通关单项目设置及填制 27
　　第三节　出入境货物通关单须知与注意事项 32

第四章　出入境检验检疫及卫生证书 44
　　第一节　概述 44
　　第二节　出入境检验检疫证书项目设置 45
　　第三节　出入境检验检疫证书须知及注意事项 51

第五章　进境动植物检疫许可单证 65
　　第一节　概述 65
　　第二节　进境动植物检疫许可单证项目设置及填制 66
　　第三节　进境动植物检疫须知及注意事项 72

第六章　出入境动植物检验检疫证书 80
　　第一节　概述 80
　　第二节　出入境动植物检验检疫证书项目设置及填制 80
　　第三节　出入境动植物检验检疫须知及注意事项 88

第七章　出入境检验检疫兽医卫生证书 98
　　第一节　概述 98
　　第二节　兽医卫生证书项目设置及填制 98
　　第三节　兽医卫生证书须知及注意事项 110

第八章　包装容器类检验检疫单证 ······ 124
　第一节　概述 ······ 124
　第二节　包装容器类检验检疫单证项目设置及填制 ······ 126
　第三节　包装容器类检验检疫须知及注意事项 ······ 134

第九章　出入境运输工具检验检疫单证 ······ 147
　第一节　概述 ······ 147
　第二节　出入境运输工具检验检疫单证项目设置及填制 ······ 149
　第三节　出入境运输工具检验检疫须知及注意事项 ······ 161

第十章　出入境检验检疫其他单证 ······ 179
　第一节　进口机动车辆检验检疫单证 ······ 179
　第二节　尸体/棺柩/骸骨/骨灰入/出境许可证 ······ 182
　第三节　出入境检验检疫熏蒸/消毒证书 ······ 189
　第四节　放射监测/处理报告单 ······ 194
　第五节　出入境特殊物品卫生检疫审批单 ······ 197
　第六节　出入境检验检疫处理通知书 ······ 203
　第七节　出入境检验检疫啤酒花证书 ······ 205
　第八节　其他出入境货物相关检验检疫单证 ······ 208

第十一章　蚕丝类品质及公量证书 ······ 235
　第一节　概述 ······ 235
　第二节　蚕丝品质及公量证书项目设置及填制 ······ 236
　第三节　蚕丝品质及公量证书填制须知及注意事项 ······ 246

第十二章　特定商品备案申请与审核单证 ······ 255
　第一节　概述 ······ 255
　第二节　进口涂料备案申请、受理通知、备案书 ······ 257
　第三节　进出口化妆品标签审核申请书 ······ 262
　第四节　进/出口食品标签审核申请书 ······ 266
　第五节　强制认证证书 ······ 271
　第六节　进出口电池产品备案申请表及备案书 ······ 277

第十三章　检疫场所注册申请单证 ······ 296
　第一节　概述 ······ 296
　第二节　活牛育肥场/中转仓注册申请表 ······ 297
　第三节　活羊中转场注册申请表 ······ 302
　第四节　活猪饲养场注册申请表 ······ 307
　第五节　活禽饲养场注册申请表 ······ 312
　第六节　观赏鱼饲养场/中转包装场申请表 ······ 318
　第七节　动物临时隔离场许可证申请表 ······ 323

第十四章　特定企业注册申请单证 …… 348
第一节　概述 …… 348
第二节　出口食品生产企业卫生注册/登记申请书 …… 349
第三节　动物饲料企业备案申请表 …… 357
第四节　出口烟花爆竹生产企业声明 …… 362
第五节　出口打火机、点火枪类商品生产企业声明 …… 364

第十五章　国境口岸相关行业卫生许可证 …… 378
第一节　概述 …… 378
第二节　进境动植物检疫单证项目设置及填制 …… 379
第三节　出入境口岸餐饮、存储、服务业类许可须知及注意事项 …… 392

第十六章　报检人注册登记单证 …… 415
第一节　概述 …… 415
第二节　报检人注册登记单证项目设置及填制 …… 417
第三节　报检员须知及注意事项 …… 424
第四节　代理报检单位须知及注意事项 …… 426

第十七章　原产地证书 …… 438
第一节　概述 …… 438
第二节　原产地证书项目设置及填制 …… 441
第三节　原产地证书的审核 …… 451
第四节　原产地证书的申领 …… 453
第五节　原产地证书须知及注意事项 …… 456

第一章 报检委托书

第一节 概述

一、基本定义

报检委托书是指进出口货物的收发货人或其代理人、出口货物生产企业或对外贸易关系人与代理报检人之间达成的代理报检协议，是规范代理报检行为，明确代理责任，保证出入境货物及时检验检疫的有效措施，是代理报检人受委托人的委托从事代理报检行为，明确代理报检人和委托人双方各自法律责任与义务，并各自承担相应的法律责任与义务的一种法律委托文书。

二、主管部门

国家质量监督检验检疫总局（以下简称国家质检总局）。

三、主要作用

（一）法律作用

从法律层面讲，进出口货物收发货人或其代理人委托代理报检单位办理进出口货物的报检手续，应当具备具有法律效力的授权。报检单位接受进出口货物收发货人的委托，以报检单位名义办理报检手续的，应当承担与收发货人相同的法律责任。

委托人委托报检单位办理报检手续的，应当向报检单位提供所委托报检事项的真实情况。报检单位接受委托人委托办理报检手续的，应当对委托人所提供情况的真实性进行合理审查。

（二）合同作用

报检委托书基本具备合同的主要要素，属于委托双方的委托合同书，通过这份合同可以明确委托方与被委托的报检单位之间的责任与义务，得到法律的确认和保护。

（三）规范作用

报检委托书从某种意义上讲，起到了规范作用，主要体现在：规范了报检委托书格式，使之符合相关法律法规的基本要求，使委托双方的法律地位和相互责任与义务更加明确；规范了报检委托书的内容，使委托方提供的进出口货物情况更加清楚；规范了作业程序，使委托双方的委托程序规范化，具体委托手续更具操作性，使委托双方在委托业务环节实现对报检单据的初步合理审查得到了相应保证。

（四）自律作用

自律作用主要指两个方面：一是委托方的自律，作为委托方的进出口货物收发货人或其代理人可以通过签署委托书实现一定程度上的自律；二是被委托的报检单位的自律。

（五）强化督管理作用

报检委托书进一步强化了出入境检验检疫机构对进出口货物的有效监督管理。报检委托书使进出口货物收发货人、委托报检单位之间明确了法律责任，提高了进出口货物收发货人和报检单位的检验检疫法律意识，从而提高了申请办理出入境报检手续的申报质量，有效提高了出入境检验检疫机构对进出口货物的有效监管。

四、适用范围

1. 进出口货物收发货人，以及进出口货物收发货人的代理人；

2. 出境货物的生产企业、对外贸易的关系人，以及与出入境检验检疫相关的企事业单位；
3. 专业代理报检人，即专业代理报检单位。

第二节　报检委托书项目设置及填制

报检委托书由委托人声明、进出口货物基本情况、委托事项、签字（章）栏和有效期限等5个部分组成（见本章附件1-1），具体如下。

一、委托人声明

（一）报送部门

本栏目由委托方在"＿＿＿＿＿＿出入境检验检疫局"中填写委托书的报送部门名称。填写时，应填写委托书项下的进口（出口）货物所要申请办理检疫检验手续的检验检疫机构全称。

例1：该批进口货物需向天津出入境检验检疫局申请办理检疫检验手续，则本栏应填写"天津出入境检验检疫局"；

例2：该批出口货物需向上海出入境检验检疫局申请办理检疫检验手续，则本栏应填写"上海出入境检验检疫局"。

（二）委托人声明内容

本栏目为委托人的声明内容，具体已统一印制在委托书中，委托人无需自行填写，只要委托人在本委托书上加盖本单位印章，本声明内容即生效。委托人的具体声明内容如下：

"本委托人郑重声明，保证遵守出入境法律、法规的规定。如有违法行为，自愿接受检验检疫的处罚并负法律责任。"

二、进出口货物基本情况

（一）提交单据

本栏目由本委托书的受委托人向其所申请办理报检手续的检验检疫机构表明受托提交相关报检单据。所述内容均已统一印制在委托书中，无需受托人自行填写，其具体内容如下：

"本委托受委托人向检验检疫机构提交'报检申请单'和各种随附单据。具体委托情况如下。"

（二）货物进出日期

本栏目为便于委托人和受托人填写，采用了选择填空方式，委托人或受托人填写时，只需在年和月前的横杠处填入进出口货物的进境或出境的年份和月份即可，并根据进出口货物的实际情况选择在"进口"或"出口"处划"√"。应当特别注意的是，本栏目所填写的时间应当以该批货物将要实际进口或出口的时间为准，一般采用载运该批进（出）口货物运输工具（船舶、飞机、火车、汽车等）实际入（离）境日期。本栏目的具体表达形式如下：

"本单位将于＿＿＿年＿＿月间进口/出口如下货物。"

（三）货物基本情况

1. 品名

本栏目填写本委托书的进境或出境货物的名称。应当填写实际进口（出口）货物的准确商业名称全称。

2. HS编码

本栏目填写本委托书的进境或出境货物的海关HS编码。

3. 数（重）量

本栏目填写本委托书的进境或出境货物的数量与重量。应当填写该批实际进口（或出口）货物的准确数量和重量。

4. 合同号

本栏目填写本委托书的进境或出境货物的合同编号。

5. 信用证

本栏目填写本委托书的进境或出境货物的信用证编号。

6. 审批文号

本栏目填写本委托书的进境或出境货物的相关审批文件编号。应当填写允许该批实际进口（或出口）货物相关的许可证件编号，如该批进（出）口货物不需要审批文件或许可证件，则此栏目可不填写。

7. 其他特殊要求

本栏目填写本委托书的进境或出境货物的其他特殊要求。如果对此批进（出）口货物有特殊要求，按照需要的特殊要求如实填写。否则，此栏目可不填写。

三、委托事项

（一）受委托人名称

本栏目具体注明委托单位的名称和代理报检单位的注册登记编号。填写时应当填写委托方所委托的代理报检单位的全称，同时必须填写该代理报检单位在检验检疫机构注册登记的编号。本栏目的具体表达形式如下：

"特委托 _____（单位/注册登记号），代表本公司办理下列出入境检验检疫事宜。"

（二）委托代办事项

本栏目填写本委托书委托人委托被委托人所承办的相关事项。本委托书已将5项委托事项统一印制在委托书中，该5项代办事项为选择项目，选择时应当根据实际情况在对应选项前的"□"中划"√"。

报检委托书中代办的出入境检验检疫的5项委托事项具体如下：

1. 办理代理报检手续；
2. 代缴检验检疫费；
3. 负责与检验检疫机构联系和验货；
4. 领取检验检疫证单；
5. 其他与报检有关的相关事宜。

四、签章栏

（一）委托人签章

本栏目由本委托书的委托人对本委托书确认后，加盖本单位印章，并注明具体日期。委托人一旦在本栏目加盖本单位印章，则表明委托人已经对本委托书中的各项内容确认无误，并承担相应的权利、义务与责任。

（二）受委托人签章

本栏目由本委托书的受委托人对本委托书确认后，加盖本单位印章，并注明具体日期。受委托人一旦在本栏目加盖本单位印章，则表明受委托人已经对本委托书中的各项内容确认无误，并承担相应的权利、义务与责任。

五、有效期限

本栏目填写本委托书的有效期限，一般应当根据委托方和接受委托的代理报检单位双方商定、确认的有效日期填写。本栏目在委托书中的具体表现形式如下：

"本委托书有效期至 ____年____月____日。"

第三节　报检委托书须知及注意事项

一、报检委托书的获取

报检委托书格式由出入境检验检疫机构制定并统一印制，进出口货物收发货人或其代理人、出境货物生产企业、对外贸易关系人或代理报检人可向各地方出入境检验检疫机构索取。

二、报检委托书的填制与使用

1. 一般情况下报检委托书应当由报检的委托方负责填写。如果代理报检单位能提供优质的代理报检服务，也可由代理报检单位（受委托方）代为填写，代理报检单位必须按照规定如实填写，并经委托方确认。

2. 报检委托书需加盖委托单位公章和接受委托的代理报检单位公章方可生效。

3. 报检委托书实行一批一办，一批一附。

4. 代理报检单位在向出入境检验检疫机构办理货物出入境检验检疫手续时，必须向出入境检验检疫机构递交报检委托书的正本。

5. 代理报检单位在向出入境检验检疫机构办理报检手续时，不能向出入境检验检疫机构提交报检委托书的，出入境检验检疫机构一律不予受理报检业务。

三、代理报检须知

1. 进口货物的收货人可以在报关地和收货地委托代理报检单位报检；出口货物的发货人可以在产地和报关地委托代理报检单位报检。

2. 接受委托的代理报检单位应当完成下列代理报检事项：
（1）办理报检手续；
（2）缴纳检验检疫费；
（3）联系配合检验检疫机构实施检验检疫；
（4）领取检验检疫单证和通关证明；
（5）其他与检验检疫工作相关的事项。

3. 代理报检单位接受发货人的委托，应当遵守法律法规对发货人的各项规定。代理报检单位在报检时应当向检验检疫机构提交报检委托书。

4. 代理报检单位应当按照检验检疫机构的要求，负责落实检验检疫场地、时间等有关事宜。

5. 代理报检单位应当按照规定代委托人缴纳检验检疫费，不得借检验检疫机构名义向委托人收取额外费用。

6. 代理报检单位应当将向检验检疫机构的缴费情况以书面形式如实通知委托人，检验检疫机构对此可随时进行抽查、核实。代理报检单位应当严格按照有关规定向委托人收取代理报检中介服务费。

7. 代理报检单位应当按照相关规定规范报检员的报检行为，并对报检员的报检行为承担法律责任。

8. 代理报检单位对实施代理报检中所涉及的商业秘密负有保密义务。

9. 代理报检单位可以以电子方式向检验检疫机构进行申报。

附件1-1：报检委托书样本

报 检 委 托 书

_____出入境检验检疫局：

本委托人郑重声明，保证遵守出入境检验检疫法律、法规的规定。如有违法行为，自愿接受检验检疫机构的处罚并负法律责任。

本委托受委托人向检验检疫机构提交"报检申请单"和各种随附单据。具体委托情况如下：

本单位将于____年____月间进口/出口如下货物：

品名		HS编码	
数（重）量		合同号	
信用证号		审批文号	
其他特殊要求			

特委托_____（单位/注册登记号），代表本公司办理下列出入境检验检疫事宜：

☐1. 办理代理报检手续；
☐2. 代缴检验检疫费；
☐3. 负责与检验检疫机构联系和验货；
☐4. 领取检验检疫证单；
☐5. 其他与报检有关的相关事宜。

请贵局按有关法律法规规定予以办理。

委托人（公章）　　　　　　　　　受委托人（公章）

　　年　月　日　　　　　　　　　年　月　日

本委托书有效期至_____年_____月_____日。

第二章 出入境货物报检单据

第一节 概述

一、基本定义

出入境货物报检单据,是指国家出入境检验检疫机构根据检验检疫、鉴定工作的需要,为保证检验检疫工作规范化而编制的用于进出口货物收发货人或其代理人向检验检疫机构申请办理报检手续的专用申请文件。

所谓"报检",是指进出口货物收发货人或其代理人,以及有关出入境当事人根据有关法律、行政法规的规定、对外贸易合同的约定或证明履约的需要,向检验检疫机构申请检验检疫、鉴定以获准出入境,获取销售使用的合法凭证及某种公证证明所必须履行的法定义务、程序与手续。

二、主管部门

国家质检总局。

三、主要作用

1. 进出口货物收发货人或其代理人及有关出入境当事人向检验检疫机构申请办理入出境货物、物品检验检疫手续的主要依据。
2. 检验检疫机构对出入境货物、物品启动和实施检验检疫的主要依据。
3. 检验检疫机构对应当实施检验检疫的出入境货物、物品实施有效监督管理的重要措施。

四、适用范围

1. 进出口货物收发货人或其代理人及有关出入境当事人。
2. 国家法律规定应当实施检验检疫的出入境货物、物品。
3. 国际贸易合同约定或证明履约的需要,实施检验检疫的出入境货物、物品。
4. 国际贸易中需要检验检疫机构检验检疫、鉴定以获准出入境,获取销售使用的合法凭证及某种公证证明的出入境货物、物品。

五、报检单据的种类及格式

(一)报检单据的种类

报检单根据报检的内容、用途,主要分为以下几种:

1. 中华人民共和国出入境检验检疫入境货物报检单(以下简称入境货物报检单);
2. 中华人民共和国出入境检验检疫出境货物报检单(以下简称出境货物报检单);
3. 中华人民共和国出入境检验检疫出境货物运输包装检验申请单(以下简称出境货物运输包装检验申请单);
4. 出境危险货物包装容器性能检验报检单;
5. 出口危险货物包装容器使用鉴定报检单;
6. 出口预检货物报检单;
7. 中华人民共和国出入境检验检疫出/入境集装箱报检单(以下简称出/入境集装箱报检单);
8. 中华人民共和国出入境检验检疫更改申请单(以下简称检验检疫更改申请单)。

（二）报检单据的格式及内容

报检单据的格式与内容由出入境检验检疫机构制定，并提供给报检人填写。这样做不仅方便了报检人，同时有利于保证申请单栏目内容符合检验检疫、鉴定工作等各方面的需要；有利于检验检疫工作规范化、程序化；有利于保障检验检疫工作的合法性和报检工作的质量，使整个检验检疫工作顺利开展。

报检单作为报检与受理报检的合法书面凭证，必须符合一定的法律规范，每份报检单中必须列明申请单位及其法定地址、联系人，并盖有申请单位公章，同时应有报检人照章报检检验、鉴定的意愿声明。如"本人被授权报检"，"本报检人填具的本报检单所列的内容正确无误，货物无伪造或冒用他人的厂名、标志、认证标志，并承担货物质量责任"，以明确报检人的责任。

报检单据中应列明出入境货物、物品的发货人和收货人，以表明货物的所有权和经营权的合法性；并明示检验检疫对象、检验检疫项目、检验依据、报检时间、签证要求、批次唛头、所执行合同/信用证号、贸易国别及运输方式等，同时还应列明报检商品的数/重量、要求计量的方法、货物存放地点等内容。

第二节　报检单据项目设置及填制

一、入境货物报检单项目设置及填制

入境货物报检单（见本章附件2-1）应当认真填写，相关内容应按合同、国外发票、提单、运单上的内容填写。要求填写完整、无漏项，字迹清楚，不得涂改，且中英文内容一致，并加盖申请单位公章。报检日期由报检人在报检时填写，与出入境检验检疫机构受理报检时间相一致。

本单据由申请单位基本情况栏、收发货人基本情况栏、入境货物基本情况栏、随附单据栏、报检人声明栏、检验检疫机构专用栏、单证领取栏等部分组成，其各栏目的项目设置及填制要求如下：

（一）申请单位基本情况栏

1. 编号

本项目填写本报检单的编号，一般由受理报检单的检验检疫机构负责编制。报检单编号通常由15位数字组成，前6位为检验检疫局机关代码，第7位为报检类别代码，第8、9位为年代码，第10至15位为流水号。

2. 报检单位（加盖公章）

本项目由本报检单的申请人填写报检单位名称，并加盖报检单位的公章。本"报检单位"一般为进口货物的收货人或其代理人，也可以是专业的报检企业。

3. 报检单位登记号

本项目填报报检单位的登记号，指报检单位向检验检疫机构办理登记备案手续时，检验检疫机构授予报检单位的登记号码。

4. 联系人及电话

本项目填报报检单位经办人员的姓名及联系电话。

5. 报检日期

本项目填报报检日期，指检验检疫机构实际受理报检的日期。

（二）收发货人基本情况栏

1. 收货人

本项目填报本报检单报检进口货物的收货人，通常指外贸合同中的收货人，应当同时使用中外文两种文字填写。

此外，报检人还应当在本项目中填报收货人的企业性质。本项目为选项填报方式，报检人只需在所列的"合资"、"合作"和"外资"3个选项前的"□"中划"√"即可。

2. 发货人

本项目填报本报检单报检出口货物的发货人，通常指外贸合同中的发货人，应当同时使用中英文两种文字填写。

(三) 入境货物基本情况栏

1. 货物名称（中/外文）

本项目填报进口货物的商品名称，应当与其进口合同、发票所列名称相一致。如果进口货物属于废旧货物，还应当予以注明。此外，本项目应当同时使用中英文两种文字填写。

2. HS 编码

本项目填报进口货物的海关 HS 编码，应当以现行商品税则编码分类为准。

3. 原产国（地区）

本项目填报进口货物的原产国家或地区的名称。

4. 数/重量

本项目填报进口货物的数量和重量，应当填报商品编码分类中的标准数量和重量，并注明数量和重量的计量单位。

5. 货物总值

本项目填报进口货物的总价值及币种，应当与合同、发票及报关单上所列的货物总值及币种相一致。

6. 包装种类及数量

本项目填报进口货物实际运输包装的种类及数量，如果是木质包装还应注明包装的材质、尺寸。

7. 运输工具名称号码

本项目填报载运进口货物运输工具的名称和号码。

8. 合同号

本项目填报进口货物的国际贸易合同编号，可以为国际贸易合同、订单或形式发票的号码。

9. 贸易方式

本项目填报进口货物的贸易方式。

10. 贸易国别（地区）

本项目填报进口货物的贸易国别（或地区）名称。

11. 提单/运单号

本项目填报进口货物的提单或运单编号，一般是指海运提单、空运单、铁路运单及其他相关运输工具的运单编号。如果有二程提（运）单的，还应当同时填写二程提（运）单的编号。

12. 到货日期

本项目填报进口货物到达口岸的日期。一般应当按照入境货物到货通知单所列卸毕日填写。

13. 起运国家（地区）

本项目填报进口货物的起运国家或地区名称。

14. 许可证/审批号

本项目填报与本报检单相关进口货物的许可证件或相关审批文件的编号，指根据国家相关法律、法规的规定，需要办理进口许可证件或审批的进口货物应当填写相关许可证件或批准文件的编号。如果进口货物不需要进口许可证件或相关审批文件，则本栏目可以为空。

15. 卸毕日期

本项目填报进口货物在口岸的卸毕日期，一般应当按照入境货物到货通知单所列卸毕日期填写。

16. 起运口岸

本项目填报进口货物的起运口岸名称。

17. 入境口岸

本项目填报进口货物的入境口岸名称。

18. 索赔有效期限

本项目填报进口货物在国际贸易合同中所规定的索赔期限。

19. 经停口岸

本项目填报进口货物在运输中曾经停靠的外国口岸名称。

20. 目的地

本项目填报进口货物的境内目的地名称。

21. 集装箱规格、数量及号码

本项目填报装运进口货物的集装箱规格、集装箱数量及集装箱的号码。如果进口货物未使用集装箱装运，则本项目无需填报，可以为空。

22. 合同订立的特殊条款以及其他要求

本项目填报在国际贸易合同中订立的有关检验检疫方面的特殊条款，以及其他相关要求。如果在国际贸易合同中对于检验检疫及其他方面没有特殊条款，或未作特殊要求的，则本项目可以为空。

23. 货物存放地点

本项目填报进口货物的实际存放地点。

24. 用途

本项目填报进口货物的具体用途。报检人可根据进口货物的实际用途进行填报，一般进口货物的常见用途包括：种用或繁殖、食用、奶用、观赏或演艺、伴侣动物、试验、药用、饲用、其他。

25. 标记及号码

本项目填报进口货物的运输标记号码。本"标记及号码"又称为"唛头"，填报时应当与合同、发票、运单等相关单据一致。如没有标记号码的，则应当填写"N/M"。

（四）随附单据栏

本栏目为选择填报方式，报检人只需在本栏目中所列具体单证名称前的"□"中划"√"即可。本栏目为多项选择填报，报检人可根据随附单证的实际情况进行填报。如果随附单证未在本栏所列单证名称中，报检人可在本栏目的空格处自行补填。

本栏目所列单证主要有：合同、发票、提/运单、兽医卫生证书、植物检疫证书、动物检疫证书、卫生证书、原产地证、许可/审批文件、到货通知、装箱单、质保书、理货清单、磅码单、验收报告等。

（五）检验检疫机构专用栏

1. 外商投资财产

本项目由检验检疫机构报检受理人员签注本报检单所列进口货物是否属于外商投资财产。报检受理人员在本项目中的"是"与"否"前的"□"中选择其中一项划"√"即可。

2. 检验检疫费

本项目注明办理本报检单所列进口货物的检疫检验手续所需费用情况，由检验检疫机构计费人员核定后填写。

（六）报检人声明栏

本栏目由报检人向检疫检验机构对本报检单所填报内容作出承诺，并承担相应的法律责任。具体声明内容已统一印制在本栏目中，报检人无需自行填写，只需在本栏目的签名处签字即可。报检人一旦签字，则表明报检人对本报检单承担相应的责任。本栏目印制的报检人声明内容为：

"1. 本人被授权报检；2. 上列填写内容正确属实。"

（七）单证领取栏

本栏目主要用于报检人领取检疫检验机构出具的有关检验检疫证单时签字、领取之用。报检人在领取检疫检验机构出具的有关检验检疫证单时，应当在本栏中签署领取人姓名、日期。

二、出境货物报检单项目设置及填制

出境货物报检单（见本章附件 2-2）应当认真填写，所列各项必须完整、准确、清晰、不得涂改，且中英文内容一致，并加盖申请单位公章。报检日期由报检人在报检时填写，与出入境检验检疫机构受理报检时间一致。

本报检单由申请单位基本情况栏、收发货人基本情况栏、出境货物基本情况栏、随附单据栏、需要单据栏、报检人声明栏、检验检疫机构专用栏、领取证单栏等部分组成，其各栏目的项目设置及填制要求如下。

（一）申请单位基本情况栏

1. 报检单位（加盖公章）

本项目填报本报检单位的名称，并加盖报检单位的公章。本"报检单位"一般是指出口货物的发货人或其代理人，同时也可以是专业报检企业。

2. 编号

本项目填报本报检单的编号，一般由受理报检单的检验检疫机构负责编制。报检单的编号通常由 15 位数字组成，前 6 位为检验检疫局机关代码，第 7 位为报检类别代码，第 8、9 位为年代码，第 10 至 15 位为流水号。

3. 报检单位登记号

本项目填报报检单位的登记编号，指报检单位向检验检疫机构办理登记备案手续时，检验检疫机构授予报检单位的登记号码。

4. 联系人

本项目填报报检单位的联系人姓名，一般是指负责办理本报检单的经办人员。

5. 电话

本项目填报报检单位联系人的电话号码，一般填报负责办理本报检单经办人员的电话号码。

6. 报检日期

本项目填写填报本报检单的日期，一般是指检验检疫机构实际受理报检的日期。

（二）收发货人基本情况栏

1. 发货人

本项目填报本报检单报检出口货物的发货人名称，应当同时使用中外文两种文字填写。该发货人通常应当按照合同、信用证中所列卖方名称填写。

2. 收货人

本项目填报本报检单报检出口货物的收货人名称，应当同时使用中外文两种文字填写。该收货人通常应当按照合同、信用证中所列买方名称填写。

（三）出境货物基本情况栏

1. 货物名称（中/外文）

本项目填报本报检单出口货物的商品名称，应当同时使用中外文两种文字填写。该商品名称一般应当与出口合同、信用证上所列名称及规格相一致。

2. H.S. 编码

本项目填报本报检单出口货物的海关 HS 编码，应当以现行商品税则编码分类为准。

3. 产地

本项目填报本报检单出口货物的产地名称，应当填报生产出口货物的省、市、县名称。

4. 数/重量

本项目填报本报检单出口货物的数量和重量，应当按照出口货物的实际申请的检验检疫数量和重

量填写。其中重量还应当分别填写净重及皮重（毛重）。

5. 货物总值

本项目填报本报检单出口货物的总价值及币种，应当按照合同或发票所列货物总值和币种填写。

6. 包装种类及数量

本项目填报本报检单出口货物的包装种类及数量，应当填报出口货物的实际运输包装材料的种类及实际运输包装的件数。

7. 运输工具名称号码

本项目填报载运本报检单出口货物的运输工具的名称和号码。

8. 贸易方式

本项目填报本报检单出口货物的贸易方式。

9. 货物存放地点

本项目填报本报检单出口货物的实际存放地点、厂库。

10. 合同号

本项目填报本报检单出口货物的国际贸易合同编号，应当根据对外贸易合同填写，填写订单或形式发票的号码。

11. 信用证号

本项目填报本报检单出口货物的信用证编号。

12. 用途

本项目填报本报检单出口货物的具体用途。

13. 发货日期

本项目填报本报检单出口货物的实际发货日期。

14. 输往国家（地区）

本项目填报本报检单出口货物的输往国家或地区的名称，指出口货物的最终销售国家或地区。

15. 许可证/审批号

本项目填报本报检单出口货物的许可证件编号或相关审批文件的编号。根据国家相关法律、法规的规定，需要办理出口许可证件或审批的出口货物应当填写相关许可证件或批准文件的编号。如果本报检单所列出口货物不需要出口许可证件或相关审批文件，则本栏目可以为空。

16. 起运地

本项目填报本报检单出口货物的起运地，指出口货物最后离境的口岸及所在地。

17. 到达口岸

本项目填报本报检单出口货物的到达口岸，指本报检单所列出口货物的入境口岸名称。

18. 生产单位注册号

本项目填报本报检单出口货物的生产单位注册号，指出入境检验检疫机构签发的卫生注册证书号、加工厂库注册号码或者"3C"认证编号。

19. 集装箱规格、数量及号码

本项目填报本报检单出口货物的集装箱规格、集装箱数量及集装箱号码。本报检单所列出口货物如果以集装箱运输，则本项目应当填写集装箱的规格、集装箱数量及集装箱号码；如果进口货物未使用集装箱装运，则本项目无需填报，可以为空。

20. 合同、信用证订立的检疫检验条款或特殊要求

本项目填报本报检单出口货物的合同、信用证订立的检疫检验条款或特殊要求。如果在出口货物合同或信用证中订立了有关检验检疫的特殊条款及其他要求，则应如实填报；如果在出口货物合同或信用证中对于检验检疫及其他方面没有特殊条款，或未作特殊要求的，则本项目可以为空。

21. 标记及号码

本项目填报本报检单出口货物的运输标记及号码。本"标记及号码"又称为"唛头",填报时应当与合同、发票、运单等相关单据一致。如果出口货物没有标记及号码,则本项目应当填写为"N/M",并应当注明"裸装"或"散装"字样。

(四) 随附单据栏

本栏目填报与本报检单一同向检验检疫机构提交的随附单据名称。本栏目为选择填报方式,报检人只需在本栏目中所列具体单证名称前的"□"中划"√"即可。本栏目为多项选择填报,报检人可根据随附单证的实际情况进行填报。如果随附单证未在本栏所列单证名称中,报检人可在本栏目的空格处自行补填。

本栏目所列单证主要有:合同、信用证、发票、换主凭单、装箱单、厂检单、包装性能结果单、许可/审批文件。

(五) 需要证单名称栏

本栏目填报检疫检验机构所需相关证单的名称。本栏为选择填报方式,报检人只需在本栏目中所列具体证单名称前的"□"中划"√",并在证单名称后的"正"或"副"的填空处划"√",以表明所附证单为"正本"或为"副本"。本栏目为多项选择填报,报检人可根据所需证单的实际情况进行填报。如果所需证单未在本栏所列证单名称中,报检人可在本栏目的空格处自行补填。

本栏目所列证单主要有:品质证书、重量证书、数量证书、兽医卫生证书、健康证书、卫生证书、动物卫生证书、植物检疫证书、熏蒸/消毒证书、出境货物换证凭单。

(六) 报检人声明栏

本栏目为报检人的声明栏目,由报检人向检疫检验机构对本报检单所填报内容作出承诺,并承担相应的法律责任。具体声明内容已统一印制在本栏目中,报检人无需自行填写,只需在本栏目的签名处签字即可,报检人一旦在本栏目的签名处签字,则表明报检人对本报检单承担相应的责任。本栏目印制的报检人声明内容为:

"1. 本人被授权报检; 2. 上列填写内容正确属实,货物无伪造或冒用他人的厂名、标志、认证标志、并承担货物质量责任。"

(七) 检验检疫费栏

本栏目注明办理本报检单所列出口货物的检疫检验手续所需费用情况,由检验检疫机构计费人员核定费用后填写。

1. 总金额 (人民币元)

本项目填写应当收取检疫检验费用的总金额,应填写人民币金额并计费到"元"。

2. 计费人

本项目由计算本检疫检验费用的计费人员签署姓名。

3. 收费人

本项目由收取本检疫检验费用的计费人员签署姓名。

(八) 领取证单栏

本栏目由报检人在领取检疫检验机构出具的有关检验检疫证单时,签署领取人姓名,以及领取证单的日期。

三、出/入境集装箱报检单项目设置及填制

出/入境集装箱报检单(见本章附件2-3)由表头部分、收发货人情况栏、集装箱基本情况栏、运输情况栏、需要证单名称栏、报检人声明栏、检验检验费用栏、领取证单栏等组成,其各栏目项目设置及相关填制要求如下。

（一）表头部分
1. 报检单位（加盖公章）
本项目填报本报检单报检单位的名称，并加盖报检单位的公章。本"报检单位"一般是指出口货物的发货人或其代理人，同时也可以是专业报检企业。
2. 编号
本项目填写本报检单的编号，一般由受理报检单的检验检疫机构负责编制。
3. 报检单位登记号
本项目填报报检单位的登记编号，指报检单位向检验检疫机构办理登记备案手续时，检验检疫机构授予报检单位的登记号码。
4. 联系人
本项目填报报检单位的联系人姓名，一般是指负责办理本报检单的经办人员。
5. 电话
本项目填报报检单位联系人的电话号码，一般应当填报负责办理本报检单经办人员的电话号码。
6. 报检日期
本项目填写填报本报检单的日期，一般是指检验检疫机构实际受理报检的日期。
（二）收发货人情况栏
1. 收货人
本项目填报本报检单报检进出口货物收货人名称，应当同时使用中外文两种文字填写。
2. 发货人
本项目填报本报检单报检进出口货物发货人名称，应当同时使用中外文两种文字填写。
（三）集装箱基本情况栏
1. 集装箱规格及数量
本项目填报本报检单进出口货物的集装箱规格与集装箱数量。如果进出口货物未使用集装箱装运，则本项目无需填报，可以为空。
2. 集装箱号码
本项目填报本报检单进出口货物的集装箱号码。如果进口货物未使用集装箱装运，则本项目无需填报，可以为空。
3. 拟装/装载货物名称
本项目填报本报检单拟装的出口货物名称，或装载的进口货物名称，一般应当与合同、信用证或发票上所列名称及规格一致。
4. 包装/铺垫物种类及数量
本项目填报本报检单进口货物或出口货物的包装或货物铺垫物的种类及其数量。
（四）运输情况栏
1. 运输工具名称及号码
本项目填报载运本报检单进口货物或出口货物的运输工具的名称及该运输工具的号码。
2. 起运/到达国家或地区
本项目填报本报检单进口货物的起运国家或地区名称，或出口货物的到达国家或地区名称。
3. 起运及经停地点
本项目填报载运本报检单进口货物或出口货物的运输工具的起运地点（国家或地区），以及载运本报检单进口货物或出口货物的运输工具的经停地点（国家或地区）。本"经停地点"是指运输工具在运送本报检单所列进出口货物的过程中，在抵达目的地前，中间停留的地点。
4. 装运/到货日期
本项目填报本报检单进出口货物的装运日期或到货日期，应当填报进出口货物的实际装运或到货

5. 提单/运单号

本项目填报本报检单进出口货物的提单编号或运单编号。"提单"一般是指用于提取进口货物的运输单据;"运单"一般是指用于装运出口货物的运输单据。

6. 目的地

本项目填报本报检单进出口货物的目的地名称,一般应当填写目的地的国家或地区名称。

7. 集装箱停放地点

本项目填报本报检单进出口货物的集装箱停放地点。

8. 拆装箱地点

本项目填报本报检单进出口货物的集装箱拆箱地点或装箱地点。

(五) 需要证单名称栏

本栏目填报检疫检验机构所需相关证单的名称。本栏为选择填报方式,报检人只需在本栏目中所列具体单证名称前的"□"中划"√"即可。本栏目为多项选择填报,报检人可根据所需证单的实际情况进行填报。如果所需证单未在本栏所列单证名称中,报检人可在本栏目的空格处自行补填。

本栏目所列证单主要有:集装箱检疫检验结果单、熏蒸/消毒证书。

(六) 报检人声明栏

本栏目为报检人的声明栏目,由报检人向检疫检验机构对本报检单所填报内容作出承诺,并承担相应的法律责任。具体声明内容已统一印制在本栏目中,报检人无需自行填写,只需在本栏目的签名处签字即可,报检人一旦签字,则表明报检人对本报检单承担相应的责任。本栏目印制的报检人声明内容为:

"1. 本人被授权报检;2. 上列填写内容正确属实。"

(七) 检疫检验费用栏

本栏目注明办理本报检单所列进出口货物的检疫检验手续所需费用情况,由检验检疫机构计费人员核定费用后填写。

1. 总金额(人民币元)

本项目填写应当收取检疫检验费用的总金额,应当填写人民币金额,并计费到"元"。

2. 计费人

本项目由计算本检疫检验费用的计费人员签署姓名。

3. 收费人

本项目由收取本检疫检验费用的计费人员签署姓名。

(八) 领取证单栏

本栏目由报检人在领取检疫检验机构出具的有关检验检疫证单时,签署领取人姓名及领取证单的日期。

(九) 注

本项目对本报检单的相关项目作进一步的解释或提示。具体内容为:

"1. 引号栏由检疫检验机关填写;

2. 凡需要出入境货物通关单以及申请委托检验业务的,不适用本单,一律填写出入境货物报检单。"

四、出境货物运输包装检验申请单项目设置及填制

出境货物运输包装检验申请单(见本章附件2-4)由表头部分、申请人栏、包装容器基本情况栏、拟装货物情况栏、运输基本情况栏、声明栏、检验费用栏、领取证单栏等组成。其各栏目项目设置及填制要求如下。

（一）表头部分
1. 日期
本项目填写填报本申请单的日期，一般为检验检疫机构实际受理报检的日期。
2. 编号
本项目填写本申请单的编号，一般由受理报检单的检验检疫机构负责编制。
（二）申请人栏
1. 单位
本项目填报本申请单申请单位的名称，并加盖其公章。本"申请单位"一般是指出口货物的发货人或其代理人，同时也可以是专业报检企业。
2. 地址
本项目填报本申请单申请单位的地址，一般应当与该申请单位营业执照所列地址一致。
3. 联系人
本项目填报申请单位的联系人姓名，一般是指负责办理本申请单的经办人员。
4. 联系电话
本项目填报申请单位的联系人电话号码，一般应当填报负责办理本申请单经办人员的电话号码。
（三）包装容器基本情况栏
本栏目中的"包装容器"，是指在商品流通过程中，为了保护商品、方便储存、利于运输、促进销售、防止环境污染和预防安全事故，按一定技术规范而使用的包装器具、材料及其他辅助物的总体名称。

包装容器是包装材料和造型相结合的产物，包括包装袋、包装盒、包装瓶、包装罐和包装箱等。列入现代物流包装行列的包装箱主要有瓦楞纸箱、木箱、托盘集合包装、集装箱和塑料周转箱，它们在满足商品运输包装功能方面各具特点，必须根据实际需要合理地选择和使用。

1. 包装使用人
本项目填报本申请单包装容器的包装使用人姓名或单位名称。
2. 包装容器名称及规格
本项目填报本申请单包装容器的名称及规格。应当填写包装容器详细名称，同时注明长宽高的尺寸。
3. 包装容器生产厂
本项目填报本申请单包装容器的生产厂名称或生产单位名称，应当填写包装容器生产单位的全称。
4. 包装容器标记及批号
本项目填报本申请单包装容器的标记及批号。
5. 原材料名称及产地
本项目填报本申请单包装容器的原材料名称及产地名称。
6. 包装质量许可证号
本项目填报本申请单包装容器的包装质量许可证编号。
7. 申请项目
本项目填报本申请单申请人所要申请的具体事项。本项目为选择填报项目，申请人只需在已列明的相关申请项目前的"□"划"√"即可。如申请人所要申请的项目未包含在已列明的选项中，申请人可根据实际申请项目在最后一个空白选项处自行填写。本项目中列明的3个选项为：危包性能、危凶使用、一般包装性能。
8. 数量
本项目填报本申请单包装容器的数量。

9. 包装容器编号

本项目填报本申请单包装容器的编号。

10. 生产日期

本项目填报本申请单包装容器的生产日期，应当填报该批生产包装容器的起止日期。

11. 存放地点

本项目填报本申请单包装容器的存放地点。

12. 危包性能检验结果单号

本项目填报本申请单包装容器的危包性能检验结果单编号。

13. 运输方式

本项目填报本申请单包装容器及其所载货物的运输方式。本项目为选择填报项目，申请人只需在已列明的运输方式前的"□"划"√"即可。本项目中列明的运输方式选项为：海运、空运、铁路、公路。

（四）拟装货物情况栏

1. 拟装货物名称及形态

本项目填报本申请单包装容器拟装货物的名称，以及拟装货物的具体形态。申请人填报时，应当填写包装容器所要盛装货物的名称及拟装货物的具体形态，如：固态、液态、气态等。

2.（拟装货物）密度

本项目填报本申请单包装容器拟装货物的密度，指某种物质的质量与其体积的比值，即单位体积的某种物质的质量。

3. 拟装货物单位毛重

本项目填报本申请单包装容器拟装货物的单位毛重。

4. 单件净重

本项目填报本申请单包装容器拟装货物的单件净重

5. 联合国编号

本项目填报本申请单包装容器拟装货物的联合国编号。本"联合国编号"英文为"UN number"，为一组4位数字，可以用来识别具有商业价值的危险物质和货物（例如爆炸物或有毒物质），在国际贸易当中被广泛使用。

（五）运输基本情况栏

1. 装运口岸

本项目填报本申请单包装容器及拟装货物的装运口岸名称。

2. 装运日期

本项目填报本申请单包装容器及拟装货物的具体装运日期。

3. 输往国家

本项目填报本申请单包装容器及拟装货物的输往国家（或地区）名称。

4. 提供单据

本项目填报与本申请单一同提交检疫检验机构的相关单据名称。本项目为选择填报项目，申请人只需在已列名的单据名称前的"□"划"√"即可。如果申请人提交的单据未包含在列名的单据名称中，申请人可在本项目中自行填写提供的相关单据名称。本项目中列名的单据名称选项为：合同、信用证、厂检单。

5. 集装箱上次装货名称

本项目填报本申请单所报集装箱上次装载货物的名称。

6. 合同、信用证等对包装的特殊要求

本项目填报本申请单所涉及的合同、信用证等对包装的特殊要求。如果合同、信用证等未对包装作出特殊要求，则本项目可以为空。

7. 分证单位及数量

本项目填报本申请单分证单位及数量。

（六）声明栏

本栏目由申请人向检疫检验机构对本申请单所填报内容作出承诺，并承担相应的法律责任。具体声明内容已统一印制在本栏目中，申请人无需自行填写，只需在签名处签字即可，申请人一旦签字，则表明申请人对本申请单承担相应的责任。本栏目印制的申请人声明内容为："申请郑重声明：上列填写内容正确属实，并承担法律责任。"

（七）检验费用栏

本栏目注明办理本申请单检疫检验手续所需费用情况，由检验检疫机构计费人员核定费用后填写。

1. 总金额

本项目填写应当收取检疫检验费用的总金额。应当填写人民币金额，并计费到"元"。

2. 计费人

本项目由计算本检疫检验费用的计费人员签署姓名。

3. 收费人

本项目由收取本检疫检验费用的计费人员签署姓名。

（八）领取证单栏

本栏目由申请人在领取检疫检验机构出具的有关检验检疫证单时，签署领取人姓名及领取证单的日期。

五、检验检疫更改申请单项目设置及填制

本单证样本见本章附件2-5。

（一）表头

1. 日期

本项目填写填报本更改申请单的日期。

2. 编号

本项目为更改申请单的编号，由受理本更改申请单的检验检疫机构负责编制。

（二）申请人（加盖公章）

本项目填报本更改申请单申请单位的名称，并加盖申请单位的公章。

（三）联系人

本项目填报申请单位的联系人姓名，一般是指负责办理本更改申请单的经办人员。

（四）电话

本项目填报申请单位的联系人电话号码，一般应当填报负责办理本更改申请单经办人员的电话号码。

（五）原发证单种类

本项目填报本更改申请单所涉及的原发证单的种类，一般应当填报申请人员领取的检疫检验机构签发的单证名称。

（六）原发证单编号

本项目填报本更改申请单所涉及的原发证单的编号，指本更改申请单要申请更改的原检验检疫机构签发的证单。

（七）货物品名其数量

本项目填报原发证单上所列相关货物的名称及货物的数量。

（八）交还原证单

本项目填报连同本更改申请单一同交还检验检疫机构的原证单，指本更改申请单将要申请予以更

改的检验检疫机构原签发的证单。申请人填写本项目时，应当注明所交还的证单属于正本还是副本，并应当分别注明交还正本、副本证单的数量。

（九）申请摘要

1. 更改内容

本项目填报本更改申请单将要申请更改的主要内容。

2. 更改原因

本项目填报本更改申请单将要申请更改的主要内容的更改原因。

（十）领证人签名

本项目由本更改申请单申请人领取检验检疫机构换发更改后证单时签署领取证单人姓名。领取证单人签字时应当签署领取证单日期。

（十一）检验检验机关填写栏

1. 施检部门意见

本项目由检验检验机关负责实施检验部门填写相关施检意见。签署施检意见的人员签署意见后，应当签署姓名并注明签署日期。

2. 检务部门意见

本项目由检验检验机关的检务部门填写相关意见。检务部门签署意见的人员签署意见后，应当签署姓名并注明签署日期。

第三节　报检单据须知及相关注意事项

一、报检单的法律效力

报检单是报检人根据有关法律、行政法规或合同约定申请检验检疫机构对其某种货物实施检验检疫、鉴定的书面凭证，它表明了申请人正式向检验检疫机构提出检验检疫、鉴定的申请。报检单体现的是一种行政法律关系上权利义务关系，主要表现在以下方面：

1. 报检人的义务是对于法检商品必须履行报检义务，并如实填写报检单相关事项；报检人对报检单内容的真实性负责，如不如实填写，应承担相应的法律责任。同时报检人在报检符合技术规范条件下，拥有在规定的时限内获得检验检疫证书或者通关凭证的权利。

2. 检验检疫机构的权利是要求报检人按规定的时间、地点向检验检疫机构报检，并如实填报。检验检疫机构的义务是按时依法实施检验、检疫，并在规定的时限内出具检验检疫证书。

3. 报检单是报检人与检验检疫机构之间就出入境货物检验检疫事项达成的某种契约关系的申请文书，具有一定的法律效力。作为报检与受理报检的合法书面凭证，报检申请单既是施检的依据，又是检验检疫程序的载体。

二、出入境货物报检范围

根据《中华人民共和国进出口商品检验法》（以下简称《进出口商品检验法》及其实施条例、《中华人民共和国进出境动植物检疫法》（以下简称《动植物检疫法》）及其实施条例、《中华人民共和国国境卫生检疫法》（以下简称《国境卫生检疫法》）及其实施细则等有关法律、行政法规的规定，法定检验检疫的进出口货物的收发货人、货主或其代理人应当在检验检疫机构规定的时间和地点向报关地出入境检验检疫机构报检，未经检验检疫或检疫不合格的不准销售、使用，不准出境。来自疫区或者有可能传播传染病的货物，未经检疫不得入境。对输入的动植物、动植物产品及其他检疫物，未经检验检疫机构检疫同意，不准卸离运输工具。输出动植物及其产品和其他检疫物，经检疫合格或者经除害处理合格的准予出境，否则不准出境。出境的人员、交通工具、运输设备及可能传播传染病的行李、货物、邮包等物品，都应接受检疫，经检疫检验机构许可方准出境。

（一）入境报检范围
1. 国家法律、行政法规规定必须由检验检疫机构实施检验检疫的；
2. 对外贸易合同约定须凭检验检疫机构签发的证书进行结算的；
3. 有关国际条约规定必须检验检疫的；
4. 国际贸易关系人申请的其他检验检疫、鉴定工作。

（二）出境报检范围
1. 列入"出入境检验检疫机构实施检验检疫的进出口商品目录"内的出境货物；
2. 国家法律、行政法规规定必须由出入境检验检疫机构实施检验检疫的；
3. 对外贸易合同约定须凭检验检疫机构签发的证书进行结算的；
4. 有关国际条约规定必须检验检疫的；
5. 装运出境易腐易变食品、冷冻品的船舱、集装箱等运载工具的适载检验；
6. 出境危险货物包装容器的性能检验和使用鉴定；
7. 装载动植物、动植物产品和其他检疫物的装载容器、包装物的检疫。

三、其他相关注意事项

1. 报检单应由持有报检员证的人员依照对外贸易合同及其他有关单证真实填写，并加盖单位公章；代理报检的应加盖代理报检机构在检验检疫机构备案的印章。

2. 报检单原则上一批货物填写一份报检单。入境货物一批是指：同一合同、同一发票、同一提单。进境植物种子、种苗、动植物性配餐料等一般品种多，数量少，可按一个货运单填写一份报检单，但如果同一货运单中有动物产品，又有植物产品，需把动物类和植物类分开报检。出境货物一批是指：同一品名、同一运输工具、运往同一地点、同一收货人。单一集装箱拼装货物可例外。

3. 报检单填写应完整、真实、准确、不得涂改，对栏目内容确实无法填写的，应注明"无"或"/"，如：属非信用证结汇的货物，在报检单信用证号栏中填写"无"或"/"。填写报检单应采用打印或使用钢笔填写，字迹清晰，内容准确。对所申请内容如有变化时，应及时填写更改申请单，并附更改内容的证明文件，经出入境检验检疫机关审核同意后办理更改手续。任何人不得擅自涂改已受理报检的单据。

4. 填写报检单时，应按照有关贸易单据逐项填写，应特别注意发货人/收货人，应填写对外贸易合同的发货人或信用证的收货人。不得因许可证的使用、配额管理的要求等其他原因而擅自改变发货人/收货人。

5. HS编码。填写《商品名称及编码协调制度》中所列货物编码。

6. 报检数量。填写申请检验的数量，并注明商品计量单位名称。

7. 报检重量。填写申请检验的重量，并注明净重/毛重及商品计量单位名称。

8. 货物总值。按合同、国外发票所列的货值填写，并注明货币单位。对于加工贸易生产出口的货物，填写料费与加工费的总和，不得只填写加工费。

9. 检验检疫项目。根据有关法律、行政法规的有关规定，对必检项目或合同约定检验检疫的项目应逐项填写完整。如：入境废纸涉及品质、环保、卫生检验、动植物检疫等内容，须在报检单上逐项标明。

10. 申请检验检疫单证。按照合同、信用证及有关国际条约规定必须经检验检疫机构检验并签发证书的，应在报检单上准确注明所需检验检疫证书的种类和数量。

附件2-1：入境货物报检单样本

中华人民共和国出入境检验检疫
入境货物报检单

报检单位（加盖公章）：   *编   号_____

报检单位登记号：   联系人：   电话：   报检日期： 年 月 日

收货人	（中文）		企业性质（划"√"）	□合资□合作□外资	
	（外文）				
发货人	（中文）				
	（外文）				

货物名称（中/外文）	H.S.编码	原产国（地区）	数/重量	货物总值	包装种类及数量

运输工具名称号码		合 同 号	
贸易方式	贸易国别（地区）	提单/运单号	
到货日期	启运国家（地区）	许可证/审批号	
卸毕日期	启运口岸	入境口岸	
索赔有效期至	经停口岸	目 的 地	
集装箱规格、数量及号码			
合同订立的特殊条款以及其他要求		货物存放地点	
		用 途	

随附单据（划"√"或补填）	标记及号码	*外商投资财产（划"√"）	□是□否
□合同 □到货通知		*检验检疫费	
□发票 □装箱单		总金额（人民币元）	
□提/运单 □质保书			
□兽医卫生证书 □理货清单			
□植物检疫证书 □磅码单		计费人	
□动物检疫证书 □验收报告			
□卫生证书 □		收费人	
□原产地证 □			
□许可/审批文件 □			

报检人郑重声明：	领 取 证 单	
1. 本人被授权报检。	日期	
2. 上列填写内容正确属实。 签名：	签名	

注：有"*"号栏由出入境检验检疫机关填写   ◆国家出入境检验检疫局制

[1-1 (2000.1.1)]

附件2-2：出境货物报检单样本

中华人民共和国出入境检验检疫
出境货物报检单

报检单位（加盖公章）　　　　　　　　　　　　　　　＊编　号＿＿＿＿＿＿

报检单位登记号：　　　联系人：　　　电话：　　　报检日期：　年　月　日

发货人	（中文）
	（外文）
收货人	（中文）
	（外文）

货物名称（中/外文）	H.S.编码	产地	数/重量	货物总值	包装种类及数量

运转工具名称号码		贸易方式		货物存放地点	
合同号		信用证号		用途	
发货日期		输往国家（地区）		许可证/审批号	
启运地		到达口岸		生产单位注册号	
集装箱规格、数量及号码					

合同、信用证订立的检验检疫条款或特殊要求	标记及号码	随附单据（划"√"或补填）	
		□合同	□包装性能结果单
		□信用证	□许可/审批文件
		□发票	□
		□换主凭单	□
		□装箱单	□
		□厂检单	□

需要证单名称（划"√"或补填）	＊检验检疫费	
□品质证书　　正　副　　□植物检疫证书　　正　副	总金额（人民币元）	
□重量证书　　正　副　　□熏蒸/消毒证书　　正　副		
□数量证书　　正　副　　□出境货物换证凭单	计费人	
□兽医卫生证书　正　副　□		
□健康证书　　正　副　　□	收费人	
□卫生证书　　正　副　　□		
□动物卫生证书　正　副　□		

报检人郑重声明：	领取证单	
1．本人被授权报检。	日期	
2．上列填写内容正确属实，货物无伪造或冒用他人的厂名、标志、认证标志，并承担货物质量责任。		
签名：＿＿＿＿＿＿	签名	

注：有"＊"号栏由出入境检验检疫机关填写　　　◆国家出入境检验检疫局制

[1-2〔2000.1.1〕]

附件2-3：出/入境集装箱报检单样本

中华人民共和国出入境检验检疫
出/入境集装箱报检单

报检单位(加盖公章)： 　　　　　　　　　　　　　　　　　　　　　　编 号
报检单位登记号： 　　　联系人： 　　　电话： 　　　报检日期： 年 月 日

收货人	(中文)
	(外文)
发货人	(中文)
	(外文)

集装箱规格及数量	集装箱号码	拟装/装载货物名称	包装/铺垫物种类及数量

运输工具名称号码		启运/到达国家或地区	
启运及经停地点		装运/到货日期	
提单/运单号		目的地	
集装箱停放地点		*检验检疫费	
拆/装箱地点		总金额(人民币元)	
需要证单名称	□集装箱检验检疫结果单 □熏蒸/消毒证书 □	计费人	
		收费人	

报检人郑重声明： 　1. 本人被授权报检。 　2. 上列填写内容正确属实。 　　　　　　　　签名：	领取证单	
	日期	
	签名	

注：1. 有"*"号栏由出入境检验检疫机关填写；2. 凡需要出入境货物通关单以及申请委托检验业务的，不适用于本单，一律填写出入境货物报检单。

附件2-4：出境货物运输包装检验申请单样本

中华人民共和国出入境检验检疫

出境货物运输包装检验申请单

日期： 年 月 日　　　　　　　　　　　　　　　　　　　＊编号_____

申请人 （加盖公章）	（单位）		联系人	
	（地址）		电话	
包装使用人		包装容器标记及批号		
包装容器名称及规格				
包装容器生产厂				
原材料名称及产地		包装质量许可证号		
申请项目（划"√"）	□危包性能　□危内使用　□一般包装性能　□			
数量		包装容器编号		
生产日期		存放地点		
危包性能检验结果单号				
运输方式（划"√"）	□海运　□空运　□铁路　□公路　□			
拟装货物名称及形态		密度		
拟装货物单位毛重		单件净重		联合国编号	
装运口岸		提供单据（划"√"）	□合同□信用证□报检单□	
装运日期		集装箱上箱次装货名称		
输往国家		合同、信用证等对包装的特殊要求		＊检验费	
分证单位及数量			总金额（人民币元）		
			计费人		
			收费人		
申请郑重声明： 　上列填写内容正确属实，并承担法律责任。 　　　　　　　　　　　签名：_____			领取证单	
			时间	
			签名	

注：有"＊"号栏由出入境检验检疫机关填写　　　　◆国家出入境检验检疫局制

[1-3 (2000. 1. 1)]

附件2-5：检验检疫更改申请单样本

 中华人民共和国出入境检验检疫
更 改 申 请 单

日期： 年 月 日　　　　　　　　　　　　　　　　　*编号：

申请人 （加盖公章）		联系人	
		电话	
原发证单 种类		原发证单 编号	
货物品名 及数量		交还 原证单	正本　份　副本　份
申请摘要	更改内容：  更改原因：		

领证人签名：　　　　　　　　　　　　　　　　日期：　年　月　日

*以下栏目由检验检疫机关填写

施检部门意见：
签字：　　　　　　　　　　　　　　　日期：　年　月　日
检务部门意见：
签字：　　　　　　　　　　　　　　　日期：　年　月　日

注：有"*"号栏由出入境检验检疫机关填写

[1-8(2000.1.1)]

第三章 出入境货物通关单

第一节 概述

一、基本定义

出（入）境货物通关单，是指国家检验检疫机构依据国家检验检疫相关法律、法规，对出入我国国境的进出口货物、物品出具的一种表示准予出入境的规定性证明证件，是海关监管验放的一种行政执法依据。

二、主管部门

国家质检总局。

三、发证机关

国家质检总局授权的口岸检验检疫机构。

四、通关单名称及监管证件代码

（一）出境货物通关单名称及海关通关监管证件代码

1. 出境货物通关单名称

全称"中华人民共和国出入境检验检疫出境货物通关单"，简称"出境货物通关单"。

2. 出境货物通关单监管证件代码

出境货物通关单海关通关监管证件代码为"A"。

（二）入境货物通关单名称及海关通关监管证件代码

1. 入境货物通关单名称

全称"中华人民共和国出入境检验检疫入境货物通关单"，简称"入境货物通关单"。

2. 入境货物通关单监管证件代码

入境货物通关单海关通关监管证件代码为"B"。

五、主要作用

1. 保护人类健康、保护动植物的生命安全和健康、保护环境；
2. 保证我国进出口商品的质量，防止欺诈行为，维护国家安全；
3. 保证出入境检验检疫事项符合国家法律、行政法规的规定；
4. 保证出入境检验检疫事项符合国际贸易合同要求，符合国际贸易有关规定及国际贸易惯例，维护国家信誉；
5. 维护国家权益，有效实施国家对进出境货物、物品进行检验检疫监督管理的重要措施。

六、适用范围

1. 列入"出入境检验检疫机构实施检验检疫的进出境商品目录"的进出境货物；
2. 列入"出入境检验检疫机构实施入境验证的进口商品目录"的进境货物；
3. 美国、日本、韩国以及欧盟输往中国的货物的木质包装；
4. 输往美国、加拿大货物的木质包装；
5. 输往巴西货物的木质包装；
6. 外商投资财产价值鉴定；

7. 进口可再利用的废物原料；

8. 旧机电产品进口；

9. 出入境货物运输设备；

10. 进口货物发生短少、残损或其他质量问题需对外索赔时，其赔付的进境货物；

11. 对外经济技术援助物资；

12. 进口废物；

13. 其他未列入目录，但国家有关法律、行政法规明确规定由出入境检验检疫机构负责检验检疫的货物；

14. 超期未报关进口货物、误卸或者溢卸的进境货物和放弃进口货物属于"出入境检验检疫机构实施检验检疫的进出境商品目录"范围的，由海关在变卖前提请出入境检验检疫机构进行检验、检疫，检验、检疫的费用与其他变卖处理实际支出的费用从变卖款中支付。

七、通关单的种类及设置

（一）通关单的种类

根据进出境货物的性质，以及不同作用，通关单主要分为 3 种，具体如下：

1. 入境货物通关单，主要用于发放给已经向检验检疫机构办理进境货物、物品检验检疫申报手续的进境货物的收货人或其代理人，将进境货物的海关申报、验放等海关进口通关手续。

2. 出境货物通关单，主要用于发放给已经向检验检疫机构办理出境货物、物品检验检疫手续的出境货物的发货人或其代理人，将出境货物的海关申报、验放等海关出口通关手续。

3. 入境货物调离通知单，主要用于发放给已经向检验检疫机构办理进境动植物及其产品检验检疫申报手续的进境动植物及其产品的收货人或其代理人，将进境动植物及其产品调入检验检疫机构专业的检验检疫（隔离）场所时，办理该批进境动植物及其产品调离口岸海关监管场所的相关海关通关手续。

（二）通关单各联设置与用途

1. 入境货物通关单根据主要用途设为 4 联，具体如下。

第一联：本联为入境货物通关单的正本联，主要用于进口通关。

第二联：本联为入境货物通关单的第二联，又称为"入境货物调离通知单"，可以单独使用，对入境动、植物及其产品，可以作为运递证明。

第三联：本联为入境货物通关单的第三联，又称为"入境货物调离通知单"，可以单独使用，对入境动、植物及其产品，可以作为运递证明。

第四联：本联为入境货物通关单的第四联，又称为"入境货物调离通知单"，可以单独使用，对入境动、植物及其产品，可以作为运递证明。

2. 出境货物通关单根据主要用途设为 3 联，具体如下。

第一联：本联为出境货物通关单的正本联，主要用于向出口口岸海关办理出口通关。

第二联：本联由报检单位保留、存查。

第三联：本联由出具通关单的出入境检验检疫机构保留、存查。

3. 入境货物调离通知单根据主要用途设有 3 联，具体如下。

第一联：本联可以单独使用，对入境动、植物及其产品，可以作为运递证明。本联同时又属于入境货物通关单的一部分。

第二联：本联可以单独使用，对入境动、植物及其产品，可以作为运递证明。本联同时又属于入境货物通关单的一部分。

第三联：本联可以单独使用，对入境动、植物及其产品，可以作为运递证明。本联同时又属于入境货物通关单的一部分。

第二节 出入境货物通关单项目设置及填制

一、入境货物通关单项目设置及填制

本单证样本见本章附件3-1。

（一）通关单标注

本通关单全称为"中华人民共和国出入境检验检疫入境货物通关单"，通关单的左上角标有英文"CIQ"（检验检疫机构缩写）。

（二）通关单编号

本项目由发放本通关单的出入境检验检疫机构统一编制。

（三）通关单主要项目

1. 收货人

本项目注明本通关单进境货物境内收货人或其代理人的单位（或个人）名称。

2. 发货人

本项目注明本通关单进境货物境外发货人或其代理人的单位（或个人）名称。

3. 合同/提（运）单号

本项目注明本通关单进境货物的合同编号及提单或运单编号。

4. 输出国家或地区

本项目注明本通关单进境货物的境外输出国家或地区名称。

5. 标记及号码

本项目注明本通关单进境货物的运输标记及编号，即通常所称的"唛头"。

6. 运输工具名称及号码

本项目注明载运本通关单进境货物的运输工具名称及该运输工具的编号。

7. 目的地

本项目注明本通关单进境货物运往国内目的地的具体名称。

8. 集装箱规格及数量

本项目注明装运本通关单进境货物的集装箱的具体规格及集装箱的数量，如进境货物属非集装箱装运的货物，本项目通常为空。

9. 货物名称及规格

本项目注明本通关单进境货物的具体货物名称及货物的规格型号。

10. H.S.编码

本项目注明本通关单进境货物的海关HS编码。

11. 申报总值

本项目注明本通关单进境货物的总申报价值。

12. 数/重量、包装数量及种类

本项目注明本通关单进境货物的数量和重量，以及进境货物的具体包装种类和包装数量。

13. 证明

本项目由出入境检验检疫机构签署相关证明内容，并签署出入境检验检疫机构签发人姓名，加盖出入境检验检疫机构的印章，签署签发日期。出入境检验检疫机构对已经办理入境报检申报手续的进境货物，一般签署下列证明内容：

"上述货物业已报检/申报，请海关予以放行。"

14. 备注

本项目由签发本通关单的出入境检验检疫机构批注与本通关单相关的应当予以特别注明的其他事

项。

(四) 其他项目

本通关单表格主体下方设有通关单的联序，以及对每一联主要用途的说明。

二、出境货物通关单项目设置及填制

本单证样本见本章附件3-2。

(一) 通关单标注

本通关单全称为"中华人民共和国出入境检验检疫出境货物通关单"，同时在通关单的左上角标有英文"CIQ"（检验检疫机构缩写）。

(二) 通关单编号

本项目由出入境检验检疫机构统一编制。

(三) 通关单主要项目

1. 发货人

本项目注明本通关单出口货物境内发货人或其代理人的单位（或个人）名称。

2. 收货人

本项目注明本通关单出口货物境外收货人或其代理人的单位（或个人）名称。

3. 合同/信用证号

本项目注明本通关单出口货物的合同编号，以及出口货物的出口信用证编号。

4. 输往国家或地区

本项目注明本通关单出口货物运往境外目的国家或地区的名称。

5. 标记及号码

本项目注明本通关单出口货物的运输标记及编号，即通常所称的"唛头"。

6. 运输工具名称及号码

本项目注明载运本通关单出口货物的运输工具名称，以及该运输工具的编号。

7. 发货日期

本项目注明本通关单出口货物的具体出口发运日期。

8. 集装箱规格及数量

本项目注明装运本通关单出口货物的集装箱的具体规格，以及集装箱的数量。如出口货物属于非集装箱装运，本项目通常为空。

9. 货物名称及规格

本项目注明本通关单出口货物的具体货物名称，以及货物的规格型号。

10. H.S.编码

本项目注明本通关单出口货物的海关H.S.编码。

11. 申报总值

本项目注明本通关单出口货物的总申报价值。

12. 数/重量、包装数量及种类

本项目注明本通关单出口货物的数量和重量，以及出口货物的具体包装种类和包装数量。

13. 证明

本项目由签发本通关单的出入境检验检疫机构签署相关证明内容。同时，应在本栏目中签署出入境检验检疫机构签发人姓名，加盖出入境检验检疫机构的印章，并签署签发日期。出入境检验检疫机构对已经办理出境检验检疫手续的出口货物，一般签署下列证明内容：

"上述货物业经检验检疫，请海关予以放行。"

14. 备注

本项目由出入境检验检疫机构批注与本通关单相关的应当予以特别注明的其他事项。

（四）其他项目

本通关单表格主体下方设有通关单的联序，以及对每一联主要用途的说明。

三、入境货物调离通知单项目设置及填制

本单证样本见本章附件3-3。

（一）通知单标注

本通知单全称为"中华人民共和国出入境检验检疫入境货物调离通知单"，通知单的左上角标有英文"CIQ"（检验检疫机构缩写）。

（二）通知单编号

本项目由出入境检验检疫机构统一编制。

（三）通知单主要项目

1. 收货人

本项目注明本通知单进境货物境内收货人或其代理人的单位（或个人）名称。

2. 发货人

本项目注明本通知单进境货物境外发货人或其代理人的单位（或个人）名称。

3. 合同/提（运）单号

本项目注明本通知单进境货物的合同编号、提单或运单编号。

4. 输出国家或地区

本项目注明本通知单进境货物的境外输出国家或地区名称。

5. 标记及号码

本项目注明本通知单进境货物的运输标记及编号，即通常所称的"唛头"。

6. 运输工具名称及号码

本项目注明载运本通知单进境货物的运输工具名称及该运输工具的编号。

7. 目的地

本项目注明本通知单进境货物运往国内目的地的具体名称。

8. 集装箱规格及数量

本项目注明装运本通知单进境货物的集装箱的具体规格及集装箱的数量。如进境货物属于非集装箱装运，本项目通常为空。

9. 货物名称及规格

本项目注明本通知单进境货物的具体货物名称及货物的规格型号。

10. H.S. 编码

本项目注明本通知单进境货物的海关HS编码。

11. 申报总值

本项目注明本通知单进境货物的总申报价值。

12. 数/重量、包装数量及种类

本项目注明本通知单进境货物的数量和重量，以及进境货物的具体包装种类和包装数量。

13. 内容

本项目由签发本通知单的出入境检验检疫机构签署相关内容，并签署出入境检验检疫机构签发人姓名，加盖出入境检验检疫机构的印章，签署签发日期。出入境检验检疫机构对已经办理相关检验检疫调离申报手续的进境动、植物及其产品，一般签署下列内容：

"（1）上述货物属调往目的地检验检疫机构实施检验检疫，请及时与目的地检验检疫机构联系。

（2）对动植物及其产品，请运输、邮电部门凭单运递，运递期间国内其他检验检疫机关不再检验检疫。

(3) 上述货物未经检验检疫，不得销售使用。"

14. 备注

本项目由签发本通知单的出入境检验检疫机构批注相关应当予以特别注明的其他事项。

（四）其他项目

本通知单表格主体下方设有联序，以及对每一联主要用途的说明。

四、出境货物换证凭单项目设置及填制

出境货物换证凭单（见本章附件3-4）是出境报检货物的发货人向主管检验检疫机构申请报检，所报检出境货物经产地检验检疫合格后，主管机构签发的凭以到出境口岸检验检疫机构申请查验、换取出境货物通关单的一种证明文件。具体项目内容及填制要求如下。

（一）表头内容

1. 类别

本项目注明本换证凭单的货物报检类别。在口岸申报换证的货物，填写"一般报检"；出口预验的货物，填写"预验"。

2. 编号

本项目注明本换证凭单的编号，指本批货物的报检号。

（二）凭单主要内容

1. 发货人

本项目注明本换证凭单所列货物发货人的名称，指贸易合同卖方名称或信用证中的受益人名称。

2. 收货人

本项目注明本换证凭单所列货物收货人的名称，指贸易合同买方名称或信用证开证申请人名称或合同/信用证指定的收货人名称；也可根据客户要求填"TO ORDER"、"TO WHOM IT MAY CONCERN"或"＊＊＊"。

3. 品名

本项目注明本换证凭单所列货物的具体商品名称，应当按贸易合同/信用证或发票所列的货物名称填制。

4. H.S 编号

本项目注明本换证凭单所列货物的海关HS编码，应当填写10位数编码。

5. 报检数/重量

本项目注明本换证凭单所列报检货物的具体数量和重量，指出口货物实际检验检疫的数量和重量，且应与报检信息的数量和重量保持一致。所检货物品名为多项的，报检数量和重量应与货物品名一一对应，数字的前、后加限制符号"-"。

6. 包装种类及数量

本项目注明本换证凭单所列报检货物的包装种类和包装数量，指运输包装的种类及件数。件数的数字前后加限制符号"-"。散装的要注明"散装"。采用木质包装的，应详细列明"木托"或"木箱"等字样。

7. 申报总值

本项目注明本换证凭单所列报检货物的申报总价值。应当按本批货物实际检验检疫对应的货物总值填写；所检货物品名为多项的，应列明每项货物的总值。

8. 标记及号码

本项目注明本换证凭单所列报检货物的标记及号码。应当按照货物实际运输包装的标记填写，没有标记的填写"N/M"，或注明"散装"、"裸装"。有计算机无法绘制的图案，可以手工加注；复杂难以填写的标记，可将报检人提供的标记加贴在原标记及号码位置上，并加盖骑缝章。后两种情况不得

实施电子转单。

9. 产地

本项目注明本换证凭单所列报检货物的产地名称，应当填写省份。

10. 生产单位（注册号）

本项目注明本换证凭单所列报检货物的生产单位名称。本"注册号"注明生产单位卫生注册登记编号或出口产品质量许可证号。

11. 生产日期

本项目注明本换证凭单所列报检货物的具体生产日期。

12. 生产批号

本项目注明本换证凭单所列报检货物的生产批号。对实施批次管理的货物，应填写批号；对不实施批次管理的，填写"无批号"。

13. 包装性能检验结果单号

本项目注明本换证凭单所列报检货物的包装性能检验结果单编号，对用于盛装出口食品的食品包装，还应注明食品包装性能检验结果单的编号。

14. 合同/信用证号

本项目注明本换证凭单所列报检货物的合同编号和信用证编号，指贸易双方就本批货物出境而签订的贸易合同、订单、成交确认书、信用证的编号。"预验"货物可填写国内贸易双方就本批货物签订的合同、订单、成交确认书的编号。

15. 运输工具名称及号码

本项目注明本换证凭单所列报检货物的运输工具名称及号码，指货物实际装载的运输工具名称及运输工具编号。没有确定运输工具编号的，填写运输工具类别。明确运输方式没有明确运输工具的，填写"陆运"、"空运"或"海运"。

16. 输往国家或地区

本项目注明本换证凭单所列报检货物的输往国家或地区名称，指贸易合同中买方（进口方）所在国家或地区，或合同注明的最终输往国家或地区。

17. 集装箱规格及数量

本项目注明本换证凭单所列报检货物所装载的集装箱的规格，以及集装箱的数量。未在产地装集装箱，集装箱规格和数量不明确的，填写"＊＊＊"。

18. 发货日期

本项目注明本换证凭单所列报检货物的发货日期，指出口装运日期，没明确发货日期的填写"＊＊＊"。

19. 检验依据

本项目注明本换证凭单所列报检货物的检验依据，指本批货物实施检验检疫所依据的技术规范、标准、合同或信用证等，并填写相应编号。

20. 检验检疫结果

本项目注明本换证凭单所列报检货物的检验检疫结果，主要内容包括：品质（规格）、数/重量、包装的检验情况，还包括动植物检疫和卫生检疫情况。对既涉及检验又涉及检疫的货物，除在"本单有效期"栏内注明检验有效期外，还要在本栏内增加"本单检疫有效期截止于××年××月××日"的字样。

21. 本单有效期

本项目注明本换证凭单的有效期限，根据不同货物的检验检疫有效期填写。对仅涉及检验或检疫的货物，填写检验或检疫有效期。

22. 备注

本项目注明本换证凭单所列各项应当加以特别说明的相关内容。已出具证书的，注明已签发证书的名称及编号；已进行纺织品产地标识查验的，注明"纺织品标识查验合格"等。

（三）出境核销单

1. 日期

本项目注明本换证凭单所列报检货物对应出境核销单的出境日期。

2. 出境数/重量

本项目注明本换证凭单所列报检货物对应出境核销单的本批次具体出境货物的数量，以及出境货物的重量。

3. 结存数/重量

本项目注明本换证凭单所列报检货物对应出境核销单的具体结存数量，以及结存的重量。

4. 核销人

本项目注明负责本换证凭单对应出境核销单核销人员的姓名。

（四）说明

本项目提示本换证凭单的使用人，在使用过程中应当注意的相关事项，具体内容如下：

"1. 货物出境时，经口岸检验检疫机关查验货证相符，且符合检验检疫要求的予以签发通关单或换发检验检疫证书；

2. 本单不作为国内贸易的品质或其他证明；

3. 涂必无效。"

第三节　出入境货物通关单须知与注意事项

一、相关概念

（一）通关单联网核查

"通关单联网核查"是指依据"先报检、后报关"的原则，检验检疫机构和海关对法定检验检疫进出口商品，实行出/入境货物通关单电子数据与进/出口货物报关单电子数据的联网核查。

（二）出境货物换证凭单

"出境货物换证凭单"是指货物经产地检验检疫合格后签发的凭以到出境口岸检验检疫机构申请查验、换取出境货物通关单的一种证明文件。

出境货物换证凭条是由产地检验检疫机构实行出境电子转单后产生的一个数据凭条，是已实行电子转单的一个证明文件，作用是到出境口岸检验检疫机构申请查验时换取出境货物通关单。出境电子转单是指通过系统网络，将产地检验检疫机构和口岸检验检疫机构的相关信息相互连通，出境货物经产地检验检疫机构将检验检疫合格后的相关电子信息传输到出境口岸检验检疫机构。

（三）已发送电子口岸

通关单联网核查过程中状态信息为"已发送电子口岸"，一般是指质检总局已将通关单电子数据发送给电子口岸。

（四）电子口岸已收到

通关单联网核查过程中状态信息为"电子口岸已收到"，一般是指电子口岸已收到质检总局发送的通关单电子数据。

（五）海关已入库

通关单联网核查过程中状态信息为"海关已入库"，一般是指海关已成功接收通关单电子数据，企业可根据通关单电子数据办理报关手续。

（六）海关已核注

通关单联网核查过程中状态信息为"海关已核注"，一般是指该份通关单对应的报关单已申报成功。

（七）海关已核销

通关单联网核查过程中状态信息为"海关已核销"，一般是指该份通关单对应的报关单已结关。

（八）海关未能正常核销

通关单联网核查过程中状态信息为"海关未能正常核销"，一般是指海关核销通关单电子数据不成功。

（九）通关单已过期

通关单联网核查过程中状态信息为"通关单已过期"，一般是指该份通关单超过有效期，通关单无法使用。

二、通关单应用范围

（一）入境通关单应用范围

1. "出入境检验检疫机构实施检验检疫的进出境商品目录"中属于入境检验检疫管理的货物、外商投资财产价值鉴定、进口可再利用的废物原料、旧机电产品进口备案，以及其他未列入该目录但国家有关法律和法规明确由出入境检验检疫机构负责检验检疫的进口货物，海关凭进口口岸出入境检验检疫机构出具的入境货物通关单验放。

2. 进口列入"出入境检验检疫机构实施入境验证的进口商品目录"的货物，海关凭在备注栏注明"入境验证商品"字样的入境货物通关单验放。

3. 对美国、日本、韩国、欧盟输往我国货物，不论是否列入"出入境检验检疫机构实施检验检疫的进出境商品目录"，海关一律凭检验检疫机构签发的入境货物通关单验放；其中对美国、日本输往我国的货物也可凭加盖检验检疫专用章的报关单验放。

4. 进口货物发生短少、残损或其他质量问题需对外索赔，赔付货物进境时，海关凭检验检疫机构签发的入境货物通关单和用于索赔的检验证书副本验放。

（二）出境通关单应用范围

1. 出口"出入境检验检疫机构实施检验检疫的进出境商品目录"中属出境检验检疫管理的货物，对输往巴西、美国、加拿大货物的木质包装，需进行标识查验的出口纺织品，其他未列入上述目录但国家有关法律、法规明确由出入境检验检疫机构负责检验检疫的出口货物，海关凭出境货物通关单验放。

2. 对外经济技术援助物资，海关凭口岸出入境检验检疫机构出具的加注"援外出口物资"字样的出境货物通关单验放。

3. 出口需进行纺织品标识查验的货物，海关凭在备注栏内标注"纺织品标识查验合格"字样的出境货物通关单验放。

4. 对毛坯钻石不分贸易方式和运输方式，实施全口径管理，海关凭口岸检验检疫机构签发的出境货物通关单及其他有关单证办理毛坯钻石的出境手续。

三、通关单的口岸与属地管理

（一）入境货物的口岸与属地管理

对列入"出入境检验检疫机构实施检验检疫的进出境商品目录"及其他法律、行政法规规定须经检验检疫机构检验、检疫的入境货物，未经过检验检疫或检验检疫不合格的，不准入境，不准销售、使用。但鉴于入境货物到货后，要迅速卸货疏港，不可能因检验工作而在码头上积压等待，所以入境货物的放行程序是：货到口岸或到达站前，应首先向出入境检验检疫机构报检，出入境检验检疫机构对可能传播检疫传染病或动植物疫情及可能影响环保卫生或夹带有害物质的入境货物实施卫生、疫情、环保、安全项目的检验检疫，并实施防疫消毒、卫生除害处理，经出入境检验检疫机构检验检疫及卫生除害处理符合有关要求后，出入境检验检疫机构签发入境货物通关单，供报检人办理海关通关手续。口岸与属地检验检疫机构一般按照以下原则处理：

1. 入境货物在入境口岸本地实施检验检疫的，签发入境货物货物单（三联）。

2. 入境货物需先在口岸放行，属地（异地）检验检疫的，签发入境货物通关单（四联）。

3. 入境货物通关后，入境货物的收（用）货人须在规定的时间和期限内到所在地检验检疫机构申请对货物实施商品检验。对经检验合格的货物签发入境货物检验检疫证明书，对经检验不合格的货物签发检验检疫证书，以对外办理索赔。

入境货物放行的主要依据是申请人填写的入境货物报检单、入境货物到货通知单及合同、发票、提单、箱单等。特殊货物还需提供有关部门的证明文件，如入境废物需提供环保部签发的进口废物批准证书及其经认可的检验机构签发的装运前检验证书并实施检验检疫合格；入境属重点目录内的旧机电产品还需提供国家有关行政主管部门签发的相关旧机电产品证明；列入实施质量许可制度目录内的货物需提供质量许可证等有关证明文件；需经有关主管部门审批后方可入境的货物需提供主管部门的审批文件等。

（二）出境货物的口岸与属地管理

对于列入"出入境检验检疫机构实施检验检疫的进出境商品目录"及其他法律、行政法规规定需经出入境检验检疫机构检验检疫的出境货物，报检人或者其代理报检人应向货物的产地出入境检验检疫机构报检，申请检验检疫，合格后放行。出入境检验检疫签证放行依照其货物出运的报关地，可分为产地检验检疫、产地放行和产地检验检疫、口岸放行。

1. 内地报关的出口货物

（1）属下列情况之一的，由检验检疫机构直接签发出境货物通关单。

①属于法定检验的出境货物，除合同或国家检验检疫机构规定需在口岸集中检验的货物以外，原则上由货物生产出口地的检验检疫机构受理报检并实施检验检疫，合格后，在当地报关出运的直接签发出境货物通关单，报检人凭此单在放行有效期内报关出口，口岸检验检疫机构原则上不再查验，或查证验放。

②属于由内地检验经铁路联运直接对东欧等国家出口的货物及经铁路运输直接对香港出口的非鲜活并在当地报关的货物。

③属于内地检验使用集装箱装运输出并在当地报关的出口货物。

（2）产地检验检疫，产地放行。检验检疫机构审核检验检疫所需的随附单据是否齐全，出境货物通关单上的发货人是否与对外贸易合同的卖方一致，是否与信用证上的受益人相符；合同号与信用证号是否与所附的合同号码和信用证号相符；金额、唛头、输出国家是否与所附单据相符；还要仔细核对品名、规格、HS编码、数（重）量、包装是否与施检部门出具的检验检疫结果报告单或有关证书相一致，最后签发出境货物通关单。

（3）经产地检验检疫机构检验并签发出境货物通关单的出境货物，由铁路联运至口岸后，口岸检验检疫机构一般只核查货物或车皮封识是否完好，不再进行检验。如海关验放时发现问题，由口岸检验检疫机构负责与内地检验检疫机构联系核实。

（4）对于异地并成批出口，出口期限、出口口岸不明确的货物不得直接签发出境货物通关单，只能办理预先检验检疫，经检验检疫合格后签发出境货物换证凭单，货物出口时由口岸检验检疫机构查验换证放行。

2. 口岸报关的出口货物

（1）经出入境检验检疫机构在产地检验检疫合格的货物，报检人或者其代理报检人，需要把货物运到口岸报关出运的，产地出入境检验检疫机构签发出境货物换证凭单，货物运至口岸后，报检人在货物出口时向口岸出入境检验检疫机构报检、申请查验换证放行，口岸检验检疫机构按口岸查验的有关规定查验货物，确认货证相符后凭出境货物换证凭单正本给予签证放行。口岸检验检疫机构原则上一批一单。

（2）口岸查验放行时，检验检疫机构人员应审核检验检疫查验所需的对外贸易合同、信用证、发票、装箱单、产地检验检疫机构出具的出境货物换证凭单等单据是否齐全。经口岸查验无问题的货物，并核对所出具的出境货物通关单上的发货人、合同、信用证、金额、输出国家、品名、数重量、包装、HS编码等是否与出境货物换证凭单及其他单据一致，不一致的不予放行。出境货物换证凭单可以并批和分批使用。涉及两个或两个以上部门施检的货物，凭检验检疫结果或证书、本检验检疫机构指定施检部门负责人签字签发的出境货物通关单验放。

（3）经检验检疫合格的出境货物，报检人应在放行有效期内及时发运出境，出境货物放行有效期从货物验毕日期起计算，超过出运有效期的出境货物需重新办理报检。

四、通关单与货物的木质包装

出入境检验检疫机构对于输往特殊国家的木质包装出境货物，同样实施通关单管理。木质包装的出境货物使用出境通关单主要包括以下几方面：

1. 根据"出境木质包装除害处理结果单"出具出境货物通关单，放行时对其进行核销，一次核销完毕的，正本收回归档。核销有剩余的，将核销后的"出境木质包装除害处理结果单"复印件附在申请单据中。正本由报检人持有。

2. 木质包装盛装的货物属于法检的，与法检货物一并放行。

3. 木质包装盛装的货物属于非法检的，根据"出境木质包装除害处理结果单"出具出境货物通关单。在出境货物通关单备注栏注明"仅供木质包装"字样，金额栏不注明价值，数重量栏只标明木质包装数量单位。

五、出境货物通关单的有效期

出境货物通关单的有效期，因商品不同有所区别：一般货物为60天；植物和植物产品为21天，北方冬季可适当延长至35天；鲜活类货物一般为14天。检验检疫机构有其他规定的，以出境货物通关单标明的有效期为准。出境货物通关单超过有效期限的，海关不予放行。

六、出入境货物检验检疫通关放行基本程序

（一）入境货物检验检疫通关放行程序

法定检验检疫的入境货物到货后，收货人或其代理人必须向到货口岸或者到达站的出入境检验检疫机构办理入境货物报检手续，经审核认定其合同有效、履约真实，有关证明文件齐全，受理其报检后，需进行动植物检疫、卫生检验的，经检验检疫合格后，出入境检验检疫机构签发入境货物通关单，海关凭检验检疫机构签发的入境货物通关单予以验放。

（二）出境货物检验检疫通关放行程序

1. 法定检验的出境货物，对外贸易关系人向出入境检验检疫机构报检后，经出入境检验检疫机构检验、检疫合格后签发出境货物通关单，供申请人办理海关通关手续。未经检验、检疫或经检验、检疫不合格的出境货物不准放行出口。

2. 对东欧等铁路联运的国家还应出具检验检疫证书（正本），以供进口国海关验放货物。

七、通关单联网核查须知及注意事项

1. 海关和出入境检验检疫局及其分支机构对法定检验进出口商品实行出入境货物通关单电子数据与进出口货物报关单电子数据的联网核查，进一步提高通关效率，实现严密监管。

2. 通关单联网核查的基本流程是：出入境检验检疫机构根据相关法律法规的规定对法检商品签发通关单，实时将通关单电子数据传输至海关，海关凭以验放法检商品，办结海关手续后将通关单使用情况反馈质检总局。

3. 出入境检验检疫机构签发的通关单纸质单证信息与通关单电子数据必须一致。

4. 企业在报检、报关时必须如实申报，并保证通关单与报关单相关申报内容一致，具体要求如下：

（1）报关单的经营单位与通关单的收/发货人一致；

（2）报关单的起运国与通关单的输出国家或地区一致，报关单的运抵国与通关单的输往国家或地区一致；

（3）报关单上法检商品的项数和次序与通关单上货物的项数和次序一致；

（4）报关单上法检商品与通关单上对应商品的 HS 编码一致；

（5）报关单上每项法检商品的法定第一数量不允许超过通关单上对应商品的数量/重量；

（6）报关单上法检商品的第一计量单位与通关单上的货物数量/重量计量单位一致；

（7）出口货物报关单上的"申报日期"必须在出境货物通关单的有效期内。

5. 企业申领通关单的有关要求：

（1）通关单只能有效报关使用一次，企业应确保已申领通关单项下的进出口货物可一次性报关进出口。

如通关单签发后需要分成多票报关单报关的，企业应向出入境检验检疫机构申请拆分通关单。

（2）每份通关单所列的货物项数不能超过 20 项（含 20 项）。

（3）企业报检时提供的"报关地海关"应为报关地海关隶属的直属海关。特殊情况下，可以为指定的报关地海关。

（3）临时注册企业应向出入境检验检疫机构提供海关制发的临时注册编码。

6. 通关单数据查询。

企业取得通关单后，进出口货物的经营单位或报检企业可通过中国电子检验检疫业务网（www.eciq.cn）查询通关单状态信息，状态信息分别为"已发送电子口岸"、"电子口岸已收到"、"海关已入库"、"海关已核注"、"海关已核销"、"海关未能正常核销"、"通关单已过期"。

7. 企业报关单预录入有关要求：

（1）申报法检商品必须录入通关单编号，并且一票报关单只允许填报一个通关单编号。

（2）涉及加工贸易手册、电子账册、减免税证明的进出口货物，企业选择海关备案数据填制报关单，报关单上法检商品的项号应与通关单项号一致。

（3）报关单涉及法检商品与非法检商品的，必须先录入法检商品，后录入非法检商品。

8. 实施通关单联网核查后，报关单和通关单电子数据不一致的，海关将作退单处理，企业根据海关退单信息办理相关手续。

9. 商品归类以海关认定为准，报关单上法检商品的 HS 编码经海关确认归类有误的，企业需向出入境检验检疫机构申请修改通关单。

企业申领通关单后商品 HS 编码依据国家规定调整的，企业报关时通关单商品 HS 编码应以调整后的为准，如需修改，需向出入境检验检疫机构申请修改通关单。

10. 因特殊情况无法正常实施通关单联网核查的，海关、出入境检验检疫机构应通过公告栏等方式及时告知企业，企业按照告知要求办理通关手续。

11. 通关单联网核查的基本流程是：检验检疫机构根据相关法律法规的规定对法检商品签发通关单，实时将通关单电子数据通过质检电子业务平台、电子口岸信息平台传输给海关，海关凭以验放法检商品，办结海关手续后将通关单使用情况反馈质检总局。

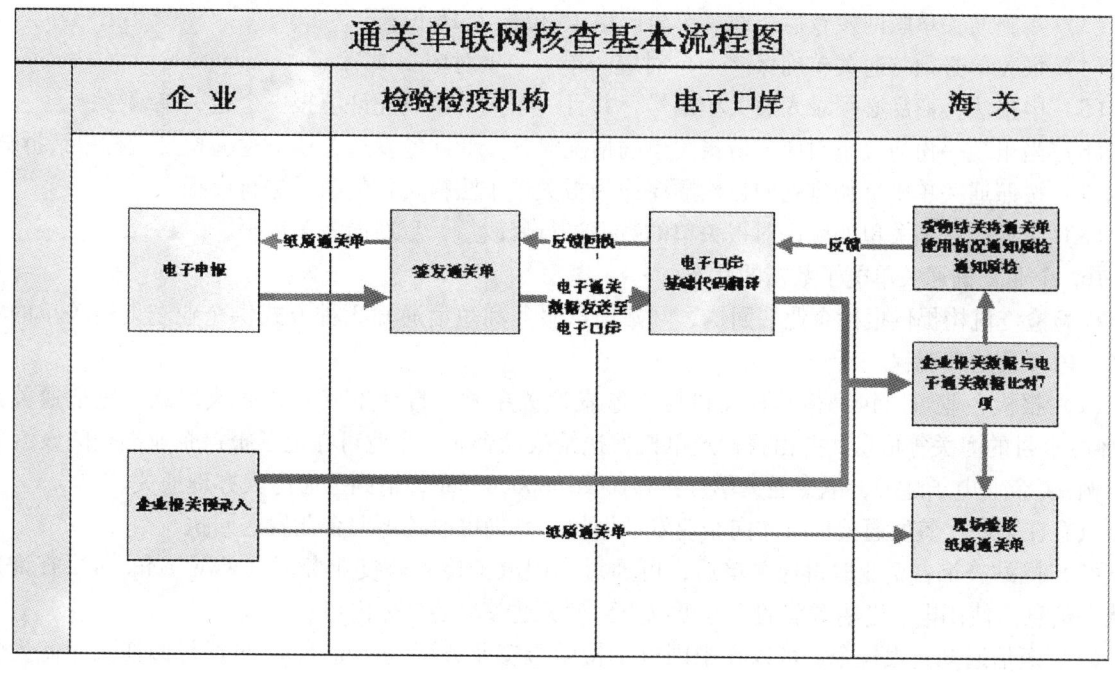

图3-1 通关单联网核查基本流程图

12. 通关单联网核查的范围是按照法律法规的规定需凭检验检疫机构出具出/入境货物通关单验放的法检商品。

目前，对"出入境检验检疫机构实施检验检疫的进出境商品目录"所列海关监管条件为A（实施进境检验检疫）、B（实施出境检验检疫）的货物实施通关单联网核查。

13. 通关单联网核查比对内容的具体要求如下：
（1）通关单号与报关单上填报的通关单号一致；
（2）通关单适用于对应报关关区；
（3）报关单的经营单位与通关单的收/发货人一致；
（4）报关单的起运国与通关单的输出国家或地区一致，报关单的运抵国与通关单的输往国家或地区一致；
（5）报关单上法检商品的项数和次序与通关单上货物的项数和次序一致；
（6）报关单上法检商品与通关单上对应商品的HS编码一致；
（7）报关单上每项法检商品的法定第一数量不超过通关单上对应商品的数量/重量；
（8）报关单上法检商品的第一计量单位与通关单上的货物数量/重量计量单位相一致；
（9）出口货物报关单上"申报日期"在出境货物通关单有效期内。

14. 通关单核查中企业应当做好如下准备工作：
（1）核实本企业在海关与检验检疫备案时的组织机构代码是否准确、一致；
（2）严格执行"先报检后报关"的通关模式；
（3）提高报检、报关操作人员的责任心，熟悉报检、报关数据录入的要求；
（4）规范操作，确保报检、报关数据的真实性、一致性。

15. 实施通关单联网核查的其他相关要求：
（1）要求收/发货人在检验检疫机构办理备案登记和海关办理注册的组织机构代码必须正确、一致；
（2）出境货物报关单上的"申报日期"必须在出境货物通关单有效期内；

（3）实施通关单联网核查后，通关单号码由15位变为18位；
（4）报关单必须与通关单确保"一单对应一单，一项对应一项"；
（5）申报法检商品必须录入通关单编号，并且一票报关单只允许填报一个通关单编号；
（6）当出现一份通关单对应多份报关单的情况时，企业向签发通关单的检验检疫机构申请拆分；
（7）按照通关单中货物排列的自然顺序作为报关单中法检货物的项号进行申报；
（8）企业应按通关单的顺序对报关单的数据进行修改后，重新向海关申报。

16. 企业查询通关单电子数据的状态。

检验检疫机构提供报检企业端回执、网站信息服务和短信通知3种方式供企业查询通关单的签发结果、内容及处理流程。

（1）报检企业端回执：检验检疫机构在签发通关单时，自动生成一条回执信息，包括通关单号（18位）、目的海关等信息，并由报检通讯机发送给报检企业，企业可在电子报检企业端查阅该信息。

例："企业电子通关，电子通关单号：33100020800008888，请到上海海关办理通关。"

只有在第一次签发通关单时才向企业发送回执，办理更改的不向企业发送回执。

（2）网站查询：企业取得通关单后，可通过中国电子检验检疫业务网（www.eciq.cn）查询通关单状态信息。使用电子密钥登陆的企业可以查到相关通关单的具体内容。

（3）短信通知：报检企业可以在中国电子检验检疫业务网（www.eciq.cn）订阅通关单签发情况短信通知服务，以便掌握通关单传输状态，及时办理报关手续。该查询系统正在建设中。

17. 签发通关单后发现需分批出运的，应当持原纸质通关单到签发通关单的检验检疫机构办理通关单分单手续，一份通关单仅可以拆分一次。

（1）如果第一次领取通关单时已经分单的，不能再次提出拆分申请；
（2）对于电子通关单数据已被海关使用并已比对成功的，不予拆分。

18. 通关单电子数据已被海关使用并已比对成功的，企业不能办理更改或撤销手续。

通关单电子数据未被海关使用且符合更改条件的，更改时应退回原发纸质通关单，由原签发检验检疫机构对有关数据项进行相应更改后打印通关单并重新发送电子通关数据。

对凭电子转单信息签发的通关单，其申请更改内容需由产地检验检疫机构确认的，企业需向签发机构提供产地检验检疫机构的更改确认书。

19. 特殊情况的处理。

（1）海关未收到通关单电子数据时，企业通过查询通关单的状态，向通关单电子数据滞留的部门咨询，并进行相关处理；

（2）因检验检疫或海关出现计算机系统故障、网络中断等特殊原因导致通关单联网核查工作无法正常运行时，按照检验检疫机构或海关公布的应急措施办理通关手续。

八、其他相关规定与注意事项

1. 对进口可再利用的废物原料，海关一律凭检验检疫机构签发的入境货物通关单验放。各地检验检疫机构签发的入境货物通关单，一般在备注栏注明"上述货物经初步查验，未发现不符合环境保护要求的物质"。

2. 对进口旧机电产品，海关一律凭检验检疫机构签发的入境货物通关单验放。各地检验检疫机构在签发入境货物通关单时，在备注栏注明"旧机电产品进口备案"的字样。

3. 对出口纺织品标识查验，海关一律凭检验检疫机构签发的出境货物通关单验放。各地检验检疫机构在签发出境货物通关单时，在备注栏内加注"纺织品标识查验合格"的字样。

4. 对输往美国、加拿大带有木质包装的货物，海关不再加验原动植检机关签发的熏蒸/消毒证书，一律凭检验检疫机构签发的出境货物通关单验放。

5. 对尸体、棺柩、骸骨、骨灰等的入出境，海关凭检验检疫机构签发的尸体、棺柩、骸骨、骨灰入出境许可证验放。

6. 对其他未列入"出入境检验检疫机构实施检验检疫的进出境商品目录",但国家有关法律、法规明确由出入境检验检疫机构负责检验检疫的货物和特殊物品的通关,海关一律凭检验检疫机构签发的入境货物通关单或出境货物通关单验放。

7. 对法定检验的出入境货物出具放行证明文件,表示准予该货物出入境,是海关审核验放的重要内容之一。出入境货物通关单所载内容应与出入境货物及有关外贸单据一致,如果报检人对合同、信用证进行修改,凡涉及与检验检疫有关条款的,报检人应及时办理更改手续(如更改发货人、收货人,更改数、重量、贸易国别等)。

8. 已签发出境货物通关单的出境货物必须在通关单放行有效期内报运出境,超过放行有效期的须重新报检。

9. 检验检疫机构签发的出境货物通关单任何人不得擅自涂改,无论何种原因需更改通关单都必须征得检验检疫机构许可并予以更改。

10. 因客观原因造成出入境货物通关单丢失的,必须书面申明原因并由所在单位法人代表签字、加盖单位公章后,经原签证的出入境检验检疫机关审核批准并在《国门时报》登报声明原签发单证作废后,方可予以重发。

11. 对列入法检种类表内的出入境展品、礼品、非贸易性物品实行免验放行。申请人在办理此类货物报检时应提供足以证明此类物品的确凿证件,例如省、市、自治区、直辖市人民政府有关主管部门或国务院有关主管部门的批件,经施检部门检验人员审核无误后办理放行手续。但对于涉及安全、卫生及有特殊要求的货物不属免验放行范围。

12. 报检人领取证书时,要详细查点证书种类及数量,并逐一签收。

附件3-1：入境货物通关单样本

中华人民共和国出入境检验检疫
入境货物通关单

编号：

1. 收货人	5. 标记及号码
2. 发货人	
3. 合同/提(运)单号	4. 输出国家或地区	
6. 运输工具名称及号码	7. 目的地	8. 集装箱规格及数量
9. 货物名称及规格	10. H.S.编码	11. 申报总值	12. 数/重量、包装数量及种类

13. 证明

上述货物业已报检/申报，请海关予以放行。

签字：　　　　　　　日期：　　年　　月　　日

14. 备注

C　　　　　　　　　　　① 货物通关　　　　　[2-1-1(2002.1.1)·1]

附件3-2：出境货物通关单样本

中华人民共和国出入境检验检疫
出境货物通关单

编号：

1. 发货人	5. 标记及号码
2. 收货人	

3. 合同/信用证号	4. 输往国家或地区	
6. 运输工具名称及号码	7. 发货日期	8. 集装箱规格及数量

9. 货物名称及规格	10. H.S.编码	11. 申报总值	12. 数/重量、包装数量及种类

13. 证明

上述货物业经检验检疫，请海关予以放行。

本通关单有效期至

签字：　　　　　　　　　日期：　　　年　　月　　日

14. 备注

① 货物通关　　　　　〔2-2(2000.1.1)〕

附件3-3：入境货物调离通知单样本

中华人民共和国出入境检验检疫
入境货物调离通知单

编号：

1. 收货人		5. 标记及号码	
2. 发货人			
3. 合同/提(运)单号	4. 输出国家或地区		
6. 运输工具名称及号码	7. 目的地		8. 集装箱规格及数量
9. 货物名称及规格	10. H.S.编码	11. 申报总值	12. 数/重量、包装数量及种类

样　本
Sample

13. 内容
　　1. 上述货物需调往目的地检验检疫机构实施检验检疫，请及时与目的地检验检疫机构联系。
　　2. 对动植物及其产品，请运输、邮电部门凭单运递；运递期间国内其他检验检疫机关不再检验检疫。
　　3. 上述货物未经检验检疫，不准销售、使用。

签字：　　　　　　　　日期：　　　年　　　月　　　日

14. 备注

B　　　　　　　　　　　　　② 办理运递　　　12-1-2(2001.1.1)-1

附件 3-4：出境货物换证凭单样本

类别：一般报检　　　　　　　　　　　　　　　编号：_____

发货人		标记及号码	
收货人			
品名			
H.S 编号			
报检数/重量			
包装种类及数量			
申报总值			
产地		生产单位（注册号）	
生产日期		生产批号	
包装性能检验结果单号		合同/信用证号	
		运输工具名称及号码	
输往国家或地区		集装箱规格及数量	
发货日期		检验依据	
检验检疫结果			
本单有效期			
备注			

出境核销单核销情况	日期	出境数/重量	结存数/重量	核销人	日期	出境数/重量	结存数/重量	核销人

第四章　出入境检验检疫及卫生证书

第一节　概述

一、基本定义

出入境检验检疫及卫生证书是指国家出入境检验检疫机构根据相关法律、法规和行政法规的规定，对进出口货物实施检验检疫后签发的一种检验检疫实施证明文件。

本章介绍的出入境检验检疫检验及卫生证书主要包括：

1. 中华人民共和国出入境检验检疫证书（出口专用）（以下简称出口货物检验检疫证书）；
2. 中华人民共和国出入境检验检疫证书（进口专用）（以下简称进口货物检验检疫证书）；
3. 中华人民共和国出入境检验检疫更改申请书（以下简称检验检疫更改申请书）；
4. 中华人民共和国出入境检验检疫卫生证书（出口专用）（以下简称出口卫生证书）；
5. 中华人民共和国出入境检验检疫卫生证书（进口专用）（以下简称进口卫生证书）；
6. 中华人民共和国出入境检验检疫健康证书（以下简称健康证书）。

二、主管部门

（一）主管部门

国家质检总局。

（二）出证部门

国家质检总局各直属出入境检验检疫局及所属分支机构。

三、主要作用

1. 进出口货物收发货人及其代理人凭以办理货物合法进出境的重要法律凭证；
2. 办理进出口货物相关报关验放手续的有效证件；
3. 进出口货物收发货人证明履约与责任情况的有效证件；
4. 进出口货物收发货人议付货款的凭证；
5. 进出口货物收发货人办理索赔的有效证件；
6. 进出口货物收发货人仲裁、诉讼据证的有效证件；
7. 出入境检验检疫机构实施管理的具体措施；
8. 出入境检验检疫机构代表国家履行国际义务的手段。

四、适用范围

1. 各类进口货物收货人或其代理人；
2. 各类出口货物发货人或其代理人；
3. 各类出口货物（含食品）的品质、规格、数量、重量、包装等；
4. 各类卫生检验合格的出境食品及货物；
5. 食品及其加工料（化工产品、纺织品、轻工产品）等与人畜健康有关的进口货物；
6. 食品及其加工料（化工产品、纺织品、轻工产品）等与人畜健康有关的出口货物；
7. 签发相关检验检疫证书、卫生证书的相关出入境检验检疫机构。

第二节　出入境检验检疫证书项目设置

一、出口货物检验检疫证书项目设置及主要内容

出口货物检验检疫证书（见本章附件4-1）是出入境检验检疫机构对出口货物实施检验检疫的一种证明文件。项目设置及填制要求如下。

（一）编号

本项目注明本证书的编号，由签发本证书的出入境检验检疫机构统一编制。

（二）发货人

本项目注明本证书所列出境货物的发货人或其代理人。

（三）收货人

本项目注明本证书所列出境货物的收货人或其代理人。

（四）品名

本项目注明本证书所列出口货物的品名，一般应当与国际贸易合同、发票所列货物名称一致。

（五）报检数量/重量

本项目注明本证书所列出口货物的报检数量及报检重量。

（六）包装种类及数量

本项目注明本证书所列出口货物的包装种类及包装数量。

（七）运输工具

本项目注明本证书所列出口货物的运输工具名称，指装载或计划装载本证书所列货物出境的运输工具。

（八）标记及号码

本项目注明本证书所列出口货物的标记及号码。本"标记及号码"又称"唛头"，是指国际贸易合同、发货单据中有关标志事项的基本部分，通常由一个简单的几何图形及字母、数字等组成。

（九）免责声明

本项目由签发本证书的出入境检验检疫机关注明对于本证书的免责声明。本免责声明是我国出入境检验检疫部门参考国际上官方检验检疫机构加注免责声明的做法，结合以往涉及检验、检疫部门行政纠纷及司法案例而加注的。具体内容为：

"我们已尽所知和最大能力实施上述检验，不能因我们签发本证书而免除卖方或其他方面根据合同和法律所承担的产品质量责任和其他责任。"

二、进口货物检验检疫证书项目设置及填制

进口货物检验检疫证书（见本章附件4-2）是出入境检验检疫机构对进口货物实施检验检疫的一种证明文件。项目设置及填制要求如下。

（一）编号

本项目注明本证书的编号，由签发本证书的出入境检验检疫机构统一编制。

（二）收货人

本项目注明本证书所列进口货物的收货人或其代理人。

（三）发货人

本项目注明本证书所列进口货物的发货人或其代理人。

（四）品名

本项目注明本证书所列进口货物的品名，一般应当与国际贸易合同、发票所列货物名称一致。

（五）报检数量/重量

本项目注明本证书所列进口货物的报检数量与报检重量。

（六）合同号

本项目注明本证书所列进口货物的进口合同编号。

（七）发票号

本项目注明本证书所列进口货物的进口合同编号。

（八）提单或运单号

本项目注明本证书所列进口货物的提单编号或进口货物运单编号。提单通常是指海运进口货物的提取凭证，运单则通常是指航空运输、铁路运输、汽车运输等运输方式提取进口货物的凭证。

（九）到货日期

本项目注明本证书所列进口货物运输工具的进境日期。

（十）运输工具

本项目注明本证书所列进口货物的运输工具名称，指装载本证书所列进口货物进境的运输工具。

（十一）起运地

本项目注明本证书所列进口货物的起运地名称，指进口货物起始发出直接运抵我国的国家或地区。

（十二）卸毕日期

本项目注明本证书所列进口货物的卸毕日期，指进口货物全部卸离国际运输工具的日期。

（十三）检验日期

本项目注明本证书所列进口货物的检验日期，指出入境检验检疫机构对本证书所列进口货物实施检验检疫的日期。

（十四）标记及号码

本项目注明本证书所列进口货物的标记及号码。本"标记及号码"又称"唛头"，是指国际贸易合同、发货单据中有关标志事项的基本部分，通常由一个简单的几何图形及字母、数字等组成。

（十五）免责声明

本项目由签发本证书的出入境检验检疫机关注明对于本证书的免责声明。本免责声明是我国出入境检验检疫部门参考国际上官方检验检疫机构加注免责声明的做法，结合以往涉及检验、检疫部门行政纠纷及司法案例而加注的。具体内容为：

"我们已尽所知和最大能力实施上述检验，不能因我们签发本证书而免除卖方或其他方面根据合同和法律所承担的产品质量责任和其他责任。"

三、检验检疫证书（续页）项目设置及填制

检验检疫证书（续页）（见本章附件 4-3）是出入境检验检疫机构对进口货物或出口货物实施检验检疫证明文件的一种附属文件。

检验检疫证书（续页）根据不同应用需要，分为用于规定格式以外的品质检验、鉴定等证书（见本章附件 4-4-1）；用于规定格式以外的涉及卫生检疫、食品卫生检验、动植物检疫等证书（见本章附件 4-4-2）；用于需要正反面打印的证书等（见本章附件 4-4-3）。

检验检疫证书（续页）一般为空白页，具体项目及内容将根据签署检验检疫证书的出入境检验检疫机构的实际需要填写。作为检验检疫证书的附属文件，"附页"通常应当设有证书名称、证书编号和页码编号等项目。

（一）证书编号

本项目注明本证书附页的编号，应当与其所对应的检验检疫证书的编号相一致。

（二）页码编号

本项目注明本证书附页的页码编号，应当详细列明出入境检验检疫证书的总页数，以及每份附页属于检验检疫证书总页数中的第几页。

四、检验检疫更改申请书项目设置及填制

检验检疫更改申请书（见本章附件 4-5）是出入境检验检疫证书申领人申请办理进境货物或出境货物检验检疫证书更改手续时，向相关出入境检验检疫机构提交的一种更改申请文件。

检验检疫更改申请书的项目设置及填制要求如下。

（一）申请书名称

本申请书全称为"中华人民共和国出入境检验检疫更改申请书"。

（二）日期

本项目由申请人填写填报本申请书的日期。

（三）编号

本项目填写本申请书的编号。

（四）申请人（加盖公章）

本项目由申请人填写提出相关更改申请的单位名称，并加盖申请单位的公章，如不加盖申请单位的公章，则本申请书将被视为无效。

（五）联系人

1. 联系人

本项目由申请人填写申请单位的联系人姓名。

2. 电话

本项目由申请人填写申请单位的联系电话，通常可填写申请单位联系人的联系电话。

（六）原发证单种类

本项目由申请人填写提出相关更改申请的原发证单种类，指本申请书的申请单位已向出入境检验检疫机构领取并要对证书相应内容进行更改的相关检验检疫证书。

（七）原发证单编号

本项目由申请人填写提出相关更改申请的原发证单编号，指本申请书的申请单位已向出入境检验检疫机构领取并要对证书相应内容进行更改的相关检验检疫证书的编号。

（八）货物名称及数量

本项目由申请人填写提出相关更改申请的货物名称及货物数量。

（九）交还原证单

本项目由申请人填写向出入境检验检疫机构交还的原证单的名称，指申请单位已向出入境检验检疫领取并要对相应内容进行更改的检验检疫证书。根据出入境检验检疫机构的相关规定，申请人应当在办理相关检验检疫证书更改手续时，向出入境检验检疫机构交回所要更改的相关检验检疫证书。申请人在填写本项目时，应当注明所交回检验检疫证书的正本及副本份数。

（十）申请摘要

本项目由申请人填写提出相关更改申请的简要内容。

1. 更改内容

本项目由申请人填写提出相关更改申请的更改内容。

2. 更改原因

本项目由申请人填写提出相关更改申请的更改原因。

（十一）领证人签名

1. 签名

本项目由申请单位负责领取更改出入境检验检疫证书的领证人签署姓名。

2. 日期

本项目由申请单位负责领取更改出入境检验检疫证书的领证人签署领取更改证书的日期。

(十二) 检验检疫机构审批栏

本栏目由受理本更改申请的出入境检验检疫机构负责签署。

1. 施检部门意见栏

(1) 施检部门意见。

本项目由受理本申请的出入境检验检疫机构的施检部门签署对于本更改申请的意见。

(2) 签字。

本项目由受理本申请的出入境检验检疫机构的施检部门经办人员签署姓名。

(3) 日期。

本项目由受理本申请的出入境检验检疫机构的施检部门经办人员签注签署意见的日期。

2. 检务部门意见栏

(1) 检务部门意见。

本项目由受理本申请的出入境检验检疫机构的检务部门签署对于本更改申请的意见。

(2) 签字。

本项目由受理本申请的出入境检验检疫机构的检务部门经办人员签署姓名。

(3) 日期。

本项目由受理本申请的出入境检验检疫机构的检务部门经办人员签注签署意见的日期。

(十三) 注

本项目提示申请人填报时不要占用出入境检验检疫机关的签署栏。具体提示内容为：
"有'＊'号栏由出入境检验检疫机关填写。"

五、出口卫生证书项目设置及填制

出口卫生证书（见本章附件4-6）是出入境检验检疫机构对出口货物实施卫生检验检疫的一种证明文件。

出口卫生证书的项目设置及填制要求如下。

(一) 单证名称

本证书的全称为"中华人民共和国出入境检验检疫卫生证书"。

(二) 编号

本项目注明本证书的编号，由签发本证书的出入境检验检疫机构统一编制。

(三) 发货人及地址

本项目注明本证书所列出口货物的发货人名称及发货人所在地的地址。

(四) 收货人及地址

本项目注明本证书所列出口货物的收货人名称及收货人所在地的地址。

(五) 品名

本项目注明本证书所列出口货物的品名，一般应当与国际贸易合同、发票所列货物名称一致。

(六) 加工种类或状态

本项目注明本证书所列出口货物的加工种类或加工状态。

(七) 报检数量/重量

本项目注明本证书所列出口货物的报检数量与报检重量。

(八) 包装及数量

本项目注明本证书所列出口货物的包装种类及包装数量。

(九) 储藏和运输温度

本项目注明本证书所列出口货物的储藏温度和运输温度，如出口货物对于储藏和运输没有特殊要求，本项目可不需要特别注明。

（十）加工厂名称、地址及编号（如果适用）

本项目注明本证书所列出口货物的加工厂名称、地址及编号。

（十二）起运地

本项目注明本证书所列出口货物的起运地名称。

（十三）运输工具

本项目注明本证书所列出口货物的运输工具名称，指装载或计划装载本证书所列出口货物出境的运输工具。

（十四）运达国家及地点

本项目注明本证书所列出口货物的运达国家名称及地点，即运抵最终目的国家或地区。

（十五）发货日期

本项目注明本证书所列出口货物的发货日期，指本证书所列出口货物装载出境运输工具的日期。

（十六）标记及号码

本项目注明本证书所列出口货物的标记及号码。本"标记及号码"又称"唛头"，是指国际贸易合同、发货单据中有关标志事项的基本部分，通常由一个简单的几何图形及字母、数字等组成。

（十七）免责声明

本项目由签发本证书的出入境检验检疫机关注明对于本证书的免责声明。本免责声明是我国出入境检验检疫部门参考国际上官方检验检疫机构加注免责声明的做法，结合以往涉及检验、检疫部门行政纠纷及司法案例而加注的。具体内容为：

"我们已尽所知和最大能力实施上述检验，不能因我们签发本证书而免除卖方或其他方面根据合同和法律所承担的产品质量责任和其他责任。"

六、进口卫生证书项目设置及填制

进口卫生证书（见本章附件4-7）是出入境检验检疫机构对进口货物实施卫生检验检疫的一种证明文件。

进口卫生证书的项目设置及填制要求如下。

（一）单证名称

本证书的全称为"中华人民共和国出入境检验检疫卫生证书"。

（二）编号

本项目注明本证书的编号，由签发本证书的出入境检验检疫机构统一编制。

（三）收货人及地址

本项目注明本证书所列进口货物的收货人名称及收货人地址。

（四）发货人及地址

本项目注明本证书所列进口货物的发货人名称及发货人地址。

（五）品名

本项目注明本证书所列进口货物的品名，一般应当与进口合同和发票所列货物名称一致。

（六）报检数量/重量

本项目注明本证书所列进口货物的报检数量与报检重量。

（七）包装及数量

本项目注明本证书进口货物的包装种类及数量。

（八）产地

本项目注明本证书进口货物的产地名称，指生产或加工本证书所列进口货物的国家或地区。

（九）合同号

本项目注明本证书所列进口货物的进口合同编号。

（十）到货地点

本项目注明本证书进口货物的到货地点名称，指进口货物运抵我国进境口岸的名称。

（十一）起运地

本项目注明本证书所列进口货物的起运地名称，指进口货物的起始发出直接运抵我国的国家或地区。

（十二）运输工具

本项目注明本证书所列进口货物的运输工具名称，指装载进口货物进境的运输工具。

（十三）到货日期

本项目注明本证书所列进口货物的到货日期，指载运进口货物的运输工具的进境日期。

（十四）卸毕日期

本项目注明本证书所列进口货物的卸毕日期，指进口货物从国际运输工具上全部卸离的日期。

（十五）检验日期

本项目注明本证书所列进口货物的检验日期，指出入境检验检疫机构受理并对进口货物实施检验检疫的日期。

（十六）标记及号码

本项目注明本证书所列进口货物的标记及号码。本"标记及号码"又称"唛头"，是指国际贸易合同、发货单据中有关标志事项的基本部分，通常由一个简单的几何图形及字母、数字等组成。

（十七）免责声明

本项目由签发本证书的出入境检验检疫机关注明对于本证书的免责声明。本免责声明是我国出入境检验检疫部门参考国际上官方检验检疫机构加注免责声明的做法，结合以往涉及检验、检疫部门行政纠纷及司法案例而加注的。具体内容为：

"中华人民共和国出入境检验检疫机关及其官员或代表不承担签发本证书的任何财经责任。"

七、健康证书项目设置及填制

健康证书（见本章附件4-8）是出入境检验检疫机构对进出口货物实施健康检验检疫后，对食品及其加工料（化工产品、纺织品、轻工产品）等与人畜健康有关的货物的一种证明文件。项目设置及其相关内容如下。

（一）单证名称

本证书的全称为"中华人民共和国出入境检验检疫健康证书"。

（二）编号

本项目注明本证书的编号，由签发本证书的出入境检验检疫机构统一编制。

（三）收货人及地址

本项目注明本证书所列货物的收货人名称及收货人所在地的地址。

（四）发货人及地址

本项目注明本证书所列货物的发货人名称及发货人所在地的地址。

（五）品名

本项目注明本证书所列货物的商品名称，一般应当与合同和发票所列货物名称一致。

（六）加工种类或状态

本项目注明本证书所列货物的加工种类或加工状态。

（七）报检数量/重量

本项目注明本证书所列货物的报检数量与报检重量。

（八）包装及数量

本项目注明本证书所列货物的包装种类及数量。

（九）储藏和运输温度

本项目注明本证书所列货物的储藏温度和运输温度，如货物对于储藏和运输没有特殊要求，本项目可不需要特别注明。

（十）加工厂名称、地址及编号（如果适用）

本项目注明本证书所列货物的加工厂名称、地址及编号。

（十一）起运地

本项目注明本证书所列货物的起运地名称。

（十二）到达国家及地点

本项目注明本证书所列货物的运达国家名称及地点，指出口货物的最终运抵目的国家或地区。

（十三）运输工具

本项目注明本证书所列货物的运输工具名称，指装载或计划装载本证书所列货物的国际运输工具。

（十四）发货日期

本项目注明本证书所列货物的发货日期，指货物装载出境运输工具的日期。

（十五）免责声明

本项目由签发本证书的出入境检验检疫机关注明对于本证书的免责声明。本免责声明是我国出入境检验检疫部门参考国际上官方检验检疫机构加注免责声明的做法，结合以往涉及检验、检疫部门行政纠纷及司法案例而加注的。具体内容为：

"中华人民共和国出入境检验检疫机关及其官员或代表不承担签发本证书的任何财经责任。"

第三节　出入境检验检疫证书须知及注意事项

一、相关概念

（一）出入境卫生检疫

"出入境卫生检疫"是指出入境检验检疫机构根据《国境卫生检疫法》及其实施细则，通过对出入境人员、交通工具、运输设备及可能传播检疫传染病的行李、货物、邮包等物品实施国境卫生检疫，防止传染病由国外传入或由国内传出，保护人体健康。出入境检疫对象都应当接受检疫，经出入境检验检疫机构许可方准入境或出境。

（二）入境卫生检疫证书

"入境卫生检疫证书"是指出入境检验检疫机构对入境的交通工具、人员、集装箱、尸体、骸骨及行李、货物、邮包等实施卫生检疫查验，在实施入境卫生检疫查验完毕后，认为检疫对象没有染疫或染疫嫌疑，不需要进行卫生处理和限制事项，签发的卫生检疫证书。

（三）出境卫生检疫证书

"出境卫生检疫证书"是指在检疫对象最后离境申请出境卫生检疫，出入境检验检疫机构对其实施卫生检疫查验时，未发现有染疫或染疫嫌疑，同时对卫生状况满意，签发的卫生检疫证书。

（四）运输标志

"运输标志"又称"唛头"，是国际贸易合同、发货单据中有关标志事项的基本部分，一般由一个简单的几何图形及字母、数字等组成。唛头的内容包括：目的地名称或代号，收货人或发货人的代用简字或代号、件号，体积（长×宽×高），重量（毛重、净重、皮重）及生产国家或地区等。

二、实施出入境动植物、动植物产品检验目的

实施动植物卫生检疫措施的目的是：

1. 保护成员国境内动植物免受虫害、病害、带病有机体的传入、定居或传播所产生的风险。
2. 保护成员国境内人员或动物生命（或健康）免受食品、饮（饲）料中添加剂、污染物、毒素或

致病有机体所产生的风险。

3. 保护成员国境内人员生命（或健康）免受动植物或动植物产品携带的病害（或虫害）的传入、定居或传播所产生的风险。防止或限制成员国境内因虫害的传入、定居或传播所产生的其他损害。

出入境动植物、动植物产品应依法实施检验检疫，是因为在自然界中，动植物病、虫及杂草有一定的地区性，它们中许多种类，包括某些危害性病、虫、杂草可以随人为调运动植物和动植物产品而传播蔓延。这些病、虫、杂草传入新地区后能生存、繁衍，甚至往往因适应新地区的气候环境条件而迅速蔓延，造成严重危害，给人类带来巨大损失。

古今中外，随动植物及其产品调运传带危险性病、虫、杂草而导致农牧业大灾害的事例屡见不鲜。加强出入境动植物、动植物产品的检疫工作，可防止危害性病、虫、杂草及其他有害生物传入国境，保护我国农、林、牧、渔业生产和人体健康，同时，可以保证我国的产品在国际市场竞争中处于优势地位，促进我国农业的外向型发展。

三、出入境检验检疫对象与范围

（一）出入境卫生检疫对象

出入境卫生检疫对象包括：

1. 入境的人员、交通工具、运输设备及可能传播检疫传染病的行李、货物、邮包等特殊物品；
2. 出境的人员、交通工具、运输设备及可能传播检疫传染病的行李、货物、邮包等特殊物品；
3. 《中华人民共和国食品卫生法》（以下简称《食品卫生法》）规定的出入境检疫对象，包括进口食品、食品添加剂、食品容器及包装材料、工具设备等。

（二）出入境动植物检疫的范围

依照《动植物检疫法》及其实施条例，出入境动植物检疫的范围包括：

1. 入境、出境、过境的动植物、动植物产品和其他检疫物；
2. 装载动植物、动植物产品和其他检疫物的装载容器、包装物、铺垫材料；
3. 来自动植物疫区的运输工具；
4. 入境拆解的废旧船舶；
5. 有关法律、行政法规、国际条约规定或者贸易合同约定应当实施出入境动植物检疫的其他货物、物品。

四、出入境检验检疫基本程序

（一）出境动物产品检疫基本程序

出境动物产品的检疫程序为：报检、产地检疫、起运地和出境口岸检疫、出证或放行。

1. 货主或其代理人输出动物产品时，除属野生濒危动物产品外，其他动物产品，货主可直接到口岸出入境检验检疫机构报检。
2. 办理出境报检手续时，货主应提供贸易合同或者协议，以及货物原产地县级以上兽医卫生防疫部门出具的有无重大疫情情况的证明。
3. 检疫人员可在仓库或者货场实施检疫，也可根据需要，在生产、加工过程中实施检疫，未发现异常者予以放行。
4. 输入国政府要求出具检疫证书的，可根据要求进行检疫，并出具检疫证书。
5. 对输入国要求中国对向其输出的动物产品的生产、加工、存放单位注册登记的，出入境检验检疫机构可以实行注册登记，并报国家质检总局备案。
6. 输出动物产品从起运地随原运输工具出境的，由出境口岸出入境检验检疫机构验证放行；改换运输工具出境的，换证放行。
7. 输出动物产品到达出境口岸后拼装的，因变更输入国家或者地区而有不同检疫要求的，或者超过规定的检疫有效期的，应当重新报检。

（二）出境植物产品和其他检疫物检疫基本程序

1. 货主或其代理人在检疫物出境前 10 天持报检单、贸易合同或有关协议、信用证或同外商（或有关部门）关于该批货物有关检疫要求的函电、发票、装箱单等单证向出入境检验检疫机构报检。需作熏蒸处理的应在 15 天前报检。

2. 出入境检验检疫机构在接受报检时应仔细审核有关单证，审查国外货主开具的信用证或合同中的检疫要求是否合理，我国能否做到和接受，对不合理的检疫要求应通知货主或其代理人修改合同或信用证。

3. 货主或其代理人陪同检疫人员实施检疫，检疫人员首先要了解货物存放确切的周围环境是否符合检疫管理的要求，要检查全部货物的存放情况及报检货物的生产、加工日期及地点、存放时间、包装情况等，同时核对报检单与货物的相符情况。

4. 检疫人员按规定在不同部位扦取样包进行倒包检查，检查包装物内外有无病虫感染，将样品带回室内检疫同时保存好样品。

5. 对生产、加工条件要求严格或包装特殊的检疫物，根据需要，出入境检验检疫机构可在出境前的生产、加工现场实施检疫。

6. 对扦回的样品作病、虫、杂草籽及土壤的检查，并取其平均样品封存好一定的样品，一般封存半年。

根据检疫结果，合格的放行；不合格的，重新整理、换货或除害处理后放行。

（三）入境动物产品检疫基本程序

1. 货主或代理人在动物产品入境前或入境时持报检单、检疫审批单、合同、发票及输出国（地区）检疫证书和产地证书等单证向入境口岸出入境检验检疫机构报检。

2. 现场检疫。动物产品到达口岸时，检疫人员到运输工具上和货物堆场实施检疫。了解动物产品装运和运输过程中的有关情况，核对货、证是否相符，检查有无腐败变质现象，容器、包装是否完好。根据情况，对运输工具的有关部位及装载动物产品的容器、包装外表、铺垫材料、被污染场地等进行消毒处理。需要实施实验室检疫的，按照规定采取样品，出具采样凭证。经现场检疫合格的动物产品，签发检疫放行通知单；不合格的，签发检疫处理通知单；对需要调离入境口岸海关监管区检疫的，签发检疫调离通知单，要求货主向到达地出入境检验检疫机构报检。

3. 室内检验或消毒处理。根据贸易合同、检疫条款、国家公布的"入境动物一、二类传染病、寄生虫病名录"的要求安排相应的室内检验项目。原羊毛、干皮、肠衣、火鸡毛、动物性药材等在使用前可作相应的消毒处理。

4. 出证和处理。经检疫消毒合格的动物产品，签发检疫放行通知单，同意加工使用。经检疫发现疫病的，签发检疫处理通知单或兽医卫生证书等，并通知、监督货主作无害化处理。

5. 检疫监督。出入境检验检疫机构对各自管辖范围内的入境动物产品实施检疫监督。入境动物产品如原羊毛、生皮、肠衣等的中转仓储、加工使用须符合兽医卫生要求，施行许可证注册。

（四）入境动物产品实施现场检疫基本程序

1. 查询动物产品的起运时间、港口、途经国家或地区，查看航行日志等。

2. 核对货物品种、数量、产地、包装、输出国（地区）检疫证书等是否与报检内容相符。货证不符的应记录在案，视情况作相应处理。

3. 检查动物产品有无腐败变质现象，容器、包装是否完好。符合要求的，允许卸离运输工具。发现散包、容器破裂的，由货主或者代理人负责整理完好，方可卸离运输工具。

4. 根据情况，对运输工具的有关部位及装载动物产品的容器、外表包装、铺垫材料、被污染场地等进行消毒处理。

5. 对易滋生植物害虫或者混藏杂草种子的动物产品，同时实施植物检疫。

6. 需要实施实验室检疫的动物产品，按照规定采取样品，出具采样凭证。

7. 经现场检疫合格的动物产品，如蓝湿皮、洗净毛、毛条等签发检疫放行通知单；对需要调离到出入境检验检疫机构指定地点进行检疫及监管加工、使用、储存的动物产品，签发检疫调离通知单。

五、检验检疫证书使用注意事项

1. 根据《动植物检疫法实施条例》第十五条的规定：凡变更进境物的品种或者数量的，变更输出国家或者地区的，变更进境口岸的，超过检疫审批有效期的，一律重新办理检疫审批手续。

2. 当输出国发生动物疫情时，国家质检总局依法颁布公告规定禁止某个国家某种检疫物进境时，已签发的从该国进口相关检疫物的检疫许可证自动废止。

3. 检验检疫证书在有效期内准许多次使用，由入境口岸检验检疫机构负责核销，用完废止。

4. 检验检疫证书超过有效期的，自动失效。

5. 检验检疫证书如有涂改的，自动失效。

6. 已取得检验检疫证书的单位，如有如下行为，检验检疫机关有权暂停或废止已取得的检验检疫证书并将予以处罚：

（1）检验检疫证书倒卖或转让其他单位使用的；

（2）擅自改变进境动物或动物产品流向的；

（3）涂改、伪造、变造检疫许可证的；

（4）弄虚作假取得检验检疫证书的。

第四章 出入境检验检疫及卫生证书

附件4-1：出口货物检验检疫证书样本

中华人民共和国出入境检验检疫
ENTRY-EXIT INSPECTION AND QUARANTINE
OF THE PEOPLE'S REPUBLIC OF CHINA

正本
ORIGINAL

编号 No.:

发货人
Consignor _____

收货人
Consignee _____

品名
Description of Goods _____

报检数量/重量
Quantity/Weight Declared _____

包装种类及数量
Number and Type of Packages _____

运输工具
Means of Conveyance _____

标记及号码
Mark & No.

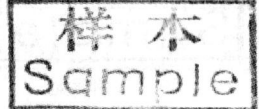

我们尽所知和最大能力实施上述检验。不能因我们签发本证书而免除卖方或其他方面根据合同和法律所承担的产品质量责任和其他责任。 All inspections are carried out conscientiously to the best of our knowledge and ability. This certificate does not in any respect absolve the seller and other related parties from his contractual and legal obligations especially when product quality is concerned.

B   [e 1-1(2000.1.1)]

附件 4-2：进口货物检验检疫证书样本

中华人民共和国出入境检验检疫
ENTRY-EXIT INSPECTION AND QUARANTINE OF THE PEOPLE'S REPUBLIC OF CHINA

正本 ORIGINAL

编号 No.:

收货人
Consignee _____

发货人
Consignor _____

品名
Description of Goods _____

报检数量/重量 Quantity/Weight Declared _____	标记及号码 Mark & No.
合同号 Contract No. _____	
发票号 Invoice No. _____	样本 Sample
提单或运单号 B/L or Way Bill No. _____	
到货地点 Place of Arrival _____	启运地 Place of Despatch _____
到货日期 Date of Arrival _____	卸毕日期 Date of Completion of Discharge _____
运输工具 Means of Conveyance _____	检验日期 Date of Inspection _____

我们已尽所知和最大能力实施上述检验，不能因我们签发本证书而免除卖方或其他方面根据合同和法律所承担的产品质量责任和其他责任。 All inspections are carried out conscientiously to the best of our knowledge and ability. This certificate does not in any respect absolve the seller and other related parties from his contractual and legal obligations especially when product quality is concerned.

[c 9-1(2000.1.1)]

附件4-3：检验检疫证书（续页）样本

证书
CERTIFICATE

正本
ORIGINAL
共 页第 页 Page of
编号 No.:

附件4-4-1：检验检疫证书（续页）（用于规定格式以外的品质检验、鉴定等证书）样本

 **中华人民共和国出入境检验检疫**
ENTRY-EXIT INSPECTION AND QUARANTINE
OF THE PEOPLE'S REPUBLIC OF CHINA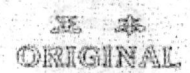

编号 No.：

我们已尽所知和最大能力实施上述检验，不因我们签发本证书而免除卖方或其他方面联合同和法律所承担的产品质量责任和其他责任。 All inspections are carried out conscientiously to the best of our knowledge and ability. This certificate does not in any respect absolve the seller and other related parties from his contractual and legal obligations especially when product quality is concerned.

A [cc-1(2000.1.1)]

附件4-4-2：检验检疫证书（续页）（用于规定格式以外的涉及卫生检疫、食品卫生检验、动植物检疫等证书）样本

中华人民共和国出入境检验检疫
ENTRY-EXIT INSPECTION AND QUARANTINE
OF THE PEOPLE'S REPUBLIC OF CHINA

ORIGINAL

编号 No.:

样本 Sample

中华人民共和国出入境检验检疫机关及其官员或代表不承担签发本证书的任何财经责任。No financial liability with respect to this certificate shall attach to the entry-exit inspection and quarantine authorities of the P. R. of China or to any of its officers or representatives.

B

[ce-2(2000.1.1)]

附件4-4-3：检验检疫证书（用于需要正反面打印的证书）样本

中华人民共和国出入境检验检疫
ENTRY-EXIT INSPECTION AND QUARANTINE
OF THE PEOPLE'S REPUBLIC OF CHINA

正本
ORIGINAL

编号 No.:

中华人民共和国出入境检验检疫机关及其官员或代表不承担签发本证书的任何财经责任。No financial liability with respect to this certificate shall attach to the entry-exit inspection and quarantine authorities of the P. R. of China or to any of its officers or representatives.

A

[e e-3(2000.1.1)]

附件 4-5：检验检疫更改申请书样本

中华人民共和国出入境检验检疫
更 改 申 请 单

日期：　　年　月　日　　　　　　　　　　　　　　　　　　　　＊编号：

申请人 （加盖公章）		联系人	
		电话	
原发证单 种类		原发证单 编号	
货物品名 及数量		交还 原证单	正本　份　　副本　份

申请摘要	更改内容：
	更改原因：

领证人签名：　　　　　　　　　　　　　　　　　日期：　　年　月　日

·以下栏目由检验检疫机关填写

施检部门意见：
签字：　　　　　　　　　　　　　　　日期：　　年　月　日
检务部门意见：
签字：　　　　　　　　　　　　　　　日期：　　年　月　日

注：有"＊"号栏由出入境检验检疫机关填写

[1-8(2000.1.1)]

附件4-6：出口卫生证书样本

中华人民共和国出入境检验检疫
ENTRY-EXIT INSPECTION AND QUARANTINE OF THE PEOPLE'S REPUBLIC OF CHINA

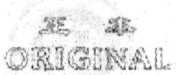

卫生证书
SANITARY CERTIFICATE

编号 No.:

发货人名称及地址
Name and Address of Consignor _____

收货人名称及地址
Name and Address of Consignee _____

品名
Description of Goods _____

加工种类或状态
State or Type of Processing _____

标记及号码
Mark & No.

报检数量/重量
Quantity/Weight Declared _____

包装种类及数量
Number and Type of Packages _____

贮藏和运输温度
Temperature during Storage and Transport _____

加工厂名称、地址及编号（如果适用）
Name, Address and approval No. of the approved Establishment (if applicable) _____

启运地
Place of Despatch _____

到达国家及地点
Country and Place of Destination _____

运输工具
Means of Conveyance _____

发货日期
Date of Despatch _____

中华人民共和国出入境检验检疫机关及其官员或代表不承担签发本证书的任何财经责任。No financial liability with respect to this certificate shall attach to the entry-exit inspection and quarantine authorities of the P. R. of China or to any of its officers or representatives.

附件4-7：进口卫生证书样本

中华人民共和国出入境检验检疫
ENTRY-EXIT INSPECTION AND QUARANTINE
OF THE PEOPLE'S REPUBLIC OF CHINA

卫生证书　　　　编号 No.:
SANITARY CERTIFICATE

收货人名称及地址
Name and Address of Consignee _____

发货人名称及地址
Name and Address of Consignor _____

品名
Description of Goods _____

报检数量/重量　　　　　　　　　　　标记及号码
Quantity /Weight Declared _____　　Mark & No.

包装种类及数量
Number and Type of Packages _____

产地
Place of Origin _____

合同号
Contract No. _____

到货地点　　　　　　　　　　到货日期
Place of Arrival _____　　Date of Arrival _____

启运地　　　　　　　　　　　卸毕日期
Place of Despatch _____　Date of Completion of Discharge _____

运输工具　　　　　　　　　　检验日期
Means of Conveyance _____　Date of Inspection _____

中华人民共和国出入境检验检疫机关及其官员或代表不承担签发本证书的任何财经责任。No financial liability with respect to this certificate shall attach to the entry-exit inspection and quarantine authorities of the P. R. of China or to any of its officers or representatives.

附件4-8：健康证书样本

中华人民共和国出入境检验检疫
ENTRY-EXIT INSPECTION AND QUARANTINE
OF THE PEOPLE'S REPUBLIC OF CHINA

正本
ORIGINAL

健 康 证 书
HEALTH CERTIFICATE

编号 No.：

发货人名称及地址
Name and Address of Consignor _____

收货人名称及地址
Name and Address of Consignee _____

品名
Description of Goods _____

加工种类或状态
State or Type of Processing _____

报检数量/重量
Quantity/Weight Declared _____

包装种类及数量
Number and Type of Packages _____

贮藏和运输温度
Temperature during Storage and Transport _____

标记及号码
Mark & No.

样本 Sample

加工厂名称、地址及编号（如果适用）
Name, Address and approval No. of the approved Establishment (if applicable) _____

启运地
Place of Despatch _____

到达国家及地点
Country and Place of Destination _____

运输工具
Means of Conveyance _____

发货日期
Date of Despatch _____

中华人民共和国出入境检验检疫机关及其官员或代表不承担签发本证书的任何财经责任。No financial liability with respect to this certificate shall attach to the entry-exit inspection and quarantine authorities of the P. R. of China or to any of its officers or representatives.

第五章　进境动植物检疫许可单证

第一节　概述

一、基本定义

进境动植物检疫许可单证是指根据《动植物检疫法》和相关法律、行政法规的规定，国家动植物检疫范围的进出境检疫物所需的相关进境动植物检疫许可证件，以及用于办理进境动植物检疫许可证件的相关单证等。主要类别如下。

（一）进境检疫许可证申请表

"中华人民共和国进境动植物检疫许可证申请表"简称"进境检疫许可证申请表"，是办理国家相关法律、法规规定范围内的进境检疫物的进境动植物许可证所需的一种专用申请文件。

（二）进境检疫许可证

"中华人民共和国进境动植物检疫许可证"简称"进境检疫许可证"，是《动植物检疫法》和相关法律、行政法规规定范围内的进境检疫物进境时，向进境地海关提交的一种海关凭以验放进境检疫物的特殊进境许可文件。

（三）进境检疫许可证申请未获批准通知单

"中华人民共和国进境动植物检疫许可证申请未获批准通知单"简称"进境检疫许可证申请未获批准通知单"，是审批机关经过对进境检疫许可证相关申请文件进行审核，对不符合国家进境检疫许可相关规定的进境检疫物的进境申请，所签发的一种不予批准的告知性文件。

二、主管部门

国家质检总局。

三、主要作用

（一）进境检疫许可证申请表

1. 申请单位向出入境检疫机构办理进境动植物及其产品进境检疫许可证的具有法律效力的书面申请文件；
2. 申请单位如实、全面地反映申请单位所申请进境动植物及其产品的相关情况的主要凭证；
3. 出入境检疫检验机构审核、签发检疫许可证的重要依据。

（二）进境检疫许可证

1. 国家法律、法规限制进境动植物及其产品依法进入我国关境的一种重要的法律文件；
2. 进境动植物及其产品的收货人或其代理人凭以进口国家限制进境动植物及其产品的重要法律凭证；
3. 海关凭以验放国家法律、法规限制进境动植物及其产品进入我国关境的重要法律依据。

（三）进境检疫许可证申请未获批准通知单

1. 出入境检验检疫机构依法对进境动植物及其产品收货人或其代理人提交的进境动植物检疫许可证申请进行审核，对不符合国家相关法律、法规规定允许进境的动植物及其产品所作出的不予批准的正式决定；
2. 国家相关行政管理机关对不予批准事项的一种行政告知文书。

四、适用范围

（一）进境检疫许可证申请表

1. 列入国家进境检验检疫范围的动物和植物；
2. 列入国家进境检验检疫范围的动物产品和植物产品；
3. 进口列入国家进境检验检疫范围的植物和植物产品的收货人或其代理人。

（二）进境检疫许可证

1. 列入国家进境检验检疫范围的动物，主要是指饲养、野生的活动物，如畜、禽、蛇、龟、鱼、虾、蟹、贝、蚕、蜂等；
2. 列入国家进境检验检疫范围的动物产品，主要是指来源于动物未经加工或者虽经加工仍有可能传播疫病的产品，如生皮张、毛类、肉类、脏器、油脂、动物水产品、奶制品、蛋类、血液、精液、胚胎、骨、蹄、角等；
3. 列入国家进境检验检疫范围的植物和植物产品，主要是指从境外输入的新鲜水果及茄科蔬菜中的番茄、茄子、辣椒等；
4. 进口列入国家进境检验检疫范围的植物和植物产品的收货人或其代理人。

（三）进境检疫许可证申请未获批准通知单

1. 不符合国家相关法律、法规规定允许进境的动植物及其产品的进境申请；
2. 不符合国家相关法律、法规规定允许进境的动植物及其产品；
3. 不符合国家相关法律、法规规定允许进境的动植物及其产品的进境申请人。

第二节　进境动植物检疫许可单证项目设置及填制

一、进境检疫许可证申请表项目设置及填制

进境检疫许可证申请表（见本章附件5-1）由4个主要栏目组成，即：申请单位栏，进境后的生产、加工、使用、存放单位栏，进境检疫物栏，审批意见栏。各栏目的项目设置和填写注意事项如下。

（一）申请单位栏

1. 编号

本项目为本申请表的编号，由受理本申请表的检验检疫机构编制。

2. 名称

本项目填报本申请表进境检疫物的申请单位名称，应当如实、准确填报该申请单位的全称。该申请单位应当是独立法人单位，一般为本申请表进境动植物及其产品的收货人或其代理人。

3. 地址

本项目填报本申请表进境检疫物申请单位的地址，应当如实、准确填报。该地址一般为该申请单位工商营业执照或其他确认其法人单位的相关证书所注明的单位地址。

4. 邮编

本项目填报本申请表进境检疫物申请单位的邮政编码。

5. 法人代码

本项目填报本申请表进境检疫物申请单位的法人代码，一般由9位阿拉伯数字组成，其中前8位数字是法人单位的顺序代码，最后1位数字是校验码。

6. 联系人

本项目填报本申请表进境检疫物申请单位的联系人姓名，一般是指具体负责办理进境动植物及其产品进境申请手续的负责人。

7. 电话

本项目填报本申请表进境检疫物申请单位的联系电话号码，一般可填报联系人的联系电话。

8. 传真

本项目填报本申请表进境检疫物申请单位的传真号码。

9. 声明栏

本项目由本申请表的申请单位向出入境检验检疫机构作出提交本申请的承诺与声明。该承诺与声明内容已统一印制在本栏目中，无需申请人自行填写，申请人只需在本栏中签字并加盖本单位公章，则本承诺与声明自动生效。

（1）承诺与声明。

本项目的具体承诺与声明内容为："本表所填内容真实；保证严格遵守进出境动植物检疫的有关规定，特此证明。"

（2）签字盖章。

本项目由本申请表进境检疫物申请单位的法人或法人授权的主要负责人签字，并加盖本单位的公章。

（3）日期。

本项目填报填写本申请表的具体日期。

（二）进境后的生产、加工、使用、存放单位栏

本栏填写本申请表所列进境检疫物进境后使用、加工或存放的单位的名称、地址、联系人和联系方式。

1. 名称及地址

本项目填报本申请表所列进境检疫物进境后的生产、加工、使用、存放单位的名称及具体地址。

2. 联系人

本项目填报本申请表所列进境检疫物进境后的生产、加工、使用、存放单位的联系人姓名。

3. 电话

本项目填报本申请表所列进境检疫物进境后的生产、加工、使用、存放单位的联系电话号码。

4. 传真

本项目填报本申请表所列进境检疫物进境后的生产、加工、使用、存放单位的传真号码。

（三）进境检疫物栏

1. 名称

本项目填报本申请表所列进境检疫物的货物名称。应当填写实际进境的动植物及其产品的准确名称。

2. 品种

本项目填报本申请表所列进境检疫物的具体货物品种。

3. 数量/重量

本项目填报本申请表所列进境检疫物的货物数量与重量。

4. 产地

本项目填报本申请表所列进境检疫物的产地名称。应当填写实际进境的动植物及其产品的实际出产地。

5. 境外生产、加工、存放单位

本项目填报本申请表所列进境检疫物的境外生产、加工、存放单位名称。应当填写实际进境的动植物及其产品的生产加工单位或该检疫物起运前的实际存放单位名称。

6. 是否转基因产品

本项目填报本申请表所列进境检疫物是否属于转基因产品。

7. 输出国家或地区

本项目填报本申请表所列进境检疫物的输出国家或地区名称。应当填写实际进境的动植物及其产品的出口国家或地区。

8. 进境日期

本项目填报本申请表所列进境检疫物的进境日期。应当填写载运进境的动植物及其产品运输工具进入我国关境的具体时间，并应当具体注明年、月、日。

9. 出境日期

本项目填报本申请表所列进境检疫物的出境日期。应当填写载运进境的动植物及其产品运输工具驶离该进境检疫物国家或地区的时间，并应当具体注明年、月、日。

10. 进境口岸

本项目填报本申请表所列进境检疫物的进境口岸。应当填写载运进境的动植物及其产品运输工具进入我国关境的口岸。

11. 结关地

本项目填报本申请表所列进境检疫物的结关地名称。应当填写进境的动植物及其产品最终办结海关手续的设有海关的地点，结关地与进境口岸可以为同一地点，也可以为不同地点。

12. 目的地

本项目填报本申请表所列进境检疫物的目的地名称，指该检疫物的最终目的地，可能是境内也可能是境外。

13. 用途

本项目填报本申请表所列进境检疫物的用途。应当填写该检疫物的实际、具体用途。

14. 出境口岸

本项目填报本申请表所列进境检疫物的出境口岸名称，指进境检疫物以转运、过境、通运等运输方式通过我国关境，再运往境外的出境口岸，应当填报载运检疫物的运输工具驶离我国关境的最后一个口岸。

15. 运输路线及方式

本项目填报本申请表所列进境检疫物的运输路线及方式。

16. 进境后的隔离检疫场所

本项目填报本申请表所列进境检疫物进境后的隔离检疫场所名称。应当填写经检疫检验机构批准的隔离场所。

（四）审批意见栏

1. 初审机关意见栏

本项目由受理本申请表的检验检疫机构经办人员进行初步审核。

（1）初审意见。

本项目由检验检疫机构初审人员根据国家对进境检疫物的有关法律法规，对本申请表所填报各项进行审核，审核后签署初步审核意见。

（2）签字盖章。

本项目由检验检疫机构初审人员签署姓名，并加盖相关印章。

（3）日期。

本项目由检验检疫机构初审人员签署具体审核日期。

2. 审批机关意见栏

（1）审批机关意见。

本项目由检验检疫相关审批机关根据国家进境检疫物的有关法律法规，对本申请表所填报各项及相关初审意见进行审核后，签署对本申请表的审批意见。

（2）经办。

本项目由检验检疫相关审批机关的经办人员签署姓名。

（3）审核。

本项目由检验检疫相关审批机关的审核人员签署姓名。

（4）签发。

本项目由检验检疫相关审批机关的签发人员签署姓名。

（5）经办日期。

本项目由检验检疫相关审批机关签署办理日期。

二、进境检疫许可证项目设置及填制

进境检疫许可证（见本章附件 5-2-1）由许可证编号、申请单位栏、进境检疫物栏、检验要求栏、有效期、备注栏等部分组成。填制要求如下。

（一）许可证编号

本项目注明本许可证的编号，由核发本许可证的检验检疫机构统一编制。

（二）申请单位栏

1. 名称

本项目注明本许可证的申请单位名称，一般是指本许可证进境动植物及产品的收货人或其代理人。

2. 法人代码

本项目注明本许可证申请单位的法人代码，为国家统一标识代码，是由政府职能部门给每一个单位颁发的在全国范围内使用的、唯一的、始终不变的法定代码。

3. 地址

本项目注明本许可证申请单位的地址。

4. 邮政编码

本项目注明本许可证申请单位的邮政编码。

5. 联系人

本项目注明本许可证申请单位的联系人。

6. 电话

本项目注明本许可证申请单位的联系电话。

7. 传真

本项目注明本许可证申请单位的传真号码。

（三）进境检疫物栏

1. 名称

本项目注明本许可证所列进境检疫物的货物名称，指实际进境的动植物及其产品的准确名称。

2. 品种

本项目注明本许可证所列进境检疫物的货物品种，指货物的具体种类、规格、型号等。

3. 数量

本项目注明本许可证所列进境检疫物的货物数量。

4. 重量

本项目注明本许可证所列进境检疫物的货物重量。

5. 产地

本项目注明本许可证所列进境检疫物的原产地名称，指实际进境的动植物及其产品的实际出产地。

6. 生产、加工、存放单位

本项目注明本许可证所列进境检疫物的境外生产、加工、存放单位名称，指实际进境的动植物及其产品的生产加工单位或该检疫物起运前的实际存放单位。

7. 输出国家或地区

本项目注明本许可证所列进境检疫物的输出国家或地区名称，一般是指实际进境的动植物及其产品的出口国家或地区。

8. 进境日期

本项目注明本许可证所列进境检疫物的进境日期，一般是指载运进境动植物及其产品的运输工具进入我国关境的具体时间。

9. 出境日期

本项目注明本许可证所列进境检疫物的出境日期，一般是指载运进境动植物及其产品的运输工具驶离该国家或地区的时间。

10. 进境口岸

本项目注明本许可证所列进境检疫物的进境口岸，一般是指载运进境动植物及其产品的运输工具进入我国关境的口岸。

11. 出境口岸

本项目注明本许可证所列进境检疫物的出境口岸名称，一般是指进境检疫物以转运、过境、通运等运输方式通过我国关境，再运往境外的出境口岸，应当填报载运检疫物的运输工具驶离我国关境的最后一个口岸。

12. 指运地

本项目注明本许可证所列进境检疫物的指运地名称，一般是指该检疫物最终运往的目的地。

13. 进境后的生产、加工、使用、存放单位

本项目注明本许可证所列进境检疫物进境后的生产、加工、使用、存放单位的名称。

14. 运输路线及方式

本项目注明本许可证进境检疫物的运输路线及方式。

15. 进境后的检验隔离场所

本项目注明本许可证所列进境检疫物进境后的隔离检疫场所名称，一般为经检疫检验机构批准的隔离场所。

（四）检验要求栏

1. 检验要求

本项目由核发本许可证的检验检疫机构签注对本许可证所列进境检疫物的相关检疫要求。

2. 签字盖章

本项目由核发本许可证的检验检疫机构签注相关签发人员的姓名。

3. 日期

本项目由核发本许可证的检验检疫机构注明签署本许可证的日期。

（五）有效期

本项目由核发本许可证的检验检疫机构注明本许可证的有效期限。

（六）备注栏

本项目由核发本许可证的检验检疫机构注明本许可证应加以特别说明的其他相关事项。

三、检疫物进境核销表项目设置及其填制

"中华人民共和国进境动植物检疫许可证（检疫物进境核销表）"简称"检疫物进境核销表"（见本章附件5-2-2），属于进境检疫许可证的一部分，主要用于对进境动植物检疫许可证所列进境检疫物的实际进境情况进行核销，以便掌握进境检疫物的进境总体情况。具体项目设置及相关填制事项如下。

（一）进境日期

本项目签注进境动植物检疫许可证所列进境检疫物的实际进境日期，一般为进境检疫物的申报进境日期。

（二）检验物名称

本项目签注进境动植物检疫许可证所列进境检疫物实际进境的检验物名称，一般签注实际进境的动植物及其产品的准确名称。

（三）进境量

本项目签注进境动植物检疫许可证所列进境检疫物的实际进境数量，一般应当注明相关计量单位。

（四）进境口岸

本项目签注进境动植物检疫许可证所列进境检疫物的实际进境口岸名称。

（五）核销官员签字

本项目由签注本核销表的官员签署姓名并加盖相关印章。

（六）说明栏

本项目为进境检疫许可证的说明栏，主要对进境动植物检疫许可证的使用加以进一步的说明。具体说明事项见附件 5-2-2。

四、进境检疫许可证申请未获批准通知单项目设置及填制

进境检疫许可证申请未获批准通知单（见本章附件 5-3）由申请单位、进境动植物许可证申请表编号、申请未获得批准的原因和签署栏目等组成，具体项目设置及主要内容如下。

（一）申请单位

本项目由签署本通知单的检验检疫机构注明申请单位名称，指向检验检疫机构提交进境检疫许可证申请表的申请单位。

（二）进境动植物许可证申请表编号

本项目由签署本通知单的检验检疫机构注明进境动植物许可证申请表的编号，指经检验检疫机构审核，对检验检疫机构未予以批准的进境检疫许可证申请表的编号。

（三）申请未获得批准的原因

本项目由签署本通知单的检验检疫机构注明未予以批准申请单位提交进境动植物许可证申请表的主要原因。本通知书已将不予批准的主要原因统一印制在本项目中，检验检疫机构一般在已设定的主要项目前的"□"中划"√"标注。如未予以批准的原因未包括在内，则由检疫检验机构在未列原因的"□"后签署相应的不予批准原因。本通知中已列明的主要原因有以下 3 项：

"输出（产地）国家或者地区发生了重大动植物疫情并可能传入中国，中华人民共和国出入境检验检疫局已依照《中华人民共和国进出境动植物检疫法》发布了第　号公告，禁止该检验物进境。

不符合两国家签署的双边检验条约（包括协定、协议、议定书、备忘录等）。

不符合中国有关动植物检疫法律、法规、规章的规定。"

（四）签字盖章

本项目由签署本通知单的检验检疫机构相关签发人员签署姓名，并加盖检疫检验机构印章。

（五）日期

本项目由签署本通知单的检验检疫机构签署签发本通知单的日期。

第三节 进境动植物检疫须知及注意事项

一、进境动植物的基本概念

（一）动物和动物产品

根据出入境检验检疫的有关规定，进境动物和动物产品主要是指以下的动物和动物产品：

1. 动物，主要是指饲养、野生的活动物，如畜、禽、蛇、龟、鱼、虾、蟹、贝、蚕、蜂等。
2. 动物产品，主要是指来源于动物未经加工或者虽经加工仍有可能传播疫病的产品，如生皮张、毛类、肉类、脏器、油脂、动物水产品、奶制品、蛋类、血液、精液、胚胎、骨、蹄、角等。
3. 国家禁止进境的有关动物和动物产品方面的进境物，如：动物病原体（包括菌种、毒种）等。

（二）植物和植物产品

根据出入境检验检疫的有关规定，进境植物和植物产品主要是指从境外输入的新鲜水果及茄科蔬菜中的番茄、茄子、辣椒等。

二、进境动植物检验检疫审批条件

（一）一般检疫物审批条件

根据出入境检验检疫的有关规定，办理进境检疫审批手续应当符合下列基本条件：

1. 输出国家或者地区无重大疫情；
2. 符合中国有关动植物检疫法律、法规的规定；
3. 符合中国与输出国家或者地区签订的有关双边检疫协定（含检疫协议、备忘录等）。

（二）特许检疫物审批条件

根据出入境检验检疫的有关规定，办理进境特许检疫物审批手续应当符合下列条件：

1. 引进禁止进境物的单位或个人必须事先向国家质检总局提出申请，办理特许审批手续；
2. 引进的禁止进境物确属科学研究等特殊需要，要求引进单位或个人提供上级主管部门的证明，详细说明"特批物"的品名、品种、产地和引进的特殊需要及使用方式；
3. 引进单位应提供具有符合检疫要求的监督管理措施。

三、报检所需单证

进境检疫物的收货人或其代理人向检疫检验机构报检，申请办理进境动物、动物产品及其他检疫物报检手续时，除填写入境货物报检单外，应当向检疫检验机构提交以下有关单证：

1. 输出国家或地区政府出具的检疫证书（正本）；
2. 进境动物、动物产品需提供进境检疫许可证，分批进口的，还需提供许可证复印件进行核销；
3. 外贸合同、发票、装箱单、海运提单或空运单、产地证等；
4. 输入活动物的应提供隔离场审批证明；
5. 输入动物产品的应提供加工厂注册登记证书；
6. 以一般贸易方式进境的肉鸡产品报检时还需提供有关主管部门签发的自动登记进口证明，外商投资企业进境的肉鸡产品，还需提供有关主管部门签发的外商投资企业特定商品进口登记证明复印件；
7. 以加工贸易方式进境的肉鸡产品，应提供由外经贸部门签发的加工贸易业务批准证；
8. 来自美国、日本、韩国及欧盟（15个国家）的检疫物，应按规定提供有关包装情况的证书和声明。

四、报检时间与报检地点

进境检疫物的收货人或其代理人应当在检疫审批单规定的地点向检验检疫机构报检。检疫审批单对检疫地点规定的一般性原则为：

1. 输入动物、动物产品和其他检疫物，向入境口岸检验检疫机构报检，由口岸检验检疫机构实施检疫；

2. 入境后需办理转关手续的检疫物，除活动物和来自动植物疫情流行国家或地区的检疫物由入境口岸检疫外，其他均在指运地检验检疫机构报检并实施检疫；

3. 报检程序要求收货人、货主或其代理人应在货物入境前向口岸检验检疫机构填制报检单报检，约定检疫时间。经现场检疫合格的，允许卸离运输工具，对运输工具、货物外包装、污染场地进行消毒处理并签发入境货物通关单，将货物运往指定存放地点。该批货物未经检验检疫机构实施检验检疫，不得加工、使用、销售。

五、进境动物及动物产品的审批程序

1. 填写进境检疫许可证申请表，报进境口岸直属检验检疫局进行初审。

2. 加工、使用地非进境口岸直属局管辖又需要监管的货物，还需到使用地直属检验检疫局初审。

3. 部分入境后需要对生产、加工过程实施检疫监督的进口动物产品（如肉类、原皮、原毛、生骨、蚕茧等），各直属检验检疫局需审核企业是否属定点企业，并考察企业的加工能力、核定进口数量。结合上述考核，检查工厂落实防疫措施情况，加盖公章后将书面考核报告上报国家质检总局审批。

4. 申请人持当地出入境检验检疫机构出具的进境动物隔离场审批单或有关动物产品加工许可证，以及审批机关要求的有关证明（如营业执照等），办理审批。

5. 进境检疫许可证申请未获批准通知单由检疫审批机关签发，用于通知申请单位申请未获批准的原因。

6. 根据有关规定可以核销的产品，同一进口企业第二次申请时，必须附前一次检疫许可证的核销表或由直属局将原件检疫许可证复印并加盖公章后附上。经确认上一次进境检疫许可证进口核销完或即将核销完或退回原证后，方可办理下一批进口许可证。同一进口公司同一品种、来自同一国家的，一次只能办理一份检疫许可证。

六、进境植物及植物产品检疫审批程序

1. 所有进境植物及其产品的检疫审批均由国家质检总局办理。其中：

（1）需要初审的，由进境口岸直属检验检疫局进行初审；

（2）加工、使用地不在进境口岸初审机构所辖地区内的货物，必要时还需由使用地初审机构初审。

2. 入境检疫物的收货人或其代理人应当事先按要求填写进境检疫许可证申请表，向国家质检总局提出申请。

3. 供展览用的进境水果，必须经展览会所在地检验检疫机构签署意见；供直通车船、关前免税店、涉外酒店等使用、销售的进境水果，必须经进境口岸检验检疫机构签署意见。

4. 经直属出入境检验检疫局初审后，上报国家质检总局。经国家质检总局审核，对符合审批要求的，签发进境检疫许可证；不符合审批要求的，不予签发，并告知申请人不予签发的理由。

5. 办理进境检疫审批手续后，有下列情况之一的，进境检疫物的收货人或其代理人应当重新办理审批手续：

（1）变更进口水果的品种或增加数量的；

（2）变更输出国家或地区的；

（3）变更进境口岸的；

（4）超过检疫许可证有效期的。

七、特许检疫物审批程序

1. 引进单位提交有关证明，到当地检验检疫机构领取进境检疫许可证申请表；

2. 引进单位填写检疫特许审批单后，报国家质检总局审批；

3. 国家质检总局根据特批物进境后的特殊需要和使用方式，决定核准的数量，提出检疫要求，指定进境口岸，并委托有关口岸检验检疫机构核查和监督使用。

八、检疫许可证使用方法

1. 进境检疫许可证由国家质检总局统一规定格式并负责监制，一式四联，各联的具体用途如下：

（1）第一联，由申请单位留存；

（2）第二联，由进境口岸出入境检验检疫机构留存；

（3）第三联，由指运地出入境检验检疫机构留存；

（4）第四联，由审批部门留存。

2. 检疫许可证由国家出入境检验检疫机构统一编印流水号，由审批部门按照国家质检总局的规定编写许可证编号。

3. 许可证均使用计算机打印，并由审批部门主管官员签字、加盖公章后生效，涂改、手写均为无效。

4. 检验检疫审批部门在签发许可证时，必须批注许可证的有效期，超过有效期进口动植物及其产品的，许可证一律无效。

5. 进境检疫物的收货人或其代理人应当在进境前或进境时向入境口岸所在地出入境检验检疫机构报检，并提交进境检疫许可证、输出国家或地区政府动植物检疫机关签发的植物检疫证书及产地证书、贸易合同、发票等证单。

6. 进境水果无输出国家或者地区政府动植物检疫机关签发的植物检疫证书的，或者未依法办理检疫审批手续，入境口岸所在地出入境检验检疫机构可以根据具体情况，作退回或者销毁处理。

7. 在港澳地区采购的水果，如确实无法提供输出国家或地区官方植物检疫证书的，凭国家质检总局确认的有关港澳农产品检验机构出具的证明文件和上述有关证单报检。边境小额贸易进境水果，因贸易条件限制，无法提供植物检疫证书的，应事先征得直属出入境检验检疫机构同意。

8. 供展览用的疫区水果，必须事先向国家质检总局办理特许检疫审批手续。

9. 进境活动物和动物产品检疫审批的有效期为3个月。办理审批后，需更改进境国家和地区、时间、动物或动物产品的种类及数量的，需重新办理审批手续。输出国发生重大疫情时，如果国家有关部门发布禁止或限制公告，原审批自动失效。

附件 5-1-1：进境检疫许可证申请表样本

中华人民共和国
进境动植物检疫许可证申请表

一、申请单位
编号：

名称：		
地址：		
邮编：	法人代码：	联系人：
电话：	传真：	

本表所填内容真实；保证严格遵守进出境动植物检疫的有关规定，特此声明。
签字盖章：
申请日期： 年 月 日

二、进境后的生产、加工、使用、存放单位

名　称　及　地　址	联系人	电　话	传　真

三、进境检疫物

名　称	品种	数量/重量	产地	境外生产、加工、存放单位	是否转基因产品

输出国家或地区：	进境日期：	出境日期：
进境口岸：	结关地：	
目的地：	用途：	出境口岸：
运输路线及方式：		
进境后的隔离检疫场所：		

四、审批意见（以下由出入境验检疫机关填写）

初审机关意见：	审批机关意见：
签字盖章：	经办：　审核：　签发：
日期： 年 月 日	经办日期： 年 月 日

A0680125　　中华人民共和国国家质量监督检验检疫总局印制

附件 5-1-2：进境检疫许可证申请表（申请表填表说明）样本

填 表 须 知

1. 本申请表适用于申请办理进境检疫物（指动植物、动植物产品，下同）的检疫审批、禁止进境物的特许检疫审批和过境动物的检疫审批。
2. 检疫审批手续应当在贸易合同或协议签订前办妥。
3. 检疫审批由国家出入境检验检疫局或者其授权的直属出入境检验检疫局负责。
4. 本申请表由国家出入境检验检疫局统一印制并编流水号。
5. 本申请表须如实填写并加盖申请单位的公章、涂改无效。
6. "申请单位"应为直接对外签约单位。
7. 申请进境动植物的应填写数量及计量单位，申请进境动植物产品的应填写重量及其计量单位。
8. "产地"填产地国家或地区。
9. "出境口岸"和"出境日期"适用于申请过境动物检疫审批时填写。
10. "指运地"指进境检疫物在我国办理结关手续的地点。
11. "目的地"指进境检疫物的最终到达地。如申请过境动物检疫审批，则填写输入国家或地区及其入境口岸。
12. "运输路线与方式"指检疫物离开输出国或地区到目的地的运输路线和运输方式。
13. "隔离检疫场所"指出入境检验检疫机关批准的动物、植物进境后的隔离检疫场所，如果是临时隔离检疫场，须提交所在地出入境检验检疫局出具的合格证明。
14. 因科研等特殊需要，申请引进《中华人民共和国进出境动植物检疫法》第五条第一款所列禁止进境物的，由直属出入境检验检疫局签署初审意见并加盖公章，同时还需提交进境后的防疫措施和省部级批准的科研立项证明，再报国家出入境检验检疫局审批。
15. 申请过境动物检疫审批的，须提交输入国或地区政府动物检疫部门出具的准许该批动物入境的许可证。
16. 不同品种，不同输出国家或地区的进境检疫物应分别填写。

附件 5-2-1：进境检疫许可证（第一联）样本

中华人民共和国进境动植物检疫许可证
PERMIT TO IMPORT QUARANTINE MATERIAL INTO THE PEOPLE'S REPUBLIC OF CHINA

许可证编号：

申请单位	名称：					法人代码：	
	地址：					邮政编码：	
	联系人：			电话：		传真：	
进境检疫物	名称	品种	数量	重量	产地	生产、加工、存放单位	
	输出国家或地区：			进境日期：		出境日期：	
	进境口岸：		出境口岸：		指运地：		
	目的地：		用途：				
	进境后的生产、加工、使用、存放单位：						
	运输路线及方式：						
	进境后的隔离检疫场所：						
检疫要求	签字盖章： 签发日期：						
有效期限：							
备注：							

A 0009032　　第一联：申请单位存（凭此联向出入境检验检疫局报检）

附件5-2-2:进境检疫许可证(检疫物进境核销表)样本

检疫物进境核销表

进境日期	检疫物名称	进境量	剩余量	进境口岸	核销官员签字

说明

1. 本许可证一式四联:第一联(申请单位存),第二联(进境口岸出入境检验检疫局存),第三联(指运地出入境检验检疫局存),第四联(审批机关存档)。

2. 许可证由国家出入境检验检疫局统一印制并编流水号。许可证号由审批机关按国家出入境检验检疫局的规定编写。

3. 许可证由计算机打印,由审批机关主管官员签字并加盖公章后生效,涂改或手写无效。

4. 核销登记表由进境口岸出入境检验检疫局填写,核销仅限于不需要隔离检疫的检疫物。

5. 领取许可证后,需要变更内容或超过有效期的,申请单位应当重新申请。

6. 审批机关及其官员不承担颁发许可证的任何财经责任。如果产地(输出)国家或地区发生重大动植物疫情并可能传入我国时,国家出入境检验检疫局将依法发布禁止有关检疫物进境的《公告》,则已签发的有关检疫许可证自动废止。

7. 申请单位违反有关进出境动植物检疫规定,审批机关将对已签发的许可证予以吊销。

附件5-3：进境检疫许可证申请未获批准通知单样本

 **中华人民共和国进境动植物检疫许可证申请未获批准通知单**

申请单位：
《进境动植物检疫许可证申请表》编号：
申请未获得批准的原因： □输出（产地）国家或者地区发生了重大动植物疫情并可能传入中国，中华人民共和国国家出入境检验检疫局已依照《中华人民共和国进出境动植物检疫法》发布了第　　号《公告》，禁止该检疫物进境。 □不符合两国签署的双边检疫条约（包括协定、协议、议定书、备忘录等）。 □不符合中国有关动植物检疫法律、法规、规章的规定。 □   签字盖章： 　　　年　　月　　日

第六章 出入境动植物检验检疫证书

第一节 概述

一、基本定义

出入境动植物检验检疫证书，是指国家出入境检验检疫部门根据国家相关法律、法规和规章的规定，对进出口动植物及其产品实施检验检疫，签发的用以证明其符合检验检疫规定的一种具有法律效力的证明文件。

本章所介绍的出入境动植物检验检疫证书主要包括以下相关单证：
1. 中华人民共和国出入境检验检疫动物卫生证书（以下简称动物卫生证书）；
2. 中华人民共和国出入境检验检疫动物检疫证书（以下简称动物检疫证书）；
3. 中华人民共和国出入境检验检疫动植物检疫证书（以下简称动植物检疫证书）；
4. 中华人民共和国出入境检验检疫植物检疫证书（以下简称植物检疫证书）；
5. 中华人民共和国出入境检验检疫植物转口检疫证书（以下简称植物转口检疫证书）。

二、主管部门

（一）主管部门

国家质检总局。

（二）审核发证部门

国家质检总局设在各省、自治区、直辖市的直属出入境检验检疫局。

三、主要作用

1. 出入境货物收发货人或其代理人凭以办理动植物及其产品合法出入境的有效凭证；
2. 过境货物收发货人或其代理人凭以办理动植物及其产品合法过境的有效凭证；
3. 出入境检验检疫机构对出入境动植物及其产品实施监督管理的具体措施；
4. 出入境检验检疫机构代表国家履行国际义务的手段；
5. 国际贸易双方办理进出口动植物及其产品索赔的有效证件；
6. 保护国家动植物及其产品安全，以及出入境动植物及其产品检验检疫安全的有效措施。

四、适用范围

1. 各类出入境动植物及其产品；
2. 各类过境动植物及其产品；
3. 各类出入境动植物及其产品的收发货人或其代理人；
4. 各类过境动植物及其产品的收发货人或其代理人；
5. 负责对出入境动植物实施检验检疫，并签署相关检验检疫证书的各出入境检验检疫机关；
6. 负责对过境动植物实施检验检疫，并签署相关检验检疫证书的各出入境检验检疫机关。

第二节 出入境动植物检验检疫证书项目设置及填制

一、动物卫生证书项目设置及填制

动物卫生证书（见本章附件 6-1）是国家出入境检验检疫部门根据国家相关法律、法规和规章的规定，对进出境动物及其产品实施卫生检验检疫而签发的用以证明其符合检验检疫卫生规定的一种具有法律效力的证明文件。

动物卫生证书采用中文、英文两种文字签注，项目设置及填制要求如下。

（一）单证名称

本证书的全称为：中华人民共和国出入境检验检疫动物卫生证书。

（二）编号

本项目注明本证书的编号，由签发本证书的出入境检验检疫机构按照编号规则编写。

（三）发货人名称及地址

本项目注明申请对动物及动物产品进行卫生检验的发货人单位名称及地址。一般填写中文、英文全称和详细地址。

（四）收货人名称及地址

本项目注明申请对动物及动物产品进行卫生检验的收货人单位名称及地址。一般填写中文、英文全称和详细地址。

（五）动物种类

本项目注明本证书所列检验检疫动物及动物产品的种类。

（六）动物学名

本项目注明本证书所列检验检疫动物及动物产品的学名。

（七）动物品种

本项目注明本证书所列检验检疫动物及动物产品的品种。

（八）产地

本项目注明本证书所列检验检疫动物及动物产品的原产地名称。"产地"是指动物的出产地或饲养地，以及动物产品的生产加工地。其中：出境的填写国别和省份，如中国北京；入境的填写货物的生产、加工的国家或地区及城市名称。

（九）报检数量

本项目注明本证书所列检验检疫动物及动物产品的报检数量，指进出境动物及动物产品的收发货人或其代理人向相关出入境检验检疫机构申请实施卫生检验检疫的动物及动物产品的具体数量。

（十）报检日期

本项目注明本证书所列检验检疫动物及动物产品的报检日期，指进出境动物及动物产品的收发货人或其代理人向出入境检验检疫机构申请实施动物及动物产品卫生检验检疫的日期。

（十一）起运地

本项目注明本证书所列检验检疫动物及动物产品的起运地名称。"起运地"是指装载货物出境或入境的国际交通工具的起运地点。出境原则上填写起运地名称；入境按进口提单所列的起运地点填写。

（十二）发货日期

本项目注明本证书所列动物及动物产品的发货日期，指出口货物装载出境运输工具的日期。

（十三）到达国家/地区

本项目注明本证书所列检验检疫动物及动物产品的到达国家或地区的名称，指离开我国口岸直接运抵或者在运输中转国家或地区未发生任何商业性交易的情况下最后运抵的国家或地区。

（十四）运输工具

本项目注明本证书所列检验检疫动物及动物产品的运输工具名称。"运输工具"是指载运动物及动物产品进出境的运输工具的名称或运输工具编号。没有确定运输工具编号的，可填写运输工具类别。明确运输方式没有明确运输工具的，可填写"陆运"（By Land）或"空运"（By Air）、"海运"（By Sea）。

（十五）免责声明

本项目由签发本证书的出入境检验检疫机关注明对于本证书的免责声明。免责声明是我国出入境检验检疫部门参考国际上官方检验检疫机构的做法而加注的。具体内容为：

"中华人民共和国出入境检验检疫机关及其官员或代表不承担签发本证书的任何财经责任。"

二、动物检疫证书项目设置及填制

动物检疫证书（见本章附件6-2）是国家出入境检验检疫部门根据国家相关法律、法规和规章的规定，对进出境动物实施检验检疫而签发的用以证明其符合检验检疫规定的一种具有法律效力的证明文件。

动物检疫证书采用中文、英文两种文字签注，项目设置及填制要求如下。

（一）单证名称

本证书的全称为："中华人民共和国出入境检验检疫动物检疫证书"。

（二）编号

本项目注明本证书的编号，由签发本证书的出入境检验检疫机构按编号规则编写。

（三）收货人名称及地址

本项目注明申请对动物进行检验检疫的收货人名称及地址。一般填写中文、英文全称和详细地址。

（四）发货人名称及地址

本项目注明申请对动物进行检验检疫的发货人的名称及地址。一般填写中文、英文全称和详细地址。

（五）动物种类

本项目注明申请检验检疫动物的动物种类。

（六）动物学名

本项目注明申请检验检疫动物的动物学名。

（七）动物品种

本项目注明申请检验检疫动物的动物品种。

（八）产地

本项目注明申请检验检疫动物的产地名称。"产地"是指动物的出产地或饲养地，以及动物产品的生产加工地。其中：出境的填写国别和省份，如中国北京；入境的填写货物的生产、加工的国家或地区及城市名称。

（九）报检数量

本项目注明申请检验检疫动物的报检数量，指进出境动物及动物产品的收发货人或其代理人向相关出入境检验检疫机构申请实施卫生检验检疫的动物及动物产品的具体数量。

（十）合同号

本项目注明申请检验检疫动物的合同编号，指贸易双方就本批货物出境或入境而签订的贸易合同、订单、成交确认书的编号。

（十一）到货地点

本项目注明本证书所列检验检疫动物的到货地点名称。

（十二）到货日期

本项目注明本证书所列检验检疫动物的到货日期，通常是指装载本证书所列进境动物的运输工具抵达我国进境口岸的日期。

（十三）起运地

本项目注明本证书所列检验检疫动物的起运地名称，指装载本证书所列货物出境或入境的国际交通工具的起运地点。出境的原则上填写起运地名称；入境的按进口提单所列的起运地点填写。

(十四) 运输工具

本项目注明本证书所列检验检疫动物的运输工具名称，指载运动物进出境的运输工具的名称。本项目一般应当按照实际情况，用英文填写运输工具的种类、名称。没有确定运输工具编号的，可填写运输工具类别。明确运输方式没有明确运输工具的，可填写"陆运"（By Land）、"空运"（By Air）、"海运"（By Sea）。

（十五）免责声明

本项目由签发本证书的出入境检验检疫机关注明对于本证书的免责声明。具体内容为："中华人民共和国出入境检验检疫机关及其官员或代表不承担签发本证书的任何财经责任。"

三、入境植物检疫证书项目设置及填制

入境植物检疫证书（见本章附件6-3）是国家出入境检验检疫部门根据国家相关法律、法规和规章的规定，对进境植物及产品实施检验检疫而签发的用以证明其符合入境检验检疫有关规定的一种具有法律效力的证明文件。

入境植物检疫证书采用中文、英文两种文字签注，项目设置及填制如下。

（一）单证名称

本证书的全称为"中华人民共和国出入境检验检疫植物检疫证书"。

（二）编号

本项目注明本证书的编号，由签发本证书的出入境检验检疫机构按照编号规则编写。

（三）收货人名称及地址

本项目注明申请对入境植物及植物产品进行检验检疫的收货人名称及地址。一般填写中文、英文全称和详细地址。

（四）发货人名称及地址

本项目注明申请对入境植物及植物产品进行检验检疫的发货人名称及地址。一般填写中文、英文全称和详细地址。

（五）品名

本项目注明本证书所列入境植物及植物产品的品名，一般采用中文和英文填写合同规定的商品名称。

（六）植物学名

本项目注明本证书所列入境植物及植物产品的植物学名。本"植物学名"是指国际统一的植物命名，据瑞典植物学家林奈所创立的"双名法"，即植物的学名统一由属名和种名（种加词）组成，并统一用拉丁文。

（七）报检数量

本项目注明本证书所列入境植物及植物产品的报检数量。

（八）产地

本项目注明本证书所列入境植物及植物产品的产地名称。"产地"是指入境植物及植物产品的出产、繁殖、饲养、生产加工的国家或地区及城市名称。

（九）合同号

本项目注明本证书所列入境植物及植物产品的合同编号，指贸易双方就本证书所列货物而签订的贸易合同、订单、成交确认书的编号。

（十）起运地

本项目注明本证书所列入境植物及植物产品的起运地名称，指装载本证书所列货物入境的国际交通工具的起运地点，一般应当按照进口提单所列的起运地点填写。

（十一）到货日期

本项目注明本植物证书所列入境植物及植物产品的发货日期。

(十二) 运输工具

本项目注明本证书所列入境植物及植物产品的运输工具名称。"运输工具"是指载运入境植物及植物产品的国际运输工具名称。没有确定运输工具编号的，可填写运输工具类别。明确运输方式没有明确运输工具的，可填写"陆运"（By Land）、"空运"（By Air）、"海运"（By Sea）。

(十三) 标记及号码

本项目注明本证书所列入境植物及植物产品的标记及号码。"标记及号码"又称"唛头"，是指国际贸易合同、发货单据中有关标志事项的基本部分。标记及号码通常由一个简单的几何图形及字母、数字等组成。本项目一般应当按照货物实际运输包装的标记填写，没有标记的填写"N/M"或注明"散装"、"裸装"。

(十四) 卸毕日期

本项目注明本证书所列入境植物及植物产品的卸毕日期，指本证书所列入境植物及植物产品全部卸离载运入境的国际运输工具的日期。

(十五) 检验日期

本项目注明本证书所列入境植物及植物产品的检验日期，指本证书所列货物检验完毕的日期。

(十六) 签证地点

本项目注明本证书的签发地点，通常是指签发本证书的出入境检验检疫机构的所在地点。

(十七) 签证日期

本项目注明本证书的签证日期。

(十八) 授权签字人

本项目由授权签发本证书的出入境检验检疫机构的签证授权人员签署姓名。

(十九) 签名

本项目由签发本证书的出入境检验检疫机构经办人员签署姓名。

(二十) 印章

本项目由签发本证书的出入境检验检疫机构加盖出入境检验检疫机关专用印章。

(二十一) 免责声明

本项目由签发本证书的出入境检验检疫机关注明对于本证书的免责声明。免责声明是我国出入境检验检疫部门参考国际惯例而在单证上加注的。具体内容为："中华人民共和国出入境检验检疫机关及其官员或代表不承担签发本证书的任何财经责任。"

四、出境植物检疫证书填制项目设置及填制

出境植物检疫证书（见本章附件6-4）是国家出入境检验检疫部门根据国家相关法律、法规和规章的规定，对出境植物及产品实施检验检疫，由出入境检验检疫部门签发的用以证明其符合入境检验检疫有关规定的一种具有法律效力的证明文件。

出境植物检疫证书采用中文、英文两种文字签注，项目设置及其主要内容如下。

(一) 单证名称

本证书全称为"中华人民共和国出入境检验检疫植物检疫证书"。

(二) 编号

本项目注明本证书的编号，由签发本证书的出入境检验检疫机构按照编号规则编写。

(三) 发货人名称及地址

本项目注明申请对出境植物及植物产品进行检疫的发货人名称及地址。一般填写中文、英文全称和详细地址。

(四) 收货人名称及地址

本项目注明申请对出境植物及植物产品进行检疫的收货人名称及地址。一般填写中文、英文全称

和详细地址。

（五）品名
本项目注明本证书所列出境植物及植物产品的品名，一般采用中文和英文填写合同规定的商品名称。

（六）植物学名
本项目注明本证书所列出境植物及植物产品的植物学名。"植物学名"是指国际统一的植物命名，据瑞典植物学家林奈所创立的"双名法"，即植物的学名统一由属名和种名（种加词）组成，并统一用拉丁文。

（七）报检数量
本项目注明本证书所列出境植物及植物产品的报检数量。

（八）包装种类及数量
本项目注明本证书所列出境植物及植物产品的包装种类及数量。"包装种类及数量"是指本批货物运输包装的种类及件数，如100纸箱。散装的要注明"散装"，如采用木质包装，应详细列明。

（九）产地
本项目注明证书所列出境植物及植物产品的产地名称，应当按照实际情况填写国别和省份，如中国北京。

（十）到达口岸
本项目注明本证书所列出境植物及植物产品的到达口岸名称。

（十一）运输工具
本项目注明本证书所列出境植物及植物产品的运输工具名称。"运输工具"是指载运出境植物及植物产品的国际运输工具的名称。没有确定运输工具编号的，可填写运输工具类别。明确运输方式没有明确运输工具的，可填写"陆运"（By Land）、"空运"（By Air）、"海运"（By Sea）。

（十二）检验日期
本项目注明本证书所列出境植物及植物产品的检验日期，指出境检验检疫机关对本证书所列出境植物及植物产品检验完毕的日期。

（十三）标记及号码
本项目注明本证书所列出境植物及植物产品的标记及号码。"标记及号码"又称"唛头"，是指国际贸易合同、发货单据中有关标志事项的基本部分。标记及号码通常由一个简单的几何图形及字母、数字等组成。一般应当按照货物实际运输包装的标记填写，没有标记的填写"N/M"或注明"散装"、"裸装"。

（十四）证明词
本项目由负责对出境植物及植物产品实施植物检疫，并签发本证书的出入境检验检疫机关签注相关结论及情况。通常表述如下：

"兹证明上述植物、植物产品或其他检疫物已经按照规定程序进行检查和/或检验，被认为不带有输入国或地区规定的检疫性有害生物，并且基本不带有其他的有害生物，因而符合输入国或地区现行的植物检疫要求。"

（十五）杀虫和/或灭菌处理
本项目由出境检验检疫机关签注对植物及植物产品进行杀虫和灭菌处理的相关情况。

1. 日期

本项目由出境检验检疫机关签注对出境植物及植物产品实施杀虫和灭菌处理的日期。

2. 药剂及浓度

本项目由出境检验检疫机关签注对出境植物及植物产品实施杀虫和灭菌处理过程中使用药剂及药剂浓度的情况。

"药剂"是指药物制剂,"药剂浓度"是指单位溶液中所含溶质的量。

3. 处理方法

本项目由出境检验检疫机关签注对出境植物及植物产品实施杀虫和灭菌过程中所采用的处理方法。

4. 持续时间及温度

本项目由出境检验检疫机关签注对出境植物及植物产品实施杀虫和灭菌处理的持续时间及所采用的温度情况。

（十六）附加声明

本项目由出境检验检疫机关签注对出境植物及植物产品实施检验检疫的附加声明。

（十七）签证地点

本项目注明本证书的签发地点，通常是指签发本证书的出入境检验检疫机构的所在地点。

（十八）签证日期

本项目注明本证书的签证日期。

（十九）授权签字人

本项目由授权签发本证书的出入境检验检疫机构的签证授权人员签署姓名。

（二十）签名

本项目由签发本证书的出入境检验检疫机构经办人员签署姓名。

（二十一）印章

本项目由签发本证书的出入境检验检疫机构加盖出入境检验检疫机关专用印章。

（二十二）免责声明

本项目由签发本证书的出入境检验检疫机关注明对于本证书的免责声明，是我国出入境检验检疫部门参考国际惯例而在单证上加注的。具体内容为：

"中华人民共和国出入境检验检疫机关及其官员或代表不承担签发本证书的任何财经责任。"

五、植物转口检疫证书项目设置及填制

植物转口检疫证书（见本章附件6-5）是国家出入境检验检疫部门根据国家相关法律、法规和规章的规定，对转口植物实施检验检疫而签发的用以证明其符合检验检疫卫生规定的一种具有法律效力的证明文件。

植物转口检疫证书采用中文、英文两种文字签注，项目设置及填制要求如下。

（一）单证名称

本证书的全称为"中华人民共和国出入境检验检疫植物转口检疫证书。"

（二）编号

本项目注明本证书的编号，由签发本证书的出入境检验检疫机构按照编号规则编写。

（三）发货人名称及地址

本项目注明申请对转口植物及植物产品进行检疫的发货人名称及地址。一般填写中文、英文全称和详细地址。

（四）收货人名称及地址

本项目注明申请对转口植物及植物产品进行检疫的收货人名称及地址。一般填写中文、英文全称和详细地址。

（五）品名

本项目注明本证书所列转口植物及植物产品的品名，一般采用中文和英文填写合同规定的商品名称。

（六）植物学名

本项目注明本证书所列转口植物及植物产品的植物学名。"植物学名"是指国际统一的植物命名，

据瑞典植物学家林奈所创立的"双名法",即植物的学名统一由属名和种名(又称"种加词")组成,并统一用拉丁文。

(七)报检数量

本项目注明本证书所列转口植物及植物产品的报检数量。

(八)包装种类及数量

本项目注明本证书所列转口植物及植物产品的包装种类及数量。"包装种类及数量"是指本批货物运输包装的种类及件数,如100纸箱。散装的要注明"散装"。如采用木质包装,应详细列明。

(九)产地

本项目注明本证书所列转口植物及植物产品的产地名称。"产地"是指出产、饲养、生产或加工植物及植物产品的国家或地区。其中出境的填写国别和省份,如中国北京。入境的填写货物的生产、加工的国家或地区及城市名称。

(十)起运地

本项目注明本证书所列转口植物及植物产品的起运地名称。"起运地"是指装运本批货物出境或入境的交通工具的起运地点。出境的原则上填写起运地名称;入境的按进口提单所列的起运地点填写。

(十一)到达口岸

本项目注明本证书所列转口植物及植物产品的到达口岸名称。

(十二)运输工具

本项目注明本证书所列转口植物及植物产品的运输工具名称,指载运转口植物及植物产品的国际运输工具名称。没有确定运输工具编号的,可填写运输工具类别。明确运输方式没有明确运输工具的,可填写"陆运"(By Land)、"空运"(By Air)、"海运"(By Sea)。

(十三)标记及号码

本项目注明本证书所列转口植物及植物产品的标记及号码。"标记及号码"又称"唛头",是指国际贸易合同、发货单据中有关标志事项的基本部分。标记及号码通常由一个简单的几何图形以及字母、数字等组成。本项目一般应当按照货物实际运输包装的标记填写,没有标记的填写"N/M"或注明"散装"、"裸装"。

(十四)证明词

本项目由负责对转口植物及植物产品实施检疫,并签发证书的出入境检验检疫机关签注检疫结论及相关情况。通常表述如下:

"兹证明上述植物、植物产品或其他检疫物从_____运入中国,附有编号为_____的植物检疫证书,其正本□ 经签署的副本□附于本证书后,并证明这些植物及其产品以原来的□新的 □容器进行包装□再包装 □,根据原来的植物检疫证书□和进一步检验□,被认为符合输入国或地区现行的植物检疫要求,而且在中国存放期间,该批货物没有受到病虫感染的威胁。"

(十五)杀虫和/或灭菌处理

本项目由负责对转口植物及植物产品实施植物检疫,并签发本证书的出入境检验检疫机关签注杀虫和灭菌处理的相关情况。

1. 日期

本项目由出入境检验检疫机关签注对转口植物及植物产品实施杀虫和灭菌处理的日期。

2. 药剂及浓度

本项目由出入境检验检疫机关签注对转口植物及植物产品实施杀虫和灭菌处理过程中使用药剂及药剂浓度的情况。

3. 处理方法

本项目由出入境检验检疫机关签注对转口植物及植物产品实施杀虫和灭菌过程中所采用的处理方法。

4. 持续时间及温度

本项目由出入境检验检疫机关签注对转口植物及植物产品实施杀虫和灭菌处理的持续时间，以及所采用的温度情况。

（十六）签证地点

本项目注明本证书的签发地点，通常是指签发本证书的出入境检验检疫机构的所在地点。

（十七）签证日期

本项目注明本证书的签证日期。

（十八）授权签字人

本项目由授权签发本证书的出入境检验检疫机构的签证授权人员签署姓名。

（十九）签名

本项目由签发本证书的出入境检验检疫机构的经办人员签署姓名。

（二十）印章

本项目由签发本证书的出入境检验检疫机构加盖出入境检验检疫机关专用印章。

（二十一）免责声明

本项目由签发本证书的出入境检验检疫机关注明对于本证书的免责声明，是我国出入境检验检疫部门参考国际惯例而在单证上加注的。具体内容为：

"中华人民共和国出入境检验检疫机关及其官员或代表不承担签发本证书的任何财经责任。"

第三节　出入境动植物检验检疫须知及注意事项

一、相关概念

（一）植物种子、种苗及其他繁殖材料

"植物种子、种苗及其他繁殖材料"，是指栽培、野生的可供繁殖的植物全株或者部分，如植株、苗木（含试管苗）、果实、种子、砧木、接穗、插条、叶片、芽体、块根、块茎、鳞茎、球茎、花粉、细胞培养材料等。

（二）装载容器

"装载容器"是指可以多次使用的装载进出境货物的容器，如笼、箱、桶、筐等。

（三）其他有害生物

"其他有害生物"是指动物传染病、寄生虫病和植物危险性病、虫、杂草以外的各种危害动植物的生物有机体、病原微生物，以及软体类、啮齿类、螨类、多足虫类动物和危险性病虫的中间寄主、媒介生物等。

（四）检疫证书

"检疫证书"是指动植物检疫机关出具的关于动植物、动植物产品和其他检疫物健康或者卫生状况的具有法律效力的文件，如动物检疫证书、植物检疫证书、动物健康证书、兽医卫生证书、熏蒸/消毒证书等。

（五）动植物性包装物、铺垫材料

"动植物性包装物、铺垫材料"是指直接用作包装物、铺垫材料的动物产品和植物、植物产品。

二、进出境动植物检验检疫相关规定

1. 依照进出境动植物检疫法律、法规的规定，国家对下列物品实施检验检疫：

（1）进境、出境、过境的动植物、动植物产品和其他检疫物；

（2）装载动植物、动植物产品和其他检疫物的装载容器、包装物及铺垫材料；

（3）来自动植物疫区的运输工具；

（4）进境拆解的废旧船舶；

（5）有关法律、行政法规、国际条约规定或者贸易合同约定应当实施进出境动植物检疫的其他货物、物品。

2. 国家质检总局统一管理全国进出境动植物检疫工作，收集国内外重大动植物疫情，负责国际间进出境动植物检疫的合作与交流。

国家质检总局在对外开放的口岸和进出境动植物检疫业务集中的地点设立的口岸出入境检验检疫机关，依照进出境动植物检疫法和相关法规规章的规定，实施进出境动植物检疫。

3. 国（境）外发生重大动植物疫情并可能传入中国时，根据情况采取下列紧急预防措施：

（1）国务院可以对相关边境区域采取控制措施，必要时下令禁止来自动植物疫区的运输工具进境或者封锁有关口岸；

（2）国务院农业行政主管部门可以公布禁止从动植物疫情流行的国家和地区进境的动植物、动植物产品和其他检疫物的名录；

（3）有关口岸动植物检疫机关可以对可能受病虫害污染的进境各物采取紧急检疫处理措施；

（4）受动植物疫情威胁地区的地方人民政府可以立即组织有关部门制定并实施应急方案，同时向上级人民政府和国家质检总局报告。

邮电、运输部门对重大动植物疫情报告和送检材料应当优先传送。

4. 享有外交、领事特权与豁免的外国机构和人员公用或者自用的动植物、动植物产品和其他检疫物进境，应当依照进出境动植物检疫法和相关法规、规章的规定实施检疫；口岸出入境检验检疫机构查验时，应当遵守有关法律的规定。

三、进出境动植检疫审批

1. 符合中国有关动植物检疫法律、法规、规章的规定，方可办理进境检疫审批手续。

2. 检疫审批手续应当在贸易合同或者协议签订前办妥。

3. 携带、邮寄植物种子、种苗及其他繁殖材料进境的，必须事先提出申请，办理检疫审批手续；因特殊情况无法事先办理的，携带人或者邮寄人应当在口岸补办检疫审批手续，经审批机关同意并经检疫合格后方准进境。

4. 要求运输动物过境的，货主或者其代理人必须事先向国家出入境检验检疫机构提出书面申请，提交输出国家或者地区政府动植物检疫机关出具的疫情证明、输入国家或者地区政府动植物检疫机关出具的准许该动物进境的证件，并说明拟过境的路线。

5. 因科学研究等特殊需要，引进进出境动植物检疫法所列禁止进境物的，办理禁止进境物特许检疫审批手续时，货主、物主或者其代理人必须提交书面申请，说明其数量、用途、引进方式、进境后的防疫措施，并附具有关口岸出入境检验检疫机关签署的意见。

6. 办理进境检疫审批手续后，有下列情况之一的，货主、物主或者其代理人应当重新申请办理检疫审批手续：

（1）变更进境物的品种或者数量的；

（2）变更输出国家或者地区的；

（3）变更进境口岸的；

（4）超过检疫审批有效期的。

四、动植物进境检疫

1. 《动植物检疫法》所称中国法定的检疫要求，是指中国的法律、行政法规和国务院农业行政主管部门规定的动植物检疫要求。

2. 国家对向中国输出动植物产品的国外生产、加工、存放单位，实行注册登记制度。

3. 输入动植物、动植物产品和其他检疫物的，货主或者其代理人应当在进境前或者进境时向进境口岸出入境检验检疫机关报检。属于调离海关监管区检疫的，运达指定地点时，货主或者其代理人应当通知有关口岸出入境检验检疫机关。属于转关货物的，货主或者其代理人应当在进境时向进境口岸出入境检验检疫机关申报；到达指运地时，应当向指运地口岸出入境检验检疫机关报检。

输入种畜禽及其精液、胚胎的，应当在进境前30日报检；输入其他动物的，应当在进境前15日报检；输入植物种子、种苗及其他繁殖材料的，应当在进境前7日报检。

动植物性包装物、铺垫材料进境时，货主或者其代理人应当及时向口岸出入境检验检疫机关申报；出入境检验检疫机关可以根据具体情况对申报物实施检疫。

4. 向口岸出入境检验检疫机关报检时，应当填写报检单，并提交输出国家或者地区政府动植物检疫机关出具的检疫证书、产地证书和贸易合同、信用证、发票等单证，依法应当办理检疫审批手续的，还应当提交检疫审批单。无输出国家或者地区政府动植物检疫机关出具的有效检疫证书，或者未依法办理检疫审批手续的，口岸出入境检验检疫机关可以根据具体情况，作退回或者销毁处理。

5. 输入的动植物、动植物产品和其他检疫物运达口岸时，检疫人员可以到运输工具上和货物现场实施检疫，核对货、证是否相符，并可以按照规定采取样品。承运人、货主或者其代理人应当向检疫人员提供装载清单和有关资料。

6. 装载动物的运输工具抵达口岸时，上下运输工具或者接近动物的人员，应当接受口岸出入境检验检疫机关实施的防疫消毒，并执行其采取的其他现场预防措施。

7. 检疫人员实施现场检疫内容分别如下。

（1）动物：检查有无疫病的临床症状。发现疑似感染传染病或者已死亡的动物时，在货主或者押运人的配合下查明情况，立即处理。动物的铺垫材料、剩余饲料和排泄物等，由货主或者其代理人在检疫人员的监督下，作除害处理。

（2）动物产品：检查有无腐败变质现象，容器、包装是否完好。符合要求的，允许卸离运输工具。发现散包、容器破裂的，由货主或者其代理人负责整理完好，方可卸离运输工具。根据情况，对运输工具的有关部位及装载动物产品的容器、外表包装、铺垫材料、被污染场地等进行消毒处理。需要实施实验室检疫的，按照规定采取样品。对易滋生植物害虫或者混藏杂草种子的动物产品，同时实施植物检疫。

（3）植物、植物产品：检查货物和包装物有无病虫害，并按照规定采取样品。发现病虫害并有扩散可能时，及时对该批货物、运输工具和装卸现场采取必要的防疫措施。对来自动物传染病疫区或者易带动物传染病和寄生虫病病原体并用作动物饲料的植物产品，同时实施动物检疫。

（4）动植物性包装物、铺垫材料：检查是否携带病虫害、混藏杂草种子、沾带土壤，并按照规定采取样品。

（5）其他检疫物：检查包装是否完好及是否被病虫害污染。发现破损或者被病虫害污染时，作除害处理。

8. 对船舶、火车装运的大宗动植物产品，应当就地分层检查；限于港口、车站的存放条件，不能就地检查的，经口岸出入境检验检疫机关同意，也可以边卸载边疏运，将动植物产品运往指定的地点存放。在卸货过程中经检疫发现疫情时，应当立即停止卸货，由货主或者其代理人按照口岸出入境检验检疫机关的要求，对已卸和未卸货物作除害处理，并采取防止疫情扩散的措施；对被病虫害污染的装卸工具和场地，也应当作除害处理。

9. 输入种用大中家畜的，应当在国家出入境检验检疫机构设立的动物隔离检疫场所隔离检疫45日；输入其他动物的，应当在口岸出入境检验检疫机关指定的动物隔离检疫场所隔离检疫30日。

10. 进境的同一批动植物产品分港卸货时，口岸出入境检验检疫机关只对本港卸下的货物进行检疫，先期卸货港的口岸出入境检验检疫机关应当将检疫及处理情况及时通知其他分卸港的出入境检验检疫机关机关；需要对外出证的，由卸毕港的口岸出入境检验检疫机关汇总后统一出具检疫证书。

在分卸港实施检疫中发现疫情并必须进行船上熏蒸、消毒时，由该分卸港的口岸出入境检验检机关统一出具检疫证书，并及时通知其他分卸港的口岸出入境检验检疫机关。

11. 对输入的动植物、动植物产品和其他检疫物，按照中国的国家标准、行业标准及出入境检验检疫局的有关规定实施检疫。

12. 输入动植物、动植物产品和其他检疫物，经检疫合格的，由口岸出入境检验检疫机关在报关单上加盖印章或者签发检疫放行通知单，需要调离进境口岸海关监管区检疫的，由进境口岸出入境检验检疫机关签发检疫调离通知单。货主或者其代理人凭口岸出入境检验检疫机关在报关单上加盖的印章或者签发的检疫放行通知单、检疫调离通知单办理报关、运递手续。海关对输入的动植物、动植物产品和其他检疫物，凭口岸出入境检验检疫机关在报关单上加盖的印章或者签发的检疫放行通知单、检疫调离通知单验放。运输、邮电部门凭单运递，运递期间国内其他检疫机关不再检疫。

13. 输入动植物、动植物产品和其他检疫物，经检疫不合格的，由口岸出入境检验检疫机关签发检疫处理通知单，通知货主或者其代理人在出入境检验检疫机关的监督和技术指导下，作除害处理；需要对外索赔的，由口岸出入境检验检疫机关出具检疫证书。

五、动植物出境检疫

1. 货主或者其代理人依法办理动植物、动植物产品和其他检疫物的出境报检手续时，应当提供贸易合同或者协议。

2. 对输入国要求中国对向其输出的动植物、动植物产品和其他检疫物的生产、加工、存放单位注册登记的，口岸出入境检验检疫机关可以实行注册登记，并报国家质检总局备案。

3. 输出动物，出境前需经隔离检疫的，在口岸出入境检验检疫机关指定的隔离场所检疫。输出植物、动植物产品和其他检疫物的，在仓库或者货场实施检疫，根据需要，也可以在生产、加工过程中实施检疫。

待检出境植物、动植物产品和其他检疫物，应当数量齐全、包装完好、堆放整齐、唛头标记明显。

4. 输出动植物、动植物产品和其他检疫物的检疫依据：

（1）输入国家或者地区和中国有关动植物检疫规定；

（2）双边检疫协定；

（3）贸易合同中订明的检疫要求。

5. 经起运地口岸出入境检验检疫机关检疫合格的动植物、动植物产品和其他检疫物，运达出境口岸时，按照下列规定办理：

（1）动物应当经出境口岸出入境检验检疫机关临床检疫或者复检；

（2）植物、动植物产品和其他检疫物从起运地随原运输工具出境的，由出境口岸出入境检验检疫机关验证放行，改换运输工具出境的，换证放行；

（3）植物、动植物产品和其他检疫物到达出境口岸后拼装，因变更输入国家或者地区而有不同检疫要求的，或者超过规定的检疫有效期的，应当重新报检。

6. 输出动植物、动植物产品和其他检疫物，经起运地口岸出入境检验检疫机关检疫合格的，运达出境口岸时，运输、邮电部门凭起运地口岸出入境检验检疫机关签发的检疫单证运递，国内其他检疫机关不再检疫。

六、动植物过境检疫

1. 运输动植物、动植物产品和其他检疫物过境的，承运人或者押运人应当持货运单和输出国家或者地区政府动植物检疫机关出具的证书，向进境口岸出入境检验检疫机关报检；运输动物过境的，还应当同时提交出入境检验检疫局签发的动物过境许可证。

2. 过境动物运达进境口岸时，由进境口岸出入境检验检疫机关对运输工具、容器的外表进行消毒并对动物进行临床检疫，经检疫合格的，准予过境。进境口岸出入境检验检疫机关可以派检疫人员监运至出境口岸，出境口岸出入境检验检疫机关不再检疫。

3. 装载过境植物、动植物产品和其他检疫物的运输工具和包装物、装载容器必须完好。经口岸出入境检验检疫机关检查，发现运输工具或者包装物、装载容器有可能造成途中散漏的，承运人或者押运人应当按照口岸出入境检验检疫机关的要求，采取密封措施；无法采取密封措施的，不准过境。

七、动植物邮寄物检疫

1. 邮寄进境的动植物、动植物产品和其他检疫物，由口岸出入境检验检疫机关在国际邮件互换局（含国际邮件快递公司及其他经营国际邮件的单位，以下简称邮局）实施检疫。邮局应当提供必要的工作条件。

经现场检疫合格的，由口岸出入境检验检疫机关加盖检疫放行章，交邮局运递。需要作实验室检疫或者隔离检疫的，口岸出入境检验检疫机关应当向邮局办理交接手续；检疫合格的，加盖检疫放行章，交邮局运递。

2. 携带、邮寄进境的动植物、动植物产品和其他检疫物，经检疫不合格又无有效方法作除害处理的，作退回或者销毁处理，并签发检疫处理通知单交携带人、寄件人。

八、相关法律责任

1. 有下列违法行为之一的，由口岸出入境检验检疫机关处 5000 元以下的罚款：

（1）未报检或者未依法办理检疫审批手续或者未按检疫审批的规定执行的；

（2）报检的动植物、动植物产品和其他检疫物与实际不符的。

2. 有下列违法行为之一的，由口岸出入境检验检疫机关处 3000 元以上 3 万元以下的罚款：

（1）未经口岸出入境检验检疫机关许可擅自将进境、过境动植物、动植物产品和其他检疫物卸离运输工具或者运递的；

（2）擅自调离或者处理在口岸出入境检验检疫机关指定的隔离场所中隔离检疫的动植物的；

（3）擅自开拆过境动植物、动植物产品和其他检疫的包装，或者擅自开拆、损毁动植物检疫封识或者标志的；

（4）擅自抛弃过境动物的尸体、排泄物、铺垫材料或者其他废弃物，或者未按规定处理运输工具上的泔水、动植物性废弃物的。

3. 有下列违法行为之一的，依法追究刑事责任，尚不构成犯罪或者犯罪情节显著轻微依法不需要判处刑罚的，由口岸出入境检验检疫机关处 2 万元以上 5 万元以下的罚款：

（1）引起重大动植物疫情的；

（2）伪造、变造动植物检疫单证、印章、标志、封识的。

4. 从事进出境动植物检疫熏蒸、消毒处理业务的单位和人员，不按照规定进行熏蒸和消毒处理的，口岸出入境检验检疫机关可以视情节取消其熏蒸、消毒资格。

附件6-1：动物卫生证书样本

中华人民共和国出入境检验检疫
ENTRY-EXIT INSPECTION AND QUARANTINE
OF THE PEOPLE'S REPUBLIC OF CHINA

动物卫生证书   编号 No.:
ANIMAL HEALTH CERTIFICATE

发货人名称及地址
Name and Address of Consignor _____
收货人名称及地址
Name and Address of Consignee _____

动物种类	动物学名
Species of Animals _____	Scientific Name of Animals _____
动物品种	产地
Breed of Animals _____	Place of Origin _____
报检数量	检验日期
Quantity Declared _____	Date of Inspection _____
起运地	发货日期
Place of Despatch _____	Date of Despatch _____
到达国家/地区	运输工具
Country/Region of Destination _____	Means of Conveyance _____

中华人民共和国出入境检验检疫机关及其官员或代表不承担签发本证书的任何财经责任。No financial liability with respect to this certificate shall attach to the entry-exit inspection and quarantine authorities of the P. R. of China or to any of its officers or representatives.

{c4-1(2000.1.1)}

B

附件 6-2：动物检疫证书样本

中华人民共和国出入境检验检疫
ENTRY-EXIT INSPECTION AND QUARANTINE OF THE PEOPLE'S REPUBLIC OF CHINA

ORIGINAL

动物检疫证书
ANIMAL QUARANTINE CERTIFICATE

编号 No.:

收货人名称及地址
Name and Address of Consignee _____

发货人名称及地址
Name and Address of Consignor _____

动物种类 Species of Animals _____	动物学名 Scientific Name of Animals _____
动物品种 Breed of Animals _____	产地 Place of Origin _____
报检数量 Quantity Declared _____	合同号 Contract No. _____
到货地点 Place of Arrival _____	到货日期 Date of Arrival _____
起运地 Place of Despatch _____	运输工具 Means of Conveyance _____

中华人民共和国出入境检验检疫机关及其官员或代表不承担签发本证书的任何财经责任。No financial liability with respect to this certificate shall attach to the entry-exit inspection and quarantine authorities of the P. R. of China or to any of its officers or representatives.

[c 9-4 (2000.1.1)]

B

附件6-3：入境植物检疫证书样本

中华人民共和国出入境检验检疫
ENTRY-EXIT INSPECTION AND QUARANTINE OF THE PEOPLE'S REPUBLIC OF CHINA

正本 ORIGINAL

植物检疫证书
PHYTOSANITARY CERTIFICATE

编号 No.:

收货人名称及地址
Name and Address of Consignee _____

发货人名称及地址
Name and Address of Consignor _____

品名   植物学名
Name of Produce _____   Botanical Name of Plants _____

报检数量   标记及号码
Quantity Declared _____   Mark & No.

包装种类及数量
Number and Type of Packages _____

产地   合同号
Place of Origin _____   Contract No. _____

起运地   到货日期
Place of Despatch _____   Date of Arrival _____

运输工具
Means of Conveyance _____

卸毕日期   检验日期
Date of Completion of Discharge _____   Date of Inspection _____

样本 Sample

印章   签证地点 Place of Issue _____   签证日期 Date of Issue _____
Official Stamp
                    授权签字人 Authorized Officer _____   签 名 Signature _____

中华人民共和国出入境检验检疫机关及其官员或代表不承担签发本证书的任何财经责任。No financial liability with respect to this certificate shall attach to the entry-exit inspection and quarantine authorities of the P. R. of China or to any of its officers or representatives.

B   [c 9-5(2000.1.1)]

附件6-4：出境植物检疫证书样本

中华人民共和国出入境检验检疫
ENTRY-EXIT INSPECTION AND QUARANTINE OF THE PEOPLE'S REPUBLIC OF CHINA

植物检疫证书
PHYTOSANITARY CERTIFICATE

编号 No.:

发货人名称及地址
Name and Address of Consignor _____

收货人名称及地址
Name and Address of Consignee _____

品名 _____ 植物学名
Name of Produce _____ Botanical Name of Plants _____

报检数量
Quantity Declared _____ 标记及号码
Mark & No. _____

包装种类及数量
Number and Type of Packages _____

产地
Place of Origin _____

到达口岸
Port of Destination _____

运输工具 _____ 检验日期
Means of Conveyance _____ Date of Inspection _____

兹证明上述植物、植物产品或其他检疫物已经按照规定程序进行检查和/或检验，被认为不带有输入国或地区规定的检疫性有害生物，并且基本不带有其他的有害生物，因而符合输入国或地区现行的植物检疫要求。

This is to certify that the plants, plant products or other regulated articles described above have been inspected and/or tested according to appropriate procedures and are considered to be free from quarantine pests specified by the importing country/region, and practically free from other injurious pests; and that they are considered to conform with the current phytosanitary requirements of the importing country/region.

杀虫和/或灭菌处理 DISINFESTATION AND/OR DISINFECTION TREATMENT

日期 _____ 药剂及浓度
Date _____ Chemical and Concentration _____

处理方法 _____ 持续时间及温度
Treatment _____ Duration and Temperature _____

附加声明 ADDITIONAL DECLARATION

印章 签证地点 Place of Issue _____ 签证日期 Date of Issue _____
Official Stamp

授权签字人 Authorized Officer _____ 签　名 Signature _____

中华人民共和国出入境检验检疫机关及其官员代表不承担签发本证书的任何财经责任。No financial liability with respect to this certificate shall attach to the entry-exit inspection and quarantine authorities of the P. R. of China or to any of its officers or representatives.

B　　　[c 5-1(2000.1.1)]

附件6-5：植物转口检疫证书样本

中华人民共和国出入境检验检疫
ENTRY-EXIT INSPECTION AND QUARANTINE
OF THE PEOPLE'S REPUBLIC OF CHINA

植物转口检疫证书
PHYTOSANITARY CERTIFICATE FOR RE-EXPORT

编号 No.:

发货人名称及地址
Name and Address of Consignor _____

收货人名称及地址
Name and Address of Consignee _____

品名　　　　　　　　　　　植物学名
Name of Produce _____ Botanical Name of Plants _____

报检数量　　　　　　　　　包装种类及数量
Quantity Declared _____ Number and Type of Packages _____

产地　　　　　　　　　　　标记及号码
Place of Origin _____ Mark & No.

起运地
Place of Despatch _____

到达口岸
Port of Destination _____

运输工具
Means of Conveyance _____

　　兹证明上述植物、植物产品或其他检疫物从 _____ 运入中国，附有编号为 _____ 的植物检疫证书，其正本□ *经签署的副本□附于本证书后，并证明这些植物及其产品以原来的□新的□容器进行包装□再包装□，根据原来的植物检疫证书□和进一步检验□，被认为符合输入国或地区现行的植物检疫要求，而且在中国存放期间，该批货物没有受到病虫感染的威胁。

　　This is to certify that the plants, plant products or other regulated articles described above were imported into the People's Republic of China from _____ covered by Phytosanitary Certificate No. _____, original□ * certified true copy□ of which is attached to this Certificate; that they are packed□ repacked□ in original□ new□ containers, that based on the original Phytosanitary Certificate□ and additional inspection□, they are considered to conform with the current phytosanitary requirements of the importing country/region, and that during storage in China the consignment has not been subjected to the risk of infestation or infection.

*在适当的□内划"√" Insert tick in appropriate □ boxes

杀虫和/或灭菌处理 DISINFESTATION AND/OR DISINFECTION TREATMENT

日期　　　　　　　　　　　药剂及浓度
Date _____ Chemical and Concentration _____

处理方法　　　　　　　　　持续时间及温度
Treatment _____ Duration and Temperature _____

印章　　签证地点 Place of Issue _____　签证日期 Date of Issue _____
Official Stamp
　　　　授权签字人 Authorized Officer _____　签　名 Signature _____

中华人民共和国出入境检验检疫机关及其官员或代表不承担鉴发本证书的任何财经责任。No financial liability with respect to this certificate shall attach to the entry-exit inspection and quarantine authorities of the P. R. of China or to any of its officers or representatives.

第七章　出入境检验检疫兽医卫生证书

第一节　概述

一、基本定义

兽医卫生证书是指国家出入境检验检疫部门根据国家相关法律、法规和规章的规定对进出境动物及动物产品实施检验检疫，用以证明进出境动物及动物产品符合国家出入境检验检疫卫生规定而签发的一种具有法律效力的证明文件。

本章介绍的兽医卫生证书主要包括：

1. 中华人民共和国出入境检验检疫兽医（卫生）证书（以下简称出入境检验检疫兽医证书）；
2. 中华人民共和国出入境检验检疫兽医卫生证书（出口牛肉）（以下简称出口牛肉兽医证书）；
3. 中华人民共和国出入境检验检疫兽医卫生证书（出口猪肉）（以下简称出口猪肉兽医证书）；
4. 中华人民共和国出入境检验检疫兽医卫生证书（出口动物性原料）（以下简称出口动物性原料证书）；
5. 中华人民共和国出入境检验检疫兽医卫生证书（出口禽肉）（以下简称出口禽肉兽医证书）。

二、主管部门

（一）主管部门

国家质检总局。

（二）出证部门

国家质检总局各直属出入境检验检疫局及所属分支机构。

三、主要作用

1. 进出境动物及动物产品收发货人或其代理人凭以办理进出境动物及动物产品合法进境或出境手续的重要法律文件；
2. 进出境动物及动物产品收发货人或其代理人办理索赔等相关贸易纠纷的有效凭证；
3. 国家实施非关税壁垒措施的有效凭证和有效手段；
4. 国家出入境检验检疫机构对进出境动物及动物产品实施管理的具体措施；
5. 国家保障进出境动物及动物产品卫生安全的有效措施；
6. 出入境检验检疫机构代表国家履行动物及动物产品检验检疫国际义务的手段。

四、适用范围

1. 各类进境动物及动物产品的收货人或其代理人。
2. 各类出境动物及动物产品的发货人或其代理人。
3. 对进出境动物及动物产品进行检验检疫的相关出入境检验检疫机构。

第二节　兽医卫生证书项目设置及填制

一、出入境检验检疫兽医证书项目设置及填制

出入境检验检疫兽医证书（见本章附件7-1）是国家出入境检验检疫部门根据国家相关法律、法

规和规章的规定对进出境动物及产品实施检验检疫，签发的用以证明进出境动物及产品符合检验检疫卫生规定的一种具有法律效力的证明文件。

出入境检验检疫兽医证书采用中文、英文两种文字签注，项目设置及填制要求如下。

（一）单证名称

本证书的全称为"中华人民共和国出入境检验检疫兽医（卫生）证书"。

（二）编号

本项目注明本证书的编号，由签发本证书的出入境检验检疫机构统一编制。本编号通常为10位阿拉伯数字：前两位数字表示年份，如2012年则标为"12"；中间4位数字为4位局、所代码；最后4位数字为流水顺序编号。

（三）发货人名称及地址

本项目注明申请检验的发货人单位名称及地址。一般填写中文、英文全称和详细地址，其中进境动物及动物产品的发货人地址可酌情填写。

（四）收货人名称及地址

本项目注明申请检验的收货人单位名称及地址。一般填写中文、英文全称和详细地址，其中出境动物及动物产品的收货人地址可酌情填写。

（五）品名

本项目注明本证书所列进境或出境动物及动物产品的品名，一般用中文和英文填写合同规定的商品名称。

（六）报检重量

本项目注明本证书所列进境或出境动物及动物产品的报检重量，一般采用计量单位"吨"来表示。

（七）产地

本项目注明本证书所列进境或出境动物及动物产品的产地名称，应当按照实际情况填写。其中进境货物的产地是指进境动物及动物产品的生产、加工国家或地区。

（八）包装种类及数量

本项目注明本证书所列进境或出境动物及动物产品的包装种类，指实际外包装种类，一般填写外包装的名称，如纸箱等。"包装数量"一般按照实际数量用阿拉伯数字填写，在百位和千位数之间、十万位和百万位数之间用逗号分隔开，一般采用计量单位"件"来表示。

（九）集装箱号

本项目注明本证书所列进境或出境动物及动物产品的集装箱号码。

（十）铅封号

本项目注明本证书所列进境或出境动物及动物产品的铅封号。

（十一）标记及号码

本项目注明本证书所列进境或出境动物及动物产品的标记及号码。"标记及号码"又称"唛头"，是指国际贸易合同、发货单据中有关标志事项的基本部分，通常由一个简单的几何图形及字母、数字等组成。本项目一般应当按照合同规定填写。

（十二）加工厂名称、地址及编号（如果适用）

本项目注明本证书所列进境或出境动物及动物产品的加工厂名称、地址及编号。加工厂应当是在我国出入境检验检疫机构注册登记的饲养场、肉联厂或屠宰厂等。名称和地址一般采用英文填写，注册编号填写在本项目的最后一行。

（十三）起运地

本项目注明本证书所列进境动物及动物产品的起运地名称，指进境动物及动物产品起始发出直接运抵我国或者在运输中转国家（地区）未发生任何商业性交易的情况下运抵我国的国家或地区。

（十四）到达国家及地点

本项目注明本证书所列出境动物及动物产品的到达国家及地点，指出境动物及动物产品离开我国口岸直接运抵或者在运输中转国家或地区未发生任何商业性交易的情况下最后运抵的国家或地区。

（十五）运输工具

本项目注明本证书所列进境或出境动物及动物产品的运输工具名称及号码，指载运动物及动物产品进出境的运输工具的名称及编号。一般应当按照实际情况用英文填写运输工具的种类、名称，其中"编号"填写火车车皮编号、汽车牌照号码、飞机航班号或船名航次等。

（十六）发货日期

本项目注明本证书所列出境动物及动物产品的发货日期，指出口货物装载出境运输工具的日期。

（十七）免责声明

本项目由签发本证书的出入境检验检疫机关签注，具体内容为：

"中华人民共和国出入境检验检疫机关及其官员或代表不承担签发本证书的任何财经责任。"

二、出口牛肉兽医证书项目设置及填制

出口牛肉兽医证书（见本章附件7-2）是国家出入境检验检疫部门根据国家相关法律、法规和规章的规定对出口到俄罗斯的牛肉实施检验检疫，签发给检验合格的牛肉出口企业，用以证明出口牛肉符合检验检疫卫生规定的一种具有法律效力的证明文件。

出口牛肉兽医证书采用中文、外文两种文字签注，项目设置及填制要求如下。

（一）单证名称

本证书的全称为"中华人民共和国出入境检验检疫兽医卫生证书（出口牛肉）"。

（二）编号

本项目注明本证书的编号，由签发本证书的出入境检验检疫机构统一编制。通常为10位阿拉伯数字，前两位数字表示年份，如2012年则标为"12"；中间4位数字为规定的4位检验检疫局、所代码；最后4位数字为流水顺序编号。

（三）发货人名称及地址

本项目注明申请检验的发货人单位名称及地址。一般填写中文、外文全称和详细地址。

（四）收货人名称及地址

本项目注明申请检验的收货人单位名称及地址。一般填写中文、外文全称和详细地址。

（五）品名

本项目注明本证书所列出口牛肉的品名，一般用中文和外文填写合同规定的肉类品名。

（六）净重（吨）

本项目注明本证书所列出口牛肉的净重，一般按照实际重量填写，计量单位为"吨"。

（七）包装种类

本项目注明本证书所列出口牛肉的包装种类，一般填写商品外包装的名称，如纸箱。

（八）包装数量

本项目注明本证书所列出口牛肉的包装数量，一般按照实际数量用阿拉伯数字填写，在百位和千位数之间、十万位和百万位数之间用逗号分隔开，计量单位一般为"件"。

（九）唛头标记

本项目注明本证书所列出口牛肉的唛头标记，一般应当按照合同规定填写。"唛头"又称"标记及号码"，是指国际贸易合同、发货单据中有关标志事项的基本部分，通常由一个简单的几何图形及字母、数字等组成。

（十）产地

本项目注明本证书所列出口牛肉的产地，应当按照实际情况填写。

（十一）合同号

本项目注明本证书所列出口牛肉的合同号，应当按照实际合同号填写。如合同号中有俄文字母，能够打印俄文的检验检疫机构可按照原合同号打印；不能打印俄文的则可采用黑水笔书写俄文字母。

（十二）加工厂名称、地址及编号

本项目注明本证书所列出口牛肉的加工厂名称、地址及编号。加工厂应当是在我国出入境检验检疫机构注册登记的肉联厂或屠宰厂。名称和地址一般采用外文填写，注册编号填写在本项目的最后一行。

（十三）储藏和运输条件

本项目注明本证书所列出口牛肉的储藏和运输条件，一般应当注明控制货物储藏和运输温度，如："货物的储藏和运输温度应控制在0℃以下，最高不得超过8℃。"

本温度针对对储藏和运输有特殊需求的出口货物，如没有特殊要求，本项目可不需要特别注明。

（十四）运输工具及号码

本项目注明本证书所列出口牛肉的运输工具名称及号码，一般应当按照实际情况用外文填写运输工具的种类、名称，"编号"主要填写火车车皮编号、汽车牌照号码、飞机航班号或船名航次等。

（十五）离境口岸

本项目注明本证书所列出口牛肉的离境口岸名称，通常采用汉语拼音填写，如满洲里填为"Man Zhou Li"。

（十六）途经国家

本项目注明本证书所列出口牛肉的途经国家名称，一般填写从我国至俄罗斯口岸的运输途中所经过的第三国家或地区的外文全称，由我国直接运抵俄罗斯口岸的则可不填写。

（十七）到达口岸

本项目注明本证书所列出口牛肉的到达口岸名称。

（十八）目的地

本项目注明本证书所列出口牛肉的目的地名称，一般应当填写合同规定的俄罗斯境内到货地点的外文全称，如果在合同中没有规定俄罗斯境内的目的地，则本项目可以不填。

（十九）适合（人类）使用的证明

本项目由负责对本证书所列出口牛肉进行检验的出入境检验检疫机构签注，通常包含以下主要内容。

兹证明

肉及肉产品来源于无下列疾病的地区的临床健康的本地牛：

——过去5年内中国境内无牛海绵状脑病；

——过去5年内中国境内无非洲猪瘟；

——过去12年内中国境内无牛瘟、牛肺疫、小反刍兽疫；

——过去12年内出口肉的省及其邻省悟口蹄疫；

——过去12年内中国境内无水泡性口炎；

——过去6个月内饲养场无结核病、副结核病、布氏杆菌病；

——过去20天内饲养场无炭疽病、黑腿病。

肉及肉制品来自中华人民共和国国家出入境检验检疫局注册登记的肉联厂（屠宰厂），该厂符合必要的兽医卫生要求，并在中华人民共和国出入境检验检疫机关的长期监督之下。

动物未曾饲喂有海绵状脑病的国家用反刍动物内脏和组织生产的动物性饲料。

肉经检验无囊尾蚴病。

兽医卫生检验表明：肉无口蹄疫、结核病、牛地方流行白血病和其他传染病的特征变化，没有蠕虫、浆膜完整、淋巴结已被割除。

肉没有血块、没有蝇类幼虫、没有机械性残留物、没有异味（鱼腥味、药味），在储藏和运输过程中未曾被解冻，肉中心温度不高于-8℃，不含防腐剂，没有被沙门氏菌和其他致病菌污染，未经有色物质、电离辐射或紫外线处理。

供屠宰的牛未受天然的或合成的雌激素或荷尔蒙、抗生素、甲状腺制剂和镇静剂的影响。

本批肉适合人类食用。

肉上加盖了清楚标明肉联厂（屠宰厂）注册编号和生产日期的中华人民共和国出入境检验检疫机关的印章。

包装材料是新的并符合必要的卫生要求。

运输工具按中国的有关规定进行了处理和准备。

（二十）印章

本项目由签发本证书的出入境检验检疫机构加盖印章，应当加盖中外文对照的检疫证书专用章。

（二十一）签证地点

本项目由签发本证书的出入境检验检疫机构签注签发地点，通常为出入境检验检机构所在地。

（二十二）签证日期

本项目由负责对本证书所列出口牛肉进行检验的出入境检验检疫机构签署签发本证书的日期。一般采用阿拉伯数字填写，其中：年采用4位阿拉伯数字表示，月和日则各采用两位阿拉伯数字表示，并在年、月和日之间用间隔号","隔开，如："2012，01，01"。

（二十三）官方兽医

本项目由负责对本证书所列出口牛肉进行检验的出入境检验检疫官方兽医签署姓名。一般应当签署官方兽医的姓名及职务，通常采用中文和外文两种文字并分为两行填写，其中：第一行填写中文名称，第二行填写外文名称，并应当在姓名与职称之间至少留出两个字的空白间隔，在空白间隔处不填写和标注任何符号。

（二十四）签名

本项目由负责对本证书所列出口猪肉进行检验的出入境检验检疫主管负责人签署姓名，通常应当使用蓝色墨水的钢笔或签字笔签中文名。

（二十五）免责声明

本项目由签发本证书的出入境检验检疫机关注明对于本证书的免责声明，是我国出入境检验检疫部门参考国际上官方检验检疫机构加注免责声明的做法，结合以往涉及检验、检疫部门行政纠纷及司法案例而加注的。具体内容为：

"中华人民共和国出入境检验检疫机关及其官员或代表不承担签发本证书的任何财经责任。"

三、出口猪肉兽医证书项目设置及填制

出口猪肉兽医证书（见本章附件7-3）是国家出入境检验检疫部门根据国家相关法律、法规和规章的规定，对出口到俄罗斯的猪肉实施检验检疫，签发给检验合格的猪肉出口企业，用以证明出口猪肉符合检验检疫卫生规定的一种具有法律效力的证明文件。

出口猪肉兽医证书采用中文、外文两种文字签注，项目设置及填制要求如下。

（一）单证名称

本证书的全称为"中华人民共和国出入境检验检疫兽医卫生证书（出口猪肉）"。

（二）编号

本项目注明本证书的编号，由签发证书的出入境检验检疫机构统一编制。本编号通常为10位阿拉伯数字：前两位数字表示年份，如2012年标为"12"；中间4位数字为国家局规定的4位局、所代码；最后4位数字为流水顺序编号。

（三）发货人名称及地址

本项目注明申请对本证书所列出口猪肉进行检验的发货人的单位名称及地址。一般填写中文、外文全称和详细地址。

（四）收货人名称及地址

本项目注明申请对本证书所列出口猪肉进行检验的收货人的单位名称及地址。一般填写中文、外文全称和详细地址。

（五）品名

本项目注明本证书所列出口猪肉的品名，一般用中文和外文填写合同规定的肉类名称。

（六）净重（吨）

本项目注明本证书所列出口猪肉的净重，一般按照实际重量填写，计量单位为"吨"。

（七）包装种类

本项目注明本证书所列出口猪肉的包装种类，一般填写商品外包装的名称，如纸箱填写"Carton"。

（八）包装数量

本项目注明本证书所列出口猪肉的包装数量，一般按照实际数量用阿拉伯数字填写，在百位和千位数之间、十万位和百万位数之间用逗号分隔开，计量单位为"件"。

（九）唛头标记

本项目注明本证书所列出口猪肉的唛头标记，一般应当按照合同规定填写。"唛头"又称"标记及号码"，是指国际贸易合同、发货单据中有关标志事项的基本部分，通常由一个简单的几何图形及字母、数字等组成。

（十）产地

本项目注明本证书所列出口猪肉的产地，应当按照实际情况填写。

（十一）合同号

本项目注明本证书所列出口猪肉的合同号，应当按照实际合同号填写。如合同号中有俄文字母，能够打印俄文的检验检疫机构可按原合同号打印，不能打印俄文的则可采用黑水笔书写俄文字母。

（十二）加工厂名称、地址及编号

本项目注明本证书所列出口猪肉的加工厂名称、地址及编号。加工厂应当是在我国出入境检验检疫机构注册登记的肉联厂或屠宰厂，名称和地址一般采用外文填写，注册编号填写在本项目的最后一行。

（十三）储藏和运输条件

本项目注明本证书所列出口猪肉的储藏和运输的温度条件，如下所示：

"货物的储藏和运输温度应控制在0℃以下，最高不得超过8℃"。

（十四）运输工具及号码

本项目注明本证书所列出口猪肉的运输工具名称及号码。一般应当按照实际情况用外文填写运输工具的种类、名称，其中"编号"主要填写火车车皮编号、汽车牌照号码、飞机航班号或船名航次等。

（十五）离境口岸

本项目注明本证书所列出口猪肉的离境口岸名称，通常采用汉语拼音填写。

（十六）途经国家

本项目注明本证书所列出口猪肉的途经国家名称，一般填写从我国至俄罗斯口岸的运输途中所经过的第三国家或地区的名称，由我国直接运抵俄罗斯口岸的，本项目可不填写。

（十七）到达口岸

本项目注明本证书所列出口猪肉的到达口岸名称。

（十八）目的地

本项目注明本证书所列出口猪肉的目的地名称，一般应当填写合同规定的俄罗斯境内的到货地点名称，如果合同中没有规定目的地的，则本项目可以不填。

（十九）适合（人类）使用的证明

本项目由负责对本证书所列出口猪肉进行检验的出入境检验检疫机构签注，通常包含以下主要内容。

兹证明

肉及肉产品来源于无下列疾病的饲养场地区的临床健康猪：

——过去3年内中国境内无非洲猪瘟；

——过去12年内出口肉的省及其邻省无猪水泡和口蹄疫；

——过去12年内出口肉的饲养场无伪狂犬病、传染性脑脊髓炎、猪呼吸和生殖系统综合症；

——过去12年内出口肉的县及其邻县无猪瘟；

——过去3年内饲养场无旋毛虫病；

——过去20天内饲养场无猪丹毒。

肉及肉制品来自中华人民共和国国家出入境检验检疫局注册登记的肉联厂（屠宰厂），该厂符合所在县无猪瘟且未加工过来自有猪瘟的县的猪，该厂符合必要的兽医卫生要求，并在中华人民共和国出入境检验检疫机关的长期监督之下。

肉经检验无旋毛虫。

兽医卫生检验表明：肉无口蹄疫和其他传染病的特征变化，没有蠕虫、浆膜完整、淋巴结已被割除。

肉没有血块、没有蝇类幼虫、没有机械性残留物、没有异味（鱼腥味、药味），在储藏和运输过程中未曾被解冻，肉中心温度不高于-8℃，不含防腐剂，没有被沙门氏菌和其他致病菌污染，未经有色物质、电离辐射或紫外线处理。

供屠宰的猪未受天然的或合成的雌激素或荷尔蒙、抗生素、甲状腺制剂和镇静剂的影响。

本批肉适合人类食用。

肉上加盖了清楚标明肉联厂（屠宰厂）注册编号和生产日期的中华人民共和国出入境检验检疫机关的印章。

包装材料是新的并符合必要的卫生要求。

运输工具按中国的有关规定进行了处理和准备。

（二十）印章

本项目由签发本证书的出入境检验检疫机构加盖印章，应当加盖统一制发的中外文对照的检疫证书专用章。

（二十一）签证地点

本项目由签发本证书的出入境检验检疫机构签注签发本证书的地点，通常为出入境检验检疫机构所在地。

（二十二）签证日期

本项目由负责对本证书所列出口猪肉进行检验的出入境检验检疫机构签署签发本证书的日期。一般采用阿拉伯数字填写，其中：年采用4位阿拉伯数字表示，月和日则各采用两位阿拉伯数字表示，并在年、月和日之间用间隔号","隔开，如："2012，01，01"。

（二十三）官方兽医

本项目由负责对本证书所列出口猪肉进行检验的出入境检验检疫官方兽医签署姓名。一般应当签署官方兽医的姓名及职务，通常采用中文和外文两种文字并分为两行填写，其中：第一行填写中文名称，第二行填写外文名称，并在姓名与职称之间至少留出两个字的空白间隔，在空白间隔处不填写和标注任何符号。

（二十四）签名

本项目由负责对本证书所列出口猪肉进行检验的出入境检验检疫主管负责人签署姓名，通常应当使用蓝色墨水钢笔或签字笔签中文名。

（二十五）免责声明

本项目由签发本证书的出入境检验检疫机关注明对本证书的免责声明，是我国出入境检验检疫部门参考国际上官方检验检疫机构加注免责声明的做法，结合以往涉及检验、检疫部门行政纠纷及司法案例而加注的。具体内容为：

"中华人民共和国出入境检验检疫机关及其官员或代表不承担签发本证书的任何财经责任。"

四、动物性原料兽医证书项目设置及填制

动物性原料兽医证书（见本章附件7-4）是国家出入境检验检疫部门根据国家相关法律、法规和规章的规定对出口到俄罗斯的动物性原料实施检验检疫，签发给检验合格的动物性原料出口企业，用以证明其符合检验检疫卫生规定的一种具有法律效力的证明文件。

动物性原料兽医证书采用中文、外文两种文字签注，项目设置及填制要求如下。

（一）单证名称

本证书的全称为"中华人民共和国出入境检验检疫兽医卫生证书（出口动物性原料）"。

（二）编号

本项目注明本证书的编号，由签发本证书的出入境检验检疫机构统一编制。通常为10位阿拉伯数字：前两位数字表示年份，如2012年标为"12"，中间4位数字为国家局规定的4位局、所代码；最后4位数字为流水顺序编号。

（三）发货人名称及地址

本项目注明申请检验的发货人单位名称及地址。一般填写中文、外文全称和详细地址。

（四）收货人名称及地址

本项目注明申请检验的收货人单位名称及地址。一般填写中文、外文全称和详细地址。

（五）品名

本项目注明本证书所列出口动物性原料的品名，一般用中文和外文填写合同规定的动物性原料商品名称。

（六）净重（吨）

本项目注明本证书所列出口动物性原料的净重，一般按照实际重量填写，计量单位为"吨"。

（七）包装种类

本项目注明本证书所列出口动物性原料的包装种类，一般填写商品外包装的名称。

（八）包装数量

本项目注明本证书所列出口动物性原料的包装数量，一般按照实际数量采用阿拉伯数字填写，并在数字的百位和千位数之间、十万位和百万位数之间分别使用逗号","分隔开，计量单位为"件"。

（九）唛头标记

本项目注明本证书所列出口动物性原料的唛头标记，一般应当按照合同规定填写。"唛头"又称"标记及号码"，是指国际贸易合同、发货单据中有关标志事项的基本部分，通常由一个简单的几何图形及字母、数字等组成。

（十）产地

本项目注明本证书所列出口动物性原料的产地，应当按照实际情况填写。

（十一）合同号

本项目注明本证书所列出口动物性原料的合同号，应当按照实际合同号填写，如合同号中有俄文

字母，能够打印俄文的检验检疫机构可按原合同号打印，不能打印俄文的则可采用黑水笔书写。

（十二）加工厂名称、地址及编号

本项目注明本证书所列出口动物性原料的加工厂名称、地址及编号。加工厂应当是在中华人民共和国出入境检验检疫机构注册登记的肉联厂或屠宰厂。名称和地址一般采用外文填写，注册编号填写在本项目的最后一行。

（十三）储藏和运输条件

本项目注明本证书所列出口动物性原料的储藏和运输的温度条件，如下所示：

"货物的储藏和运输温度应控制在0℃以下，最高不得超过8℃。"

（十四）运输工具及号码

本项目注明本证书所列出口动物性原料的运输工具名称及号码。一般应当按照实际情况用外文填写运输工具的种类、名称，编号主要填写火车车皮编号、汽车牌照号码、飞机航班号或船名航次等。

（十五）离境口岸

本项目注明本证书所列出口动物性原料的离境口岸名称，通常采用汉语拼音填写。

（十六）途经国家

本项目注明本证书所列出口动物性原料的途经国家名称，一般填写从我国至俄罗斯口岸的运输途中所经过的第三国家或地区的名称，由我国直接运抵俄罗斯口岸的，则本项目可不填写。

（十七）到达口岸

本项目注明本证书所列出口动物性原料到达俄罗斯的口岸名称。

（十八）目的地

本项目注明本证书所列出口动物性原料的目的地名称，一般应当填写合同规定的俄罗斯境内的到货地点名称，如果在合同中没有规定目的地的，则本项目可以不填。

（十九）适合（人类）使用的证明

本项目由负责对本证书所列出口动物性原料进行检验的出入境检验检疫机构签注，通常包含以下主要内容。

兹证明

上述产品来自中华人民共和国国家出入境检验检疫局注册登记的企业，该企业符合必要的兽医卫生要求，并在中华人民共和国出入境检验检疫机关的长期监督之下。

原料来源于无下列疾病的饲养场和地区的临床健康动物（禽）：

(1) 在过去5年内中国境内无牛海绵状脑病；

(2) 在过去3年内中国境内无非洲猪瘟、马瘟、骆驼瘟、牛瘟；

(3) 在过去12个月内出口省份无口蹄疫、羊痘；

(4) 在过去3个月内饲养场无炭疽病。

上述产品经国家检验检疫部门实验室检验未发现炭疽病。

包装材料是新的并符合必要的兽医卫生要求。

运输工具按照中国的有关规定进行了处理和准备。

（二十）印章

本项目由签发本证书的出入境检验检疫机构加盖印章，应当加盖统一制发的中外文对照的检疫证书专用章。

（二十一）签证地点

本项目由签发本证书的出入境检验检疫机构签注签发本证书的地点，通常为出入境检验检机构所在地。

(二十二) 签证日期

本项目由负责对本证书所列出口动物性原料进行检验的出入境检验检疫机构签署签发本证书的日期。一般采用阿拉伯数字填写，其中：年采用 4 位阿拉伯数字表示，月和日则各采用两位阿拉伯数字表示，并在年、月和日之间用间隔号","隔开，如"2012，01，01"。

(二十三) 官方兽医

本项目由负责对本证书所列出口动物性原料进行检验的出入境检验检疫官方兽医签署姓名。一般应当签署官方兽医的姓名及职务，通常采用中文和外文两种文字并分为两行填写。其中，第一行填写中文名称，第二行填写外文名称，应当在姓名与职称之间至少留出两个字的空白间隔，在空白间隔处不填写和标注任何符号。

(二十四) 签名

本项目由负责对本证书所列出口动物性原料进行检验的出入境检验检疫主管负责人签署姓名，通常应当使用蓝色墨水的钢笔或签字笔签中文名。

(二十五) 免责声明

本项目由签发本证书的出入境检验检疫机关注明对于本证书的免责声明，是我国出入境检验检疫部门参考国际上官方检验检疫机构加注免责声明的做法，结合以往涉及检验、检疫部门行政纠纷及司法案例而在单证上加注的。具体内容为：

"中华人民共和国出入境检验检疫机关及其官员或代表不承担签发本证书的任何财经责任。"

五、出口禽肉兽医证书项目设置及填制

出口禽肉兽医证书（见本章附件 7-5）是国家出入境检验检疫部门根据国家相关法律、法规和规章的规定对出口到俄罗斯的禽肉实施检验检疫，签发给检验合格的禽肉出口企业，用以证明出口禽肉符合检验检疫卫生规定的一种具有法律效力的证明文件。

出口禽肉兽医证书采用中文、外文两种文字签注，项目设置及填制要求如下。

(一) 单证名称

本证书的全称为"中华人民共和国出入境检验检疫兽医卫生证书（出口禽肉）"。

(二) 编号

本项目注明本证书的编号，由签发本证书的出入境检验检疫机构统一编制。本编号通常为 10 位阿拉伯数字：前两位数字表示年份，如 2012 年标为"12"；中间 4 位数字为规定的 4 位局、所代码；最后 4 位数字为流水顺序编号。

(三) 发货人名称及地址

本项目注明申请检验的发货人的单位名称及地址。一般填写中文、外文全称和详细地址。

(四) 收货人名称及地址

本项目注明申请检验的收货人的单位名称及地址。一般填写中文、外文全称和详细地址。

(五) 品名

本项目注明本证书所列出口禽肉的品名，一般用中文和外文填写合同规定的禽肉类名称。

(六) 净重（吨）

本项目注明本证书所列出口禽肉的净重，一般按照实际重量填写，计量单位为"吨"。

(七) 包装种类

本项目注明本证书所列出口禽肉的包装种类，一般填写商品外包装的名称。

(八) 包装数量

本项目注明本证书所列出口禽肉的包装数量，一般按照实际数量用阿拉伯数字填写，在百位和千位数之间、十万位和百万位数之间用逗号分隔开，计量单位为"件"。

(九) 唛头标记

本项目注明本证书所列出口禽肉的唛头标记。"唛头标记"又称"标记及号码"，是指国际贸易合同、发货单据中有关标志事项的基本部分，通常由一个简单的几何图形及字母、数字等组成。一般应当按照合同规定填写。

（十）产地

本项目注明本证书所列出口禽肉的产地，应当按照实际情况填写。

（十一）合同号

本项目注明本证书所列出口禽肉的合同号，应当按照实际合同号填写。如合同号中有俄文字母，能打印俄文的检验检疫机构可按原合同号打印；不能打印俄文的检验检疫机构则可采用黑水笔书写俄文字母。

（十二）加工厂名称、地址及编号

本项目注明本证书所列出口禽肉的加工厂名称、地址及编号。加工厂应当是在我国出入境检验检疫机构注册登记的饲养场或屠宰厂。名称和地址一般采用外文填写。注册编号填写在本项目的最后一行。

（十三）储藏和运输条件

本项目注明本证书所列出口禽肉的储藏和运输的温度条件，如下所示：

"货物的储藏和运输温度应控制在0℃以下，最高不得超过8℃。"

（十四）运输工具及号码

本项目注明本证书所列出口禽肉的运输工具名称及号码。一般应当按照实际情况用外文填写运输工具的种类、名称。编号主要填写火车车皮编号、汽车牌照号码、飞机航班号或船名航次等。

（十五）离境口岸

本项目注明本证书所列出口禽肉的离境口岸名称，通常采用汉语拼音填写。

（十六）途经国家

本项目注明本证书所列出口禽肉的途经国家名称，一般填写从我国至俄罗斯口岸的运输途中所经过的第三国家或地区的名称。由我国直接运抵俄罗斯口岸的，本项目可不填写。

（十七）到达口岸

本项目注明本证书所列出口禽肉的到达口岸名称，指出口货物离开我国关境直接运抵或者在运输中转国（地区）未发生任何商业性交易的情况下最后运抵的俄罗斯口岸。

（十八）目的地

本项目注明本证书所列出口禽肉的目的地名称，一般应当填写合同规定的俄罗斯境内的到货地点名称。如果在合同中没有规定目的地的，则本项目可以不填。

（十九）适合（人类）使用的证明

本项目由负责对本证书所列出口禽肉进行检验的出入境检验检疫机构签注，通常包含以下主要内容。

兹证明

上述产品来自中华人民共和国国家出入境检验检疫局注册登记的生产出口产品的企业屠宰的健康禽。中华人民共和国出入境检验检疫机关对企业的生产加工过程进行长期的监督。

用于生产上述产品的禽经中华人民共和国出入境检验检疫机关的官方兽医宰前宰后检疫检验合格，并在产品外包装上加施检验检疫合格标志。

上述产品来自饲养于中国的健康禽，且饲养场和饲养场所在的行政区无下列传染病：

——过去三年内中国全境无非洲猪瘟；

——过去六个月内饲养场所在地的省无口蹄疫；

——过去六个月内饲养场所在地的省无新城疫、禽流感；

——鸡和火鸡的饲养场，在过去六个月内无鸟疫、副粘病毒感染、火鸡鼻气管炎、传染性喉气管炎、传染性脑脊髓炎；

——鸭和鹅的饲养场，在过去六个月内无鹅口疮、鸭病毒性肝炎、鸟疫。

用于生产上述产品的禽未饲喂过用基因工程方式或其他转基因方式生产的饲料。

经兽医卫生检验证明，没有传染病、寄生虫病的特征性病理变化，也没有受各种有毒有害物质影响的特征性变化。

起运前，冷冻禽肉的中心温度不高于-18℃。上述产品不含防腐剂，未使用着色剂、除味剂、紫外线处理，不含神色斑（火鸡和珍珠鸡除外）

用于生产上述产品的禽，在宰前规定的休药期内未接受或使用过天然或认购合成的雌激素、荷尔蒙、促生长剂、抗生素、杀虫剂或其他药物。

上述产品的微生物，有毒化学物质和放射性物质含量不超过俄罗斯联邦现行兽医和卫生法规的要求。

上述产品适合人类食用。

包装容器和包装材料是一次性使用的，符合卫生要求。

运输工具按中国的有关规定进行了处理和准备。

（二十）印章

本项目由签发本证书的出入境检验检疫机构加盖印章，应当加盖国家统一制发的中外文对照的检疫证书专用章。

（二十一）签证地点

本项目由签发本证书的出入境检验检疫机构签注签发本证书的地点，通常为出入境检验检机构所在地。

（二十二）签证日期

本项目由负责对本证书所列出口禽肉进行检验的出入境检验检疫机构签署签发本证书的日期。一般采用阿拉伯数字填写，其中：年采用4位阿拉伯数字表示，月和日各采用两位阿拉伯数字表示，并在年、月和日之间用间隔号","隔开，如"2012，01，01"。

（二十三）官方兽医

本项目由负责对本证书所列出口禽肉进行检验的出入境检验检疫官方兽医签署姓名。一般应当签署官方兽医的姓名及职务，通常采用中外文两种文字并分为两行填写，其中第一行填写中文名称，第二行填写英文名称，并应当在姓名与职称之间至少留出两个字的空白间隔，在空白间隔处不填写和标注任何符号。

（二十四）签名

本项目负责对本证书所列出口禽肉进行检验的出入境检验检疫主管负责人签署姓名，通常应当使用蓝色墨水的钢笔或签字笔签中文名。

（二十五）免责声明

本项目由签发本证书的出入境检验检疫机关注明对于本证书的免责声明，是我国出入境检验检疫部门参考国际上官方检验检疫机构加注免责声明的做法，结合以往涉及检验、检疫部门行政纠纷及司法案例而在单证上加注的。具体内容为：

"中华人民共和国出入境检验检疫机关及其官员或代表不承担签发本证书的任何财经责任。"

第三节　兽医卫生证书须知及注意事项

一、相关概念

（一）肉类产品

"肉类产品"是指动物屠体的任何可供人类食用部分，包括胴体、脏器、副产品及以上述产品为原料的制品，不包括罐头产品。

（二）牛瘟

"牛瘟"又名"烂肠瘟"，是指由牛瘟病毒所引起的一种急性高度接触传染性传染病，其临床特征表现为体温升高，病程短，黏膜特别是消化道黏膜发炎、出血、糜烂和坏死。

（三）牛肺疫

"牛肺疫"又称"牛传染性胸膜肺炎"，俗称烂肺疫，是指由丝状霉形体引起的对牛危害严重的一种接触性传染病，主要侵害肺和胸膜，其病理特征为纤维素性肺炎和浆液纤维素性肺炎。

（四）非洲猪瘟

"非洲猪瘟"是指一种急性、发热传染性很高的滤过性病毒所引起的猪病，其特征是发病过程短，但死亡率高达100%，临床表现为发热，皮肤发绀，淋巴结、肾、胃肠黏膜明显出血。

（五）小反刍兽疫

"小反刍兽疫"又名"小反刍兽假性牛瘟"、"肺肠炎"、"口炎肺肠炎复合症"，是指由小反刍兽疫病毒引起的一种急性病毒性传染病，主要感染小反刍动物。

（六）炭疽

"炭疽"是指由炭疽芽孢杆菌所致的人畜共患急性、热性、败血性传染病。表现为脾脏显著肿大；皮下及浆膜下结缔组织出血性浸润；血液凝固不良，呈煤焦油样。自然条件下，食草兽最易感，人中等敏感，主要发生于与动物及畜产品加工接触较多及误食病畜肉的人员。

（七）口蹄疫

"口蹄疫"是指由口蹄疫病毒所致急性、热性、高度接触性传染病。主要侵害偶蹄兽，以发热、口腔黏膜及蹄部和乳房皮肤发生水泡和溃烂为特征，是国际兽疫局规定的A类传染病，易通过空气传播，传染性强，流行迅速，偶尔感染人，主要发生在与患畜密切接触的人员，多为亚临床感染。

（八）伪狂犬病

"伪狂犬病"是指由伪狂犬病毒引起的一种传染病。该病最早发现于美国，后来由匈牙利科学家首先分离出病毒。

（九）禽流感

"禽流感"全名为"鸟禽类流行性感冒"，又称"真性鸡瘟"，是指由禽流感病毒所引起的一种主要流行于鸡群中的烈性传染病，通常只感染鸟类，少见情况下会感染猪。禽流感病毒主要针对特定物种，但在罕有情况下会跨越物种障碍感染人。

（十）猪丹毒

"猪丹毒"是指主要发生于猪身上的一种急性热性传染病，由胞内菌猪丹毒丝菌所引起。急性型呈败血症，亚急性型在皮肤上出现紫红色疹块，慢性则主要发生心内膜炎和关节炎。偶见于其他畜禽。

二、进出口肉类产品检验检疫监督管理

1. 国家质检总局主管全国进出口肉类产品检验检疫及监督管理工作。国家质检总局设在各地的出入境检验检疫机构负责所辖区域进出口肉类产品检验检疫及监督管理。

2. 检验检疫机构依法对进出口肉类产品进行检验检疫及监督抽查，对进出口肉类产品生产加工企业、收发货人根据监管需要实施信用管理及分类管理制度。

进出口肉类产品生产企业应当依照法律、行政法规和有关标准从事生产经营活动，对社会和公众负责，保证肉类产品质量安全，接受社会监督，承担社会责任。

3. 进口检验检疫。

（1）进口肉类产品应当符合中国法律及行政法规规定、食品安全国家标准的要求，以及中国与输出国家或者地区签订的相关协议、议定书、备忘录等规定的检验检疫要求及贸易合同注明的检疫要求。

进口尚无食品安全国家标准的肉类产品，收货人应当向检验检疫机构提交国务院卫生行政部门出具的许可证明文件。

（2）国家质检总局根据中国法律及行政法规规定、食品安全国家标准要求、国内外肉类产品疫情疫病和有毒有害物质风险分析结果，结合对拟向中国出口肉类产品的国家或者地区的质量安全管理体系的有效性评估情况，制定并公布中国进口肉类产品的检验检疫要求；或者与拟向中国出口肉类产品国家或者地区签订检验检疫协定，确定检验检疫要求和相关证书。

（3）国家质检总局对向中国境内出口肉类产品的出口商或者代理商实施备案管理，并定期公布已经备案的出口商、代理商名单。

进口肉类产品境外生产企业的注册管理按照国家质检总局相关规定执行。

（4）检验检疫机构对进口肉类产品收货人实施备案管理。已经实施备案管理的收货人方可办理肉类产品的进口手续。

（5）进口肉类产品收货人应当建立肉类产品进口和销售记录制度。记录应当真实，保存期限不得少于两年。

（6）国家质检总局对进口肉类产品实行检疫审批制度。进口肉类产品的收货人应当在签订贸易合同前办理检疫审批手续，取得进境动植物检疫许可证。

国家质检总局根据需要，按照有关规定，可以派员到输出国家或者地区进行进口肉类产品预检。

（7）进口肉类产品应当从国家质检总局指定的口岸进口。

进口口岸的检验检疫机构应当具备进口肉类产品现场查验和实验室检验检疫的设备设施和相应的专业技术人员。

进口肉类产品应当存储在检验检疫机构认可并报国家质检总局备案的存储冷库或者其他场所。肉类产品进口口岸应当具备与进口肉类产品数量相适应的存储冷库。存储冷库应当符合进口肉类产品存储冷库检验检疫要求。

（8）进口鲜冻肉类产品包装应当符合下列要求：

①内外包装使用无毒、无害的材料，完好无破损；

②内外包装上应当标明产地国、品名、生产企业注册号、生产批号；

③外包装上应当以中文标明规格、产地（具体到州/省/市）、目的地、生产日期、保质期、储存温度等内容，目的地应当标明为中华人民共和国，加施输出国家或者地区官方检验检疫标识。

（9）肉类产品进口前或者进口时，收货人或者其代理人应当持进口动植物检疫许可证、输出国家或者地区官方出具的相关证书正本原件、贸易合同、提单、装箱单、发票等单证向进口口岸检验检疫机构报检。

进口肉类产品随附的输出国家或者地区官方检验检疫证书，应当符合国家质检总局对该证书的要求。

（10）检验检疫机构对收货人或者其代理人提交的相关单证进行审核，符合要求的，受理报检，并对检疫审批数量进行核销，出具入境货物通关证明。

（11）装运进口肉类产品的运输工具和集装箱，应当在进口口岸检验检疫机构的监督下实施防疫消毒处理。未经检验检疫机构许可，进口肉类产品不得卸离运输工具和集装箱。

（12）进口口岸检验检疫机构依照规定对进口肉类产品实施现场检验检疫，具体包括以下内容：

①检查运输工具是否清洁卫生、有无异味，控温设备设施运作是否正常，温度记录是否符合要求；

②核对货证是否相符，包括集装箱号码和铅封号、货物的品名、数（重）量、输出国家或地区、生产企业名称或注册号、生产日期、包装、唛头、输出国家或地区官方证书编号、标志或封识等信息；

③查验包装是否符合食品安全国家标准要求；

④预包装肉类产品的标签是否符合要求；

⑤对鲜冻肉类产品还应当检查新鲜程度，中心温度是否符合要求，是否有病变以及肉眼可见的寄生虫包囊、生活害虫、异物及其他异常情况，必要时进行蒸煮试验。

（13）进口鲜冻肉类产品经现场检验检疫合格后，运往检验检疫机构指定地点存放。

（14）检验检疫机构依照规定对进口肉类产品采样，按照有关标准、监控计划和警示通报等要求进行检验或者监测。

（15）口岸检验检疫机构根据进口肉类产品检验检疫结果作出如下处理。

①经检验检疫合格的，签发入境货物检验检疫证明，准予生产、加工、销售、使用。入境货物检验检疫证明应当注明进口肉类产品的集装箱号、生产批次号、生产厂家名称和注册号、唛头等追溯信息。

②经检验检疫不合格的，签发检验检疫处理通知书。有下列情形之一的，作退回或者销毁处理：

A. 无有效进口动植物检疫许可证的；

B. 无输出国家或者地区官方机构出具的相关证书的；

C. 未获得注册的生产企业生产的进口肉类产品的；

D. 涉及人身安全、健康和环境保护项目不合格的。

③经检验检疫，涉及人身安全、健康和环境保护以外项目不合格的，可以在检验检疫机构的监督下进行技术处理，合格后方可销售或者使用。

④需要对外索赔的，签发相关证书。

（16）目的地为内地的进口肉类产品，在香港或者澳门卸离原运输船只并经港澳陆路运输到内地的，在香港或者澳门码头卸载后到其他港区装船运往内地的，发货人应当向国家质检总局指定的检验机构申请中转预检。未经预检或者预检不合格的，不得转运内地。

指定的检验机构应当按照国家质检总局的要求开展预检工作，合格后另外加施新的封识并出具证书，入境口岸检验检疫机构受理报检时应当同时查验该证书。

4. 出口检验检疫。

（1）出口肉类产品由检验检疫机构进行监督、抽检，海关凭检验检疫机构签发的通关证明放行。

（2）检验检疫机构按照下列要求对出口肉类产品实施检验检疫：

①输入国家或者地区检验检疫要求；

②中国政府与输入国家或者地区签订的检验检疫协议、议定书、备忘录等规定的检验检疫要求；

③中国法律、行政法规和国家质检总局规定的检验检疫要求；

④输入国家或者地区官方关于品质、数量、重量、包装等要求；

⑤贸易合同注明的检验检疫要求。

（3）检验检疫机构按照出口食品生产企业备案管理规定，对出口肉类产品的生产企业实施备案管理。

输入国家或者地区对中国出口肉类产品生产企业有注册要求，需要对外推荐注册企业的，按照国家质检总局相关规定执行。

（4）出口肉类产品加工用动物应当来自经检验检疫机构备案的饲养场。

检验检疫机构在风险分析的基础上对备案饲养场进行动物疫病、农兽药残留、环境污染物及其他有毒有害物质的监测。未经所在地农业行政部门出具检疫合格证明的或者疫病、农兽药残留及其他有毒有害物质监测不合格的动物不得用于屠宰、加工出口肉类产品。

（5）出口肉类产品加工用动物备案饲养场或者屠宰场应当为其生产的每一批出口肉类产品原料出

具供货证明。

（6）出口肉类产品生产企业应当按照输入国家或者地区的要求，对出口肉类产品的原辅料、生产、加工、仓储、运输、出口等全过程建立有效运行的可追溯的质量安全自控体系。

出口肉类产品生产企业应当配备专职或者兼职的兽医卫生和食品安全管理人员。

（7）出口肉类产品生产企业应当建立原料进货查验记录制度，核查原料随附的供货证明。进货查验记录应当真实，保存期限不得少于两年。

出口肉类产品生产企业应当建立出厂检验记录制度，查验出厂肉类产品的检验合格证和安全状况，如实记录其肉类产品的名称、规格、数量、生产日期、生产批号、检验合格证号、购货者名称及联系方式、销售日期等内容。

肉类产品出厂检验记录应当真实，保存期限不得少于两年。

（8）出口肉类产品生产企业应当对出口肉类产品加工用原辅料及成品进行自检，没有自检能力的应当委托有资质的检验机构检验，并出具有效检验报告。

（9）检验检疫机构应当对出口肉类产品中致病性微生物、农兽药残留和环境污染物等有毒有害物质在风险分析的基础上进行抽样检验，并对出口肉类生产加工全过程的质量安全控制体系进行验证和监督。

（10）用于出口肉类产品包装的材料应当符合食品安全标准，包装上应当按照输入国家或者地区的要求进行标注，运输包装上应当注明目的地国家或者地区。

（11）检验检疫机构根据需要可以向出口肉类产品生产企业派出官方兽医或者检验检疫人员，对出口肉类产品生产企业进行监督管理。

（12）发货人或者其代理人应当在出口肉类产品起运前，按照国家质检总局的报检规定向出口肉类产品生产企业所在地检验检疫机构报检。

（13）出口肉类产品的运输工具应当有良好的密封性能和制冷设备，装载方式能有效避免肉类产品受到污染，保证运输过程中所需要的温度条件，按照规定进行清洗消毒，并做好记录。

发货人应当确保装运货物与报检货物相符，做好装运记录。

（14）检验检疫机构对报检的出口肉类产品的检验报告、装运记录等进行审核，结合日常监管、监测和抽查检验等情况进行合格评定。符合规定要求的，签发有关检验检疫证单；不符合规定要求的，签发不合格通知单。

（15）检验检疫机构根据需要，可以按照有关规定对检验检疫合格的出口肉类产品、包装物、运输工具等加施检验检疫标志或者封识。

（16）存放出口肉类产品的中转冷库应当经所在地检验检疫机构备案并接受监督管理。

出口肉类产品运抵中转冷库时应当向其所在地检验检疫机构申报。中转冷库所在地检验检疫机构凭生产企业所在地检验检疫机构签发的检验检疫证单监督出口肉类产品入库。

（17）出口冷冻肉类产品应当在生产加工后6个月内出口，冰鲜肉类产品应当在生产加工后72小时内出口。输入国家或者地区另有要求的，按照其要求办理。

（18）用于出口肉类产品加工用的野生动物，应当符合输入国家或者地区和中国有关法律法规要求，并经国家相关行政主管部门批准。

5. 过境检验检疫。

（1）运输肉类产品过境的，应当事先获得国家质检总局批准，按照指定的口岸和路线过境。承运人或者押运人应当持货运单和输出国家或者地区出具的证书，在进口时向检验检疫机构报检，由进口口岸检验检疫机构查验单证。进口口岸检验检疫机构应当通知出口口岸检验检疫机构，出口口岸检验检疫机构监督过境肉类产品出口。

进口口岸检验检疫机构可以派官方兽医或者其他检验检疫人员监运至出口口岸。

（2）过境肉类产品运抵进口口岸时，由进口口岸检验检疫机构对运输工具、装载容器的外表进行消毒。

装载过境肉类产品的运输工具和包装物、装载容器应当完好。经检验检疫机构检查，发现运输工具或者包装物、装载容器有可能造成途中散漏的，承运人或者押运人应当按照检验检疫机构的要求，采取密封措施；无法采取密封措施的，不准过境。

（3）过境肉类产品运抵出口口岸时，出口口岸检验检疫机构应当确认货物原集装箱、原铅封未被改变。

（4）过境肉类产品过境期间，未经检验检疫机构批准，不得开拆包装或者卸离运输工具。

（5）过境肉类产品在境内改换包装，按照进口肉类产品检验检疫规定办理。

6. 其他相关规定。

（1）国家质检总局对进出口肉类产品实行安全监控制度，依据风险分析和检验检疫实际情况制定重点监控计划，确定重点监控国家或者地区的进出口肉类产品种类和检验项目。

检验检疫机构应当根据国家质检总局年度进出口食品安全风险监控计划，制定并实施所辖区域内进口肉类产品风险管理的实施方案。

（2）国家质检总局和检验检疫机构应当及时向相关部门、机构和企业通报进出口肉类产品安全风险信息。发现进出口肉类产品安全事故，或者接到有关进出口肉类产品安全事故的举报，应当立即向卫生、农业行政部门通报并按照有关规定上报。

（3）进出口肉类产品的生产企业、收发货人应当合法生产和经营。

检验检疫机构应当建立进出口肉类产品的收发货人和出口肉类产品生产企业不良记录制度，对有违法行为并受到行政处罚的，可以将其列入违法企业名单并对外公布。

（4）进口肉类产品存在安全问题，可能或者已经对人体健康和生命安全造成损害的，收货人应当主动召回并立即向所在地检验检疫机构报告。收货人不主动召回的，检验检疫机构应当按照有关规定责令召回。

出口肉类产品存在安全问题，可能或者已经对人体健康和生命安全造成损害的，出口肉类产品生产企业应当采取措施避免和减少损害的发生，并立即向所在地检验检疫机构报告。

（5）出口肉类产品加工用动物备案饲养场有下列行为之一的，取消备案：

①存放或者使用中国、拟输出国家或者地区禁止使用的药物和其他有毒有害物质，使用的药物未标明有效成分或者使用含有禁用药物和药物添加剂，未按照规定在休药期停药的；

②提供虚假供货证明、转让或者变相转让备案号的；

③隐瞒重大动物疫病或者未及时向检验检疫机构报告的；

④拒不接受检验检疫机构的监督管理的；

⑤备案饲养场的名称、法定代表人发生变化后30日内未申请变更的；

⑥养殖规模扩大、使用新药或者新饲料或者质量安全体系发生重大变化后30日内未向检验检疫机构报告的；

⑦一年内没有出口供货的。

（6）进出口肉类产品生产企业有其他违法行为的，按照相关法律、行政法规的规定予以处罚。

（7）检验检疫机构及其工作人员在对进出口肉类产品实施检验检疫和监督管理工作中，违反法律法规规定的，按照规定查处。

第七章 出入境检验检疫兽医卫生证书

附件 7-1：出入境检验检疫兽医证书样本

中华人民共和国出入境检验检疫
ENTRY-EXIT INSPECTION AND QUARANTINE
OF THE PEOPLE'S REPUBLIC OF CHINA

正 本
ORIGINAL

兽 医（卫生）证 书 编号 No.：
VETERINARY (HEALTH) CERTIFICATE

发货人名称及地址
Name and Address of Consignor _____
收货人名称及地址
Name and Address of Consignee _____
品名
Description of Goods _____

| 报检重量 Weight Declared _____ | 产地 Place of Origin _____ | 标记及号码 Mark & No. _____ |

包装种类及数量
Number and Type of Packages _____
集装箱号
Container No. _____
铅封号
Seal No. _____

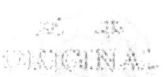

加工厂名称、地址及编号（如果适用）
Name, Address and approval No. of the
approved Establishment（if applicable）_____

起运地   到达国家及地点
Place of Despatch _____   Country and Place of Destination _____
运输工具   发货日期
Means of Conveyance _____   Date of Despatch _____

中华人民共和国出入境检验检疫机关及其官员或代表不承担签发本证书的任何财经责任。No financial liability with respect to this certificate shall attach to the entry-exit inspection and quarantine authorities of the P. R. of China or to any of its officers or representatives.

B   [c3-1(2000.1.1)]

附件7-2-1：出口牛肉兽医证书样本

中华人民共和国出入境检验检疫
ИНСПЕКЦИЯ И КАРАНТИН ВВОЗА-ВЫВОЗА КИТАЙСКОЙ НАРОДНОЙ РЕСПУБЛИКИ

正本
ОРИГИНАЛЬНЫЙ

共 2 页 Всего 2 страницы
第 1 页 Первая страница

兽医卫生证书   编号 No.：
ВЕТЕРИНАРНО-САНИТАРНЫЙ СЕРТИФИКАТ

(出口牛肉 на экспортируемую говядину)

发货人名称及地址
Название и адрес отправителя _____

收货人名称及地址
Название и адрес получателя _____

品名
Наименование продукции _____

净重（吨）
Вес нетто (тонны) _____

包装种类
Упаковка _____

包装数量
Количество мест _____

唛头标记
Маркировка _____

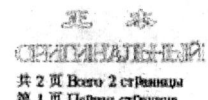

产地
Административная единица _____

合同号
Контракт No. _____

加工厂名称、地址及编号
Название, адрес и номер зарегистрированного мясокомбината (бойни) _____

储藏和运输条件
Условия хранения и перевозки _____

运输工具及号码
Транспорт и номер _____

离境口岸
Выездной пункт _____

途经国家
Страна транзита _____

到达口岸
Пункт пересечения границы _____

目的地
Назначение продукции _____

适合（人类）食用的证明
Свидетельство о пригодности продуктов в пищу

兹证明 Настоящим удостоверяется следующее:

肉及肉产品来源于无下列疾病的地区的临床健康的本地牛 Мясо получено от убоя и переработки клинически здорового крупного рогатого скота местного происхождения, который происходит из территорий, благополучных по заразным болезням животных, в т.ч.:

—过去 5 年内中国境内无牛海绵状脑病 Спонгиформной энцефалопатии крупного рогатого скота - в течение последних 5 лет в стране.

—过去 3 年内中国境内无非洲猪瘟 Африканской чуме свиней - в течение последних 3 лет в стране.

—过去 12 个月内中国境内无牛瘟、牛肺疫、小反刍兽疫 Чуме крупного рогатого скота, контагиозной плевропневмонии, чуме мелких жвачных - в течение последних 12 месяцев в стране.

—过去 12 个月内出口肉的省及其邻省无口蹄疫 Ящуру - в течение 12 месяцев в провинции и смежных с нею провинциях.

中华人民共和国出入境检验检疫机关及其官员或代表不承担签发本证书的任何财务责任。Учреждение по инспекции и карантину ввоза-вывоза КНР и его инспекторы или представители не берут на себя никакую финансовую обязанность, выдавая этот сертификат.

A

[c 3-2-1(2000.1.1)]

附件 7-2-2：出口牛肉兽医证书（第二页）样本

证书
СЕРТИФИКАТ

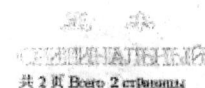

共 2 页 Всего 2 страницы
第 2 页 Вторая страница

编号 No.:

—过去 12 个月内中国境内无水泡性口炎　Везикулярному стоматиту - в течение последних 12 месяцев в стране.
—过去 6 个月内饲养场无结核病、副结核病、布氏杆菌病　Туберкулёзу, паратуберкулёзу и бруцеллёзу - в течение последних 6 месяцев в хозяйстве.
—过去 20 天内饲养场无炭疽病、黑腿病　Сибирской язве, эмфизематозному карбункулу - в течение последних 20 дней в хозяйстве.

肉及肉制品来自中华人民共和国国家出入境检验检疫局注册登记的肉联厂（屠宰厂），该厂符合必要的兽医卫生要求，并在中华人民共和国出入境检验检疫机关的长期监督之下　Мясо и мясные продукты получены на мясокомбинатах (бойнях), имеющих разрешение Государственной Администрации по Инспекции и Карантину Ввоза-Вывоза КНР о поставке продукции на экспорт, отвечающих необходимым ветеринарно - санитарным требованиям и находящихся под постоянным контролем Учреждения по Инспекции и Карантину Ввоза-Вывоза КНР.

动物未曾饲喂有牛海绵状脑病的国家用反刍动物内脏和组织生产的动物性饲料　Животные не употребляли в пищу корма животного происхождения, при изготовлении которых использовались внутренние органы и ткани жвачных животных из стран, где зарегистрирована спонгиформная энцефалопатия крупного рогатого скота.

肉经检验无囊尾蚴病　Мясо исследовано на цистицеркоз с отрицательным результатом.

兽医卫生检验表明：肉无口蹄疫、结核病、牛地方流行性白血病和其他传染病的特征变化，没有蠕虫，浆膜完整，淋巴结已被割除　При проведении ветеринарно - санитарной экспертизы мяса не обнаружено изменений, характерных для ящура, туберкулёза, лейкоза и других заразных болезней, а также поражений гельминтами, серозные оболочки не зачищались, лимфатические узлы не удалялись.

肉没有血块、没有蝇类幼虫、没有机械性残留物、没有异味（鱼腥味、药味等），在储藏和运输过程中未曾被解冻，肉中心温度不高于-8℃，不含防腐剂，没有被沙门氏菌和其他致病菌污染，未经有色物质、电离辐射或紫外线处理　Мясо не имеет гематом, личинок оводов, механических загрязнений, несвойственного мясу запаха и привкуса (рыбы, лекарственных трав, средств и др.); хранилось и транспортировалось с соблюдением температурного режима, имеет температуру в центре мышцы не выше минус 8 градусов цельсия, не содержит средств консервирования, не обсеменено сальмонеллами или возбудителями других бактериальных инфекций, необрабатывалось красящими веществами, ионизирующим излучением или ультрафиолетовыми лучами.

供屠宰的牛未受天然的或合成的雌激素或荷尔蒙、抗生素、甲状腺制剂和镇静剂的影响　Скот, от которого получено мясо, не подвергались воздействию натуральных или синтетических эстрогенных и гормональных веществ, тиреостатических препаратов, антибиотиков и успокаивающих средств.

本批肉适合人类食用　Мясо признано пригодным для употребления в пищу.

肉上加盖了清楚标明肉联厂（屠宰厂）注册编号和生产日期的中华人民共和国出入境检验检疫机关的印章　Мясо имеет клеймо Учреждения по Инспекции и Карантину Ввоза-Вывоза КНР с четким обозначением номера мясокомбината (бойни) и даты убоя.

包装材料是新的并符合必要的卫生要求　Материал для упаковки используется впервые и удовлетворяет необходимым санитарно-гигиеническим требованиям.

运输工具按中国的有关规定进行了处理和准备　Транспортные средства обработаны и подготовлены в соответствии с правилами, принятыми в стране вывоза.

＊＊＊＊＊＊＊＊

印章　　　　　签证地点 Место _____　　签证日期 Составлено _____
Официальная
Печать　　　官方兽医 Государственный ветеринарный врач _____　　签名 Подпись _____

附件7-3-1：出口猪肉兽医证书样本

中华人民共和国出入境检验检疫
ИНСПЕКЦИЯ И КАРАНТИН ВВОЗА-ВЫВОЗА
КИТАЙСКОЙ НАРОДНОЙ РЕСПУБЛИКИ

共 2 页 Всего 2 страницы
第 1 页 Первая страница

兽医卫生证书　　编号 No.:
ВЕТЕРИНАРНО-САНИТАРНЫЙ СЕРТИФИКАТ

(出口猪肉 на экспортируемую свинину)

发货人名称及地址
Название и адрес отправителя _____
收货人名称及地址
Название и адрес получателя _____
品名
Наименование продукции _____
净重(吨)　　　　　　　　　　　　　　　唛头标记
Вес нетто (тонны) _____　　　　　　　Маркировка
包装种类
Упаковка _____
包装数量
Количество мест _____
产地　　　　　　　　　　　　　　　　　合同号
Административная единица _____　　　Контракт No. _____
加工厂名称、地址及编号
Название, адрес и номер
зарегистрированного
мясокомбината (бойни) _____

样本 Sample

储藏和运输条件　　　　　　　　　　　运输工具及号码
Условия хранения и перевозки _____　Транспорт и номер _____
离境口岸　　　　　　　　　　　　　　途经国家
Выездной пункт _____　　　　　　　Страна транзита _____
到达口岸　　　　　　　　　　　　　　目的地
Пункт пересечения границы _____　　Назначение продукции _____

适合(人类)食用的证明
Свидетельство о пригодности
продуктов в пищу

兹证明 Настоящим удостоверяется следующее:
肉及肉产品来源于无下列疾病的饲养场和地区的临床健康猪 Мясо получено от убоя и переработки клинически здоровых свиней, которые происходят из хозяйств и местности, благополучных по заразным болезням животных, в т.ч.:

— 过去3年内中国境内无非洲猪瘟 Африканской чуме свиней - в течение последних 3 лет на территории страны.

— 过去12个月内出口肉的省及其邻省无猪水泡病和口蹄疫 Ящуру и везикулярной болезни свиней - в течение последних 12 месяцев на территории провинции и смежных с нею провинциях.

— 过去12个月内出口肉的饲养场无伪狂犬病、传染性脑脊髓炎、猪呼吸和生殖系统综合症 Болезни Ауески, энзоотическому энцефаломиелиту (болезни Тешена), репродуктивному и респираторному синдрому свиней - в течение последних 12 месяцев на территории хозяйства.

中华人民共和国出入境检验检疫机关及其官员或代表不承担签发本证书的任何财经责任。Учреждение по инспекции и карантину ввоза-вывоза КНР и его инспекторы или представители не берут на себя никакую финансовую обязанность, выдавшие этот сертификат.

A　　　　　　　　　　　　　　　　　　　　　　　　　　　[с 3-2-2(2000.1.1)]

附件 7-3-2：出口猪肉兽医证书（第二页）

证书
СЕРТИФИКАТ

共 2 页 Всего 2 страницы
第 2 页 Вторая страница

编号 No.：

——过去 12 个月内出口肉的县及其邻县无猪瘟　Чуме свиней – в течение 12 месяцев на территории Уезда и смежных с ним уездах.

——过去 3 年内饲养场无旋毛虫病　Трихинеллёзу – в течение последних 3 лет в хозяйстве.

——过去 20 天内饲养场无猪丹毒　Роже свиней – в течение последних 20 дней в хозяйстве.

肉及肉制品来自中华人民共和国国家出入境检验检疫局注册登记的肉联厂（屠宰厂），该厂所在县无猪瘟且未加工过来自有猪瘟的县的猪，该厂符合必要的兽医卫生要求，并在中华人民共和国出入境检验检疫机关的长期监督之下　Мясо и мясные продукты получены на мясокомбинатах (бойнях), расположенных в благополучном уезде по классической чуме и не перерабатывающих свиней из неблагополучных уездов, имеющих разрешение Государственной Администрации по Инспекции и Карантину Ввоза-Вывоза КНР о поставке продукции на экспорт, отвечающих необходимым ветеринарно – санитарным требованиям и находящихся под постоянным контролем Учреждения по Инспекции и Карантину Ввоза-Вывоза КНР.

肉经检验无旋毛虫　Мясо исследовано на трихинеллёз с отрицательным результатом.

兽医卫生检验表明：肉无口蹄疫和其他传染病的特征变化，没有蠕虫，浆膜完整，淋巴结已被割除　При проведении ветеринарно – санитарной экспертизы мяса не обнаружено изменений, характерных для Ящура и других заразных болезней, а также поражений гельминтами, серозные оболочки не зачищались, лимфатические узлы не удалялись.

肉没有血块、没有蝇类幼虫、没有机械性残留物、没有异味（鱼腥味、药味等），在储藏和运输过程中未曾被解冻，肉中心温度不高于 -8℃，不含防腐剂，没有被沙门氏菌和其他致病菌污染，未经有色物质、电离辐射及紫外线处理　Мясо не имеет гематом, личинок оводов, механических загрязнений, несвойственного мясу запаха и привкуса (рыбы, лекарственных трав, средств и др.); хранилось и транспортировалось с соблюдением температурного режима, имеет температуру в центре мышцы не выше минус 8 градусов цельсия, не содержит средств консервирования, не обсеменено сальмонеллами или возбудителями других бактериальных инфекций, не обрабатывалось красящими веществами, ионизирующим излучением или ультрафиолетовыми лучами.

供屠宰的猪未受天然的或合成的雌激素或荷尔蒙、抗生素、甲状腺制剂和镇静剂的影响　Свиньи от которых получено мясо, не подвергались воздействию натуральных или синтетических эстрогенных и гормональных веществ, тиреостатических препаратов, антибиотиков и успокаивающих средств.

本批肉适合人类食用　Мясо признано пригодным для употребления в пищу.

肉上加盖了清楚标明肉联厂（屠宰厂）注册编号生产日期的中华人民共和国出入境检验检疫机关的印章　Мясо имеет клеймо Учреждения по Инспекции и Карантину Ввоза-Вывоза КНР с четким обозначением номера мясокомбината (бойни) и даты убоя.

包装材料是新的并符合必要的卫生要求　Материал для упаковки используется впервые и удовлетворяет необходимым санитарно-гигиеническим требованиям.

运输工具按中国的有关规定进行了处理和准备　Транспортные средства обработаны и подготовлены в соответствии с правилами, принятыми в стране вывоза.

* * * * * * * *

印章 Официальная Печать　　签证地点 Место _____ 签证日期 Составлено _____

官方兽医 Государственный ветеринарный врач _____　签　名 Подпись _____

附件 7-4-1：动物性原料兽医证书样本

中华人民共和国出入境检验检疫
ИНСПЕКЦИЯ И КАРАНТИН ВВОЗА-ВЫВОЗА
КИТАЙСКОЙ НАРОДНОЙ РЕСПУБЛИКИ

正　本
ОРИГИНАЛЬНЫЙ
共 2 页 Всего 2 страницы
第 1 页 Первая страница

兽 医 卫 生 证 书　　　编号 No.：
ВЕТЕРИНАРНО-САНИТАРНЫЙ СЕРТИФИКАТ
（出口动物性原料 на экспортируемое сырьё животного происхождения）

发货人名称及地址
Название и адрес отправителя ＿＿＿＿＿＿＿＿＿＿＿＿＿＿＿＿＿

收货人名称及地址
Название и адрес получателя ＿＿＿＿＿＿＿＿＿＿＿＿＿＿＿＿＿

品名
Наименование продукции ＿＿＿＿＿＿＿＿＿＿＿＿＿＿＿＿＿

净重（吨）　　　　　　　　　　　　　　　　　唛头标记
Вес нетто（тонны）　　　　　　　　　　　　Маркировка

包装种类
Упаковка

包装数量
Количество мест　　　　　　　　　　　　　合同号
　　　　　　　　　　　　　　　　　　　　Контракт No.：
产地
Административная единица

加工厂名称、地址及编号
Название, адрес и номер
зарегистрированного
мясокомбината（бойни）

储藏和运输条件　　　　　　　　　　　　　　运输工具及号码
Условия хранения и перевозки　　　　　　Транспорт и номер

离境口岸　　　　　　　　　　　　　　　　　途经国家
Выездной пункт　　　　　　　　　　　　　Страна транзита

到达口岸　　　　　　　　　　　　　　　　　目的地
Пункт пересечения границы　　　　　　　Назначение продукции

兹证明　Настоящим удостоверяется следующее：
　　上述产品来自中华人民共和国国家出入境检验检疫局注册登记的企业，该企业符合必要的兽医卫生要求，并在中华人民共和国出入境检验检疫机关的长期监督之下 Указанное сырьё животного происхождения получено на предприятиях, отвечающих необходимым ветеринарно-санитарным требованиям, имеющих разрешение Государственной Администрации по Инспекции и Карантину Ввоза-Вывоза КНР о поставке продукции на экспорт и находящихся под постоянным контролем Учреждения по Инспекции и Карантину Ввоза-Вывоза КНР.
　　原料来源于无下列疫病的饲养场和地区的临床健康动物（禽）Сырьё получено от здоровых животных（птиц）из хозяйств и административных территорий, официально свободных от заразных болезней животных（птиц）, в т.ч.：
　　—在过去 5 年内中国境内无牛海绵状脑病 Спонгиформной энцефалопатии крупного рогатого скота – в течение последних 5 лет в стране；
　　—在过去 3 年内中国境内无非洲猪瘟、马瘟、骆驼瘟、牛瘟 Африканской чумы свиней, африканской чумы лошадей, чумы верблюдов и чумы крупного рогатого скота – в течение последних 3 лет в стране.
　　—在过去 12 个月内出口省份无口蹄疫、羊痘 Ящура, оспы овец и коз – в течение последних 12 месяцев на

中华人民共和国出入境检验检疫机关及其官员或代表不承担签发本证书的任何财政责任。Учреждение по инспекции и карантину ввоза-вывоза КНР и его инспекторы или представители не берут на себя никакую финансовую ответственность, выдавшие этот сертификат.

A　　　　　　　　　　　　　　　　　　　　　　　　　　　　　　　［c.3-2-3（2000.1.1）］

附件7-4-2：动物性原料兽医证书（第二页）样本

证书
СЕРТИФИКАТ

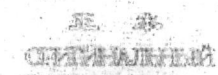

共2页 Всего 2 страницы
第2页 Вторая страница

编号 No.：

administrативной территории;

— 在过去3个月内饲养场无炭疽病 Сибирской язвы - в течение последних 3 месяцев в хозяйстве;

上述产品经国家检验检疫部门实验室检验未发现炭疽病 Сырье исследовано на сибирскую язву с отрицательным результатом в государственной ветеринарной лаборатории, имеющей на это разрешение.

包装材料是新的并符合必要的兽医卫生要求 Материал для упаковки используется впервые и удовлетворят необходимым санитарно - гигиеническим требованиям.

运输工具按照中国的有关规定进行了处理和准备 Транспортные средства обработаны и подготовлены в соответствии с принятыми ветеринарными правилами в китае.

* * * * * * *

样 本
Sample

印章 签证地点 Место _____ 签证日期 Составлено _____
Официальная
Печать 官方兽医 Государственный ветеринарный врач _____ 签 名 Подпись _____

附件7-5-1：出口禽肉兽医证书样本

中华人民共和国出入境检验检疫
ИНСПЕКЦИЯ И КАРАНТИН ВВОЗА-ВЫВОЗА
КИТАЙСКОЙ НАРОДНОЙ РЕСПУБЛИКИ

共 2 页 Всего 2 страницы
第 1 页 Первая страница

兽 医 卫 生 证 书　　编号 No.：
ВЕТЕРИНАРНО-САНИТАРНЫЙ СЕРТИФИКАТ
（出口禽肉 на экспортируемое мясо птицы）

发货人名称及地址
Название и адрес отправителя _____

收货人名称及地址
Название и адрес получателя _____

品名
Наименование продукции _____

净重（吨）　　　　　　　　　　　　　　唛头标记
Вес нетто (тонны) _____　　　Маркировка

包装种类
Упаковка _____

包装数量
Количество мест _____

产地　　　　　　　　　　　　　合同号
Место происхождения _____ Контракт No.

加工厂名称、地址及编号
Название, адрес и номер
зарегистрированного
комбинат (бойни) _____

储藏和运输条件　　　　　　　运输工具及号码
Условия хранения и перевозки _____ Транспорт и номер _____

离境口岸　　　　　　　　　　途经国家
Порт отправления _____ Страна транзита _____

到达口岸　　　　　　　　　　目的地
Порт назначения _____ Назначение продукции _____

适合（人类）食用的证明
Свидетельство о пригодности
продуктов в пищу

兹证明　　Настоящим удостоверяется следующее:
　　上述产品来自中华人民共和国国家出入境检验检疫局注册登记的生产出口产品的企业屠宰的健康禽。中华人民共和国出入境检验检疫机关对企业的生产加工过程进行长期的监督　Вышеуказанный продукт получен от здоровой птицы, убой и переработка которого проводятся в перерабатывающих предприятиях, зарегистрированных в Государственном Администрации по Инспекции и Карантину Ввоза – Вывоза КНР, имеющих разрешение на поставке продукции на экспорт и находящихся под постоянным контролём Учреждения по Инспекции и Карантину Ввоза – Вывоза КНР над процессом их производства и переработки.
　　用于生产上述产品的禽经中华人民共和国出入境检验检疫机关的官方兽医宰前宰后检疫检验合格，并在产品的外包装上加施检验检疫合格标志　Вышеуказанная продукция для которой переработки используемая птица прошла предубойный и послеубойный осмотр, проведённый официальным ветврачом Учреждения по Инспекции и Карантину Ввоза – Вывоза КНР, с обозначением соответствия по инспекции и карантину на наружной упаковке этой продукции.

中华人民共和国出入境检验检疫机关及其官员或代表不承担签发本证书的任何财政责任。Учреждение по инспекции и карантину ввоза-вывоза КНР и его инспекторы или представители не берут на себя никакую финансовую обязанность, выдавшие этот сертификат.

[с3-2-4 (2001.8.20)]

B

附件7-5-2：出口禽肉兽医证书（第二页）样本

证书
СЕРТИФИКАТ

共2页 Всего 2 страницы
第2页 Вторая страница

编号 No.：

上述产品来自饲养于中国的健康禽，且饲养场和饲养场所在的行政区内无下列传染病： Мясо получено от здоровой птицы, выращенной в КНР, и происходящей из хозяйства и административных территорий, свободных от следующих болезней:

——过去三年内中国全境无非洲猪瘟 Африканской чумы свиней-в течение последних 3 лет на всей территории КНР.

——过去十二个月内饲养场所在的省无口蹄疫 Ящура-в течение 12 месяцев в провинции, где находятся хозяйства.

——过去六个月内饲养场所在的省无新城疫、禽流感 Ньюкаслской болезни, гриппа (чума) птиц-в течение 6 месяцев в провинции, где находятся хозяйства.

——鸡和火鸡的饲养场，在过去六个月内无鸟疫、副粘病毒感染、火鸡鼻气管炎、传染性喉气管炎、传染性脑脊髓炎 Куриные и индюшиные хозяйства-орнитоза (пситтакоза), парамиксовирусной инфекции, ринотрахеита индеек, инфекционного ларинготрахеита, инфекционного энцефаломиелита-в течение последних 6 месяцев на территории хозяйства.

——鸭和鹅的饲养场，在过去六个月内无鹅口疮、鸭病毒性肝炎、鸟疫 Гусиные и утиные хозяйства-болезни держи, вирусного гепатита утят, орнитоза (пситтакоза)-в течение последних 6 месяцев на территории хозяйства.

禽来自于建立了禽沙门氏菌病安全程序的饲养场，该安全程序符合国际兽疫局动物卫生法典的标准 Птица поступает на убой из хозяйства, которые признаны благополучными по сальмонеллёзу, в соответствии с требованиями Международного ветеринарного кодекса МЭБ.

用于生产上述产品的禽未饲喂过用基因工程方式或其它转基因方式生产的饲料 Мясо получено от убоя птицы, не получавшей корма, содержащие сырьё с использованием методов генной инженерии или другие генетически модифицированные источники.

经兽医卫生检验证明，没有传染病、寄生虫病的特征性病理变化，也没有受各种有毒有害物质影响的特征性变化 При проведении послеубойной ветеринарно-санитарной экспертизы не обнаружено изменений, характерных для заразных болезней, поражений паразитами, а также при отравлениях различными веществами.

启运前，冷冻禽肉的中心温度不高于-18℃，上述产品不含防腐剂，未用着色剂、除味剂、紫外线处理，不含深色斑（火鸡和珍珠鸡除外） К отгрузке мясо имеет температуру в толще мышцы не выше минус 18 градусов Цельсия для мороженой птицы, не содержит средств консервирования, не обрабатывалось красящими и пахучими веществами, ионизирующим облучением или ультрафиолетовыми лучами и, не имеет темную пигментацию (кроме индеек и цесарок).

用于生产上述产品的禽，在宰前规定的休药期内未接受或使用过天然或人工合成的雌激素、荷尔蒙、促生长剂、抗生素、杀虫剂或其它药物 Птица, от которой получено мясо, не подвергалась воздействию натуральных или синтетических эстрогенных, гормональных веществ, тиреостатических препаратов, антибиотиков, пестицидов и других медикаментозных средств, введённых перед убоем позднее сроков, рекомендованных инструкциями по их применению.

上述产品中的微生物、有毒化学物质和放射性物质含量不超过俄罗斯联邦现行兽医和卫生法规的要求 Микробиологические, химикотоксикологические и радиологические показатели мяса птицы соответствуют действующим в Российской Федерации ветеринарным и санитарным правилам и требованиям.

上述产品适合人类食用 Мясо признано пригодным для употребления в пищу людям.

包装容器和包装材料是一次性使用的，符合卫生要求 Тара и упаковочные материалы одноразовые и соответствуют гигиеническим требованиям.

运输工具按中国的有关规定进行了处理和准备 Транспортные средства обработаны и подготовлены в соответствии с принятыми в КНР правилами.

* * * * * * * * *

印章 签证地点 Место _____ 签证日期 Составлено _____
Официальная
Печать 官方兽医 Официальный ветврач _____ 签 名 Подпись _____

B

第八章 包装容器类检验检疫单证

第一节 概述

一、基本定义

包装容器类检验检疫单证是指出入境检验检疫机构根据国家相关法律、法规及规章，对出入境集装箱及其他各类包装容器实施相关检验与检疫监督管理、处理等颁发的有关结果、报告等相关证明文件。

本章包装容器检验检疫单证主要包括以下两类：

（一）集装箱、货物包装检验检疫结果单证

1. 中华人民共和国出入境检验检疫集装箱检验检疫结果单（以下简称集装箱检验检疫结果单）；
2. 中华人民共和国出入境检验检疫出境货物运输包装性能检验结果单（以下简称出境货物运输包装性能检验结果单）。

（二）出境货物木质包装处理单证

1. 中华人民共和国出入境检验检疫出境危险货物包装使用鉴定结果单（以下简称出境危险货物包装使用鉴定结果单）；
2. 出境货物木质包装热处理结果报告单（以下简称木质包装热处理报告单）；
3. 出境货物木质包装熏蒸处理结果报告单（以下简称木质包装熏蒸报告单）；
4. 出境货物木质包装除害处理合格凭证（以下简称木质包装除害处理合格证）。

二、主管部门

（一）主管部门

国家质检总局。

（二）出证部门

国家质检总局各直属出入境检验检疫局及所属分支机构。

三、主要作用

（一）集装箱检验检疫结果单主要作用

1. 国家出入境检验检疫机构对出入境集装箱实施有效监督管理的具体措施；
2. 有效证实出入境集装箱符合国家出入境检验检疫法规与要求的法律凭证；
3. 保障出入境集装箱有效实施检验检疫，确保国家出入境检验检疫和卫生安全的重要手段和措施。

（二）出境货物运输包装性能检验结果单主要作用

1. 国家出入境检验检疫机构对出境货物运输包装性能实施有效监督管理的具体措施；
2. 有效证明出境货物运输包装性能符合出入境检验检疫相关法规与要求的法律凭证；
3. 保障出境货物运输包装有效实施检验检疫，确保出境货物运输安全的重要手段和措施。

（三）出境危险货物包装使用鉴定结果单主要作用

1. 国家出入境检验检疫机构对出境危险货物包装实施有效监督管理的具体措施；
2. 有效证明出境危险货物包装符合出入境检验检疫相关法规与相关要求的法律凭证；
3. 保障出境危险货物包装有效实施检验检疫，确保出境危险货物安全的重要手段和措施。

（四）木质包装热处理报告单主要作用

1. 国家出入境检验检疫机构对出境货物木质包装实施热处理监督管理的具体措施；
2. 有效证明出境货物木质包装热处理符合出入境检验检疫相关法规与相关要求的法律凭证；
3. 保障出境货物木质包装有效实施检验检疫，确保国家出入境检验检疫和卫生安全的重要手段和措施。

（五）木质包装熏蒸报告单主要作用

1. 国家出入境检验检疫机构对出境货物木质包装实施熏蒸处理监督管理的具体措施；
2. 有效证明出境货物木质包装熏蒸处理符合国家出入境检验检疫法规与相关要求的法律凭证；
3. 保障出境货物木质包装有效实施检验检疫，确保国家动植物检验检疫和卫生安全的重要手段和措施。

（六）木质包装除害处理合格证主要作用

1. 国家出入境检验检疫机构对出境货物木质包装实施有效除害进行监督管理的具体措施；
2. 有效证明出境货物木质包装除害处理符合国家出入境检验检疫相关法规与要求的法律凭证；
3. 保障出境货物木质包装有效实施检验检疫，确保国家动植物检验检疫和卫生安全的重要手段和措施。

四、适用范围

（一）集装箱检验检疫结果单适用范围

1. 各类出境、进境和过境的实箱及空箱等国际标准化组织所规定的集装箱；
2. 各类出入境集装箱的所有人或其代理人；
3. 与出入境集装箱检验检疫相关的各出入境检验检疫机构。

（二）出境货物运输包装性能检验结果单适用范围

1. 各类出境货物运输包装；
2. 各类出入境集装箱的所有人或其代理人；
3. 与出境货物运输包装性能检验相关的各出入境检验检疫机构。

（三）出境危险货物包装使用鉴定结果单适用范围

1. 包装出境危险货物的各类包装容器；
2. 各类出入境集装箱的所有人或其代理人；
3. 与出境危险货物包装使用鉴定相关的各出入境检验检疫机构。

（四）木质包装热处理报告单适用范围

1. 各类用于承载、包装、铺垫、支撑、加固出境货物的木质材料；
2. 各类出入境集装箱的所有人或其代理人；
3. 与出境货物木质包装热处理相关的各出入境检验检疫机构。

（五）木质包装熏蒸报告单适用范围

1. 各类用于承载、包装、铺垫、支撑、加固出境货物的木质材料；
2. 各类出入境集装箱的所有人或其代理人；
3. 与出境货物木质包装熏蒸处理相关的各出入境检验检疫机构。

（六）木质包装除害处理合格证适用范围

1. 各类用于承载、包装、铺垫、支撑、加固出境货物的木质材料；
2. 各类出入境集装箱的所有人或其代理人；
3. 与出境货物木质包装除害处理相关的各出入境检验检疫机构。

第二节　包装容器类检验检疫单证项目设置及填制

一、集装箱检验检疫结果单项目设置及填制

集装箱检验检疫结果单（见本章附件8-1）是出入境检验检疫机构对出入境集装箱实施检验检疫的一种证明文件。项目设置及填制要求如下。

（一）单证名称

本单证全称为"中华人民共和国出入境检验检疫集装箱检验检疫结果单"。

（二）编号

本项目注明本单证的编号，由签发本单证的相关出入境检验检疫机构统一编制。

（三）申请人

本项目注明本单证的申请人名称，指申请对本单证所列出入境集装箱实施检验检疫的集装箱的所有人或其代理人。

（四）集装箱数量

本项目注明已实施出入境集装箱检验检疫的集装箱数量，通常是指标准集装箱数量。

（五）箱型

本项目注明已实施出入境集装箱检验检疫的集装箱箱型。

（六）拟装/装载货物

本项目注明已实施检验检疫出入境集装箱的拟装或装载货物名称，指本单证所列集装箱内装载的货物，或准备装载的货物。

（七）运输工具

本项目注明已实施检验检疫出入境集装箱的运输工具名称，指载运本单证所列集装箱入境的运输工具，或计划装载本单证所列集装箱出境的运输工具。

（八）检验地点

本项目注明已实施检验检疫出入境集装箱的检验地点。

（九）检验日期

本项目注明已实施检验检疫出入境集装箱的检验日期。

（十）检验检疫结果

本项目注明已实施检验检疫出入境集装箱的检验检疫结果，为选择签注项目，相关检验结果已统一印制在本项目内，凡所列相关项目前的"□"中有"√"标记的项目均为本单证确认的检验检疫结果。

（十一）规格

本项目注明已实施检验检疫出入境集装箱的规格，指本单证所列出入境集装箱的每一个集装箱的规格，应当逐一列明。

（十二）集装箱号码

本项目注明已实施检验检疫出入境集装箱的集装箱号码，指本单证所列出入境集装箱的每一个集装箱的装箱号码，应当逐一列明。

（十三）有效期

本项目注明本单证的有效期。

（十四）签字

本项目由签发本单证的检验检疫机构主管人员签署姓名。

（十五）日期

本项目由签发本单证的检验检疫机构签注签发本单证的日期。

（十六）注

本项目为本单证的注释项目，用于提示相关事项，具体如下：

"注：在适当的"□"内划"√"，以横线划去不适当的内容。"

二、出境货物运输包装性能检验结果单项目设置及填制

出境货物运输包装性能检验结果单（见本章附件8－2）是出入境检验检疫机构对出境货物运输包装性能实施检验的一种证明文件。项目设置及填制要求如下。

（一）单证名称

本单证的全称为"中华人民共和国出入境检验检疫出境货物运输包装性能检验结果单"。

（二）编号

本项目注明本单证的编号，由签发本单证的出入境检验检疫机构统一编制。

（三）申请人

本项目注明本单证的申请人名称，指申请对本单证所列出境货物运输包装性能进行检验的出境货物的所有人或其代理人。

（四）包装容器名称及规格

本项目注明进行出境货物运输包装性能检验的包装容器名称及规格。

（五）包装容器标记及批号

本项目注明进行出境货物运输包装性能检验的包装容器标记及批号。

（六）包装容器数量

本项目注明进行出境货物运输包装性能检验的包装容器数量。

（七）生产日期

本项目注明进行出境货物运输包装性能检验包装容器的生产日期。

（八）拟装货物名称

本项目注明进行出境货物运输包装性能检验包装容器的拟装货物名称，指本单证所列运输包装计划装载的出口货物。

（九）状态

本项目注明本单证所列运输包装计划装载出口货物的状态，如：固体、液态等。

（十）比重

本项目注明本单证所列运输包装计划装载出口货物的比重。

（十一）检验依据

本项目注明进行出境货物运输包装性能检验的检验依据，指对出境货物运输包装性能进行检验的法律依据。

（十二）拟装货物类别

本项目注明进行出境货物运输包装性能检验包装容器的拟装货物类别，为选择签注项目。本项目已统一印制了"危险货物"和"一般货物"两种货物类别，签注时应当根据实际情况，在列明的"危险货物"或"一般货物"前的"□"中标注"√"。

（十三）联合国编号

本项目注明进行出境货物运输包装性能检验包装容器的联合国编号。

（十四）运输方式

本项目注明进行出境货物运输包装性能检验包装容器的运输方式，指本单证所列包装容器拟装载出口货物的运输方式。

（十五）检验结果

1. 检验结果签注

本项目注明已实施检验检疫出入境集装箱检验检疫结果，由负责对本单证所列包装容器进行检验

的出入境检验检疫机构,根据对出境货物运输包装容器性能进行检验的实际情况签注。

2. 签字

本项目由签发本单证的检验检疫机构主管人员签署姓名。

3. 日期

本项目由签发本单证的检验检疫机构签注签发本单证的日期。

(十六) 包装使用人

本项目注明进行出境货物运输包装性能检验的包装容器的包装使用人名称。

(十七) 本单有效期

本项目注明本单证的有效期。

(十八) 分批使用核销栏

本核销栏目由出入境检验检疫机构对于本单证所列实施出境货物运输包装性能检验的包装容器每次分批使用的相关情况。

1. 日期

本项目签注本单证所列包装容器每次分批使用的具体时间。

2. 使用数量

本项目签注本单证所列包装容器每次分批使用的数量。

3. 结余数量

本项目签注本单证所列包装容器每次分批使用后的结余数量。

4. 核销人

本项目由负责对每次分批使用包装容器情况进行核销签注的出入境检验检疫机构经办人员签署姓名,并加盖核销印章。

(十九) 说明

本项目为本单证的说明项目,具体内容如下:

"1. 当合同或信用证要求包装检验证书时,可凭本单证向出境地检验检疫机关申请检验证书。

2. 包装容器使用人向检验检疫机关申请包装使用鉴定时,需将本单证交检验检疫机关核实。"

三、出境危险货物包装使用鉴定结果单项目设置及填制

出境危险货物包装使用鉴定结果单(见本章附件8-3)是出入境检验检疫机构对出境危险货物包装进行使用鉴定的一种证明文件。项目设置及填制要求如下。

(一) 单证名称

本单证的全称为"中华人民共和国出入境检验检疫出境货物运输包装性能检验结果单"。

(二) 编号

本项目注明本单证的编号,由签发本单证的出入境检验检疫机构统一编制。

(三) 申请人

本项目注明本单证的申请人名称,通常是指申请对本单证所列危险货物包装进行使用鉴定的出境危险货物包装的所有人,或危险货物包装使用人,或他们的代理人。

(四) 使用人

本项目注明本单证的使用人名称,指申请对本单证所列危险货物包装进行使用鉴定的出境危险货物包装的使用人,通常是出境危险货物的货物所有人或其代理人。

(五) 包装容器名称及规格

本项目注明进行出境危险货物包装使用鉴定的包装容器名称及规格。

(六) 包装容器标记及批号

本项目注明进行出境危险货物包装使用鉴定的包装容器标记及批号。

（七）货物包装类别

本项目注明进行出境危险货物包装使用鉴定的货物包装类别。

（八）包装容器性能/检验结果单号

本项目注明进行出境危险货物包装使用鉴定的包装容器性能和检验结果单的编号。

（九）运输方式

本项目注明进行出境危险货物包装使用鉴定的包装容器的运输方式，指本单证所列包装容器拟装载出境危险货物的运输方式。

（十）危险货物名称（中文/英文）

本项目注明进行出境危险货物包装使用鉴定的包装容器拟装载出境危险货物的名称，应当同时采用中文和英文两种文字注明。

（十一）危险货物类别

本项目注明进行出境危险货物包装使用鉴定的包装容器拟装载出境危险货物类别。

（十二）联合国编号

本项目注明进行出境危险货物包装使用鉴定的包装容器的联合国编号。

（十三）危险货物状态

本项目记载出境危险货物包装装载的危险货物状态，指本单证所列进行危险品货物包装使用性能检验鉴定的包装容器，所要装载的处境危险品的货物的物理状态，如：液态、粉状物、固态等。

（十四）危险货物密度

本项目记载出境危险货物包装装载的危险货物密度，指本单证所列进行危险品货物包装使用性能检验鉴定的包装容器，所要装载的出境危险品货物的物理密度。

（十五）报检包装数量

本项目记载本单证所申请进行危险品货物包装使用性能检验鉴定的报检包装数量。

（十六）单件容积

本项目记载本单证所申请进行危险品货物包装使用性能检验鉴定的每一单件包装容器的单件容积。

（十七）单件毛重

本项目记载本单证所申请进行危险品货物包装使用性能检验鉴定的每一单件包装容器的毛重。

（十八）单件净重

本项目记载本单证所申请进行危险品货物包装使用性能检验鉴定的每一单件包装容器的净重。

（十九）危险货物罐装日期

本项目记载本单证申请危险品货物包装使用性能检验鉴定的包装容器计划装载出境危险货物罐装的日期。

（二十）检验依据

本项目注明进行出境危险货物包装使用性能检验鉴定的依据，指出入境检验检疫机构对出境危险货物包装实施使用性能检验鉴定的法律依据。

（二十一）鉴定结果

1. 鉴定结果签订

本项目注明已进行出境危险货物包装使用鉴定的检验鉴定结果，由负责对本单证所列出境危险货物包装进行使用鉴定的出入境检验检疫机构，根据对出境危险货物包装使用性能进行鉴定检验的实际情况据实签注相应的结论。

2. 签字

本项目由出境危险货物包装使用性能鉴定检验结果单的检验检疫机构主管人员签署姓名。

3. 日期

本项目由出境危险货物包装使用性能鉴定检验结果单的检验检疫机构签署签注检验鉴定结果的日

期。

（二十二）分批使用核销栏

本核销栏由出入境检验检疫机构对于本单证所列经过出境危险货物包装使用鉴定的包装容器每次分批使用的相关情况。

1. 日期

本项目签注本单证所列经鉴定危险货物包装容器每次分批使用的具体时间。

2. 使用数量

本项目签注本单证所列经鉴定危险货物包装容器每次分批使用包装容器的使用数量。

3. 结余数量

本项目签注本单证所列经鉴定危险货物包装容器每次分批使用后的包装容器结余数量。

4. 核销人

本项目由出入境检验检疫机构负责对每批使用经鉴定危险货物包装容器情况进行核销签注的经办人员签署姓名，并加盖核销印章。

（二十三）说明

本项目为本单证的说明项目，具体内容如下：

"1. 外贸经营单位必须持本结果正本向有关运输部门办理危险货物出境托运手续。

2. 当合同或信用证要求包装检验证书时，可凭本单证向出境地检验检疫机关申请检验证书或根据需要办理分证。"

四、木质包装热处理报告单项目设置及填制

木质包装热处理报告单（见本章附件8-4）是标识加施企业对出境货物木质包装进行热处理，用于记载对木质包装热处理结果并向出入境检验检疫机构报备的一种报告文件。项目设置及填制要求如下。

（一）单证名称

本报告单的全称为"出境货物木质包装热处理结果报告单"。

（二）编号

本项目注明本处理报告单的编号。

（三）标识加施企业名称

本项目填写对出境货物木质包装进行热处理的标识加施企业名称，指经出入境检验检疫机构审查、考核并经出入境检验检疫机构批准、备案的专门从事标识加施的企业。

（四）包装种类

本项目记载进行热处理的出境货物木质包装的包装种类。

（五）规格/数量

本项目记载进行热处理的出境货物木质包装的包装规格和包装数量。

（六）木材最大厚度

本项目记载进行热处理的出境货物木质包装的木材最大厚度。

（七）处理库号

本项目记载进行热处理的出境货物木质包装的处理库号。

（八）生产批次

本项目记载进行热处理的出境货物木质包装的生产批次编号。

（九）生产编号

本项目记载进行热处理的出境货物木质包装的生产编号。

（十）处理日期

本项目记载标识加施企业对出境货物木质包装进行热处理的处理日期。

（十一）处理情况

本项目记载标识加施企业对出境货物木质包装进行热处理的处理情况。

1. 木材中心温度

本项目记载对出境货物木质包装进行热处理的木材中心温度情况，指在对出境木质包装进行热处理时，被处理的木材中心所达到的最高温度，采用"℃时间"来表示。

2. 干球温度

本项目记载对出境货物木质包装进行热处理的干球温度情况，是指在对出境木质包装进行热处理时，干球温度到达的最高温度，采用"℃时间"来表示。

3. 相对湿度

本项目记载对出境货物木质包装进行热处理的相对湿度情况，是指在对出境木质包装进行热处理时相对湿度所达到的数值，采用百分比来表示。

4. 热处理起始时间

本项目记载对出境货物木质包装进行热处理的起始时间。

5. 热处理结束时间

本项目记载对出境货物木质包装进行热处理的结束时间。

（十二）处理部门意见

1. 处理部门意见

本项目由标识加施企业填写对本报告单所列出境货物木质包装进行热处理的相关意见，通常表述如下：

"已按上述要求对本批木质包装实施热处理，请检验检疫机关予以审核。"

2. 热处理技术操作人员（签名）

本项目由对本出境货物木质包装进行热处理的标识加施企业热处理技术操作人员签署姓名，应当是经出入境检验检疫机构审核备案的相关人员。

3. 业务负责人（签名）

本项目由对本出境货物木质包装进行热处理的标识加施企业业务负责人签署姓名。

4. 日期及盖章

本项目由对本出境货物木质包装进行热处理的标识加施企业签注填报本报告单的日期，并加盖标识加施企业印章。

（十三）结果评定

本结果评定栏目由出入境检验检疫机构负责审核签注。

1. 结果评定

本项目由受理本报告单的出入境检验检疫机构签注对本报告单所报内容及热处理情况进行评定的结果。通常表述如下：

"该批木质包装热处理过程符合要求，准予加施标识。"

2. 检验检疫人员（签名）

本项目由受理本报告单的出入境检验检疫机构的检验检疫人员在签注评定结果后签署姓名。

3. 日期

本项目由受理本报告单的出入境检验检疫机构的检验检疫人员签注签署评定结果的日期。

（十四）备注

本项目填写、记载本报告单中需要加以特别说明的相关内容，或其他事项。

（十五）注

本项目为本报告单的提示，具体内容如下：

"1. 附温度检测自动打印记录。

2. 本表一式二联，第一联交检验检疫机构，第二联标识加施企业留存。"

五、木质包装熏蒸报告单项目设置及填制

木质包装熏蒸报告单（见本章附件8-5）是标识加施企业对出境货物木质包装进行熏蒸处理时，记载对木质包装熏蒸处理结果并向出入境检验检疫机构报备的一种报告文件。项目设置及填制要求如下。

（一）单证名称

本报告单的全称为"出境货物木质包装熏蒸处理结果报告单"。

（二）编号

本项目注明本熏蒸处理报告单的编号。

（三）标识加施企业名称

本项目填写对出境货物木质包装熏蒸处理的标识加施企业名称，是指经出入境检验检疫机构审查、考核并经出入境检验检疫机构批准、备案的专门从事标识加施的企业。

（四）包装种类

本项目记载进行木质包装熏蒸处理的出境货物木质包装的包装种类。

（五）数量/规格

本项目记载进行木质包装熏蒸处理的出境货物木质包装的包装规格和包装数量。

（六）生产批次

本项目记载进行木质包装熏蒸处理的出境货物木质包装的生产批次编号。

（七）生产编号

本项目记载进行木质包装熏蒸处理的出境货物木质包装的生产编号。

（八）处理日期

本项目由标识加施企业记载对出境货物木质包装进行熏蒸处理的处理日期。

（九）处理体积

本项目由标识加施企业记载对出境货物木质包装进行熏蒸处理的体积。

（十）药剂种类

本项目由标识加施企业记载对出境货物木质包装进行熏蒸处理所使用的熏蒸药剂种类。

（十一）剂量

本项目由标识加施企业记载对出境货物木质包装进行熏蒸处理所使用的熏蒸药剂剂量。

（十二）温度

本项目由标识加施企业记载对出境货物木质包装进行熏蒸处理所使用的熏蒸温度。

（十三）时间

本项目由标识加施企业记载对出境货物木质包装进行熏蒸处理所使用的熏蒸时间。

（十四）浓度检测值

本项目由标识加施企业记载对出境货物木质包装进行熏蒸处理的浓度检测值分别为：0.5小时、2小时、4小时和16小时。

（十五）熏蒸部门意见

1. 熏蒸部门意见

本项目由标识加施企业填写对本报告单所列出境货物木质包装进行熏蒸处理的相关意见。通常表述如下：

"已按上述要求对本批木质包装实施熏蒸处理，请检验检疫机关予以审核。"

2. 熏蒸处理负责人（签名）

本项目由对本出境货物木质包装进行熏蒸处理的标识加施企业的熏蒸处理负责人签署姓名，应当

是经出入境检验检疫机构审核备案的相关人员。

3. 业务负责人（签名）

本项目由对本出境货物木质包装进行熏蒸处理的标识加施企业业务负责人签署姓名。

4. 日期/盖章

本项目由对本出境货物木质包装进行熏蒸处理的标识加施企业签注填报本报告单的日期，并加盖标识加施企业印章。

（十六）结果评定

本栏目由受理本报告单的出入境检验检疫机构负责审核签注。

1. 结果评定签注

本项目由受理本报告单的出入境检验检疫机构签注对本结果报告单所报内容及熏蒸处理情况进行评定的结果。通常表述如下：

"该批木质包装熏蒸处理过程符合要求，准予加施标识。"

2. 检验检疫人员（签名）

本项目由受理本报告单的出入境检验检疫机构的检验检疫人员在签注评定结果后签署姓名。

3. 日期

本项目由受理本报告单的出入境检验检疫机构的检验检疫人员签注签署本评定结果的日期。

（十七）备注

本项目填写、记载本报告单中需要加以特别说明的相关内容，或其他事项。

（十八）注

本项目为本报告单的提示项目，具体内容如下：

"注：本表一式二联，第一联交检验检疫机构，第二联标识加施企业留存。"

六、木质包装除害处理合格证项目设置及填制

木质包装除害处理合格证（见本章附件8-6）是标识加施企业对出境货物木质包装进行除害处理后，依据出境货物木质包装除害处理报告单开具的一种提供给出境货物木质包装使用企业用以证明对木制包装进行合格处理的凭证。项目设置及填制要求如下。

（一）单证编号

本项目注明本出境货物木质包装除害处理合格凭证的编号。

（二）标识加施企业名称（盖章）

本项目填写对出境货物木质包装进行热处理的标识加施企业名称，是指经出入境检验检疫机构审查、考核并经出入境检验检疫机构批准、备案的专门从事标识加施的企业。

（三）联系人

本项目填写对出境货物木质包装进行除害处理的标识加施企业的联系人姓名。

（四）电话

本项目填写对出境货物木质包装进行除害处理的标识加施企业的联系电话，通常填写标识加施企业联系人的电话。

（五）使用企业名称

本项目填写进行除害处理的出境货物木质包装使用企业的名称。

（六）联系人

本项目填写进行除害处理的出境货物木质包装使用企业联系人的姓名。

（七）电话

本项目填写进行除害处理的出境货物木质包装使用企业的联系电话，通常填写货物木质包装使用企业联系人的电话。

（八）货物名称

本项目填写进行除害处理的出境货物木质包装所装载出境货物的名称。

（九）拟输往国家/地区

本项目填写进行除害处理的出境货物木质包装及其所装载出境货物拟输往的国家或地区名称。

（十）包装种类

本项目填写进行除害处理的出境货物木质包装的包装种类。

（十一）数量/规格

本项目填写进行除害处理的出境货物木质包装的数量及规格。

（十二）处理结果报告单编号

本项目填写出境货物木质包装除害处理报告单的编号。

（十三）备注

本项目填写、记载本木质包装除害处理合格凭证中需要加以特别说明的相关内容，或其他事项。

（十四）注

本项目为本报告单的说明项目，具体内容如下：

"注：本表一式三联，第一联交使用企业，第二联交检验检疫机构备查核销，第三联标识加施企业留存。"

第三节 包装容器类检验检疫须知及注意事项

一、相关概念

（一）进出境集装箱

本章"进出境集装箱"是指国际标准化组织所规定的集装箱，包括出境、进境和过境的实箱及空箱。

（二）木质包装

本章"木质包装"是指用于承载、包装、铺垫、支撑、加固货物的木质材料，如：木板箱、木条箱、木托盘、木框、木桶、木轴、木楔、垫木、枕木、衬木等。其中经人工合成或加热、加压等深度加工的包装用木质材料（如胶合板、纤维板等），以及薄板旋切芯、锯屑、木丝、刨花等及厚度等于或者小于6毫米的木质材料除外。

二、进出境集装箱检验检疫规定

1. 国家质检总局主管全国进出境集装箱的检验检疫管理工作。国家质检总局设在各地的出入境检验检疫机构负责所辖地区进出境集装箱的检验检疫和监督管理工作。

2. 集装箱进出境前、进出境时或过境时，承运人、货主或其代理人（以下简称报检人），必须向检验检疫机构报检。检验检疫机构按照有关规定对报检集装箱实施检验检疫。

3. 过境应检集装箱，由进境口岸检验检疫机构实施查验，离境口岸检验检疫机构不再检验检疫。

4. 进境集装箱的检验检疫。

（1）进境集装箱应按有关规定实施下列检验检疫：

①所有进境集装箱应实施卫生检疫；

②来自动植物疫区的，装载动植物、动植物产品和其他检验检疫物的，以及箱内带有植物性包装物或铺垫材料的集装箱，应实施动植物检疫；

③法律、行政法规、国际条约规定或者贸易合同约定的其他应当实施检验检疫的集装箱，按有关规定、约定实施检验检疫。

（2）进境集装箱报检人应当在办理海关手续前向进境口岸检验检疫机构报检，未经检验检疫机构许可,不得提运或拆箱。

(3) 进境集装箱报检时,应提供集装箱数量、规格、号码、到达或离开口岸的时间、装箱地点和目的地、货物的种类、数量和包装材料等单证或情况。

(4) 检验检疫机构受理进境集装箱报检后,对报检人提供的相关材料进行审核,并将审核结果通知报检人。

(5) 在进境口岸结关的以及国家有关法律法规规定必须在进境口岸查验的集装箱,在进境口岸实施检验检疫或作卫生除害处理。

指运地结关的集装箱,进境口岸检验检疫机构受理报检后,检查集装箱外表(必要时进行卫生除害处理),办理调离和签封手续,并通知指运地检验检疫机构到指运地进行检验检疫。

(6) 装运经国家批准进口的废物原料的集装箱,应当由进境口岸检验检疫机构实施检验检疫。经检验检疫符合国家环保标准的,签发检验检疫情况通知单;不符合国家环保标准的,出具检验检疫证书,并移交当地海关、环保部门处理。

(7) 进境集装箱及其装载的应检货物经检验检疫合格的,准予放行;经检验检疫不合格的,按有关规定处理。

(8) 过境集装箱经查验发现有可能中途撒漏造成污染的,报检人应按进境口岸检验检疫机构的要求,采取密封措施;无法采取密封措施的,不准过境。发现被污染或危险性病虫害的,应作卫生除害处理或不准过境。

5. 出境集装箱的检验检疫。

(1) 出境集装箱应按有关规定实施下列检验检疫:

①所有出境集装箱应实施卫生检疫;

②装载动植物、动植物产品和其他检验检疫物的集装箱应实施动植物检疫;

③装运出口易腐烂变质食品、冷冻品的集装箱应实施适载检验;

④输入国要求实施检验检疫的集装箱,按要求实施检验检疫;

⑤法律、行政法规、国际条约规定或贸易合同约定的其他应当实施检验检疫的集装箱按有关规定、约定实施检验检疫。

(2) 出境集装箱应在装货前向所在地检验检疫机构报检,未经检验检疫机构许可,不准装运。

(3) 装载出境货物的集装箱,出境口岸检验检疫机构凭起运地检验检疫机构出具的检验检疫证单验证放行。法律、法规另有规定的除外。

(4) 在出境口岸装载拼装货物的集装箱,由出境口岸检验检疫机构实施检验检疫。

6. 进出境集装箱的卫生除害处理。

(1) 进出境集装箱有下列情况之一的,应当作卫生除害处理:

①来自检疫传染病或监测传染病疫区的;

②被传染病污染的或可能传播检疫传染病的;

③携带有与人类健康有关的病媒昆虫或啮齿动物的;

④检疫发现有国家公布的一、二类动物传染病、寄生虫病名录及植物危险性病、虫、杂草名录中所列病虫害和对农、林、牧、渔业有严重危险的其他病虫害的;发现超过规定标准的一般性病虫害的;

⑤装载废旧物品或腐败变质有碍公共卫生物品的;

⑥装载尸体、棺柩、骨灰等特殊物品的;

⑦输入国家或地区要求作卫生除害处理的;

⑧国家法律、行政法规或国际条约规定必须作卫生除害处理的。

(2) 对集装箱及其所载货物实施卫生除害处理时应当避免造成不必要的损害。

(3) 用于集装箱卫生除害处理的方法、药物须经国家检验检疫局认可。

7. 监督管理。

（1）从事进出境集装箱清洗、卫生除害处理的单位须经检验检疫机构考核认可，接受检验检疫机构的指导和监督。

（2）检验检疫机构对装载法检商品的进出境集装箱实施监督管理。监督管理的具体内容包括查验集装箱封识、标志是否完好，箱体是否有损伤、变形、破口等。

三、出境货物木质包装检疫处理规定

1. 国家质检总局统一管理全国出境货物木质包装的检疫监督管理工作。国家质检总局设在各地的出入境检验检疫机构负责所辖地区出境货物木质包装的检疫监督管理。

2. 对木质包装实施除害处理并加施标识的企业，应当向所在地检验检疫机构提出除害处理标识加施资格申请并提供以下材料：

（1）出境货物木质包装除害处理标识加施申请考核表；

（2）工商营业执照及相关部门批准证书复印件；

（3）厂区平面图，包括原料库（场）、生产车间、除害处理场所、成品库平面图；

（4）热处理或者熏蒸处理等除害设施及相关技术、管理人员的资料；

（5）木质包装生产防疫、质量控制体系文件；

（6）检验检疫机构要求的其他材料。

3. 直属检验检疫机构对标识加施企业的热处理或者熏蒸处理设施、人员及相关质量管理体系等进行考核，符合要求的，颁发除害处理标识加施资格证书，并公布标识加施企业名单，同时报国家质检总局备案，标识加施资格有效期为三年；不符合要求的，不予颁发资格证书，并连同不予颁发的理由一并书面告知申请企业。未取得资格证书的，不得擅自加施除害处理标识。

4. 标识加施企业出现以下情况之一的，应当向检验检疫机构重新申请标识加施资格。

（1）热处理或者熏蒸处理设施改建、扩建；

（2）木质包装成品库改建、扩建；

（3）企业迁址；

（4）其他重大变更情况。

未重新申请的，检验检疫机构暂停直至取消其标识加施资格。

5. 标识加施企业应当将木质包装除害处理计划在除害处理前向所在地检验检疫机构申报，检验检疫机构对除害处理过程和加施标识情况实施监督管理。

6. 除害处理结束后，标识加施企业应当出具处理结果报告单。经检验检疫机构认定除害处理合格的，标识加施企业按照规定加施标识。

再利用、再加工或者经修理的木质包装应当重新验证并重新加施标识，确保木质包装材料的所有组成部分均得到处理。

7. 标识加施企业对加施标识的木质包装应当单独存放，采取必要的防疫措施防止有害生物再次侵染，建立木质包装销售、使用记录，并按照检验检疫机构的要求核销。

8. 未获得标识加施资格的木质包装使用企业，可以从检验检疫机构公布的标识加施企业购买木质包装，并要求标识加施企业提供出境货物木质包装除害处理合格凭证。

检验检疫机构对出境货物使用的木质包装实施抽查检疫。

9. 检验检疫机构对标识加施企业实施日常监督检查。

10. 标识加施企业出现下列情况之一的，检验检疫机构责令整改，整改期间暂停标识加施资格。

（1）热处理/熏蒸处理设施、检测设备达不到要求的；

（2）除害处理达不到规定温度、剂量、时间等技术指标的；

（3）经除害处理合格的木质包装成品库管理不规范，存在有害生物再次侵染风险的；

（4）木质包装标识加施不符合规范要求的；

（5）木质包装除害处理、销售等情况不清的；
（6）相关质量管理体系运转不正常，质量记录不健全的；
（7）未按照规定向检验检疫机构申报的；
（8）其他影响木质包装检疫质量的。

11. 因标识加施企业方面原因出现下列情况之一的，检验检疫机构将暂停直至取消其标识加施资格，并予以公布。

（1）因《出境货物木质包装检疫处理管理办法》第十三条的原因，在国外遭除害处理、销毁或者退货的；
（2）未经有效除害处理加施标识的；
（3）倒卖、挪用标识等弄虚作假行为的；
（4）出现严重安全质量事故的；
（5）其他严重影响木质包装检疫质量的。

12. 伪造、变造、盗用标识的，依照《动植物检疫法》及其实施条例的有关规定处罚。
13. 输入国家或者地区对木质包装有其他特殊检疫要求的，按照输入国家或者地区的规定执行。

四、进出境集装箱卫生检疫

1. 凡在口岸通关办理入境集装箱货物的货主及其代理人，应在集装箱货物到达口岸前，向口岸检验检疫机构进行入境前申报，填写入境集装箱报检单，提供合同、提单和入境集装箱的相关信息，包括来自国家或地区、数量（40尺或20尺）、装载货物的种类、何时离港、经停港口。
2. 检验检疫得到报检信息后，针对来自疫区检疫传染病及动植物疫病的集装箱，安排实施箱体表面和箱体内空间进行预防性卫生处理和除害处理。
3. 发现携带有病媒昆虫、啮齿动物、有害生物集装箱带货做熏蒸处理。
4. 对装载废旧物品的集装箱，必须符合环保卫生要求标准，待卸货后对其集装箱体内进行一次终末消毒处理。
5. 对装载有利毒药品、化学品的集装箱，卸货后进行一次箱体内清洁工作，清洁后将箱体外的危险品标识清理干净。
6. 经检验检疫合格的集装箱发给集装箱检验检疫结果单。
7. 经检验检疫不合格的按有关规定进行处理，待检验检疫合格后放行。

五、集装箱检疫相关要求

（一）申报项目

1. 预定到达或离开口岸的日期；
2. 卸下的地点和目的地；
3. 集装箱内货物的种类、数量和包装材料；
4. 集装箱装自国家或港口。

（二）查验程序

1. **流行病学调查**

（1）了解集装箱是否来自疫区或经过疫区是否启封装卸过货物；
（2）了解集装箱装载货物的种类、数量、有无腐败变质的情况。

2. **现场检疫**

（1）空箱：应在有的严密防鼠防虫措施的情况下抽查开箱检疫，然后决定放行与否。
（2）重箱：一律进行预防性杀虫和灭啮齿动物，然后开箱检查，根据货物的情况再决定其他方面的卫生处理或放行。

3. 卫生处理

（1）指征。

①携带有病媒昆虫和医学动物的集装箱；

②装有腐败变质货物、食品的集装箱；

③装有废旧物品、有碍公共卫生物品的集装箱；

④来自检疫传染病疫区的集装箱；

⑤被传染病污染或者有污染嫌疑的集装箱。

（2）方法：除鼠或除虫、消毒。

六、出入境集装箱、行李、货物、邮包等物品卫生处理

出入境集装箱、行李、货物、邮包具有以下情况之一的，需要进行卫生处理：

1. 来自检疫传染病或监测传染病疫区的；
2. 被传染病污染的或可能传播检疫传染病的；
3. 携带有与人类健康有关的病媒昆虫或啮齿动物的；
4. 检疫发现有国家公布的一、二类动物传染病、寄生虫病名录及植物危险性病、虫、杂草名录中所列病虫害和对农、林、牧、渔业有严重危险的其他病虫害的，发现超过规定标准的一般性病虫害的；
5. 装载废旧物品或腐败变质有碍公共卫生物品的；
6. 装载尸体、棺柩、骨灰等特殊物品的；
7. 输入国家或地区要求作卫生除害处理的；
8. 国家法律、行政法规或国际条约规定必须作卫生除害处理的。

七、出口危险货物运输包装性能鉴定

（一）出口危险货物运输包装性能鉴定办理依据

《中华人民共和国进出口商品检验法实施条例》（以下简称《进出口商品检验法实施条例》）第二十九条规定，出口危险货物包装容器的生产企业，应当向出入境检验检疫机构申请包装容器的性能鉴定。包装容器经出入境检验检疫机构鉴定合格并取得性能鉴定证书的，方可用于包装危险货物。

（二）业务概述

出口危险货物包装容器的生产企业，应当向出入境检验检疫机构申请包装容器的性能鉴定。包装容器经出入境检验检疫机构鉴定合格并取得性能鉴定证书的，方可用于包装危险货物。

（三）鉴定说明

申请该检验的主体必须是获得出口危险货物包装质量许可证的出口危险货物包装生产企业。出口危险货物包装容器性能鉴定采取周期检验的方式，鉴定周期分为三档：一档一个月、二档三个月、三档六个月。

出境危险货物包装的性能检验在周期性检验和检验周期内抽查合格的情况下，其他报检批次可直接出具出入境货物包装性能检验结果单。在检验一个周期结束后，报检人再次进行报检时，则要对报检单位进行抽封样，样品送国家质检总局指定的实验室进行检测。

（三）提交材料

办理出口危险货物运输包装性能鉴定时所需提交的材料：

1. 报检单；
2. 厂检单；
3. 实验室出具检测报告的复印件；
4. 报检委托书。

八、出口危险货物运输包装使用鉴定

（一）出口危险货物运输包装使用鉴定办理依据

《进出口商品检验法实施条例》第二十九条规定，出口危险货物的生产企业，应当向出入境检验检疫机构申请危险货物包装容器的使用鉴定。使用未经鉴定或者经鉴定不合格的包装容器的危险货物，不准出口。

（二）业务概述

出口危险货物的生产企业，应当向出入境检验检疫机构申请危险货物包装容器的使用鉴定。使用未经鉴定或者经鉴定不合格的包装容器的危险货物，不准出口。

（三）鉴定说明

报检单位必须为出口危险货物生产企业。在报检前，报检单位必须将包装容器盛装的危险货物送国家质检总局指定实验室进行分类鉴定，在获得分类鉴定证书之后方可进行报检。

报检人在提交完整的报检材料后，检验人员将依照有关标准，对待运的危险货物包装使用情况进行现场检验，检查包装件标记、标志是否准确、清晰、牢固；包装件外表面是否清洁，不允许有残留物、污染或泄露；检查包装容器类别是否等于或高于盛装的危险货物要求的包装类别，包装容器与货物是否发生化学反应；检查包装的种类、规格、编码、国际危包标记、数量以及包装使用情况等进行综合鉴定，评定是否合格。合格后出具使用鉴定结果单。

（四）提交材料

办理出口危险货物运输包装使用鉴定事项时所需提交的材料：

1. 出口危险货物分类鉴定证书；
2. 出入境货物包装性能检验结果单；
3. 报检申请单；
4. 厂检单；
5. 报检委托书；
6. 如运输方式为空运还需提供空运危险货物分类鉴定。

九、出境货物木质包装除害处理方法

1. 热处理（HT）。

（1）必须保证木材中心温度至少达到56℃，持续30分钟以上。

（2）窑内烘干（KD）、化学加压浸透（CPI）或其他处理方法只要达到热处理要求，可以视为热处理。如化学加压浸透可通过蒸汽、热水或干热等方法达到热处理的技术指标要求。

2. 溴甲烷熏蒸处理（MB）。

（1）常压下，按下列标准处理。

温度	剂量（g/m³）	最低浓度要求（g/m³）			
		0.5小时	2小时	4小时	16小时
≥21℃	48	36	24	17	14
≥16℃	56	42	28	20	17
≥11℃	64	48	32	22	19

（2）最低熏蒸温度不应低于10℃，熏蒸时间最低不应少于16小时。

3. 国际植物检疫措施标准或输入国家/地区认可的其他除害处理方法。

4. 出境货物木质包装加施专用标识要求。

（1）标识式样如下图所示。

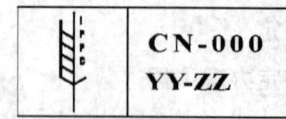

其中：

IPPC——《国际植物保护公约》的英文缩写；

CN——国际标准化组织（ISO）规定的中国国家编码；

000——出境货物木质包装标识加施企业的三位数登记号，按直属检验检疫局分别编号；

YY——除害处理方法，溴甲烷熏蒸（MB），热处理（HT）；

ZZ——各直属检验检疫局2位数代码（如江苏局为32）。

（2）除上述信息外，标识加施企业可根据需要增加其他必要的信息。

（3）标识颜色应为黑色，采用喷刷或电烙方式加施于每件木质包装两个相对面的显著位置，保证其永久性且清晰易辨。

（4）标识为长方形，规格有三种：3cm×5.5cm、5cm×9cm及10cm×20cm，标识加施企业可根据木质包装大小任选一种，特殊木质包装经检验检疫机构同意可参照标记式样比例确定。

附件 8-1：集装箱检验检疫结果单样本

中华人民共和国出入境检验检疫
集装箱检验检疫结果单

正本

编号＿＿＿＿＿＿＿

申请人：

集装箱数量： 　　　　　　　　　　　　　　箱型：

拟装/装载货物： 　　　　　　　　　　　　　运输工具：

检验地点： 　　　　　　　　　　　　　　　检验日期：

检验检疫结果：

☐ 箱体、箱门完好，箱号清晰，安全铭牌齐全。
☐ 箱体无有毒有害危险品标志；箱内清洁、卫生，无有毒有害残留物，且风雨密状况良好；箱内温度达到冷藏要求，符合《中华人民共和国进出口商品检验法》及其实施条例的规定。
☐ 未发现病媒生物，符合《中华人民共和国国境卫生检疫法》及其实施细则的规定。
☐ 未发现活害虫及其他有害生物，符合《中华人民共和国进出境动植物检疫法》及其实施条例的规定。

规格	集装箱号码	规格	集装箱号码	规格	集装箱号码

样本 Sample

本单有效期：截止于　　　　年　　月　　日

签字： 　　　　　　　　　　　　　　　日期：　　　年　　月　　日

注：在适当的"☐"内划"√"，以横线划去不适当的内容。

B 　　　　　　　　　　　　　　　　　　　　　　　　　　　　　　　{3-4(2000.1.1)}

附件8-2：出境货物运输包装性能检验结果单样本

中华人民共和国出入境检验检疫
出境货物运输包装性能检验结果单

编号_____

申请人					
包装容器名称及规格			包装容器标记及批号		
包装容器数量		生产日期	自　年　月　日至　年　月　日		
拟装货物名称			状态		比重
检验依据			拟装货物类别（划"×"）	□危险货物　□一般货物	
			联合国编号		
			运输方式		
检验结果					
签字：		日期：	年　月　日		
包装使用人					
本单有效期	截止于　　年　月　日				

分批使用核销栏	日期	使用数量	结余数量	核销人	日期	使用数量	结余数量	核销人

说明：1. 当合同或信用证要求包装检验证书时，可凭本结果单向出境所在地检验检疫机关申请检验证书。
　　　2. 包装容器使用人向检验检疫机关申请包装使用鉴定时，须将本结果单交检验检疫机关核实。

【3-2(2000.1.1)】

B

附件8-3：出境危险货物包装使用鉴定结果单样本

中华人民共和国出入境检验检疫
出境危险货物运输包装使用鉴定结果单

编号_____

申请人	
使用人	

包装容器名称及规格	包装容器标记及批号

货物包装类别	
包装容器性能检验结果单号	
运输方式	

危险货物名称	（中文）	危险货物类别	
	（英文）	联合国编号	

危险货物状态		危险货物密度	
报检包件数量		单件容积		单件毛重	
危险货物灌装日期	年 月 日	单件净重	
检验依据			

鉴定结果：

样本 Sample

签字：　　　　　　　　日期：　　年　月　日

本结果单有效期　截止于　　年　月　日

分批出境核销栏	日期	出境数量	结余数量	核销人	日期	出境数量	结余数量	核销人

说明：1. 外贸经营单位必须持本结果单正本向有关运输部门办理危险货物出境托运手续。2. 当合同或信用证要求包装检验证书时，可凭本结果单向出境所在地检验检疫机关申请签发检验证书或根据需要办理分证。

B　　　　　　　　　　　　　　　　　　　　　　　　　　　　[3-3(2000.1.1)]

附件8-4：木质包装热处理结果报告单样本

出境货物木质包装热处理结果报告单

编号：

标识加施企业名称			
包装种类		规格/数量	
木材最大厚度		处理库号	
生产批次		生产编号	
处理日期			
木材中心温度达到　℃时间： 干球温度到达　℃时间： 相对湿度为　% 热处理起始时间： 热处理结束时间：			
已按上述要求对本批木质包装实施热处理，请检验检疫机关予以审核。 　　　　　热处理技术操作人员（签名）： 　　　　　业务负责人（签名）：　　　　　　　　年　月　日（盖章）			
结果评定： 　　该批木质包装热处理过程符合要求，准予加施标识。 　　　　　　检验检疫人员（签名）：　　　　　　　　　　年　月　日			
备注：			

附件8-5：木质包装熏蒸处理结果报告单样本

出境货物木质包装熏蒸处理结果报告单

编号：

标识加施企业名称					
包装种类		数量/规格			
生产批次		生产编号			
处理日期		处理体积			
药剂种类		剂　　量			
温　　度		时　　间			
浓度检测值	0.5小时	2小时	4小时	16小时	
已按上述要求对本批木质包装实施熏蒸处理，请检验检疫机关予以审核。 　　熏蒸处理负责人（签名）： 　　业务负责人（签名）：　　　　　　　　　　　　年　月　日（盖章）					
结果评定： 　　该批木质包装熏蒸处理过程符合要求，准予加施标识。 检验检疫人员（签名）：　　　　　　　　　　　　　年　月　日					
备注：					

附件8-6：木质包装除害处理合格证样本

出境货物木质包装除害处理合格凭证

编号：

标识加施企业名称（盖章）	
联系人	电话
使用企业名称	
联系人	电话
货物名称	拟输往国家/地区
包装种类	数量/规格
处理结果报告单编号	
备注：	

第九章 出入境运输工具检验检疫单证

第一节 概述

一、基本定义

出入境运输工具检验检疫单证，是指国家检验检疫部门根据相关法律、法规和国际惯例与通行做法，对出入我国国境的国际运输工具进行检验检疫及处理等，颁发给出入境国际运输工具的具有法律效力的检验检疫证明文件，以及出入我国国境的国际运输工具申请、申报国际运输工具检验检疫情况和检验检疫处理的相关文件。

本章介绍的出入境运输工具检验检疫单证主要包括以下相关单证：

（一）出入境交通工具检验检疫单证

1. 中华人民共和国出入境检验检疫运输工具检疫证书（以下简称运输工具检疫证书）；
2. 中华人民共和国出入境检验检疫交通工具卫生证书（以下简称交通工具卫生证书）；
3. 中华人民共和国出入境检验检疫交通工具出境卫生检疫证书（以下简称交通工具出境卫生检疫证书）；
4. 中华人民共和国出入境检验检疫运输工具检疫处理证书（以下简称运输工具检疫处理证书）。

（二）出入境船舶检验检疫单证

1. 中华人民共和国出入境检验检疫船舶入境检疫证（以下简称船舶入境检疫证）；
2. 中华人民共和国出入境检验检疫船舶入境卫生检疫证（以下简称船舶入境卫生检疫证）；
3. 中华人民共和国出入境检验检疫航海健康申报书（以下简称航海健康申报书）；
4. 中华人民共和国出入境检验检疫压舱水申报单（以下简称压舱水申报单）；
5. 中华人民共和国出入境检验检疫船舶鼠患检查申请书（以下简称船舶鼠患检查申请书）；
6. 中华人民共和国出入境检验检疫除鼠证书/免予除鼠证书（以下简称除鼠证书/免予除鼠证书）。

二、主管部门

（一）主管部门

国家质检总局。

（二）审核发证部门

国家质检总局设在各省、自治区、直辖市的直属出入境检验检疫局。

三、主要作用

出入境运输工具检验检疫单证是国家出入境检验检疫部门对出入境国际运输工具实施有效监督管理的有效措施，是保障国家动植物检疫和卫生检疫等检验检疫安全的重要手段和措施。

出入境运输工具检验检疫单证中的各种不同用途的检验检疫单证还分别具有以下主要作用：

（一）运输工具检疫证书主要作用

1. 国家检验检疫机关对出入境运输工具实施动植物检验检疫的有效法律凭证；
2. 有效证明国际运输工具基本符合我国出入境动植物检验检疫法律法规，凭以合法出入我国国境的法律凭证。

（二）交通工具卫生证书主要作用

1. 国家检验检疫机关对出入境交通工具，特别是电讯卫生检疫的交通工具实施卫生检疫的有效法律凭证；

2. 有效证明国际交通工具，特别是电讯卫生检疫的交通工具符合我国出入境卫生检疫法律法规，凭以合法出入我国国境的法律凭证。

（三）交通工具出境卫生检疫证书主要作用

1. 国家检验检疫机关对出境交通工具，特别是出境船舶实施卫生检疫的有效法律凭证；

2. 有效证明国际交通工具，特别是出境船舶符合我国出境卫生检疫的相关规定，合法出境的法律凭证。

（四）运输工具检疫处理证书主要作用

1. 国家检验检疫机关对出入境运输工具实施动植物检验检疫，证实出入境交通工具植物检疫合格的有效法律凭证；

2. 有效证明国际运输工具符合我国出入境植物检疫法律法规，凭以合法出入我国国境的法律凭证。

（五）船舶入境检疫证主要作用

1. 国家检验检疫机关对入境国际航行船舶实施入境卫生检验和实施卫生处理有效法律凭证；

2. 有效证明入境国际航行船舶符合我国实施入境卫生检验和实施卫生处理的相关规定，凭以合法进入我国国境的法律凭证。

（六）船舶入境卫生检疫证主要作用

1. 国家检验检疫机关对入境国际航行船舶实施入境检验检疫的有效法律凭证；

2. 有效证明入境国际航行船舶没有染疫的或不需要实施卫生处理的法律凭证。

（七）航海健康申报书主要作用

1. 出入境国际航行船舶向我国口岸检验检疫机关书面报告出入境国际航行船舶航海健康状况的重要法律凭证；

2. 口岸检验检疫机关依法受理并对出入境国际航行船舶航海健康状况申报和有效监督管理的重要法律凭证。

（八）压舱水申报单主要作用

1. 入境国际航行船舶向我国口岸检验检疫机关书面报告入境国际航行船舶压舱水装载和排放情况的重要法律凭证；

2. 口岸检验检疫机关依法受理并对入境国际航行船舶压舱水装载和排放情况申报和有效监督管理的重要法律凭证。

（九）船舶鼠患检查申请书主要作用

1. 出入境国际航行船舶向我国口岸检验检疫机关书面申请对出入境国际航行船舶进行鼠患检查的重要法律凭证；

2. 口岸检验检疫机关依法受理出入境国际航行船舶鼠患检查申报和有效实施鼠患检查监督管理的重要法律凭证。

（十）除鼠证书/免予除鼠证书主要作用

1. 国家检验检疫机关对出入境国际交通工具，实施鼠患检查后，发现鼠患，并对出入境国际交通工具进行除鼠的有效法律凭证；

2. 有效证明出入境国际交通工具，实施鼠患检查后，未发现鼠患亦未采取任何除鼠措施的有效法律凭证。

四、适用范围

出入境运输工具检验检疫单证主要适用于出入境国际交通运输工具的负责人或其代理人、国家出入境检验检疫部门及其设在各出入境口岸的检验检疫机关。

根据不同作用，各类检验检疫单证还分别适用于以下方面：
（一）运输工具检疫证书适用范围
1. 经动植物检疫合格的出入境国际交通运输工具；
2. 经卫生检疫合格的入境国际运输工具，如飞机、火车等。
（二）交通工具卫生证书适用范围
申请电讯卫生检疫的交通工具，包括船舶、飞机、火车等。
（三）交通工具出境卫生检疫证书适用范围
出境船舶的卫生检疫。
（四）运输工具检疫处理证书适用范围
经植物检疫合格的运输工具。
（五）船舶入境检疫证书适用范围
入境卫生检疫时，需实施某种卫生处理或离开本港后应继续接受某种卫生处理的船舶。
（六）船舶入境卫生检疫证适用范围
出入境卫生检疫时没有染疫的或不需要实施卫生处理的交通工具。
（七）航海健康申报书适用范围
出入境船舶船方向口岸检验检疫机构提供的书面健康、报告。
（八）压舱水申报单适用范围
国际航行船舶在入境时船方就压舱水装载和排放情况向口岸检验检疫机构的申报。
（九）船舶鼠患检查申请书适用范围
出入境船舶鼠患检查申请。
（十）除鼠证书/免予除鼠证书适用范围
1. 实施鼠患检查后，发现鼠患，并进行除鼠的交通工具；
2. 实施鼠患检查后，未发现鼠患亦未采取任何除鼠措施的运输工具。

第二节 出入境运输工具检验检疫单证项目设置及填制

一、运输工具检疫证书项目设置及填制

运输工具检疫证书（见本章附件9-1）项目设置及填制如下。
（一）名称
本证书全称为"中华人民共和国出入境检验检疫运输工具检疫证书"。
（二）编号
本项目注明本证书的编号，由签发本证书的出入境检验检疫机关统一编制。
（三）运输工具名称
本项目注明本证书的运输工具名称，通常应当同时使用中英文两种文字注明。
（四）国籍
本项目注明本证书所列出入境运输工具的国籍，通常是指运输工具的注册国家。
（五）起运口岸
本项目注明本证书所列出入境运输工具的起运口岸名称，指出入境运输工具抵达我国口岸前的最后一个驶离口岸。
（六）吨位
本项目注明本证书所列出入境运输工具的吨位，通常是指出入境运输工具的总吨位。
（七）到达口岸
本项目注明本证书所列出入境运输工具的到达口岸名称，指出入境运输工具驶离我国国境口岸后将要驶往的目的地口岸。

（八）途径口岸

本项目注明本证书所列出入境运输工具的途径口岸名称，指出入境运输工具在驶往目的地口岸的途中所要经停的口岸。

（九）到达/离境日期

本项目注明本证书所列出入境运输工具到达国境口岸的日期，或驶离国境口岸的日期。

（十）检验日期

本项目注明检验检疫机关对出入境运输工具实施检验的日期。

（十一）签证地点

本项目注明本证书的签发地点，通常是指签发本证书的出入境检验检疫机关的所在地点。

（十二）签证日期

本项目注明本证书的签发日期。

（十三）授权签字人

本项目由授权签发本证书的出入境检验检疫机关主管人员签署姓名。

（十四）签名

本项目由签发本证书的出入境检验检疫机关经办人员签署姓名。

（十五）印章

本项目由签发本证书的出入境检验检疫机关加盖出入境检验检疫机关专用印章。

（十六）免责声明

本项目由签发本证书的出入境检验检疫机关注明对于本证书的免责声明。本免责声明是我国出入境检验检疫部门参考国际上官方检验检疫机构加注免责条款的做法，结合以往涉及检验、检疫部门行政纠纷及司法案例而在单证上加注的。具体内容为：

"中华人民共和国出入境检验检疫机关及其官员或代表不承担签发本证书的任何财经责任。"

二、交通工具卫生证书项目设置及填制

交通工具卫生证书（见本章附件9-2）项目设置及填制如下。

（一）名称

本证书全称为"中华人民共和国出入境检验检疫交通工具卫生证书"。

（二）编号

本项目注明本证书的编号，由签发本证书的出入境检验检疫机关统一编制。

（三）提示

本项目由签发本证书的出入境检验检疫机关注明对于口岸有关方面的重要提示，具体内容为："港口当局不得取去"。

（四）交通工具名称

本项目注明本证书所列出入境运输工具的运输工具名称，应当同时使用中英文两种文字注明。

（五）国籍

本项目注明本证书所列出入境运输工具的国籍，通常是指本证书所列明的出入境运输工具的注册国家。

（六）总吨位/起飞重量/车厢节数

本项目注明本证书所列出入境运输工具的总吨位，或起飞重量，或车厢节数，通常应当按照不同的国际交通工具分别注明，如国际航行船舶应当注明总吨位，国际航空器应当注明起飞重量，国际列车应当注明列车的车厢节数等。

（七）交通工具号码

本项目注明本证书所列出入境运输工具的交通工具号码，应当根据不同的国际交通工具分别注明

相关的运输工具编号，如国际航行船舶应当注明船舶的航次，国际航空器应当注明航空器的航班编号，国际列车应当注明列车的车次编号等。

（八）颁证词

本项目由签发本证书的出入境检验检疫机关注明对本证书所列出入境运输工具实施检验检疫的相关颁证词，并同时注明本证书的有效期限。具体见本章附件9-2。

（九）签证地点

本项目注明本证书的签发地点，通常是指签发本证书的出入境检验检疫机关的所在地点。

（十）签证日期及时间

本项目注明本证书的签发日期和签发本证书的具体时间。

（十一）检疫医师

本项目由签发本证书的出入境检验检疫机关的检疫医师签署姓名。

（十二）签名

本项目由签发本证书的出入境检验检疫机关的经办人员签署姓名。

（十三）印章

本项目由签发本证书的出入境检验检疫机关加盖出入境检验检疫机关专用印章。

（十四）免责声明

本项目由签发本证书的出入境检验检疫机关注明对于本证书的免责声明。本免责声明是我国出入境检验检疫部门参考国际上官方检验检疫机构加注免责条款的做法，结合以往涉及检验、检疫部门行政纠纷及司法案例而在单证上加注的。具体内容为：

"中华人民共和国出入境检验检疫机关及其官员或代表不承担签发本证书的任何财经责任。"

三、交通工具出境卫生检疫证书项目设置

交通工具出境卫生检疫证书（见本章附件9-3）项目设置及填制如下。

（一）名称

本证书的全称为"中华人民共和国出入境检验检疫交通工具出境卫生检验证书"。

（二）编号

本项目注明本证书的编号，由签发本证书的出入境检验检疫机关统一编制。

（三）交通工具名称及编号

本项目注明本证书的出入境交通工具名称，以及该交通工具的编号，通常应当同时使用中英文两种文字注明。

（四）国籍

本项目注明本证书所列出入境交通工具的国籍，通常是指交通工具的注册国家。

（五）员工人数

本项目注明本证书所列出入境交通工具的员工人数，指出入境交通工具的服务人员，如：机组人员、司乘人员、船员、服务生等。

（六）旅客人数

本项目注明本证书所列出入境交通工具的旅客人数，一般是指出入境客运交通工具所载运的旅客人数，未载客的出入境交通工具及出入境运输工具可不记载旅客人数。

（七）离境地

本项目注明本证书所列出入境交通工具的离境地，指出入境交通工具驶往境外前离开的我国最后口岸。

（八）目的港

本项目注明本证书所列出入境交通工具的目的港，指出入境交通工具最终抵达的目的口岸。

（九）颁证词

本项目由签发本证书的出入境检验检疫机关注明对本证书所列出入境交通工具实施检验检疫的相关颁证词。具体内容如下：

"兹证明上述交通工具依照《中华人民共和国卫生检疫法》及其实施细则实施查验，判定是没有染疫的交通工具。"

（十）附注

本项目注明本证书应当加以特别说明的相关内容。

（十一）签证地点

本项目注明本证书的签发地点，通常是指签发本证书的出入境检验检疫机关的所在地点。

（十二）签证日期及时间

本项目注明本证书的签发日期和签发的具体时间。

（十三）检疫医师

本项目由签发本证书的出入境检验检疫机关的检疫医师签署姓名。

（十四）签名

本项目由签发本证书的出入境检验检疫机关经办人员签署姓名。

（十五）印章

本项目由签发本证书的出入境检验检疫机关加盖该出入境检验检疫机关专用印章。

（十六）免责声明

本项目由签发本证书的出入境检验检疫机关注明对于本证书的免责声明。免责声明是我国出入境检验检疫部门参考国际上官方检验检疫机构加注免责条款的做法，结合检验、检疫部门行政纠纷及司法案例而在单证上加注的。具体内容为："中华人民共和国出入境检验检疫机关及其官员或代表不承担签发本证书的任何财经责任。"

四、运输工具检疫处理证书项目设置及填制

运输工具检疫处理证书（见本章附件9-4）项目设置及填制如下。

（一）名称

本证书全称为"中华人民共和国出入境检验检疫运输工具检疫处理证书"。

（二）编号

本项目注明本证书的编号，由签发本证书的出入境检验检疫机关统一编制。

（三）运输工具名称

本项目注明本证书的运输工具名称，通常应当同时使用中英文两种文字注明。

（四）国籍

本项目注明本证书所列出入境运输工具的国籍，通常是指出入境运输工具的注册国家。

（五）起运口岸

本项目注明本证书所列出入境运输工具的起运口岸名称，指出入境运输工具抵达我国口岸前的最后一个驶离口岸。

（六）吨位

本项目注明本证书所列出入境运输工具的吨位，通常是指出入境运输工具的总吨位。

（七）到达口岸

本项目注明本证书所列出入境运输工具的到达口岸名称，指出入境运输工具驶离我国境口岸后将要驶往的目的地口岸。

（八）途径口岸

本项目注明本证书所列出入境运输工具的途径口岸名称，指出入境运输工具在驶往目的地口岸的

途中所要经停的口岸。

（九）到达/离境日期

本项目注明本证书所列出入境运输工具的到达国境口岸的日期，或驶离国境口岸的日期。

（十）处理日期

本项目注明检验检疫机关对出入境运输工具实施处理的日期。

（十一）签证地点

本项目注明本证书的签发地点，通常是指签发本证书的出入境检验检疫机关的所在地点。

（十二）签证日期

本项目注明本证书的签发日期。

（十三）授权签字

本项目由授权签发本证书的出入境检验检疫机关主管人员签署姓名。

（十四）签名

本项目由签发本证书的出入境检验检疫机关经办人员签署姓名。

（十五）印章

本项目由签发本证书的出入境检验检疫机关加盖出入境检验检疫机关专用印章。

（十六）免责声明

本项目由签发本证书的出入境检验检疫机关注明对于本证书的免责声明。本免责声明是我国出入境检验检疫部门参考国际上官方检验检疫机构加注免责条款的做法，结合以往涉及检验、检疫部门行政纠纷及司法案例而在单证上加注的。具体内容为：

"中华人民共和国出入境检验检疫机关及其官员或代表不承担签发本证书的任何财经责任。"

五、船舶入境检疫证项目设置及填制

船舶入境检疫证（见本章附件9-5）项目设置及填制如下。

（一）名称

本证书全称为"中华人民共和国出入境检验检疫船舶入境检疫证"。

（二）编号

本项目注明本证书的编号，由签发本证书的出入境检验检疫机关统一编制。

（三）船名

本项目注明本证书的船名，通常应当同时使用中英文两种文字注明。

（四）国籍

本项目注明本证书所列入境国际航行船舶的国籍，通常是指国际航行船舶的注册国家。

（五）发航港

本项目注明本证书所列入境国际航行船舶的发航港名称，指入境国际航行船舶抵达我国口岸前的境外起始港口。

（六）最后寄港

本项目用于注明本证书所列入境国际航行船舶的最后寄港名称，指入境国际航行船舶在驶往目的地口岸的途中所要经停的最后一个口岸。"寄航港"是指船舶沿途停靠港、挂靠港、中途港。

（七）目的港

本项目注明本证书所列入境国际航行船舶的目的港名称，指入境国际航行船舶驶离我国境口岸后将要驶往的目的地港口。

（八）颁证词

本项目由签发本证书的出入境检验检疫机关注明对本证书所列入境国际航行船舶实施检验检疫的相关颁证词。具体内容见本章附件9-5。

（九）签证地点

本项目注明本证书的签发地点，通常是指签发本证书的出入境检验检疫机关的所在地点。

（十）签证日期及时间

本项目注明本证书的签发日期和签发的具体时间。

（十一）检疫医师

本项目由签发本证书的出入境检验检疫机关的检疫医师签署姓名。

（十二）签名

本项目由签发本证书的出入境检验检疫机关经办人员签署姓名。

（十三）印章

本项目由签发本证书的出入境检验检疫机关加盖出入境检验检疫机关专用印章。

（十四）免责声明

本项目由签发本证书的出入境检验检疫机关注明对于本入境检疫证书的免责声明。本免责声明是我国出入境检验检疫部门参考国际上官方检验检疫机构加注免责条款的做法，结合以往涉及检验、检疫部门行政纠纷及司法案例而在单证上加注的。具体内容为：

"中华人民共和国出入境检验检疫机关及其官员或代表不承担签发本入境检疫证书的任何财经责任。"

六、船舶入境卫生检疫证项目设置及填制

船舶入境卫生检疫证（见本章附件9-6）项目设置及填制如下。

（一）名称

本证书全称为"中华人民共和国出入境检验检疫船舶入境卫生检疫证"。

（二）编号

本项目注明本证书的编号，由签发本的出入境检验检疫机关统一编制。

（三）船名

本项目注明本证书的船名，通常应当同时使用中英文两种文字注明。

（四）国籍

本项目注明本证书所列入境国际航行船舶的国籍，通常是指国际航行船舶的注册国家。

（五）发航港

本项目注明本证书所列入境国际航行船舶的发航港名称，指入境国际航行船舶抵达我国口岸前的境外起始港口。

（六）目的港

本项目注明本证书所列入境国际航行船舶的目的港名称，指入境国际航行船舶驶离我国口岸后驶往的目的地港口。

（七）颁证词

本项目由签发本证书的出入境检验检疫机关注明对本入境卫生检疫证所列入境国际航行船舶实施检验检疫的相关颁证词。具体内容如下：

"上述船舶依照《中华人民共和国国境卫生检疫法》及其实施细则实施查验，判定是没有染疫的船舶。"

（八）签证地点

本项目注明本证书的签发地点，通常是指签发本证书的出入境检验检疫机关的所在地点。

（九）签证日期及时间

本项目注明本证书的签发日期及具体时间。

（十）检疫医师

本项目由签发本证书的出入境检验检疫机关的检疫医师签署姓名。

（十一）签名

本项目由签发本证书的出入境检验检疫机关经办人员签署姓名。

（十二）印章

本项目由签发本证书的出入境检验检疫机关加盖出入境检验检疫机关专用印章。

（十三）免责声明

本项目由签发本证书的出入境检验检疫机关注明对于本证书的免责声明。本免责声明是我国出入境检验检疫部门参考国际上官方检验检疫机构加注免责条款的做法而加注的。具体内容为：

"中华人民共和国出入境检验检疫机关及其官员或代表不承担签发本证书的任何财经责任。"

七、航海健康申报书项目设置及填制

航海健康申报书（见本章附件9-7）项目设置及填制如下。

（一）航海健康申报书

1. 名称

本航海健康申报书名称的全称为"中华人民共和国出入境检验检疫航海健康申报书"。

2. 抵/离港

本项目由申报人填报申报船舶抵达港口的名称，或驶离港口的名称。本项目为选择填报方式，入境船舶填报抵达港口，出境船舶则填报驶离港口。申报人填报时应当划去不需要的部分。

3. 来自/到

本项目由申报人填报申报船舶来自地区的名称，或到达的地区名称。本项目为选择填报方式，入境船舶填报来自地区的名称，出境船舶则填报到达地区的名称。申报人填报时应当划去不需要的部分。

4. 抵/离日期及时间

本项目由申报人填报申报船舶的抵达港口的日期及时间，或驶离港口的日期及时间。本项目为选择填报方式，入境船舶填报抵达港口的日期及时间，出境船舶则填报驶离港口的日期及时间。申报人填报时应当划去不需要的部分。

5. 船名

本项目由申报人填报申报船舶的船名。

6. 国籍

本项目由申报人填报申报船舶的国籍，应当填报该船舶证书列明的船舶注册国家。

7. 船长姓名

本项目由申报人填报申报船舶的船长姓名。

8. 注册净吨位

本项目由申报人填报申报船舶的注册净吨位。

9. 载货种类及数量

本项目由申报人填报申报船舶的载货种类，以及所载货物的数量，应当根据出入境船舶所载运货物的实际情况如实填报，一般应当与船舶该航次的船舶载货清单基本相符。

10. 除鼠/免于除鼠证书

本项目由申报人填报申报船舶的除鼠证书编号，或免于除鼠证书编号。本项目为选择填报方式，持有除鼠证书的船舶填报除鼠证书编号，持有免于除鼠证书的船舶则填报免于除鼠证书编号。申报人填报时应当划去不需要的部分。

11. 是否有压舱水

本项目由申报人填报申报船舶是否有压舱水。本项目为选择填报项目，列有"Yes"和"No"两个选项，申报人应当根据实际情况在相应的选项前的"□"中划"√"即可。

12. 签发港及日期

本项目由申报人填报申报船舶的签发港及日期。

13. 食物装载港
本项目由申报人填报申报船舶的食物装载港名称。
14. 船员人数
本项目由申报人填报申报船舶的船员人数。
15. 旅客人数
本项目由申报人填报申报船舶的旅客人数。
16. 饮水装载港
本项目由申报人填报申报船舶的饮水装载港口名称。
17. 船舶在岗期间人员变动情况
本项目由申报人填报申报船舶的船舶在岗期间人员变动情况，只适用于出境船舶。
18. 沿途寄港及到达离去日期
本项目由申报人填报申报船舶的沿途寄港名称，以及到达离去的日期，只适用于入境船舶。
19. 健康问题
本项目由申报人根据船舶的实际情况如实回答所列的相关健康问题，只需申报人选择回答"有"（YES）或"无"（NO）。本项目所列的健康问题见本章附件9–7。
20. 日期
本项目由申报人填写填报本申报书的日期。
21. 船长签字
本项目由本申报书的出入境船舶的船长签署姓名。
22. 船医附签
本项目由本申报书的出入境船舶的船医签署姓名。
23. 注释
本项目为本申报书的注释，提示申报人填报中的相关注意事项：
"如入境船舶自开航已逾四周，仅申报最后四周的情况。"

（二）航海健康申报书（附表）

1. 名称
本航海健康申报书附表全称为"航海健康申报书附表"。
2. 声明词
本项目由申报人对本申报书所填报内容做出郑重声明，已统一印制在本项目中：
"船上发现每一病例或死亡之详情"。
3. 姓名
本项目由申报人填报船上发现每一病例或死亡人员的姓名。
4. 舱别或职别
本项目由申报人填报船上发现每一病例或死亡人员的舱别或职别。
5. 年龄
本项目由申报人填报船上发现每一病例或死亡人员的年龄。
6. 性别
本项目由申报人填报船上发现每一病例或死亡人员的性别。
7. 国籍
本项目由申报人填报船上发现每一病例或死亡人员的国籍。
8. 上船港名及日期
本项目由申报人填报船上发现每一病例或死亡人员的上船港口名称，以及上船日期。

9. 疾病性质
本项目由申报人填报船上发现每一病例或死亡人员的疾病性质。
10. 发病日期
本项目由申报人填报船上发现每一病例或死亡人员的发病日期。
11. 患病结果
本项目由申报人填报船上发现每一病例或死亡人员的患病结果。
12. 处理方法
本项目由申报人填报船上发现每一病例或死亡人员的处理方法。
13. 注释
本项目提示申报人填报时应当注意的相关事项，具体内容如下：
"（1）叙明已逾、未逾或死亡。
（2）叙明病人是否仍在船上，在何处上岸（注明港名）或海葬。"

八、压舱水申报单项目设置及填制

压舱水申报单（见本章附件9-8）项目设置及填制要求如下。

（一）名称
本申报单全称为"中华人民共和国出入境检验检疫压仓水申报单"。
（二）船名
本项目由申报人填写申报压仓水船舶的船名。
（三）国籍
本项目由申报人填写申报压仓水船舶的国籍，应当填报该船舶证书列明的船舶注册国家。
（四）到达港口
本项目由申报人填写申报压仓水船舶的到达港口名称。
（五）到达日期
本项目由申报人填写申报压仓水船舶的到达日期。
（六）船舶所有人
本项目由申报人填写申报压仓水船舶的所有人名称。
（七）船舶代理人
本项目由申报人填写申报压仓水船舶的船舶代理人名称。
（八）压仓水总量（吨）
本项目由申报人填写申报压仓水船舶的压仓水总量，一般用计量单位"吨"来表示。
（九）压仓水池总数
本项目由申报人填写申报压仓水船舶的压仓水池总数量。
（十）是否需在中国某一港口排放压仓水
本项目由申报人填写申报压仓水船舶是否需在中国某一港口排放压仓水的有关情况，为选择填报项目，列有"是"和"否"两个选项，申报人根据实际情况在相应选项前的"□"中划"√"即可。
（十一）压仓水箱/舱
本项目由申报人填写申报压仓水船舶的压仓水箱或压仓水舱情况。
（十二）压仓水来源
本项目由申报人填写申报压仓水船舶的压仓水来源情况。
1. 装载日期
本项目由申报人填写申报压仓水船舶压仓水的装载日期。
2. 装载地点
本项目由申报人填写申报压仓水船舶压仓水的装载地点。

3. 装载量

本项目由申报人填写申报压仓水船舶压仓水的装载量。

(十三) 压仓水更换 (最近三次)

本项目由申报人填写申报压仓水船舶的压仓水更换情况,以及更换压仓水的方法。本项目为选择填写项目,列有"清空"、"灌注"和"灌流"3种方法,申请人应当根据实际情况,在相应选项后的"□"中划"√"。

1. 更换日期

本项目由申报人填写申报压仓水船舶更换压仓水的日期。

2. 起始点

(1) 经度。

本项目由申报人填写申报压仓水船舶更换压仓水起始点的经度。

(2) 纬度。

本项目由申报人填写申报压仓水船舶更换压仓水起始点的纬度。

3. 终止点

(1) 经度。

本项目由申报人填写申报压仓水船舶更换压仓水终止点的经度。

(2) 纬度。

本项目由申报人填写申报压仓水船舶更换压仓水终止点的纬度。

4. 更换量 (吨)

本项目由申报人填写申报压仓水船舶更换压仓水的更换量,一般用计量单位"吨"来表示。

5. 更换百分比

本项目由申报人填写申报压仓水船舶更换压仓水的百分比。

(十四) 预计在中国港口排放压仓水情况

本项目由申报人填报预计在中国港口排放压仓水的情况。

1. 排放港口

本项目由申报人填报预计在中国港口排放压仓水的排放港口名称。

2. 排放日期

本项目由申报人填报预计在中国港口排放压仓水的排放日期。

3. 排放量

本项目由申报人填报预计在中国港口排放压仓水的排放量,一般用计量单位"吨"来表示。

(十五) 船长签名

本项目由填报本压舱水申报单的出入境船舶的船长签署姓名。

(十六) 日期

本项目填写填报本压舱水申报单的日期。

九、船舶鼠患检查申请书项目设置及填制

船舶鼠患检查申请书 (见本章附件9—9) 主要项目设置及填制要求如下。

(一) 名称

本申请书的全称为"中华人民共和国出入境检验检疫船舶鼠患检查申请书"。

(二) 编号

本项目由注明本申请书的编号,由受理本申请书的出入境检验检疫机关统一编制。

(三) 申请事项

本项目由本申请书的申请人填报申请事项。本申请书已将申请事项统一印制在本申请书中,申请

人只需在申请事项中填入申请进行鼠患检查的时间即可。本申请书统一印制的申请事项内容如下：

"现申请你局于＿＿＿年＿＿＿月＿＿＿日对本船舶实施鼠患检查，并根据检查结果实施除鼠/免于除鼠处理。"

（四）船名

本项目由申请人填报申请鼠患检查的出入境船舶的船名，应当同时使用中文和英文两种文字填报。

（五）国籍

本项目由申请人填报申请鼠患检查的出入境船舶的国籍，指出入境国际航行船舶的注册国家。

（六）总吨位

本项目由申请人填报申请鼠患检查的出入境船舶的总吨位，应当与船舶证书上所列总吨位相一致。

（七）净吨位

本项目由申请人填报申请鼠患检查的出入境船舶的净吨位，应当与船舶证书上所列净吨位相符。

（八）货舱数

本项目由申请人填报申请鼠患检查的出入境船舶的货舱数量。

（九）船上载有货物种类及数量

本项目由申请人填报申请鼠患检查的出入境船舶载有货物的种类，以及所载货物的数量，应当根据实际情况如实填报，一般应当与该船舶本航次的载货清单基本相符。

（十）预定货物卸空日期

本项目由申请人填报申请鼠患检查的出入境船舶的预定货物卸空日期。

（十一）船长签名

本项目由申请鼠患检查的出入境船舶的船长签署姓名。

（十二）日期

本项目由申请鼠患检查的出入境船舶的船长签署填报本鼠患检查申请的日期。

十、除鼠证书/免予除鼠证书项目设置及填制

除鼠证书/免予除鼠证书（见本章附件9-10）主要项目设置及填制要求如下。

（一）名称

本证书的名称为"中华人民共和国出入境检验检疫除鼠证书/免予除鼠证书"。

（二）签发依据

本项目注明出入境检验检疫机关签发本证书的法律依据："根据国际卫生条例（1969年）第五十三条签发"。

（三）提示

本项目由签发本证书的出入境检验检疫机关注明对于口岸有关方面的重要提示："港口当局不得取去"。

（四）颁证词

本项目由签发本证书的出入境检验检疫机关注明颁证词，具体见本章附件9-10。

（五）提示

本项目提示相关事项，具体如下：

"建议（在签发免于除鼠证书时，应说明采用何种措施可使船舶保持无鼠及无鼠疫病媒）"。

（六）签证地点

本项目注明本证书的签发地点，通常是指签发本证书的出入境检验检疫机关的所在地点。

（七）签证日期

本项目注明本证书的签发日期。

（八）授权签字人

本项目由授权签发本证书的出入境检验检疫机关主管人员签署姓名。

（九）签名

本项目由签发本证书的出入境检验检疫机关经办人员签署姓名。

（十）印章

本项目由签发本证书的出入境检验检疫机关加盖出入境检验检疫机关专用印章。

（十一）免责声明

本项目由签发本证书的出入境检验检疫机关注明对于本证书的免责声明。本免责声明是我国出入境检验检疫部门参考国际上官方检验检疫机构加注免责条款的做法，结合以往涉及检验、检疫部门行政纠纷及司法案例而加注的。具体内容为：

"中华人民共和国出入境检验检疫机关及其官员或代表不承担签发本证书的任何财经责任。"

十一、除鼠证书/免予除鼠证书（附表）项目设置及填制

除鼠证书/免予除鼠证书附表（见本章附件9-11）主要由部分名称、鼠征、鼠藏匿处、除鼠和注释等栏目组成，具体项目设置及填报要求如下。

（一）部分名称

本项目列明与除鼠相关的出入境船舶的相关部位，分别为：

1. 货舱；
2. 逃浪甲板舱；
3. 燃料舱；
4. 机器舱及轴路；
5. 船头及仓库；
6. 救生舱；
7. 海图室及无线电室；
8. 厨房；
9. 配膳房；
10. 食物储存室；
11. 船员宿舱；
12. 职员宿舱；
13. 旅客宿舱；
14. 统舱。

（二）鼠征

本项目注明本证书所列出入境船舶的鼠征情况。

（三）鼠藏匿处

本项目注明本证书所列出入境船舶的鼠藏匿处情况。

1. 发现数量

本项目注明本证书所列出入境船舶发现的藏匿鼠数量。

2. 已否处理

本项目注明本证书所列出入境船舶的藏匿鼠是否进行过处理。

（四）除鼠

本项目注明本证书所列出入境船舶的除鼠情况。

1. 用熏蒸方法/熏剂种类/闭熏时间

本项目注明除鼠所使用的用熏蒸方法、熏剂种类和闭熏时间。

（1）容积（立方米）

本项目注明使用上述熏蒸方法、熏剂种类和闭熏时间对船舶进行除鼠的容积，应当用计量单位

"立方米"表示。

(2) 用量

本项目注明使用上述熏蒸方法、熏剂种类和闭熏时间对船舶进行除鼠的用量。

(3) 死鼠数量

本项目注明使用上述熏蒸方法、熏剂种类和闭熏时间对船舶进行除鼠的死鼠数量。

2. 用捕鼠器械或毒饵

(1) 捕鼠器械数。

本项目注明使用捕鼠器械进行除鼠所使用捕鼠器械的数量。

(2) 毒饵数。

本项目注明使用毒饵进行除鼠所使用毒饵的数量。

(3) 捕鼠数或死鼠数。

本项目注明使用捕鼠器械或毒饵进行除鼠的捕鼠数量或死鼠数量。

(五) 注释

本项目对本表中的相关栏目进行适当的注解，具体内容见本章附件。

第三节　出入境运输工具检验检疫须知及注意事项

一、相关概念

(一) 国际航行船舶

"国际航行船舶"是指进出中华人民共和国国境口岸的外国籍船舶和航行国际航线的中华人民共和国国籍船舶。

(二) 口岸

"口岸"是指国家批准可以进出国际航行船舶的港口。

(三) 船方

"船方"是指船舶所有人或者经营人。

二、国际航行船舶出入境检验检疫

(一) 主管部门

国家质检总局主管船舶进出中华人民共和国国境口岸的检验检疫工作。

国家质检总局设在各地的出入境检验检疫机构负责所辖地区的船舶进出口岸的检验检疫和监督管理工作。

(二) 入境检验检疫

1. 入境的船舶必须在最先抵达口岸的指定地点接受检疫，办理入境检验检疫手续。

2. 船方或者其代理人应当在船舶预计抵达口岸24小时前（航程不足24小时的，在驶离上一口岸时）向检验检疫机构申报，填报入境检疫申报书。如船舶动态或者申报内容有变化，船方或者其代理人应当及时向检验检疫机构更正。

3. 接受入境检疫的船舶，在航行中发现检疫传染病、疑似检疫传染病，或者有人非因意外伤害而死亡并死因不明的，船方必须立即向入境口岸检验检疫机构报告。

4. 检验检疫机构对申报内容进行审核，确定以下检疫方式，并及时通知船方或者其代理人：

(1) 锚地检疫；

(2) 电讯检疫；

(3) 靠泊检疫；

(4) 随船检疫。

5. 检验检疫机构对存在下列情况之一的船舶应当实施锚地检疫：
（1）来自检疫传染病疫区的；
（2）来自动植物疫区，国家有明确要求的；
（3）有检疫传染病病人、疑似检疫传染病病人，或者有人非因意外伤害而死亡并死因不明的；
（4）装载的货物为活动物的；
（5）发现有啮齿动物异常死亡的；
（6）废旧船舶；
（7）未持有有效的除鼠/免予除鼠证书的；
（8）船方申请锚地检疫的；
（9）检验检疫机构工作需要的。

6. 持有我国检验检疫机构签发的有效交通工具卫生证书，且没有应当实施锚地检疫所列情况的船舶，经船方或者其代理人申请，检验检疫机构实施电讯检疫。

船舶在收到检验检疫机构同意电讯检疫的批复后，即视为已实施电讯检疫。船方或者其代理人必须在船舶抵达口岸24小时内办理入境检验检疫手续。

7. 对未持有有效交通工具卫生证书，且没有应当实施锚地检疫所列情况或者因天气、潮水等原因无法实施锚地检疫的船舶，经船方或者其代理人申请，检验检疫机构可以实施靠泊检疫。

8. 检验检疫机构对旅游船、军事船、要人访问所乘船舶等特殊船舶及遇有特殊情况的船舶，如船上有病人需要救治、特殊物资急需装卸、船舶急需抢修等，经船方或者其代理人申请，可以实施随船检疫。

9. 接受入境检疫的船舶，必须按照规定悬挂检疫信号，在检验检疫机构签发入境检疫证书或者通知检疫完毕以前，不得解除检疫信号。除引航员和经检验检疫机构许可的人员外，其他人员不准上船；不准装卸货物、行李、邮包等物品；其他船舶不准靠近；船上人员，除因船舶遇险外，未经检验检疫机构许可，不得离船；检疫完毕之前，未经检验检疫机构许可，引航员不得擅自将船舶引离检疫锚地。

10. 办理入境检验检疫手续时，船方或者其代理人应当向检验检疫机构提交航海健康申报书、总申报单、货物申报单、船员名单、旅客名单、船用物品申报单、压舱水报告单及载货清单，并应检验检疫人员的要求提交除鼠/免予除鼠证书、交通工具卫生证书、预防接种证书、健康证书及航海日志等有关资料。

11. 检验检疫机构实施登轮检疫时，应当在船方人员的陪同下，根据检验检疫工作规程实施检疫查验。

12. 检验检疫机构对经检疫判定没有染疫的入境船舶，签发船舶入境卫生检疫证；对经检疫判定染疫、有染疫嫌疑、来自传染病疫区应当实施卫生除害处理或者有其他限制事项的入境船舶，在实施相应的卫生除害处理或者注明应当接受的卫生除害处理事项后，签发船舶入境检疫证；对来自动植物疫区经检疫判定合格的船舶，应船舶负责人或者其代理人要求签发运输工具检疫证书；对须实施卫生除害处理的，应当向船方出具检验检疫处理通知书，并在处理合格后，应船方要求签发运输工具检疫处理证书。

（三）出境检验检疫

1. 出境的船舶在离境口岸接受检验检疫，办理出境检验检疫手续。

2. 出境的船舶，船方或者其代理人应当在船舶离境前4小时内向检验检疫机构申报，办理出境检验检疫手续。已办理手续但出现人员、货物的变化或者因其他特殊情况24小时内不能离境的，须重新办理手续。

船舶在口岸停留时间不足24小时的，经检验检疫机构同意，船方或者其代理人在办理入境手续时，可以同时办理出境手续。

3. 对装运出口易腐烂变质食品、冷冻品的船舱，必须在装货前申请适载检验，取得检验证书。未经检验合格的,不准装运。

装载植物、动植物产品和其他检疫物出境的船舶,应当符合国家有关动植物防疫和检疫的规定,取得运输工具检疫证书。对需实施除害处理的,作除害处理并取得运输工具检疫处理证书后,方可装运。

4. 办理出境检验检疫手续时,船方或者其代理人应当向检验检疫机构提交航海健康申报书、总申报单、货物申报单、船员名单、旅客名单及载货清单等有关资料。

5. 经审核船方提交的出境检验检疫资料或者经登轮检验检疫,符合有关规定的,检验检疫机构签发交通工具出境卫生检疫证书,并在船舶出口口岸手续联系单上签注。

（四）检疫处理

1. 对有下列情况之一的船舶,应当实施卫生除害处理:

(1) 来自检疫传染病疫区;

(2) 被检疫传染病或者监测传染病污染的;

(3) 发现有与人类健康有关的医学媒介生物,超过国家卫生标准的;

(4) 发现有动物一类及二类传染病、寄生虫病或者植物危险性病、虫、杂草的,或者一般性病虫害超过规定标准的;

(5) 装载散装废旧物品或者腐败变质有碍公共卫生物品的;

(6) 装载活动物入境和拟装运活动物出境的;

(7) 携带尸体、棺柩、骸骨入境的;

(8) 废旧船舶;

(9) 国家质检总局要求实施卫生除害处理的其他船舶。

2. 对船上的检疫传染病染疫人应当实施隔离,对染疫嫌疑人实施不超过该检疫传染病潜伏期的留验或者就地诊验。

3. 对船上的染疫动物实施退回或者扑杀、销毁,对可能被传染的动物实施隔离。发现禁止进境的动植物、动植物产品和其他检疫物的,必须作封存或者销毁处理。

4. 对来自疫区且国家明确规定应当实施卫生除害处理的压舱水需要排放的,应当在排放前实施相应的卫生除害处理。对船上的生活垃圾、泔水、动植物性废弃物,应当放置于密封有盖的容器中,在移下前应当实施必要的卫生除害处理。

5. 对船上的伴侣动物,船方应当在指定区域隔离。确实需要带离船舶的伴侣动物、船用动植物及其产品,按照有关检疫规定办理。

（五）船舶的监督管理

1. 检验检疫机构对航行或者停留于口岸的船舶实施监督管理,对卫生状况不良和可能导致传染病传播或者病虫害传播扩散的因素提出改进意见,并监督指导采取必要的检疫处理措施。

2. 检验检疫机构接受船方或者其代理人的申请,办理除鼠/免予除鼠证书（或者延期证书）、交通工具卫生证书等有关证书。

3. 船舶在口岸停留期间,未经检验检疫机构许可,不得擅自排放压舱水、移下垃圾和污物等,任何单位和个人不得擅自将船上自用的动植物、动植物产品及其他检疫物带离船舶。船舶在国内停留及航行期间,未经许可不得擅自启封动用检验检疫机构在船上封存的物品。

4. 检验检疫机构对船舶上的动植物性铺垫材料进行监督管理,未经检验检疫机构许可不得装卸。

5. 船舶应当具备并按照规定使用消毒、除虫、除鼠药械及装置。

6. 来自国内疫区的船舶,或者在国内航行中发现检疫传染病、疑似检疫传染病,或者有人非因意外伤害而死亡并死因不明的,船舶负责人应当向到达口岸检验检疫机构报告,接受临时检疫。

7. 检验检疫机构对从事船舶食品、饮用水供应的单位及从事船舶卫生除害处理、船舶生活垃圾、泔水、动植物废弃物等收集处理的单位实行卫生注册登记管理;对从事船舶代理、船舶物料服务的单位实行登记备案管理。其从业人员应当按照检验检疫机构的要求接受培训和考核。

（六）特殊规定

航行港澳小型船舶的检验检疫按照国家质检总局的有关规定执行。

往来边境地区的小型船舶、停靠非对外开放口岸的船舶及国际海运过鲜船舶的检验检疫参照《国际航行船舶出入境检验检疫管理办法》执行。

三、出入境国际航行船舶检疫查验

（一）办理依据

出入境检验检疫机关办理出入境国际航行船舶检疫查验的依据包括：

1. 《国境卫生检疫法》及其实施细则；
2. 《动植物检疫法》及其实施细则；
3. 《国际航行船舶出入境检验检疫管理办法》。

（二）办理程序

1. 入境申报

（1）国际航行船舶代理应在国际航行船舶抵口前24小时，通过国际航行船舶信息管理系统进行网上申报。

（2）将入境船舶检疫申请单及港序表、散/杂货船舶的无货舱单等书面申报材料送达口岸检疫机关（航程不足24小时的，应在驶离国外港口后立即申报）。

（3）通过审核，申报信息无误的按照有关法律、法规、规定核定检疫方式。申报信息有误，可现场进行修改的，修改后核定检疫方式；信息有误，且现场不能修改的，应重新申报。

（4）根据具体情况实施电讯检疫、靠泊检疫、锚地检疫和随船检疫。

2. 出境申报

（1）国际航行船舶代理应在国际航行船舶离境前4小时递交书面申报材料，并且应在递交书面申报材料前，通过国际船舶信息管理系统进行网上申报。

（2）通过审核，申报信息无误的按照有关法律、法规、规定核定检疫方式；申报信息有误，可现场进行修改的，修改后核定检疫方式；信息有误，且现场不能修改的，应重新申报。

（3）根据具体情况实施电讯检疫和登轮检疫。

四、出入境航空器卫生检疫

（一）入境航空器的检疫

1. 入境航空器的负责人或代理人须在航空器入境前或入境时，向出入境检验检疫部门申报，并接受检验检疫部门的检验检疫。在飞行途中，航空器上如有旅客发病或有人非因意外伤害而死亡，并死因不明时，机长应及时通知地面航空站，并迅速向检验检疫部门报告。

2. 在航空器入境前，航空器的负责人需通过航空器上广播或电视告知旅客，中国检验检疫部门不允许将水果等禁止携带的动植物及其产品携带入境。如携带，入境时须如实向检验检疫部门申报，否则，一经查出将给予经济处罚。

3. 入境航空器的负责人或代理人须向搭乘的旅客发放符合检验检疫部门要求的入境旅客申明卡，并要求旅客如实填写。

4. 入境航空器到达机场以后，检验检疫人员首先登机。机长或其授权的代理人须向检验检疫部门提交总申报单、旅客名单、货物舱单和其他有关的检验检疫证件。对检验检疫人员提出有关航空器卫生状况的询问，应如实回答。在检疫没有结束之前，除经检验检疫部门许可外，任何人不得上下航空器，不得装卸行李、货物等物品。经检验检疫部门检疫合格或检疫许可后，方准下客和卸货。

5. 入境航空器不得携带动植物病虫害，经检疫发现有病虫害的，视情况分别做熏蒸、消毒、杀虫、除害处理，入境航空器的当事人必须给予必要的配合和协助。

6. 来自检疫传染病疫区的、被检疫传染病污染的或发现有与人类健康有关的啮齿动物、病媒昆虫的入境航空器，以及可能成为检疫传染病传播媒介的行李、货物、邮包等物品，须实施消毒、除鼠、除虫或其他卫生处理。拒绝接受卫生处理的，除有特殊情况外，准许该航空器在检验检疫部门的监督下，立即离开中华人民共和国国境。但是如果该航空器经检验检疫部门检疫判定染有黄热病时，必须接受规定的卫生处理，卫生处理完毕前不准离境。

7. 入境航空器不得携带媒介昆虫。入境前如发现媒介昆虫，机组人员应实施杀虫处理。检验检疫人员登机检疫时，机长或授权代理人应主动出示空的杀虫剂罐，并在总申报单中有关卫生检疫栏目内注明已进行除虫处理。

8. 来自黄热病疫区的航空器须提供官方机构出具的有效灭蚊证书。如航空器在到达时不能提供灭蚊证书或者检验检疫部门认为提供的灭蚊证书不符合要求，并在该航空器上发现活蚊，则被认定为有染疫嫌疑，对此检验检疫部门应对该航空器实施杀虫及消毒处理，彻底杀灭成虫及其虫卵和幼虫。特殊情况下，如需灭蚊前卸货，卸货工作必须在检验检疫部门监督下进行，并采取预防措施，使卸货的工作人员免受感染。

9. 来自检疫传染病疫区的入境航空器上的人员须依据检验检疫部门的要求持有相应的国际预防接种证书，并接受检验检疫部门的检查，无证者不得离开航空器或入境。

10. 航空器上配餐食品中属于国家禁止入境物的，必须严格控制在航空器上，不允许任何人带下航空器，后续处理工作必须在检验检疫部门监管下进行。

11. 染疫人污染的部位或环境须做消毒等检疫处理。

12. 垃圾和废弃物须集中清理，并装于清洁袋中。来自重点疫区，或国家检验检疫机构文件规定有具体要求的，在经过必要的现场消毒后，方可运往指定地点集中处理，运输途中不得卸漏。

13. 入境航空器上的配餐食品、饮料、饮用水和用具必须符合本国卫生标准。

14. 入境航空器运载过境动物的，须持有国家检验检疫机构的批准许可证，并按指定口岸和路线过境。运输工具、装载容器、饲料和铺垫材料，须符合国家检验检疫机构的规定。运载过境动物的承运人或押运人需持货运单、检疫证书及许可证向检验检疫部门报检，经检疫合格的，准予过境。发现有《动植物检疫法》规定的名录所列的动物传染病、寄生虫病的，全群动物不准过境。对受污染的饲料，作除害、不准过境或销毁处理。尸体、排泄物、铺垫材料及其废弃物，必须按规定处理，不得擅自抛弃。运载或转运过境植物、动植物产品和其他检疫物的，检验检疫部门须查验运输工具或包装，经检疫合格的，准予过境；发现法定名录所列病虫害的，作除害处理或不准过境。过境期间，未经检验检疫部门批准，不得开拆包装或卸离运输工具。

（二）**出境航空器的检疫**

1. 出境航空器的负责人或代理人须在航空器出境前，向检验检疫部门申报，并提供总申报单，接受检疫检查。

2. 出境航空器不得携带与人类健康有关的啮齿动物或病媒昆虫，经检疫发现携带的，须作杀虫处理后，方可出境。

3. 飞往检疫传染病疫区的出境航空器上的中国机组人员必须持有国际预防接种证书，并接受检验检疫部门的检查，无证者或预防接种证书过期者，应立即进行疫苗接种，并签发有效的预防接种证书，否则不准登机。

4. 航空器上配备的食品、饮料、饮用水及用具必须符合卫生标准，并经检验检疫部门检疫合格，否则，不得配上航空器。检验检疫人员可随时登机采样，并开具采样单。

5. 航空器在出境时，如有检疫或处理遗留问题的，须经检疫处理完毕并合格后，方准出境。

（三）航空器检疫提交材料

1. 出入境检验检疫局入境航空器检疫申报单；
2. 总申报单；
3. 旅客名单。

五、出入境列车卫生检疫

（一）询问

了解列车上旅客和交通员工的健康状况，询问车上的卫生状况，如医学媒介生物侵害情况、沿途站供应食品和饮用水情况。

（二）查阅证件

（1）查阅列车上饮食服务人员及乘务人员的健康证明书和必要的预防接种证书；

（2）查阅列车上出境卫生检疫证书，注意其有效期及备注情况；

（3）查阅列车沿途上水（饮用水）及食品记录。

（三）现场检查

（1）检查列车环境卫生，包括车体、卧具、餐车、洗室、厕所卫生及垃圾、污水、污物的处理情况。

（2）检查列车的食品、饮水卫生，包括餐车制作食品的原料采购卫生验收单，对原料进行感官检查；对车上出售的食品、饮料、茶具、酒具清毒情况进行检查。

（3）检查列车上媒介控制情况，包括医学媒介生物防除药品、器械的配备，鼠患情况和病驱动昆虫侵害的情况。

（4）检查列车疾病情况，包括饮食从业和乘务人员基本卫生知识的培训及健康情况，列车上急救药品和设备、预防药品及消毒药品的配备情况。

（5）检查货运列车是否携带医学媒介生物，空车和敞车是否载有污物、垃圾、粪便或死动物；装载食品的车辆是否混装有毒有害物品；装载毒害物品的列车是否专线停放，是否对环境造成污染。

（四）出入境列车卫生检疫提交材料

（1）列车饮食服务人员及乘务人员的健康证明书和必要的预防接种证书；

（2）列车出境卫生检疫证书；

（3）列车沿途上水（饮用水）及食品记录。

第九章 出入境运输工具检验检疫单证

附件9-1：运输工具检疫证书样本

中华人民共和国出入境检验检疫
ENTRY-EXIT INSPECTION AND QUARANTINE
OF THE PEOPLE'S REPUBLIC OF CHINA

正本 ORIGINAL

运输工具检疫证书　　编号 No.:
QUARANTINE CERTIFICATE FOR CONVEYANCE

运输工具名称及号码	国籍
Name and No. of Conveyance	Nationality
启运口岸	吨位
Port of Despatch	Tonnage
到达口岸	途经口岸
Port of Arrival	Port(s) of Call
到达/离境日期	检验日期
Date of Arrival/Departure	Date of Inspection

样本 Sample

印章　　签证地点 Place of Issue _____　　签证日期 Date of Issue _____
Official Stamp
　　　　授权签字人 Authorized Officer _____　签 名 Signature _____

中华人民共和国出入境检验检疫机关及其官员或代表不承担签发本证书的任何财经责任。No financial liability with respect to this certificate shall attach to the entry-exit inspection and quarantine authorities of the P. R. of China or to any of its officers or representatives.

B　　　　　　　　　　　　　　　　　　　　　　　　　　　　　　[c6-6(2000.1.1)]

附件9-2：交通工具卫生证书样本

中华人民共和国出入境检验检疫
ENTRY-EXIT INSPECTION AND QUARANTINE
OF THE PEOPLE'S REPUBLIC OF CHINA

ORIGINAL

交通工具卫生证书 编号 No.:
SANITARY CERTIFICATE FOR CONVEYANCE

（港口当局不得取去）
(Not to be taken away by port authorities)

交通工具名称   国籍
Name of Conveyance _____   Nationality _____

总吨位/起飞重量/车厢节数   交通工具号码
Gross Tons/Take-off Weight/Compartments Number _____ Conveyance No. _____

依据《中华人民共和国国境卫生检疫法》及其实施细则与有关卫生法规，经检查认为该交通工具卫生合格，特发给本证。

（注：本证书有效期自　　年　　月　　日至　　年　　月　　日）

In accordance with the Frontier Health and Quarantine Law of the People's Republic of China and its specific rules and other health regulations concerned, the sanitary condition of the conveyance described above is considered satisfactory as a result of inspection. This certificate is hereby granted.

(Note: This certificate is authentic from _____ to _____.)

签证地点 Place of Issue _____

签证日期及时间 Time and Date of Issue _____

检疫医师 Quarantine Doctor _____

印章
Official Stamp   签　名 Signature _____

中华人民共和国出入境检验检疫机关及其官员或代表不承担签发本证书的任何财经责任。No financial liability with respect to this certificate shall attach to the entry-exit inspection and quarantine authorities of the P. R. of China or to any of its officers or representatives.

附件9-3：交通工具出境卫生检疫证书样本

中华人民共和国出入境检验检疫
ENTRY-EXIT INSPECTION AND QUARANTINE
OF THE PEOPLE'S REPUBLIC OF CHINA

交通工具出境卫生检疫证书 编号 No.:
**HEALTH QUARANTINE CERTIFICATE
FOR DEPARTURE OF CONVEYANCE**

交通工具名称及号码	国籍
Name and No. of Conveyance_____	Nationality_____
员工人数	旅客人数
Number of Crew_____	Number of Passenger_____
离境港	目的港
Port of Departure_____	Port of Destination_____

兹证明上述交通工具依照《中华人民共和国国境卫生检疫法》及其实施细则实施查验，判定是没有染疫的交通工具。

This is to certify that the conveyance described above has been duly inspected in accordance with the Frontier Health and Quarantine Law of the People's Republic of China and its specific rules and is verified as free from being infected.

附注
Note
_____
_____
_____
_____

签证地点 Place of Issue_____

签证日期及时间 Time and Date of Issue_____

印章　　　　　检疫医师 Quarantine Doctor_____
Official Stamp

　　　　　　　签　名 Signature_____

中华人民共和国出入境检验检疫机关及其官员或代表不承担签发本证书的任何财经责任。No financial liability with respect to this certificate shall attach to the entry/exit inspection and quarantine authorities of the P. R. of China or to any of its officers or representatives.

B　　　　　　　　　　　　　　　　　　　　　　　　　　　　　　　　[c.6.4(2000.1.1)]

附件9-4：运输工具检疫处理证书样本

中华人民共和国出入境检验检疫
ENTRY-EXIT INSPECTION AND QUARANTINE
OF THE PEOPLE'S REPUBLIC OF CHINA

正本 ORIGINAL

运输工具检疫处理证书　编号 No.:
QUARANTINABLE TREATMENT CERTIFICATE
FOR CONVEYANCE

运输工具名称及号码　　　　　　　　　国籍
Name and No. of Conveyance _____　Nationality _____
启运口岸　　　　　　　　　　　　　　吨位
Port of Despatch _____　Tonnage _____
到达口岸　　　　　　　　　　　　　　途经口岸
Port of Destination _____　Port(s) of Call _____
到达/离境日期　　　　　　　　　　　处理日期
Date of Arrival/Departure _____　Date of Treatment _____

样本 Sample

印章　　　签证地点 Place of Issue _____　签证日期 Date of Issue _____
Official Stamp
　　　　　授权签字人 Authorized Officer _____　签　名 Signature _____

中华人民共和国出入境检验检疫机关及其官员或代表不承担签发本证书的任何财经责任。No financial liability with respect to this certificate shall attach to the entry-exit inspection and quarantine authorities of the P. R. of China or to any of its officees or representatives.

{c 7-2(2000.1.1)}

附件9-5：船舶入境检疫证样本

中华人民共和国出入境检验检疫
ENTRY-EXIT INSPECTION AND QUARANTINE
OF THE PEOPLE'S REPUBLIC OF CHINA

正 本
ORIGINAL

船舶入境检疫证
PRATIQUE

编号 No.:

船名
Name of Ship_____

国籍
Nationality_____

发航港
First Port of Present Voyage_____

最后寄港
Last Port of Call_____

目的港
Port of Destination_____

上述船舶依照《中华人民共和国国境卫生检疫法》及其实施细则实施查验，

The ship described above has been duly inspected in accordance with the Frontier Health and Quarantine Law of the People's Republic of China and its specific rules and

判定该船舶
is verified as
  没有染疫
  not infected with_____
  染有嫌疑
  suspected of_____
  染有
  infected with_____

样本 Sample

根据该法的规定，该船应受/已受下列卫生处理。
In accordance with the Law, the ship is subjected to / has undergone the following sanitary measures.

卫生处理事项：
Sanitary measure applied_____

_____

_____

签证地点 Place of Issue_____

签证日期及时间 Time and Date of Issue_____

印章
Official Stamp

检疫医师 Quarantine Doctor_____

签　名 Signature_____

中华人民共和国出入境检验检疫机关及其官员或代表不承担签发本证书的任何财经责任。No financial liability with respect to this certificate shall attach to the entry-exit inspection and quarantine authorities of the P. R. of China or to any of its officers or representatives.

附件9-6：船舶入境卫生检疫证书样本

中华人民共和国出入境检验检疫
ENTRY-EXIT INSPECTION AND QUARANTINE OF THE PEOPLE'S REPUBLIC OF CHINA

船舶入境卫生检疫证
FREE PRATIQUE

编号 No.: _____

船名
Name of Ship _____

国籍
Nationality _____

发航港
First Port of Present Voyage _____

目的港
Port of Destination _____

上述船舶依照《中华人民共和国国境卫生检疫法》及其实施细则实施查验，判定是没有染疫的船舶。

The ship described above has been duly inspected in accordance with the Frontier Health and Quarantine Law of the People's Republic of China and its specific rules and is verified as free from being infected.

* * * * * * * *

签证地点 Place of Issue _____

签证日期及时间 Time and Date of Issue _____

印章
Official Stamp

检疫医师 Quarantine Doctor _____

签　名 Signature _____

中华人民共和国出入境检验检疫机关及其官员或代表不承担签发本证书的任何财经责任。No financial liability with respect to this certificate shall attach to the entry-exit inspection and quarantine authorities of the P. R. of China or to any of its officers or representatives.

[c-6-1(2000.1.1)]

附件 9-7-1：航海健康申报书样本

中华人民共和国出入境检验检疫
航海健康申报书
MARITIME DECLARATION OF HEALTH
Entry-Exit Inspection and Quarantine of the P. R. of China

抵/离港 Port of Arrival/Departure[1] _____ 来自/到 From/To[1] _____
抵/离日期及时间 Time and Date of Arrival/Departure[2] _____
船名 Name of ship _____ 国籍 Nationality _____ 船长姓名 Name of Captain _____
注册净吨位 Net Tons _____ 载货种类及数量 Description and Quantity of cargo _____
除鼠/免于除鼠证书 Deratting/Deratting Exemption Certificate[1] _____ 是否有压舱水 Ballast Water ☐Yes ☐No
签发港及日期 Port and Date of Issue _____ 食物装载港 Port of Provisions Taken _____
船员人数 Number of Crew _____ 旅客人数 Number of Passengers _____ 饮水装载港 Port of Water Taken _____
船舶在港期间人员变动情况 Description of any change of crew while in port[2]
沿途寄港及到达离去日期 Ports of Call with Dates of Arrival and Dates of Departure[3]

健康问题 HEALTH QUESTIONS	回答有或无 ANSWER YES OR NO

1. 船上有无发现鼠疫、霍乱、黄热病等病例或疑似病例？应用附表详细记载。
   Has there been on board any case or suspected case of plague, cholera or yellow fever? Give particulars in schedule. ☐ 有 Yes ☐ 无 No

2. 船上鼠类曾否发生鼠疫或疑似鼠疫，或曾否发生鼠类反常死亡？
   Has plague occurred or been suspected among the rats or mice on board, or has there been an abnormality among them? ☐ 有 Yes ☐ 无 No

3. 除意外伤害外，船上曾否有人死亡？应用附表详细记载。
   Has any person died on board otherwise than as a result of accident? Give particulars in schedule. ☐ 有 Yes ☐ 无 No

4. 除问题"1"所述外，船上有无流感、疟疾、脊髓灰质炎、登革热、斑疹伤寒、回归热、艾滋病、性病、麻风病、开放性肺结核、精神病病例以及其他传染病或疑似病例？应用附表详细记载。
   Has there been on board any case or suspected case of influenza, malaria, poliomyelitis, dengue fever, typhus fever, relapsing fever, AIDS, venereal diseases, leprosy, active pulmonary tuberculosis, psychosis, or other infectious diseases apart from the statement in question No.1? Give particulars in schedule. ☐ 有 Yes ☐ 无 No

5. 船上有无导致感染或使疾病传播之其他情况？
   Are you aware of any other condition on board which may lead to infection or the spread of disease? ☐ 有 Yes ☐ 无 No

6. 船上人员有无健康证书？
   Do the persons on board possess valid Health Certificates For International Traveller?[2] ☐ 有 Yes ☐ 无 No

注：如无船医，船长须以下列症状为疑似传染病之根据：高热伴有虚弱或连续数日发热或附带淋巴腺肿；急性皮疹伴发热或不发热；急性腹泻并有虚脱症状；黄疸并发热。
NOTE: In the absence of a surgeon, the captain should regard the following symptoms as ground for suspecting the existence of disease of an infectious nature: fever accompanied by prostration or persisting for several days, or attended with glandular swelling; any acute skin rash or eruption with or without fever; severe diarrhoea with symptoms of collapse; jaundice accompanied by fever.

兹申明对上列问题的回答（包括附表）尽我所知相信属实无讹。
I hereby declare that the particulars and answers to the questions given in this declaration of health (including the schedule) are true and correct to the best of my knowledge and belief.

日期　　　　　　　　　　　　　　船长签名
Date _____　　　　　Signature of Captain _____
　　　　　　　　　　　　　　　　船医附签
　　　　　　　　　　　　　　　　Countersignature of ship's surgeon _____

如入境船舶自开航已逾四周，仅申报最后四周的情况。
If more than 4 weeks have elapsed since the voyage began, it will suffice to give particulars for the last 4 weeks.

1) 划去不需要的部分 Cross-out the unnecessary part
2) 只适用于出境船舶 Only for departure of ship
3) 只适用于入境船舶 Only for arrival of ship

[1-4(2000.1.1)]

附件 9-7-2：航海健康申报书（附表）样本

航海健康申报书附表
SCHEDULE TO THE MARITIME DECLARATION OF HEALTH

船上发现每一病例或死亡之详情
Particulars of every case of illness or death occurring on board

姓名 Name	舱别或职别 Class or rating	年龄 Age	性别 Sex	国籍 Nationality	上船港名及日期 Port and date of embarkation	疾病性质 Nature of illness	发病日期 Date of its onset	患病结果 Result of illness*	处理方法 Disposal of case**

* 叙明已愈、未愈或死亡。
  State whether recovered, still ill or died.
** 叙明病人是否仍在船上、在何处上岸（注明港名）或海葬。
  State whether still on board, landed at (give name of port) or buried at sea.

附件9-8：压舱水申报单样本

中华人民共和国出入境检验检疫
ENTRY-EXIT INSPECTION AND QUARANTINE OF THE PEOPLE'S REPUBLIC OF CHINA

压 舱 水 申 报 单
BALLAST WATER REPORTING FORM

船名 Name of Ship _____   国籍 Nationality _____   到达港口 Arrival Port _____   到达日期 Arrival Date _____

船舶所有人 Manager _____   船舶代理人 Agent _____   压舱水总量（吨）Total Ballast on Board (tonnes) _____   压舱水池总数 Total Number of Ballast Tanks _____

是否需在中国某一港口排放压舱水？
Do you intend discharging any ballast water in a Chinese port? □是 Yes □否 No

压舱水和舱 Tanks/Holds	压舱水水源 BW Source			压舱水更换（最近三次）BW Exchange (Last Three Exchange) 使用方法 Method used: 清空 Empty / 灌注 Refill □ 灌流 Flow Through □							预计在中国港口排放压舱水情况 Best Estimate of BW Discharge in Chinese Ports.		
	装载日期 Date of Uptake	装载地点 Location of Uptake	装载量（吨）Vol. Taken Up (tonnes)	更换日期 Date of Exchange	起始点 Start Point		终止点 End Point		更换量（吨）Vol. Exchange (tonnes)	更换百分比(%) Exch.	排放港口 Ports	排放日期 date	排放量 Vol. (tonnes)
					经度 LONG	纬度 LAT	经度 LONG	纬度 LAT					

船长签名 Signature of master _____   日期 Date _____

[1-4-1(2001.7.1)]

附件9-9：船舶鼠患检查申请书样本

中华人民共和国出入境检验检疫
船舶鼠患检查申请书
**APPLICATION FORM FOR INSPECTION
OF RAT EVIDENCE ON SHIP**
Entry-Exit Inspection and Quarantine of the P. R. of China

编号 No._____

现申请你局于_____年___月___日对本船舶实施鼠患检查，并根据检查结果实施除鼠/免予除鼠处理。

  I hereby apply for an inspection of rat evidence over my ship on the date of _____ and on the basis of the result, deratting or exemption from deratting would be carried out.

船名   国籍
Name of Ship _____ Nationality _____

总吨位   净吨位   货舱数
Gross Tons _____ Net Tons _____ Number of Hatches _____

船上载有货物种类及数量
Description and Quantity of Cargo on Board _____
_____

预定货物卸空日期
Date Expected for Completing Discharge _____

船长签字   日期
Signature of Captain _____ Date _____

[1-5(2000.1.1)]

附件9-10：除鼠证书/免予除鼠证书样本

中华人民共和国出入境检验检疫
ENTRY-EXIT INSPECTION AND QUARANTINE OF THE PEOPLE'S REPUBLIC OF CHINA

编号 No:

除鼠证书
DERATTING CERTIFICATE

免予除鼠证书
DERATTING EXEMPTION CERTIFICATE

根据国际卫生条例（1969年）第五十三条签发
Issued in accordance with Article 53 of the International Health Regulations (1969)

（港口当局不得取去）
(Not to be taken away by port authorities)

本证明＿＿＿＿＿＿船舶在本港并于＿＿＿＿年＿＿月＿＿日实施检查及除鼠/免予除鼠。该船国籍为＿＿＿＿＿，其净吨为＿＿＿＿＿吨。实施检查/除鼠时，各货舱载有＿＿＿＿＿＿吨的＿＿＿＿＿＿＿货物。

This certificate records the inspection and deratting / deratting acception at this port and on ＿＿＿＿ of the ship ＿＿＿＿＿＿＿＿＿＿ under the ＿＿＿＿＿＿＿＿ flag of ＿＿＿＿＿＿net tonnage. At the time of inspection /deratting, the holds were laden with ＿＿＿＿tons of ＿＿＿＿＿＿cargo.

建议（在签发免予除鼠证书时，应说明采用何种措施可使船舶保持无鼠及无鼠疫病媒）
RECOMMENDATION MADE (In the case of exemption, state here the measures taken for maintaining the ship in such a condition that it is free of rodents and the plague vector) :

＿＿
＿＿
＿＿

印章　　签证地点 Place of Issue＿＿＿＿＿＿＿＿　　签证日期 Date of Issue＿＿＿＿＿
Official Stamp
　　　　授权签字人 Authorized Officer＿＿＿＿＿＿　签　名 Signature＿＿＿＿＿＿

中华人民共和国出入境检验检疫机关及其官员或代表不承担签发本证书的任何财经责任。No financial liability with respect to this certificate shall attach to the entry-exit inspection and quarantine authorities of the P.R. of China or to any of its officers or representation.

A

[e6-5(2000.1.1)]

附件9-11：除鼠证书/免予除鼠证书（附表）样本

出入境检验检疫除鼠证书/免予除鼠证书附表样本

部分名称 COMPARTMENTS	鼠征 RAT INDICATIONS							鼠藏匿处 RAT HARBOURAGE		除鼠 DERATING					
	1	2	3	4	5	6	7	发现数量 Discovered	已否处理 Treated	用薰蒸方法 By Fumigant			用捕鼠器械或毒饵 By Catching, Trapping or Poisoning		
										熏剂种类 Fumigant 容积（立方米） Space(cu.m)	闭窗时间 Hours Exposure 用量 Quantity Used	死鼠数量 Rates Found Dead	捕鼠器械数 Traps	毒饵数 Poison Put out	捕鼠数或死鼠数 Rats Caught or killed
货舱 Holds															
遮浪甲板舱 Shelter Deck Space															
燃料舱 Bunker Space															
机器舱及轴路 Engineroom and Shaft Alley															
船头及仓库 Forepeak and Storeroom															
船尾及仓库 Afterpeak and Storerooms															
救生舱 Lifeboats															
海图室及无线电室 Charts and Wireless Room															
厨房 Galley															
配膳房 Pantry															
食物储存室 Provision Storeroom															
船员宿舱 Quarters(crew)															
职员宿舱 Quarters (officers)															
旅客宿舱 Quarters (cabin passengers)															
统舱 Quarters															
共计 total															

(a)划去不需要的项目
Strike out the unnecessary indications

(b)所列部分若船上不存在需要做说明
In case any the compartments enumerated do not exist on the ship, this fact must be mentioned

(c)指新旧鼠迹、跑道或啃啮
Old or recent evidence of excreta, runs or gnawing

(d)注明：无、小量、中量、大量
None, Small, Moderate or large

(e)指明所用溴化甲烷、氰化物重量或氢氟酸等其他薰剂蒸之用量
State the weight of CHBr or of cyanide salts or quantity of HCN acid used etc.

第十章　出入境检验检疫其他单证

第一节　进口机动车辆检验检疫单证

一、概述

（一）基本定义

进口机动车辆检验检疫单证是指出入境检验检疫机关对进口机动车辆进行检验所出具的一种检验凭证。

本章"进口机动车辆检验检疫单证"主要包括以下两种单证：

1. 中华人民共和国出入境检验检疫进口机动车辆检验证明（以下简称进口机动车辆检验证明）；
2. 中华人民共和国出入境检验检疫进口机动车辆随车检验单（以下简称进口机动车辆随车检验单）。

（二）主管部门

1. 主管部门

国家质检总局。

2. 出证部门

国家质检总局各直属出入境检验检疫局及所属分支机构。

（三）主要作用

1. 出入境检验检疫机构对进口机动车辆实施检验管理的具体措施；
2. 进口机动车辆所有人办理进口机动车辆相关管理手续的重要凭证；
3. 保障进口机动车辆品质与机动车辆应用安全的重要手段。

（四）适用范围

1. 进口机动车辆的收货人或其代理人；
2. 进口机动车辆的所有人或其代理人；
3. 机动车辆的行车牌证主管部门；
4. 与进口机动车辆相关的出入境检验检疫机关。

二、进口机动车辆检验检疫单证项目设置及填制

（一）进口机动车辆检验证明

本单证样本见本章附件 10-1。

1. 编号

本项目注明本证明的编号，由证明的签发部门统一编制。

2. 主送部门

本项目注明本证明的主送部门名称。

3. 证明词

本项目注明本证明的证明词，通常表述为：

"下列进口车辆业经检验合格，请按车辆管理规定办理行车牌证。"

4. 使用单位

本项目注明本证明所列进口机动车辆的使用单位名称。

5. 规格型号

本项目注明本证明所列进口机动车辆的规格与型号。

6. 生产国别

本项目注明本证明所列进口机动车辆的生产国家名称。

7. 发动机号

本项目注明本证明所列进口机动车辆的发动机号码。

8. 底盘（车型）号

本项目注明本证明所列进口机动车辆的底盘号码或车型号码。

9. 车辆识别代码（VIN）

本项目注明本证明所列进口机动车辆的车辆识别代码。

10. 签字

本项目由签发本证明的出入境检验检疫机关主管负责人签署姓名。

11. 日期

本项目由签发本证明的出入境检验检疫机关签注签发日期。

12. 提示

本项目提示本证明的签发者和使用者，如不按规定签字及加盖签发部门业务印章，则本证明属于无效证明。提示内容为：

"本证明无签字及检验检疫机关业务印章无效。"

(二) 进口机动车辆随车检验单

本单证样本见本章附件 10-2。

1. 报检单位

本项目填写本检验单所列进口机动车辆的报检单位名称，通常为进口机动车辆的收货人或所有人。

2. 电话

本项目填写本检验单所列进口机动车辆报检单位的电话。

3. 编号

本项目注明本检验单的编号，由检验单的签发部门统一编制。

4. 收货人（中文、英文）

本项目填写本检验单所列进口机动车辆的收货人名称，应当同时填写收货人的中文和英文名称的全称。

5. 发货人（中文、英文）

本项目填写本检验单所列进口机动车辆的发货人名称，应当同时填写发货人的中文和英文名称的全称。

6. 入境日期

本项目填写本检验单所列进口机动车辆的入境日期，指载运本检验单所列进口机动车辆运输工具抵达进境口岸的日期。

7. 合同号

本项目填写本检验单所列进口机动车辆的合同编号。

8. 发货地（外文）

本项目填写本检验单所列进口机动车辆的发货地名称，应当填写发货地的外文名称。

9. 发票号

本项目填写本检验单所列进口机动车辆的发票号。

10. 卸货港

本项目填写本检验单所列进口机动车辆的卸货港名称，指从载运本检验单所列进口机动车辆的运输工具上卸载车辆的港口。

11. 发票所列数量

本项目填写本检验单所列进口机动车辆的发票所列数量。本检验单通常为每份记录一辆进口机动车辆，而机动车辆进口发票不一定只记载一部机动车辆。

12. 运输工具

本项目填写载运本检验单所列进口机动车辆的运输工具名称及编号。一般应当按照实际情况填写运输工具的种类、名称，其中"编号"主要填写火车车皮编号、汽车牌照号码、飞机航班号或船名航次等。

13. 提/运单号

本项目填写本检验单所列进口机动车辆的进口提单编号或运单编号。

14. 品名及型号

本项目填写本检验单所列进口机动车辆的品名及型号。

15. 提/运单日期

本项目填写本检验单所列进口机动车辆的进口提单日期或运单日期。

16. 质量保证期

本项目填写本检验单所列进口机动车辆的质量保证期限。

17. 发动机号

本项目填写本检验单所列进口机动车辆的发动机号码。

18. 底盘（车架）号

本项目填写本检验单所列进口机动车辆的底盘号码及车架号码。

19. 车辆识别代码

本项目填写本检验单所列进口机动车辆的车辆识别代码，即 VIN 代码。

20. 标记及号码

本项目填写本检验单所列进口机动车辆的标记及号码，指本检验单所列进口机动车辆合同规定的运输标记及号码。

21. 检验情况

本项目由本检验单所列进口机动车辆的出入境检验检疫机关签注对车辆进行检验的有关情况。

（1）一般项目检验。

本项目由本检验单所列进口机动车辆的出入境检验检疫机关签注对车辆进行一般项目检验的有关情况。

（2）安全性能检验。

本项目由本检验单所列进口机动车辆的出入境检验检疫机关签注对车辆进行安全性能检验的有关情况。

22. 签字

本项目由签发本检验单的出入境检验检疫机关主管负责人签署姓名。

23. 日期

本项目由签发本检验单的出入境检验检疫机关签注签发日期。

24. 注

本项目提示本检验单的持有者使用相关注意事项，具体内容如下：

"1. 用户办理正式行车牌证前持第一联并车辆到当地检验检疫机关办理换证手续。

2. 销售单位凭第二联到当地工商行正文管理部门办理进口汽车国内销售备案手续。

3. 在质量保证期内，车辆不得改装。如遇质量问题，到当地检验检疫机关申请检验，检验检疫机关凭本单出具证书。

4. 本单应妥善保管，切勿遗失。涂改及复印件无效。"

三、进口机动车辆检验检疫须知及注意事项

（一）进口机动车辆检验应提交的材料

1. 车辆所有人为单位的应当提供以下材料：
（1）进口机动车辆随车检验单正本原件及复印件；
（2）海关签发的货物进口证明书原件及复印件；
（3）购车商业发票原件及复印件；
（4）组织机构代码证（复印件加盖公章）；
（5）单位介绍信（正本，要求留有联系方式）。

2. 车辆所有人为个人的应当提供以下材料：
（1）进口机动车辆随车检验单正本原件及复印件；
（2）海关签发的货物进口证明书原件及复印件；
（3）购车商业发票原件及复印件；
（4）身份证或暂住证的原件及复印件，并在证件复印件上留下车辆所有人的联系方式。

以上材料的复印件均要求复印在 A4 纸上，整洁、清楚。

（二）进口机动车辆检验基本程序

1. 由车辆所有人或其代理人向出入境检验检疫机关提供上述材料；
2. 出入境检验检疫施检人员按照车辆所有人或其代理人提供的资料核查车辆的 VIN 码及发动机号，如实际 VIN 码或发动机号与资料不符，按"货证不符"进行处理；
3. 出入境检验检疫施检人员检查车辆的 3C 认证标志，对未获得 3C 强制性认证证书或者虽然已获认证证书但未加贴检验检疫安全标志的，将按《中华人民共和国进出口商品检验法》及其实施条例的有关规定处理；
4. 出入境检验检疫施检人员检查车辆外观状况、主要部件新旧情况及车辆是否已自行改装，对外观状况不符合要求、主要部件陈旧和已经改装的，按有关规定另行处理；
5. 对手续齐全且检查合格的机动车辆，申请人在检验结束后领取进口机动车辆检验证明。

（三）无需实施进口机动车辆 VIN 入境验证范围

根据国家质检总局和公安部的联合公告，车辆识别代号（VIN）不符合有关强制性标准的进口机动车，检验检疫机构将禁止其进口，公安机关不予办理注册登记手续。但因国家特殊需要经批准的，以及常驻我国的境外人员、我国驻外使领馆人员自带的进口机动车辆不在此范围内。

（四）进口机动车辆检验证明在上牌照前丢失

进口机动车辆所有人如在牌照前丢失进口机动车辆检验证明，应当到出具该证的出入境检验检疫机构联系登载遗失声明，并持出入境检验检疫机构有关部门出具的回执，申请重发进口机动车辆检验证明。

第二节　尸体/棺柩/骸骨/骨灰入/出境许可证

一、概述

（一）基本定义

"中华人民共和国出入境检验检疫尸体/棺柩/骸骨/骨灰入/出境许可证"简称"尸体/棺柩/骸骨/骨灰入/出境许可证"，是指出入境检验检疫机关依据国家相关法律法规，对出入境尸体、棺柩、骸骨、骨灰等实施检验检疫监管，对经检查符合卫生要求并准予进出境的尸体、棺柩、骸骨、骨灰等签发的一种具有法律效力的出入境许可文件。

第十章　出入境检验检疫其他单证

（二）主管部门

1. 主管部门

国家质检总局。

2. 出证部门

国家质检总局各直属出入境检验检疫局及所属分支机构。

（三）主要作用

1. 出入境检验检疫机关对进出境尸体、棺柩、骸骨及骨灰实施管理的具体措施；
2. 进出境尸体、棺柩、骸骨及骨灰承运人或代理人办理尸体、棺柩、骸骨及骨灰等合法出入境通关手续的有效证件；
3. 进出境口岸海关验放尸体、棺柩、骸骨及骨灰等合法进出境的有效凭证；
4. 出入境检验检疫机关维护尸体、棺柩、骸骨及骨灰等进出境秩序、保障人民卫生安全的有效措施。

（四）适用范围

1. 负责办理与尸体、棺柩、骸骨及骨灰等检验检疫事务的出入境检验检疫机构；
2. 出入境尸体、棺柩、骸骨及骨灰等的进出境承运人或代理人；
3. 出入境尸体、棺柩、骸骨及骨灰等；
4. 负责办理与尸体、棺柩、骸骨及骨灰等进出境海关手续等事务的口岸海关。

二、项目设置及填制

（一）尸体/棺柩/骸骨/骨灰入/出境许可证项目设置及填制

本单证样本见本章附件10-3。

1. 单证名称

本许可证的全称为"中华人民共和国检验检疫尸体/棺柩/骸骨/骨灰入/出境许可证"。

2. 编号

本项目注明本许可证的编号，由签发部门统一编制。

3. 死者姓名

本项目填注本许可证所列死者的姓名。

4. 国籍

本项目填注本许可证所列死者的国籍。

5. 性别

本项目填注本许可证所列死者的性别。

6. 出生日期

本项目填注本许可证所列死者的出生日期。

7. 死亡时间

本项目填注本许可证所列死者的死亡时间。

8. 死亡原因

本项目填注本许可证所列死者的死亡原因，通常分为6类，主要包括：因非意外伤害死亡、患传染病死亡、患检疫传染病死亡、患非检疫传染病死亡、因患非传染病死亡和因意外伤害死亡等。

9. 颁证词

本项目填注本许可证的颁证词，通常表述为：

"上列尸体/棺柩/骸骨/骨灰的承运人_____已向本局出示了证件（　　　），经本局查核认为合格，准予入/出境，特发给本证。"

10. 印章

本项目由签发本许可证的出入境检验检疫机关加盖印章。

11. 签证地点

本项目由签发本许可证的出入境检验检疫机关签署签发签发地点，通常为出入境检验检疫机关的所在地。

12. 检疫医师

本项目由签发本许可证的出入境检验检疫机关主管医师签署姓名。

13. 签证日期

本项目由签发本许可证的出入境检验检疫机关签署签发日期。

（二）尸体/棺柩/骸骨入/出境卫生检疫申报单（第一页）项目设置及填制

本单证样本见本章附件10-4-1。

1. 单证名称

本申报单全称为"中华人民共和国检验检疫尸体/棺柩/骸骨/骨灰入/出境许可证尸体/棺柩/骸骨入/出境卫生检疫申报单"。

2. 编号

本项目注明本申报单的编号，由主管部门统一编制。

3. 死者姓名

本项目由申请人填写申请入出境尸体或棺柩或骸骨的死者姓名。

4. 国籍

本项目由申请人填写申请入出境尸体或棺柩或骸骨的死者的国籍。

5. 性别

本项目由申请人填写申请入出境尸体或棺柩或骸骨的死者的性别。本项目为选择填写方式，填写时根据死者的性别，将非死者的性别"男"或"女"划掉。

6. 职业

本项目由申请人填写申请入出境尸体或棺柩或骸骨的死者的生前职业。

7. 出生年月

本项目由申请人填写申请入出境尸体或棺柩或骸骨的死者的出生年月。

8. 死亡日期

本项目由申请人填写申请入出境尸体或棺柩或骸骨的死者的死亡日期。

9. 死亡地点

本项目由申请人填写申请入出境尸体或棺柩或骸骨的死者的死亡地点。

10. 死因（病名）

本项目填写申请入出境尸体或棺柩或骸骨的死者的死亡原因，指导致死者死亡的原因，如果死者死于疾病，则应当在本项目中填写导致死者死亡的疾病名称。

11. 生前住址

本项目由申请人填写申请入出境尸体或棺柩或骸骨的死者的生前住址。

12. 安葬地点

本项目填写申请入出境尸体或棺柩或骸骨的安葬地点。如死者未曾安葬，则本项目可免于填写。

13. 入/出境日期

本项目由申请人填写申请入出境尸体或棺柩或骸骨的入境日期，或出境日期。

14. 入/出境口岸

本项目由申请人填写申请入出境尸体或棺柩或骸骨的入境口岸名称，或出境口岸名称。

15. 出境国或地区

本项目由申请人填写申请出境尸体或棺柩或骸骨的出境国家或地区名称。

16. 运输工具名称及号码（航次）

本项目填写申请人出境尸体或棺柩或骸骨的运输工具名称及号码（航次），指载运本申请书所列尸体棺柩或骸骨的出入境运输工具的名称及运输工具的号码或航次编号。"号码"主要填写火车车皮编号、汽车牌照号码、飞机航班号或船名航次等。没有确定运输工具编号的，可填写运输工具类别。明确运输方式没有明确运输工具的，可填写陆运、空运、海运"。

17. 尸体/棺柩/骸骨入境后处理方式

本项目填写申请人出境尸体或棺柩或骸骨入境后的处理方式。本项目为选择填写项目，分别列有"土葬"、"火化"和"其他"等处理方式，申请人填写时应根据实际情况在相对应的选项前的"□"中划"√"。

18. 包装密封

本项目填写申请人出境尸体或棺柩或骸骨的包装密封情况。本项目为选择填写项目，分别列有"是"和"否"两个选项，申请人填写时应根据实际情况在相对应的选项前的"□"中划"√"。

19. 经卫生处理

本项目填写申请人出境尸体或棺柩或骸骨的经卫生处理情况。本项目为选择填写项目，分别列有"是"和"否"两个选项，申请人填写时应根据实际情况在相对应的选项前的"□"中划"√"。

20. 托运人或代理人的单位（盖章）

本项目由申请人填写本申请所列入出境尸体或棺柩骸骨的托运人或代理人名称，并加盖托运人或代理人的单位印章。

21. 地址

本项目填写本申请单申请人的地址。

22. 联系电话

本项目填写本申请单申请人的联系电话。

23. 经办人

本项目由本申请单申请人的经办人员签署姓名。

24. 日期

本项目由申请人签署填写本申请单的日期。

（三）尸体/棺柩/骸骨入/出境卫生检疫申报单（第二页）项目设置及填制

本单证样本见本章附件10－4－2。

本栏目注明申请人应当向检验检疫机关提交的相关申请文件与相关资料等情况，在对应材料前的"□"中划"√"。

1. 入境尸体/棺柩/骸骨申报材料

（1）尸体/棺柩/骸骨入/出境入殓证明；

（2）遗体入/出境防腐证明；

（3）尸体/棺柩/骸骨入/出境卫生监管申报单；

（4）死者身份证明（护照、海员证、通行证、身份证）复印件；

（5）出境国或地区官方签发的死亡报告或医疗卫生部门签发的医学诊断书；

（6）出境国大使馆证明；

（7）出境国或地区官方签发的尸体、棺柩、骸骨出境许可证；

（8）安葬地行政部门（民政、侨务、外事部门）允许土葬的许可证明；

（9）尸体、棺柩、骸骨卫生处理证明；

（10）其他材料。

2. 出境尸体/棺柩/骸骨申报材料

（1）尸体/棺柩/骸骨入/出境入殓证明；

(2) 遗体入/出境防腐证明；

(3) 尸体/棺柩/骸骨入/出境卫生监管申报单；

(4) 死者身份证明（护照、海员证、通行证、身份证）复印件；

(5) 公安、医疗部门签发的死亡报告或死亡医学诊断书；

(6) 公证机关出具的公证书；

(7) 尸体/棺柩/骸骨移运证；

(8) 尸体、棺柩、骸骨卫生处理证明；

(9) 其他材料。

三、出入境检验检疫尸体/棺柩/骸骨/骨灰须知及注意事项

（一）相关概念

1. 尸体

本章所称"尸体"，是指人去世后的遗体及其标本，含人体器官组织、人体骨骼及其标本。

2. 骸骨

本章所称"骸骨"，是指尸体经过埋葬后出土腐烂剩余的骨部分。

3. 棺柩

本章所称"棺柩"，是指盛放尸体或骸骨的包装容器。

4. 骨灰

本章所称"骨灰"，指尸体或骸骨经火化后剩余的无机物质。

5. 死亡原因分类

(1) 因非意外伤害死亡；

(2) 患传染病死亡的；

(3) 患检疫传染病死亡的；

(4) 患非检疫传染病死亡的；

(5) 因患非传染病死亡的；

(6) 因意外伤害死亡的。

（二）相关法律规定

1. 《国境卫生检疫法》及其实施细则；

2. 《中华人民共和国传染病防治法》及其实施办法；

3. 民政部、公安部、外交部、铁道部、交通部、卫生部、海关总署、民航总局联合发布的《关于尸体运输管理的若干规定》；

4. 民政部、海关总署和国家出入境检验检疫局联合发布的《关于遗体运输入出境事宜有关问题的通知》。

其中，《国境卫生检疫法》第十四条规定：入境、出境的尸体、骸骨的托运人或者其代理人，必须向国境卫生检疫机关申报，经卫生检查合格后发给入境、出境许可证，方准运进或者运出。

《中华人民共和国国境卫生检疫法实施细则》（以下简称《国境卫生检疫法实施细则》）第五十七条规定：入境、出境的尸体、骸骨的托运人或者代理人应当申请卫生检疫，并出示死亡证明或者其他有关证件，对不符合卫生要求的，必须接受卫生检疫机关实施的卫生处理。经卫生检疫机关签发尸体、骸骨入境、出境许可证后，方准运进或者运出。

（三）尸体出入境和尸体处理管理规定

1. 需要入境或者出境对遗体进行殡葬的，应当按照民政部、公安部、外交部、铁道部、交通部、卫生部、海关总署、民用航空局《关于尸体运输管理的若干规定》和民政部、海关总署、国家出入境

检验检疫局《关于遗体运输入出境事宜有关问题的通知》以及国家其他有关规定，向民政部门、海关、出入境检验检疫机构办理有关殡葬和出入境手续。

2. 因医学科研需要，由境内运出或者由境外运进尸体，应当按照国务院办公厅转发的《人类遗传资源管理暂行办法》和卫生部、国家质检总局《关于加强医用特殊物品出入境卫生检疫管理的通知》的规定，办理相关审批手续。

3. 除上述1和2所述情形外，尸体不得由境内运出或者由境外运进。

4. 对属于殡葬遗体出入境的，出入境检验检疫机构应当对申报资料进行认真核查，并对承运物进行卫生监管，合格者签发尸体/棺柩/骸骨/骨灰入/出境许可证。对因医学科研原因出入境的尸体，出入境检验检疫机构凭中国人类遗传资源管理办公室核发的人类遗传资源材料出口、出境证明或者卫生部和省、自治区、直辖市卫生行政部门出具的医用特殊物品准出入境证明，按照规定实施卫生检疫审批，并依法实施卫生检疫查验和卫生处理；对符合条件的，签发出入境货物通关单。

5. 申请办理尸体出入境的单位和个人应主动、如实地向海关申报进出口尸体的相关情况，包括尸体来源等，并提交有关进出口证件。

对属于殡葬遗体出入境的，海关凭出入境检验检疫机构签发的尸体/棺柩/骸骨/骨灰入/出境许可证办理验放手续。对属医学科研原因出入境的，海关凭出入境检验检疫机构签发的出入境货物通关单办理验放手续；

对涉及我国人类遗传资源的出境尸体，海关加验中国人类遗传资源管理办公室核发的人类遗传资源材料出口、出境证明。

对经海关查验可能为尸体的，无论是否列入出入境检验检疫机构实施检验检疫的进出境商品目录，海关一律验凭出入境检验检疫机构签发的出入境货物通关单或者尸体/棺柩/骸骨/骨灰入/出境许可证放行。

6. 严禁进行尸体买卖，严禁利用尸体进行商业性活动。

7. 除医疗机构、医学院校、医学科研机构及法医鉴定科研机构因临床、医学教学和科研需要外，任何单位和个人不得接受尸体捐赠。前款规定情况下使用完毕的尸体，由接受尸体的单位负责对尸体进行殡葬意义上的最终处理。

8. 违反尸体出入境和尸体处理管理规定的，由有关主管部门按照相关规定查处；构成犯罪的，依法追究刑事责任。

(四) 入境尸体/棺柩/骸骨申报材料

1. 尸体/棺柩/骸骨入境卫生检疫申报单。
2. 尸体/棺柩/骸骨入境入殓证明。
3. 遗体入境防腐证明。
4. 尸体/棺柩/骸骨入境卫生监管申报单。
5. 死者身份证明（护照、海员证、通行证、身份证）复印件。
6. 出境国或地区官方签发的死亡报告或医疗卫生部门签发的医学诊断书。
7. 出境国大使馆证明。
8. 如有下列材料，应同时提供：
(1) 出境国或地区官方签发的尸体、棺柩、骸骨出境许可证；
(2) 安葬地行政部门（民政、侨务、外事部门）允许土葬的许可证明；
(3) 尸体、棺柩、骸骨卫生处理证明。

(五) 出境尸体/棺柩/骸骨申报材料

1. 尸体/棺柩/骸骨出境卫生检疫申报单。
2. 尸体/棺柩/骸骨出境入殓证明。
3. 遗体出境防腐证明。

4. 尸体/棺柩/骸骨出境卫生监管申报单。

5. 死者身份证明（护照、海员证、通行证、身份证）复印件。

6. 公安、医疗部门签发的死亡报告或死亡医学诊断书。

7. 公证机关出具的公证书。

8. 如有下列材料，应同时提供：

（1）尸体/棺柩/骸骨移运证；

（2）尸体、棺柩、骸骨卫生处理证明。

（六）申办出境尸体、棺柩、骸骨、骨灰许可证基本程序

1. 出境尸体、棺柩、骸骨的托运人或代理人向口岸检验检疫机构提出申请，并提交相关材料。

2. 口岸检验检疫机构根据申请人提交的材料是否齐全、是否符合法定形式作出受理或不予受理的决定，并按规定出具书面凭证。

3. 受理申请后，口岸检验检疫机构对申请材料内容进行审查，对尸体、棺柩、骸骨进行现场检疫查验，必要时，实施卫生处理。

4. 口岸检验检疫机构根据材料审查结果、现场检疫查验或卫生处理结果，作出准予许可或不予许可的决定。对准予许可的，签发尸体/棺柩/骸骨入境/出境许可证；对不予许可的，书面说明理由。

（七）申办许可证收费

根据国家发展改革委、财政部《关于印发〈出入境检验检疫收费办法〉的通知》的有关规定，每份许可证收费80元。

卫生处理费用按有关规定另行收取。

（八）报检要求

1. 报检随附单据；

2. 入境货物报检单；

3. 起运地公立医院签发的死亡诊断书或行政当局签发的死亡注册证；

4. 起运地行政当局签发的尸体、棺柩移运许可证；

5. 遗体入/出境防腐证明、尸体/棺柩/骸骨/骨灰入/出境入殓证明（由中国殡葬协会国际运尸网络服务中心签发）；

6. 死者的护照复印件；

7. 装箱单、运（提）单；

8. 报检时应有承运人或亲属在场。

（九）现场检疫查验

1. 核查与申报文件是否相符。

2. 必要时可向承运人、死者亲属或死亡目睹者了解死者生前患病、症状及死亡过程的有关情况。

3. 确认因意外伤害和非传染病致死的尸体，包装是否坚固严密，是否漏异味，是否有渗出。棺柩一般不开棺检查。

4. 骸骨卫生状况是否干爽、不带未完全腐败的肌腱、无不良气味散发、未发现病媒昆虫或其他种类寄生物。包装不要求密封，但应加盖，保持清洁卫生。

（十）检疫卫生处理

尸体、棺柩、骸骨经现场检疫查验，认为不符合卫生要求的，应给予必要的卫生处理，处理原则如下：

1. 患检疫传染病和炭疽死亡的尸体、骸骨必须就近火化，不准入境。

2. 来自检疫传染病疫区，但死因不明的尸体，按检疫传染病死亡论，必须就近火化，不准入境。

3. 死因不明或疑似毒力强或可形成芽孢的细菌性传染病死亡者的骸骨，可用环氧乙烷熏蒸消毒或用3%的石炭酸液浸泡或擦洗消毒。

4. 携带病媒昆虫或其他寄生昆虫的骸骨应进行杀虫处理。

5. 因非检疫传染病或意外伤害而死亡的尸体、骸骨，由于包装不严而有渗出液泄漏或异味散发的，应给予消毒处理并更换包装容器，消毒药剂可使用煤酚皂溶液。

（十一）结果判定及缮制证书

1. 结果判定：根据报检情况、现场检疫查验情况及必要的卫生处理结果进行综合判定，并在工作流程上按要求填写检疫评定意见。

2. 缮制证书：对符合要求的入境尸体、棺柩、骸骨及骨灰缮制尸体/棺柩/骸骨/骨灰入/出境许可证。

（十二）受理与不受理

1. 决定受理

申请人提出的许可申请和所提供的材料齐全、符合法定形式的，受理机构出具质量监督检验检疫行政许可受理决定书。

2. 决定不予受理

受理机构对不需要取得行政许可、不属于检验检疫机构职权范围的，应当即时告知申请人不受理，并出具质量监督检验检疫行政许可不予受理决定书，并告知申请人向有关行政机关申请。

第三节 出入境检验检疫熏蒸/消毒证书

一、概述

（一）基本定义

"中华人民共和国出入境检验检疫熏蒸/消毒证书"简称熏蒸/消毒证书"（见本章附件10-5），是指出入境检验检疫机关根据国家相关法律法规的规定，对经检验检疫处理的出入境动植物及其产品、包装材料、废旧物品、邮寄物、装载容器及其他需检疫处理的物品等签发的一种证明文件。

（二）主管部门

1. 国家质检总局。

2. 国家质检总局各直属出入境检验检疫局及所属分支机构。

（三）主要作用

1. 出入境检验检疫机构实施熏蒸或消毒监督管理的具体措施；

2. 出入境检验检疫机构代表国家履行国际义务的手段；

3. 办理索赔、议付货款的有凭证；

4. 证明履约与责任情况的有效证件；

5. 进出境货物、物品报关验放的有效证件；

6. 保障国家和人民检验检疫安全的有效措施。

（四）适用范围

1. 各种需经检验检疫处理的各类进出境货物、物品的收发货人或其代理人；

2. 经检疫处理的各类进出境动植物及动植物产品；

3. 经检疫处理的各种包装材料、装载容器（包括集装箱）；

4. 经检疫处理的各类废旧物品、邮寄物及其他需检疫处理的物品；

5. 负责办理与熏蒸或消毒及相关单证等业务的出入境检验检疫机关。

二、熏蒸/消毒证书项目设置及填制

（一）单证名称

本证书全称为"中华人民共和国出入境检验检疫熏蒸/消毒证书"。

（二）编号

本项目注明本证书的编号，由签发部门统一编制。

（三）发货人名称及地址

本项目注明本证书所列货物的发货人名称及地址。一般填写中文、外文全称和详细地址。

（四）收货人名称及地址

本项目注明本证书所列货物的收货人名称及地址。一般填写中文、外文全称和详细地址。

（五）品名

本项目注明本证书所列货物的品名，一般采用中文和外文填写合同规定的货物品名。

（六）产地

本项目注明本证书所列货物的产地，应当按照实际情况填写。

（七）报检数量

本项目注明本证书所列货物的报检数量。

（八）起运地

本项目注明本证书所列货物的起运地名称。

（九）到达口岸

本项目注明本证书所列货物的到达口岸名称。

（十）运输工具

本项目注明本证书所列货物的运输工具名称。一般应当按照实际情况填写运输工具的种类、名称。

（十一）标记及号码

本项目注明本证书所列货物的标记及号码，一般应当按照合同规定填写。

（十二）签证地点

本项目注明本证书的签发地点，通常是指签发本证书的出入境检验检疫机构的所在地点。

（十三）签证日期

本项目注明本证书的签发日期。

（十四）授权签字人

本项目由授权签发证书的出入境检验检疫机构的签证授权人员签署姓名。

（十五）签名

本项目由签发本证书的出入境检验检疫机构经办人员签署姓名。

（十六）印章

本项目由签发本证书的出入境检验检疫机构加盖出入境检验检疫机关专用印章。

（十七）免责声明

本项目注明签发本证书的出入境检验检疫机关对于本证书的免责声明。具体内容为："中华人民共和国出入境检验检疫机关及其官员或代表不承担签发本证书的任何财经责任。"

三、检验检疫熏蒸/消毒证书须知及注意事项

（一）熏蒸消毒监督管理规定

1. 凡需从事出入境检验检疫熏蒸消毒业务的单位，应向当地出入境检验检疫机构提出书面申请，并具备以下条件：

（1）持有工商营业执照、税务登记证及公安部门颁发的危险品运输、储存、使用许可证；

（2）具备合格有效、符合熏蒸消毒处理操作规程要求的熏蒸消毒器材和检测仪器设备，以及安全防护器具和急救设备；

（3）具有从事熏蒸消毒作业的技术人员；

（4）具有熏蒸消毒工作程序和安全操作等方面的规章管理制度。

2. 出入境检验检疫机构接到申请后，按上述条件对申请单位进行审查和现场考核，符合要求的颁发熏蒸消毒资格证书。

申请承担大船随航熏蒸业务的单位，经当地出入境检验检疫机构审查、考核后，还须报请国家质检总局批准。

未取得熏蒸消毒资格证书的单位，不得从事出入境检验检疫熏蒸消毒工作。

3. 熏蒸消毒单位的现场操作人员须经出入境检验检疫机构技术培训，经考核合格后发给熏蒸消毒作业证，持证上岗作业。

4. 熏蒸消毒资格证书有效期为5年，出入境检验检疫机构对熏蒸消毒单位每年审核一次，因情况变化而不再符合条件的，提前撤销熏蒸消毒资格证书。

5. 熏蒸消毒单位在实施熏蒸消毒前应事先向出入境检验检疫机构提交熏蒸消毒方案，经出入境检验检疫机构认可后，严格按照方案和操作规程进行熏蒸消毒处理。

6. 熏蒸期间，熏蒸单位应当在现场设置明显的熏蒸警示标志。

7. 熏蒸消毒单位对熏蒸消毒过程进行记录，熏蒸消毒完毕，应准确填写熏蒸消毒结果报告单，交出入境检验检疫机构。

8. 出入境检验检疫机构对熏蒸消毒工作进行指导、监督，检查各种仪器设备的准确可靠性、药剂的有效性及安全防护措施，检测熏蒸消毒效果，验证熏蒸消毒结果报告单，根据货主或其代理人申请，出具熏蒸消毒证书。

9. 熏蒸消毒单位和人员弄虚作假，擅自减少投药或缩短处理时间等不按照规定进行熏蒸消毒处理的，出入境检验检疫机构视情节予以通报、停业整顿直至取消熏蒸消毒资格。

（二）熏蒸、消毒处理机构及人员核准

1. 熏蒸、消毒处理机构及人员核准依据

《进出境动植物检疫法实施条例》第五十五条第一款规定："从事进出境动植物检疫熏蒸、消毒处理业务的单位和人员，必须经口岸动植物检疫机构考核合格。"

2. 熏蒸、消毒处理机构及人员核准许可条件

申请从事熏蒸、消毒处理的单位，应当符合下列条件：

（1）具备独立法人资格；

（2）具有有关部门核发的危险品、特种设备等使用许可证书；

（3）具有必要的熏蒸、消毒处理安全防护服装和器具、交通工具、急救药品和设备，以及经相关主管部门认可的危险品专用仓库；

（4）使用的熏蒸、消毒处理药械、药剂必须符合有关的规定；

（5）从事熏蒸、消毒处理工作的人员不得少于3人，并经过培训、考核取得从业证；

（6）有健全的熏蒸、消毒处理工作程序及安全操作等方面的规章制度及应急预案；

（7）有健全的职工健康体检制度及职业卫生健康档案。

3. 熏蒸、消毒处理机构及人员核准实施机关

（1）受理机构：各直属检验检疫局。

（2）审核机构：国家质检总局。

4. 熏蒸、消毒处理机构及人员核准提交材料

（1）熏蒸、消毒处理单位资格核准申请表；

（2）法人资格证明、税务登记证、收费许可证的有效复印件；

（3）危险品、特种设备等储存、运输、使用许可证的有效复印件；

（4）药械、药剂的合格证明和药剂有效期的证明；

（5）安全操作规程；

（6）从业人员名单及其从业证书、职工劳动保障制度；

(7) 仪器设备情况登记表。

5. 熏蒸、消毒处理机构及人员核准许可程序

(1) 申请单位向所在地直属检验检疫局提出申请并提交有关材料。

(2) 直属检验检疫局根据申请单位提交的材料作出受理或不予受理的决定，并按规定出具书面凭证。

(3) 受理申请后，直属检验检疫局按规定对申请材料内容进行具体审查，对申请单位的营业场所和办公条件进行现场核查，对其企业有关管理制度进行评审。

(4) 初步审查后，直属检验检疫局应将初审意见连同全部申请材料报送国家质检总局。

(5) 国家质检总局根据规定，对申请材料和初审意见进行审查，作出许可或不予许可的决定。准予许可的，于10个工作日内颁发"出入境检验检疫熏蒸、消毒处理机构及人员核准资格证书"；不予许可的，应当书面说明理由。

6. 熏蒸、消毒处理机构及人员核准期限

自受理之日起20个工作日内作出许可或不予许可的决定（现场核查和评审时间不包括在内，由受理机构另行通知）。

7. 熏蒸、消毒处理机构及人员核准收费

根据国家发改委、财政部《关于印发〈出入境检验检疫收费办法〉的通知》，收取注册登记费。

熏蒸、消毒处理单位资质核准每个机构收取500元，熏蒸、消毒处理从业人每人次收取100元。专家评审费按规定收取。

（三）集装箱熏蒸操作规程

1. 适用范围：出入境植物及植物产品、木制品及木包装材料等在集装箱中的熏蒸处理（但不适用于种子、苗木、水果及蔬菜等鲜活货物的熏蒸处理）。

2. 药剂：溴甲烷、硫酰氟、磷化氢是集装箱熏蒸的常用熏蒸剂。

3. 器材。

(1) 气化器：气化器出口的熏蒸剂气体温度不低于20℃。

(2) 熏蒸剂气体检漏及浓度检测仪器：XK系列熏蒸气体浓度检测仪或国外同类热导式气体浓度检测仪器、卤素检漏仪、磷化氢检测管。

(3) 其他器材：磷化铝盛药盘或盛药袋（用无纺布制成）、投药管、集装箱专用投药插针、钢瓶接嘴、测毒采样管、测温仪（温度计）、计算器、磅秤、粘胶带、剪刀和防毒面具等。

4. 熏蒸场所：集装箱熏蒸场所应选择在背风且风力不大于5级的露天场地，与生活和工作区的距离应不少于50米。熏蒸场所应固定。被熏蒸集装箱应单层平放于地，熏蒸期间不能挪动。

5. 准备工作。

(1) 拟定熏蒸方案：了解货物种类、品名、数（重）量、体积、包装等情况；了解当日天气情况，估计熏蒸时的大气温度；查阅相关技术要求（了解合同、信用证的有关要求，国外植物检疫部门的熏蒸要求，或向当地检验检疫机关咨询）。根据前述情况和查阅的技术要求拟定熏蒸方案，报当地出入境检验检疫机关批准。

如果熏蒸场所或货物种类不适宜熏蒸，应拒绝熏蒸。

(2) 检查药剂和器材：根据拟定的熏蒸方案准备熏蒸药剂和器材，确认所需药剂和器材已经备齐，有关仪器设备运转正常，防毒面具的滤毒罐种类正确且有效。

(3) 检查货物包装：如果被熏蒸货物使用不透气或透气性不好的包装材料，应卸下不透气或透气不好的包装材料，或者采取其他措施，确保熏蒸剂气体比较容易地扩散穿透进入被熏蒸货物的内部。

(4) 测定温度及确定熏蒸方案：用数字测温仪分别测定货物内部和大气温度。如果气温低于货物内部温度5℃以内或高于货物内部温度，以货物内部温度作为熏蒸温度；如果气温低于货物内部温度5℃以上，则以货物内部温度和气温的平均值为准。

熏蒸温度确定后，对拟定的熏蒸方案进行修正，最终确定剂量和密闭熏蒸时间。

（5）密封集装箱：如果用磷化氢进行熏蒸，此时应先将所需磷化铝平均分装于数个盛药盘或盛药袋中（每个盛药盘或盛药袋中装磷化铝片不超过 26 片为好），然后将这些盛药盘或盛药袋均匀地布放于货物的表面或粘挂于集装箱内前后壁上。完成上述过程后，开始密封集装箱。

对集装箱进行密封，首先应用粘胶带密封集装箱的前后通气孔，然后再关闭集装箱门，检查集装箱门的密封条是否完好，门的四角及中缝是否压封严实；如果不严实，应用粘胶带密封。

（6）插入集装箱投药专用插针：实装箱密封完成后，在门中缝顶部插入投药专用插针，插入深度应尽量大。如果中缝处不能插入，可选择门边缝顶角处插入。投药专用插针插入后，要检查插针处的密封情况，如果密封不好，要用粘胶带堵封。将投药管同钢瓶嘴进行紧密连接。

（7）张贴警戒标志：在集装箱前后等明显处张贴熏蒸警戒标志。

（8）投药前的最后检查：

开启 XK 系列熏蒸气体浓度检测仪，检查是否工作正常。

检查集装箱是否密封完整。

检查熏蒸警戒标志是否张贴或悬挂正确。

检查防毒面具是否准备妥当。

气温低于 15℃或投药量大于 3 千克，应气化投药。如需气化投药，此时应开启气化器（气化器水温不能低于 65℃）。

检查钢瓶瓶嘴是否同投药管进行了牢固紧密的连接，钢瓶是否放在磅秤上。

要求无关人员离开熏蒸现场。

6. 投药熏蒸及浓度检测。

（1）投药：钢瓶称重后，减去所需投入的熏蒸剂千克数，然后在磅秤上重新定位好。投药人员戴好防毒面具和防护手套。将钢瓶阀门慢慢打开，过几秒钟后重新关上。用 XK 系列熏蒸气体浓度检测仪（可用卤素检漏仪检查溴甲烷的泄漏）检查投药管所有接头处，看是否有泄漏发生。无泄漏就可以正式开始投药，投药速度掌握在每分钟 1～2 千克左右。投药完毕，及时关闭钢瓶阀门，并迅速抽出集装箱投药专用插针。准确记录投药结束时间，即熏蒸正式开始时间。

（2）检漏：检漏人员戴好防毒面具，手拿卤素检漏仪（或 XK 系列熏蒸气体浓度检测仪）检查集装箱门缝，一旦发现泄漏，要立即采取措施封堵。

（3）浓度测定：用 XK 系列熏蒸气体浓度检测仪按下列时间检测垛内溴甲烷或硫酰氟气体浓度及其分布。

①30 分钟的浓度检测。此时的浓度检测结果能够说明集装箱的气密性、渗漏和吸附情况，不正确的药量计算和不当的投药方法。所有上述情况应引起高度重视。此时箱内浓度应在投药剂量的 78% 以上（在非气化投药及没有风扇帮助药剂气体混匀的情况下，不能达到如此高的初始浓度）。

②2 小时的浓度检测。此次浓度检测结果进一步说明是否有严重的渗漏，货物是否强烈吸附熏蒸剂气体。此时垛内平均浓度应不低于投药剂量的 65%，如果浓度检测值比投药剂量的 65% 还要小很多，则说明泄漏或吸附严重，可以考虑采取补救措施（在非气化投药及没有风扇帮助药剂气体混匀的情况下，不能达到如此高的浓度）。

熏蒸结束前浓度检测：24～48 小时的浓度值应为投药剂量的 50%～30% 左右。

（4）熏蒸补救措施：溴甲烷、硫酰氟常压熏蒸，散气前规定的最低浓度值－实际浓度检测值≤5 克/立方米，延长熏蒸时间 8～12 小时且浓度检测值；上述差值＞5 克/立方米的，须补充投药，并延长熏蒸时间 12～24 小时。补充投药前，应重新查补漏洞。

补充投药量计算公式为：补充投药千克数＝低于所要求的最低浓度数（克/立方米）× 1.6（木包装为 2.0）×熏蒸体积（立方米）÷1000（磷化氢熏蒸）。如果散气前的浓度检测值与规定的最低浓度值相差不大，可以延长熏蒸时间 24 小时加以补救，如果大大低于规定的最低浓度值，应重新熏蒸。

7. 通风散气。

检测并记录散气前的浓度检测结果。如果散气前的浓度检测结果大于或等于规定的最低浓度值，则可以结束熏蒸，并进行通风散气。通风散气时，熏蒸人员戴好防毒面具，将集装箱门打开。集装箱门打开后，应有专人值守，严防人员进入集装箱内，并保证集装箱门外20米范围内无人员停留。待12~24小时以后，货物方可搬动。

结束通风散气，撤除熏蒸警戒区和警戒标志，按有关规定妥善处理磷化铝残渣和其他废弃物。

填写熏蒸结果报告单，报当地出入境检验检疫机关。

8. 中毒症状及基本救护。

熏蒸人员中毒后，会出现头晕、目眩、无力、恶心、呕吐、嗜睡、神经麻木、呼吸困难和昏迷等症状；中毒严重的，甚至会死亡。发现头晕等轻度中毒症状后，应立即停止熏蒸作业，并移至空气新鲜场所休息，除去污染衣物，大量饮用茶水。中毒严重的，应立即送医院抢救。

9. 不宜熏蒸的货物。

（1）不宜用溴甲烷熏蒸的货物：

汽车；

精密电子仪器设备；

黄油、猪油、脂肪（除非保存于密封的铁罐内）；

发酵粉、骨粉、木炭、硅藻土；

羽毛、毛毯、马毛制品、羽绒枕头、毛毯衬料、牦牛毛毯；

含硫量高的纸张、专业用纸和新闻用纸；

碘盐、含硫或硫化物盐块；

含镁制品；

皮货特别是小山羊皮、皮制家具；

照相药品（不包括胶卷和X光胶片）、印相纸、制图用纸和银光纸；

橡胶制品，特别是发泡橡胶、海绵和再生橡胶等；

大豆粉、全麦面粉和其他蛋白质含量高的面粉；

毛料制品，特别是安哥拉呢、软毛绒线、毛衣、人造纤维布等。

（2）不宜用磷化氢熏蒸的货物：

含铜、铜合金、黄铜、金和银的一切仪器设备、装饰品、衣物及某些复写纸和未经冲洗的照相胶片等。

（3）不宜用硫酰氟熏蒸的货物：

所有食用或饲料用货物。

第四节 放射监测/处理报告单

一、概述

（一）基本定义

"中华人民共和国出入境检验检疫放射监测/处理报告单"简称"放射监测/处理报告单"（见本章附件10-6），是指出入境检验检疫机关依据国家相关法律法规的规定，对进出境货物中含有放射性物质的货物实施监测或处理后，签发的用以反映对进出境放射性物质货物实施监测或处理情况的一种书面文件。

（二）主管部门

1. 国家质检总局。

2. 国家质检总局各直属出入境检验检疫局及所属分支机构。

（三）主要作用

1. 出入境检验检疫机构对进出境货物中含有放射性物质的货物实施监测、处理和监督管理的具体措施；
2. 进出境含有放射性物质货物的收发货人或其代理人履行应尽义务的手段；
3. 预防进出境放射性物质放射污染、保障人民健康安全的有效措施。

（四）适用范围

1. 负责对进出境含有放射性物质货物实施监测或处理事务的出入境检验检疫机关；
2. 申请对进出境含有放射性物质货物实施监测或处理的申请人；
3. 申请对进出境含有放射性物质货物实施监测或处理的收发货人或其代理人；
4. 各类进境或出境的含有放射性物质的货物。

二、放射监测/处理报告单项目设置及填制

（一）单证名称

本单证的全称为"中华人民共和国出入境检验检疫放射监测/处理报告单"。

（二）编号

本项目注明本报告单的编号，由签发部门统一编制。

（三）申请人

本项目注明申请对本报告单所列含有放射性物质货物实施监测或处理的申请人名称。

（四）装货口岸

本项目注明本报告单所列进出境含有放射性物质货物的装货口岸名称。

（五）货物名称

本项目注明本报告单所列进出境含有放射性物质货物的名称。

（六）交通工具

本项目注明载运本报告单所列进出境含有放射性物质货物的交通工具名称。

（七）仪器名称

本项目注明对本报告单所列进出境含有放射性物质货物实施放射监测或处理的仪器名称。

（八）监测结果

本项目注明对本报告单所列进出境含有放射性物质货物实施监测的结果，主要包括：表面污染、当量计量率、放射性比活度等项目。

（九）处理意见

1. 处理意见

本项目由对本报告单所列进出境含有放射性物质货物实施监测或处理的出入境检验检疫机关签署处理意见。

2. 签字

本项目由对本报告单所列进出境含有放射性物质货物实施监测或处理的出入境检验检疫机关负责人签署姓名。

3. 日期

本项目由对本报告单所列进出境含有放射性物质货物实施监测或处理的出入境检验检疫机关签注签署本报告单的日期。

（十）使用说明

本项目注明本报告单各联的使用方法。本报告单为一式两联，其中第一联由申请人收执，第二联由签发本报告单的出入境检验检疫机关留存备查。

三、出入境检验检疫放射监测/处理须知及注意事项

（一）进出境放射性物品辐射监测与管理规定

1. 根据《中华人民共和国海关法》（以下简称《海关法》），海关依法监管进出境的运输工具、货物、行李物品、邮递物品。根据《中华人民共和国放射性污染防治法》、《中华人民共和国放射性同位素与射线装置安全和防护条例》和《中华人民共和国放射性物品运输安全管理条例》，环境保护部门依法负责全国放射性污染防治工作，对放射性同位素进出口实施审批，对进口放射性物品实施运输前辐射监测备案。

2. 海关总署负责向国家环境保护部门及时通报查获不符合标准要求的放射性物品货包及放射性污染物案件情况，直属海关视情向省级环境保护部门提出识别和应急处置可疑物的具体技术支持要求，省级环境保护部门负责放射性污染监测分析及处理的技术支持。

3. 各直属海关在发现辐射异常时，以书面形式向当地省级环境保护部门通报查获可疑放射性物品进出境案件情况，并提出对可疑放射性进行鉴定的请求。

4. 省级环境保护部门接到直属海关鉴定请求后，应尽快组织开展相关鉴定工作，并出具放射性污染物品监测分析报告，为直属海关应急处置放射性污染物品提供技术支持。省级环境保护部门应将放射性物品监测分析报告抄报环境保护部和海关总署。

5. 环境保护部门在办理放射性同位素进出口审批时，应要求放射性物品进出口单位同时申报拟进口放射性物品货包类型、表面污染和辐射剂量水平，同时办理进出口审批和辐射监测备案。

（二）辐射相关知识

辐射分为电离辐射与电磁辐射，本质为以波或粒子的形式向周围空间物质发射并传播能量。

1. 电离辐射，通常又称为放射性辐射。这类辐射发生的能量较高，可以引起周围物质的原子电离。在辐射防护领域，电离辐射是指在生物物质中产生离子对的辐射。电离辐射根据组成的粒子本质不同，可分为 α、β、γ（X）、n 等辐射。电离辐射的来源可以是放射性核素（包括天然的和人工生产的），也可以是核反应装置，如反应堆、对撞机、加速器、核聚变装置等，也可以是用于医学诊断和治疗的 X 射线机。

2. 电磁辐射，指由于交变的电场和磁场而产生的电磁波向周围空间产生的辐射。这类辐射的能量较低，无法引起周围物质电离。严格来讲所有电器（包括家用电器）都会产生电磁辐射，真正会造成环境污染影响人类健康的是一些大功率的通讯设备，如雷达、电视和广播发射装置，工业用微波加热器（家用微波炉也可能有电磁辐射泄漏），射频感应和介质加热设备，高压输变电装置，电磁医疗和诊断设备等。由于电磁辐射的本质不同，因此它作用于人体的机理也不同于电离辐射。电磁辐射有近区场和远区场之分，是按一个波长的距离来划分的。近区场的电磁场强度远大于远区场，因此是监测和防护的重点。

（三）放射性检测相关知识

核仪器是用于监测电离辐射的仪器（电磁辐射则要用场强仪、频谱仪等仪器），分类如下。

1. 按测量对象性质分

可分为 α 测量仪、β 测量仪、γ 测量仪、n 测量仪。

由于不同粒子物质作用的机理不同，因此对不同粒子采用不同的传感器，不外可分为气体、闪烁、半导体传感器等。

2. 按监测目的分

粒子强度仪：仅与粒子数相关，与能量无关。

剂量仪：不仅与粒子数相关，与能量也有关，但无法区分是哪种核素。

谱仪：区分各种不同的放射性核素，并可以与内置数据库和正确的刻度方法结合确定各种核素的强度及剂量。

3. 按监测用途分

入口探测器：（行人、车辆、火车、行李包裹、货物、集装箱等）用于出入境检验检疫及国土

安全。

场所（固定点）剂量仪：用于发现监测区域异常排放，对用源场所的剂量进行监控、报警。

巡测剂量仪：用于核环境、核安全，寻找放射源，发现特殊核材料个人剂量报警仪；用于从事核安全、核反恐人员的个人剂量监测及报警核素识别仪；用于识别放射性同位素及特殊核材料的种类并确定其强度，可分实验室用及便携式两种。

核废物监测仪：用于核设施、核电站等，对核废物监测，分监测路面（车载）、全身及工作衣表面（固定）、桌面或任何工作区域局部表面（携带式）。

气体及气溶胶测量仪：测氡气、钍射气、Xe等惰性气体等流出物监测系统，用于核电站等大型核设施。

核成像系统：大型核仪器，采用辐射源和传感器组合，对监测目标扫描成像。

其他辅助设施：如自动气象站、气溶胶采样设备、无线电定位系统、车载设备等。

第五节　出入境特殊物品卫生检疫审批单

一、概述

（一）基本定义

"中华人民共和国出入境检验检疫入/出境特殊物品卫生检疫审批单"简称"入/出境特殊物品卫生检疫审批单"（见本章附件10-7），是指出入境微生物、人体组织、生物制品、血液及其制品等特殊物品的收发货人或其代理人，依据国家相关法律法规的规定，向出入境检验检疫部门提交办理进出境审批手续的一种申请与审批专用文件。

（二）主管部门

1. 主管部门

国家质检总局。

2. 出证部门

国家质检总局各直属出入境检验检疫局及所属分支机构。

（三）主要作用

1. 出入境检验检疫机构对进出境微生物、人体组织、生物制品、血液及其制品等特殊物品实施监督管理的具体措施；

2. 出入境微生物、人体组织、生物制品、血液及其制品等特殊物品的收货人或其代理人凭以办理进出口手续的重要凭证；

3. 出入境检验检疫机关保障国家和人民卫生安全的有效措施。

（四）适用范围

1. 各类进出境微生物、人体组织、生物制品、血液及其制品等特殊物品的收货人或其代理人；

2. 主要适用于负责办理进出境微生物、人体组织、生物制品、血液及其制品等特殊物品审批事务的出入境检验检疫机构；

3. 主要适用于各类进出境微生物、人体组织、生物制品、血液及其制品等特殊物品。

二、出入境特殊物品卫生检疫审批单项目设置及填制

（一）单证名称

本单证的全称为"中华人民共和国出入境检验检疫入/出境特殊物品卫生检疫审批单"。

（二）申请单位填写栏

本栏目由本审批单的申请单位填写相关申请事项。

1. 申请单位

本项目由申请人填写申请单位名称。一般是指入出境微生物、人体组织、生物制品、血液及其制品等特殊物品的收发货人或其代理人。

2. 盖章

本项目由本审批单的申请人加盖申请单位的单位公章。

3. 日期

本项目由本审批单的申请人填写填报的具体日期。

4. 品名

本项目由申请人填写申请入境或出境特殊物品的品名。

5. 数量

本项目由申请人填写申请入境或出境特殊物品的实际数量。

6. 来自/前往国家和地区

本项目由申请人填写申请入境或出境特殊物品来自或前往的国家和地区的名称。

7. 用途及使用单位

本项目由申请人填写申请入境或出境特殊物品的实际用途及实际使用单位名称。通常情况下，特殊物品的实际使用单位与特殊物品的收发货人不一定是同一单位。

8. 防止传染病传播措施

本项目由申请人填写对于申请入境或出境特殊物品所采取的防止传染病传播的具体措施。

（三）检验检疫局填写栏

本栏目由受理本审批单的出入境检验检疫机关填写相关意见。

1. 进/出口日期

本项目由受理本审批单的出入境检验检疫机关填写所列进境或出境特殊物品的进境日期或出境日期。

2. 入/出境口岸

本项目由受理本审批单的出入境检验检疫机关填写所列进境或出境特殊物品的进境口岸名称或出境口岸名称。

3. 出入境检验检疫局意见

本项目由受理本审批单的出入境检验检疫机关填写对所列进境或出境特殊物品的相关意见。

（四）审批部门填写栏

本栏目由本审批单的审批部门签署审批意见。

1. 审批意见

本项目由本审批单的审批部门签署对所列进境或出境特殊物品的审批意见。

2. 有效期限

本项目由本审批单的审批部门签注有效期限。

3. 审批日期

本项目由本审批单的审批部门签注签署日期。

（五）注

本项目提示本审批单的相关注意事项，具体内容如下：

"1. 本表一式三联，申请单位填写后，交出入境检验检疫局审批后报批，一联交申请单位，二联交出入境检验检疫局报验，三联留审批部门存查。

2. 审批内容：对人体健康有影响的可能传播传染病的物品。

3. 超过有效期限需要重新办理审批手续。"

（六）使用说明

本项目提示本审批单各联的使用方法：

第一联交申请单位。

第二联交出入境检验检疫局报验。

第三联留审批部门存查。

三、入/出境特殊物品卫生检疫须知及注意事项

（一）相关概念

1. 微生物

"微生物"是指病毒、细菌、真菌、放线菌、立克次氏体、螺旋体、衣原体、支原体等医学微生物。

2. 人体组织

"人体组织"是指人体胚胎、器官、组织、细胞、分泌物、排泄物。

3. 生物制品

"生物制品"是指细菌类疫苗、病毒类疫苗、抗毒素、各种诊断用试剂、干扰素、激素、酶及其制剂、其他活性制剂（毒素、抗原、变态反应原、单克隆抗体、重组 DNA 产品、抗原－抗体复合物、免疫调节剂、微生态制剂、核酸制剂等），以及其他生物材料制备的有关制品。

4. 血液及其制品

"血液及其制品"是指全血、血浆、血清、血细胞及由血液分离、提纯或者应用生物技术制成的血浆蛋白组分或者血细胞组分制品。

（二）出入境特殊物品卫生检疫管理规定

1. 出入境特殊物品卫生检疫管理规定适用于出入境的微生物、人体组织、生物制品、血液及其制品等特殊物品的卫生检疫监督管理。

2. 国家质检总局统一管理全国出入境特殊物品的卫生检疫监督管理工作；国家质检总局设在各地的出入境检验检疫机构（以下简称检验检疫机构）对辖区内出入境特殊物品实施卫生检疫监督管理。

3. 出入境特殊物品的卫生检疫管理实行卫生检疫审批、现场查验和后续监督管理制度。

4. 取得出入境特殊物品卫生检疫审批单，并经卫生检疫合格的出入境特殊物品，方准出入境。

5. 出入境特殊物品由国家质检总局指定并公布的口岸出入境。

6. 卫生检疫审批。

（1）直属检验检疫局负责所辖区域内出入境特殊物品的卫生检疫审批。

（2）出入境特殊物品的货主或者其代理人应当在交运前向出入境口岸直属检验检疫局提交出入境特殊物品卫生检疫审批申请单。

货主或者其代理人应当根据出入境特殊物品的分类填写审批申请单，每一类别填写一份。

（3）申请办理出入境微生物、人体组织、血液的卫生检疫审批手续的，应当提供以下材料：

①相关主管部门出具的准许出入境证明（原件和复印件）；

②特殊物品所含病原微生物的学名（中文和拉丁文）和生物学特性（中英文对照件）的说明性文件；

③含有或者可能含有 3 至 4 级病原微生物的入境特殊物品，以及含有或者可能含有尚未分级病原微生物的入境特殊物品，使用单位应当具备 BSL－3 级实验室，并提供相应资质的证明；

④科研用特殊物品应当提供科研项目批准文件原件或者科研项目申请人与国内外合作机构协议（原件和复印件，中、英文对照件）；

⑤供移植用器官应当提供有资质医院出具的供体健康证明和相关检验报告。

（4）申请办理生物制品、血液制品的卫生检疫审批手续的，货主或者其代理人应当提供以下

材料：

①用于治疗、预防、诊断的入境生物制品、血液制品，应当提供国家药品监督管理部门出具的进口注册证明；

②用于治疗、预防、诊断的出境生物制品、血液制品，应当提供药品监督管理部门出具的药品销售证明；

③用于其他领域的出入境生物制品、血液制品，应当提供相关主管部门出具的进口批件。

（5）直属检验检疫局对申请材料齐全，符合法定形式的申请，应当予以受理。

（6）受理申请的直属检验检疫局对申请材料进行实质性审查，并在20个工作日内作出准予许可或者不准予许可的决定，20个工作日内不能作出决定的，经负责人批准可以延长10个工作日，并应当将延长期限的理由告知申请人。

准予许可的，应当签发卫生检疫审批单，不准予许可的，应当书面说明理由。

对于尚未认知其传染性的特殊物品，直属检验检疫局应当报请国家质检总局开展技术分析。技术分析所需时间不计入审批期限，但应当书面告知货主或者其代理人。

（7）出入境的特殊物品卫生检疫审批单只能使用1次，有效期限为90天。

（8）供移植用器官因特殊原因未办理卫生检疫审批手续的，入境、出境时检验检疫机构可以先予放行，货主或者其代理人应当在放行后10日内申请补办卫生检疫审批手续。

7. 卫生检疫。

（1）入境、出境特殊物品到达口岸后或者离开口岸前，货主或者其代理人应当依法向口岸检验检疫机构报检。有下列情形之一的，检验检疫机构不予受理报检：

①不能提供卫生检疫审批单的；

②卫生检疫审批单超过有效期的；

③伪造、涂改有关文件或单证的；

④其他不符合检验检疫要求的。

（2）受理报检的口岸检验检疫机构按照下列要求对出入境特殊物品实施现场查验，并填写出入境特殊物品卫生检疫现场查验记录：

①检查出入境特殊物品名称、批号、规格、数量、输出/输入国和生产厂家等项目是否与审批单列明的内容相符；

②检查出入境特殊物品包装是否安全无破损，不渗、不漏；

③对出境的特殊物品应核查出厂检验合格报告，检查生产记录、原材料来源，以及生产流程是否符合卫生要求。

（3）对需抽样检验的入境特殊物品，经口岸检验检疫机构许可，货主或者其代理人可先运至有储存条件的场所，待检验合格后方可移运或使用。口岸检验检疫机构不具有检验能力的，应当委托国家质检总局指定的实验室进行检验。

（4）邮寄、携带的入境特殊物品，因特殊情况未办理卫生检疫审批手续的，检验检疫机构应当予以截留，要求按照规定办理卫生检疫审批手续，并进行查验，经检疫合格后方可放行。

（5）口岸检验检疫机构对经卫生检疫符合要求的出入境特殊物品予以放行。发现有下列情况之一的，签发检验检疫处理通知书，并予以封存、退回或者销毁：

①名称、批号、规格、数量等与审批内容不相符的；

②包装或者保存条件不符合要求的；

③超过有效使用期限的；

④经检验不符合卫生检疫要求的；

⑤被截留物品自截留之日起60日内未获准许可的。

口岸检验检疫机构对处理结果应当做好记录、归档，并上报国家质检总局。

8. 后续监管。

（1）检验检疫机构对辖区内含有或可能含有病原微生物的入境特殊物品实施后续监管。

需要后续监管的入境特殊物品，未经检验检疫机构的同意，不得擅自使用。

（2）对需要实施异地后续监管的入境特殊物品，口岸检验检疫机构应当出具入境货物调离单，并及时电子转单给目的地检验检疫机构。使用单位应当在特殊物品入境后30日内，持入境货物调离单到目的地检验检疫机构申报，并接受后续监管。

（3）检验检疫机构对入境特殊物品实施后续监管的内容包括：

①含有或者可能含有病原微生物入境特殊物品的使用单位是否具有相应等级的生物安全实验室，P3级以上实验室必须获得国家认可机构的认可；

②使用单位实验室操作人员是否具备相应的资质；

③入境特殊物品使用情况记录，是否按照审批用途使用。

使用单位应当及时向检验检疫机构提供使用情况说明。

（4）检验检疫机构在后续监管过程中发现有不符合要求的，应当责令限期整改，并对已入境的特殊物品进行封存，直至整改符合要求。如经整改仍不符合要求的，责令其退运或者销毁。

（5）检验检疫机构对后续监管过程中发现的问题，应当立即报告国家质检总局，并通报原审批的直属检验检疫局。

9. 相关法律责任。

（1）违反规定，有下列行为之一的，检验检疫机构可以给予警告或者处以5000元以下的罚款：

①瞒报或者漏报禁止进口的微生物、人体组织、生物制品、血液及其制品等特殊物品的；

②未经检验检疫机构许可，擅自移运、销售和使用特殊物品的；

③在规定时限内未向检验检疫机构申报或者拒绝接受特殊物品卫生检疫后续监管的；

④伪造或者涂改检疫单证的。

（2）对违反规定，引起检疫传染病传播或者有引起检疫传染病传播严重危险的，依照《中华人民共和国刑法》的有关规定追究刑事责任。

（三）出入境特殊物品卫生检疫审批

1. 审批依据。

《国境卫生检疫法实施细则》第十一条规定：入境、出境的微生物、人体组织、生物制品、血液及其制品等特殊物品的携带人、托运人或者邮递人，必须向卫生检疫机关申报并接受卫生检疫，未经卫生检疫机关许可，不准入境、出境。海关凭卫生检疫机关签发的特殊物品审批单放行。

2. 申请办理出入境微生物、人体组织、血液卫生检疫审批手续的，应当提供以下材料。

（1）相关主管部门出具的准许出入境证明（原件和复印件）。

①下列情况需要卫生部科教司出具的准许出入境证明：

——不涉及人类遗传资源的大样本（100人份以上，含100人份）医用特殊物品的出境；

——大样本（100人份以上，含100人份）医用特殊物品入境；

——含有或可能含有3～4级病原微生物的医用特殊物品的入出境；

——来源于疫区的医用特殊物品出入境；

——新药国际多中心临床研究项目中的医用特殊物品的入境；

——涉及家系或特定地区，但不涉及人类遗传资源的医用特殊物品的出境。

②下列情况需要地方卫生主管部门出具的准许出入境证明：

——不涉及家系、特定地区和人类遗传资源的小样本（100人份以下）医用特殊物品的出境；

——小样本（100人份以下）医用特殊物品的入境；

——含有或可能含有1～2级病原微生物的医用特殊物品的入出境；

——人道主义捐赠、救助或疾病诊断用的单个或几个医用特殊物品（如骨髓、脐带血、角膜、血液、尿液等）出入境；

——细胞株、生物制品、生物芯片、克隆人体细胞组织等医学科研样品出入境。

③下列情况需要人类遗传资源管理办公室出具的准许出入境证明：

涉及人类遗传资源的人体物质出境。

④下列情况需要国家食品药品主管部门出具的准许出入境证明：

用于食品、药品生产的微生物、人体组织、血液入境。

⑤下列情况需要国务院相应主管部门出具的准许出入境证明：

用于其他领域的微生物、人体组织、血液出入境。

（2）特殊物品所含病原微生物的学名（中文和拉丁文）和生物学特性（中英文对照件）的说明性文件。

（3）含有或者可能含有 3~4 级病原微生物的入境特殊物品，以及含有或者可能含有尚未分级病原微生物的入境特殊物品，使用单位应当具备 BSL-3 级（P3 级）实验室，并提供相应资质的证明。

（4）科研用特殊物品应当提供科研项目批准文件原件或者科研项目申请人与国内外合作机构协议（原件和复印件中、英文对照件）。

（5）供移植用器官应当提供有资质医院出具的供体健康证明和相关检验报告。

3. 申请办理出入境生物制品、血液制品的卫生检疫审批手续的，货主或其代理人应当提供以下材料。

（1）用于治疗、预防、诊断的入境生物制品、血液制品，应当提供国家药品监督管理部门出具的相关批准证明，与仪器配套的诊断试剂还需提供医疗器械进口批件；

（2）用于治疗、预防、诊断的出境生物制品、血液制品，应当提供国家药品监督管理部门出具的药品销售证明及经国家认可机构认可的实验室出具的检验报告；

（3）用于其他领域的出入境生物制品、血液制品，应当提供相关主管部门出具的准许出入境证明。

4. 审查程序。

（1）入境特殊物品的申请人应在入境前向入境口岸所在地的直属检验检疫局提交出入境特殊物品卫生检疫审批申请单；出境特殊物品的申请人应在出境前向产地直属检验检疫局提交出境特殊物品卫生检疫审批申请单。

（2）检验检疫机构根据申请人提交的材料是否齐全，是否符合法定形式作出受理或不予受理的决定，并按规定出具书面凭证。

（3）对于尚未认知其传染性的特殊物品，直属检验检疫局须报请国家质检总局开展技术分析。

（4）受理审批申请的检验检疫机构根据材料审查结果和/或风险评估结果，作出准予许可或不准予许可的决定。准予许可的，在 20 日内签发出入境特殊物品卫生检疫审批单；不准予许可的，书面说明理由。

5. 审查期限与收费。

（1）自受理之日起 20 日内，作出准予或者不准予行政许可的决定。技术分析所需时间不计入审批期限，但应当书面告知货主或者其代理人。

（2）派员到现场进行技术分析的交通费、食宿及评估费需由申请单位按实际费用支付。

第六节　出入境检验检疫处理通知书

一、概述

（一）基本定义

"中华人民共和国出入境检验检疫检验检疫处理通知书"简称"出入境检验检疫处理通知书"（见本章附件10-8），是指国家出入境检验检疫机构依据国家相关法律法规的规定，对检验检疫不合格的出入境货物依法采取相应的处理措施时所签发的一种告知文书。

（二）主管部门

1. 主管部门

国家质检总局。

2. 出证部门

国家质检总局各直属出入境检验检疫局及所属分支机构。

（三）主要作用

1. 出入境检验检疫机构对检验检疫不合格的出入境货物实施监督管理的具体措施；
2. 检验检疫机关责令相对人对出入境不合格货物履行相关义务的重要方式；
3. 国家维护出入境检验检疫管理秩序的有效措施；
4. 对检验检疫不合格进出境货物实施检验检疫处理、保障国家和人民检验检疫卫生安全的有效措施。

（四）适用范围

1. 对检验检疫不合格的出入境货物进行处理事务的出入境检验检疫机构；
2. 检验检疫不合格的出入境货物的发货人或其代理人；
3. 检验检疫不合格的各类出入境货物。

二、出入境检验检疫处理通知书项目设置及填制

（一）单证名称

本通知书的全称为"中华人民共和国出入境检验检疫检验检疫处理通知书"。

（二）编号

本项目注明本通知书的编号，由签发本通知书的出入境检验检疫机关统一编制。

（三）主送部门

本项目填写本通知书的主送单位名称，通常为检验检疫不合格的出入境货物的收发货人或其代理人。

（四）通知内容

本项目为本通知书的通知事项内容，通常如下：

"根据中华人民共和国有关法律法规，经对　　　　　检验检疫，因　　　　　须做　　　　　处理，特此通知。"

（五）签字

本项目由签发本通知书的出入境检验检疫机关负责人签署姓名，同时加盖出入境检验检疫机关的印章。

（六）日期

本项目由签发本通知书的出入境检验检疫机关签署签发具体日期。

三、出入境检验检疫处理须知及注意事项

（一）相关概念

1. 出入境货物检验检疫处理

"出入境货物检验检疫处理"是指国家出入境检验检疫机构对检验检疫不合格的出入境货物依法采取的处理措施。

2. 卫生除害处理

"卫生除害处理"即卫生和检疫除害处理，是指熏蒸、消毒、除虫、灭菌、除鼠等消除有害生物的措施。

（二）进境海产品检验检疫结果评定和处理

1. 经检验检疫未发现危险性病虫害、有毒有害物质及其他异常情况，检验检疫合格的，签发入境货物检验检疫证明，允许销售、加工、使用。

2. 违反有关法律法规规定，须作退回或销毁处理的，按相应规定处理。

3. 发现带有危险性病虫害、检出致病微生物的，签发检验检疫处理通知书和兽医卫生证书，通知并监督货主作无害化处理。无害化处理后合格的，方可使用。无法无害化处理、经处理后仍不合格的作退回或销毁处理。

4. 发现产品已腐败变质、检出有毒有害物质、农兽药残留超标、产品被严重污染时，作退回或销毁处理，并出具检验检疫处理通知书和兽医卫生证书。

5. 植物检疫检出危险性害虫、生活害虫超标的作熏蒸杀虫处理，并出具熏蒸/消毒证书。

6. 分口岸卸货的，应将本口岸卸下部分的检验检疫情况及时通知各有关口岸检验检疫机构，并签发入境产品检验检疫情况通知单。

7. 国家质检总局有其他规定的，按规定处理。

（三）进境肉类产品的检验检疫处理

进境口岸检验检疫机构根据检验检疫结果，对进境肉类产品按照出入境检验检疫签证管理的有关规定作如下处理：

1. 经检验检疫合格的进境肉类产品，由出入境检验检疫机关签发入境货物检验检疫证明，准予生产、加工、使用；

2. 经检验检疫不合格的进境肉类产品，由出入境检验检疫机关签发检验检疫处理通知书，在检验检疫机构的监督下，作退回、销毁或者无害化处理；

3. 需要对外索赔的进境肉类产品，由出入境检验检疫机关签发相关证书。

（四）入境检疫卫生除害处理程序

1. 适用范围：入境货物、集装箱、运输工具及来自重点国家木质包装的卫生处理。

2. 基本程序。

（1）检验检疫工作人员在受理入境货物、集装箱或运输工具等报检时，对需要进行卫生除害处理的货物、集装箱或运输工具等开具检验检疫处理通知单，集装箱装运的货物注明需处理的集装箱数量及尺寸。由卫生除害机构根据处理方式使用的药剂收取相关除害处理费用后，第一联加盖检验检疫专用章后交报检人，第二联随报检单据一并转相应的施检部门，第三联由卫生除害处理机构留存。

（2）卫生除害处理机构应及时与报检单位联系并商相关施检部门确定相应的卫生除害处理事宜，严格按卫生除害处理通知单（书）上的要求进行卫生除害处理后，出具卫生除害处理结果报告单。

（3）报检人收到卫生除害处理结果单报告单后应及时与相应的施检部门联系检验检疫事宜。施检部门在施检同时对卫生除害处理结果进行检查，发现问题及时与卫生除害处理机构联系。

（4）对未开具检验检疫处理通知单的货物，施检部门在施检时发现问题需实施卫生除害处理的，应出具检验检疫处理通知书，交报检人及卫生除害处理机构实施卫生除害处理。

(五) 入境检验检疫卫生除害处理范围

1. 有下列情况之一的应实施卫生除害处理

(1) CIQ2000 报检界面中原产地一栏国家名字为红色且提示为卫生传染病疫区或动物疫区的。

(2) 原产地为非疫区但输出国家为疫区或该批货物经停疫区国家或地区的。

(3) 经检疫发现有"中华人民共和国进境植物检疫一、二类危险性病、虫、杂草名录"及"中华人民共和国进境植物检疫潜在危险性病、虫、杂草名录（三类）"中的有害生物的。

(4) 合同或信用证虽无明确规定，但经查验一般生活害虫虫口密度较大，超出我国规定含量标准的。

(5) 废旧物品。

(6) 动植物检疫许可证或其他法律法规规定或要求需进行卫生除害处理的。

2. 卫生除害处理方式

(1) 对来自疫区或法律法规规定的货物、集装箱和运输工具应按相应的卫生除害方法进行卫生除害处理。

(2) 对来自疫区但不适于对货物进行卫生处理的，由卫生除害处理部门商相关施检部门进行相应处理。

3. 对来自重点国家木质包装检疫的卫生除害处理

(1) 出入境检验检疫部门对来自重点国家的货物木质包装按照有关规定进行抽检，并将相关单据转施检部门。

(2) 施检部门对该批货物的木质包装进行检疫。

(3) 对检疫发现病虫害或其他需进行卫生处理的，由施检部门出具检验检疫处理通知书，交卫生除害处理机构实施卫生除害处理。

第七节 出入境检验检疫啤酒花证书

一、概述

(一) 基本定义

"中华人民共和国出入境检验检疫啤酒花证书"简称"出入境检验检疫啤酒花证书"（见本章附件10－9），是指出入境检验检疫部门依据相关法律法规及国际标准，对检验检疫合格的专门出口输往欧盟的啤酒花签发的一种检验证明文件。

(二) 主管部门

1. 主管部门

国家质检总局。

2. 出证部门

国家质检总局各直属出入境检验检疫局及所属分支机构。

(三) 主要作用

1. 出入境检验检疫机构对于输往欧盟各国啤酒花实施监督管理的具体措施；
2. 输往欧盟各国啤酒花的发货人或其代理人凭以办理相关出口手续的重要凭证；
3. 议付货款和证明履约与责任情况的有效凭证；
4. 啤酒花贸易仲裁、诉讼举证的有效证件。

(四) 适用范围

1. 负责对啤酒花进行检验及签署啤酒花证书的出入境检验检疫机构；
2. 输往欧盟各国啤酒花的发货人或其代理人；

3. 输往欧盟各国的啤酒花。

二、出入境检验检疫啤酒花证书项目设置及填制

出入境检验检疫啤酒花证书用于输往欧盟国家的啤酒花，只有部分出入境检验检疫机构才能签发。本证书全部使用英文书写，笔者对相关项目的英文加注了参考译文，供读者参考。

（一）单证名称

本证书的全称为：输往欧盟啤酒花及啤酒花产品证书（ATTESTATION OF EQUIVALENCE FOR THE IMPORTATION OF HOPS AND HOP PRODUCTS INTO THE EUROPEAN ECONOMIC COMMUNTI）。①

（二）证书内容

1. 发货人，请填写发货人与地址全称［Consignor（full name and address）］

本项目填写本证书所列啤酒花及产品的发货人名称及地址。应当填写发货人的全称及详细地址。

2. 编号（No.）

本项目注明本证书的编号，由签发本证书的出入境检验检疫机关统一编制。

3. 收货人，请填写收货人与地址全称［Consignee（full name and address）］

本项目填写本证书所列啤酒花及产品的收货人名称及地址。应当填写收货人的全称及详细地址。

4. 原产地（Country of Origin）

本项目填写本证书所列啤酒花及产品的原产地名称，通常填写为"The People's Republic of China"（中华人民共和国）。

5. 啤酒花产地（Place of Production of Hops）

本项目填写本证书所列啤酒花及产品的产地名称，指本证书所列啤酒花的实际种植地。

6. 收获年份（Harvesting Year）

本项目填写本证书所列啤酒花的收获年份。

7. 加工地点（Place of Processing）

本项目填写本证书所列啤酒花及产品的加工地点名称，指本证书所列啤酒花及产品的实际加工地点。

8. 加工日期（Date of Processing）

本项目填写本证书所列啤酒花及产品的加工日期。

9. 标记、数量、包装种类及数量、商品名称（Mark, numbers, number and kind of packages, Description of the products-Variety）

（1）品名（Description）

本项目填写本证书所列啤酒花及产品的品名，一般是指啤酒花及产品的商品名称。

（2）包装种类（Variety）

本项目填写本证书所列啤酒花及产品的包装种类，如：包、箱等。

（3）植物名称（The Botanic Name）

本项目填写本证书所列啤酒花的植物名称。

（4）包装（Packing）

本项目填写本证书所列啤酒花及产品的包装。

10. 毛重（Gross Weight）

本项目填写本证书所列啤酒花及产品的毛重，具体包括包（bales）、毛重总重（Total Gross Wt.）、米/吨（M/tons）、净重总重（Total Net Wt.）等项目。

11. 证明词（ATTESTATION BY ISSUING AUTHORITY）

（1）证明词。

---

① 括号内英文为单证原文，本章后同。

第十章　出入境检验检疫其他单证

证明词内容如下：

"We hereby duly certify that this attestation is in strict conformity with the new "EE HOP MARKETING ORDER", according to para5.1 column (i.e. EEC No. 1696/71). Thus the enumerated hops hereafter meet the minimum quality standards as contained in the EEC Marketing Order 890/78 para 1."

（参考译文：兹证明该认证严格符合新《EE 啤酒花市场规定》，根据欧共体第 1696/71 号文件，本啤酒花符合欧共体市场规定 890/78 第 1 款基本质量标准。）

（2）签字

本项目由签发本证书的出入境检验检疫部门相关负责人签署姓名。

（3）盖章

本项目由签发本证书的出入境检验检疫部门加盖印章。

12. 发证机关名称，地址全称 [Issuing Authority (full name address)]

本项目注明签发本证书的出入境检验检疫机关的名称全称，以及所在地的详细地址。

13. 欧盟成员国海关当局（RESERVER FOR THE CUSTOMS AUTHORS IN THE COMMUNITY）

本项目由欧盟成员国海关对本证书所列啤酒花及产品进入欧盟国家自由贸易区的情况进行批注。海关当局签署相关情况后应当在本项目内签署官员姓名，并加盖印章。通常表述如下：

"The products described above have been put into free circulation.

This attestation has been replaced by _____ abstracts."

（参考译文：上述产品已进入自由贸易区。该认证已被 _____ 取代。）

（四）重要事项（IMPORTANT NOTES）

本项目提示本证书的使用者相关注意事项，具体内容如下：

"1. This attestation and the two copies must be submitted to the customs authorities in the Community when the products are put into free circulation or when the consignment is split up before it is put into free circulation.

2. Therefore, after having endorsed the attestations and the two copies, the customs authorities in the Community retain the original, return one copy to the declarant and forward the other copy to the authorities responsible for hops in the Member State concerned."

（参考译文：在本产品进入到自由贸易区或在进入自由贸易区分批寄售前，本证书及两份副本必须送交海关当局。因此，本证书拥有二份副本，海关保留正本，将一份副本退还报关人，另一份副本交成员国当局。）

三、啤酒花相关知识

（一）啤酒花的基本概念

"啤酒花"又称酒花、忽布、酵母花、霍蒲等，是一种多年生缠绕草本植物，为贵重经济作物。

啤酒花的拉丁学名为"Humulus lupulus"，属蔷薇目（Rosales），大麻科（Cannabaceae）。

（二）啤酒花的产地分布

啤酒花原产于欧洲、美洲和亚洲。在我国新疆自治区北部、东北、华北及甘肃省等均有栽培。

我国最早种植啤酒花是在 1921 年，始于黑龙江省尚志县一面坡，其后在山东省、北京市、内蒙古自治区、辽宁省、河北省、浙江省、上海市引种，目前我国最大的啤酒花种植基地在新疆自治区，另外甘肃省、宁夏自治区、内蒙古自治区也有规模种植。我国生产的啤酒花主要销往欧美地区的啤酒生产大国。

（三）啤酒花的主要用途

啤酒花的主要用途是作为啤酒加工的重要原料，使啤酒带有芳香的苦味和特有的香味。另外还可用于面包防腐和帮助发酵、生产美容美发化妆品，以及用作中成药的原料。

啤酒花在啤酒的酿造过程中，具有不可替代的作用：

1. 使啤酒具有清爽的芳香气、苦味和防腐力。酒花的芳香与麦芽的清香赋予啤酒含蓄的风味。啤酒花本身就是一种天然的防腐剂，它在赋予啤酒特别的香味的同时，也延长了啤酒的保存期。

2. 形成啤酒优良的泡沫。啤酒泡沫是酒花中的异律草酮和来自麦芽的起泡蛋白的复合体。优良的酒花和麦芽，能酿造出洁白、细腻、丰富且挂杯持久的啤酒泡沫。

3. 有利于麦汁的澄清。在麦汁煮沸过程中，由于酒花的添加，可将麦汁中的蛋白络合析出，从而起到澄清麦汁的作用，酿造出清纯的啤酒。

4. 啤酒花强烈的酒花味道能够平衡麦芽汁的自然甜度并激发食欲。原始的啤酒因为添加了蜜糖或枣椰子，味道比较甜美，但并不十分解渴，这是掺啤酒花酿造而成的啤酒在整个中世纪十分流行的原因。

（四）啤酒花的检验与包装运输

1. 啤酒花的感官标准

（1）球果松果形，卵形，花被着生紧密，闭合服贴美观。

（2）球果黄绿色，无杂色斑点，光泽良好。

（3）花体完整，大小均匀，夹杂物少。

（4）果轴细小，少或无种子。

（5）花萼基部内外含有较多的拟花粉，呈金黄色，透明而有粘性。

（6）具有浓郁清香味，不能带酸臭味、牛酪味、苹果酸味等。

（7）有爽快的苦味，舌尖的感觉无辣味及麻味。

（8）酒花含水分要适宜，手摸有潮感，花被不大会破碎，含水量适宜。

2. 啤酒花的主要成分

啤酒花中含200种以上的化学成分，主要成分有蛇麻素、γ酸、β酸、同律草酮、香叶烯律草烯、丁子香烯、法呢烯等。

3. 啤酒花的检验

啤酒花理化项目的检验应按照GB10347.2—89进行。

4. 啤酒花的包装

每包压缩啤酒花净重为50千克，压缩啤酒花内衬中皮纸和聚乙烯塑料膜，包装白布和麻布，包的正面和背面各置三根竹片，打六道烤蓝带钢箍。包装应当严密、整齐，不得有漏缝和破包。颗粒啤酒花用聚乙烯塑料袋或内衬聚乙烯的铝复合包装袋包装，也可采用聚乙烯塑料桶或马口铁桶，均必须真空或充惰性气体包装，每袋的重量可按袋子（桶）大小和数量酌情而定。

5. 啤酒花的贮存

在干燥、避光、4℃以下的环境中贮存，货物底部必须垫有一定高度的不透水材料，严禁露天存放。

第八节　其他出入境货物相关检验检疫单证

一、概述

（一）基本定义

本节所介绍的"其他出入境货物相关检验检疫单证"主要包括：

1. 中华人民共和国出入境检验检疫入境货物检验检疫情况通知单（以下简称入境货物检验检疫情况通知单）；

2. 中华人民共和国出入境检验检疫出境货物不合格通知单（以下简称出境货物不合格通知单）；

3. 中华人民共和国出入境检验检疫入境货物检验检疫证明（以下简称入境货物检验检疫证明）；

4. 中华人民共和国出入境检验检疫出境货物换证凭单（以下简称出境货物换证凭单）；

5. 中华人民共和国出入境检验检疫抽/采样凭证（以下简称抽/采样凭证）。

（二）主管部门

1. 主管部门

国家质检总局。

2. 出证部门

国家质检总局各直属出入境检验检疫局及所属分支机构。

（三）主要作用

1. 入境货物检验检疫情况通知单是出入境检验检疫部门通报对相关入境货物实施检验检疫有关情况的书面文件。

2. 出境货物不合格通知单是出入境检验检疫部门对出境货物实施检验检疫，向检验检疫不合格出境货物发货人或其代理人通报有关情况的书面文件。

3. 入境货物检验检疫证明是出入境检验检疫部门对入境货物实施检验检疫后，签发的用以证明相关情况的文件。

4. 出境货物换证凭单是出入境检验检疫部门签发给出境货物的发货人或其代理人，凭以向出境口岸出入境施检验检疫机关换取出境货物相关检验检疫单证的凭证。

5. 抽/采样凭证是出入境检验检疫部门在对进出境货物实施检验检疫时，开具给进出境货物的收发货人或其代理人，用以作为出入境检验检疫机关抽取或采集检验检疫货物样品的证明凭据。

二、出入境货物相关检验检疫单证项目设置及填制

（一）入境货物检验检疫情况通知单项目设置及填制

本单证样本见本章附件 10 – 10。

1. 编号

本项目注明本通知单的编号，由出入境检验检疫机关统一编制。

2. 收货人

本项目填写本通知单所列检验检疫入境货物的收货人名称。

3. 发货人

本项目填写本通知单所列检验检疫入境货物的发货人名称。

4. 品名

本项目填写本通知单所列检验检疫入境货物的品名，一般填写合同规定的检验检疫入境货物的商品名称。

5. 提/运单号

本项目填写本通知单所列检验检疫入境货物的提单编号或运单编号。

6. 报检数/重量

本项目填写本通知单所列检验检疫入境货物的报检数量及重量。

7. 合同号

本项目填写本通知单所列检验检疫入境货物的合同编号，指贸易双方就本通知单所列货物入境而签订的贸易合同、订单、成交确认书的编号。

8. 运输工具名称

本项目填写本通知单所列检验检疫入境货物的运输工具名称，指载运本通知单所列入境货物的国际运输工具名称。没有确定运输工具编号的，可填写运输工具类别。明确运输方式没有明确运输工具的，可填写"陆运"（By Land）、"空运"（By Air）、"海运"（By Sea）。

9. 入境口岸

本项目填写本通知单所列检验检疫入境货物的入境口岸名称。

10. 入境日期

本项目填写本通知单所列检验检疫入境货物的入境日期,指载运本通知单所列入境货物运输工具申报进境的日期。

11. 标记及号码

本项目注明本通知单所列检验检疫入境货物的标记及号码。本"标记及号码"又称"唛头",是指国际贸易合同、发货单据中有关标志事项的基本部分,通常由一个简单的几何图形及字母、数字等组成。一般应当按照货物实际运输包装的标记填写,没有标记的填写"N/M"或注明"散装"、"裸装"。

12. 检验检疫结果

(1) 检验检疫结果。

本项目由签发本通知单的出入境检验检疫机构签署对入境货物检验检疫的结果。

(2) 签字。

本项目由签发本通知单的出入境检验检疫机构主管人员签署姓名。

(3) 日期

本项目由签发本通知单的出入境检验检疫机构签署签发日期。

13. 备注

本项目填写本通知单需加以特别说明的相关事项,以及应当填写的其他相关内容。

(二) 出境货物不合格通知单项目设置及填制

本单证样本见本章附件 10 - 11。

1. 编号

本项目注明本通知单的编号,由出入境检验检疫机构统一编制。

2. 货主

本项目由填写本通知单所列检验检疫不合格出境货物的发货人名称。

3. 品名

本项目填写本通知单所列检验检疫不合格出境货物的品名。一般填写合同规定的出境货物的商品名称。

4. 报检数/重量

本项目填写本通知单所列检验检疫不合格出境货物的报检数量及重量。

5. 包装种类及数量

本项目填写本通知单所列检验检疫不合格出境货物的包装种类及数量。

6. 生产厂及注册号

本项目填写本通知单所列检验检疫不合格出境货物的生产厂家名称及注册编号。

7. 标记及号码

本项目填写本通知单所列检验检疫不合格出境货物的标记及号码。本"标记及号码"又称"唛头",是指国际贸易合同、发货单据中有关标志事项的基本部分,通常由一个简单的几何图形以及字母、数字等组成。一般应当按照货物实际运输包装的标记填写,没有标记的填写"N/M"或注明"散装"、"裸装"。

8. 检验检疫依据

本项目填写出入境检验检疫机关对于本通知单所列出境货物进行检验检疫的法律依据。

9. 不合格原因

本项目填写本通知单所列检验检疫不合格出境货物的不合格原因。

10. 处理意见

(1) 处理意见。

本项目由负责对本通知单所列出境货物进行检验检疫的出入境检验检疫机关签署对于不合格出境货物的处理意见。

（2）签字。

本项目由负责对本通知单所列出境货物进行检验检疫的出入境检验检疫机关主管人员签署姓名。

（3）日期。

本项目由负责对本通知单所列出境货物进行检验检疫的出入境检验检疫机关签署签发日期。

11. 备注

本项目填写本通知单需加以特别说明的相关事项，以及应当填写的其他相关内容。

（三）入境货物检验检疫证明项目设置及填制

本单证样本见本章附件10-12。

1. 编号

本项目注明本证明的编号，由签发本证明的出入境检验检疫机关统一编制。

2. 收货人

本项目填写本证明所列入境检验检疫货物的收货人名称，一般应当填写收货人的全称。

3. 发货人

本项目填写本证明所列入境检验检疫货物的发货人名称，一般应当填写发货人的全称。

4. 品名

本项目填写本证明所列入境检验检疫货物的品名，一般填写合同规定的入境货物的商品名称。

5. 报检数/重量

本项目填写本证明所列入境检验检疫货物的报检数量及重量。

6. 包装种类及数量

本项目填写本证明所列入境检验检疫货物的包装种类及数量。

7. 输出国家或地区

本项目填写本证明所列入境检验检疫货物的输出国家或地区名称。

8. 合同号

本项目填写本证明所列入境检验检疫货物的合同编号，指贸易双方就本证明所列货物入境而签订的贸易合同、订单、成交确认书的编号。

9. 提/运单号

本项目填写本证明所列入境检验检疫货物的提单编号或运单编号。

10. 入境口岸

本项目填写本证明所列入境检验检疫货物的入境口岸名称。

11. 入境日期

本项目填写本证明所列入境检验检疫货物的入境日期，指载运本证明所列入境货物运输工具的申报进境日期。

12. 标记及号码

本项目填写本证明所列入境检验检疫货物的标记及号码。本"标记及号码"又称"唛头"，是指国际贸易合同、发货单据中有关标志事项的基本部分，通常由一个简单的几何图形及字母、数字等组成。一般应当按照货物实际运输包装的标记填写，没有标记的填写"N/M"或注明"散装"、"裸装"。

13. 证明

（1）证明词。

本项目由负责检验检疫的出入境检验检疫机关签署对于本证明所列入境货物检验检疫的证明词。

（2）签字。

本项目由负责对本证明所列入境货物进行检验检疫的出入境检验检疫机关主管人员签署姓名。

(3) 日期。

本项目由负责对本证明所列入境货物进行检验检疫的出入境检验检疫机关签署签发本证明日期。

14. 备注

本项目填写本证明需加以特别说明的相关事项,以及应当填写的其他相关内容。

(四) 出境货物换证凭单项目设置及填制

本单证样本见本章附件 10 – 13。

1. 类别

本项目注明本凭单的类别。

2. 编号

本项目注明本凭单的编号,由签发本凭单的出入境检验检疫机关统一编制。

3. 发货人

本项目注明本凭单所列出境货物的发货人名称,一般填写发货人的全称。

4. 收货人

本项目注明本凭单所列出境货物的收货人名称,一般填写发货人的全称。

5. 品名

本项目注明本凭单所列出境货物的品名,一般应当填写合同规定的出境货物的商品名称。

6. H. S. 编码

本项目注明本凭单所列出境货物的 HS 编码,指本凭单所列出口货物在《税则》目录中的具体商品编码。

7. 报检数/重量

本项目注明本凭单所列出境货物的报检数量及重量。

8. 包装种类及数量

本项目注明本凭单所列出境货物的包装种类及数量。

9. 申报总值

本项目注明本凭单所列出境货物的申报总值。

10. 标记及号码

本项目注明本凭单所列出境货物的标记及号码。"标记及号码"又称"唛头",是指国际贸易合同、发货单据中有关标志事项的基本部分,通常由一个简单的几何图形及字母、数字等组成。一般应当按照货物实际运输包装的标记填写,没有标记的填写"N/M"或注明"散装"、"裸装"。

11. 产地

本项目注明本凭单所列出境货物的产地名称,指本凭单所列出境货物的生产加工地区。

12. 生产单位(注册号)

本项目注明本凭单所列出境货物的生产单位名称及注册编号。

13. 生产日期

本项目注明本凭单所列出境货物的生产日期。

14. 生产批号

本项目注明本凭单所列出境货物的生产批号。

15. 包装性能检验结果单编号

本项目注明本凭单所列出境货物的包装性能检验结果单的编号。

16. 合同/信用证号

本项目注明本凭单所列出境货物的合同编号或信用证编号。

17. 运输工具名称及号码

本项目注明本凭单所列出境货物的运输工具名称及号码。明确运输方式没有明确运输工具的,可填写"陆运"(By Land)、"空运"(By Air)、"海运"(By Sea)。

18. 输往国家或地区

本项目注明本凭单所列出境货物的输往国家或地区名称。

19. 集装箱规格及数量

本项目注明本凭单所列出境货物的集装箱规格及数量。

20. 发货日期

本项目注明本凭单所列出境货物的发货日期。通常是指出口货物装载出境运输工具的日期。

21. 检验依据

本项目填写出入境检验检疫机关对于本凭单所列出境货物进行检验检疫的法律依据。

22. 检验检疫结果

(1) 检验检疫结果。

本项目负责对本凭单所列出境货物进行检验检疫的出入境检验检疫机关签署检验检疫的结果。

(2) 签字。

本项目由负责对本凭单所列出境货物进行检验检疫的出入境检验检机关主管人员签署姓名。

(3) 日期。

本项目由负责对本凭单所列出境货物进行检验检疫的出入境检验检机关签署签发日期。

23. 本单有效期

本项目由出入境检验检机关签署本凭单的有效期,一般表述为:"截止于××××年××月××日"。

24. 备注

本项目填写本凭单需加以特别说明的相关事项,以及应当填写的其他相关内容。

25. 分批出境核销栏

(1) 日期。

本项目填写本凭单所列货物分批出境的日期。

(2) 出境数/重量。

本项目填写本凭单所列货物分批出境的出境数量或重量。

(3) 结存数/重量。

本项目填写本凭单所列货物分批出境的结存数量或重量。

(4) 核销人。

本项目由负责办理本凭单货物分批出境核销手续的出入境检验检疫主管人员签署姓名。

26. 说明

本项目为本凭单的说明,具体内容如下:

"(1) 货物出境时,出境口岸检验检疫机关查验货证相符,且符合检验检疫要求的予以签发通关单或换发检验检疫证书;

(2) 本单不作为国内贸易的品质或其他证明;

(3) 涂改无效。"

(五) 抽/采样凭证项目设置及填制

本单证样本见本章附件10-14。

1. 抽/采样地点

本项目填写出入境检验检疫机关抽取、采集货物样品的地点。

2. 编号

本项目注明本凭证的编号,由本凭证的主管部门统一编制。

3. 报检单位
本项目填写出入境检验检疫机关抽取、采集样品的货物的报检单位名称。

4. 货主
本项目填写出入境检验检疫机关抽取或采集样品的进出境货物的货主名称，指本凭证所列进境货物的收货人或发货人。

5. 品名
本项目填写出入境检验检疫机关抽取或采集样品的进出境货物的品名，指本凭证所列进出境货物的商品名称。

6. H.S.编码
本项目填写出入境检验检疫机关抽取或采集样品的进出境货物的 HS 编码。

7. 产地
本项目填写出入境检验检疫机关抽取或采集样品的进出境货物的产地，指种植、养殖及生产或加工本凭证所列进境货物或出境货物的国家或地区。

8. 标记及号码
本项目填写出入境检验检疫机关抽取或采集样品的进出境货物的标记及号码。"标记及号码"又称"唛头"，是指国际贸易合同、发货单据中有关标志事项的基本部分，通常由一个简单的几何图形以及字母、数字等组成。

9. 样品规格及数量
本项目填写出入境检验检疫机关抽取或采集的货物样品的规格及数量。

10. 抽/采样依据
本项目填写出入境检验检疫机关抽取或采集货物样品的依据，指出入境检验检疫机关抽取或采集本凭证所列货物样品的法律依据。

11. 备注
本项目填写本凭证需加以特别说明的相关事项，以及应当填写的其他相关内容。

12. 货主签字
本项目由出入境检验检疫机关抽取或采集货物样品的货主签署姓名，指货物样品的出入境货物的发货人、收货人或其代理人。

13. 抽/采样人员签字
本项目由出入境检验检疫机关负责抽取或采集本凭证货物样品的人员签署姓名。

14. 注
本项目提示本凭证相关注意事项，具体内容为："本单无出入境检验检疫机关业务印章无效。"

15. 使用说明
本项目提示本凭证各联的具体使用方法：第一联由货主收执，第二联由开具本凭证的出入境检验检疫局留存备查。

三、出入境货物检验检疫须知及注意事项

（一）出入境检验检疫签证管理
1. 出入境检验检疫签证工作由检务部门统一管理。
2. 各地出入境检验检疫机构（以下简称检验检疫机构）检务部门集中办（受）理报检、计费、签证、放行等事项，不能集中办理的，由检务部门委托有关部门办理。
3. 检验检疫签证流程包括受理报检、计费、收费、施检部门出具结果和证稿、核签、检务审核证稿、制证单、校核、发证单、归档等。
4. 各级检务部门统一受理报检、签证、通关与放行、计费等事宜的查询。

（二）出入境检验检疫签证的受理报检

1. 受理报检范围：

（1）国家法律法规规定必须由出入境检验检疫机构检验检疫的；

（2）输入国规定必须凭检验检疫机构出具的证书方准入境的；

（3）有关国际条约规定须经检验检疫的；

（4）申请签发原产地证明书及普惠制原产地证明书的。

2. 检务人员在接受报检时，应认真审核报检单填写的内容、应附的单据，发现有不真实、不齐备、涂改等不符合规定的，要求报检人重新填写。经审核无误后进行登记、编号、计收费并及时交有关部门。

对于报检时由于特殊原因不能提交应附单证的，经批准后，可予办理报检手续，但须报检人在规定的期限内补齐所需单证。

3. 报检单/申请单编号实行全系统统一编号。

4. 受理入境报检。

（1）入境货物由到货口岸或到达站的检验检疫机构受理报检。

动物、大宗散装货物，易腐烂变质货物，废旧物品，卸货时发现残损或者数量、重量短缺的货物，以及其他需在卸货口岸检验检疫的货物，应由口岸检验检疫机构受理报检，其他货物按规定由收、用货地的检验检疫机构受理报检。

（2）受理入境货物报检时，要求报检人提供报检单及与检验检疫有关的对外贸易合同发票、提单、装箱单、输出国家或地区的官方检疫证书、产地证等单证，其他应提供的单证按《出入境检验检疫报检规定》办理。

（3）对预期不能在索赔截止日期内完成检验检疫工作的，应要求报检人对外办理延长索赔期以保留索赔权。

（4）入境的运输工具及其员工在入境前或入境时，由口岸检验检疫机构受理报检/申报。受理报检时应要求报检人提供检疫证明并报告人员健康状况。

（5）入境旅客在入境时，口岸检验检疫机构应要求其提交入境检疫申明卡，经审核后予以放行、隔离、留验等。

5. 受理出境报检。

（1）受理出境货物报检时，应要求报检人提供报检单及与检验检疫有关的对外贸易合同（售货确认书或函电）、发票、装箱单、信用证等单证。其他应提供的单证按《出入境检验检疫报检规定》办理。

（2）检务人员在受理报检时，如发现信用证与合同不一致，应要求报检人对合同或信用证进行修改，不能修改的以信用证为准。

（3）对凭出境货物换证凭单报检的，应要求报检人提供换证凭单正本及有关单证。

（4）在受理出境运输工具、集装箱报检时，应要求报检人提供检疫证明并报告人员健康状况。

（5）在接受出境人员申请办理国际旅行健康证明书及预防接种证明时，应要求其提供本人有效证件（护照或居民身份证）。

（三）出入境检验检疫签证的签发

1. 检验检疫机构出具的检验检疫证单（包括原产地证明书和普惠制原产地证明书）由检务部门统一对外签发。

2. 检验检疫证单编号必须与报检单编号相一致。同一批货物分批出证的，在原编号后加 -1、-2、-3……以示区别。

3. 中英文签证印章适用于签发证书（含 C.O 证书）、中外文凭单及国外关于签证的查询；检验检疫专用印章适用于签发中文凭章及国内关于签证的查询。

4. 带有"FORM A"字样的中英文签证印章适用于签发普惠制原产地证明书及国内外关于普惠制原产地证明书的查询。

5. 两页或两页以上的证书，用签证印章加盖骑缝。

6. 检验检疫证书一般由一正三副组成，其中一正二副对外签发，一份副本作为留存备案。

7. 国外对检验检疫证书有备案、注册要求的，由国家质检总局统一办理。

8. 检验检疫证单分别由官方兽医、检疫医师、医师、授权签字人签发。向国外官方机构备案的签字人，相关证书须由备案的签字人签发。证单实行手签制度。

（四）出入境检验检疫签证的证书文字和文本

1. 检验检疫证书必须严格按照国家质检总局制定或批准的格式，分别使用英中、中英文合璧签发。如报检人有特殊要求需要使用其他语种签证的，也应予以办理。签发两个语种或多语种证书时，必须中外文合璧缮制。

索赔的证书使用中英文合璧签发，根据需要也可使用中文签发。

2. 证书一般只签发一份正本。报检人要求两份或两份以上正本的，经审批可以签发，但必须在证书备注栏内声明"本证书是×××号证书正本的重本"。

3. 证书的数量、重量栏目中数字的左右应加限制符号"-"；证书的证明内容编制结束后，应在下一行中间位置打上结束符号"＊＊＊＊＊＊＊＊＊＊"。

要求或需要加注证明内容以外的有关项目，应加注在证书结束符号以下的备注栏内。

4. 用于索赔、结算等的证书应在备注栏内加注检验检疫费用。

（四）出入境检验检疫签证的证单日期和有效期

1. 检验检疫证单一般应以检讫日期作为签发日期。

2. 出境货物的出运期限及检验检疫证单的有效期：

（1）一般货物为 60 天；

（2）植物和植物产品为 21 天，北方冬季可适当延长至 35 天；

（3）鲜活类货物为 14 天；

（4）交通工具卫生证书，用于船舶的有效期为 12 个月，用于飞机、列车的有效期为 6 个月。除鼠/免予除鼠证书为 6 个月。

（5）国际旅行健康证明书有效期为 12 个月，预防接种证书的有效时限参照有关标准执行。

（6）换证凭单以标明的检验检疫有效期为准。

3. 检务部门签发证单，应在出境 2 个工作日、入境 5 个工作日内完成，特殊情况除外。

（五）出入境检验检疫签证的更改、补充或重发

1. 检验检疫证单发出后，报检人提出更改或补充内容的，应填写更改申请单，经检务部门审核批准后，予以办理。

更改、补充涉及检验检疫内容的，须经施检部门核准。品名、数（重）量、检验检疫结果、包装、发货人、收货人等重要项目更改后与合同、信用证不符的，或者更改后与输出、输入国法律法规规定不符的，均不能更改。

2. 申请重发证单的，应收回原证单，不能退回的，要求申请人书面说明理由，经法定代表人签字、加盖公章，并在指定的报纸上声明作废，经检务部门负责人审批后，可重新签发。

3. 更改、补充或重发的证单延用原证编号，更改证书在原证编号前加"R"，补充证书在原证编号前加"S"，重发证书在原证编号前加"D"；并根据情况在证书上加注"本证书/单系×××号证书的更正/补充"或"本证书/单系×××号证书的重本，原发×××号证书/单作废"。

（六）出入境检验检疫签证的并批和分批签发

1. 并批出境的货物，由施检部门核准并批后，检务部门办理通关、出证手续。

2. 分批出境的货物，经施检部门核准分批，在出境货物换证凭单正本上核销本批出境货物的数量

并留下影印件备案,检务部门办理分批通关、出证手续。换证凭单正本由检务部门退回报检人,整批货物全部出境后收回换证凭单正本存档。

(七)出入境检验检疫签证的代签和汇总出证

1. 应申请人要求,口岸检验检疫机构经原签证机构书面委托,可对原证书的内容进行更改或补充。

2. 入境货物一批到货分拨数地的,由口岸检验检疫机构出证。因特殊情况不能在口岸进行整批检验检疫的,可办理易地检验检疫手续,由口岸检验检疫机构汇总有关检验检疫机构出具的检验检疫结果出证;口岸无到货的,由到货最多地的检验检疫机构汇总出证,如需口岸检验检疫机构出证的,应由该口岸检验检疫机构负责组织落实检验检疫和出证工作。

3. 入境货物发生品质、重量或残损等问题,应根据致损原因、责任的对象不同,分别出证。因多种原因造成综合损失的变质、短重或残损,可以汇总出证,但应具体列明不同的致损原因。

(八)出入境检验检疫签证的代签和汇总出证

1. 检验检疫证稿应符合有关法律法规和国际贸易通行做法,用词准确,文字通顺,符合逻辑,并应按规定的证稿规范拟制。涉及品质检验的证稿应包括抽(采)样情况、检验检疫依据、检验检疫结果、评定意见等四项基本内容。

2. 入境货物经检验检疫合格的,其证稿由施检人员签字,部门主管人员核签。

3. 入境货物检验检疫不合格,对外索赔的检验检疫证书,其证稿必须由施检部门的负责人审核,几个部门检验检疫的,应进行会签。属于以下情况的,应由施检部门负责人召集相关人员进行讨论并报分管局长核定:

(1)案情复杂、索赔数额较大或损失较大的;

(2)其他机构检验或收用货单位自行验收,其结果与检验检疫机构检验检疫结果相差较大的;

(3)办理易地检验检疫汇总出证,汇总签证机构需要改变原评定意见的;

(4)外商投资财产价值鉴定核定价与报价相差较大的。

4. 出境货物检验检疫合格的,其证稿由施检人员拟制并签字,部门主管人员核签,经检验检疫不合格的,还需施检部门负责人核签。

5. 现场签证的,经检务部门批准,施检人员直接签发证单,但必须及时补办核签手续。

(九)出入境检验检疫签证的通关与放行

1. 出入境货物一律凭报关地检验检疫机构签发的入境货物通关单或出境货物通关单通关。

2. 入境货物由报关地检验检疫机构签发入境货物通关单。

(1)在入境口岸本地实施检验检疫的,签发入境货物通关单(两联)。

(2)需由异地检验检疫机构施验的,签发入境货物通关单(四联)。

(3)经查验不合格,可进行检疫处理的,签发入境货物通关单。经查验不合格又无有效检疫处理方法的,作退货或销毁处理。

3. 各检验检疫机构对经检验检疫合格的出境货物,在本地报关的,签发出境货物通关单和有关证书;在异地报关的,签发出境货物换证凭单和有关证书,报关地检验检疫机构凭上述出境货物换证凭单对货物进行查验,货证相符的换发出境货物通关单。

4. 出境货物经检验检疫合格的,检务部门凭施检部门检验检疫结果报告单或签署的意见,签发有关证单。

由两个或两个以上部门施检的货物,检务部门凭检验检疫结果报告单和本局指定的施检部门负责人的签字,签发有关证单。

5. 出入境运输工具、集装箱,符合检疫要求的,签发检疫证书予以放行。需卫生除害处理的,处理后签发卫生处理证书予以放行。

6. 对应接受检疫的入境人员,查核其入境检疫申明卡和国际预防接种证书;对应接受检疫的出境人员，检查其国际预防接种证书或国际旅行健康证明书，合格的予以放行。

（十）出入境检验检疫签证的证单、签证印章及检务档案管理

1. 国家质检总局统一印制并管理检验检疫证单。下发至各地检验检疫机构的证单，由各地检验检疫机构的检务部门负责管理。各地检验检疫机构要建立、健全证单领用、发放和核销等规章制度。检验检疫证单要由专人保管、专库存放，作废证单应逐份核销。

2. 国家质检总局颁发的签证印章由各地检验检疫机构检务部门统一管理和使用，做到专人保管，专人使用。

3. 建档或对外备案所需的证单样本，须经检务部门负责人审批同意，并加盖"样本"戳记。

4. 检务档案包括报检单及所附单证检验检疫原始记录、证稿、证单存档联等资料。

5. 检务档案保管期限：一般出境检验检疫档案为3年；入境检验检疫档案为4年；涉及重大案（事）件、典型案例或入境货物检验检疫发现一类有害生物的档案，作长期或永久保存。

（十一）出入境检验检疫签证的签证人员职责

1. 检务部门负责人：负责贯彻落实出入境检验检疫法律法规及有关规章；统一管理签证和证书质量把关工作；建立差错登记制度；协调和处理涉及各检验检疫部门及有关单位的签证业务；组织编制证书用语及收集国外证书样本。

2. 施检部门负责人：负责本部门的检验检疫证稿拟制及相应的管理工作，严格执行分级核签把关制度，保证证稿质量。

3. 受理报检人员：负责受理报检，审核报检单内容填写是否完整，应附的单据资料是否齐全、符合规定，索赔或出运是否超过有效期。审核无误后进行登记编号。经计/收费后，将报检单及所附资料按流程规定转施检部门。负责检务一般业务的咨询。

4. 施检人员：收到报检单及所附资料后，依照报检单所列内容，按检验检疫规程施检，出具检验检疫结果并按有关规定正确地拟制证稿。出具外文证书的，应将证稿准确地译成外文。

5. 核签人员：审核原始记录和证稿，对符合要求的，按流程规定核签后交检务部门。

6. 检务审核人员：审核报检单和证稿内容是否符合法律法规规定，是否与合同、信用证规定相符，译文是否正确。对不符合要求的证稿提出修改意见或退回施检部门。负责办理在证书上加注证明内容以外的有关项目。

7. 制证人员：正确使用各种证单。严格按照证稿内容缮制证单，做到排版得当，证面清晰、整洁、美观。将缮制完毕的证单及时送交校核人员。按规定做好领用证单的保管、核销。

8. 校核人员：审核所用证单是否符合规定；证单内容是否与证稿相一致，有无错字、漏字，证面是否清晰、整洁、美观。发现有差错或不符合规定的，退回有关人员。

9. 被授权的签字人员：审核证稿结果和用语是否正确、所用证单是否符合规定，与合同、信用证及有关签证规定是否相符。审核无误后在证书上签名。

10. 发证人员：负责对经签署的证单加盖签证印章，核实报检人已交纳检验检疫费后，办理发证手续，并将证书副本、证稿、报检单及所附资料整理归档。

11. 证单管理人员：负责提出证单的使用计划，经领导批准后报国家质检总局。负责证单清点入库、建账、分类保管和发放。发放证单凭领导批准的领用单按流水号发放、登记、核销。

（十二）出入境检验检疫签证的其他规定

1. 对外签发的出入境检验检疫证书如有有关当事人提出查询的，应由检务部门受理后转相关部门及时查明原因，提出处理意见，并根据情况报主管局长批准后答复。

2. 司法鉴定业务、行政机关委托的检验鉴定业务、对外贸易合同及信用证规定由检验检疫机构出证的检验鉴定业务，以及其他委托检验和鉴定业务，参照《出入境检验检疫报检规定》执行。

3. 检务部门负责对报检单位实行登记备案、代理报检单位实行注册登记制度。对报检人员和代理报检人员进行培训、考核合格后发证，凭证报检。

(十三) 出境货物换证凭单及凭条

1. 凭单、凭条的主要区别

出境货物换证凭单是指货物经产地检验检疫合格后签发的凭以到出境口岸检验检疫机构申请查验、换取出境货物通关单的一个证明文件。

出境货物换证凭条是指由产地检验检疫机构实行出境电子转单后产生的一个数据凭条，是实行了电子转单的一个证明文件，作用也是到出境口岸检验检疫机构申请查验换取出境货物通关单。

出境电子转单是指通过系统网络，将产地检验检疫机构和口岸检验检疫机构的相关信息相互连通，出境货物经产地检验检疫机构合格后，相关电子信息传输到出境口岸检验检疫机构。

2. 凭单、凭条的使用与优缺点

凭单、凭条的相同点是，这两个文件都是在报检地与出境地不同的情况下，凭以去出境地检验检疫机构换取正本出境货物通关单的凭证。

出境货物换证凭单可以一次报检，分批核销。也就是说可以一次将货物进行检验然后分批出口。使用时必须带换证凭单正本到出境地核销并换通关单。通常情况下是由产地检验检疫机构的货主将正本快递到出境口岸检验检疫的关系人手里。出境货物换证凭条是该批货物实行了出境电子转单的凭证。出境口岸检验检疫的关系人只需凭换证凭条上的"转单号、密码、报检单号"或者换证凭条的"传真件"就可以到出境地检验检疫机构换取出境货物通关单。

综上，换证凭单速度慢，需要正本，但有效期较长，不同的货物有效期也不同，大多数有效期可长达半年至一年，甚至可以更长，可以一次报检分批核销；换证凭条速度快，无须正本，货物不能分批核销，需要一批一证，而且有效期较短，货物不同，凭条的有效期不同，通常情况下约为1~3个月。

3. 凭单、凭条的应用情况

目前多数产地机构与口岸机构已经实行联网，能够实行电子转单，由于其方便、快捷，大多数企业愿意选择换证凭条，实际工作当中也是使用换证凭条的情况多一些。但是由于换证凭条受到某些方面的限制，现在还不可能完全取代换证凭单，例如产地与出境口岸未通过网络连通的，或者一批货物出境口岸暂时不明确的、出境货物在产地预检的等，这些情况暂时都不能实行电子转单，一般会选择使用换证凭单。另外，货物需要较长的有效期时或者需要分批核销一般也选择换证凭单。如果企业考虑成本因素，也会选择换证凭单而非换证凭条，因为换证凭条需要一批一证，成本要高出许多。

4. 凭出境货物换证凭单换证的办理手续

需由报检员通过企业端电子报检软件或自助终端录入出境货物换证凭单有关信息，打印出境货物报检单，然后持报检单和换证凭单到离境口岸检验检疫局办理换证手续。

附件10-1：进口机动车辆检验证明样本

  中华人民共和国出入境检验检疫
进口机动车辆检验证明

编号_____

_____：

下列进口车辆业经检验合格，请按车辆管理有关规定办理行车牌证。

使用单位 _____

车辆名称 _____

规格型号 _____

生产国别 _____

发动机号 _____

底盘(车架)号 _____

车辆识别代号(VIN) _____

签字：_____   日期：____年____月____日

本证明无签字及检验检疫机关业务印章无效。

B　　　　　　　　① 办理行车牌证　　　　　　[5-2(2000.1.1)]

附件10－2：进口机动车辆随车检验单样本

中华人民共和国出入境检验检疫
进口机动车辆随车检验单

报检单位：　　　　　　　电话：　　　　　　编号_____

收货人	（中文）
	（外文）
发货人	（中文）
	（外文）

入境日期		合同号	
发货港（外文）		发票号	
卸货港		发票所列数量	
运输工具		提/运单号	
品名及型号（中、外文）		提/运单日期	
		质量保证期	
发动机号		标记及号码	
底盘（车架）号			
车辆识别代号(VIN)			

检验情况

1. 一般项目检验

样本 Sample

2. 安全性能检验

签字：　　　　　　日期：　　年　　月　　日

注：1. 用户办理正式行车牌证前持第一联并车辆到当地检验检疫机关办理换证手续；
　　2. 销售单位凭第二联到当地工商行政管理部门办理进口汽车国内销售备案手续；
　　3. 在质量保证期内，车辆不得改装。如遇质量问题，到当地检验检疫机关申请检验，检验检疫机关凭本单出具证书；
　　4. 本单应妥善保管，切勿遗失。涂改及复印件无效。

B　　　　　　　　　　① 办理换证　　　　　　　　[3-1(2000.1.1)]

附件10-3：尸体/棺柩/骸骨/骨灰入/出境许可证样本

中华人民共和国出入境检验检疫
ENTRY-EXIT INSPECTION AND QUARANTINE
THE PEOPLE'S REPUBLIC OF CHINA

尸体 / 棺柩 / 骸骨 / 骨灰入 / 出境许可证
PERMIT FOR IMPORTATION/EXPORTATION OF CORPSE/
COFFIN WITH CORPSE/HUMAN REMAINS/BONE ASHES

编号 No._____

死者姓名　　　　　　　　　　　　国籍
Name of the Dead _____ Nationality _____

性别　　　　　　　　　　　　　　出生日期
Sex _____ Date of Birth _____

死亡日期
Date of Death _____

死亡原因
Cause of Death _____

上列尸体 / 棺柩 / 骸骨 / 骨灰的承运人_____已向本局出示了证件

(　　　　　　　　　)，经本局查核认为合格，准予入 / 出境，特发给本证。

The freighter of the above corpse/coffin with corpse/human remains/bone ashes _____

_____ has presented us the (　　　　　　　　　) certificates which are

considered satisfactory as a result of inspection and is hereby granted this permit for importation/exportation.

签证地点 Place of Issue _____

印章
Official Stamp

检疫医师 Quarantine Doctor _____

签证日期 Date of Issue _____

[2-3(2000.1.1)]

附件 10-4-1：尸体/棺柩/骸骨入/出境卫生检疫申报单（第一页）样本

尸体/棺柩/骸骨入/出境卫生检疫申报单
APPLICATION OF IMPORT/EXPORT CORPSE/COFFIN WITH CORPSE/HUMAN REMAINS FOR VERIFICATION AND QUARANTINE

编号(No.)：

死 者 姓 名　　　　　　　国　　　籍　　　　　　　性　别：男／女
Name of the Dead_____ Nationality_____ Gender: Male/Female

职　　业　　　　　　　　　出 生 年 月
Profession_____ Date of Birth_____

死 亡 日 期　　　　　　　　死 亡 地 点
Date of Death_____ Place of Death_____

死　因　（病　名）　　　　　生前住址
Cause of Death (Disease)_____ Address_____

安 葬 地 点　　　　　　　　入／出 境 日 期
Place of Burying_____ Date of Arrival/Departure_____

入／出 境 口 岸
Port of Entry/Departure_____

出 境 国 或 地 区　　　　　运输工具名称及号码（航次）
From_____(Country /Region) Conveyance and its Number (Flight)_____

尸体/棺柩/骸骨入境后处理方式：□土葬　　□火化　　□其他
Type of Treatment of Corpse/Coffin with Corpse/Human Remains after Entry:
□Inhumation　　□Cremation　　□Other Type

包装密封：□是　□否　　　　　　经卫生处理：　　□是　　□否
Seal　　：□Yes　□NO　　　　　Sanitary Measure: □Yes　□No

托运人或代理人的单位（盖章）：　　地　址：
Agency (Official stamp):　　　　　Address:

电话：　　　　　　　　　　　　　　经办人：
Telephone:　　　　　　　　　　　　Signature:

　　　　　　　　　　　　　　　　　　　　年　月　日
　　　　　　　　　　　　　　　　　　　Date (yyyy-mm-dd)

附件 10-4-2：尸体/棺柩/骸骨入/出境卫生检疫申报单（第二页）样本

呈交有关申报材料：
Documents for Application

入境尸体/棺柩/骸骨申报材料：
Application for Import **Corpse/Coffin with Corpse/Human Remains**
- ☐ 1. 尸体/棺柩/骸骨入/出境入殓证明；
   Encoffining Certification of Import/Export Corpse/Coffin with Corpse/Human Remains
- ☐ 2. 遗体入/出境防腐证明；
   Antisepsis Certification of Import/Export Body
- ☐ 3. 尸体/棺柩/骸骨入/出境卫生监管申报单；
   Application of Import/Export Corpse/Coffin with Corpse/Human Remains for Verification and Quarantine
- ☐ 4. 死者身份证明（护照、海员证、通行证、身份证）复印件；
   Identification of the Dead
- ☐ 5. 出境国或地区官方签发的死亡报告或医疗卫生部门签发的医学诊断书；
   Official Death Certificate or Certificate of Diagnosis Issued by Departing Country or Region
- ☐ 6. 出境国大使馆证明；
   Certification of the Embassy in the Departing Country
- ☐ 7. 出境国或地区官方签发的尸体、棺柩、骸骨出境许可证；
   Permit for Export Corpse /Coffin with Corpse/Human Remains Issued by Departing Country or Region
- ☐ 8. 安葬地行政部门（民政、侨务、外事部门）允许土葬的许可证明；
   Inhumation Permit by the Destination Government
- ☐ 9. 尸体、棺柩、骸骨卫生处理证明。
   Certification of Sanitary Measures for Corpse /Coffin with Corpse/Human Remains
- ☐ 10. 其他材料_____
   Other Documents_____

出境尸体/棺柩/骸骨申报材料：
Application for Export **Corpse/Coffin with Corpse/Human Remains**
- ☐ 1. 尸体/棺柩/骸骨入/出境入殓证明；
   Encoffining Certification of Import/Export Corpse/Coffin with Corpse/Human Remains
- ☐ 2. 遗体入/出境防腐证明；
   Antisepsis Certification of Import/Export Body
- ☐ 3. 尸体/棺柩/骸骨入/出境卫生监管申报单；
   Application of Import/Export Corpse/Coffin with Corpse/Human Remains for Verification and Quarantine
- ☐ 4. 死者身份证明（护照、海员证、通行证、身份证）复印件；
   Identification of the Dead
- ☐ 5. 公安、医疗部门签发的死亡报告或死亡医学诊断书；
   Death or Diagnosis Certificate Issued by Police or Hospital
- ☐ 6. 公证机关出具的公证书；
   Notarization
- ☐ 7. 尸体/棺柩/骸骨移运证；
   Permit for Removal and Transportation of Corpse /Coffin with Corpse/Human Remains
- ☐ 8. 尸体、棺柩、骸骨卫生处理证明；
   Certification of Sanitary Measures for Corpse /Coffin with Corpse/Human Remains
- ☐ 9. 其他材料_____
   Other Documents_____

第十章 出入境检验检疫其他单证

附件 10-5：熏蒸/消毒证书样本

中华人民共和国出入境检验检疫
ENTRY-EXIT INSPECTION AND QUARANTINE
OF THE PEOPLE'S REPUBLIC OF CHINA

正本 ORIGINAL

熏 蒸 / 消 毒 证 书　　编号 No.:
FUMIGATION/DISINFECTION CERTIFICATE

发货人名称及地址
Name and Address of Consignor _____

收货人名称及地址
Name and Address of Consignee _____

品名　　　　　　　　　　　　　　　产地
Description of Goods _____　　Place of Origin _____

报检数量　　　　　　　　　　　　　标记及号码
Quantity Declared _____　　　Mark & No.

启运地
Place of Despatch _____

到达口岸
Port of Destination _____

运输工具
Means of Conveyance _____

印章　　　签证地点 Place of Issue _____　　签证日期 Date of Issue _____
Official Stamp
　　　　　授权签字人 Authorized Officer _____　　签　名 Signature _____

中华人民共和国出入境检验检疫机关及其官员或代表不承担签发本证书的任何财经责任。No financial liability with respect to this certificate shall attach to the entry-exit inspection and quarantine authorities of the P. R. of China or to any of its officers or representatives.

B　　　　　　　　　　　　　　　　　　　　　　　　　　　　　　　　　　　　[c7-1(2000.1.1)]

附件10-6：放射监测/处理报告单样本

中华人民共和国出入境检验检疫
放射监测/处理报告单

编号_____

申请人		装货口岸	
货物名称		交通工具	
仪器名称			

监测结果：
α_____ Bq/cm^2 表面污染   γ_____ $\mu Sv/h$ 当量剂量率

β_____ Bq/cm^2 表面污染   a_____ Bq/kg 放射性比活度

处理意见：

签字：   日期：   年   月   日

第一联 申请人收执

B   [3-5(2000.1.1)]

中华人民共和国出入境检验检疫
放射监测/处理报告单

编号_____

申请人		装货口岸	
货物名称		交通工具	
仪器名称			

监测结果：
α_____ Bq/cm^2 表面污染   γ_____ $\mu Sv/h$ 当量剂量率

β_____ Bq/cm^2 表面污染   a_____ Bq/kg 放射性比活度

处理意见：

签字：   日期：   年   月   日

第二联 本局留存

B   [3-5(2000.1.1)]

第十章 出入境检验检疫其他单证

附件10-7：入/出境特殊物品卫生检疫审批单样本

中华人民共和国出入境检验检疫
ENTRY-EXIT INSPECTION AND QUARANTINE OF THE PEOPLE'S REPUBLIC OF CHINA

入/出境特殊物品卫生检疫审批单
APPLICATION OF IMPORT/ EXPORT SPECIAL ARTICLES FOR VERIFICATION OF HEALTH AND QUARANTINE

此栏由申请单位填写 To be completed by the applying unit
申请单位 Applying unit _____ 盖 章 Official stamp _____ 日期 Date _____
品 名 Name of article _____ 数 量 Quantity _____
来自/前往国家和地区 Country & region from or to _____
用途及使用单位 Purpose & ultimate user _____
防止传染病传播措施 Measures against the spreading of communicable diseases _____

此栏由出入境检验检疫局填写 To be completed by the entry-exit inspection and quarantine bureau
进/出口日期 Date of arrival/departure _____ 入/出境口岸 Port of entry/departure _____
出入境检验检疫局意见 Comments by the entry-exit inspection and quarantine bureau _____

此栏由审批部门填写 To be completed by the approval organization
审批意见 Comments by the approval organization _____
有效期限 Valid period _____ 审批日期 Date of approval _____

第一联 交申请单位
The first copy is for the applying unit

Notes:
1. 本表一式三联，申请单位填写后，交出入境检验检疫局审核后报批，一联交申请单位，二联交出入境检验检疫局报验，三联留审批部门存查。
   This form should be filled in triplicate by the applying unit and submitted to the entry-exit inspection and quarantine bureau for verification, and then to the approval organization for the final endorsement. Once obtained, one copy of the application form will be retained by the applying unit. One copy should be handed to the entry-exit inspection and quarantine bureau. The last copy is to be retained by the approval organization.
2. 审批内容：对人体健康有影响的可能传播传染病的物品。
   The object to be examined and approved is the articles affecting human health and capable of spreading infectious diseases.
3. 超过有效期限需要重新办理审批手续。
   If the valid period expires, reexamination and reapproval are required.

附件10-8：检验检疫处理通知书样本

中华人民共和国出入境检验检疫

检验检疫处理通知书

NOTIFICATION OF INSPECTION AND QUARANTINE TREATMENT
Entry-Exit Inspection and Quarantine of the P. R. of China

编号 No._____

_____:

根据中华人民共和国有关法律法规，经对_____检验检疫，因_____须做_____处理，特此通知。

We hereby notify you that in accordance with the relevant laws and regulations of the People's Republic of China _____ should be _____ due to _____.

签字 Signature: 日期 Date:

B   ① 货主收执   [4-2(2000.1.1)]

附件10-9：出入境检验检疫啤酒花证书样本

ORIGINAL

1. Consignor(full name and address)	2. No.
3. Consignee(full name and address)	ATTESTATION OF EQUIVALENCE FOR THE IMPORTATION OF HOPS AND HOP PRODUCTS INTO THE EUROPEAN ECONOMIC COMMUNITY

IMPORTANT NOTES	4. Country of Origin
A. This attestation and the two copies must be submitted to the customs authorities in the Community when the products are put into free circulation or when the consignment is split up before it is put into free circulation. B. Therefore, after having endorsed the attestations and the two copies, the customs authorities in the Community retain the original, return one copy to the declarant and forward the other copy to the authorities responsible for hops in the Member State concerned.	The People's Republic of China
	5. Place of Production of Hops 6. Harvesting Year
	7. Place of Processing 8. Date of Processing

| 9. Mark, numbers, number and kind of packages Description of the products - Variety
Description:
Variety:
The Botanic Name:
Packing: | 10. Gross Weight
               bales
Total Gross Wt.
               M/tons
Total Net Wt.
               M/tons |

11. ATTESTATION BY ISSUING AUTHORITY

We hereby duly certify that this attestation is in strict conformity with the new "EEC HOP MARKETING ORDER", according to para 5, 1ˢᵗ column(i.e. EEC No. 1696/71). Thus the enumerated hops hereafter meet the minimum quality standards as contained in the EEC Marketing Order 890/78 para 1.

12. Issuing Authority (full name and address)	At On

13. RESERVED FOR THE CUSTOMS AUTHORITIES IN THE COMMUNITY

The products described above have been put into free circulation(1)
This attestation has been replaced by _____ abstracts(1)
    At _____ on _____
      (Signature)   (Stamp)

A

附件 10-10：入境货物检验检疫情况通知单样本

中华人民共和国出入境检验检疫
入境货物检验检疫情况通知单

正本

编号 _____

收货人			
发货人			
品 名		提/运单号	
报检数/重量		合同号	
运输工具名称		标记及号码	
入境口岸			
入境日期			
检验检疫结果：			
签字：		日期：　年　月　日	
备注：			

【4-1(2000.1.1)】

A

附件 10-11：出境货物不合格通知单样本

中华人民共和国出入境检验检疫
出境货物不合格通知单

编号_____

货　　主		标记及号码	
品　　名			
报检数/重量			
包装种类及数量			
生产厂及注册号			
检验检疫依据			
不合格原因			
处理意见			
	签字：　　　　　日期：　　年　　月　　日		
备注			

A　　　　　　　　　　　① 货主收执　　　　　　　　　【4-3(2000.1.1)】

附件10-12：入境货物检验检疫证明样本

中华人民共和国出入境检验检疫
入境货物检验检疫证明

编号_____

收货人			
发货人			
品 名		报检数/重量	
包装种类及数量		输出国家或地区	
合同号		标记及号码	
提/运单号			
入境口岸			
入境日期			

证明

签字： 　　　　日期： 　年　月　日

备注

B 　　　　　　　　① 货主收执 　　　　　　【5-1(2001.1.1)·1】

附件 10-13：出境货物换证凭单样本

中华人民共和国出入境检验检疫
出境货物换证凭单

类别：			编号 _____
发货人		标记及号码	
收货人			
品名			
H.S.编码			
报检数/重量			
包装种类及数量			
申报总值			
产地		生产单位(注册号)	
生产日期		生产批号	
包装性能检验结果单号		合同/信用证号	
		运输工具名称及号码	
输往国家或地区		集装箱规格及数量	
发货日期		检验依据	
检验检疫结果			
	签字：	日期： 年 月 日	
本单有效期	截止于 年 月 日		
备注			

样本 Sample

分批出境核销栏	日期	出境数/重量	结存数/重量	核销人	日期	出境数/重量	结存数/重量	核销人

说明：1. 货物出境时，经口岸检验检疫机关查验货证相符，且符合检验检疫要求的予以签发通关单或换发检验检疫证书；2. 本单不作为国内贸易的品质或其它证明；3. 涂改无效。

B ① 办理换证 [5-3(2001.1.1)×1]

附件10-14：抽/采样凭证样本

中华人民共和国出入境检验检疫
抽 / 采 样 凭 证

抽/采样地点：　　　　　　　　　　　　　　　　　　　　　编号_____

报检单位			货主		
品　名	H.S.编码	产　地	标记号码	样品规格及数量	抽/采样依据

备注：

货主签字：　　　　　　　　　　　　　　抽/采样人员签字：

　　　　年　月　日　　　　　　　　　　　　　　年　月　日

注：本单无出入境检验检疫机关业务印章无效。　　　　　　[5-4(2000.1.1)]

第一联　货主收执

B

中华人民共和国出入境检验检疫
抽 / 采 样 凭 证

抽/采样地点：　　　　　　　　　　　　　　　　　　　　　编号_____

报检单位			货主		
品　名	H.S.编码	产　地	标记号码	样品规格及数量	抽/采样依据

备注：

货主签字：　　　　　　　　　　　　　　抽/采样人员签字：

　　　　年　月　日　　　　　　　　　　　　　　年　月　日

注：本单无出入境检验检疫机关业务印章无效。　　　　　　[5-4(2000.1.1)]

第二联　本局留存

B

第十一章 蚕丝类品质及公量证书

第一节 概述

一、基本定义

蚕丝类品质及公量证书，是指国家出入境检验检疫机构根据相关法规、规章及标准，对于各类出口蚕丝及蚕丝制品实施品质、重量和数量等检验后，出具的用于证明蚕丝及蚕丝制品品质、重量和数量的具有法律效力的一种检验证明文件。

本章蚕丝类品质及公量证书主要包括以下几种单证：

1. 中华人民共和国出入境检验检疫生丝品级及公量证书（以下简称生丝品级及公量证书）；
2. 中华人民共和国出入境检验检疫捻线丝品级及公量证书（以下简称捻线丝品级及公量证书）；
3. 中华人民共和国出入境检验检疫双宫丝品级及公量证书（以下简称双宫丝品级及公量证书）；
4. 中华人民共和国出入境检验检疫柞蚕丝品级及公量证书（以下简称柞蚕丝品级及公量证书）；
5. 中华人民共和国出入境检验检疫绢丝品质证书（以下简称绢丝品质证书）；
6. 中华人民共和国出入境检验检疫初级加工丝品质及重量证书（以下简称初级加工丝品质及重量证书）。

二、主管部门

（一）主管部门

国家质检总局。

（二）出证部门

国家质检总局各直属出入境检验检疫局及所属分支机构。

三、主要作用

1. 出口蚕丝及蚕丝制品的品质、重量和数量的检验证书；
2. 出入境检验检疫机构代表国家履行国际义务的手段；
3. 出口蚕丝及蚕丝制品经营人或其代理人用以议付货款的重要凭证；
4. 出口蚕丝及蚕丝制品托运人与承运人计算运费的有效证件；
5. 出口蚕丝及蚕丝制品买卖双方交接结算的有效证件；
6. 证明出口蚕丝及蚕丝制品经营人履约与责任情况的有效证件；
7. 出口蚕丝及蚕丝制品国际贸易仲裁与诉讼据证的有效证件；
8. 出入境检验检疫机构对出口蚕丝及蚕丝制品实施监督管理的具体措施。

四、适用范围

1. 各类出口蚕丝及蚕丝制品的经营人或其代理人。
2. 各类出口蚕丝及蚕丝制品的托运人、承运人或其代理人。
3. 对出口蚕丝及蚕丝制品进行品质、重量和数量进行检验的相关出入境检验检疫机构。
4. 蚕丝类品质及公量证书中的各种证书分别适用于不同的出口蚕丝及蚕丝制品，其中：

（1）生丝品级及公量证书主要适用于各种出口的生丝产品；

（2）捻线丝品级及公量证书主要适用于各种出口的捻线丝产品；

(3) 双宫丝品级及公量证书主要适用于各类出口的各种出口的双宫丝产品；
(4) 柞蚕丝品级及公量证书主要适用于各种出口的柞蚕丝产品；
(5) 绢丝品质证书主要适用于各种出口的绢丝产品；
(6) 初级加工丝品质及重量证书主要适用各种出口的初级加工丝产品。

第二节 蚕丝品质及公量证书项目设置及填制

一、生丝品级及公量证书项目设置及填制

生丝品级及公量证书（见本章附件 11-1）是出入境检验检疫机构对出口生丝进行品级和公量检验，签发的检验经营出口生丝的专用证书，主要是作为出口生丝的品质、重量和数量的检验证书。项目设置及填制要求如下。

（一）单证名称

本单证的全称为"中华人民共和国出入境检验检疫生丝品级及公量证书"。

（二）编号

本项目注明本证书的编号，由签发本证书的出入境检验检疫机构统一编制。

（三）申请人

本项目注明申请品级及公量检验的申请人姓名。

（四）丝类

本项目注明申请品级及公量检验的丝类，通常是指 DTY（拉伸变形丝）、POY（预取向丝）、TDY（全牵伸丝）等。

（五）商标

本项目注明申请品级及公量检验的生丝商标。

（六）件数

本项目注明申请品级及公量检验的生丝件数，指申请生丝品级及公量检验的生丝包装件数。

（七）号数

本项目注明申请品级及公量检验的生丝号数，指单位长度（1000 米）纱线在公定回潮率时的重量（克），以"Tex"表示。

（八）纤度规格

本项目注明申请品级及公量检验的生丝纤度规格。"纤度"又称"旦数"或"旦尼尔"，是指在公定回潮率下，9000 米纱线或纤维所具有重量的克数，克重越大纱线或纤维越粗，常用来表示化纤长丝、真丝等。

（九）等级

本项目注明申请品级及公量检验的生丝等级。

（十）纤度偏差

本项目注明申请品级及公量检验的生丝纤度偏差。

（十一）均匀二度变化

本项目注明申请品级及公量检验的生丝均匀二度变化。

（十二）清洁

本项目注明申请品级及公量检验的生丝清洁状况。

（十三）洁净

本项目注明申请品级及公量检验的生丝洁净状况。洁净度 100 级指：大于等于 0.5 微米的尘粒数大于 350 粒/立方米（0.35 粒/升），小于等于 3500 粒/立方米（3.5 粒/升）；大于等于 5 微米的尘粒数

为 0。

（十四）均匀一度变化

本项目注明申请品级及公量检验的生丝均匀一度变化。

（十五）均匀三度变化

本项目注明申请品级及公量检验的生丝均匀三度变化。

（十六）切断

本项目注明申请品级及公量检验的生丝切断。

（十七）伸长率

本项目注明申请品级及公量检验的生丝伸长率。"伸长率"是指在拉力作用下，密封材料硬化体的伸长量占原来长度的百分率（%）。伸长率越大，且弹性恢复率越大，表明密封材料的变形适应性越好。

（十八）包合率

本项目注明申请品级及公量检验的生丝包合率。

（十九）平均公量纤度

本项目注明申请品级及公量检验的生丝平均公量纤度。

（二十）纤度检验

本项目注明申请品级及公量检验的生丝纤度检验情况。"纤度检验"项目包括"旦"和"数量"两项指标。

（二十一）外观检验

本项目注明申请品级及公量检验的生丝外观检验情况。"外观检验"是检验生丝品质的方法之一，通过目光的观察、手的感觉来检验全批生丝整理状态的优劣和性状。外观检验项目主要包括：

1. 外观；
2. 颜色程度；
3. 光泽程度；
4. 手感程度；
5. 平均回潮率。

其中"回潮率"是指纤维材料及其制品的含水重量与干燥重量的差数与其干燥重量的百分比。

（二十二）公量检验

本项目注明公量检验情况。"公量"是指用科学方法抽去商品中的水分，再加上标准含水量所得的重量。公量检验项目的计量单为"千克"。主要检验指标分别为：

1. 包件号数；
2. 毛量；
3. 净量；
4. 公量；
5. 总量千克。

（二十三）清洁检验

本项目注明清洁检验情况。"清洁检验"重点是检验产品中的"疵点"，指织物上不应当有的斑点或小毛病。生丝疵点是指生丝质量上的缺陷。

本清洁检验项目主要检验指标分别为：

1. 主要疵点（特大疵点）；
2. 次要疵点；
3. 普通疵点；
4. 合计。

（二十四）洁净检验

本项目注明洁净检验情况，重点是检验产品中的洁净度。

本清洁检验项目主要包括的检验指标分别为：

1. 分数；
2. 片数。

其中"片数"是指蚕茧片的片数。

（二十五）备注

本项目注明本证书中需要加以特别说明的相关内容，或应当填写的其他事项。

（二十六）签证地点

本项目注明本证书的签发地点，通常是指签发本证书的出入境检验检疫机构的所在地点。

（二十七）签证日期

本项目注明本证书的签发日期。

（二十八）授权签字人

本项目由授权签发本证书的出入境检验检疫机构的签证授权人员签署姓名。

（二十九）签名

本项目由签发本证书的出入境检验检疫机构经办人员签署姓名。

（三十）印章

本项目由签发本证书的出入境检验检疫机构加盖出入境检验检疫机关专用印章。

二、捻线丝品级及公量证书项目设置及填制

捻线丝品级及公量证书（见本章附件 11-2）是出入境检验检疫机构对出口捻线丝进行品级和公量检验，签发的检验专用证书，主要作为出口捻线丝的品质、重量和数量检验证书。项目设置及填制要求如下。

（一）单证名称

本证书全称为"中华人民共和国出入境检验检疫捻线丝品级及公量证书"。

（二）编号

本项目注明本证书的编号，由签发本证书的出入境检验检疫机构统一编制。

（三）申请人

本项目注明申请品级及公量检验的申请人姓名。

（四）丝类

本项目注明申请品级及公量检验的捻线丝的丝类，通常是指 DTY（拉伸变形丝）、POY（预取向丝）、TDY（全牵伸丝）等。

（五）件数

本项目注明申请品级及公量检验的捻线丝的件数，指捻线丝的包装件数。

（六）号数

本项目注明申请检验的捻线丝的号数，指单位长度纱线在公定回潮率时的重量，采用"Tex"表示。

（七）商标

本项目注明申请品级及公量检验的捻线丝的商标。

（八）等级

本项目注明申请品级及公量检验的捻线丝的等级。

（九）捻向

本项目注明申请品级及公量检验的捻线丝的捻向。"捻向"是指纱线加捻的方向。捻向一般指左

捻或者右捻，即 S 捻和 Z 捻。捻向还涉及捻度，指捻了几次，如 8 个捻、10 个捻等。

（十）平均每米捻数

本项目注明申请品级及公量检验的捻线丝平均每米捻数。捻数又称"捻系数"，是指纱线加捻的程度。决定捻系数大小的主要因素包括：加工工艺要求、纱线和织物用途的要求。本"平均每米捻数"检验项目主要包括转、清洁、和分等。

（十一）捻度变异系数

本项目注明申请品级及公量检验的捻线丝的捻度变异系数。捻度的变异是指捻度的变化差异。

"捻度"是细纱重要的技术指标，对细纱的物理性能，如断裂强度、伸长率、弹性、缩率和细纱的表现性状及相应的织物质量，都有很大的影响。细纱捻度必须按产品线密度、产品要求和用途设定。

（十三）捻度偏差率

本项目注明申请品级及公量检验的捻线丝的捻度偏差，主要包括强度、克/旦等。

（十四）纤度变异系数

本项目注明申请品级及公量检验的捻线丝的纤度变异系数，重点检验指标为伸长度的百分比。

（十五）外观检验

本项目注明申请品级及公量检验的捻线丝的外观检验情况。"外观检验"是指捻线丝外观检验，是检验捻线丝品质的方法之一，通过目光的观察、手的感觉来检验全批捻线丝整理状态的优劣和性状。主要指标分别为：

1. 外观；
2. 平均回潮率；
3. 绞周；
4. 绞重。

（十六）公量检验

本项目注明申请品级及公量检验的捻线丝的公量检验情况。"公量"是指用科学方法抽去商品中的水分，再加上标准含水量所得的重量，应当使用计量单位"千克"（Kilos）表示。主要检验指标分别为：

1. 号数；
2. 毛量；
3. 净量；
4. 公量；
5. 总量千克。

（十七）备注

本项目注明本证书中需要加以特别说明的相关内容，或应当填写的其他事项。

（十八）签证地点

本项目注明本证书的签发地点，通常是指签发本证书的出入境检验检疫机构的所在地点。

（十九）签证日期

本项目注明本证书的签发日期。

（二十）授权签字人

本项目由授权签发本证书的出入境检验检疫机构的签证授权人员签署姓名。

（二十一）签名

本项目由签发本证书的出入境检验检疫机构经办人员签署姓名。

（二十二）印章

本项目由签发本证书的出入境检验检疫机构加盖出入境检验检疫机关专用印章。

三、双宫丝品级及公量证书项目设置及填制

双宫丝品级及公量证书（见本章附件 11-3）是出入境检验检疫机构对出口双宫丝进行品级和公量检验而签发的专用证书，主要作为出口双宫丝的品质、重量和数量检验证书。项目设置及填制如下。

（一）单证名称
本证书全称为"中华人民共和国出入境检验检疫双宫丝品级及公量证书"。

（二）编号
本项目注明本证书的编号，由签发本证书的出入境检验检疫机构统一编制。

（三）申请人
本项目注明申请双宫丝品级及公量检验的申请人姓名。

（四）丝类
本项目注明申请品级及公量检验的双宫丝的丝类，通常是指 DTY（拉伸变形丝）、POY（预取向丝）、TDY（全牵伸丝）等。

（五）商标
本项目注明申请品级及公量检验的双宫丝的商标。

（六）件数
本项目注明申请品级及公量检验的双宫丝的件数，指申请检验的生丝包装件数。

（七）包件号数
本项目注明申请品级及公量检验的双宫丝的包件号数。

（八）条份规格
本项目注明申请品级及公量检验的双宫丝的条份规格。

（九）等级
本项目注明申请品级及公量检验的双宫丝的等级。

（十）捻向
本项目注明申请品级及公量检验的双宫丝的捻向。"捻向"是指纱线加捻的方向，一般指左捻或者右捻，也称 S 捻和 Z 捻。捻向还涉及捻度，指捻了几次，如 8 个捻、10 个捻等。

（十一）双工特征
本项目注明申请品级及公量检验的双宫丝的双工特征。

（十二）条份偏差
本项目注明申请品级及公量检验的双宫丝的条份偏差情况。

（十三）条份最大偏差
本项目注明申请品级及公量检验的双宫丝的条份最大偏差。

（十四）特殊疵点（每50克）
本项目注明申请品级及公量检验的双宫丝的特殊疵点，指每 50 克双宫丝的特殊疵点，用"分"表示。

（十五）切断及停绞
本项目注明申请品级及公量检验的双宫丝的切断及停绞情况，用"次数"表示。

（十六）平均公量条份
本项目注明申请品级及公量检验的双宫丝的平均公量条份。

（十七）外观检验
本项目注明申请品级及公量检验的双宫丝的外观检验情况。"外观检验"是检验生丝品质的方法之一，通过目光的观察、手的感觉来检验全批双宫丝整理状态的优劣和性状，主要包括的指标如下。

1. 外观。

2. 颜色：

（1）色彩；

（2）程度。

（十八）特殊疵点检验

本项目注明申请检验的双宫丝的特殊疵点检验情况。"特殊疵点检验"重点是检验产品中的"特殊疵点"，指织物上不应当有的毛病。

应当在下列各项列明的指标内填写具体数量：

1. 黑屑糙；

2. 茧片；

3. 有色糙；

4. 特大长糙；

5. 杂质；

6. 合计；

7. 样线总重量。

（十九）公量检验

本项目注明双宫丝的公量检验情况。"公量检验"中的"公量"是指用科学方法抽去商品中的水分，再加上标准含水量所得的重量。公量检验项目的计量单位应当用"公斤"表示，主要包括的检验指标分别为：

1. 包件号数；

2. 毛量；

3. 净量；

4. 公量；

5. 总量千克；

6. 平均回潮率。

其中"回潮率"是指纤维材料及其制品的含水重量减干燥重量的差数与其干燥重量的百分比。

（二十）备注

本项目注明本证书中需要加以特别说明的相关内容，或应当填写的其他事项。

（二十一）签证地点

本项目注明本证书的签发地点，通常是指签发本证书的出入境检验检疫机构的所在地点。

（二十二）签证日期

本项目注明本证书的签发日期。

（二十三）授权签字人

本项目由授权签发本证书的出入境检验检疫机构的签证授权人员签署姓名。

（二十四）签名

本项目由签发本证书的出入境检验检疫机构的经办人员签署姓名。

（二十五）印章

本项目由签发本证书的出入境检验检疫机构加盖出入境检验检疫机关专用印章。

四、柞蚕丝品级及公量证书项目设置及填制

柞蚕丝品级及公量证书（见本章附件11－4）是出入境检验检疫机构对出口柞蚕丝进行品级和公量检验而签发的专用证书，主要作为出口柞蚕丝的品质、重量和数量检验证书。项目设置及填制要求如下。

（一）单证名称

本证书的全称为"中华人民共和国出入境检验检疫柞蚕丝品级及公量证书"。

(二) 编号

本项目注明本证书的编号,由签发本证书出入境检验检疫机构统一编制。

(三) 申请人

本项目注明申请柞蚕丝品级及公量检验的申请人姓名。

(四) 丝类

本项目注明申请品级及公量检验的柞蚕丝的丝类,通常是指 DTY(拉伸变形丝)、POY(预取向丝)、TDY(全牵伸丝)等。

(五) 商标

本项目注明申请品级及公量检验的柞蚕丝的商标。

(六) 件数

本项目注明申请品级及公量检验的柞蚕丝的件数,指申请检验的柞蚕丝包装件数。

(七) 包件号数

本项目注明申请品级及公量检验的柞蚕丝的包件号数。

(八) 条份规格

本项目注明申请品级及公量检验的柞蚕丝的条份规格。

(九) 等级

本项目注明申请品级及公量检验的柞蚕丝的等级。

(十) 条件偏差

本项目注明申请品级及公量检验的柞蚕丝的条件偏差。

(十一) 纤度开差

本项目注明申请品级及公量检验的柞蚕丝的纤度开差。

(十二) 均匀

本项目注明申请品级及公量检验的柞蚕丝的均匀。

(十三) 清洁

本项目注明申请品级及公量检验的柞蚕丝的清洁状况。

(十四) 洁净

本项目注明申请品级及公量检验的柞蚕丝的洁净状况。

(十五) 切断

本项目注明申请品级及公量检验的柞蚕丝的切断。

(十六) 强度

本项目注明申请品级及公量检验的柞蚕丝的强度。

(十七) 伸长率

本项目注明申请品级及公量检验的柞蚕丝的伸长率,指在拉力作用下,密封材料硬化体的伸长量占原来长度的百分比(%)。伸长率越大,且弹性恢复率越大,表明密封材料的变形适应性越好。

(十八) 包合率

本项目注明申请品级及公量检验的柞蚕丝的包合率。

(十九) 外观检验

本项目注明申请品级及公量检验的柞蚕丝的外观检验情况。"外观检验"是检验柞蚕丝品质的方法之一,通过目光的观察、手的感觉来检验全批柞蚕丝整理状态的优劣和性状。主要包括的指标分别为:

1. 外观;

2. 颜色程度;

3. 光泽程度;

4. 手感程度。

（二十）纤度检验

本项目注明申请品级及公量检验的柞蚕丝的纤度检验情况。"纤度"又称"旦数"或旦尼尔，是指在公定回潮率下，9000 米纱线或纤维所具有重量的克数。克重越大纱线或纤维越粗，常用来表示化纤长丝、真丝等。"纤度检验"的检验项目主要包括：

1. 旦；
2. 数量；
3. 平均公量条份。

（二十一）公量检验

本项目注明柞蚕丝的公量检验情况。"公量检验"中的"公量"是指用科学方法抽去商品中的水分，再加上标准含水量所得的重量，计量单位应当使用"公斤"表示。主要包括的检验指标分别为：

1. 包件号数；
2. 毛量；
3. 净量；
4. 公量；
5. 总量千克；
6. 平均回潮率。

其中"回潮率"是指纤维材料及其制品的含水重量减干燥重量的差数与其干燥重量的百分比。

（二十二）备注

本项目注明本证书中需要加以特别说明的相关内容，或应当填写的其他事项。

（二十三）签证地点

本项目注明本证书的签发地点，通常是指签发本证书的出入境检验检疫机构的所在地点。

（二十四）签证日期

本项目注明本证书的签发日期。

（二十五）授权签字人

本项目由授权签发本证书的出入境检验检疫机构的签证授权人员签署姓名。

（二十六）签名

本项目由签发本证书的出入境检验检疫机构的经办人员签署姓名。

（二十七）印章

本项目由签发本证书的出入境检验检疫机构加盖出入境检验检疫机关专用印章。

五、绢丝品质证书项目设置及填制

绢丝品质证书（见本章附件 11 – 5）是出入境检验检疫机构对出口绢丝进行品质检验而签发的专用证书，主要作为出口绢丝的品质检验证书。项目设置及填制如下。

（一）单证名称

本证书的全称为"中华人民共和国出入境检验检疫绢丝品质证书"。

（二）编号

本项目注明本证书的编号，由签发本证书的出入境检验检疫机构统一编制。

（三）申请人

本项目注明申请绢丝品质检验的申请人姓名。

（四）丝类

本项目注明申请品质检验的绢丝的丝类，通常是指 DTY（拉伸变形丝）、POY（预取向丝）、TDY（全牵伸丝）等。

（五）商标

本项目注明申请品质检验的绢丝的商标。

（六）件数

本项目注明申请品质检验的绢丝的件数，指申请检验的绢丝包装件数。

（七）号数

本项目注明申请品质检验的绢丝的号数，指单位长度（1000米）纱线在公定回潮率时的重量（克），常以"Tex"表示。

（八）规格

本项目注明申请品质检验的绢丝的规格。

（九）等级

本项目注明申请品质检验的绢丝的等级。

（十）支数变异系数

本项目注明申请品质检验的绢丝的支数变异系数。

（十一）平均支数（公量）

本项目注明申请品质检验的绢丝的平均支数。

（十二）支数偏差率

本项目注明申请品质检验的绢丝的支数偏差率。

（十三）条干均匀度

本项目注明申请品质检验的绢丝的条干均匀度。

（十四）洁净度

本项目注明申请品质检验的绢丝的洁净度。

（十五）千米疵点数

本项目注明申请品质检验的绢丝的千米疵点数。

（十六）断裂长度

本项目注明申请品质检验的绢丝的断裂长度，用"千米"表示。

（十七）强力变异系数

本项目注明申请品质检验的绢丝的强力变异系数。

（十八）断裂伸长率（每米）

本项目注明申请品质检验的绢丝的断裂伸长率，是指每米的百分比。

（十九）平均捻数

本项目注明申请品质检验的绢丝的平均捻数。"捻数"又称"捻系数"，是指纱线加捻的程度。

（二十）捻度变异系数

本项目注明申请品质检验的绢丝的捻度变异系数。

（二十一）捻度偏差率

本项目注明申请品质检验的绢丝的捻度偏差率。

（二十二）备注

本项目注明本证书中需要加以特别说明的相关内容，或应当填写的其他事项。

（二十三）签证地点

本项目注明本证书的签发地点，通常是指签发本证书的出入境检验检疫机构的所在地点。

（二十四）签证日期

本项目注明本证书的签发日期。

（二十五）授权签字人

本项目由授权签发本证书的出入境检验检疫机构的签证授权人员签署姓名。

（二十六）签名

本项目由签发本证书的出入境检验检疫机构经办人员签署姓名。

（二十七）印章

本项目由签发本证书的出入境检验检疫机构加盖出入境检验检疫机关专用印章。

六、初级加工丝品质及重量证书项目设置及填制

初级加工丝品质及重量证书（见本章附件 11-6）是出入境检验检疫机构对出口初级加工丝进行品级和公量检验而签发的专用证书，主要作为出口初级加工丝的品质、重量检验证书的项目设置及主要内容如下。

（一）单证名称

本证书的全称为"中华人民共和国出入境检验检疫初级加工丝品质及重量证书"。

（二）编号

本项目注明本证书的编号，由签发本证书的出入境检验检疫机构统一编制。

（三）申请人

本项目注明申请出口初级加工丝品级及公量检验的申请人姓名。

（四）丝类

本项目注明申请品级及公量检验的初级加工丝的丝类，通常是指 DTY（拉伸变形丝）、POY（预取向丝）、TDY（全牵伸丝）等。

（五）件数

本项目注明申请品级及公量检验的初级加工丝的件数，是指申请检验的初级加工丝包装件数。

（六）批号

本项目注明申请品级及公量检验的初级加工丝的批号。

（七）筒数

本项目注明申请品级及公量检验的初级加工丝的筒数。

（八）等级

本项目注明申请品级及公量检验的初级加工丝的等级。

（九）电子清纱数据设备定和测试结果

本项目注明申请品级及公量检验的初级加工丝的电子清纱数据设备定和测试结果，包括以下具体项目。

1. 项目：

（1）丝糙类；

（2）丝粗节；

（3）条份粗上限；

（4）条份粗下限；

（5）条份粗细偏差率；

（6）雪花现象；

（7）剪切总次数。

2. 设定范围。

3. 剪切次数。

（十）外观

本项目注明申请品级及公量检验的初级加工丝的外观。"外观"是检验初级加工丝品质的方法之一，通过目光的观察、手的感觉来检验全批捻线丝整理状态的优劣和性状。

（十一）平均纤度

本项目注明申请品级及公量检验的初级加工丝的平均纤度。"纤度"又称"旦数"，是指在公定回

潮率下，9000 米纱线或纤维所具有重量的克数。纤度是定长制单位，克重越大纱线或纤维越粗。

（十二）每筒长度

本项目注明申请品级及公量检验的初级加工丝的每筒长度，采用"米"（Meter）来表示。

（十三）纤度变异系数

本项目注明申请品级及公量检验的初级加工丝的纤度变异系数。

（十四）筒径差异率

本项目注明申请品级及公量检验的初级加工丝的筒径差异率，指筒径差异的百分比。

（十五）原料丝公量

本项目注明申请品级及公量检验的初级加工丝的原料丝公量，指用于生产初级加工丝的原料丝的公量。"公量"是指用科学方法抽去商品中的水分，再加上标准含水量所得的重量。"原料丝公量"项目应当使用计量单位"千克"表示。

（十六）加工丝净重

本项目注明申请品级及公量检验的初级加工丝的净重，应当使用计量单位"千克"表示。

（十七）签证地点

本项目注明本证书的签发地点，通常是指签发本证书的出入境检验检疫机构的所在地点。

（十八）签证日期

本项目注明本证书的签发日期。

（十九）授权签字人

本项目由授权签发本证书的出入境检验检疫机构的签证授权人员签署姓名。

（二十）签名

本项目由签发本证书的出入境检验检疫机构经办人员签署姓名。

（二十一）印章

本项目由签发本证书的出入境检验检疫机构加盖出入境检验检疫机关专用印章。

第三节　蚕丝品质及公量证书填制须知及注意事项

一、相关概念

（一）生丝

"生丝"是指桑蚕茧缫丝后所得的产品，俗称真丝。生丝脱胶后称熟丝。中国生丝有悠久的历史，产量居世界前列。

（二）捻线丝

"捻线丝"是指加工丝线，是将白厂丝或双宫丝经过络、并、捻等工序生产出来，供织绸的深加工产品。加工丝线按照其织绸的用途又分为经线丝和纬线丝。

（三）绢丝

"绢丝"是指绢纺工程的产品。绢丝支数一般很高，光泽润美，手感柔和，适于制造轻软的高级织物，或加工成缝纫丝、刺绣丝等。

（四）双宫丝

"双宫丝"是指以桑蚕双宫茧为原料缫制的丝。

一条蚕结一颗茧，这是正常茧，有时两条蚕结成一颗茧，这就是双宫茧，用双宫茧缫的丝就叫双宫丝。双宫茧的单根丝比正常茧的单根丝要粗得多，所生产的双宫丝也比正常蚕茧的丝粗，适合织造外套的面料。

（五）柞蚕丝

"柞蚕丝"是指以柞蚕所吐之丝为原料缫制的长丝。柞蚕丝是我国特有的天然纺织原料之一，具有独特的珠宝光泽，天然华贵，滑爽舒适。

二、品质检验

（一）品质检验的基本概念

"品质检验"又称"质量检验"，是指运用各种检验手段，包括感官检验、化学检验、仪器分析、物理测试、微生物学检验等，对进出口商品的品质、规格、等级等进行检验，确定其是否符合外贸合同（包括成交样品）、标准等规定。

（二）品质检验的范围

品质检验的范围很广，大体上包括外观质量检验与内在质量检验两个方面。

1. 外观质量检验主要是对商品的外形、结构、花样、色泽、气味、触感、疵点、表面加工质量、表面缺陷等的检验；

2. 内在质量检验一般指对商品的有效成分的种类含量、有害物质的限量、化学成分、物理性能、机械性能、工艺质量、使用效果等的检验。

同一种商品，根据不同的外形、尺寸、大小、造型、式样、定量、密度、包装类型等，有各种不同的规格。有的商品用等级来表示商品质量的高低，通常用等、级的顺序来区别。

广义的质量检验还包括包装检验、卫生检验检疫和动植物检疫、安全性能检验等。

三、重量鉴定

重量鉴定指根据外贸合同规定和不同商品的特性，结合国际惯例，采取不同的鉴定方式，对进出口商品进行计重，得出准确的重量结果。

商品包装一般分为裸装货、包装货和散装货三大类，分别采取下列重量鉴定方式。

1. 包装货有箱装、桶装、袋装和捆装等，一般都采用衡器计重；

2. 散装货分固体商品和液体商品两种，船装且价值不高的散装固体商品采用水尺计重，散装液体商品则采用容量计重或流量计计重；

3. 在容量计重中，按容器的不同，可分为船舱、岸罐和油驳计量等。

有关部门根据报验单位的申请，按有关技术规程办理进出口商品的计重工作，签发鉴定证书，供买卖双方进行重量交接和处理索赔争议的依据。

四、蚕丝相关知识

（一）生丝相关知识

生丝按成品的卷装形状分为绞丝和筒子丝。绞丝是传统形式，沿用已久。筒子丝卷装量大，成形好，使用时可节省工序，提高质量。

生丝柔软滑爽，手感丰满，强伸度好，富有弹性，光泽柔和，吸湿性强，对人体无刺激性，是高级纺织材料，可以织制组织结构不同的各类丝织品，用作服装、室内用品、工艺品、装饰品等。生丝还具有很高的比强度、优良的电绝缘性、良好的绝热性和易燃但燃烧缓慢的特性，在工业、国防和医学方面都有重要用途，如制作绝缘材料、降落伞、人造血管等。

生丝按质量好坏对照标准分为12个等级，有6A、5A、G等，以6A级最优，G级最劣。品质优良的生丝所织成的织物光洁匀整，织纹清晰，丰满柔滑，爽挺有弹性，光泽好，牢度大，吸色均匀无色斑。品质差的生丝易使织物产生各种疵点，如：生丝纤度偏差大，匀度低劣，织成织物的经向或纬向将出现疏密不匀、光泽和白净度不同的显著条斑，染整后色泽亦不匀，形成"经柳"或"纬档"，有时也会造成急经亮丝或织幅不齐的疵点，对高档细薄型织物影响尤为严重。

生丝丝条上的大、中糙节，影响织物表面的平整光滑，产生织糙，出现浮丝，或亮经、亮纬等疵点。

丝条上的小型糙疵织成织物时会成为显著的糙斑，染色后形成色斑。

生丝微茸多会降低吸色性，产生白色的斑疵点。

生丝抱合不良会使圆整性差,缫丝过程中断头也多,使织物产生疵点。

生丝强力和伸长差会影响织物的坚牢度。

生丝光泽晦暗会影响织物外观质量和服饰效果。

此外,细纤度生丝织成的织物厚实丰满,光泽好,染色效果也好。刚性和弹性俱强的生丝织成的织物坚牢、富于弹性,如电力纺、天鹅绒等;刚性和弹性俱弱的生丝织成的织物丰满柔软,如缎类织物;刚性柔、弹性强的生丝适宜织造强抢织物;刚性强、弹性弱的生丝则适宜织造纱、罗等织物。根据织物种类,选择适当特性的生丝,可以提高织物的品质,更好发挥织物的风格。

(二)绢丝相关知识

绢丝是绢纺工程的产品。绢纺支数高,光泽润美,手感柔和,适于制造轻软的高级织物,或加工成缝纫丝、制绣丝等。

绢丝纺是将绢纺原料经化学和机械加工纺成绢丝的过程。绢丝纺工艺依顺序分为精练、制棉和纺纱三阶段。

(四)双宫丝相关知识

双宫丝缫制方法和生丝缫制方法基本相同,工艺流程是:混茧→剥茧→选茧→煮茧→缫丝→丝片脱水→复摇→编丝→烘丝片→搓角(把丝片角部位搓松)→接剥(整理丝片,接断头,剥去特殊疵点和杂物)→绞丝→打包→成件。与生丝缫制工艺条件不尽相同的主要是:煮茧应掌握适煮偏浮,缫丝时纤度粗细凭手感目测,发现丝条或粗或细时,可随时增减茧粒数。

(五)柞蚕丝相关知识

柞蚕丝按煮漂茧和所使化学药剂的不同,可分为药水丝和灰丝两种。药水丝用过氧化物漂茧,丝色淡黄;灰丝则以碱性物质漂茧,茧色灰褐。按缫丝方法的不同,又可分为水缫丝和干缫丝。水缫丝在立缫机温汤中进行缫丝,丝色为淡黄色;干缫丝在干缫机台面上进行缫丝。机制和手工制的各种柞丝,多用于织制绸面粗犷、富丽、挺括、具有自然疙瘩花纹的柞丝绸。这种绸在国际上也享有盛名,因产地主要在中国北方的辽宁、山东、河南、黑龙江等省,故被称作"山东绸"。

柞蚕丝手感柔软而具弹性;耐热性能良好,丝胶分层附着在丝素外围,温度高达140℃时强力才开始减弱;耐湿性能亦强,约占85%;丝胶淡褐色,在湿润条件下,强力能增加4%;绝缘、强力、伸度、抗脆化及耐酸、耐碱等性能均优于桑蚕丝。

附件 11-1：生丝品级及公量证书样本

中华人民共和国出入境检验检疫
ENTRY-EXIT INSPECTION AND QUARANTINE OF THE PEOPLE'S REPUBLIC OF CHINA

生丝品级及公量证书
CERTIFICATION FOR TAWN SILK CLASSIFICATION AND CONDITIONED WEIGHT

编号 No:

申请人 Applicant _____

丝类 Description of Silk _____ 商标 Trade Mark _____

件数 Number of Packages _____ 号数 Nos. _____ 纤度规格 Sine _____

等级 GRADE _____

纤度偏差	Sine Deviation	---- 旦 Denier	均匀三度变化	Evenness Change III Degree	---- 条 Stripes
均匀二度变化	Evenness Change II Degree	---- 条 Stripes	切断	Winding	---- 次 Sreaks
清洁	Clearness	---- 分 Percentage	断裂强度	Tenacity	---- 克力/旦 Grams/Denier
洁净	Neatness	---- 分 Percentage	断裂伸长率	Elongation	---- %
纤度最大偏差	Maximum Sining Deviation	---- 旦 Denier	包合	Cobesion	---- 次 Stripes
均匀一度变化	Evenness Change I Degree	---- 条 Stripes	平均公量纤度	Average Conditioned Size	---- 旦 Denier

纤度检验 Sizing Inspection

旦 Denier	数量 No	旦 Denier	数量 No	旦 Denier	数量 No	旦 Denier	数量 No

清洁检验 Cleanness Inspection / 洁净检验 Neatcleanness Inspection

疵点 Defect		数量 No.	分数 Percentage	片数 No. of Pancl
主要疵点 Super Major Defects			100	
次要疵点 Major Defects	废丝 Waste		95	
	大糙 Large slugs		90	
	粘附糙 Bad cast		85	
	大长结 Very long knot		80	
	重螺旋 Heavy Corkscrew		75	
合计 Total			70	
	小糙 Small slugs		65	
	长结 Long knots		60	
	螺旋 Corkscrew		55	
	环结及劣丝 Long loops and Split ends		50	
合计 Total			40	

外观检验 Appearance Inspection

外观 Appearance	
颜色程度 Color Degree	
光泽程度 Lander Degree	
手感程度 Hand Degree	

平均回潮率 Average Moisture Regain: _____ %

公量检验 Conditioned Weight Inspection

号数 No.	毛量 Gr. Wt. 公斤 Kilos	净量 Net. Wt. 公斤 Kilos	公量 Conditioned Wt. 公斤 Kilos
总量公斤 Total Kilos			

备注 REMARKS:

印章 Official Stamp

签证地点 Place of Issue _____ 签证日期 Date of Issue _____

授权签字人 Authorized Officer _____ 签名 Signature _____

我们已尽所知和最大能力实施上述检验，不能因我们签发本证书而免除卖方或其他方面根据合同和法律所承担的产品质量责任和其他责任。All Inspections are carried out contractual to the Best of our knowledge and ability. This certificate dose not in any respect absolve the seller and order related parties from his contractual and legal obligation especially when product quality is concerned.

B

[e 1-2-1(2000.1.1)]

附件 11－2：捻线丝品级及公量证书样本

中华人民共和国出入境检验检疫
ENTRY-EXIT INSPECTION AND QUARANTINE
OF THE PEOPLE'S REPUBLIC OF CHINA

捻线丝品级及公量证书   编号 No:

CERTIFICATION FOR THROWN SILK
CLASSIFICATION AND CONDITIONED WEIGHT

申请人
Applicant _____

丝类
Description of Silk _____

件数 _____ 号数 _____ 商标
Number of Packages _____ Nos. _____ Trade Mark _____

等级 GRADE _____

捻向
Direction of Twist --------------------------------

平均每米捻数 ------------------ 转   清洁 ------------------ 分
Average Twist Per Metre   Turns   Cleanness   Percentage

捻度变异系数   洁净   分
C.V. Twist   ------------------ %   Neatness ---------------- Percentage

捻度偏差率   强度   克/旦
Percentage of Twist Deviation ------ % Tenacity ---------------- Grams / Denier

纤度变异系数   伸长度
C.V. Sine   ------------------ %   Elongation -------------- %

外观检验 Appearance Inspection   公量检验 Conditioned Weight Inspection

外观 Appearance	

平均回潮率 Average Moisture:	%

绞周   吋
Circumference of the Swift _____ Inches

绞重   约   克
Skein Weight about _____ Grams

备注 REMARKS

号数 No.	毛量 Gr. Wt.	净量 Net. Wt.	公量 Conditioned Wt.
	公斤 Kilos	公斤 Kilos	公斤 Kilos
总量公斤 Total Kilos			

印章   签证地点 Place of Issue _____ 签证日期 Date of Issue _____
Official Stamp
             授权签字人 Authorized Officer _____ 签 名 Signature _____

我们已尽所知和最大能力实施上述检验，不能因我们签发本证书而免除卖方或其他方面根据合同和法律所担负的产品质量责任和其他责任 All inspections are carried out contractual to the Best of our knowledge and ability. This certificate dose not in any respect absolve the seller and order related parties from his contractual and legal obligation especially when product quality is concerned.

B   [e 1-2-2(2000.1.1)]

附件11-3：双宫丝品级及公量证书样本

中华人民共和国出入境检验检疫
ENTRY-EXIT INSPECTION AND QUARANTINE OF THE PEOPLE'S REPUBLIC OF CHINA

双宫丝品级及公量证书
CERTIFICATION FOR DOUPPION SILK CLASSIFICATION AND CONDITIONED WEIGHT

编号 No:

申请人 Applicant _____

丝类 Description of Silk _____ 商标 Trade Mark _____

件数 Number of Packages _____ 包件号数 Bale Nos. _____ 条份规格 Size _____

等级 GRADE _____

双工特征 Douppion Effect	-------- Type	特殊疵点（每50克） Special Defects per 750 grams	-------- Penalties 分
条份偏差 Sine Deviation	-------- Denier 旦	切断及停绞 Winding and Stoppage	-------- Breaks 次数
条份最大偏差 Maximum Deviation	-------- Denier 旦	平均公量条份 Average Conditioned Size	-------- Denier 旦

外观检验 Appearance Inspection

外观 Appearance		
颜色 Color	色彩 Shade	
	程度 Degree	

特殊疵点检验 Special Defects Test

疵点 Defects		数量 No.
黑屑糙 Black Specks	大 Large	
	中 Medium	
	小 Small	
茧片 Adbering		
有色糙 Brown Speck		
特大长糙 Special Major Slugs		
杂质 Foreign Matters		
合计 Total Peraltier		
样线总重量 Total Weight of Sample (Gramms)		

条份检验 Sizing Inspection

旦 Denier	数量 No	旦 Denier	数量 No	旦 Denier	数量 No	旦 Denier	数量 No

公量检验 Conditioned Weight Inspection

包件号数 Bale No.	毛量 Gr. Wt. 公斤 Kilos	净量 Net. Wt. 公斤 Kilos	公量 Conditioned Wt. 公斤 Kilos
总量公斤 Total Kilos			
	平均回潮率 Average Moisture: %		

备注 REMARKS

印章 Official Stamp

签证地点 Place of Issue _____ 签证日期 Date of Issue _____

授权签字人 Authorized Officer _____ 签名 Signature _____

我们已尽所知和最大能力实施上述检验。不能因我们签发本证书而免除卖方或其他方面根据合同和法律所承担的产品质量责任和其他责任All inspections are carried out contractual to the Best of our knowledge and ability. This certificate dose not in any respect absolve the seller and order related parties from his contractual and legal obligation especially when product quality is concerned.

B

[e1-2-1(2000.1.1)]

附件 11-4：柞蚕丝品级及公量证书样本

中华人民共和国出入境检验检疫
ENTRY-EXIT INSPECTION AND QUARANTINE OF THE PEOPLE'S REPUBLIC OF CHINA

柞蚕丝品级及公量证书
CERTIFICATION FOR TUSSAH SILK CLASSIFICATION AND CONDITIONED WEIGHT

编号 No: _____

申请人 Applicant _____

丝类 Description of Silk _____ 商标 Trade Mark _____

件数 Number of Packages _____ 包件号数 Bale Nos. _____ 条份规格 Size _____

等级 GRADE _____

条件偏差 Sine Deviation	---------Denier	切断 Winding	---------Breaks
纤度开差 Uniformity Range	---------Denier	强度 Tenacity	---------厘米/旦 Centi-newton
均匀 Evenness	---------分 Percentage	伸长率包 Elongation	---------%
清洁 Clearness	---------分 Percentage	抱合率 Cohesion	---------次数 Strokes
洁净 Neatness	---------分 Percentage		

外观检验 Appearance Inspection

外观 Appearance	
颜色程度 Color Degree	
光泽程度 Lander Degree	
手感程度 Hand Degree	

纤度检验 Sizing Inspection

旦 Denier	数量 No	旦 Denier	数量 No	旦 Denier	数量 No

公量检验 Conditioned Weight Inspection

包件号数 Bale No.	毛量 Gr. Wt. 公斤 Kilos	皮重 Tare 公斤 Kilos	净量 Net. Wt. 公斤 Kilos	公量 Conditioned Wt. 公斤 Kilos
总量公斤 Total Kilos				

平均回潮率 Average Moisture _____%

平均公量条份 Average Conditioned Denier _____ 旦 Sion

备注 REMARKS

印章 Official Stamp   签证地点 Place of Issue _____ 签证日期 Date of Issue _____

授权签字人 Authorized Officer _____ 签 名 Signature _____

我们已尽所知和最大能力实施上述检验，不能因我们签发本证书而免除卖方或其他方面根据合同和法律所承担的产品质量责任和其他责任 All inspections are carried out contractual to the Best of our knowledge and ability. This certificate dose not in any respect absolve the seller and order related parties from his contractual and legal obligation especially when product quality is concerned.

B   [e1-2-6(2000.1.1)]

附件 11-5：绢丝品质证书样本

中华人民共和国出入境检验检疫
ENTRY-EXIT INSPECTION AND QUARANTINE OF THE PEOPLE'S REPUBLIC OF CHINA

ORIGINAL

绢丝品质证书
QUALITY CERTIFICATE FOR SPUN SILK YARN

编号 No.: _____

申请人 Applicant _____

丝类 Description of Silk _____ 商标 Trade Mark _____

件数 Number of Packages _____ 号数 Nos. _____ 规格 Size _____

等级 GRADE _____

支数变异系数 C.V. Count _____ %		断裂长度 Breaking Length _____ km	千米
平均支数(公量) Average Counts(conditioned) _____ Counts		强力变异系数 C.V. Tenacity _____ %	
支数偏差率 Percentage of Count Deviation _____ %		断裂伸长率 Percentage of Breaking Elongation _____ %	
条干均匀度 Percentage of Yarn Evenness _____ Percentage	分	平均捻数(每米) Average Twist(per meter) _____ Turns	转
洁净度 Percentage of Neatness _____ Percentage	分	捻度变异系数 C.V. Twist _____ %	
千米疵点数 Cleanness Defect(Kilometers) _____ pcs	个	捻度偏差率 Percentage of Twist Deviation _____ %	

备注 REMARKS:

样本 Sample

印章 Official Stamp   签证地点 Place of Issue _____   签证日期 Date of Issue _____

授权签字人 Authorized Officer _____   签 名 Signature _____

我们已尽所知和最大能力实施上述检验，不能因我们签发本证书而免除卖方或其他方面根据合同和法律所承担的产品质量责任和其他责任。 All inspections are carried out conscientiously to the best of our knowledge and ability. This certificate does not in any respect absolve the seller and other related parties from his contractual and legal obligations especially when product quality is concerned.

A   [e 1-2-3(2000.1.1)]

附件11-6：初级加工丝品质及重量证书样本

中华人民共和国出入境检验检疫
ENTRY-EXIT INSPECTION AND QUARANTINE OF THE PEOPLE'S REPUBLIC OF CHINA

初级加工丝品质及重量证书　编号 No.:
CERTIFICATE FOR PRELIMINARY PROCESS SILK QUALITY AND WEIGHT

申请人 Applicant _____

丝类 Description of Silk _____　　商标 Trade Mark _____

件数 Number of Packages _____　批号 Lot _____　筒数 Number of Cones _____

等级 GRADE _____

电子清纱数据设定和测试结果
ASSUMED DATA OF ELECTRONIC CLEARING AND TEST RESULTS:

项目 ITEM	设定范围 RANGE	剪切次数 CUTS		
丝糙类 Nep			外观 Appearance	
丝粗节 Slub			平均纤度 Average Size	旦 Denier
条份粗上限 Thick			每筒长度 Length of Cone	米 Meter
条份细下限 Thin			纤度变异系数 C.V. Size	%
条份粗细偏差率 YCM			筒径差异率 Deviation of Cone Diameter	%
雪花现象 IPM			原料丝公量 Conditioned Weight put in process	公斤 Kg
剪切总次数 Cut Total			加工丝净重 Net Weight of Process Silk	公斤 Kg

印章 Official Stamp　　签证地点 Place of Issue _____　签证日期 Date of Issue _____

授权签字人 Authorized Officer _____　签　名 Signature _____

我们已尽我们知识最大能力实施上述检验，不能因我们鉴发本证书豁免卖方或其他方面联系合同和法律质素担的产品质量责任和其他责任。All inspections are carried out conscientiously to the best of our knowledge and ability. This certificate does not in any respect absolve the seller and other related parties from his contractual and legal obligations especially when product quality is concerned.

A　　　　　　　　　　　　　　　　　　　　　　　　　　　　　　　　　　[c 1-2-5(2000.1.1)]

第十二章 特定商品备案申请与审核单证

第一节 概述

一、基本定义

"特定商品备案申请与审核单证"是"特定商品备案申请单据"和"特定商品备案审核单证"两类相关单证的总称,基本定义如下。

1. 特定商品备案申请单据

特定商品备案申请单据,是指根据国家的法律、法规的有关规定,某些特定进出口商品的收发货人或其代理人向出入境检验检疫机构申请办理相关的检验手续时提交给出入境检验检疫机构的一种书面申请文件。

2. 特定商品备案审核单证

特定商品备案审核单证,是指出入境检验检疫机构根据国家的法律、法规的有关规定,向某些特定进出口商品的收发货人或其代理人颁发的准予相关特定进出口商品备案和进出境的一种行政许可性文件。

根据国家相关法律、法规的有关规定,某些特定的进出口商品进出境时应当由出入境检验检疫机构对列入实施检验范围的特定进出口商品实施检验和强制认证。特定商品进出境的收发货人或其代理人应当按照有关规定向出入境检验检疫机构申请办理相关的检验手续。出入境检验检疫机构应当对经审核符合国家有关规定的进出境特定商品准予备案,并应当向特定商品备案的申请人核发相关备案、审核和强制认证的证明文件。

"备案审核",是指检验检疫机关对进出口特定商品实施备案、审核和强制认证的统称。

二、主管部门

国家质检总局。

三、主要作用

(一)特定商品备案申请单据主要作用

1. 特定进出口商品的收发货人或其代理人向出入境检验检疫机构申请办理特定进出口商品检验备案手续的主要文件;

2. 出入境检验检疫机构根据国家相关法律法规和相关规定,受理申请单位关于特定进出口商品的检验备案申请,并进行审核予以核准备案的重要依据。

(二)特定商品备案审核单证主要作用

1. 出入境检验检疫机构根据国家的法律、法规的有关规定,准予相关特定进出口商品备案和进出境的一种行政许可性文件;

2. 相关特定进出口商品的收发货人或其代理人凭以办理相关特定进出口商品进出入境手续的有效凭证;

3. 相关特定进出口商品进出境口岸海关凭以验放相关特定进出口商品进出入境的有效依据。

四、适用范围

(一)特定商品备案申请单据适用范围

1. 符合国家相关法律、法规,以及符合检验检疫机构规定申请办理特定进口商品备案相关条件特定进口商品的收货人或其代理人；

2. 符合国家相关法律、法规，以及符合检验检疫机构规定申请办理特定出口商品备案相关条件特定出口商品的发货人或其代理人；

3. 国家相关法律、法规等规定列入国家特定进出口商品范围的特定进出口商品。

（二）特定商品备案审核单证适用范围

1. 列入国家特定进出口商品管理范围，并符合国家相关法律、法规的有关规定，准予进出境的特定进出口商品；

2. 列入国家特定进出口商品管理范围，并符合国家相关法律、法规的有关规定，准予进出境的特定进出口商品的收发货人；

3. 列入国家特定进出口商品管理范围，并符合国家相关法律、法规的有关规定，准予进出境的特定进出口商品的进出境口岸海关。

五、特定商品范围

特定商品的范围由国家有关部门根据我国不同时期的相关政策予以规定。本章重点介绍的特定商品，主要包括涂料、化妆品标签、食品标签及国家强制性认证的产品，其中强制性认证的产品范围包括以下17类：

电线电缆、电路开关及保护或连接用电器装置、低压电器、小功率电动机、电动工具、电焊机、家用和类似用途设备、广播级音响设备和汽车音响设备、视频设备类、信息技术设备、电信终端设备、照明设备、机动车辆及安全附件、机动车辆轮胎、安全玻璃、农机产品、乳胶制品、医疗器械产品、消防产品、安全技术防范产品等。

六、单证种类

（一）特定商品备案申请单据种类

1. 中华人民共和国国家质量监督检验检疫总局进口涂料备案申请表（以下简称进口涂料备案申请表）；

2. 中华人民共和国国家出入境检验检疫局进出口化妆品标签审核申请书（以下简称进出口化妆品标签审核申请书）；

3. 中华人民共和国国家出入境检验检疫局进口食品标签审核申请书（以下简称进口食品标签审核申请书）；

4. 中华人民共和国国家出入境检验检疫局出口食品标签审核申请书（以下简称出口标签审核申请书）；

5. 进出口电池产品备案申请表。

（二）特定商品备案审核单证种类

1. 中华人民共和国国家质量监督检验检疫总局进口涂料备案申请受理情况通知书（以下简称进口涂料备案申请受理情况通知书）；

2. 中华人民共和国国家质量监督检验检疫总局进口涂料备案书（以下简称进口涂料备案书）；

3. 中华人民共和国国家出入境检验检疫局进出口化妆品标签审核证书（以下简称进出口化妆品标签审核证书）；

4. 中国国家强制性产品认证证书（以下简称强制认证证书）；

5. 中华人民共和国国家质量监督检验检疫总局进出口电池产品备案书（以下简称进出口电池产品备案书）。

第二节　进口涂料备案申请、受理通知、备案书

一、概述
（一）基本定义
1. 进口涂料备案申请表基本定义
进口涂料备案申请表，是指进口涂料的收货人或其代理人向检验检疫机构办理进口涂料备案申请手续时提交的一种固定格式的申请文件。
2. 进口涂料备案申请受理情况通知书基本定义
进口涂料备案申请受理情况通知书，是指国家指定的负责进口涂料备案机构在接受进口涂料申请人的备案申请，根据国家进口涂料备案相关法律法规及相关管理规定对备案申请进行审核后，作出的一种受理（含不予受理）进口涂料备案申请的书面决定文件。
3. 进口涂料备案书基本定义
进口涂料备案书，是指国家指定的负责进口涂料备案机构在受理进口涂料申请人的备案申请后，经科学检测与认真审核，对符合国家相关法律、法规规定的进口涂料准予备案而核发的一种进口涂料备案证明文件。
（二）主管部门
国家质检总局。
（三）主要作用
1. 进口涂料备案申请表主要作用
（1）进口涂料备案申请人向检验检疫机构表明申请办理进口涂料备案所意愿，并提请检验检疫机构予以审核备案的一种法律文书；
（2）进口涂料备案申请人向检验检疫机构如实申报进口涂料相关情况和申请单位相关情况的具有一定法律效力证明；
（3）境检验检疫机构根据国家相关法律法规和相关规定，受理申请单位关于进口涂料备案申请，并进行审核批准的重要依据。
2. 进口涂料备案申请受理情况通知书主要作用
（1）检验检疫机构接受进口涂料申请人的备案申请后，经审核对符合国家进口涂料备案相关法律法规规定的备案申请作出的受理备案的一种行政告知；
（2）检验检疫机构接受进口涂料申请人的备案申请后，经审核对不符合国家进口涂料备案相关法律法规规定的备案申请作出的不予受理备案的一种行政告知。
3. 进口涂料备案书主要作用
（1）检验检疫机构受理进口涂料申请人的备案申请后，对经审核符合国家相关法律、法规规定的进口涂料准予备案，对所申报备案的进口涂料具有合法证明作用；
（2）经检验检疫机构审核符合国家相关法律、法规规定的进口涂料准予备案，对申报备案进口涂料的申请人（收货人或其代理人）依法履行相关法律责任，合法经营进口涂料业务具有合法证明作用。
（四）适用范围
1. 进口涂料备案申请表适用范围
（1）进口涂料的收货人或其代理人；
（2）列入国家规定应办理进口备案的进口涂料。
2. 进口涂料备案申请受理情况通知书适用范围
（1）经进口涂料备案主管部门审核，决定受理进口涂料备案申请的申请人，包括申请进口涂料备

案的收货人或其代理人；

（2）经进口涂料备案主管部门审核，决定不予受理进口涂料备案申请的申请人，包括申请进口涂料备案的收货人或其代理人。

3. 进口涂料备案书适用范围

（1）经进口涂料备案主管部门审核，决定准予进口涂料备案的申请人，包括申请进口涂料备案的收货人或其代理人；

（2）经进口涂料备案主管部门审核，决定准予进口涂料备案的国家规定应进行进口备案的各类进口涂料。

二、进口涂料备案申请表项目设置及填制

进口涂料备案申请表由申请单位栏、生产厂商栏、产品栏、随附单据栏、声明栏、备案机构填写栏等组成（见本章附件12-1），栏目设置及填制如下。

（一）申请单位栏

1. 名称

本项目填报申请人的单位名称，应当如实、准确填报该申请单位的全称。该申请单位应当是独立法人单位，一般为本申请表进口涂料的收货人或其代理人。

2. 地址

本项目填报申请人的单位地址，应当如实、准确填报该申请单位的地址。该地址一般填报该申请单位工商营业执照所注明的单位地址。

3. 法人代表

本项目填报申请人的单位法人代表姓名。

4. 联系人

本项目填报申请单位的联系人姓名，一般为具体负责办理进口涂料备案申请手续的负责人。

5. 电话

本项目填报申请单位的联系电话号码，一般可填报联系人的联系电话。

6. 传真

本项目填报申请单位的传真号码。

7. 邮政编码

本项目填报申请单位的邮政编码。

8. 营业执照编号

本项目填报申请单位营业执照编号。

（二）生产厂商栏

1. 名称

本项目填报本申请表申报备案进口涂料的生产厂商的名称，应当与实际进口涂料的生产厂商名称相一致。

2. 地址

本项目填报本申请表申报备案进口涂料的生产厂商的所在地址。

3. 授权人

本项目填报本申请表申报备案进口涂料的授权人名称，可以是进口涂料的生产工厂、供应商，也可以是具有授权资格的个人。

4. 联系人

本项目填报本申请表申报备案进口涂料的生产厂商的联系人姓名。

5. 联系电话

本项目填报本申请表申报备案进口涂料的生产厂商联系人的联系电话号码。

（三）产品栏
1. 名称
本项目填报本申请表申报备案进口涂料的商品名称。
2. 型号
本项目填报本申请表申报备案进口涂料的规格与型号。
3. 品牌
本项目填报本申请表申报备案进口涂料的品牌。
4. 产地
本项目填报本申请表申报备案进口涂料的原产地国家或地区的名称。
5. HS 编码
本项目填报本申请表申报备案进口涂料的商品 HS 编码。
6. 主要进口口岸
本项目填报本申请表申报备案进口涂料的主要进口口岸名称。
7. 用途
本项目填报本申请表申报备案进口涂料的主要用途。

（四）随附单据栏
1. 随附单据
本项目填报本申请表随附的相关单据情况。本项目为选择填报项目，申请人应当按照实际随附的单据，对应选项前的"□"处选择划"√"。本项目已列明的随附单据包括：申请单位营业执照、国内分装厂商名单及营业执照、生产厂商声明和有关证明、产品描述和有关说明等。
2. 备注
本项目填报本申请表已列明的随附以外的其他相关单据名称，并填写应当加以特别说明的其他相关事项。

（五）声明栏
1. 郑重声明
本项目已将申请人的声明统一印制，无须申请人自行填写，申请人一旦在本处签名，则本声明即代表申请人意愿自动生效。本项目印制的申请人的声明内容为：
"1. 备案申请人被授权申请备案；2. 上列填写内容，及随附单正确属实。"
2. 法人代表签字
本项目由本申请表申请单位的法人代表签署姓名。
3. 申请人签字
本项目由本申请表申请单位的负责人签署姓名。

（六）备案机构填写栏
1. 编号
本"编号"由受理本申请表的主管部门负责统一编制。
2. 备案机关意见
本项目由受理本申请并负责办理进口涂料备案审批机关签署对本申请表申请事项的相关审批意见。
3. 备案书编号
本项目由负责办理进口涂料备案审批机关填写备案书编号。通常情况下，一旦获取本"备案书编号"并填写本项目的备案书编号，就意味着本申请进口涂料的备案申请已获得批准。
4. （盖章）日期
本项目由负责办理进口涂料备案审批机关签署备案审批日期，并加盖进口涂料备案审批机关印章。

三、进口涂料备案申请受理情况通知书项目设置及填制

进口涂料备案申请受理情况通知书"（见本章附件12-2）主要内容如下：

"兹于____年____月____日____收到____备案申请人对____的备案申请，经审查决定：□受理你方申请，请到____专项检测实验室进行专项检测。联系电话，以及专项检测实验室的地址。□不受理你方申请，原因：_____"

通知书下方加盖备案主管机关印章，并签署签发通知书的日期。

四、进口涂料备案书项目设置及填制

进口涂料备案书（见本章附件12-3）由国家质检总局签发，所有项目均由其填注。各项目设置如下：

（一）编号

本项目填写本备案书的编号，一般由年份和顺序编号组成，括号前的阿拉伯数字为年份，括号内的阿拉伯数字为顺序编号。

（二）申请人

本项目填写本备案书的申请人名称，通常为进口涂料的备案申请单位。

（三）产品名称

本项目填写本备案书备案进口涂料的商品名称。

（四）产品品牌

本项目填写本备案书备案进口涂料的产品品牌。

（五）产品型号

本项目填写本备案书备案进口涂料的产品型号。

（六）生产厂商

本项目填写本备案书备案进口涂料的生产厂商的名称，一般应当与实际进口涂料的生产厂商名称相一致。

（七）产地

本项目填写本备案书备案进口涂料的原产地国家或地区的名称。

（八）分装厂商

本项目填写本备案书备案进口涂料的产品分装厂商的名称。

（九）专项检测结果

本项目填写检验检疫专项检测机构对本备案书备案进口涂料的检测结果。

（十）备案意见

本项目填写备案审批机关的审批意见。

（十一）有效期

本项目填写本备案书的有效日期。

（十二）签发机关（签章）

本项目注明本备案书的签发机关名称，并加盖签发机关的签发印章。

五、进口涂料备案须知与注意事项

（一）涂料概念

"涂料"是指一种材料，这种材料可以用不同的施工工艺涂覆在物件表面，形成粘附牢固、具有一定强度、连续的固态薄膜。这样形成的膜通称涂膜，又称漆膜或涂层。

因早期的涂料大多以植物油为主要原料，故又称油漆。现在合成树脂已大部分或全部取代了植物油，故称为涂料。

（二）备案文件

进口涂料的备案申请人应当在涂料进口至少 2 个月前向检疫检验机构备案机构提出备案申请，同时备案申请人应当提交以下资料：

1. 进口涂料备案申请表；
2. 备案申请人的企业法人营业执照的复印件（加盖印章），需分装的进口涂料的分装厂商企业法人营业执照的复印件（加盖印章）；
3. 进口涂料生产商对其产品中有害物质含量符合中华人民共和国国家技术规范要求的声明；
4. 关于进口涂料产品的基本组成成分、品牌、型号、产地、外观、标签及标记、分装厂商和地点、分装产品标签等有关资料（以中文文本为准）；
5. 其他需要提供的材料。

（三）备案申请与审批程序

1. 国家对进口涂料实行登记备案和专项检测制度，专项检测实验室根据技术规范的要求，负责进口涂料的强制性控制项目的专项检测，出具进口涂料专项检测报告。
2. 备案机构负责受理进口涂料备案申请，确认专项检测结果等事宜。
3. 进口涂料的生产商、进口商或者进口代理商（以下称备案申请人）根据需要，可以向备案机构申请进口涂料备案。
4. 备案机构接到备案申请后，对备案申请人的资格及提供的材料进行审核，在 5 个工作日内，向备案申请人签发进口涂料备案申请受理情况通知书。
5. 进口涂料备案申请受理情况通知书通常会通知申请人受理备案申请或不受理备案申请。备案申请人收到进口涂料备案申请受理情况通知书后，应按照受理或不受理两种情况分别处理：

（1）受理申请的，由备案申请人将被检样品送到指定的专项检测实验室，备案申请人提供的样品应当与实际进口料一致，样品数量应当满足专项检测和留样需要；

（2）未受理申请的，可按照进口涂料备申请受理情况通知书的要求进行补充和整改后，则重新提出申请。

6. 专项检测实验室应当在接到样品 15 个工作日内，完成对样品的专项检测及涂料专项检测报告，并将报告提交备案机构。
7. 备案机构应当在收到进口涂料专项检测报告 3 个工作日内，根据有关规定及项检测报告进行审核，经审核合格的签发进口涂料备案书；经审核不合格的，书面告知备案申请人。

（三）相关管理规定

1. 进口涂料备案书有效期为 2 年。当有重大事项发生，可能影响涂料性能时，应对进口涂料重新申请备案。
2. 监督管理及进口检验。

有下列情形之一的，由备案机构吊销进口涂料备案书，并且在半年内停止其备案申请资格：

（1）涂改、伪造进口涂料备案书；
（2）经出入境检验检疫机构检验，累计两次发现报检商品与备案商品严重不符；
（3）经出入境检验检疫机构抽查检验，累计 3 次不合格的。

备案机构定期将备案情况报告国家质检总局。国家质检总局通过网站等公开媒体公布进口涂料备案机构、专项检测实验室、已备案涂料等信息。已经备案的涂料，在进口报检时除按照规定提交相关证单外，应当同时提交进口涂料备案书，出入境检验检疫机构按照有关规定实施检验。

第三节　进出口化妆品标签审核申请书

一、概述

（一）基本定义

1. 进出口化妆品标签审核申请书

进出口化妆品标签审核申请书，是指进出口化妆品的经营人或其代理人，向检验检疫机构申请办理进出口化妆品标签审核手续时，提交给检验检疫机构的一种固定格式的申请文件。

2. 进出口化妆品标签审核证书

进出口化妆品标签审核证书，是指国家出入境检验检疫总局受理进出口化妆品标签审核申请后，经审核，对符合国家相关法律、法规规定的进出口化妆品标签准予通过审核，并核发的一种进出口化妆品标签审核证明文件。

（二）主管部门

国家质检总局。

（三）主要作用

1. 进出口化妆品标签审核申请书

（1）进出口化妆品标签审核申请人向检验检疫机构表明申请办理进出口化妆品标签审核意愿，并提请检验检疫机构予以通过审核的一种法律文书；

（2）进出口化妆品标签审核申请人向检验检疫机构如实申报进出口化妆品标签相关情况和申请单位相关情况的具有一定法律效力的证明；

（3）检验检疫机构根据国家相关法律法规和相关规定，受理申请单位关于进出口化妆品标签审核申请，并进行审核批准的重要依据。

2. 进出口化妆品标签审核证书

（1）检验检疫机构受理进出口化妆品标签审核申请人的审核申请后，经审查符合国家相关法律、法规规定的进出口化妆品标签准予通过审核，对所申报审核的进出口化妆品标签具有合法证明作用；

（2）经检验检疫机构审核符合国家相关法律、法规规定的进出口化妆品标签准予通过审核，对申报审核进出口化妆品标签的申请人依法履行相关法律责任，合法经营进出口化妆品标签业务具有合法证明作用。

（四）适用范围

1. 进出口化妆品标签审核申请书

（1）进出口化妆品标签的收货人或其代理人；

（2）列入国家规定应办理进出口化妆品标签审核的进出口化妆品标签。

2. 进出口化妆品标签审核证书

（1）经进出口化妆品标签审核主管部门审查，决定准予通过进出口化妆品标签审核的申请人，包括申请进出口化妆品标签审核的收货人或其代理人；

（2）经进出口化妆品标签审核主管部门审查，决定准予通过进出口化妆品标签审核的国家规定应进行审核的各类进出口化妆品标签。

二、进出口化妆品标签审核申请书项目设置及填制

进出口化妆品标签审核申请书由申请单位基本情况、产品基本情况、生产厂商基本情况、包装规格及原产地、申请单位及代理商签署栏等组成（见本章附件12-4）。本表填报时应当使用中文和英文两种文字填写，注意英文的填写一定要准确、规范、书写清楚。本申请书的各项目设置及相关填制要求如下：

(一)进出口化妆品标签审核申请书表单

1. 申请书编号

本编号由受理本申请的检验检疫验机构填写。申请书编号通常由12位阿拉伯数字组成,其中第1~4位为地区代码、第5~6位代表年份、第7~8位代表月份、第9~12位为流水号。

2. 申请单位名称

本项目填报申请单位的名称,应当填报申请单位的全称,并应当与申请单位的法人营业执照相符。

3. 地址

本项目填报申请单位的地址,应当与申请单位的法人营业执照相符。

4. 邮编

本项目填报申请单位的邮政编码。

5. 电话

本项目填报申请单位的联系电话。

6. 传真

本项目填报申请单位的传真号码。

7. 电子邮件

本项目填报申请单位的电子邮件。

8. 产品品牌及名称

本项目填报申请进出口化妆品标签审核的产品品牌及产品名称。

9. 产品类别

本项目填报申请进出口化妆品标签审核的产品类别,应当填写该产品是否具有特殊功效,如"防晒"、"育发"等。

10. 样品规格

本项目填报申请进出口化妆品标签的样品规格,应当与申请审核的进出口化妆品标签产品相一致。

11. H.S 编码

本项目填报申请进出口化妆品标签的商品HS编码。

12. 产品条码

本项目填报申请进出口化妆品标签的产品条形编码。

13. 生产厂商(名称及地址)

本项目填报申请进出口化妆品标签的生产厂商名称及该生产厂商的所在地址。

14. 包装规格及材料

本项目填报申请进出口化妆品标签的产品包装规格及该产品包装所使用的原材料。

15. 原产国或地区

本项目填报申请进出口化妆品标签的原产国家或地区的名称。

16. 备注

本项目填写本申请书应当特别加以说明的其他相关内容。

17. 申请单位代表签名(盖章)

本项目由本申请书的申请单位代表人签署姓名,并加盖申请单位印章。申请单位代表一般为申请单位的法定代表人,或该单位的主要负责人。

申请人还应当在本项目中签署申请日期。

18. 代理商填写栏

(1)代理商联系方式。

本项目填报本申请书所列进出口化妆品标签代理商的联系方式。应当填报进出口化妆品标签代理商的联系电话号码,以及代理商的传真号码。

(2) 代理人签名（盖章）。

本项目由本申请书所列进出口化妆品标签代理商的代理人签署姓名，并加盖代理人的单位印章。

(3) 日期。

本项目由签署申请书所列进出口化妆品标签代理商的代理人签字的日期。

（二）填表说明

本栏目为本申请书的填表说明，对本申请书的使用及相关事项加以进一步的说明。具体内容如下：

"1. 申请内容应完整、清楚、不得修改。所有申报材料应用 A4 纸打印，并加盖单位公章；

2. 填写此表前，请认真阅读有关申报规定。未按申报要求申报的产品，将不予受理；

3. 产品类别请填写是否具有特殊功效（如：'防晒'、'发育'等）。"

三、进出口化妆品标签审核证书项目设置及填制

进出口化妆品标签审核证书由签发本证书的检验检疫机构负责填注（见本章附件 12 – 5），主要项目如下。

（一）标签审核证书号

本项目注明本审核证书的编号。

（二）申请单位

本项目注明本审核证书的申请单位名称。

（三）品牌/名称

本项目注明本审核证书准予审核通过进出口化妆品标签的产品品牌及产品名称。

（四）规格

本项目注明本审核证书准予审核通过进出口化妆品标签的产品规格。

（五）商品代码

本项目注明本审核证书准予审核通过进出口化妆品标签的商品代码。

（六）发证日期

本项目注明签发本审核证书的具体发证日期。

（七）核发部门（签章）

本项目注明核发本审核证书的主管部门名称，并加盖核发本证书主管部门的印章。

四、进出口化妆品标签须知与注意事项

（一）相关概念

1. 化妆品标签审核

"化妆品标签审核"是指对进出口化妆品标签中标示的反映化妆品卫生质量状况、功效成分等内容的真实性、准确性进行符合性检验，并根据有关规定对标签格式、版面、文字说明、图形、符号等进行审核。

2. 化妆品

"化妆品"是指以涂、擦、散布于人体表面任何部位（皮肤、毛发、指甲、口唇等）或口腔黏膜，以达到清洁、护肤、美容和修饰目的的产品。

（二）主管机关及管理范围

1. 主管机关

国家质检总局主管全国进出口化妆品的监督检验管理工作。国家质检总局设在各地的出入境检验检疫机构负责所辖地区进出口化妆品的监督检验管理工作。

2. 管理范围

下列进出口化妆品为检验检疫管理范围：

(1) 列入"出入境检验检疫机构实施检验检疫的进出境商品目录"的;
(2) 其他法律、法规规定须由出入境检验检疫机构实施检验的;
(3) 国际条约、双边协议要求检验的。

(三) 申请文件

进出口化妆品标签的收发货人或其代理人向检疫检验机构申请进出口化妆品标签审核时,应当向检疫检验机构提交以下文件及资料(一式三份):

1. 进出口化妆品标签审核申请书;
2. 化妆品功效及其相关证明材料、检验方法;
3. 产品配方;
4. 生产企业产品质量标准;
5. 产品在生产国(地区)允许生产、销售的证明文件;
6. 化妆品标签样张6套,难以提供样张的,可提供有效照片;
7. 申请出口化妆品标签审核的,应提供进口国(地区)对化妆品标签的有关规定;
8. 其他必要的相关资料。
9. 申请化妆品标签审核时,须提供相应的、具有代表性的样品,其数量应满足标签审核要求。

(四) 审批程序

1. 申请时间。

进出口化妆品的经营者或其代理人应在报检前90个工作日向国家质检总局指定的检验机构提出标签审核申请。

2. 属于下列情况之一的,可以合并提出化妆品标签审核申请,但每种标签必须提交6套样张:
(1) 成分、工艺相同,规格不同的;
(2) 成分、工艺相同,包装形式不同的;
(3) 成分、工艺、规格及包装形式相同,外观不同的。

3. 进口化妆品标签按照我国有关法律、法规、标准要求进行审核;出口化妆品标签按照进口国法律、法规、标准要求进行审核。经审核符合要求的化妆品标签,由国家质检总局颁发进出口化妆品标签审核证书。

(五) 相关管理规定

1. 出口化妆品由产地出入境检验检疫机构实施检验,出境口岸出入境检验检疫机构查验放行;进口化妆品由进境口岸出入境检验检疫机构实施检验。进出口化妆品必须经过标签审核,取得进出口化妆品标签审核证书后方可报检。进出口化妆品的报检人在进出口化妆品报检时,应提供进出口化妆品标签审核证书。

2. 进出口化妆品经检验合格的,由出入境检验检疫机构出具合格证单,必须在出入境检验检疫机构监督下加贴检验检疫标志。

3. 进出口化妆品经检验不合格的,由出入境检验检疫机构出具不合格证单,并按照有关规定进行处理:
(1) 进出口化妆品安全卫生指标不合格的,应在出入境检验检疫机构监督下进行销毁或退货;
(2) 进出口化妆品其他项目不合格的,必须在出入境检验检疫机构监督下进行技术处理,经重新检验合格后,方可销售、使用或出口;
(3) 不合格的进出口化妆品,不能进行技术处理或者经技术处理后,重新检验仍不合格的进口化妆品,应责令其销毁或退货,出口化妆品不准出口。

4. 出入境检验检疫机构对进出口化妆品及其生产企业实施卫生质量许可制度等监督管理措施;对进口化妆品实施后续监督管理。发现未经检验检疫机构检验的、未加贴或者盗用检验检疫标志及无中文标签的进口化妆品,可依法采取封存、补检等措施。

第四节　进/出口食品标签审核申请书

一、概述

（一）基本定义

1. 进口食品标签审核申请书

进口食品标签审核申请书，是指进口食品标签的收货人或其代理人，向检验检疫机构申请办理进口食品标签审核手续时，提交给检验检疫机构的一种固定格式的申请文件。

2. 出口食品标签审核申请书

出口食品标签审核申请书，是指出口食品标签的发货人或其代理人，向检验检疫机构申请办理出口食品标签审核手续时，提交给检验检疫机构的一种固定格式的申请文件。

3. 进出口食品标签审核证书

进出口食品标签审核证书，是指国家出入境检验检疫主管机关受理进出口食品标签审核申请人的申请后，经审核，对符合国家相关法律、法规规定的进出口食品标签准予通过审核，并核发的一种进出口食品标签审核证明文件。

（二）主管部门

国家质检总局。

（三）主要作用

1. 进口食品标签审核申请书

（1）进口食品标签审核申请人向检验检疫机构表明申请办理进口食品标签审核意愿，并提请检验检疫机构予以通过审核的一种法律文书；

（2）进口食品标签审核申请人向检验检疫机构如实申报进口食品标签相关情况和申请单位相关情况的具有一定法律效力的证明；

（3）检验检疫机构根据国家相关法律法规和相关规定，受理申请单位关于进口食品标签审核申请，并进行审核批准的重要依据。

2. 出口食品标签审核申请书

（1）出口食品标签审核申请人向检验检疫机构表明申请办理出口食品标签审核意愿，并提请检验检疫机构予以通过审核的一种法律文书；

（2）出口食品标签审核申请人向检验检疫机构如实申报出口食品标签相关情况和申请单位相关情况的具有一定法律效力的证明；

（3）检验检疫机构根据国家相关法律法规和相关规定，受理申请单位关于出口食品标签审核申请，并进行审核批准的重要依据。

3. 进出口食品标签审核证书

（1）检验检疫机构受理进出口食品标签审核申请人的审核申请后，对经审查符合国家相关法律、法规规定的进出口食品标签准予通过审核，是所申报审核的进出口食品标签的合法证明；

（2）经检验检疫机构审核符合国家相关法律、法规规定的进出口食品标签准予通过审核，对申报审核进出口食品标签的申请人依法履行相关法律责任，是合法经营进出口食品标签业务的合法证明。

（四）适用范围

1. 进口食品标签审核申请书

（1）进口食品标签的收货人或其代理人；

（2）列入国家规定应办理进口食品标签审核的进口食品标签。

2. 出口食品标签审核申请书

（1）出口食品标签的发货人或其代理人；

(2) 列入国家规定应办理出口食品标签审核的出口食品标签。

3. 进出口食品标签审核证书

(1) 申请审核的进出口食品标签的收发货人或其代理人；

(2) 国家规定应进行审核的各类进出口食品标签。

二、进口食品标签审核申请书项目设置及填制

申请人填报本申请书时应当使用中英文两种文字填写，英文填写一定要准确、规范、书写清楚。各项目设置（见本章附件12-6-1）及相关填制要求如下。

（一）申请书编号

本编号由受理本申请书的检验检疫机构统一编制，由12位阿拉伯数字组成：4位地区代码、2位年份代码、2位月份、4位流水号。

（二）申请单位名称

本项目填报本申请书申请人的单位名称。应当如实、准确填报单位的全称。本项目所列申请单位是指独立法人单位，一般为进口食品标签的收货人或其代理人。

（三）地址

本项目填报本申请书申请人的单位地址，应当由申请人如实、准确填报。该地址一般填报该申请单位工商营业执照所注明的单位地址。

（四）邮编

本项目填报本申请书申请单位的邮政编码。

（五）电话

本项目填报本申请书申请单位的联系电话号码，一般可填报联系人的联系电话。

（六）传真

本项目填报本申请书申请单位的传真号码。

（七）电子邮件

本项目填报本申请书申请单位的电子邮件注册地址。

（八）食品品牌及名称

本项目填报本申请书申报食品标签的进口食品的品牌及该进口食品的商品名称。

（九）HS编码

本项目填报本申请书申报食品标签的进口食品的商品HS编码。

（十）生产厂商（名称及地址）

本项目填报本申请书申请食品标签的进口食品的生产厂商的名称，应当与实际进口食品的生产厂商名称相一致。

（十一）经销单位

本项目填报本申请书申请食品标签的进口食品的经销单位名称。

（十二）包装规格及材料

本项目填报本申请书申请食品标签的进口食品的包装规格及该包装所使用的原材料。

（十三）原产国或地区

本项目填报本申请书申请食品标签的进口食品包装材料的原产国家或地区名称。

（十四）首次申请

本项目由申请人填报是否属于首次申请。"首次申请"是指过去未向原商检部门、原卫检部门申请进口食品标签，并获批准，本次属于首次提出进口食品标签审核申请。

（十五）换证申请

本项目由申请人填报申请进口食品标签审核是否属于换证申请。"换证申请"是指过去已向原商

检部门、原卫检部门申请进口食品标签，并获得批准，本次申请进口食品标签，并持有有效证明材料进行换证的标签。

（十六）备注

本项目由申请人填报对"首次申请"和"换证申请"两个项目应当加以说明的有关事项。

（十七）原产国与地区

本项目填报本申请书申请进口食品标签的进口食品的原产国家或地区名称。

（十八）备注

本项目由申请人填报本申请书应当加以特别说明的其他相关事项。

（十九）申请单位代表签名（盖章）

本项目由申请人的单位代表签署姓名，一般是指申请单位的法人代表，或其单位的主要负责人。申请单位代表签字后，应当加盖申请单位的印章，并签署申请日期。

（二十）代理单位专用栏

1. 代理单位

本项目填报本申请书申请进口食品标签的进口食品的代理单位名称。

2. 联系电话

本项目填报本申请书申请进口食品标签的进口食品的代理单位联系电话号码。

3. 代理人签名（单位盖章）

本项目填报本申请书申请进口食品标签的进口食品的代理单位的代理人签署姓名，并加盖该代理单位的印章。

4. 日期

本项目由本申请书申请进口食品标签的进口食品的代理人签署签字与加盖印章的日期。

（二十一）查询网址

本项目印制了由审核主管部门为申请人提供查询进口食品标签审核方面的政策法规及相关事项的网站地址："（E-mail）：www.ciq.gov.cn"。

三、出口食品标签审核申请书项目设置及填制

填报本申请书时，应当使用中文和英文两种文字填写，应当特别注意英文填写一定要准确、规范、书写清楚。本申请书的各项目设置（见本章附件12-6-2）及相关填制要求如下。

（一）申请书编号

本编号由受理本申请书的检验检疫机构统一编制。申请书编号由12位阿拉伯数字组成：4位地区代码、2位年份代码、2位月份、4位流水号。

（二）申请单位名称

本项目填报本申请书申请人的单位名称。应当由申请人如实、准确填报单位的全称。本项目所列申请单位是指独立法人单位，一般为本申请表出口食品标签的发货人或其代理人。

（三）地址

本项目填报本申请书申请人的单位地址，应当由申请人如实、准确填报。该地址一般填报该申请单位工商营业执照所注明的单位地址。

（四）邮编

本项目填报本申请书申请单位的邮政编码。

（五）电话

本项目填报本申请书申请单位的联系电话号码，一般可填报联系人的联系电话。

（六）传真

本项目填报本申请书申请单位的传真号码。

(七) 电子邮件

本项目填报本申请书申请单位的电子邮件注册地址。

(八) 食品品牌/名称

本项目填报本申请书申报出口食品标签的出口食品的品牌，以及该出口食品的商品名称。

(九) H.S. 编码

本项目填报本申请书申报出口食品标签的出口食品的商品 HS 编码。

(十) 生产厂商（名称及地址）

本项目填报本申请书申请出口食品标签的出口食品的生产厂商的名称，应当与实际出口食品的生产厂商名称相一致。

(十一) 经销单位

本项目填报本申请书申请出口食品标签的出口食品的经销单位名称。

(十二) 包装规格及材料

本项目填报本申请书申请出口食品标签的出口食品的包装规格及该包装所使用的原材料。

(十三) 进口国或地区

本项目由本申请书的申请人填报申请出口食品标签的出口食品所用包装材料的进口国家或地区名称。

(十四) 合并申请

本项目用于本申请书的申请人，将申请出口食品标签的"首次申请"与"换证申请"两项内容合并填报。

"首次申请"是指过去未向原商检部门、原卫检部门申请出口食品标签，并获批准，本次属于首次提出出口食品标签审核申请。

"换证申请"是指过去已向原商检部门、原卫检部门申请出口食品标签，并获得批准，本次申请出口食品标签，并持有有效证明材料进行换证的标签。

(十五) 申请单位代表签名/日期

本项目用于本申请书申请人的单位代表签署姓名，申请单位代表一般为该单位的法人代表，或其单位的主要负责人。申请单位代表签字后，应当加盖申请单位的印章，并签署申请日期。

(十六) 代理单位专用栏

1. 代理单位

本项目填报本申请书申请出口食品标签的出口食品代理单位的名称。

2. 联系电话

本项目填报出口食品代理单位的联系电话号码。

3. 代理人签名（单位盖章）

本项目由本申请书申请出口食品标签的出口食品代理单位的代理人签署姓名，并加盖代理单位的印章。

4. 日期

本项目由本申请书申请出口食品标签的出口食品代理人在签署姓名及加盖印章后，签注签署本申请书的日期。

(十七) 查询网址

本项目印制了由审核主管部门为申请人提供查询出口食品标签审核方面的政策法规及相关事项的网站地址："www.aqsiq.gov.cn"。

四、进/出口食品标签审核申请书填表说明

进/出口食品标签审核申请书填表说明如下。

1. 申请书编号由受理单位填写,由12位数字组成:4位地区代码、2位年份代码、2位月份、4位流水号。如:北京局于2000年9月接受本年度第150个申请,则申请书编号为:110000090150。

2. "首次申请"为过去未向原商检、原卫检申请并获批准的,目前首次提出申请的标签。

3. "换证申请"为过去已向原商检、原卫检申请获得批准的,并持有有效证明材料进行换证的标签。

4. 进/出口食品标签审核申请书用A4纸打印。

五、进/出口食品标签审核证书项目设置及填制

进/出口食品标签审核证书(见本章附件12-7)由国家质检总局核发给经审核符合国家有关规定的进出口食品标签的申请人,各项内容均由核发部门填注,具体项目设置如下。

(一) 标签审核证书号

本项目注明本证书的编号,由本证书的核发部门统一编制。

(二) 申请单位

本项目注明本证书的申请单名称。

(三) 品牌/品名

本项目注明本证书审核确认的进出口食品标签的食品品牌及或商品名称。

(四) 规格

本项目注明本证书审核确认的进口食品标签的进口食品规格,或本证书审核确认的出口食品标签的出口食品规格。

(五) 商品代码

本项目注明本证书审核确认的进口食品标签的进口食品商品代码,或本证书审核确认的出口食品标签的出口食品商品代码。

(六) 发证日期

本项目注明本进/出口食品标签审核证书的发证日期。

(七) 发证单位(签章)

本项目注明核发本进/出口食品标签审核证书的主管部门名称,并加盖核发部门的核发印章。

六、进/出口食品标签须知及注意事项

(一) 相关概念

1. 进出口食品

"进出口食品"是指进出口预包装食品。

2. 进出口预包装食品

"进出口预包装食品"是指预包装于容器中,以备交付消费者的食品。

3. 食品标签

"食品标签"是指预包装食品容器上的文字、图形、符号,以及一切说明物。

(二) 主管部门

根据国家的有关法律、法规,进出口食品标签必须事先经过审核,取得进出口食品标签审核证书。进出口食品标签审核主管部门为:

1. 国家质检总局主管全国进出口食品标签管理工作,并负责食品标签的审核、批准、发证工作。

2. 国家质检总局指定的检验检疫机构负责食品标签的初审及检验工作。

(三) 申请文件

进出口食品的经营者或其代理人在进出口食品前,应当向指定检验检疫机构提出食品标签审核申请。申请时应提供下列资料:

1. 进口食品标签审核申请书;

2. 食品标签的设计说明及适合使用的证明材料;

3. 食品标签所标示内容的说明材料;

4. 进口国（地区）对食品标签的有关规定;

5. 食品标签的样张 6 套,难以提供样张的,可提供有效照片;

6. 需要提供的其他材料品种及工艺相同、规格或包装形式不同的进出口食品可以提出标签审核申请。申请食品标签审核时,还须提供相应的检测样品。样品应具有代表性,并能满足标签审核要求。

（四）审批程序

1. 国家质检总局指定的检验检疫机构负责受理进出口食品标签审核的申请,并按有关规定组织初审;

2. 初审后,将申请材料和初审结果报送国家质检总局审批;

3. 经审核符合要求的食品标签,由国家质检总局颁发进出口食品标签审核证书。

4. 取得审核证书的食品标签,由国家质检总局统一对外公布。

（五）相关管理规定

1. 进出口食品的报检人办理报检手续时,必须提供进出口食品标签审核证书或进出口食品标签审核受理证明,否则检验检疫机构不受理报检。

2. 检验检疫机构对进出口食品实施检验时,应对食品标签进行检验,并根据食品标签检验结果综合评定食品是否合格。

3. 进出口食品标签未经审核或检验不合格的,进口食品不准销售,出口食品不准出口。

（六）填报注意事项

1. 申请单位填写前应认真阅读有关申报规定,按规定如实填报,填报内容应当完整、清楚、不得涂改。

2. 申请书应当使用中英文两种文字填写,填报时注意英文的填写一定要准确、规范、书写清楚。

3. 申请单位基本情况,包括企业名称、地址、法人代表、营业执照编号、联系方式等,所填内容要与申请单位的法人营业执照相符。

第五节　强制认证证书

一、概述

（一）基本定义

强制认证证书,是指国家认证认可监督管理委员会指定的认证机构,经审核,对符合国家涉及人类健康和安全、动植物生命和健康,以及环境保护和公共安全的产品实行强制性认证制度等有关法律、法规规定的相关产品,核发给该产品认证申请人的一种证明文件,以证明其申请认证的产品已通过国家强制性认证。

（二）主管部门

1. 国家认证认可监督管理委员会

根据国务院授权,国家认证认可监督管理委员会主管全国认证认可工作,负责全国强制性产品认证制度的管理和组织实施工作。

各地质检行政部门负责对所辖地区目录中产品实施监督,对强制性产品认证违法行为进行查处。

2. 中国质量认证中心

为国家认证认可监督管理委员会指定的认证机构,在指定的工作范围内按照产品认证实施规则开展认证工作;对获得认证的产品,颁发强制认证证书;对获得认证的产品进行跟踪检查;受理有关的认证投诉、申诉工作;依法暂停、注销和撤销认证证书。

(三) 主要作用

1. 国家指定的认证机构受理强制性产品认证的相关申请人的申请后，经过审查，对符合国家强制性产品认证相关规定的产品准予认证，对所申请强制性产品认证的产品具有合法证明作用；

2. 国家指定的认证机构，对符合国家强制性产品认证相关规定的产品准予认证，对申报强制性产品认证的申请人依法履行相关法律责任，合法经营进出口强制性认证产品业务具有合法证明作用。

(四) 适用范围

1. 经强制认证主管部门审查，决定准予进行强制性产品认证产品的申请人，包括申请强制性产品认证的产品的收发货人或其代理人。

2. "中华人民共和国实施强制性产品认证的产品目录"所规定的相关产品，具体包括以下19类产品：

(1) 电线电缆；

(2) 电路开关及保护或连接用电器装置；

(3) 低压电器；

(4) 小功率电动机；

(5) 电动工具；

(6) 电焊机；

(7) 家用和类似用途设备；

(8) 视频设备类（不包括广播级音响设备和汽车音响设备）；

(9) 信息技术设备；

(10) 照明设备（不包括电压低于36V的照明设备）；

(11) 电信终端设备；

(12) 机动车辆及安全附件；

(13) 机动车辆轮胎；

(14) 安全玻璃；

(15) 农机产品；

(16) 乳胶制品；

(17) 医疗器械产品；

(18) 消防产品；

(19) 安全技术防范产品。

二、强制认证证书项目设置

强制认证证书由国家认证认可监督管理委员会指定的认证机构——中国质量认证中心签发，各项目均由证书的签发部门填注（见本章附件12-8），具体如下。

(一) 证书编号

本项目填注本证书的编号，由签发部门统一编制。

(二) 申请人名称及地址

本项目填注本证书申请人的名称及地址。

(三) 商标

本项目填注本证书申请认证产品的商标。

(四) 制造厂商名称及地址

本项目填注本证书申请认证产品生产制造厂商的名称及地址。

(五) 生产企业名称及地址

本项目填注本证书申请认证产品生产企业的名称及认证产品生产企业的地址。

（六）产品名称及系列、规格、型号
本项目填注本证书申请认证产品的产品名称、产品规格及产品的型号。

（七）产品标准和技术要求
本项目填注本证书申请认证产品的相关产品标准及技术要求。

（八）颁证词
本项目填注本证书签发部门的颁证词："上述产品符合强制性产品认证施规则的要求，特发此证。"

（九）发证日期
本项目填注本证书的签发日期。

（十）有效性依据
本项目填注签发本证书的有效性依据，主要内容为："本证书的有效性依据发证机构的定期监督获得保持"。

（十一）签字/签章
本项目由签发本证书的主管部门领导签字，并加盖主管部门印章。

三、强制性产品认证须知及注意事项

（一）强制认证基本概念
根据国家的有关法律、法规，国家对涉及人类健康和安全、动植物生命和健康，以及环境保护和公共安全的产品实行强制性认证制度。

国家对强制性产品认证公布统一的"中华人民共和国实施强制性产品认证的产品目录"（以下简称目录），凡列入目录的产品，必须经国家指定的认证机构认证合格、取得指定认证机构颁发的认证证书并加施认证标志后，方可出厂销售、进口和在经营性活动中使用。

自2003年5月1日起，未获得强制性产品认证证书和未加施中国强制性认证标志的产品不得出厂、进口、销售。

（二）认证主管部门
根据国务院授权，国家认证认可监督管理委员会主管全国认证认可工作，负责全国强制性产品认证制度的管理和组织实施工作。各地质检行政部门负责对所辖地区目录中产品实施监督，对强制性产品认证违法行为进行查处。

国家认证认可监督管理委员会指定的认证机构，在指定的工作范围内按照产品认证实施规则开展认证工作；对获得认证的产品，颁发国家强制认证证书；对获得认证的产品进行跟踪检查；受理有关的认证投诉、申诉工作；依法暂停、注销和撤销认证证书。

（三）强制性产品认证的产品范围
根据国家对强制性产品认证公布统一的目录，第一批实施强制性产品认证的如下。

1. 电线电缆（共5种）

电线组件、矿用橡套软电缆、交流额定电压3kV及以下铁路机车车辆用电线电缆、额定电压450/750V及以下橡皮绝缘电线电缆、额定电压450/750V及以下聚氯乙烯绝缘电线电缆。

2. 电路开关及保护或连接用电器装置（共6种）

器具耦合器（家用和类似用途、工业用）、插头插座（家用和类似用途、工业用）、热熔断体、小型熔断器的管状熔断体、家用和类似用途固定式电气装置的开关、家用和类似用途固定式电气装置电器附件外壳。

3. 低压电器（共9种）

漏电保护器、断路器（含RCCB、RCBO、MCB）、熔断器、低压开关（隔离器、隔离开关、熔断器组合电器）、其他电路保护装置（保护器类：限流器、电路保护装置、过流保护器、热保护器、过载继电器、低压机电式接触器、电动机启动器）、继电器（36伏＜电压＜1000伏）、其他开关（电器开关、真空开关、压力开关、接近开关、脚踏开关、热敏开关、液位开关、按钮开关、限位开关、微动开关、倒顺开关、温度开关、行程开关、转换开关、自动转换开关、刀开关）、其他装置（接触器、电动机起动器、信号灯、辅助触头组件、主令控制器、交流半导体电动机控制器和起动器）、低压成套开关设备。

4. 小功率电动机（共1种）

小功率电动机。

5. 电动工具（共18种）

电钻（含冲击电钻）、电动螺丝刀和冲击扳手、电动砂轮机、砂光机、圆锯、电锤（含电镐）、不易燃液体电喷枪、电剪刀（含双刃电剪刀、电冲剪）、攻丝机、往复锯（含曲线锯、刀锯）、插入式混凝土振动器、电链锯、电刨、电动修枝剪和电动草剪、电木铣和修边机、电动石材切割机（含大理石切割机）。

6. 电焊机（共15种）

小型交流弧焊机、交流弧焊机、直流弧焊机、TIG弧焊机、MIG/MAG弧焊机、埋弧焊机、等离子弧切割机、等离子弧焊机、弧焊变压器防触电装置、焊接电缆耦合装置、电阻焊机、焊机送丝装置、TIG焊焊炬、MIG/MAG焊焊枪、电焊钳。

7. 家用和类似用途设备（共18种）

（1）家用电冰箱和食品冷冻箱：有效容积在500升以下，家用或类似用途的有冷冻食品储藏室的电冰箱、冷冻食品储藏箱和食品冷冻箱及它们的组合；

（2）电风扇：单相交流和直流家用和类似用途的电风扇；

（3）空调器：制冷量不超过21000大卡/小时的家用及类似用途的空调器；

（4）电动机—压缩机：输入功率在5000瓦以下的家用和类似用途空调和制冷装置所用密闭式（全封闭型、半封闭型）电动机—压缩机；

（5）家用电动洗衣机：带或不带水加热装置、脱水装置或干衣装置的洗涤衣物的电动洗衣机；

（6）电热水器：把水加热至沸点以下的固定的贮水式和快热式电热水器；

（7）室内加热器：家用和类似用途的辐射式加热器、板状加热器、充液式加热器、风扇式加热器、对流式加热器、管状加热器；

（8）真空吸尘器：具有吸除干燥灰尘或液体的作用，由串激整流子电动机或直流电动机驱动的真空吸尘器；

（9）皮肤和毛发护理器具：用作人或动物皮肤或毛发护理并带有电热元件的电器；

（10）电熨斗：家用和类似用途的干式电熨斗和湿式（蒸汽）电熨斗；

（11）电磁灶：家用和类似用途的采用电磁能加热的灶具，它可以包含一个或多个电磁加热元件；

（12）电烤箱：包括额定容积不超过10升的家用和类似用途的电烤箱、面包烘烤器、华夫烙饼模和类似器具；

（13）电动食品加工器具：家用电动食品加工器和类似用途的多功能食品加工器；

（14）微波炉：频率在300MHz以上的一个或多个I.S.M.波段的电磁能量来加热食物和饮料的家用器具，它可带有着色功能和蒸汽功能；

（15）电灶、灶台、烤炉和类似器具：包括家用电灶、分离式固定烤炉、灶台、台式电灶、电灶的灶头、烤架和烤盘及内装式烤炉、烤架；

（16）吸油烟机：安装在家用烹调器具和炉灶的上部，带有风扇、电灯和控制调节器之类用于抽吸排除厨房中油烟的家用电器；

（17）液体加热器和冷热饮水机；

（18）电饭锅：采用电热元件加热的自动保温式或定时式电饭锅。

第十二章 特定商品备案申请与审核单证

8. 视频设备类（不包括广播级音响设备和汽车音响设备）（共 16 种）

总输出功率在 500 瓦（有效值）以下的单扬声器和多扬声器有源音箱、音频功率放大器、调谐器、各种广播波段的收音机、各类载体形式的音视频录制、播放及处理设备（包括各类光盘磁带等载体形式）、及以上设备的组合，为音视频设备配套的电源适配器、各种成像方式的彩色电视接收机、监视器（不包括汽车用电视接收机）、黑白电视接收机及其他单色的电视接收机、显像（示）管、录像机、卫星电视广播接收机、电子琴、天线放大器、声音和电视信号的电缆分配系统设备与部件。

9. 信息技术设备（共 12 种）

微型计算机、便携式计算机、与计算机连用的显示设备、与计算机连用的打印设备、多用途打印复印机、扫描仪、计算机内置电源及电源适配器充电器、电脑游戏机、学习机、复印机、服务器、金融及贸易结算电子设备。

10. 照明设备（共 2 种）（不包括电压低于 36V 的照明设备）

灯具、镇流器。

11. 电信终端设备（共 9 种）

调制解调器（音频调制解调器、基带调制解调器、DSL 调制解调器，含卡）、传真机（传真机、电话语音传真卡、多功能传真一体机）、固定电话终端（普通电话机、主叫号码显示电话机、卡式管理电话机、录音电话机、投币电话机、智能卡式电话机、IC 卡公用电话机、免提电话机、数字电话机、电话机附加装置）、无绳电话终端（模拟无绳电话机、数字无绳电话机）、集团电话（集团电话、电话会议总机）、移动用户终端（模拟移动电话机、GSM 数字蜂窝移动台、手持机和其他终端设备）、CDMA 数字蜂窝移动台（手持机和其他终端设备）、ISDN 终端（网络终端设备 NTI、NTI）、终端适配器（卡）、数据终端（存储转发传送语音卡、POS 终端、接口转换器、网络集线器、其他数据终端）、多媒体终端（可视电话、会议电视终端、信息点播终端、其他多媒体终端）。

12. 机动车辆及安全附件（共 4 种）

（1）汽车：在公路及城市道路上行驶的 M、N、O 类车辆；
（2）摩托车；
（3）汽车摩托车零部件：汽车安全带、摩托车发动机。

13. 机动车辆轮胎（共 3 种）

（1）汽车轮胎：轿车轮胎（轿车子午线轮胎、轿车斜交轮胎）、载重汽车轮胎（微型载重汽车轮胎、轻型载重汽车轮胎、中型/重型载重汽车轮胎）；
（2）托车轮胎：摩托车轮胎（代号表示系列、公制系列、轻便型系列、小轮径系列）。

14. 安全玻璃（共 3 种）

汽车安全玻璃（A 类夹层玻璃、B 类夹层玻璃、区域钢化玻璃、钢化玻璃）、建筑安全玻璃（夹层玻璃、钢化玻璃）、铁道车辆用安全玻璃（夹层玻璃、钢化玻璃、安全中空玻璃）。

15. 农机产品（共 1 种）

农机产品。

16. 乳胶制品（共 1 种）

橡胶避孕套。

17. 医疗器械产品（共 7 种）

医用 X 射线诊断设备、血液透析装置、空心纤维透析器、血液净化装置的体外循环管道、心电图机、植入式心脏起搏器、人工心肺机。

18. 消防产品（共 3 种）

火灾报警设备（点型感烟火灾报警探测器、点型感温火灾报警探测器、火灾报警控制器、消防联动控制设备、手动火灾报警按钮）、消防水带、喷水灭火设备（洒水喷头、湿式报警阀、水流指示器、消防用压力开关）。

19. 安全技术防范产品（共1种）

入侵探测器（室内用微波多普勒探测器、主动红外入侵探测器、室内用被动红外探测器、微波与被动红外复合入侵探测器）。

（四）认证程序

1. 目录中产品认证的程序包括以下全部或者部分环节：

(1) 认证申请和受理；

(2) 型式试验；

(3) 工厂审查；

(4) 抽样检测；

(5) 认证结果评价和批准；

(6) 获得认证后的监督。

2. 认证的申请

目录中产品的生产者、销售者和进口商可以作为申请人，向指定认证机构提出目录中产品认证申请。

申请人申请目录中产品认证应当遵守以下规定：

(1) 按照目录中产品认证实施规则的规定，向指定认证机构提交认证申请书、必要的技术文件和样品；

(2) 申请人为销售者、进口商时，应当向指定认证机构同时提交销售者和生产者或进口商和生产者订立的相关合同副本；

(3) 申请人委托他人申请目录中产品认证的，应当与受委托人订立认证、检测、检查和跟踪检查等事项的合同，受委托人应当同时向指定认证机构提交委托书、委托合同的副本和其他相关合同的副本；

(4) 按照国家规定缴纳认证费用。

3. 国家认证认可监督管理委员会指定的认证机构负责受理申请人的认证申请，根据认证实施规则的规定，安排型式试验、工厂审查、抽样检测等活动。在一般情况下，应当自受理申请人认证申请的90日内，作出认证决定并通知申请人，向获得认证的产品颁发强制认证证书。

4. 认证标志。

(1) 认证标志的名称为："中国强制认证"（英文为"China Compulsory Certification"，缩写为"CCC"，简称为"3C"标志）。该认证标志是目录中产品准许其出厂销售、进口和使用的证明标记。

(2) 认证证书的持有人应当按照认证标志管理规定的要求使用认证标志。

（四）相关管理规定

1. 国家认证认可监督管理委员会指定的认证机构，按照具体产品认证实施规则的规定，对其颁发认证证书的产品及其生产厂（场）实施跟踪检查。

2. 对下列情形之一的，应当注销认证证书：

(1) 目录中产品认证适用的国家标准、技术规则或者认证实施规则变更，认证证书的持有人不能满足上述变更要求的；

(2) 认证证书超过有效期，认证证书的持有人未申请延期使用的；

(3) 获得认证的产品不再生产的；

(4) 认证证书的持有人申请注销的。

3. 对下列情形之一的，应当责令暂时停止使用认证证书：

(1) 认证证书的持有人未按规定使用认证证书和认证标志的；

(2) 认证证书的持有人违反目录中产品认证实施规则和指定的认证机构要求的；

(3) 监督结果证明产品不符合目录中产品认证实施规则要求，但是不需要立即撤销认证证书的。

4. 对下列情形之一的，应当撤销认证证书：
（1）在认证证书暂停使用的期限内，认证证书的持有人未采取纠正措施的；
（2）监督结果证明产品出现严重缺陷的；
（3）获得认证的产品因出现严重缺陷而导致重大质量事故的。

5. 申请人和认证证书持有人对指定认证机构的认证决定有异议的，可以向作出认证决定的认证机构提出投诉、申诉，对认证机构处理结果仍有异议的，可以向国家认证认可监督管理委员会申诉。

第六节　进出口电池产品备案申请表及备案书

一、概述

（一）基本定义

1. 进出口电池产品备案申请表

进出口电池产品备案申请表，是指进出口电池产品的收发货人、经营人或其代理人，向检验检疫机构申请办理进出口电池产品备案手续时，提交给检验检疫机构的一种固定格式的申请文件。

2. 进出口电池产品备案书

进出口电池产品备案书，是指国家进出口电池产品备案主管部门受理进出口电池产品备案申请后，经过严格审核，对符合国家关于进出口电池产品备案管理规定的备案申请准予审核备案，并核发的一种进出口电池产品备案证明文件。

（二）主管部门

国家质检总局。

（三）主要作用

1. 进出口电池产品备案申请表

（1）进出口电池产品备案申请人，向检验检疫机构表明申请办理进出口电池产品备案意愿，并提请检验检疫机构准予备案的一种法律文书；

（2）进出口电池产品备案申请人，向检验检疫机构如实申报进出口电池产品相关情况和申请单位相关情况的具有一定法律效力的证明；

（3）检验检疫机构根据国家相关法律法规和相关规定，受理申请人关于进出口电池产品备案申请，并进行审核备案的重要依据。

2. 进出口电池产品备案书

（1）检验检疫机构受理进出口电池产品备案申请人的备案申请后，对经审查符合国家相关法律、法规规定的进出口电池产品准予备案，对所申报备案的进出口电池产品具有合法证明作用；

（2）检验检疫机构经过严格审核，对符合国家相关法律、法规规定的进出口电池产品准予备案，对申报备案进出口电池产品的申请人依法履行相关法律责任，合法经营进出口电池产品业务具有合法证明作用。

（四）适用范围

1. 进出口电池产品备案申请表

（1）进出口电池产品的收发货人、经营人，以及他们的代理人；

（2）列入国家规定应办理进出口电池产品备案的各类进出口电池产品。

2. 进出口电池产品备案书

（1）经检验检疫机构审核，准予进出口电池产品备案的申请人，主要包括申请进出口电池产品备案的收发货人、经营人及其代理人；

（2）经检验检疫机构审核，准予办理备案手续的各类进出口电池产品。

二、进出口电池产品备案申请表项目设置及填制

填报本申请表前,申请人应当认真阅读有关申报规定,按规定如实填报。填报时应当做到填报内容完整、清楚、不得涂改。

本申请表由编号、申请单位情况栏、制造商情况栏、备案产品情况栏、随附单据栏、声明栏、检测实验室填写栏、检验检疫机关填写栏等组成(见本章附件12-9),各项目设置与填制要求如下。

(一)编号

本项目填报本申请表的编号,由受理本申请书的检验检疫机构统一编制。

(二)申请单位情况栏

1. 名称

本项目填报申请人的单位名称,应当由申请人如实、准确填报。申请单位应当是独立法人单位,一般为本申请表进出口电池产品的收发货人或其代理人。

2. 地址

本项目填报申请人的单位地址,应当由申请人如实、准确填报。一般填报该申请单位工商营业执照所注明的单位地址。

3. 法人代表

本项目填报申请人的单位法人代表姓名,应当与该申请单位工商营业执照所注明的法人代表姓名相一致。

4. 联系人

本项目填报申请单位的联系人姓名,一般为具体负责办理进口涂料备案申请手续的负责人。

5. 电话

本项目填报申请单位的联系电话号码,一般可填报联系人的联系电话。

6. 传真

本项目填报申请单位的传真号码。

7. 邮政编码

本项目填报申请单位的邮政编码。

8. 营业执照编号

本项目填报申请人的单位营业执照编号。

(三)制造商情况栏

1. 名称

本项目填报本申请表申报备案的进出口电池产品的制造商的名称,应当与实际进出口电池产品的生产厂商名称相一致。

2. 地址

本项目填报本申请表申报备案进出口电池产品的制造商所在地址。

3. 法人代表

本项目填报本申请表申报备案进出口电池产品制造商的法人代表姓名。

4. 联系人

本项目填报本申请表申报备案进出口电池产品制造商的联系人姓名。

5. 电话

本项目填报本申请表申报备案进出口电池产品制造商联系人的联系电话号码。

6. 传真

本项目填报本申请表申报备案进出口电池产品制造商联系人的传真号码。

7. 邮政编码

本项目填报本申请表申报备案进出口电池产品制造商联系人的邮政编码。

8. 营业执照编号

本项目填报本申请表申报备案进出口电池产品制造商的营业执照编号。

（四）备案产品情况栏

1. 名称

本项目填报本申请表申报备案进出口电池产品的产品名称。应当详细、清楚、实事求是填报，不得虚报。

2. 品牌

本项目填报本申请表申报备案进出口电池产品的产品品牌。应当详细、清楚、实事求是填报，不得虚报。

3. 型号规格

本项目填报本申请表申报备案进出口电池产品的产品规格与型号。应当由申请人详细、清楚、实事求是地填报。

4. H.S 编码

本项目填报本申请表申报备案进出口电池产品的 HS 编码。

5. 含汞量

本项目填报本申请表申报备案进出口电池产品的产品含汞量。对于申请备案进出口电池产品而言，进出口电池产品汞的含量至关重要，汞含量是进出口电池产品备案主管部门的审核重点，申请人一定要实事求是填报，不得虚报。

6. 产地

本项目填报本申请表申报备案进出口电池产品的产品原产地，申请人应当如实填报进出口电池产品的原产国家或地区名称。

（五）随附单据栏

1. 随附单据

本项目由申请人填写相关随附单据的名称。"随附单据"是指随同本申请表一起向进出口电池产品备案主管部门提交的相关单据。本项目为选择填报项目，申请人只需在本项目已印制的相关单据名称前的"□"划"√"即可，可根据随附单局的实际情况进行多项选择。本项目已统一印制的随附单据名称包括：申请单位营业执照、授权委托书、制造商营业执照、制造商声明、产品描述等 5 种单据。

2. 备注

本项目是对"随附单据"栏目已列明随附单据名称的一种补充，由申请人填报本申请表已列明的随附以外的其他相关单据名称。如申请人实际向相关主管部门提交的单据未包括在统一印制的随附单据名称中，申请人可在本备注项目内补充填写相关随附单据的名称。

（六）声明栏

1. 申请人声明

本申请表已将申请人的声明统一印制在本项目中，无须申请人自行填写，申请人一旦在本项目签名，则本声明即代表申请人意愿自动生效。本项目印制的申请人的声明内容为："申请人郑重声明：1. 本人被授权申请备案；2. 上列填写内容、即随附单据正确属实。"

2. 签名

本项目由本申请表申请单位的法人代表或主要负责人签字，并加盖申请人的单位公章。

（七）检测实验室填写栏

1. 电池种类审核

本项目填写对本申请表所列进出口电池产品的电池种类审核意见，由负责对本申请备案进出口电池产品进行检测的实验机构填写。

2. 电池含汞量检测结果

本项目由负责对本申请备案进出口电池产品进行检测的实验机构填写对电池含汞量的检测结果。

3. 检测合格确认书编号

本项目填写对本申请表所列进出口电池产品的检测合格确认书编号，由负责对本申请备案进出口电池产品进行检测的实验机构填写。

4. 检测实验室

本项目填写负责对申请备案进出口电池产品进行检测的实验室名称。

5. 审核部门（签章/日期）

本项目填写对申请备案进出口电池产品检测结果进行审核的审核部门名称，并加盖审核部门印章，同时签署审核日期。

（八）检验检疫机关填写栏

1. 检验检疫机关意见

本项目由受理本申请并负责办理进出口电池产品备案审批机关，签署对本申请表申请事项的相关审批意见。

2. 备案书编号

本项目由负责办理进出口电池产品备案审批机关填写备案书编号。通常情况下，一旦在本项目填写备案书编号，就意味着本申请进出口电池产品的备案申请已获得批准。

3. 签章/日期

本项目由负责办理进出口电池产品备案审批机关加盖印章，并签署备案审批日期。

三、进出口电池产品备案书项目设置

进出口电池产品备案书（见本章附件12-10）由负责进出口电池产品备案审批机关签发，备案书的各有关项目均由证书的签发部门填注，具体如下。

（一）备案号

本项目由本备案书的签发部门统一编制。

（二）申请人

本项目填注本备案书申请人的单位名称。

（三）地址

本项目填注本备案书申请人的单位地址。

（四）制造商

本项目填注本备案书申请备案进出口电池产品制造厂商的名称。

（五）地址

本项目填注本备案书申请备案进出口电池产品制造厂商的所在地址。

（六）产品名称

本项目填注本备案书申请备案进出口电池产品的产品名称。

（七）品牌

本项目填注本备案书申请备案进出口电池产品的产品品牌。

（八）型号规格

本项目填注本备案书申请备案进出口电池产品的产品规格，以及产品的型号。

（九）产地

本项目填注本备案书申请备案进出口电池产品的原产国家或地区的名称。

（十）含汞量

本项目填注本备案书申请备案进出口电池产品的产品汞含量。

（十一）颁证词

本项目填注本备案书签发部门的颁证词："上述产品已经我局备案。"

（十二）有效期

本项目填注本备案书的有效期限。

（十三）签章

本项目由签发本证书的主管部门加盖主管部门印章。

四、进出口电池产品备案须知与注意事项

（一）相关概念

1. 电池

"电池"（Battery），是指盛有电解质溶液和金属电极以产生电流的杯、槽或其他容器或复合容器的部分空间。随着科技的进步，电池泛指能产生电能的小型装置，如太阳能电池。电池的性能参数主要有电动势、容量、比能量和电阻。

2. 电池产品

"电池产品"（含专用电器具配置的电池），是指《商品名称及编码协调制度》中品目8506、8507品目下的所有子目商品。

（二）进出口电池产品备案主管部门

1. 国家质检总局主管全国进出口电池产品汞含量的检验监管工作；

2. 国家质检总局设在各地的出入境检验检疫负责所辖地区进出口电池产品的备案及日常检验监管工作；

3. 国家质检总局核准实施进出口电池产品汞含量检测的实验室负责汞含量专项检测。

（三）申请人范围

1. 进口电池备案申请人为进口电池产品的制造商、进口商或进口代理商；

2. 出口电池备案申请人为出口电池产品的制造商。

（四）备案申请文件

进出口电池产品的收发货人或其代理人在办理进出口电池产品备案时，应当向主管部门提交以下文件、资料：

1. 进出口电池产品备案申请表。

2. 申请人的法定代表人授权具体经办人员办理备案的委托授权书（需法定代表人签章并加盖申请人单位公章）。

3. 电池产品制造商和申请人的企业法人营业执照（复印件需加盖申请人单位公章）。

4. 备案电池产品符合性声明，即电池制造商对电池产品含汞量的声明及是否符合中国相关法律法规的声明（文件需加盖制造商公章，复印件需加盖申请人单位公章）。

5. 进出口备案电池产品描述，即电池制造商对电池产品的结构、电化学体系、品牌、规格型号、产地、外观及标记的文字说明，以及单体电池的外观照片或实物；若属于锌－二氧化锰电池、碱性锌－二氧化锰电池、锌－氧化银扣式电池、锌－空气扣式电池，须说明可能影响含汞量的主要材料或部件（文件需加盖制造商公章，复印件需加盖申请人单位公章）。

6. 出口铅酸蓄电池须提供检验检疫机构签发的出口质量许可证。

7. 检验检疫备案机构要求提供的其他资料。

上述申报的文件资料应清晰，并应使用中文。根据外文资料翻译的申报资料，应当同时提供原文，并加盖申请人单位公章。

（四）备案审批程序

1. 进出口电池产品汞含量申请人（制造商、进口商或进口代理商等）在电池产品进口前应向有关

出入境检验检疫机构申请备案；出口电池产品的制造商在电池产品出口前，应向所在地出入境检验检疫机构申请备案。

2. 出入境检验检疫机构受理备案申请后，应对进出口电池产品是否属含汞电池产品进行审核。

3. 经审核，对不含汞的电池产品，可直接签发进出口电池产品备案书；对含汞的及必须通过检测才能确定其是否含汞的电池产品，须进行汞含量专项检测。

4. 受理备案申请的出入境检验检疫机构凭汞含量检测实验室出具的电池产品汞含量检测合格确认书（正本）审核换发进出口电池产品备案书。

（五）相关管理规定

1. 进出口电池产品备案书有效期为一年。

2. 进出口电池产品备案书有效期到期前一个月，备案申请人凭进出口电池产品制造商对其产品未曾更改结构、工艺、配方等有关制造条件和对其产品汞含量符合中国法律法规的书面声明，到原签发进出口电池产品备案书的出入境检验检疫机构核发下一年度的进出口电池产品备案书。

附件12-1：进口涂料备案申请表样本

中华人民共和国国家质量监督检验检疫总局
进口涂料备案申请表（格式）

申请单位	名　　称				
	地　　址				
	法人代表		联系人		
	电　　话		传真		邮政编码
	营业执照编号				
生产厂商	名　　称				
	地　　址				
	授 权 人				
	联 系 人				
	联系电话				
产品	名　　称				
	型　　号				
	品　　牌				
	产　　地				
	HS编码				
	主要进口口岸				
	用　　途				

随附单据（划"√"）	郑重声明
□申请单位营业执照（复印件） □国内分装厂商名单及营业执照（复印件） □生产厂商声明和有关证明 □产品描述和有关文字说明 备注：	1. 备案申请人被授权申请备案。 2. 上列填写内容，及随附单据正确属实。 法人代表签名_____　申请人签名_____

以下由备案机构填写　　　　　　　　　　　　　　　编号_____

备案机构意见：

　备案书编号：_____

（盖　章）
年　月　日

附件12-2：进口涂料备案申请受理情况通知书样本

中华人民共和国国家质量监督检验检疫总局
进口涂料备案申请受理情况通知书

兹于_____年___月___日收到_____（备案申请人）对_____的备案申请，经审查，决定：

☐ 受理你方申请，请到_____（专项检测实验室）进行专项检测。

联系人：_____ 联系电话：_____

地　　址：_____

☐ 不受理你方申请，原因：_____
_____

特此通知。

（盖章）

年　　月　　日

注：请在☐内打"√"或"×"，"√"表示选择此项，"×"表示不选择此项。

附件 12-3：进口涂料备案书样本

中华人民共和国国家质量监督检验检疫总局
进口涂料备案书

编号：20（　）

申 请 人：

产品名称：

产品品牌：

产品型号：

生产厂商：

产　　地：

分装厂商：

专项检测结果：

样本 Sample

上述产品已经备案。

有效期：　　年　月　日至　　年　月　日

签发机构：

进口涂料备案专用章
签发：

附件 12-4-1：进出口化妆品标签审核申请书样本

中华人民共和国国家出入境检验检疫局
进出口化妆品标签审核申请书
SHATE ADMINISTARTION FOR ENTRY – EXIT INSPEOTION ANE QUARANTNE OF P. R. CHNA APPLJCATION FORM FOR VERIFICATION OF I & ECOSMETICS LABELING

		申请书编号：		
申请单位名称 Applicant	（中文 Chicese）			
	（英文 English）			
地 址 Address				
邮 编 Post Code			电 话 Telephone	
传 真 Fax			电子邮件 E-mail	
产品品牌及名称 Product Brand and Name	（中文 Chicese）			
	（英文 English）			
产品类别 Product Class		样品规格 Sample Specification		
H. S 编码 H. S Code		产品条码 Bar Code No.		
生产厂商（名称及地址） Manufacturer name/address	（中文 Chicese）			
	（英文 English）			
包装规格及材料 Dimension and Material of Packing				
原产国或地区 Country of Origin				
备 注 Remarks				

申请单位代表签名：（单位盖章） Signature of the Reprsentative of the Applicant (Stamp) 日期：(Date)	代理商联系方式： Agent Tel： 　　Fax： 代理人签名：（单位盖章） Signature of the Agent (Stamp) 日期：(Date)

查询网址（E-mail）：WWW. ciq. gov. cn　　　　　　　　　　　　申请单位填写

附件12-4-2：进出口化妆品标签审核申请书（填表说明）样本

填 表 说 明
Direction for the Application Form

1. 申请内容应完整、清楚、不得涂改。所有申报材料应用 A4 规格纸打印，并加盖单位公章；

Contents of the Application form should be complete and distinct, and should not be Mtered. The information materials should be printed on A4 paper and with the official stamp of the applicant;

2. 填写此表前，请认真阅读有关申报规定。未按申报要求申报的产品，将不予受理；

Please read the relevant regulations carefully before filling the Application Form. The declaration which is not in accordance with the regulations should not be accepted;

3. 产品类别请填写是否具有特殊功效（如："防晒"、"育发"等）。

Please fill in the item "Product Class" here with "General" or "Special" class for the product intended for specml use (eg. "sunscreen", "grow hair" and so on).

附件12-5：进出口化妆品标签审核证书样本

进出口化妆品标签审核证书
CERTIFICATE OF IMPORT-EXPORT COSMETICS LABELING VERIFICATION

标签审核证书号：

申 请 单 位：

品牌／品名：

规　　　格：

商 品 代 码：

样本 Sample

发证日期：

中华人民共和国国家质量监督检验检疫总局
GENERAL ADMINISTRATION OF QUALITY SUPERVISION, INSPECTION AND QUARANTINE OF THE PEOPLE'S REPUBLIC OF CHINA

附件 12-6-1：进口食品标签审核申请书样本

中华人民共和国国家出入境检验检疫局
进口食口标签审核申请书
SHATE ADMINISTARTION FOR ENTRY – EXIT INSPEOTION
ANE QUARANTNE OF P. R. CHNA
APPLJCATION FORM OF IMPORT FOOD
LABELING VERIFICATION

申请书编号：□□□□□□□□□

申请单位名称 Applicant	（中文 Chicese）	
	（英文 English）	
地　址 Address		
邮　编 Post Code		电　话 Telephone
传　真 Fax		电子邮件 E-mail
食品品牌及名称 Food Brand and Name	（中文 Chicese）	
	（英文 English）	
H．S 编码 H．S Code		
生产厂商（名称及地址） Manufacturer (name/address)	（中文 Chicese）	
	（英文 English）	
经销单位 Distributor		
包装规格及材料 Dimension and Material of Packing		
原产国或地区 Country or Region of Origin		
首次申请（　） The First Application	换证申请（　） Change Certification Application	
备　注 Remarks		
原产国与地区 Corntry or Regionof Origin		
备　注 Remarks		

申请单位代表签名（盖章）　　　　　代理单位：_____
Signature of the Reprsentative　　　　联系电话 Telephone
of the unit for applicant（seal）　　　代理人签名：（单位盖章）
　　　　　　　　　　　　　　　　　　Signature of the Agent _____
日期：_____　　　　　　　　　　日期：
（Date）　　　　　　　　　　　　　　（Date）_____

查询网址（E-mail）：WWW.ciq.gov.cn　　　　　　　　　申请单位填写

附件12-6-2：出口食品标签审核申请书样本

中华人民共和国国家质量监督检验检疫总局
出口食品标签审核申请书
GENERAL ADMININSTRATION OF QUALITY SUPERVISION, INSPECTION
AND QUARANTINE OF THE PEOPLE'S REPUBLIC OF CHINA
APPLICATION FORM OF EXPORT FOOD LABELING VERIFICATION

申请书编号：

申请单位名称 Applicant	
地址 Address	
邮编 Post Code	电话 Telephone
传真 Fax	电子邮件 E-mail
食品品牌/名称 Food Brand/Name	
H.S.编码 H.S. Code	
生产厂商（名称及地址）Manufacturer (name/address)	
经销单位 Distributor	
包装规格及材料 Specifications and Material of Packing	
进口国或地区 Importing Country or Region	
合并申请 Incorporate Application	

申请单位代表签名（盖章）
Signature of the representative
of the unit for applicant （seal）

_____

日期
Date:

代理单位 Act as agent: _____

联系电话 Telephone: _____

代理人签名：
Signature of the Agent: _____

日期
Date: _____

查询网址：www.aqsiq.gov.cn　　　　　　　　　　　　申请单位填写

附件12－6－3：进/出口食品标签审核申请书（填表说明）样本

"进/出口食品标签审核申请书"
填 表 说 明

1. 申请书编号由受理机构填写，由12位数字组成：四位地区代码、两位年份、两位月份、四位水号。如，北京局于2000年9月接受本年度第150个申请，则申请书编号为：110000090150。

2. "首次申请"为过去未向原商检、原卫检申请并获批准的，目前首次提出申请的标签。

3. "换证申请"为过去已向原商检、原卫检申请获得批准，并持有有效证明材料进行换证的标签。

4.《进/出口食品标签审核申请书》用A4纸打印。

附件12-7：进/出口食品标签审核证书样本

进出口食品标签审核证书
CERTIFICATE OF IMPORT-EXPORT FOOD LABELING VERIFICATION

标签审核证书号：

申 请 单 位：

品牌／品名：

规　　　格：

商 品 代 码：

样本 Sample

发证日期：

中华人民共和国国家质量监督检验检疫总局
GENERAL ADMINISTRATION OF QUALITY SUPERVISION, INSPECTION AND QUARANTINE OF THE PEOPLE'S REPUBLIC OF CHINA

第十二章 特定商品备案申请与审核单证

附件 12-8：强制认证证书样本

 中国国家强制性产品认证证书

证书编号：XXXXXXXXXXXXXX
申请人名称及地址

XXXXXXXX
XXXXXXXXXXXXXXXXXXX

商标：XX

制造商名称及地址
XXXXXXXXXX
XXXXXXXXXXXXXXXXXXXXXX

生产企业名称及地址
XXXXXXXXXXX
XXXXXXXXXXXXXXXXXXXX

产品名称和系列、规格、型号
XXXXXXXXXXXXXXX
XXXXXXXXXXXXXXXXXXXXXXXX

产品标准和技术要求
XXXXXXXXXXXXXXXXXX
上述产品符合强制性产品认证施规则的要求，特发此证。
发证日期：XXXX年XX月XX日

本证书的有效性依据发证机构的定期监督获得保持

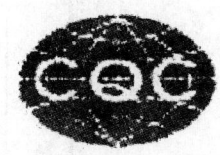 主 任： _____

中国·北京·朝阳区芳草地西街 15 号　100020　网址：www.cqc.com.cn

A 0029483

附件12-9：进出口电池产品备案申请表样本

进出口电池产品备案申请表（格式）

编号_____

<table>
<tr><td rowspan="5">申请单位</td><td>名称</td><td colspan="5"></td></tr>
<tr><td>地址</td><td colspan="5"></td></tr>
<tr><td>法人代表</td><td colspan="2"></td><td>联系人</td><td colspan="2"></td></tr>
<tr><td>电话</td><td>传真</td><td></td><td colspan="2">邮政编码</td><td></td></tr>
<tr><td>营业执照编号</td><td colspan="5"></td></tr>
<tr><td rowspan="5">制造商</td><td>名称</td><td colspan="5"></td></tr>
<tr><td>地址</td><td colspan="5"></td></tr>
<tr><td>法人代表</td><td colspan="2"></td><td>联系人</td><td colspan="2"></td></tr>
<tr><td>电话</td><td>传真</td><td></td><td colspan="2">邮政编码</td><td></td></tr>
<tr><td>营业执照编号</td><td colspan="5"></td></tr>
<tr><td rowspan="6">备案产品</td><td>名　称</td><td colspan="5"></td></tr>
<tr><td>品　牌</td><td colspan="5"></td></tr>
<tr><td>型号规格</td><td colspan="5"></td></tr>
<tr><td>H.S编码</td><td colspan="5"></td></tr>
<tr><td>含汞量</td><td colspan="5"></td></tr>
<tr><td>产　地</td><td colspan="5"></td></tr>
</table>

随附单据（划"√"） □申请单位营业执照 □授权委托书 □制造商营业执照（复印件） □制造商声明 □产品描述 备注：	申请人郑重声明： 1. 本人被授权申请备案 2. 上列填写内容、及随附单据正确属实 签名_____
以上由申请人填写 以下由检测实验室、检验检疫机构填写	
电池种类审核：□含汞 　　　　　　　□不含汞 电池含汞量检测结果： 检测合格确认书编号： 检测实验室： （审核部门） 　年　月　日	检验检疫机构意见： 备案书编号： （签、章） 　年　月　日

附件 12-10：进出口电池产品备案书样本

正本

中华人民共和国国家质量监督检验检疫总局
进出口电池产品备案书（式样）

备 案 号：

申 请 人：

地　　 址：

制 造 商：

地　　 址：

产品名称：

品　　 牌：

型号规格：

产　　 地：

含 汞 量：

上述产品已经我局备案。

有效期：　　年　月　日至　　年　月　日。

（盖 章）

第十三章 检疫场所注册申请单证

第一节 概述

一、基本定义

检疫场所注册登记申请单证是指向出入境检疫检验机构申请办理动植物检疫隔离检疫场所审批与注册登记手续时，所提交的相关申请文件。

根据国家动植物检验检疫相关法律、行政法规的规定，输入动植物需要隔离检疫的，以及出境前需要隔离检疫的动植物，须在口岸出入境检验检疫机构指定的动植物检疫隔离检疫场所进行隔离检疫。

二、主管部门

国家质检总局。

三、主要作用

1. 申请单位向出入境检验检疫机构表明申请办理动植物检疫场所意愿，并提请检验检疫机构予以审核批准注册的一种法律文书；

2. 申请单位向出入境检验检疫机构如实申报动植物检疫场所相关情况和申请单位相关情况的具有一定法律效力证明；

3. 申请单位向出入境检验检疫机构郑重承诺严格遵守国家检验检疫相关法律、法规和出入境检验检疫机构相关规定与要求的信用证明文书；

4. 出入境检验检疫机构根据国家相关法律法规和相关规定对申请注册登记的动植物检疫场所进行实地考核的主要依据；

5. 出入境检验检疫机构根据国家相关法律法规和相关规定，受理申请单位关于动植物检疫场所的注册登记申请，并进行审核批准的重要依据。

四、适用范围

1. 符合国家相关法律、法规，以及符合检验检疫机构规定申请办理动植物检疫场所相关条件的各种类型的企业和相关单位。

2. 符合国家相关法律、法规，以及符合检验检疫机构规定的动植物检疫场所相关条件，并申请办理动植物检疫场所审批与注册登记的各类动植物检疫场所，主要包括：

（1）供港澳活牛育肥场；
（2）供港澳活牛中转仓；
（3）供港澳活羊中转场；
（4）供港澳活猪饲养场；
（5）供港澳活禽饲养场；
（6）进出境动物临时检验场；
（7）出口观赏鱼饲养场；
（8）出口观赏鱼饲养场中转包装场；
（9）其他类型的动植物检疫场所。

五、检疫场所注册申请单证种类

动植物检疫场所注册申请单证主要包括6种，具体名称如下：

1. 供港澳活牛育肥场/中转仓检验检疫注册申请表（以下简称活牛育肥物/中转仓注册申请表）；
2. 供港澳活羊中转场检验检疫注册申请表（以下简称活羊中转物注册申请表）；
3. 供港澳活猪饲养场检验检疫注册申请表（以下简称活猪饲养物注册申请表）；
4. 供港澳活禽饲养场检验检疫注册申请表（以下简称活禽饲养物注册申请表）；
5. 进出境动物临时检验场许可证申请表（以下简称动物临时检验场许可证申请表）；
6. 出口观赏鱼饲养场/中转包装场申请表（以下简称观赏鱼饲养物/中转包装物申请表）。

第二节　活牛育肥场/中转仓注册申请表

一、概述

（一）基本定义

活牛育肥场/中转仓注册申请表，是指向出入境检疫检验机构申请办理供港澳活牛育肥场或供港澳活牛中转仓审批与注册登记手续时，所提交的一种书面申请文书。

（二）主管部门

国家质检总局。

（三）主要作用

1. 供港澳活牛育肥场或供港澳活牛中转仓的申请单位，向相关出入境检验检疫机构表明申请办理供港澳活牛育肥场，或供港澳活牛中转仓意愿，并提请检验检疫机构予以审核批准注册的一种法律文书；

2. 供港澳活牛育肥场或供港澳活牛中转仓的申请单位，向相关出入境检验检疫机构如实申报申请单位有关情况和供港澳活牛育肥场，或供港澳活牛中转仓相关情况的具有一定法律效力证明；

3. 供港澳活牛育肥场或供港澳活牛中转仓的申请单位，向出入境检验检疫机构郑重承诺严格遵守国家检验检疫相关法律、法规和出入境检验检疫机构相关规定与要求的信誉信用证明文书；

4. 出入境检验检疫机构根据国家相关法律法规和相关规定对申请注册登记的供港澳活牛育肥场，或供港澳活牛中转仓进行实地考核的主要依据；

5. 出入境检验检疫机构根据国家相关法律法规和相关规定，受理申请单位关于供港澳活牛育肥场，或供港澳活牛中转仓的注册登记申请，并进行审核批准的重要依据。

（四）适用范围

1. 符合国家相关法律、法规，以及符合检验检疫机构规定申请办理供港澳活牛育肥场或供港澳活牛中转仓基本条件的相关单位；

2. 符合国家相关法律、法规，以及符合检验检疫机构规定的供港澳活牛育肥场或供港澳活牛中转仓基本条件的饲养场或中转场（仓）。

二、活牛育肥场/中转仓注册申请表项目设置及填制

活牛育肥场/中转仓注册申请表由封面、填表说明和申请表等部分组成（见本章附件13-1）。相关项目设置及填制要求如下。

（一）封面

1. 单位名称

本项目应当填写申请单位的全称。

2. 申请项目

本项目填写申请单位所要申请的具体项目。为简化申请文件，本表在设计时将供港澳活牛育肥场和供港澳活牛中转仓两个项目合二为一，并已将育肥场和中转仓两个项目印制在本项目中，申请人在对应选项后的括号中划"√"即可。

（二）填表说明

本填表说明对申请表的使用及申请时应提交的单证与相关材料作进一步的说明。具体内容见本章附件 13 – 1 – 2。

（三）申请表

1. 企业名称

本项目填报申请单位的名称，应当填报申请单位的全称，并应当与申请单位的法人营业执照所列企业名称相一致。

2. 法定地址

本项目填报申请单位的法定地址，应当填报申请单位的详细地址，并应当与申请单位的法人营业执照所列法定地址相一致。

3. 邮政编码

本项目填报申请单位的邮政编码。

4. 法人代表

本项目填报申请单位的法人代表姓名，应当与申请单位的法人营业执照所列法人代表姓名相一致。

5. 成立时间

本项目填报申请单位的具体成立时间，一般应当以工商管理部门核发给申请单位法人营业执照的日期为准。

6. 电话

本项目填报申请单位的联系电话号码。

7. 企业性质

本项目填报申请单位的企业性质。本项目为选择填报项目，企业性质已统一印制在本项目中，申请人只需在相应的选项后的"□"中划"√"即可。本项目提供的企业性质选项主要包括国营、集体、个体、合资、独资等，该企业性质应当与申请单位的法人营业执照所列企业性质一致。

8. 育肥场/中转仓概况

本项目填报育肥场或中转仓的基本概况，应当严格按照表内所列项目如实填写，并注意所填内容与向检验检疫机关递交的随附文件相符，不得虚假填报。

（1）育肥场/中转仓名称及地址。

本项目填报育肥场或中转仓的名称和地址。本项目由三项组成：第一项"名称"，填报育肥场或中转仓的具体名称，应当填写全称；第二项为"地址"，填报育肥场或中转仓的具体坐落地址；第三项"疫区"，填报育肥场或中转仓的坐落地点是否属于疫区范围，应当根据实际情况在"疫区"栏目内选择"是"或"否"。

（2）联系人情况。

本项目填报育肥场或中转仓的联系人情况，由三项组成：第一项"联系人"，填报育肥场或中转仓的联系人姓名；第二项"电话"，填报育肥场或中转仓的联系电话号码；第三项"邮编"，填报育肥场或中转仓的邮政编码。

（3）兽医人数。

本项目填报育肥场或中转仓现有兽医的人员数量。

（4）学历。

本项目填报育肥场或中转仓现有兽医的学历情况。

（5）专业。

本项目填报育肥场或中转仓现有兽医所学专业的情况。

（6）兼职人数。

本项目填报育肥场或中转仓兼职兽医的人员数量。

(7) 现有职工数。

本项目填报育肥场或中转仓现有职工的人数。

(8) 饲养人员。

本项目填报育肥场或中转仓饲养人员的有关情况，由两项组成：第一项"人数"，填报育肥场或中转仓现有饲养人员的数量；第二项"体况"，填报育肥场或中转仓现有饲养人员的身体健康状况。

(9) 主要经营品种。

本项目填报育肥场或中转仓的主要经营品种。

(10) 场/仓区面积。

本项目填报育肥场的场区面积，或中转仓的仓区面积。

(11) 建场时间。

本项目填报育肥场或中转仓的建场时间。

(12) 设计存（仓）栏量（头）。

本项目填报育肥场的设计存栏数量，或中转仓的设计存仓数量，计量单位为"头"。

(13) 现存栏量。

本项目填报育肥场或中转仓的现存栏数量，或中转仓的现存仓数量，计量单位为"头"。

(14) 育肥期（天）。

本项目填报育肥场的育肥期限，一般按天数计算。

(15) 饲料来源。

本项目填报育肥场或中转仓的饲料来源情况，分"自配"和"引进"两种方式，申请人应当根据饲料来源的实际情况选择划"√"。

(16) 病畜隔离区。

本项目填报育肥场或中转仓的病畜隔离区的有关情况。本项目为选项填报项目，申请人应当根据实际情况在"有"或"无"处划"√"。

(17) 兽医室。

本项目填报育肥场或中转仓是否设有兽医室。申请人应当根据实际情况在本项目的"有"或"无"处划"√"。

(18) 饲料加工存放区。

本项目填报育肥场或中转仓的饲料加工存放区情况。申请人应当根据实际情况在本项目的"有"或"无"处划"√"。

(19) 死畜处理设施。

本项目填报育肥场或中转仓的死畜处理设施情况。申请人应当根据实际情况在本项目的"有"或"无"处进行选择，并划"√"。

(20) 生产区与生活区隔离屏障。

本项目填报育肥场或中转仓是否设有生产区与生活区隔离屏障。申请人应当根据实际情况在本项目的"有"或"无"处进行选择并划"√"。

(21) 隔离观察区。

本项目填报育肥场或中转仓的隔离观察区情况。申请人应当根据隔离观察区的实际情况，分别在"入场"和"存栏"两个环节的"有"或"无"处进行选择，并划"√"。

(22) 粪便处理设施。

本项目填报育肥场或中转仓的粪便处理设施情况。申请人应当根据实际情况在本项目的"有"或"无"处进行选择，并划"√"。

(23) 污水处理设施。

本项目填报育肥场或中转仓的污水处理设施情况。申请人应当根据实际情况在本项目的"有"或

"无"处进行选择,并划"√"。

(24)饲养区出入。

本项目填报育肥场或中转仓的饲养区的出入管理情况。申请人应当根据饲养区的出入管理的实际情况,分别在"车辆消毒池"和"更衣消毒室"两项的"有"或"无"处进行选择,并划"√"。

(25)喷雾消毒设施。

本项目填报育肥场或中转仓的喷雾消毒设施情况。申请人应当根据实际情况在本项目的"有"或"无"处进行选择,并划"√"。

(26)动物卫生制度。

本项目填报育肥场或中转仓的动物卫生制度情况。申请人应当根据实际情况在本项目的"有"或"无"处进行选择,并划"√"。

(27)饲养管理制度。

本项目填报育肥场或中转仓的饲养管理制度情况。申请人应当根据实际情况在本项目的"有"或"无"处进行选择,并划"√"。

(28)供港澳与内销牛分养。

本项目填报育肥场或中转仓的供港澳与内销牛分养情况。申请人应当根据实际情况在本项目的"有"或"无"处进行选择,并划"√"。

(29)饲养其他动物。

本项目填报育肥场或中转仓的饲养其他动物情况。申请人应当根据实际情况在本项目的"有"或"无"处进行选择,并划"√"。

9. **申请单位声明栏**

(1)承诺与声明。

本项目由申请单位向检验检疫机关声明所承担的责任和义务,一定要由申请单位的法定代表签字,并加盖申请单位公章。同时注意,注册育肥场或注册中转仓属于选择填报,申请单位应根据所申请的项目,在"□"中准确勾选。本项内容已统一印制在本栏目中,无须申请人自行填写,具体如下:

"本企业声明,本企业向检验检疫机构申请作为供港澳活牛注册育肥场□/中转仓□,所填报的材料真实,并将严格遵守《中华人民共和国出入境动植物检疫法》和《供港澳活牛检疫管理办法》等法律法规的规定,并接受检验检疫机构的监督管理。"

(2)法定代表(签字盖章)。

本项目由申请单位法定代表人签字,并加盖申请单位公章。

(3)日期。

本项目填报填具本申请表的日期。

10. **检验检疫机构考核小组意见栏**

本栏目由检验检疫机构考核小组填写对申请注册登记育肥场或中转仓的考核情况。

(1)考核意见。

本项目由检验检疫机构考核小组填写对申请注册育肥场或中转仓的考核意见。

(2)考核小组负责人(签字)。

本项目由检验检疫机构考核小组的负责人签署姓名。

(3)时间。

本项目由检验检疫机构考核小组填写签署考核意见的日期。

11. **检验检疫机构审批意见栏**

本栏目由检验检疫机构签署对申请人申请注册登记育肥场或中转仓的审批意见。

(1)审批意见。

本项目由检验检疫机构签署对申请注册育肥场或中转仓的审批意见。

（2）负责人（签字）。
本项目由检验检疫机构负责人签署姓名。
（3）单位公章。
本项目由检验检疫机构加盖印章。
（4）时间。
本项目由检验检疫机构填写签署审批意见的日期。

12. 发证日期
本项目由检验检疫机构签发供港澳活牛育肥场或中转仓注册登记证书的日期。

13. 注册证编号
本项目由检验检疫机构签发供港澳活牛育肥场或中转仓注册登记证书的编号。

14. 有效期
本项目由检验检疫机构签发供港澳活牛育肥场或中转仓注册登记证书的有效期限。

15. 领证人签名
本项目由申请人在领取检验检疫机构签发的供港澳活牛育肥场或中转仓注册登记证书时，签署领取注册登记证的人员姓名。

16. 领取日期
本项目由申请人签署领取注册登记证的日期。

三、活牛育肥场/中转仓须知及注意事项

（一）相关概念

1. 供港澳活牛应检疫病
供港澳活牛应检疫病是指狂犬病、口蹄疫、炭疽、结核病、布氏杆菌病及其他动物传染病和寄生虫病。

2. 供港澳活牛检疫管理范围
根据我国检验检疫的有关规定，在我国内地从事供香港、澳门地区活牛育肥、中转、运输、贸易的企业均属于检验检疫机关注册的管理范围。

3. 供港澳活牛检疫管理部门
国家质检总局统一管理供港澳活牛的检验检疫工作。国家质检总局设在各地的直属出入境检验检疫局负责各自辖区内供港澳活牛育肥场和中转仓的注册、监督管理和疫情监测，负责供港澳活牛的起运地检验检疫和出证管理。

（二）供港澳活牛育肥场/中转仓的注册管理

1. 申请办理供香港、澳门活牛育肥场或供香港、澳门活牛中转仓注册登记手续，应当向所在地直属出入境检验检疫局申请注册。
2. 注册以活牛育肥场或活牛中转仓为单位，实行一场（仓）一证制度。
3. 只有经注册的活牛育肥场饲养的活牛方可供应香港、澳门地区，只有经注册的活牛中转仓方可用于供香港、澳门活牛的中转存放。

（三）供港澳活牛育肥场/中转仓条件

1. 供港澳活牛育肥场基本条件
申请注册供香港、澳门活牛育肥场应当符合以下基本条件：
（1）具有独立企业法人资格；
（2）在过去6个月内育肥场及其周围10千米范围内未发生过口蹄疫，场内未发生过炭疽、结核病和布氏杆菌病；
（3）育肥场设计存栏数量及实际存栏量均不得少于200头；

(4) 符合《供港澳活牛育肥场动物卫生防疫要求》。

2. 供港澳活牛中转仓基本条件

申请注册供香港、澳门活牛中转仓应当符合以下基本条件：

(1) 具有独立企业法人资格（不具备独立企业法人资格者，由其具有独立法人资格的主管部门申请注册）；

(2) 中转仓过去 21 天内未发生过一类传染病；

(3) 中转仓设计存栏数量不得少于 20 头；

(4) 符合《供港澳活牛中转仓动物卫生防疫要求》。

（四）申请注册登记文件

申请注册的育肥场、中转仓填写活牛育肥场/中转仓注册申请表，并提供下列资料：

1. 企业法人营业执照复印件。

2. 育肥场、中转仓平面图和照片（包括场、仓区大门口，场/仓区全貌，进（出）场隔离检疫舍外景、牛舍外景、牛舍内景、更衣消毒室、兽医室、病畜隔离舍、死畜处理设施、粪便处理设施等）。

3. 育肥场、中转仓的动物卫生防疫制度、饲养管理制度。直属出入境检验检疫局按照规定的条件对申请注册的育肥场、中转仓进行考核。合格者予以注册，并颁发供港澳活牛检验检疫注册证；

4. 出入境检验检疫机关所需的其他相关资料。

（五）相关监督管理规定

1. 注册证自颁发之日起生效，有效期为 5 年。直属出入境检验检疫局对供港澳活牛注册育肥场、中转仓实施年审制度。对逾期不申请年审或年审不合格，且在限期内不整改或整改不合格的，吊销其注册证。

2. 注册育肥场、中转仓连续 2 年未供应港澳活牛的，检验检疫机构应注销其注册资格，吊销其注册证。

3. 供港澳活牛育肥场、中转仓如迁址或发生企业名称、企业所有权、企业法人变更时，应及时向直属检验检疫局申请重新注册或变更手续。

4. 出境口岸出入境检验检疫机构负责供港澳活牛出境前的监督检查和临床检疫，负责供港澳活牛在出境口岸滞留站、或转入中转仓的检疫和监督管理。

5. 出入境检验检疫机构对供港澳活牛注册育肥场、中转仓实施检验检疫监督，定期检查供港澳活牛的收购、用药、免疫、消毒、饲料使用和疾病发生情况。注册育肥场、中转仓应按要求如实填写监管手册，并接受出入境检验检疫机构的监督管理。

违反上述有关规定的，出入境检验检疫机构将注销其注册资格。

第三节　活羊中转场注册申请表

一、概述

（一）基本定义

活羊中转场注册申请表，是指向出入境检疫检验机构申请办理供港澳活羊中转场审批与注册登记手续时，所提交的一种书面申请文书。

（二）主管部门

国家质检总局。

（三）主要作用

1. 供港澳活羊中转场的申请单位，向相关出入境检验检疫机构表明申请办理供港澳活羊中转场意愿，并提请检验检疫机构予以审核批准注册的一种法律文书；

2. 供港澳活羊中转场的申请单位，向相关出入境检验检疫机构如实申报申请单位有关情况和供港澳活羊中转场相关情况的具有一定法律效力证明；

3. 供港澳活羊中转场的申请单位，向出入境检验检疫机构郑重承诺严格遵守国家检验检疫相关法律、法规和出入境检验检疫机构相关规定与要求的信誉信用证明文书；

4. 出入境检验检疫机构根据国家相关法律法规和相关规定对申请注册登记的供港澳活羊中转场进行实地考核的主要依据；

5. 出入境检验检疫机构根据国家相关法律法规和相关规定，受理申请单位关于供港澳活羊中转场的注册登记申请，并进行审核批准的重要依据。

（四）适用范围

1. 符合国家相关法律、法规，以及符合检验检疫机构规定申请办理供港澳活羊中转场基本条件的相关单位；

2. 符合国家相关法律、法规，以及符合检验检疫机构规定的供港澳活羊中转场基本条件的饲养场或中转场。

二、活羊中转场注册申请表项目设置及填制

活羊中转场注册申请表由封面、填表说明和申请表等部分组成（见本章附件13-2），具体项目设置及填制如下。

（一）封面

1. 单位名称

本项目应当填写申请单位的全称。

2. 审批单位

本项目填写本申请表的审批单位名称。

（二）填表说明

本项目对申请表的使用，以及申请时应提交单证与相关材料作进一步的说明。具体说明内容见本章附件13-1-2。

（三）申请表

1. 企业名称

本项目填报本申请表申请单位的名称，应当填报申请单位的全称，并应当与申请单位的法人营业执照所列企业名称相一致。

2. 法定地址

本项目填报本申请表申请单位的法定地址，应当填报申请单位的详细地址，并应当与申请单位的法人营业执照所列法定地址相一致。

3. 邮政编码

本项目填报本申请表申请单位的邮政编码。

4. 法人代表

本项目填报本申请表申请单位的法人代表姓名，应当与申请单位的法人营业执照所列法人代表姓名相一致。

5. 成立时间

本项目填报本申请表申请单位的具体成立时间，一般应当以工商管理部门核发给申请单位法人营业执照的日期为准。

6. 电话

本项目填报本申请表申请单位的联系电话号码。

7. 企业性质

本项目填报本申请表申请单位的企业性质。本项目为选择填报项目，企业性质已统一印制在本项

目中,申请人只需在相应的企业性质后的"□"中划"√"即可。本项目提供的企业性质选项主要包括:国营、集体、个体、合资、独资等,填写应当与申请单位的法人营业执照所列企业性质一致。

8. 中转场概况

本项目填报中转场的基本概况,应当严格按照表内所列项目如实填写,并注意所填内容与向检验检疫机关递交的随附文件相符,不得虚假填报。

(1) 中转场名称及地址。

本项目填报中转场的名称和地址。本项目由三项内容组成:第一项"名称",填报中转场的具体名称,应当填写全称;第二项"地址",填报中转场的具体地址;第三项"疫区",填报中转场的坐落地点是否属于疫区范围,申请人应当根据实际情况在"疫区"栏目内选择"是"或"否"。

(2) 联系人情况。

本项目填报中转场的联系人情况。本项目由三项内容组成:第一项"联系人",填报中转场的联系人姓名;第二项"电话",填报中转场的联系电话号码;第三项"邮编",填报中转场的邮政编码。

(3) 兽医人数。

本项目填报中转场现有兽医的人员数量。

(4) 学历。

本项目填报中转场现有兽医的学历情况。

(5) 专业。

本项目填报中转场现有兽医所学专业的情况。

(6) 兼职人数。

本项目填报中转场兼职兽医的人员数量。

(7) 现有职工数。

本项目填报中转场现有职工的人数。

(8) 饲养人员。

本项目填报中转场饲养人员的有关情况,由两项内容组成:第一项"人数",填报中转场现有饲养人员的数量;第二项"体况",填报中转场仓现有饲养人员的身体健康状况。

(9) 主要经营品种。

本项目填报中转场的主要经营品种。

(10) 场区面积。

本项目填报中转场的场区面积,一般应当填报场区的平方米面积。

(11) 建场时间。

本项目填报中转场的建场时间。

(12) 设计存栏量(只)。

本项目填报中转场的设计存栏数量,应当应用计量单位"只"来表示。

(13) 中转场围墙。

本项目填报中转场的围墙设置情况。申请人应当根据实际情况在本项目的"有"或"无"处进行选择并划"√"。

(14) 场大门口消毒池。

本项目填报中转场大门口的消毒池设置情况。申请人应当根据实际情况在本项目的"有"或"无"处进行选择并划"√"。

(15) 中转场水源。

本项目填报中转场的水源供应情况。申请人应当根据实际情况在本项目的"有"或"无"处进行选择并划"√"。

(16) 场大门口人行通道消毒垫。

本项目填报中转场大门口人行通道的消毒垫设置情况。申请人应当根据实际情况在本项目的"有"或"无"处进行选择并划"√"。

（17）中转场照明。

本项目填报中转场的照明设施情况。申请人应当根据实际情况在本项目的"有"或"无"处进行选择并划"√"。

（18）中转场电源供应。

本项目填报中转场的电源供应情况。申请人应当根据实际情况在本项目的"稳定"或"不稳定"处进行选择并划"√"。

（19）动物卫生制度。

本项目填报中转场的动物卫生制度情况。申请人应当根据实际情况在本项目的"有"或"无"处进行选择，并划"√"。

（20）饲养管理制度。

本项目填报中转场的饲养管理制度情况。申请人应当根据实际情况在本项目的"有"或"无"处进行选择，并划"√"。

（21）中转场周500米有无其他动物饲养场、医院、牲畜交易市场屠宰场。

本项目填报中转场周围500米以内的是否设置有其他动物饲养场、医院、牲畜交易市场屠宰场的情况。申请人应当根据实际情况在本项目的"有"或"无"处进行选择，并划"√"。

9. 申请单位声明栏

（1）承诺与声明。

本项目应由申请单位的法定代表签字，并加盖申请单位公章。申请人的声明内容已统一印制在本栏目中，无须申请人自行填写，具体内容为：

"本企业声明，本企业向检验检疫机构申请作为供港澳活羊注册中转场，所填报的材料真实，并将严格遵守《中华人民共和国出入境动植物检疫法》和《供港澳活羊检疫管理办法》等法律法规的规定，并接受检验检疫机构的监督管理。"

（2）法定代表（签字盖章）。

本项目由本申请表的申请单位法定代表人签署姓名，并加盖申请单位公章。

（3）日期。

本项目填报填具本申请表的填写日期。

10. 检验检疫机构考核小组意见栏

本栏目由受理本申请表的检验检疫机构考核小组填写对申请人申请注册登记中转场的考核情况。

（1）考核意见。

本项目由检验检疫机构考核小组填写对申请注册中转场的考核意见。

（2）考核小组负责人（签字）。

本项目由检验检疫机构考核小组的负责人签署姓名。

（3）时间。

本项目由检验检疫机构考核小组填写签署考核意见的日期。

11. 检验检疫机构审批意见栏

本栏目由受理本申请表的检验检疫机构签署对申请人申请注册登记中转场的审批意见。

（1）审批意见。

本项目由检验检疫机构签署对申请注册中转场的审批意见。

（2）负责人（签字）。

本项目由检验检疫机构负责人签署姓名。

（3）单位公章。

本项目由检验检疫机构加盖印章。

（4）时间。

本项目由检验检疫机构填写签署审批意见的日期。

12. 发证日期

本项目填注检验检疫机构签发供港澳活羊中转场注册登记证书的日期。

13. 注册证编号

本项目填注供港澳活羊中转场注册登记证书的编号。

14. 有效期

本项目填注供港澳活羊中转场注册登记证书的有效期限。

15. 领证人签名

本项目由领取供港澳羊中转场注册登记证书的人员签署姓名。

16. 领取日期

本项目由本申请表的申请人签署领取注册登记证的日期。

三、供港澳活羊中转场须知及注意事项

（一）相关概念

1. 供港澳活羊中转场

供港澳活羊中转场是指专门用于将供给香港、澳门地区活羊从饲养单位输往港澳途中暂时存放的场所，包括在起运地的中转场和在出境口岸的中转场。

2. 供港澳活羊检疫管理范围

根据检验检疫法律和行政法规的有关规定，我国内地从事供香港、澳门特别行政区活羊中转场属于检验检疫机关注册管理范围。

3. 供港澳活羊检疫管理部门

国家质检总局统一管理全国供香港、澳门地区活羊的检验检疫工作。国家质检总局设在各地的直属出入境检验检疫机构负责各自辖区内供港澳活羊中转场的注册、监督管理和产地疫情监测，负责供港澳活羊的起运地检验检疫和出证管理。

（二）供港澳活羊中转场的注册管理

从事供香港、澳门地区活羊中转业务的企业，须向所在地直属出入境检验检疫局申请注册。只有经过检验检疫机关核准注册的中转场，方可用于供港澳活羊的中转存放。

（三）供港澳活羊中转场条件

申请注册供香港、澳门活羊中转场应当符合以下基本下列条件：

1. 具有独立企业法人资格（不具备独立企业法人资格者，由其具有独立法人资格的上级主管部门提出申请）；

2. 具有稳定的货源供应，与活羊养殖单位或供应单位签订有效期供货合同或协议；

3. 中转场设计存栏数量不得少于 200 只；

4. 中转场内具有正常照明设施和稳定电源供应；

5. 须符合《供港澳活羊中转场动物卫生防疫要求》。

（四）申请注册登记文件

申请注册供供香港、澳门活羊中转场的申请单位应当向检验检机构提交以下单证及材料：

1. 供港澳活羊中转场检验检疫注册申请表；

2. 企业法人营业执照复印件；

3. 中转场平面图和照片（包括场区大门口、场区全貌、羊舍外景、羊舍内景等）；

4. 中转场的动物卫生防疫制度、饲养管理制度；

5. 签订供香港、澳门活羊供货合同或协议的单位名单［包括单位名称、地址、单位性质（中转或养殖）、生产或经营规模、负责人姓名、联系电话］；

6. 出入境检验检疫机关所需的其他相关资料。

直属检验检疫局按规定对申请注册的中转场进行考核。合格者，予以注册，并颁发供港澳活羊中转场检验检疫注册证。

（五）相关监督管理规定

1. 注册证自颁发之日起生效，有效期为5年。直属出入境检验检疫局对供港澳活羊注册中转场实施年审制度。对逾期不申请年审或年审不合格且在限期内不整改或整改不合格的吊销其注册证。

2. 注册中转场连续2年未用于供应港澳活羊的，出入境检验检疫机构应注销其注册资格，吊销其注册证。

3. 供港澳活羊中转场如迁址或发生企业名称、企业所有权、企业法人变更时应及时向直属出入境检验检疫局申请重新注册或变更手续。

4. 出境口岸出入境检验检疫机构负责供港澳活羊出境前的监督检查和临床检疫；负责供港澳活羊在出境口岸滞留站或转入中转场的检疫和监督管理。

5. 出入境检验检疫机构对供港澳活羊注册中转场实施检验检疫监督，定期检查供港澳活羊的收购、用药、免疫、消毒、饲料使用和疾病发生情况。注册中转场应按要求如实填写监管手册，并接受检验检疫机构的监督管理。

6. 违反供港澳活羊中转场有关规定的，出入境检验检疫机构将注销注册中转场的注册资格。

第四节　活猪饲养场注册申请表

一、概述

（一）基本定义

活猪饲养场注册申请表，是指向出入境检疫检验机构申请办理供港澳活猪饲养场审批与注册登记手续时，所提交的一种书面申请文书。

（二）主管部门

国家质检总局。

（三）主要作用

1. 供港澳活猪饲养场的申请单位向相关出入境检验检疫机构表明申请办理供港澳活猪饲养场意愿，并提请检验检疫机构予以审核批准注册的一种法律文书；

2. 供港澳活猪饲养场的申请单位向相关出入境检验检疫机构如实申报申请单位有关情况和供港澳活猪饲养场相关情况的具有一定法律效力证明；

3. 供港澳活猪饲养场的申请单位向出入境检验检疫机构郑重承诺严格遵守国家检验检疫相关法律、法规和出入境检验检疫机构相关规定与要求的信誉信用证明文书；

4. 出入境检验检疫机构根据国家相关法律法规和相关规定对申请注册登记的供港澳活猪饲养场进行实地考核的主要依据；

5. 出入境检验检疫机构根据国家相关法律法规和相关规定，受理申请单位关于供港澳活猪饲养场的注册登记申请，并进行审核批准的重要依据。

（四）适用范围

1. 符合国家相关法律、法规，以及符合检验检疫机构规定申请办理供港澳活猪饲养场基本条件的相关单位；

2. 符合国家相关法律、法规，以及符合检验检疫机构规定的供港澳活猪饲养场基本条件的饲养场。

二、活猪饲养场注册申请表项目设置及填制

活猪饲养场注册申请表由封面、填表说明和申请表等部分组成（见本章附件13-3），具体项目设置及填制如下。

（一）封面

1. 单位名称

本项目应当填写申请单位的全称。

2. 主管部门

本项目填写负责供港澳活猪饲养场检验检疫注册审批的主管部门名称，一般填写受理本申请表的检验检疫机构名称。

3. 申请日期

本项目填写填具本申请表的日期。

（二）填表说明

本项目对申请表的使用，以及申请时应提交的单证与相关材料作进一步的说明。具体说明见本章附件13-3-2。

（三）申请表

1. 企业名称

本项目填报本申请表申请单位的名称，应当填报申请单位的全称，并应当与申请单位的法人营业执照所列企业名称相一致。

2. 法定地址

本项目填报本申请表申请单位的法定地址，应当填报申请单位的详细地址，并应当与申请单位的营业执照所列法定地址相一致。

3. 邮政编码

本项目填报本申请表申请单位的邮政编码。

4. 法人代表

本项目填报本申请表申请单位的法人代表姓名，应当与申请单位的营业执照所列法人代表姓名一致。

5. 成立时间

本项目填报本申请表申请单位的具体成立时间，一般以工商管理部门核发申请单位营业执照的日期为准。

6. 电话

本项目填报本申请表申请单位的联系电话号码。

7. 企业性质

本项目填报本申请表申请单位的企业性质。本项目为选择填报项目，企业性质已统一印制在本项目中，申请人只需在相应的企业性质后的"□"中划"√"即可。本项目提供的企业性质选项主要包括国营、集体、个体、合资、独资等，填报应当与申请单位的营业执照所列企业性质相一致。

8. 饲养场概况

本项目填报饲养场的基本概况，应当严格按照表内所列项目如实填写，并注意所填内容应当与向检验检疫机关递交的随附文件相符，不得虚假填报。

（1）企业名称。

本项目填报饲养场的名称和地址，由以下三项内容组成：

第一项"名称"，填报饲养场的具体名称，该名称应当填写全称；

第二项"地址",填报饲养场的具体坐落地址;
第三项"疫区",填报饲养场的坐落地点是否属于疫区范围,申请人应当根据实际情况在"疫区"栏目内选择"是"或"否"。
（2）联系人情况。
本项目填报饲养场的联系人情况,由以下三项内容组成:
第一项"联系人",填报饲养场的联系人姓名;
第二项"电话",填报饲养场的联系电话号码;
第三项"邮编",填报饲养场的邮政编码。
（3）兽医人数。
本项目填报饲养场现有兽医的人员数量。
（4）兼职兽医人数。
本项目填报饲养场现有兼职兽医的人员数量。
（5）现有职工数。
本项目填报饲养场现有职工的人员数量。
（6）饲养人员。
本项目填报饲养场饲养人员的有关情况,由以下两项内容组成:
第一项"人数",填报饲养场现有饲养人员的数量;
第二项"体况",填报饲养场现有饲养人员的身体健康状况。
（7）主要经营品种。
本项目填报饲养场的主要经营品种。
（8）场区面积。
本项目填报饲养场的场区面积。
（9）建场时间。
本项目填报饲养场的建场时间。
（10）现存栏量。
本项目填报饲养场的现存栏数量,指存栏或存仓数量,应当使用计量单位"头"来表示。
（11）生产母猪数。
本项目填报饲养场的生产母猪数量,一般使用计量单位"头"来表示。
（12）饲料来源。
本项目填报饲养场的饲料来源情况,一般可以填写"自配"或者"引进"。
（13）病畜隔离区。
本项目填报饲养场的病畜隔离区的有关情况。本项目为选项填报项目,申请人应当根据实际情况在"有"或"无"处划"√"。
（14）兽医室。
本项目填报饲养场是否设有兽医室。申请人应当根据实际情况在本项目的"有"或"无"处划"√"。
（15）饲料加工存放区。
本项目填报饲养场的饲料加工存放区情况。申请人应当根据实际情况在本项目的"有"或"无"处划"√"。
（16）死畜处理设施。
本项目填报饲养场的死畜处理设施情况。申请人应当根据实际情况在本项目的"有"或"无"处进行选择并划"√"。
（17）生产区与生活区隔离屏障。

本项目填报饲养场的生产区与生活区隔离屏障情况。申请人应当根据实际情况在本项目的"有"或"无"处进行选择并划"√"。

（18）隔离观察区。

本项目填报饲养场的隔离观察区相关情况。申请人应当根据实际情况分别在"种猪引进隔离观察区"和"出栏隔离观察区"栏目中的"有"或"无"处进行选择并划"√"。

（19）粪便处理设施。

本项目填报饲养场的粪便处理设施情况。申请人应当根据实际情况在本项目的"有"或"无"处进行选择并划"√"。

（20）污水处理设施。

本项目填报饲养场的污水处理设施情况。申请人应当根据实际情况在本项目的"有"或"无"处进行选择并划"√"。

（21）生产区出入。

本项目填报饲养场的生产区出入相关设施的设置情况。申请人应当根据实际情况分别在"车辆消毒池"和"喷雾消毒设施"栏目中的"有"或"无"处进行选择并划"√"。

（22）更衣消毒室。

本项目填报饲养场的更衣消毒室情况。申请人应当根据实际情况在本项目的"有"或"无"处进行选择并划"√"。

（23）猪舍消毒池。

本项目填报饲养场的猪舍消毒池情况。申请人应当根据实际情况在本项目的"有"或"无"处进行选择并划"√"。

（24）动物卫生制度。

本项目填报饲养场的动物卫生制度情况。申请人应当根据实际情况在本项目的"有"或"无"处进行选择并划"√"。

（25）饲养管理制度。

本项目填报饲养场的饲养管理制度情况。申请人应当根据实际情况在本项目的"有"或"无"处进行选择并划"√"。

（26）饲养其他动物。

本项目填报饲养场的饲养其他动物情况。申请人应当根据实际情况在本项目的"有"或"无"处进行选择并划"√"。

9. 申请单位声明栏

（1）承诺与声明。

本项目一定要由申请单位的法定代表签字，并加盖申请单位公章。申请人的声明内容已统一印制在本栏目中，无须申请人自行填写。声明的具体内容为：

"本企业声明，本企业向检验检疫机构申请作为供港澳活猪注册育肥场，所填报的材料真实，并将严格遵守《中华人民共和国出入境动植物检疫法》和《供港澳活猪检疫管理办法》的规定，并接受检验检疫机构的监督管理。"

（2）法定代表（签字盖章）。

本项目由本申请表的申请单位法定代表人签署姓名，并加盖申请单位公章。

（3）日期。

本项目填报填具本申请表的填写日期。

10. 检验检疫机构注册考核小组意见栏

本栏目由受理本申请表的检验检疫机构注册考核小组填写对申请人申请注册登记饲养场的考核情况。

(1) 考核意见。
本项目由检验检疫机构注册考核小组填写对申请注册饲养场的考核意见。
(2) 考核小组负责人（签字）。
本项目由检验检疫机构注册考核小组的负责人签署姓名。
(3) 时间。
本项目由检验检疫机构注册考核小组填写签署考核意见的日期。

11. 检验检疫机构审批意见栏
本栏目由受理本申请表的检验检疫机构签署对申请人申请注册登记饲养场的审批意见。
(1) 审批意见。
本项目由检验检疫机构签署对申请注册饲养场的审批意见。
(2) 负责人（签字）。
本项目由检验检疫机构负责人签署姓名。
(3) 单位公章。
本项目由检验检疫机构加盖印章。
(4) 时间。
本项目由检验检疫机构填写签署审批意见的日期。

12. 发证日期
本项目填注检验检疫机构签发供港澳活猪饲养场注册登记证书的日期。

13. 注册证编号
本项目填注供港澳活猪饲养场注册登记证书的编号。

14. 有效期
本项目填注供港澳活猪饲养场注册登记证书的有效期限。

15. 领证人签名
本项目由领取供港澳活猪饲养场注册登记证书的人员签署姓名。

16. 领取日期
本项目由本申请表的申请人签署领取注册登记证的日期。

三、供港澳活猪饲养场须知及注意事项

（一）相关概念

1. 供港澳活猪
供港澳活猪是指内地供应香港、澳门特别行政区用于屠宰食用的大猪、中猪和乳猪。

2. 供港澳活猪的检疫项目
供港澳活猪的检疫项目包括猪瘟、猪丹毒、猪肺疫、猪水泡病、口蹄疫、狂犬病、日本脑炎和其他动物传染病、寄生虫病，以及乙类促效剂等。

3. 供港澳活猪检疫管理范围
根据检验检疫法律和行政法规的有关规定，我国内地从事供香港、澳门特别行政区活猪饲养场属于检验检疫机关注册管理范围。

4. 供港澳活猪检疫管理部门
国家质检总局统一管理全国供港澳活猪的检验检疫和监督管理工作。国家质检总局设在各地的直属出入境检验检疫局负责各辖区内供港澳活猪饲养场的注册、起运地检验检疫和出证及检验检疫监督管理。

（二）供港澳活猪的注册管理
出入境检验检疫机构对供香港、澳门活猪实行注册登记和监督管理制度。

供香港、澳门活猪的饲养场应当向所在地直属出入境检验检疫局申请检验检疫注册。注册以饲养场为单位，实行一场一证制度，每一个注册场使用一个注册编号。未经检验检疫机关核准注册的饲养场饲养的活猪不得供香港、澳门。

（三）供港澳活猪饲养场的申请注册

申请注册的饲养场必须符合《供港澳活猪注册饲养场的条件和动物卫生基本要求》。

直属出入境检验检疫局按规定对申请注册的饲养场提供的资料进行审核，实地考核，采样检验。合格的，予以注册，并颁发出境动物养殖企业注册证；不合格的，不予注册。

（四）申请注册登记文件

申请注册供香港、澳门活猪饲养场的申请单位应当向检验检疫机构提交以下单证及相关资料：

1. 供港澳活猪饲养场检验检疫注册申请表；

2. 企业法人营业执照复印件；

3. 饲养场平面图和彩色照片（包括场区全貌、进出场和生产区通道及消毒设施，猪舍内景和外景、兽医室、病猪隔离区、死猪处理设施、粪便处理设施、出场隔离检疫舍，种猪进场隔离区等）；

4. 饲养场饲养管理制度及动物卫生防疫制度；

5. 出入境检验检疫机关所需的其他相关资料。

（五）相关监督管理规定

1. 注册证自颁发之日起生效，有效期 5 年。有效期满后继续生产供港澳活猪的饲养场，须在期满前 6 个月按照规定重新提出申请。

2. 直属出入境检验检疫局对供港澳活猪注册饲养场实行年审制度。对逾期不申请年审，或年审不合格且在限期内整改不合格的，取消其注册资格，吊销其注册证。

3. 注册饲养场场址、企业所有权、名称、法定代表人变更时，应向直属出入境检验检疫局申请办理变更手续；需要改、扩建的，应事先征得直属出入境检验检疫局的同意。

4. 出境口岸出入境检验检疫机构负责供港澳活猪抵达出境口岸的监督管理、临床检查或复检工作。

5. 出入境检验检疫机构对注册饲养场实行监督管理制度，定期或不定期检查注册饲养场的动物卫生防疫制度的落实情况、动物卫生状况、饲料及药物的使用等。

6. 出入境检验检疫机构对注册饲养场实施疫情监测和残留监测制度。出入境注册饲养场应有经检验检疫机构备案的兽医负责注册饲养场的日常动物卫生和防疫管理，并填写"供港澳活猪注册饲养场管理手册"，配合检验检疫机构做好注册饲养场的检验检疫工作，并接受出入境检验检疫机构的监督管理。

7. 严禁非注册饲养场活猪供港澳。对违反规定的出口企业，出入境检验检疫机构将停止接受其报检；对违反规定的注册饲养场，出入境检验检疫机构将取消其注册资格，吊销其注册证。

8. 违反上述有关规定的，出入境检验检疫机构将取消其注册资格，吊销注册证。

第五节 活禽饲养场注册申请表

一、概述

（一）基本定义

活禽饲养场注册申请表，是指向出入境检疫检验机构申请办理供港澳活禽饲养场审批与注册登记手续时，所提交的一种书面申请文书。

（二）主管部门

国家质检总局。

（三）主要作用

1. 供港澳活禽饲养场的申请单位向相关出入境检验检疫机构表明申请办理供港澳活禽饲养场意愿，并提请检验检疫机构予以审核批准注册的一种法律文书；

2. 供港澳活禽饲养场的申请单位向相关出入境检验检疫机构如实申报申请单位有关情况和供港澳活禽饲养场相关情况的具有一定法律效力的证明；

3. 供港澳活禽饲养场的申请单位向出入境检验检疫机构郑重承诺严格遵守国家检验检疫相关法律、法规和出入境检验检疫机构相关规定与要求的信誉信用证明文书；

4. 出入境检验检疫机构根据国家相关法律法规和相关规定对申请注册登记的供港澳活禽饲养场进行实地考核的主要依据；

5. 出入境检验检疫机构根据国家相关法律法规和相关规定，受理申请单位关于供港澳活禽饲养场的注册登记申请，并进行审核批准的重要依据。

（四）适用范围

1. 符合国家相关法律、法规，以及符合检验检疫机构规定申请办理供港澳活禽饲养场基本条件的相关单位；

2. 符合国家相关法律、法规，以及符合检验检疫机构规定的供港澳活禽饲养场基本条件的养殖场。

二、活禽饲养场注册申请表项目设置及填制

活禽饲养场注册申请表由封面、填表说明、免疫程序表、药物使用登记表、疫病诊治记录表等组成（见本章附件13-4），具体项目设置及填制如下。

（一）封面

1. 单位名称

本项目应当填写申请单位的全称。

2. 主管部门

本项目填写负责供港澳活禽饲养场检验检疫注册审批的主管部门名称，一般填写受理本申请表的检验检疫机构名称。

3. 申请日期

本项目填写填具本申请表的日期。

（二）填表说明

本项目对申请表的使用，以及申请时应提交单证与相关材料作进一步的说明。具体说明内容见本章附件13-4-2。

（三）免疫程序

免疫操作。

（四）药物使用登记表

1. 日期

本项目填报对饲养场饲养的家禽使用药物的日期。

2. 药物名称

本项目填报对饲养场饲养的家禽使用药物的具体药物名称。

3. 给药方式

本项目填报对饲养场饲养的家禽使用药物的具体给药方式。

4. 剂量

本项目填报对饲养场饲养的家禽使用药物的具体剂量。

5. 用药原因

本项目填报对饲养场饲养的家禽使用药物的用药原因。

6. 效果记录

本项目填报对饲养场饲养的家禽使用药物以后的用药效果。

7. 兽医签名

本项目由对饲养场饲养的家禽用药的兽医签署姓名。

（五）饲养场基本情况表

1. 企业名称（中/英文）

本项目填报申请注册供港澳活禽饲养场的饲养场的名称，应当填报申请单位的中文与英文全称，并应当与申请单位的法人营业执照所列企业名称相一致。

2. 场址

本项目填报申请注册供港澳活禽饲养场的地址，应当与申请注册供港澳活禽饲养场的营业执照所列法定地址相一致。

3. 邮政编码

本项目填报申请注册供港澳活禽饲养场的邮政编码。

4. 法人代表

本项目填报申请注册供港澳活禽饲养场的法人代表姓名，应当与其营业执照所列法人代表姓名相一致。

5. 职务

本项目填报申请注册供港澳活禽饲养场的法人代表的职务。

6. 电话

本项目填报申请注册供港澳活禽饲养场的法人代表的联系电话。

7. 企业性质

本项目填报申请注册供港澳活禽饲养场的企业性质。本项目为选择填报项目，企业性质已统一印制在本项目中，申请人只需在相应的企业性质后的"□"中划"√"即可。本项目提供的企业性质选项主要包括：国营、集体、私营、合资、独资和其他等，填报企业性质应当与申请单位的法人营业执照所列企业性质一致。

8. 饲养场主管部门全称

本项目填报申请注册供港澳活禽饲养场的主管部门名称，应当填写饲养场主管部门的全称。

9. 企业法人经营执照

（1）发证机关。

本项目填报申请注册供港澳活禽饲养场的企业法人经营执照的发证机关名称。

（2）注册号。

本项目填报申请注册供港澳活禽饲养场的企业法人经营执照的工商注册编号。

（3）经营范围。

本项目填报申请注册供港澳活禽饲养场的企业法人经营执照所列明的企业经营范围。

（4）发证日期。

本项目填报申请注册供港澳活禽饲养场的企业法人经营执照的发证日期。

10. 饲养场情况

（1）场址。

本项目填报申请注册供港澳活禽饲养场的具体地址。

（2）建场时间。

本项目填报申请注册供港澳活禽饲养场的具体建场时间。

（3）占地面积。

本项目填报申请注册供港澳活禽饲养场的占地面积。

(4) 建筑面积。

本项目填报申请注册供港澳活禽饲养场的建筑面积,一般应当填报场区的平方米面积。

(5) 育雏面积。

本项目填报申请注册供港澳活禽饲养场的育雏面积,一般应当填报用于育雏区域的平方米面积。

(6) 育成面积。

本项目填报申请注册供港澳活禽饲养场的育成面积,一般应当填报用于育成区域的平方米面积。

(7) 家禽种类。

本项目填报申请注册供港澳活禽饲养场饲养的家禽种类。

(8) 存栏数。

本项目填报供港澳活禽饲养场的存栏数量。

(9) 饲养方式。

本项目填报申请注册供港澳活禽饲养场饲养家禽的饲养方式。

(10) 饲料来源。

本项目填报申请注册供港澳活禽饲养场的饲料来源情况。一般可填报"自配"或"引进"等方式。

(11) 申请供港澳食用家禽数。

本项目填报申请注册供港澳活禽饲养场申请供港澳食用家禽的数量,应当分别填报每月申请供港澳食用家禽的数量及每年申请供港澳食用家禽的数量。

(12) 兽医防疫部门。

本项目填报申请注册供港澳活禽饲养场的兽医防疫部门的有关情况,其中包括兽医防疫部门的名称、负责人姓名、负责人的职务与职称。

11. 提供附件名称

本项目填报随附本申请表向检验检疫机构提交的相关附件的名称。

(六) 疫病诊治记录表

1. 日期

本项目填报申请注册供港澳活禽饲养场诊治疫病的日期。

2. 发病数

本项目填报申请注册供港澳活禽饲养场发生疫病的次数。

3. 所在禽舍号

本项目填报申请注册供港澳活禽饲养场发生疫病的所在禽舍编号。

4. 病症及诊断结果

本项目填报申请注册供港澳活禽饲养场发生疫病的病症及对疫病的诊断结果。

5. 治疗处理方法

本项目填报申请注册供港澳活禽饲养场对发生疫病的治疗处理方法。

6. 效果

本项目填报申请注册供港澳活禽饲养场发生疫病的诊断治疗效果。

7. 兽医签名

本项目由申请注册供港澳活禽饲养场负责诊治疫病的兽医签署姓名。

8. 声明栏

(1) 声明。

本项目应由申请单位的法定代表签字,并加盖申请单位公章。申请人的声明内容已统一印制在本栏目中,无须申请人自行填写,具体内容为:

"上述各项填报申报真实。本企业保证遵守《中华人民共和国出入境动植物检疫法》及其实施条例，和《供港澳活禽检疫管理办法》的规定，并自觉接受检验检疫机构的监督管理。"

（2）法定代表（签字盖章）。

本项目由本申请表的申请单位法定代表人签字。

（3）日期。

本项目由填报填具本申请表的填写日期。

9. 申请单位加盖公章

本项目由本申请表的申请单位加盖本单位公章。

10. 检验检疫机构现场考核意见栏

（1）考核意见。

本项目由检验检疫机构现场考核人员填写对申请注册供港澳活禽饲养场的考核意见。

（2）考核人签字。

本项目由检验检疫机构现场考核人员签署姓名。

（3）时间。

本项目由检验检疫机构现场考核人员填写签署考核意见的日期。

11. 发证机关审批意见栏

（1）审批意见。

本栏目由受理本申请表的检验检疫机构签署对申请人申请注册登记供港澳活禽饲养场的审批意见。

（2）负责人（签字）。

本项目经检验检疫机构签署审批意见后，由该审批机关的负责人签署姓名。

（3）单位公章（日期）。

本项目经检验检疫机构签署审批意见后，由该审批机关加盖公章并签署审批日期。

12. 发证日期栏

（1）经办人签字。

本项目由供港澳活禽饲养场的审批机关负责签发供港澳活禽饲养场注册登记证书的经办人员签署姓名。

（2）日期。

本项目由供港澳活禽饲养场的审批机关负责签发供港澳活禽饲养场注册登记证书的经办人员签署签发注册登记证书的日期。

13. 注册编号

本项目由供港澳活禽饲养场的审批机关负责填注供港澳活禽饲养场注册登记证书的编号。

14. 领证人

本项目由本申请表的申请人在领取检验检疫机构签发供港澳活禽饲养场注册登记证书时签署姓名。

15. 领证日期

本项目由本申请表的申请人签署领取注册登记证的日期。

16. 备注

本项目填注本申请表相关栏目中其他需要特别说明的有关事项。

三、供港澳活禽饲养场须知及相关注意事项

（一）相关概念

1. 供港澳活禽

供港澳活禽是指由内地专门供应香港、澳门特别行政区用于屠宰食用的鸡、鸭、鹅、鸽、鹌鹑、鹧鸪和其他饲养的禽类。

2. 供港澳活禽检疫管理范围

根据检验检疫法律和行政法规的有关规定，我国大陆内地从事供香港、澳门特别行政区活禽类饲

养场属于检验检疫机关注册管理范围。

3. 供港澳活禽检疫管理部门

国家质检总局统一管理全国供香港、澳门特别行政区活禽类的检验检疫工作和监督管理工作。国家质检总局设在各地的直属出入境检验检疫局负责各自辖区内的供香港、澳门特别行政区活禽类饲养场的注册、疫情监测、起运地检验检疫和出证及监督管理工作。

（二）供港澳活禽饲养场的注册管理

1. 出入境检验检疫机构对供香港、澳门特别行政区活禽类实行注册登记和监督管理制度。
2. 供香港、澳门特别行政区活禽类饲养场应当向所在地直属出入境检验检疫局申请检验检疫注册。
3. 注册以饲养场为单位，实行一场一证制度，每一注册饲养场使用一个注册编号。
4. 未经检验检疫机关核准注册饲养场饲养的活禽不得供香港、澳门。
5. 直属出入境检验检疫局按规定对饲养场提供的材料进行审核和实地考核、采样检测，合格的，予以注册，并颁发出入境检验检疫出境动物养殖企业注册证；不合格的，不予注册。

（三）供港澳活禽饲养场条件

申请注册供香港、澳门活禽饲养场应当符合以下基本条件：

1. 存栏 3 万只以上；
2. 符合供港澳活禽饲养场动物卫生基本要求；
3. 出入境检验检疫机构要求的其他条件。

（四）申请注册登记文件

申请注册供港澳活禽饲养场的申请单位应当向出入境检验检疫机构提交以下单证及相关资料：

1. 供港澳活禽饲养场检验检疫注册申请表；
2. 企业法人营业执照复印件；
3. 饲养场平面图和彩色照片（包括饲养场全貌、大门、进出场及生产区通道，饲养舍内、外景，更衣消毒室，饲料库，兽医室，病禽隔离舍，死禽处理设施，粪便污水处理设施及出、入场隔离检疫舍）；
4. 饲养场动物卫生防疫制度，包括日常卫生管理制度、疫病防治制度、用药管理制度等；
5. 饲养管理制度，包括饲养和添加剂使用管理制度、活禽出入场管理制度，或全面质量保证（管理）手册。
6. 出入境检验检疫机关所需的其他相关资料。

（五）相关监督管理规定

1. 注册证自颁发之日起生效，有效期 5 年。有效期满后继续生产供港澳活禽的饲养场，须在期满前 6 个月按照规定重新提出申请。
2. 直属出入境检验检疫局对供港澳活禽注册饲养场实行年审制度。对逾期不申请年审；或年审不合格且在限期内整改不合格的，出入境检验检疫机构将注销其注册登记，吊销其"注册证"。
3. 供港澳活禽注册饲养场因场址、企业所有权、企业法人变更时，应及时向直属出入境检验检疫局申请重新注册或办理变更手续。
4. 出境口岸出入境检验检疫机构负责供港澳活禽出境前的临床检查或复检和回空车辆及笼具的卫生状况监督工作。
5. 注册饲养场应有出入境检验检疫机构备案的兽医负责饲养场活禽的防疫和疾病控制的管理，负责填写"供港澳活禽注册饲养场管理手册"，配合检验检疫机构做好检验检疫工作，并接受出入境检验检疫机构的监督管理。
6. 违反上述有关规定的，出入境检验检疫机构将注销其注册登记、吊销其注册证。

第六节 观赏鱼饲养场/中转包装场申请表

一、概述

（一）基本定义

观赏鱼饲养场/中转包装场申请表，是指向出入境检疫检验机构申请办理出口观赏鱼饲养场，或出口观赏鱼中转包装场审批与注册登记手续时，所提交的一种书面申请文书。

（二）主管部门

国家质检总局。

（三）主要作用

1. 出口观赏鱼饲养场，或出口观赏鱼中转包装场的申请单位，向相关出入境检验检疫机构表明申请办理出口观赏鱼饲养场，或出口观赏鱼中转包装场意愿，并提请检验检疫机构予以审核批准注册的一种法律文书；

2. 出口观赏鱼饲养场，或出口观赏鱼中转包装场的申请单位，向相关出入境检验检疫机构如实申报申请单位有关情况和出口观赏鱼饲养场，或出口观赏鱼中转包装场相关情况的具有一定法律效力证明；

3. 出口观赏鱼饲养场，或出口观赏鱼中转包装场的申请单位，向出入境检验检疫机构郑重承诺严格遵守国家检验检疫相关法律、法规和出入境检验检疫机构相关规定与要求的信誉信用证明文书；

4. 出入境检验检疫机构根据国家相关法律法规和相关规定对申请注册登记的出口观赏鱼饲养场，或出口观赏鱼中转包装场进行实地考核的主要依据；

5. 出入境检验检疫机构根据国家相关法律法规和相关规定，受理申请单位关于出口观赏鱼饲养场，或出口观赏鱼中转包装场的注册登记申请，并进行审核批准的重要依据。

（四）适用范围

1. 符合国家相关法律、法规，以及符合检验检疫机构规定申请办理出口观赏鱼饲养场，或出口观赏鱼中转包装场基本条件的相关单位；

2. 符合国家相关法律、法规，以及符合检验检疫机构规定的出口观赏鱼饲养场，或出口观赏鱼中转包装场基本条件的饲养场或中转包装场。

二、观赏鱼饲养场/中转包装场申请表项目设置及填制

观赏鱼饲养场/中转包装场申请表由封面、填表说明、申请表一与申请表二等组成（见本章附件13-5），具体项目设置及填制如下。

（一）封面

1. 申请单位

本项目填写申请单位的全称。

2. 主管部门

本项目填写负责审批出口观赏鱼饲养场或出口观赏鱼中转包装场的主管部门，一般填写受理本申请的出入境检验检疫机构名称。

3. 日期

本项目填写填制本申请表的日期。

（二）填表说明

本项目对申请表的使用，以及申请时应提交单证与相关材料作进一步的说明。具体说明内容见本章附件13-5-2。

(三) 申请表一

1. **企业名称（中/英文）**

本项目填报申请单位的名称，应当同时使用中英文填报申请单位的全称，并与申请单位的法人营业执照所列企业名称相一致。

2. **申请**

本项目填报申请单位所要申请的具体项目，申请人应当根据自身的申请项目在"观赏鱼饲养场"或"中转包装场"后的"□"内选择划"√"。

3. **法定地址**

本项目填报申请单位的法定地址，应当填报申请单位的详细地址，并与申请单位的法人营业执照所列法定地址相一致。

4. **邮政编码**

本项目填报申请单位的邮政编码。

5. **法人代表**

本项目填报申请单位的法人代表姓名，应当与申请单位的法人营业执照所列法人代表姓名一致。

6. **职务**

本项目填报申请单位的法人代表的职务。

7. **联系电话**

本项目填报申请单位的联系电话号码。

8. **传真**

本项目填报申请单位的传真号码。

9. **企业法人代码**

本项目填报申请单位的企业法人代码，即单位法人代码，一般由9位阿拉伯数字组成，前8位是本体代码，后一位是校验码。

单位法人代码指国家统一标识代码，是由政府职能部门给每一个单位颁发的在全国范围内使用的，唯一的，始终不变的法定代码。单位法人代码由各地技术监督部门根据国家技术监督局确定的编码区段，并按照有关标准确定。

10. **企业法人营业执照号码**

本栏目填写申请单位的企业法人营业执照号码。一般指工商管理部门核发的工商营业执照编号。

11. **企业类别**

本项目填报申请单位的企业类别。本项目为选择填报项目，企业类别已统一印制在本项目中，申请人只需在相应的企业类别后的"□"中划"√"即可。本项目提供的企业类别选项主要包括：国营、集体、私营、合资、独资、其他等，填报时应当与申请单位的法人营业执照所列企业类别相一致。

12. **养殖场/中转包装场场址**

本项目填报申请注册登记的观赏鱼养殖场或观赏鱼中转包装场的场址，应当填报详细地址，并与营业执照所列法定地址一致。

13. **联系人**

本项目填报观赏鱼养殖场或观赏鱼中转包装场的联系人姓名。

14. **联系电话**

本项目填报观赏鱼养殖场或观赏鱼中转包装场的联系电话号码。

15. **观赏鱼饲养或中转场面积（亩）**

本项目填报观赏鱼养殖场或观赏鱼中转包装场的面积，按照检验检疫机构的相关要求该面积应当以"亩"来计算。

16. 养殖水面面积（平方米）/容积（立方米）

本项目填报观赏鱼养殖场或观赏鱼中转包装场的养殖水面面积和容积。本"养殖水面面积"应当用"平方米"作为计量单位，而容积应当用"立方米"作为计量单位。

17. 饲养或中转鱼的种类

本项目填报观赏鱼养殖场或观赏鱼中转包装场饲养或中转鱼的种类，分为"淡水鱼类"和"海水鱼类"两类，申请人应当根据其实际情况，在上述两个选项前的"□"内划"√"选择，并在选择后如实填报饲养或中转鱼的具体品种。

18. 饲养场/中转场鱼池总数

本项目填报观赏鱼养殖场或观赏鱼中转包装场的鱼池总数，包括口径50厘米以上的鱼缸和其他养殖器具。

19. 年养殖总规模（尾）

本项目填报观赏鱼养殖场或观赏鱼中转包装场的年养殖总规模，指年养殖观赏鱼的总尾数。

20. 各鱼池情况栏

本栏目由申请人填报观赏鱼养殖场或观赏鱼中转包装场的所有编号鱼池的有关情况。根据检验检疫机构的有关规定，申请单位需要对口径50厘米以上的养殖器具进行编号，并在申请表中逐一填写，本表填写不下的可按申请表本栏目格式附页填写。

（1）鱼池编号。

本项目填报观赏鱼养殖场或观赏鱼中转包装场的鱼池编号。

（2）鱼池水面面积（平方米）。

本项目对应鱼池编号，逐项填报养殖场或中转包装场中每个编号的鱼池的水面面积，计量单位为"平方米"。

（3）观赏鱼种类。

本项目对应鱼池编号，逐项填报养殖场或中转包装场中每个编号的鱼池饲养的观赏鱼的种类。

（4）数量（尾）。

本项目对应鱼池编号，逐项填报养殖场或中转包装场中每个编号的鱼池饲养的观赏鱼的数量，计量单位为"尾"。

21. 观赏鱼来源

本项目填报观赏鱼养殖场或观赏鱼中转包装场的观赏鱼来源。本项目为选择填报项目，申请人应当根据实际情况，在对应选项后的"□"内进行选择划"√"，本项目观赏鱼来源选项为"自繁自养"、"国内引进"和"国外引进"。

22. 饲养场/中转场水源

本项目填报观赏鱼养殖场或观赏鱼中转包装场的水源。本项目为选择填报项目，申请人应当根据实际情况，在对应选项后的"□"内进行选择划"√"。水源选项为"自来水"、"井水"、"河（江）水"、"海水"和"其他"。

23. 饲养场/中转场消毒设备名称与数量

本项目填报观赏鱼养殖场或观赏鱼中转包装场的消毒设备情况，应当逐项填报消毒设备的具体名称和数量。

24. 消毒药剂名称、使用方法、浓度

本项目填报观赏鱼养殖场或观赏鱼中转包装场的消毒药剂的有关情况，应当填报消毒药剂的具体名称、使用方法，以及消毒药剂的浓度。

25. 饲养场/中转场增氧设施

本项目填报观赏鱼养殖场或观赏鱼中转包装场的增氧设施情况，应当填写增氧设施名称和数量。

26. 饲料（饵料）情况栏

本栏目填报观赏鱼养殖场或观赏鱼中转包装场的使用饲料或饵料的有关情况，申请人应将使用饲料或饵料的情况逐一列项填报。

（1）使用饲料（饵料）名称。

本项目由申请人逐项填报养殖场或中转包装场使用饲料或饵料的具体名称。

（2）饲料（饵料）主要成分。

本项目由申请人逐项填报养殖场或中转包装场使用饲料或饵料的主要成分。

27. 饲养场/中转场隔离设施

本项目填报观赏鱼养殖场或观赏鱼中转包装场的隔离设施情况。本项目为选择填报项目，申请人应当根据实际情况，在对应选项后的"□"内进行选择划"√"。隔离设施选项为"围墙"、"围栏"和"其他隔离设施"。

（四）申请表二

1. 提供附件材料名称栏

本项目由申请人填报办理观赏鱼养殖场或观赏鱼中转包装场检验检疫注册登记审批手续时，向检验检疫机构提交相关随附材料名称。

2. 申请企业声明栏

本项目一定要由申请单位的法定代表签字，并加盖申请单位公章。申请人应根据本企业的实际申请项目，在观赏鱼注册饲养场或中装包装场后的"□"选择一项划"√"。本项目已将申请人的声明内容统一印制在本栏目中，无须申请人自行填写，具体内容为：

"本企业声明：本企业向检验检疫机构申请作为出口观赏鱼注册饲养场□/中装包装场□，并将严格遵守国家出入境检验检疫局制定的《出口观赏鱼检疫管理办法》的规定，自愿接受检验检疫机构的监督和管理。"

3. 现场考核意见栏

（1）考核意见。

本项目由受理本申请的检验检疫机构现场考核人员填写对申请注册观赏鱼养殖场或中装包装场的现场考核意见。

（2）考核组长（签名）。

本项目由负责对申请注册观赏鱼养殖场或中装包装场进行现场考核的考核组组长在签署现场考核意见后，签署组长姓名。

（3）考核成员（签名）。

本项目由负责对申请注册观赏鱼养殖场或中装包装场进行现场考核的考核组成员签署姓名。

（4）日期。

本项目由出入境检验检疫机构现场考核人员填写对申请注册观赏鱼养殖场或中装包装场的现场考核意见后，签署批注考核意见的日期。

4. 实验室检验结果栏

（1）试验结果。

本项目由受理本申请的检验检疫机构实验室填写对申请注册观赏鱼养殖场或中装包装场相关项目的检验结果。

（2）实验室负责人（签名）。

本项目由受理本申请的检验检疫机构实验室填写相关检验结果后，签署实验室负责人姓名。

（3）日期。

本项目由签署检验检疫机构实验室填写对申请注册观赏鱼养殖场或中装包装场相关项目的检验结果的日期。

5. 批准单位意见栏

（1）批准意见。

本项目由受理本申请的检验检疫机构批准单位签署对申请注册观赏鱼养殖场或中装包装场的相关批准意见。

（2）单位负责人（签名）。

本项目由受理本申请的检验检疫机构批准单位签署对申请注册观赏鱼养殖场或中装包装场的批准意见后，签署批准单位负责人姓名。

（3）日期。

本项目由签署检验检疫机构批准单位填写签署对申请注册观赏鱼养殖场或中装包装场批准意见的日期。

三、出口观赏鱼饲养场/中转包装场须知及注意事项

（一）相关概念

1. 出口观赏鱼

出口观赏鱼是指供出口的以观赏为目的的种用和非种用的海水鱼和淡水鱼。

2. 观赏鱼饲养场

观赏鱼饲养场是指从事出口观赏鱼的繁殖、饲养场。

3. 观赏鱼中转包装场

观赏鱼中转包装场是指专门从事观赏鱼中转业务的中转企业通过某种渠道，将从饲养场收集的观赏鱼临时在本企业渔场存放或饲养，通过重新包装后再出口。

4. 观赏鱼的检验检疫管理部门

国家质检总局主管全国出口观赏鱼的检疫管理工作。国家质检总局设在各地的出入境检验检疫机构负责所辖地区出口观赏鱼的检疫和监督管理工作。

（二）出口观赏鱼的饲养场/中转包装场的注册管理

1. 国家对出口观赏鱼的饲养场和中转包装场实行注册登记制度。出口观赏鱼的饲养场和中转包装场，应当符合出口观赏鱼的饲养场动物卫生基本要求的规定。只有经注册的观赏鱼饲养场饲养的观赏鱼方可用于出口；只有经注册的中转包装场方可用于出口观赏鱼的中转存放。

2. 从事出口观赏鱼的饲养、中转包装的饲养、中转包装场须向所在地直属出入境检验检疫局提出注册登记申请。

3. 同一单位所属的位于不同地点的出口观赏鱼饲养场和中转场应分别申请，实行一场一证制度。

4. 直属出入境检验检疫局对申请单位提交的申请表和有关资料进行审核，并按照《出口观赏鱼饲养场、中转包装场动物卫生基本要求》的规定对饲养场或中转包装场进行考核，抽取鱼样、水样、饲料进行检疫。

5. 直属出入境检验检疫局对出口观赏鱼饲养场、中转包装场进行综合评定，符合要求的，予以注册登记，颁发出口观赏鱼饲养场/中转包装场注册登记证并报国家质检总局备案。

（三）申请注册登记文件

申请注册出口观赏鱼饲养场、中转包装场的申请单位应当向检验检疫机构提交以下文件及相关资料：

1. 出口观赏鱼饲养场/中转包装场申请表；

2. 饲养场、中转包装场平面图和照片；

3. 工商营业执照复印件；

4. 质量管理保证手册；

5. 观赏鱼进出场、饲料、用水、疾病防治、消毒用药、疫苗和卫生管理等管理制度；

6. 出入境检验检疫机构所需的其他相关资料。

（四）相关监督管理规定

1. 注册登记证有效期为 5 年。检验检疫机构对出口观赏鱼饲养场、中转包装场实施检疫监督管理。

2. 检疫检验机构对出口观赏鱼饲养场、中转包装场实行年审和抽查制度，并按照国家质检总局及进口国家或地区的要求定期对饲养场、中转包装场场内鱼体健康状况、水质、等进行检疫监测。

3. 观赏鱼出口前，货主或其代理人应当向饲养场所在地出入境检验检疫机构报检，并提供出口贸易合同、饲养场出具的出口观赏鱼供货证明及相关贸易单据等。

4. 出口观赏鱼饲养场、中转包装场有下列行为之一的，限期改进，逾期不改的，取消其注册登记：

（1）不按规定接受年审的；

（2）年审或抽查不合格的；

（3）填写出口观赏鱼饲养场、中转包装场检疫监督管理手册时弄虚作假的。

5. 出口观赏鱼饲养场、中转包装场擅自从其他饲养场引进观赏鱼的，取消其注册登记。出口公司从非注册的出口观赏鱼饲养场或中转包装场组织货源出口的，在全国范围内停止接受其报检。

6. 各地出入境检验检疫机构应将被取消注册登记的出口观赏鱼饲养场、中转包装场报国家质检总局备案。国家质检总局不定期公布被取消注册登记的出口观赏鱼饲养场、中转包装场名单。

第七节　动物临时隔离场许可证申请表

一、概述

（一）基本定义

动物临时隔离场许可证申请表，是指向出入境检疫检验机构申请办理进出境动物临时隔离检疫场审批与注册登记手续时，所提交的一种书面申请文书。

（二）主管部门

国家质检总局。

（三）主要作用

1. 进出境动物临时隔离检疫场的申请单位向相关出入境检验检疫机构表明申请办理进出境动物临时隔离检疫场意愿，并提请检验检疫机构予以审核批准注册的一种法律文书；

2. 进出境动物临时隔离检疫场的申请单位向相关出入境检验检疫机构如实申报申请单位有关情况和进出境动物临时隔离检疫场相关情况的具有一定法律效力证明；

3. 进出境动物临时隔离检疫场的申请单位向出入境检验检疫机构郑重承诺严格遵守国家检验检疫相关法律、法规和出入境检验检疫机构相关规定与要求的信誉信用证明文书；

4. 出入境检验检疫机构根据国家相关法律法规和相关规定对申请注册登记的进出境动物临时隔离检疫场进行实地考核的主要依据；

5. 出入境检验检疫机构根据国家相关法律法规和相关规定，受理申请单位关于进出境动物临时隔离检疫场的注册登记申请，并进行审核批准的重要依据。

（四）适用范围

符合国家相关法律、法规，以及符合检验检疫机构规定申请办理进出境动物临时隔离检疫场基本条件的相关单位、场所。

二、**动物临时隔离场许可证申请表项目设置及填制**

动物临时隔离场许可证申请表由申请人填报栏、动植物检验机关填写栏和考核意见栏等组成（见本章附件13-6),具体项目设置及填制如下。

(一) 申请人填报栏

1. 申请单位（签字/盖章）

本项目填报本申请表申请单位的名称，同时由申请单位的法人代表签字并加盖申请单位的公章。申请人应当填报申请单位的全称，其名称应当与申请单位的法人营业执照所列企业名称一致。

2. 申请时间

本项目由申请人填写填报本申请表的日期。

3. 预定进/出境时间

本项目填报本申请表所列进境动物的预定进境时间，或填报本申请表所列出境动物的预定出境时间。

4. 联系人

本项目填报本申请表申请单位的联系人姓名。

5. 电话

本项目填报本申请表申请单位的联系电话号码。

6. 传真

本项目填报本申请表申请单位的联系传真号码。

7. 动物名称（中文、拉丁文或英文）

本项目填报申请进境或出境的动物名称。应当同时使用中文、拉丁文或英文填报。

8. 数量

本项目填报申请进境或出境的动物数量。

9. 进口口岸

本项目填报申请进境动物的进口口岸名称。

10. 输出国（或地区）

本项目填报申请进境动物的输出国或地区名称。

11. 地址

本项目填报本申请表申请单位的地址。

(二) 动植物检验机关填写栏

本栏目由负责受理本申请的检验检疫机关负责填写。本栏目由9项内容组成，其中前8项均属于选择填写项目，由检验检疫机关根据申请单位和进境动物的有关情况，在每个项目所列的选项后的"□"划"√"即可。本项目的第9项内容为"其他"，由检验检疫机关填写前9项内容以外的其他相关内容。各选项分别如下：

"1. 疫区；

2. 周围环境；

3. 围墙、围栏或其他隔离设施；

4. 消毒设施；

5. 供水、供电设施；

6. 粪便、垫料污水处理设施；

7. 更衣室；

8. 畜舍/水池条件；

9. 其他。"

(三) 考核意见栏

1. 考核意见

本项目由受理本申请表的检验检疫机关签署对申请人申请进（出）境动物的审批意见。

2. 考核人
本项目由受理本申请表的检验检疫机关考核人员签署姓名。
3. 时间
本项目由受理本申请表的检验检疫机关考核人员填写签署考核意见的时间。
4. 主管领导
本项目由受理本申请表的检验检疫机关主管领导签字。
5. 考核单位（局/所）公章
本项目由负责对本申请相关情况进行考核的检验检疫机局（所）加盖公章。

三、进出境动物临时隔离检疫场须知及注意事项

（一）相关概念

1. 隔离检疫
隔离检疫是指将引进的动物、植物种苗及其繁殖材料从进境口岸调离到口岸检验检疫机关认可或指定的动物、植物隔离场（圃）进行检验。

2. 隔离检疫场所
隔离检疫场所是由国家质检总局及出入境检验检疫机构指定的用于隔离动、植物及其繁殖材料的场所，分为国家隔离场和临时隔离场两类。

国家级动物隔离场有四个，分别在北京、上海、广州和天津。

3. 进出境动物临时隔离检疫场
进出境动物临时隔离检疫场是指由口岸出入境检验检疫机构批准的，供进出境动物检疫时所使用的临时性场所。

临时隔离场由货主或其代理人提供，由口岸检验检疫机关根据《口岸动物隔离检疫场兽医卫生管理暂行办法》的规定，对所提供的场所进行审核，合格后上报由国家质检总局批准备案。

（二）隔离检疫的必要性

由于不同国家之间检疫法规和检验技术上的差异，已经过检疫的动植物种苗在运输过程中存在着污染的可能，同时也不排除输出国不负责任、引种单位未办理检疫审批或对外引种不提出检疫要求等情况，因此，尽管输出国家或地区的检疫机关已出具动（植）物检疫证书，但在动物、植物种苗到达我国进境时，检验机关仍然要进行检疫，并根据检验审批单要求，必要时须进行隔离检疫。其原理在于：

1. 某些动物传染病、寄生虫病和植物危险性病、虫、杂草，特别是许多病毒病，在动物和收获的种苗上往往表现为隐症，在口岸抽样检查时很难检出，而生长在发育期间容易鉴别。

2. 国家公布的"进境一、二类传染病、寄生虫病名录"和"进境植物检疫危险性病、虫、杂草名录"具有一定的局限性，该名录中的某些病虫害虽在国内没有发生或分布不广，在国外往往也发生危害不大严重，但这些动物传染病寄生虫病或植物病、虫、杂草传到国内后，可能由于生态条件的改变有力与其发生，造成重大经济损失。所以，只有通过隔离检疫，才能确定引进的动物、植物种苗能否在国内发生严重危害。

3. 当引进的动物、植物种苗传带有微量的病源物时，口岸抽样检验很难发现疫情，而传带的微量病原物在条件合适时，可能大量繁殖而引起严重的流行危害。

4. 隔离检疫可以防止危险性病虫害传入。在隔离检疫期间一旦发现危险性病虫害，因范围小，也便于控制和消灭。

因此，进境动物、植物种苗和其他繁殖材料经口岸检疫合格后，还必须进行隔离试养、试种检疫，证明不带有危险性动物传染病、寄生虫病和植物危险性病虫害方可放行。

（三）隔离场的基本条件

1. 国家级隔离场基本条件

国家级隔离检疫场应当具备以下基本条件：

（1）远离动物饲养场、人工授精站、屠宰加工厂、兽医院、兽研所、农贸市场和居民集中生活区，至少一千米距离；

（2）隔离场应设有围墙或围栏等屏障；

（3）隔离场出入口应设消毒池、更衣室、消毒设施（如紫外线灯等）；

（4）场内具有粪便、污物、污水消毒设施和堆放场地；

（5）具有足够的饲养面积、兽舍内墙壁和地面便于清洗消毒；

（6）具有符合兽医防疫要求的患病动物隔离饲养舍；

（7）具备饲养人员居住生活条件；

（8）具有正常水、电供应；

（9）具有必要的通讯设施。

2. 动物临时隔离场基本条件

动物临时隔离检疫场所应当具备以下条件：

（1）远离动物饲养场、人工授精站、屠宰加工厂、兽医院、兽研所；

（2）隔离场周围设有围墙；

（3）设有符合防疫要求的动物隔离舍；

（4）有污水、粪便、杂草等处理设施；

（5）出入口有防疫消毒设施及更衣室；

（6）保障水电供给。

（四）临时隔离场申请程序

1. 动物临时隔离场一般由货主提供，设立动物临时隔离场货主或其代理人应当向所在地口岸检验检疫机关提出申请，填报进出境动物临时隔离检疫场许可证申请表。

2. 口岸出入境直属检验检疫机构接到申请后，应在5个工作日内对临时隔离场进行审核，对符合条件的，签发进出境动物临时隔离检疫场许可证。

（五）临时隔离场有效期

1. 临时隔离检疫场的有效期一般为一次性有效，每次批准的临时隔离检疫场只允许一批入境动物的隔离检疫使用。

2. 进出境动物临时隔离检疫场许可证自签发之日起4个月内有效，临时隔离检疫场的有效期一般为一次性有效，每次批准的临时隔离检疫场只允许用于一批动物的隔离检疫使用。

3. 在动物隔离检疫期间，口岸出入境检验检疫机关对临时隔离场实施严格的防疫处理和检疫监督。

（六）相关监督管理规定

1. 动物隔离检疫时间

（1）进境大、中家畜和野生偶蹄类动物隔离检疫期45天。

（2）进境小动物和其他动物隔离检疫期30天。

（3）进境禽鸟类动物隔离检疫期30天。

（4）进出境动物隔离检疫期在检疫条款或贸易合同中有明确规定的，按规定的时间隔离。出境动物没有明确规定的，按检验项目所需时间决定。

2. 动物隔离检疫要求

（1）根据检疫法规规定，饲养、野生的活动物必须在进境后实施隔离检疫。其中，大中动物如黄牛、水牛、牦牛、马、骡、驴、骆驼、象、斑马、猪、绵阳、山羊、鹿、狮、虎、豹、狐狸等。小动物如犬、兔、猫、貂；鸡、鸭、鹅、鸽等禽类、鸟类；鱼、蟹、虾、贝等水生动物以及蜂、蚕、蚁等其他动物。凡需要使用隔离场的单位，提前3个月到出入境检验检疫机关办理预订手续。不能在预定时间使用隔离场的，需重新办理预订手续。因故取消使用，应及时通知出入境检验检疫机关，由此造成的隔离场经济损失，由预定单位承担。

（2）进境其他动物隔离检疫，须在所属口岸检验检疫机关认可的隔离场所。隔离检疫场可由货主或其代理人提供，经所属进境检验检疫机关审查认可。审查认可后出入境检验检疫机关出具进境动物临时隔离检疫场合格证，一式两份，一份报国家检验检疫局作为货主或其代理人办理进境动物检疫审批依据，一份留本单位存查。

（3）动物进入隔离检疫场后，饲养人员和兽医需封闭在场内吃住。未经口岸检验检疫机关许可，任何人不得离开隔离检疫场。

（4）隔离检疫期间，除所属出入境检验检疫机关的检疫人员可进入场内，按要求采取检验样品外，其他任何单位和人员不得入内，更不许采集动物产品。

（5）隔离检疫期间，未经所属检验检疫机关同意，进境动物单位不许擅自对动物进行免疫接种和使用药物。

（6）隔离检疫期间，出现动物死亡时，隔离场内饲养人员要立即报告所属检验检疫机关，动物尸体由动检人员按规定进行解剖和无害处理。

（7）隔离检疫期内，不准将生肉类等动物食品带进场内。

（8）隔离检疫期内，需用国家批准的消毒药物对场内环境，用具等消毒，至少每周一次。

（9）在进境口岸出入境检验检疫机关管辖范围外隔离检疫的动物，由进境口岸检验检疫机关进行现场检疫，出具检疫调离通知单，并监督运输到认可的隔离检疫场所。货主或其代理人凭检疫调离通知单办理运递手续，运输部门凭检疫调离通知单承运进境动物。国内检疫部门凭检疫调离通知单放行，到达地出入境检验检疫机关对进境动物实施隔离检疫，并出具检验证书。

（七）植物检疫相关规定

1. 植物临时隔离苗圃基本条件

植物临时隔离检疫苗圃应当具备以下条件：

（1）有围墙、防疫沟、山川、河流等自然隔离或不同作物的隔离带。

（2）周围一定距离（按不同作物而定）不得种有同一科属的作物。

（3）灌溉及排水条件符合检疫和防疫要求。

（4）有完善的管理措施并配备专业技术人员负责病虫害防治工作。

（5）临时隔离场所须经所在地检验检疫机关审定合格后方准使用。

2. 植物隔离检疫要求

（1）进境植物种子、苗木和其他繁殖材料，根据引进种子、苗木检疫审批单的审批意见，需要进行隔离检疫的，在口岸出入境检验检疫机关指定的植物检疫隔离场（圃）或隔离种植地种植。隔离种植场（圃）应当符合植物检疫的规定。植物在隔离种植期间，未经口岸检验检疫机关同意，不得擅自调离、处理或使用。隔离种植期间发现植物危害性病、虫、杂草的，应按口岸检验检疫机关的要求作除害或销毁处理；同时，对发现疫情的场（圃）及其设施和使用工具也应进行除害处理。隔离检疫结束后，证明不带植物危害性病、虫、杂草的，方可调离隔离场（圃）。

（2）凡属"进境植物检疫禁止进境物名录"中规定的植物种苗，经国家质检总局特许批准的，应进行隔离检疫，如：马铃薯、大豆、玉米、烟属、橡胶属、榆属等植物种苗。

（3）来自"进境植物检疫危害性病、虫、杂草名录"中疫情流行国家或地区，或引进种苗疫情不明的寄主植物，经入境口岸检疫，认为对我国农业生产存在着潜在威胁，需进入隔离检疫的植物种质资源，农业科研试验用材料或其他植物种苗。

3. 植物隔离检疫时间

一年生植物隔离种植期不少于一个生育周期，多年生植物不得少于两年。

附件 13-1-1：活牛育肥场/中转仓注册申请表样本（封面部分）

供港澳活牛育肥场/中转仓检验检疫注册

申 请 表

申请单位：_____

申请项目：<u>育肥场</u>（　　）　　　　　　　　　　中转仓（　　）

中华人民共和国国家出入境检验检疫局制

附件13-1-2：活牛育肥场/中转仓注册申请表样本（填表说明部分）

填 表 说 明

一、申请单位填报"申请表"一式三份，须用钢笔或毛笔填写，要求文字简练，字迹清楚、书写工整。

二、递交"申请表"时，须提供以下附件（一式三份）：

1. 企业法人营业执照复印件；
2. 场（仓）区平面图；
3. 动物卫生防疫制度（日常卫生管理制度，疫病防治制度、用药管理制度）；
4. 饲养管理制度（饲料和添加剂使用管理制度、牛入出场管理制度）；
5. 场区照片（场/仓区大门口、场/仓区全貌、进（出）场隔离检疫舍外景、牛舍外景、牛舍内、更衣消毒室、兽医室、病畜隔离舍、死畜处理设施、粪便处理设施）。

附件13－1－3：活牛育肥场/中转仓注册申请表样本（表体部分）

企业名称	（中文名）						
	（英文名）						
法定地址					邮政编码		
法人代表		成立时间			电　　话		
企业性质	国营□　集体□　个体□　合资□　独资□						

育肥场/中转仓概况	育肥/中转仓	名称				疫区	是
		地址					否
	联系人		电话		邮政编码		
	兽医人数		学历		专业	兼职人数	
	现有职工数		饲养人员	人数		主要经营品种	
				体况			
	场/仓区面积		建场时间		设计存（仓）栏量（头）	现存栏量	
	育肥期（天）				饲料来源　自配　　　引进		
	病畜隔离区	有	无	兽医室	有 无	饲料加工存放区	有　　　无
						死畜处理设施	有　　　无
	生产区与生活区隔离屏障				有 无	隔离观察区	入场　有　无
							出栏　有　无
	粪便处理设施				有 无	污水处理设施	有　　　无
	饲养区出入	车辆消毒池			有 无	喷雾消毒设施	有　　　无
		更衣消毒室			有 无		
	动物卫生制度				有 无	饲养管理制度	有　　　无
	供港澳与内销牛分养				是 否	饲养其他动物	有　　　无

申请单位声明	本企业声明，本企业向入境检验检疫机构申请作为供港澳活牛注册育肥场□/注册中转仓□，所填报的材料真实，并将严格遵守《中华人民共和国出入境动植物检疫法》和《供港澳活牛检疫管理办法》等法律法规的规定，并接受出入境检验检疫机构的监督管理。 法定代表：　　　　　　　（签名、单位公章） 　　　　　　　　　　　　　　年　　月　　日
检验检疫机构注册考核小组意见	考核小组负责人签字： 　　　年　　月　　日
检验检疫机构审批意见	负责人（签名）： 单位公章： 　　　年　　月　　日

发证日期		注册证编号	
有效期			
领证人签名		领取日期	

附件13-2-1：活羊中转场注册申请表样本（封面部分）

<h1 style="text-align:center">供港澳活羊中转场检验检疫注册</h1>

<h1 style="text-align:center">申 请 表</h1>

申请单位：_____

审批单位：_____

中华人民共和国国家出入境检验检疫局制

附件13-2-2：活羊中转场注册申请表样本（填表说明部分）

填 表 说 明

一、申请单位填报"申请表"一式三份，须用钢笔或毛笔填写，要求文字简练、字迹清楚、书写工整。

二、递交"申请表"时，须提供以下附件（一式三份）：

1. 企业法人营业执照复印件；
2. 场区平面图；
3. 动物卫生防疫制度（日常卫生管理制度、疫病防治制度、用药管理制度）；
4. 饲养管理制度（饲料和添加剂使用管理制度、羊入出场管理制度）；
5. 场区照片（场区大门口、场区全貌、羊舍外景、羊舍内景）。

附件13-2-3：活羊中转场注册申请表样本（表体部分）

企业名称		（中文名）							
		（英文名）							
法定地址						邮政编码			
法人代表			成立时间			电话			
企业性质		国营□ 集体□ 个体□ 合资□ 独资□							
中转场概况		中转场	名称					疫区	是
			地址						否
	联系人			电话			邮政编码		
	兽医人数			学历		专业		兼职人数	
	现有职工数			饲养人员	人数		主要经营品种		
					体况				
	场区面积			建场时间			设计存栏量（只）		
	中转场围墙			有	无	场大门口车辆消毒池		有	无
	中转场水源			有	无	场大门口人行通道消毒垫		有	无
	中转场照明			有	无	中转场电源供应		稳定	不稳定
	动物卫生制度			有	无	饲养管理制度		有	无
	中转场周500米有无其他动物饲养场、医院、牲畜交易市场、屠宰厂							有	无
申请单位声明	本企业声明，本企业向出入境检验检疫机构申请作为供港澳活羊注册中转场，所填报的材料真实，并将严格遵守《中华人民共和国出入境动植物检疫法》和《供港澳活羊检疫管理办法》等法律法规的规定，并接受检验疫机构的监督管理。 　　　　　　　　　　　　　　　　　　　　　法定代表：　　　　　（签名、单位公章） 　　　　　　　　　　　　　　　　　　　　　　　　　　年　　月　　日								
检验检疫机构注册考核小组意见	 考核小组负责人签字： 年　　月　　日								
检验检疫机构审批意见	 负责人（签名）： 单位公章： 年　　月　　日								
发证日期					注册证编号				
有效期									
领证人签名					领取日期				

附件13-3-1：活猪饲养场注册申请表样本（封面部分）

<h1 style="text-align:center">供港澳活猪饲养场检验检疫注册</h1>

<h1 style="text-align:center">申 请 表</h1>

申请单位：_____

主管部门：_____

申请日期：_____

中华人民共和国国家出入境检验检疫局监制

附件13-3-2：活猪饲养场注册申请表样本（填表说明部分）

填 表 说 明

一、申请单位填报"申请表"一式三份，须用自来水笔填写，要求文字简练、字迹清楚、书写工整。

二、递交"申请表"时，须提供以下附件（一式三份）：

1. 企业法人营业执照复印件；
2. 场区平面图；
3. 动物卫生防疫制度，包括日常卫生管理制度、疫病防治制度、用药管理制度；
4. 饲养管理制度，包括饲料和添加剂使用管理制度、活猪出入场管理制度；
5. 彩色照片，包括场区全貌，进出场和生产区通道及消毒设施，猪舍内景和外景，兽医室、死猪隔离区、死猪处理设施、粪便处理设施、出场隔离检疫舍、种猪进场隔离区等。

附件13-3-3：活猪饲养场注册申请表样本（表体部分）

企业名称		（中文名）							
		（英文名）							
法定地址						邮政编码			
法人代表			成立时间			电话			
企业性质		国营□ 集体□ 个体□ 合资□ 独资□							
饲养场概况	饲养场	名称							
		地址							
	联系人			电话			邮政编码		
	兽医人数					兼职兽医人数			
	现有职工数			饲养人员	人数		主要经营品种		
					体况				
	场区面积			建场时间		建场时间		现存栏量	
	生产母猪数			饲料来源					
	病畜隔离区	有	无	兽医室	有 无	饲料加工存放区	有	无	
						死畜处理设施	有	无	
	生产区与生活区隔离屏障				有 无	隔离观察区	种猪引进	有	无
							出栏	有	无
	粪便处理设施				有 无	污水处理设施	有	无	
	生产区出入	车辆消毒池			有 无	更衣消毒室	有	无	
		喷雾消毒设施			有 无	猪舍消毒池	有	无	
	动物卫生制度				有 无	饲养管理制度	有	无	
						饲养其他动物	有	无	
申请单位声明	本企业声明，本企业向入境检验检疫机构申请作为供港澳活猪注册育肥场，所填报的材料真实，并将严格遵守《中华人民共和国出入境动植物检疫法》和《供港澳活猪检疫管理办法》的规定，并接受出入境检验疫机构的监督管理。 法定代表：　　　　　（签名、单位公章） 　　　　　　　　　　年　　月　　日								
检验检疫机构注册考核小组意见	 考核小组负责人签字： 年　　月　　日								
检验检疫机构审批意见	 负责人（签名）： 单位公章： 年　　月　　日								
发证日期					注册证编号				
有效期									
领证人签名					领取日期				

附件13-4-1：活禽饲养场注册申请表封面部分样本

供港澳活禽饲养场检验检疫注册

申 请 表

申请单位：_____

主管部门：_____

申请日期：_____

附件13-4-2：活禽饲养场注册申请表样本（填表说明部分）

填 表 说 明

一、申请单位填报"申请表"一式三份，须用自来水笔填写，要求文字简练、字迹清楚、书写工整。

二、递交"申请表"时，须提供以下附件（一式三份）：

1. 企业法人营业执照复印件；
2. 场区平面图；
3. 动物卫生防疫制度，包括日常卫生管理制度、疫病防治制度、用药管理制度；
4. 饲养管理制度，包括饲料和添加剂使用管理制度、活禽出入场管理制度；
5. 彩色照片（包括饲养场全貌，大门，进出场及生产区通道，饲养舍内、外景，更衣消毒室，饲料库，兽医室，病禽隔离舍，死禽处理设施，粪便污水处理设施及出、入场隔离检疫舍）。

附件 13-4-3：活禽饲养场注册申请表样本（免疫程序部分）

免 疫 程 序

免 疫 程 序

附件13-4-4：活禽饲养场注册申请表样本（药物使用登记表部分）

药物使用登记表

日期	药物名称	给药方式	剂量	用药原因	效果记录	兽医签名

企业全称	中文				
	英文				
	场　址			邮政编码	
	法人代表		职务	电话	
	企业性质	国营□　集体□　私营□　合资□　独资□　其他□			
饲养场主管部门全称					
企业法人经营执照	发证机关			注册号	
	经营范围			发证日期	
饲养场情况	场　址			建场时间	
	占地面积		建筑面积	育雏面积	
	育成面积		家禽种类	存栏数	
	饲养方式		饲料来源		
	申请供港澳食用家禽数	每月：	每年：		
	兽医防疫部门	部门名称			
		负责人姓名		职务	
				职称	
提供附件名称					

附件 13-4-5：活禽饲养场注册申请表样本（疫病诊治记录表部分）

疫病诊治记录表

日期	发病数	所在禽舍号	病症及诊断结果	治疗处理方法	效果	兽医签名

上述各项填报内容真实。本企业保证遵守《中华人民共和国进出境动植物检疫法》及其实施条例和"供港澳活禽检验检疫管理办法"的规定，并自觉接受检验检疫机构的监督管理。 法人代表： 年　月　日	申请单位加盖公章：
检验检疫机构现场考核意见	考核人签字： 年　月　日
发证机关审批意见	（公章） 负责人签字：　　　　年　月　日
发证日期	经办人签字： 年　月　日	注册编号	
领证人		领证日期	
备注			

附件13-5-1：观赏鱼饲养场/中转包装场申请表样本（封面部分）

出口观赏鱼饲养场/中转包装场

申 请 表

申请单位：_____

主管部门：_____

日　　期：_____

中华人民共和国国家出入境检验检疫局制

附件13-5-2：观赏鱼饲养场/中转包装场申请表样本（填表说明部分）

填 表 说 明

1. 本表一式两份，要求用黑色或蓝色钢笔填写或打印，字迹工整。
2. 表中需选择的栏目，请在"□"内打"√"。根据单位实际，可以同时选择多项。
3. "观赏鱼饲养场"是指从事出口观赏鱼的繁殖、养殖场，"中转包装场"是指专门从事观赏鱼中转业务，即中转企业通过某种渠道，将从饲养场收集的观赏鱼临时在本企业渔场存放或饲养，通过重新包装后再出口。
4. "饲养场/中转场鱼池总数"包括口径50公分以上的鱼缸和其他养殖器具。
5. "鱼池编号"，申请单位需要对口径50公分以上的养殖器具进行编号，并在申请表中逐一填写，本表填写不下的可按申请表本栏目的格式附页填写。
6. "饲养场/中转场增氧设施"要求填写增氧设施名称和数量。
7. "提供附件材料名称"是指管理办法中或检验检疫机构要求企业办理申请时需提供的有关材料。

附件13-5-3：观赏鱼饲养场/中转包装场申请表样本（表体部分-1）

企业名称	（中文名）			
	（英文名）			
申请：（在□内选择） 观赏鱼饲养场□ 中转包装场□					
法定地址			邮政编码	
法人代表			职　务	
联系电话			传　真	
企业法人代码			企业法人营业执照编号	
企业类别	（在□内选择） □国营 □集体 □私营 □合资 □独资 □其他			
养殖场/中转包装场场址		联系人		联系电话	
观赏鱼饲养或中转场面积（亩）		养殖水面面积（平方米）/容积（立方米）	
饲养或中转鱼的种类	□淡水鱼类	品种	
	□海水鱼类	品种	
饲养场/中转场鱼池总数		年养殖总规模（尾）	
鱼池编号 \ 登记内容	鱼池水面面积（平方米）	观赏鱼品种	数量（尾）
观赏鱼来源	自繁自养□　国内引进□　国外引进□		
饲养场/中转场水源	自来水□　井水□　河（江）水□　海水□　其他水源□		
饲养场/中转场消毒设备名称与数量		使用消毒药剂名称、方法、浓度	
饲养场/中转场增氧设施				
使用饲料（饵料）名称 \ 饲料（饵料）成分	饲料（饵料）主要成分		
1.	
2.	
3.	
4.	
饲养场/中转场隔离设施	围墙□　围栏□　其他隔离设施□

345

附件 13-5-4：观赏鱼饲养场/中转包装场申请表样本（表体部分-2）

提供附件材料名称	
申请企业声明	本企业声明：本企业向出入境检验检疫机构申请作为出口观赏鱼注册饲养场□/中转包装场□，并将严格遵守国家出入境检验检疫局制定的"出口观赏鱼检疫管理办法"的规定，自愿接受检验检疫机构的监督和管理。 　　　　　　　　　　　法定代表人：　　　　（签名：单位公章） 　　　　　　　　　　　　　　　　　　　　年　月　日
以下由出入境检验检疫机构填写	
现场考核意见	 　　　　　　　　　　　　　　　　考核组组长（签名） 　　　　　　　　　　　　　　　　参加考核人员（签名） 　　　　　　　　　　　　　　　　　　　年　月　日
实验室检验结果	 　　　　　　　　　　　　　　　　实验室负责人（签名） 　　　　　　　　　　　　　　　　　　　年　月　日
批准单位意见	 　　　　　　　　　　　　　　　　单位负责人（签名） 　　　　　　　　　　　　　　　　　　　单位盖章 　　　　　　　　　　　　　　　　　　　年　月　日

附件13-6：动物临时检验场许可证申请表样本

进出境动物临时隔离检疫场许可证申请表

申请单位（盖章/签字）		申请时间		预定进/出境时间	
联系人		电话		传真	
动物名称 中文、拉丁文（或英文）		数量	进/出口岸		输出国（或地区）
地 址					
以下内容由动植物检疫机关填写					
疫区　是 □ 否 □			周围环境　符合 □ 不符合 □		
围墙、围栏或其他隔离设施有 □ 无 □			消毒设施　完备 □ 不完备 □ 无 □		
供水、供电设施　完备 □ 不完备 □			粪便、垫料、污水处理设施　完备 □ 不完备 □ 无 □		
更衣室　有 □ 无 □			畜舍/水池条件好 □ 一般 □ 差 □		
其他					
考核意见					
考核人		时间　年　月　日	主管领导		考核单位（局/所）公章

第十四章 特定企业注册申请单证

第一节 概述

一、基本定义

特定企业注册申请单证，是指国家规定的部分与出口相关的特殊行业或特定商品的生产企业根据国家法律、法规的有关规定，在办理国家规定的相关特殊行业或特定商品的生产企业注册、备案、登记等手续时，向国家规定相关特殊行业或特定商品的生产企业登记备案主管部门提交的书面申请文件，以及国家规定相关特殊行业或特定商品的生产企业登记备案主管部门核发的相关注册、备案登记文件。

根据国家法律、法规的有关规定，某些与出口相关的特殊行业或特定商品的生产企业应当在检疫检验机构办理注册、备案登记等手续，经检验检疫机关审核准予注册或备案的企业方可从事出口特定商品的生产、加工、储存等经营活动。

二、主管部门

1. 国家质检总局；
2. 国家认证认可监督管理委员会。

三、主要作用

1. 国家规定的特定行业向国家规定相关特殊行业登记备案主管部门表明申请办理相关注册、登记备案意愿，并提请相关主管部门予以审核批准注册的一种法律文书；
2. 国家规定特定商品的生产企业向国家规定特定商品的生产企业登记备案主管部门表明申请办理相关注册、登记备案意愿，并提请相关主管部门予以审核批准注册的一种法律文书；
3. 国家规定的特定行业向国家规定相关特殊行业登记备案主管部门如实申报申请单位相关情况的具有一定法律效力证明；
4. 国家规定特定商品的生产企业向国家规定特定商品的生产企业登记备案主管部门如实申报申请单位相关情况，具有一定法律效力证明；
5. 国家规定特定行业或特定商品的生产企业向国家规定特定行业或特定商品的生产企业登记备案主管部门郑重承诺，严格遵守国家相关法律、法规和相关规定与要求的信用证明文书；
6. 国家规定特定行业或特定商品的生产企业登记备案主管部门，受理申请单位相关注册、登记备案申请，并进行审核批准的重要依据。

四、适用范围

特定企业注册申请单证主要适用于国家规定的特定行业和国家规定特定商品的生产企业。本章介绍的特定企业注册申请单证涉及的特殊行业和特定商品的生产企业主要包括：

1. 出口食品生产企业；
2. 出口食用动物饲料生产企业；
3. 出口烟花爆竹生产企业；
4. 出口打火机、点火枪类商品生产企业。

五、特定企业申请注册单证种类

1. 出口食品生产企业卫生注册登记申请书；

2. 出口食品生产企业卫生注册证书；
3. 出口食品生产企业卫生登记证书；
4. 出口食用动物饲料生产企业登记备案申请表；
5. 出口烟花爆竹生产企业；
6. 出口打火机、点火枪类商品生产企业登记。

第二节　出口食品生产企业卫生注册/登记申请书

一、概述

（一）基本定义

1. 出口食品生产企业卫生注册/登记申请书

出口食品生产企业卫生注册/登记申请书，是指出口食品生产、加工、储存企业（以下简称出口食品生产企业），根据国家有关规定办理卫生注册、登记申请手续时，向国家出口食品生产企业卫生注册、登记主管部门提交的一种书面申请文件。

根据国家有关法律、法规的规定，国家对出口食品生产企业实行卫生注册、登记制度。未经相关主管部门核准注册、登记的出口食品生产企业，不得经营出口食品的生产、加工、储存。

2. 出口食品生产企业卫生注册证书

出口食品生产企业卫生注册证书，是指国家出口食品生产企业卫生注册主管部门受理出口食品生产企业的卫生注册申请，核发的一种卫生注册证明文件。

3. 出口食品生产企业卫生登记证书

出口食品生产企业卫生登记证书，是指国家出口食品生产企业卫生登记主管部门，受理出口食品生产企业的卫生登记申请，核发的一种卫生登记证明文件。

（二）主管部门

国家认证认可监督管理委员会。

（三）主要作用

1. 出口食品生产企业卫生注册/登记申请书

（1）出口食品生产企业向国家出口食品生产企业卫生注册与登记主管部门，申请办理出口食品生产企业卫生注册与登记的一种法律文书；

（2）出口食品生产企业向国家出口食品生产企业卫生注册与登记主管部门，如实申报申请单位有关情况的具有一定法律效力证明；

（3）国家出口食品生产企业卫生注册与登记主管部门受理申请人出口食品生产企业卫生注册与登记申请，并进行审核批准的重要依据。

2. 出口食品生产企业卫生注册证书

审核符合国家相关法律、法规规定的出口食品生产企业准予卫生注册，对申报注册出口食品生产企业的申请人依法履行相关法律责任，合法经营出口食品业务具有合法证明作用。

3. 出口食品生产企业卫生登记证书

审核符合国家相关法律、法规规定的出口食品生产企业准予卫生登记，对申报登记出口食品生产企业的申请人依法履行相关法律责任，合法经营出口食品业务具有合法证明作用。

（四）适用范围

1. 出口食品生产企业卫生注册/登记申请书

（1）符合国家相关法律、法规规定申请办理出口食品生产企业卫生注册基本条件的相关单位；

（2）符合国家相关法律、法规规定申请办理出口食品生产企业卫生登记基本条件的相关单位。

2. 出口食品生产企业卫生注册证书

经国家出口食品生产企业卫生注册主管部门审核，决定准予卫生注册的出口食品生产企业。

3. 出口食品生产企业卫生登记证书

经国家出口食品生产企业卫生登记主管部门审核，决定准予卫生登记的出口食品生产企业。

二、出口食品生产企业卫生注册/登记申请书项目设置及填制

出口食品生产企业卫生注册登记申请书由封面、申请须知、表体一、表体二和表体三等组成。其中表体一和表体二为申请单位的基本情况，填报时应根据本单位的实际情况如实填写；表体三分"申请人声明"和"卫生注册登记管理部门的受理意见"两部分。申请人在填报过程中应使用蓝色或黑色钢笔填写或打印填写，文字工整、清楚。

（一）封面

1. 申请类别

本项目填报本申请书的申请类别。本申请书可以用来办理出口食品生产企业的申请注册、申请登记、申请国外注册等相关项目。申请人填报时可在本项目已经设置的"注册"、"登记"和"国外注册"选项前的"□"中，根据本企业的实际情况选择划"√"。

申请人如果选项为"国外注册"，应用中文和英文两种文字填写"企业名称"、"企业地址"和"产品名称"等相关栏目。

2. 申请形式

本项目填报本申请书的申请形式类别。申请人填报时可在本项目已经设置的"初次申请"、"换证申请"、"重新申请"和"HACCP验证"等选项前的"□"中，根据本企业的实际情况选择"√"。其中，"重新申请"是指被评审不合格的或者被吊销卫生注册登记的出口食品生产企业，在满规定期限后重新申请卫生注册登记。

3. 企业名称

本项目填报本申请书申请人的企业名称，申请人填报的企业应当是独立法人单位。此外，如果申请人选择的申请类别为"国外注册"，则本项目应当使用中英文两种文字填写。

4. 产品名称

本项目填报本申请书申请注册或登记企业生产出口食品的产品名称。此外，如果申请人选择的申请类别为"国外注册"，则本项目应当使用中英文两种文字填写。

5. 联系人

本项目填报本申请书申请注册或登记出口食品生产企业的联系人姓名。

6. 电话

本项目填报本申请书申请注册或登记出口食品生产企业的联系电话号码。

7. 申请日期

本项目填报本申请书申请人填报本申请书的日期。

（二）申请须知

本栏目主要对本申请书的相关栏目、项目加以特别的说明，以及对本申请书的使用和填报相关注意事项等进行特别的注释和说明。具体见本章附件14-1-2。

（三）表体一

1. 企业名称

本项目填报本申请书申请注册或登记出口食品生产企业的企业名称。如果申请人选择的申请类别为"国外注册"，则本项目应当使用中英文两种文字填写。

2. 企业地址

本项目填报本申请书申请注册或登记出口食品生产企业的企业地址。应当填写申请企业的法定地

址，如果企业法定地址与生产车间不在同一地点，应同时注明生产车间的所在地址。此外，如果申请人选择的申请类别为"国外注册"，则本项目应当使用中英文两种文字填写。

3. 法人代表

本项目填报本申请书申请注册或登记出口食品生产企业的法定代表人姓名。

4. 电话/传真

本项目填报本申请书申请注册或登记出口食品生产企业的联系电话号码和传真号码。

5. 营业执照编号及日期

本项目填报本申请书申请注册或登记出口食品生产企业的营业执照编号，以及该营业执照的核发日期。

6. 邮编

本项目填报本申请书申请注册或登记出口食品生产企业的邮政编码。

7. 厂区面积

本项目填报本申请书申请注册或登记出口食品生产企业的厂区面积。

8. 邮箱

本项目填报本申请书申请注册或登记出口食品生产企业的邮箱地址。

9. 建厂时间

本项目填报本申请书申请注册或登记出口食品生产企业的建厂时间。

10. 改扩建时间

本项目填报本申请书申请注册或登记出口食品生产企业的厂区及厂房改建与扩建时间。

11. 加工车间总面积

本项目填报本申请书申请注册或登记出口食品生产企业的加工车间总面积。

12. 本次申请品种的车间面积

本项目填报本申请书申请注册或登记出口食品生产企业用于本次申请生产出口食品品种的车间面积，一般用"平方米"来表示。

13. 冷藏库能力

本项目填报本申请书申请注册或登记出口食品生产企业冷藏仓库的存储能力，指冷藏库的面积和冷藏库的容量，其面积用"平方米"表述，容量用"吨"表述。

14. 仓库能力

本项目填报本申请书申请注册或登记出口食品生产企业仓库的存储能力，指仓库的面积和仓库的容量。

15. 速冻库能力

本项目填报本申请书申请注册或登记出口食品生产企业的速冻库存储能力，指速冻库的面积和速冻库的容量。

16. 速冻机能力

本项目填报本申请书申请注册或登记出口食品生产企业速冻机速冻食品的能力，指速冻机每小时有效速冻食品的数量，一般用"吨"来表示。

17. 本次申请的出口产品

（1）产品名称。

本项目填报申请注册或登记出口食品生产企业本次申请的出口产品的产品名称。

（2）注册商标。

本项目填报申请注册或登记出口食品生产企业本次申请的出口产品的注册商标。

（3）设计生产能力。

本项目填报申请注册或登记出口食品生产企业本次申请的出口产品的设计生产能力。

(4) 主要出口国家或地区。

本项目填报申请注册或登记出口食品生产企业本次申请的出口产品的主要出口国家或地区名称。

18. 其他产品

(1) 产品名称。

本项目填报申请注册或登记出口食品生产企业生产其他产品的产品名称。

(2) 注册商标。

本项目填报申请注册或登记出口食品生产企业生产其他产品的注册商标。

(3) 设计生产能力。

本项目填报申请注册或登记出口食品生产企业生产其他产品的设计生产能力。

(4) 主要销售市场。

本项目填报申请注册或登记出口食品生产企业生产其他产品的主要销售市场情况。

19. 管理负责人姓名

(1) 总负责人。

本项目填报申请注册或登记出口食品生产企业的总负责人姓名。

(2) 生产负责人。

本项目填报申请注册或登记出口食品生产企业的生产负责人姓名。

(3) 质量管理负责人。

本项目填报申请注册或登记出口食品生产企业的质量管理负责人姓名。

20. 企业人数

(1) 总人数。

本项目填报申请注册或登记出口食品生产企业的职工总人数。

(2) 生产人员。

本项目填报申请注册或登记出口食品生产企业的生产人员数量。

(3) 质量管理人员。

本项目填报申请注册或登记出口食品生产企业的质量管理人员数量。

21. HACCP 实施情况

(1) 实施时间。

本项目填报申请注册或登记出口食品生产企业开始实施 HACCP 认证体系的具体时间。

(2) HACCP 小组成员。

本项目填报申请注册或登记出口食品生产企业 HACCP 认证体系小组成员的组成情况。

22. 企业认证情况

本项目填报申请注册或登记出口食品生产企业的企业认证基本情况,主要是指企业获得"HACCP"、"ISO9000"和"ISO14000"等体系认证的情况。

(1) 认证种类。

本项目填报申请注册或登记出口食品生产企业已经过认证的认证种类,主要是指"HACCP"、"ISO9000"和"ISO14000"等认证体系。

(2) 认证机构。

本项目填报申请注册或登记出口食品生产企业的认证机构。应当填报对申请注册或登记出口食品生产企业进行认证的机构名称。

(3) 证书编号。

本项目填报申请注册或登记出口食品生产企业通过相关认证的证书编号。

(4) 颁发日期。

本项目填报申请注册或登记出口食品生产企业通过相关认证机构的认证,相关认证机构向其颁发相关认证证书的日期，一般填写认证证书上所标注的签发日期。

（四）表体二（企业基本情况）

1. 卫生质量体系运行状况

本项目填报申请注册或登记出口食品生产企业的卫生质量体系的实际运行状况。

2. 主要生产设备

（1）设备名称。

本项目填报申请注册或登记出口食品生产企业主要生产设备的设备名称。

（2）规格型号。

本项目填报申请注册或登记出口食品生产企业主要生产设备的规格与型号。

（3）购置年份。

本项目填报申请注册或登记出口食品生产企业主要生产设备的购置时间。

（4）运行状况。

本项目填报申请注册或登记出口食品生产企业主要生产设备的实际运行状况。

（5）操作负责人。

本项目填报申请注册或登记出口食品生产企业主要生产设备的操作负责人姓名。

3. 主要检验设备

（1）设备名称。

本项目填报申请注册或登记出口食品生产企业主要检验设备的设备名称。

（2）检测项目。

本项目填报申请注册或登记出口食品生产企业主要检验设备的主要检测项目。

（3）计量检定情况。

本项目填报申请注册或登记出口食品生产企业主要检验设备的计量检定情况。

（4）操作负责人。

本项目填报申请注册或登记出口食品生产企业主要检验设备的操作负责人姓名。

（5）备注。

本项目填报申请注册或登记出口食品生产企业对其主要检验设备需加以特别说明的其他事项。

（五）表体三

1. 申请人声明

（1）声明。

本项目由申请注册或登记出口食品生产企业向注册或登记主管部门作出相关的承诺。"申请人声明"是申请单位对检验检疫机关所承担的责任和义务，一定要由申请单位的法人代表签字，并加盖申请单位的公章。本项目的相关声明内容已统一印制在本栏目中，无需申请人自行填写，具体声明内容如下：

"我申请出口食品生产企业注册/登记，保证遵守国家出入境检验检疫法律法规的规定，提供的申请资料真实、准确，愿支付检验检疫机关对本企业评审、验证、检查、监督管理等发生的一切合理费用。"

（2）随附资料。

本项目作为申请人声明内容的组成部分，同样对所提交资料承担相应责任。本项目由申请注册或登记出口食品生产企业填写随附本申请书向注册或登记主管部门提交的相关文件资料的名称。

（3）法定代表人签名（盖章）。

本项目由申请注册或登记出口食品生产企业的法定代表人签名，并加盖申请单位的公章。申请单位的法定代表人一旦签字，并加盖申请单位的印章，则以上声明自动生效，申请单位将对声明内容全权负责。

(4) 日期。

本项目由申请注册或登记出口食品生产企业填写填报本申请书的日期。

2. 卫生注册登记管理部门的受理意见

本栏目由出口食品生产企业卫生注册登记主管部门签署对出口食品生产企业注册或登记申请的受理意见。本栏目已将"同意受理"与"不同意受理"的意见统一印制在本栏目中。出口食品生产企业注册登记主管部门如同意接受申请，则选择第 1 项（在该项目前的"□"中划"√"），同时确定评审小组人选，签字日期视为受理日期；出口食品生产企业注册登记主管部门不同意接受申请，则选择第 2 项（在该项目前的"□"中划"√"）。本栏目的相关项目设置如下：

(1) 同意受理意见（第 1 项）。

内容为"同意接受该企业提交的申请，决定由 _____（评审组组长）_____、_____（评审组成员）组成评审组，完成对该企业的评审工作。"

(2) 不同意受理意见（第 2 项）。

内容为"不符合《出口食品生产企业卫生注册登记管理规定》第 14/19 条有关期限的规定，不同意接受该企业提交的申请。"

(3) 经办人（时间）。

本项目由出口食品生产企业卫生注册登记主管部门的经办人员签署姓名并签署签字日期。

(4) 负责人签名（时间）。

本项目由出口食品生产企业卫生注册登记主管部门的负责人签名并签署签字日期。

三、出口食品生产企业卫生注册证书项目设置

本证书由出口食品生产企业卫生注册主管部门颁发给符合相关注册登记规定的卫生注册申请企业，证书的相关内容均由办证部门负责填注（见本章附件 14-2）。相关项目设置如下。

（一）企业名称

本项目填注申请卫生注册的出口食品生产企业名称。

（二）企业地址

本项目填注申请卫生注册的出口食品生产企业所在地址。

（三）注册编号

本项目填注本卫生注册证书的注册编号。

（四）颁证词

本项目为出口食品生产企业卫生注册主管部门签注的颁证词，具体内容为："经审核，你单位符合出口食品生产企业卫生要求，予以注册。"

（五）注册品种

本项目填注申请卫生注册的食品的具体品种名称。

（六）发证日期

本项目填注本证书的颁发日期。

（七）证书有效期

本项目填注本证书的有效期限。

（八）发证部门（签章）

本项目注明颁发本证书的发证部门名称，并加盖办证机关印章。

四、出口食品生产企业卫生登记证书项目设置

本登记证书由出口食品生产企业卫生登记主管部门颁发给符合相关登记规定的申请企业（见本章附件 14-3）。本证书的相关内容均由办证部门负责填注，相关项目设置如下。

（一）企业名称

本项目填注申请出口食品生产企业卫生登记的出口食品生产企业名称。

（二）企业地址

本项目填注申请出口食品生产企业卫生登记的出口食品生产企业所在地址。

（三）登记编号

本项目填注本卫生登记证书的注册编号。

（四）颁证词

本项目为出口食品生产企业卫生登记主管部门颁发本证书的颁证词，具体为："经审核，你单位符合出口食品生产企业卫生要求，予以登记。"

（五）登记品种

本项目填注申请卫生登记出口食品生产企业的登记出口食品的具体品种名称。

（六）发证日期

本项目填注颁发本证书的颁发日期。

（七）证书有效期

本项目填注本证书的有效期限。

（八）发证部门（签章）

本项目注明颁发本证书的发证部门名称，并加盖办证机关印章。

五、出口食品生产企业卫生注册、登记须知及注意事项

（一）主管部门

国家认证认可监督管理委员会（以下简称国家认监委）主管全国出口食品生产企业卫生注册、登记工作。国家质检总局设在各地的直属出入境检验检疫局负责所辖地区出口食品生产企业的卫生注册、登记工作。

（二）注册与登记的区别

根据有关规定，出口食品生产企业应向检验检疫机关办理注册或登记两种不同的手续，这两种手续略有不同，其主要区别在于：

国家认监委根据出口食品的风险程度，公布和调整"实施出口食品卫生注册、登记的产品目录"（以下简称"注册目录"），对"注册目录"内食品的生产企业实施卫生注册管理；对"注册目录"以外食品的生产企业实施卫生登记管理。

（三）相关要求

1. 在中华人民共和国境内生产、加工、储存出口食品的企业，必须取得卫生注册证书或者卫生登记证书后，方可生产、加工、储存出口食品。

2. 未经卫生注册或者登记企业的出口食品，国家质检总局设在各地的出入境检验检疫机构不予受理报检。

3. 申请卫生注册的出口食品生产企业，应当按照《出口食品生产企业卫生要求》建立质量体系。

4. 申请卫生登记的出口食品生产企业，应当根据产品特点并参照《出口食品生产企业卫生要求》建立卫生质量体系。

5. 出口食品生产企业在新建、扩建或者改建前，应当向所在地的直属出入境检验检疫局申请选址、设计的卫生审查，审查合格方能施工。

（四）申请文件

出口食品生产企业在生产出口食品前，应当向各地直属出入境检验检疫局申请卫生注册或者卫生登记，申请时应递交以下文件、资料：

1. 出口食品生产企业卫生注册/登记申请书（一式三份）；

2. 提供本企业的卫生质量体系文件；

3. 厂区平面图、车间平面图；

4. 工艺流程图等。

总厂、分厂、联营厂及不在同一厂区的加工车间应当分别提出申请。

（五）评审发证程序

1. 直属出入境检验检疫局接受出口食品生产企业提交的卫生注册申请书和有关资料后，组成由主任评审员任组长、1~2 名具备资格的评审员参加的评审组，在 10 个工作日内完成该申请书和有关资料的审核。经审核不符合要求的，受理申请的直属出入境检验检疫局应当在 10 个工作日内通知出口食品生产企业在 30 日内补正，逾期未补正的，视为撤回申请；经审核符合要求的，由评审组组长负责制定评审计划，并与出口食品生产企业商定评审的具体时间，按时进行评审。

2. 在评审结束后，评审组应当将评审情况告知出口食品生产企业，对存在的问题提出不符合项报告和限期改进的意见。

出口食品生产企业应当在限期内将整改情况报告受理申请的直属出入境检验检疫局。

3. 评审组组长在评审工作结束后，应当向直属出入境检验检疫局提交评审报告。

4. 直属出入境检验检疫局对评审组提出的评审报告和出口食品生产企业的整改情况进行审核，并在 15 个工作日内做出评审结论。对评审不合格的，签发评审不合格通知书；对评审合格的，批准注册并颁发卫生注册证书。证书编号规则由国家认监委另行公布。

5. 经评审不合格的出口食品生产企业，自不合格通知发出之日起 6 个月内不得重新提出卫生注册申请。重新提出申请的，在申请前应当认真整改。

（六）其他相关规定

直属出入境检验检疫局对注册企业实施监督管理。对注册企业监督管理的方式包括：

1. 日常监督管理。由出入境检验检疫机构派员对卫生注册企业实施日常监督管理。

2. 定期监督检查。直属出入境检验检疫局组织卫生注册评审员对卫生注册企业定期实施监督检查。对肉类、水产、罐头、肠衣类卫生注册企业，每年至少组织一次全面监督检查。对季节性出口产品的卫生注册企业，应当按照生产季节进行监督检查。对获得国外卫生注册的企业，应当至少每半年（或者生产季节）进行一次全面监督检查。对其他卫生注册企业，直属出入境检验检疫局可视情况确定监督检查次数。定期监督检查应当包括日常监督管理中发现问题的改正情况。

3. 换证复查。出口食品注册企业应当在证书有效期满前 3 个月向直属出入境检验检疫局提出复查申请。受理申请的直属出入境检验检疫局按照规定的评审要求，对申请企业进行复查，合格的予以换证，不合格的或者未申请换证的不予换证。

4. 在对卫生注册企业的监督管理过程中，有下列情形之一的，直属出入境检验检疫局应当书面通知企业限期整改，并暂停受理其出口报检，直至确认企业整改符合要求：

（1）发现有对产品安全卫生质量构成严重威胁的因素，包括原料、辅料和生产加工用水（冰）等，不能保证其产品安全卫生质量的；

（2）经出口检验检疫发现产品安全卫生质量不合格，且情况严重的。

5. 在对卫生注册企业的监督管理过程中，有下列情形之一的，由直属出入境检验检疫局发出通知，吊销其卫生注册证书：

（1）有上述"监督管理"第 4 项所列情形，且在限期内未完成整改的；

（2）企业因原料、生产、加工、储存内部管理等原因，其产品在国外出现卫生质量问题造成不良影响的；

（3）企业隐瞒出口产品安全卫生质量问题的事实真相，造成严重后果的；

（4）企业拒不接受监督管理的；

（5）借用、冒用、转让、涂改、伪造卫生注册证书、注册编号、卫生注册标志，或者本企业未注册食品使用本企业注册食品的注册编号的。

被吊销卫生注册证书的企业，自收到吊销通知书之日起1年内不得重新提出卫生注册申请。

6. 有下列情形之一的，视为企业的卫生注册资格自动失效：

（1）卫生注册企业的名称、法人代表或者通讯地址发生变化后30日内未申请变更的；

（2）卫生注册企业的生产车间改建、扩建、迁址完毕或者其卫生质量体系发生变化后30日内未申请复查的；

（3）年内没有出口注册范围内食品的；

（4）逾期未申请换证复查的。

（七）实施出口食品卫生注册、登记的产品目录

1. 注册产品目录：

分类号	产品类别
Z01	罐头类
Z02	水产品类（不包括活品和晾晒品）
Z03	肉及肉制品
Z04	茶叶类
Z05	肠衣类
Z06	蜂产品类（不包括蜂蜡）
Z07	蛋制品类（不包括鲜蛋）
Z08	速冻果蔬类、水果蔬类（不包括晾晒品）
Z09	糖类（指蔗糖、甜菜糖）
Z10	乳及乳制品类
Z11	饮料类（包括固体饮料）
Z12	酒类
Z13	花生、干果、坚果制品类（不包括炒制品）
Z14	果脯类
Z15	粮食制品及面、糖制品类
Z16	粮食油脂类
Z17	调味品类（不包括天然的香辛干料及粉料）
Z18	速冻方便食品类
Z19	功能食品类
Z20	食品添加剂类（专指食用明胶）

2. 登记产品目录：

注册产品目录以外的食品。

第三节 动物饲料企业备案申请表

一、概述

（一）基本定义

动物饲料企业备案申请表，是指出口食用动物饲料生产、加工企业，根据国家有关规定办理出口食用动物饲料生产企业登记备案申请手续时，向国家出口食用动物饲料生产企业登记备案主管部门提交的一种书面申请文件。

根据国家有关法律、法规，生产出口食用动物饲用饲料的生产企业应当向检验检疫机关办理登记备案手续，并接受检验检疫机关的监督管理。

（二）主管部门

国家质检总局。

（三）主要作用

1. 出口食用动物饲料生产企业向国家出口食用动物饲料生产企业登记备案主管部门表明申请登记备案意愿，申请办理相关登记备案手续的一种法律文书；

2. 出口食用动物饲料生产企业向国家出口食用动物饲料生产企业登记备案主管部门，如实申报申请单位有关情况的具有一定法律效力的证明；

3. 向国家出口食用动物饲料生产企业登记备案主管部门，受理申请人出口食用动物饲料生产企业登记备案申请，并进行审核批准的重要依据。

（四）适用范围

动物饲料企业备案申请表主要适用于符合国家相关法律、法规规定申请办理出口食用动物饲料生产企业登记备基本条件的出口食用动物饲料生产企业。

二、动物饲料企业备案申请表项目设置及填制

动物饲料企业备案申请表由封面、填表说明、申请表等组成（见本章附件14-4），申请人在填报过程中应使用蓝色或黑色钢笔填写或打印填写，文字工整、清楚。备案申请表各栏目相关项目设置如下。

（一）封面

1. 申请单位

本项目填报本备案申请表申请人的单位名称，应当是独立法人单位。

2. 主管部门

本项目填报本备案申请表申请单位的主管部门名称。

3. 日期

本项目填写填报本备案申请表的日期。

（二）填报说明

本栏目对本备案申请表的填制及相关栏目的具体填写要求等加以进一步说明。具体内容见本章附件14-4-2。

（三）申请表

1. 企业名称

本项目填报本备案申请表申请人的单位名称，应当与申请单位的法人营业执照相符。

2. 法定地址

本项目填报本备案申请表申请人的法定地址，应当与申请单位的法人营业执照相符。

3. 邮政编码

本项目填报本备案申请表申请人的邮政编码。

4. 法人代表

本项目填报本备案申请表申请人的法人代表姓名，应当与申请单位的法人营业执照相符。

5. 职务

本项目填报本备案申请表申请人的法人代表职务。

6. 电话

本项目填报本备案申请表申请人的法人代表联系电话。

7. 生产厂库地址

本项目填报申请登记备案出口食用动物饲料生产企业的生产工厂和仓库所在地址。

8. 联系人

本项目填报申请登记备案出口食用动物饲料生产企业的联系人姓名，一般为负责办理本备案登记申请手续的负责人。

9. 电话

本项目填报申请登记备案出口食用动物饲料生产企业的联系电话，一般可填写负责办理本备案登记申请手续负责人的联系电话。

10. 厂区面积（平方米）

本项目填报申请登记备案出口食用动物饲料生产企业的厂区面积。

11. 厂区建筑面积（平方米）

本项目填报申请登记备案出口食用动物饲料生产企业的厂区建筑面积。

12. 生产单位饲料检验机构名称

本项目填报申请登记备案出口食用动物饲料生产企业的生产单位饲料检验机构名称，指饲料生产单位的饲料质量检测机构名称，如"质检科"。

13. 主要检验项目

本项目填报申请登记备案出口食用动物饲料生产企业的饲料检验机构主要检验项目，指饲料生产单位对饲料实施检验的检验项目。

14. 检验技术人员情况

（1）姓名。

本项目填报申请登记备案出口食用动物饲料生产企业负责检验技术人员的姓名。

（2）技术专业。

本项目填报申请登记备案出口食用动物饲料生产企业负责检验技术人员的技术专业。

15. 饲料生产工艺流程简介

本项目填报申请登记备案出口食用动物饲料生产企业的饲料生产工艺流程。申请人应当对本企业的饲料生产工艺流程进行简要描述。

16. 生产许可证编号

本项目填报申请登记备案出口食用动物饲料生产企业的生产许可证编号，指国务院农业行政主管部门颁发的生产许可证编号。

17. 添加剂和添加剂预混合饲料产品批准文号

本项目填报申请登记备案出口食用动物饲料生产企业的添加剂和添加剂预混合饲料产品批准文号，指省级人民政府饲料管理部门对饲料添加剂、添加剂预混合饲料核准的文号。

18. 企业类别

本项目填报申请登记备案出口食用动物饲料生产企业的企业类别。本项目为选择填报方式，申请人应当根据本企业的实际情况在已列明的 6 种企业类别前的"□"选择划"√"。本项目列明的企业类别选项主要包括：国营、集体、私营、合资、独资和其他。

19. 生产饲料品牌及代码

本项目填报申请登记备案出口食用动物饲料生产企业生产的饲料品牌及其代码。

20. 生产饲料种类

本项目填报申请登记备案出口食用动物饲料生产企业生产的饲料种类，指生产的供出口食用动物饲用的饲料种类。本项目所涉及的饲料种类包括单一饲料、预混料、浓缩料、精料补充料、配合饲料、添加剂、其他等 7 种。

21. 适用动物种类

本项目填报申请登记备案出口食用动物饲料生产企业所生产饲料的适用动物种类，指生产的不同种类、不同编号的饲料主要适用于何种动物、何种年龄段的动物。申请人填报本项目时应当分别填报，如果表中填报不下的，可增加附页说明。

22. 生产能力（吨/天）

本项目填报申请登记备案出口食用动物饲料生产企业的生产能力，指生产企业按设计能力一天最多能够生产饲料的重量，该生产能力以每天生产多少吨来计算统计。

23. 申请登记备案饲料的主要成分

（1）饲料主要成分及含量。

本项目填报申请人申请登记备案饲料的主要成分及含量。应当按照生产的不同饲料及不同编号的饲料分别填报，如果本登记备案申请表填报不下，可以增加附页加以说明。

（2）主要添加剂的名称及含量。

本项目填报申请人申请登记备案饲料主要添加剂的名称及含量。

（3）药物添加剂的名称及含量。

本项目填报申请人申请登记备案饲料药物添加剂的名称及含量。

24. 提供附件材料名称

本项目填报本登记备案申请表申请人随本登记备案申请表向登记备案主管部门提交相关附件材料的名称。要求申请单位按照相关管理办法和检验检疫机构的要求提供的有关书面材料，并将所附材料的名称依照按顺序填报。

25. 申请企业声明

本项目由本登记备案申请单位向登记备案主管部门作出相关承诺。"申请企业声明"是申请单位对登记备案主管部门（检验检疫机关）所承担的责任和义务，一定要由申请单位的法定代表签字，并加盖申请单位公章。

（1）声明。

本声明内容已统一印制在本项目中，无需申请人自行填写，申请人的单位法人代表一旦在本项目签字，并加盖申请单位印章，则本声明自动生效。具体内容如下：

"本企业声明：本企业自愿申请作为出口食用动物饲用饲料生产企业登记备案单位，遵守国家出入境检验检疫局制定的《出口食用动物饲用饲料生产企业登记备案管理办法》的规定，并自愿接受出入境检验检疫机关的监督管理。"

（2）法定代表（签名、单位公章）。

本项目由本登记备案申请表的申请单位法定代表签署姓名，并加盖申请单位公章。

（3）日期。

本项目由本登记备案申请表的申请单位签署填报本备案申请表的日期。

三、出口食用动物饲料生产企业登记备案须知及注意事项

（一）相关概念

1. 饲料生产企业

"饲料生产企业"是指生产的饲料用于饲喂出口食用动物的生产企业。

2. 出口食用动物饲料

"出口食用动物饲料"是指用于饲喂出口食用动物的饲料，包括单一饲料、配合饲料、添加剂预混合饲料、浓缩饲料、精料补充料、各类饲料药物、矿物质添加剂和饵料等。

（二）登记备案机关及申请程序

1. 国家质检总局统一管理全国出口食用动物饲用饲料的检验检疫和监督管理工作。

2. 国家质检总局设在各地的直属出入境检验检疫机构负责各自辖区内出口食用动物饲用饲料的检验检疫、生产企业的登记备案和监督管理工作，包括受理申请、审核、登记备案和监督管理工作等。

3. 本着自愿原则，出口食用动物饲料的生产企业可以向所在地直属出入境检验检疫局申请登记备

案。

（三）登记备案基本条件

申请登记备案的饲料生产企业应具备以下条件：

1. 具有企业法人资格；
2. 饲料添加剂、添加剂预混合饲料生产企业具有国务院农业行政主管部门颁发的生产许可证；
3. 具备与饲料生产规模相适应的厂房、设备、工艺和仓储设施；
4. 具有基本的质量、卫生检验设备和相应技术人员；
5. 具备科学的质量管理或质量保证手册，或具有健全的质量和卫生管理体系及完善的出入厂（库）、生产、检验等管理制度；
6. 申请登记备案的饲料生产企业所生产的出口食用动物饲用饲料必须符合国家有关规定和要求。

（四）登记备案申请文件及资料

申请登记备案的饲料生产企业应当向所在地直属出入境检验检疫局办理申请手续，填写"出口食用动物饲用饲料生产企业登记备案申请表"一式三份，并提交如下材料一式两份：

1. 工商行政管理部门核发的企业法人营业执照复印件；
2. 国务院农业行政主管部门颁发的生产许可证复印件（仅限饲料添加剂、添加剂预混合饲料生产企业提供）；
3. 质量管理（保证）手册或相应的质量管理体系及出入厂（库）、生产、检验管理制度等材料；
4. 申请登记备案的出口食用动物饲用饲料和饲料添加剂预混合饲料产品批准文号（批准文件复印件）及产品说明书；
5. 省级人民政府饲料主管部门核发的饲料药物添加剂或添加剂预混合饲料产品批准文号（批准文件复印件）及产品说明书；
6. 饲料中使用的药物添加剂、矿物质添加剂和动植物性饲料原料为进口产品的，应提交检验检疫机构出具的检验检疫合格证明。

（五）登记备案审批程序

1. 直属出入境检验检疫局在 15 个工作日内对申请单位提交的申请书和有关材料进行书面审核，决定是否受理。
2. 经审核受理申请的，对申请单位进行实地考核，并按申请的饲料及添加剂品种抽取样品并封样。
3. 申请单位将封存的样品送出入境检验检疫机构或其指定的检测部门，按规定的方法和项目进行检测，检测部门根据实际检测结果如实出具检测报告。
4. 受理申请的直属出入境检验检疫局对经实地考核和饲料样品检验合格的饲料生产企业，给予登记备案，并颁发出口食用动物饲料生产企业登记备案证（以下简称登记备案证）。

（六）其他相关管理规定

1. 登记备案证的有效期为 5 年。有效期满后拟继续生产出口食用动物饲用饲料的，应在有效期满前 3 个月重新提出申请。已取得登记备案证的饲料生产企业变更登记备案内容时，应提前向发证的直属出入境检验检疫局申请办理变更手续。
2. 出入境检验检疫机构对登记备案的饲料生产企业实行日常监督检查与年审相结合的办法进行监督管理。登记备案的企业应按规定每年向直属出入境检验检疫局申请年审，年审期限为每年的 12 月 1 日至翌年的 1 月 30 日。
3. 登记备案的饲料生产企业，将饲料销往所在地直属出入境检验检疫局辖区外的出口食用动物饲养场时，应持登记备案证（副本）到该动物饲养场所在地直属出入境检验检疫局办理异地备案手续。

直属出入境检验检疫局办理异地备案手续时，审验登记备案证，并在登记备案证（副本）上签章。

4. 登记备案的饲料生产企业有违规行为的,由出入境检验检疫机构按有关规定注销其登记备案证。

5. 出口食用动物注册饲养场有违规行为的,由出入境检验检疫机构按有关规定注销其注册登记证,并禁止其饲养的动物用于出口。

第四节　出口烟花爆竹生产企业声明

一、概述

（一）基本定义

出口烟花爆竹生产企业声明,是指出口烟花爆竹生产企业申请办理相关登记备案手续时,向出口烟花爆竹生产企业登记备案主管部门（出入境检验检疫机构）提交的一种统一格式的重要书面文件。

国家对出口烟花爆竹的生产企业的产品质量、公共安全和人身安全实行登记管理制度。国家质检总局统一管理全国出口烟花爆竹检验和监督管理工作,国家质检总局设在各地的出入境检验检疫机构负责所辖地区出口烟花爆竹的检验和监督管理工作。

（二）主管部门

出入境检验检疫机构。

（三）主要作用

1. 出口烟花爆竹生产企业申请办理相关登记备案手续时,向出口烟花爆竹生产企业登记备案主管部门作出的承诺与保证,具有申请企业的信誉承诺和自律作用。

2. 对于保障出口烟花爆竹的生产企业的产品质量、公共安全和人身安全具有一定的积极促进作用。

3. 出口烟花爆竹生产企业登记备案主管部门,审核出口烟花爆竹生产企业登记备案申请,履行相关手续的重要依据。

（四）适应范围

出口烟花爆竹的生产企业。

二、出口烟花爆竹生产企业声明项目设置及填制

出口烟花爆竹生产企业声明由声明、法定代表人签字、出口企业签章和签署日期等项目组成（见本章附件14-5）,其具体项目内容如下。

（一）声明

本项目为本声明的核心内容,由出口烟花爆竹生产企业向相关登记备案主管部门作出承诺与保证。声明的具体内容已统一印制在本项目中,出口烟花爆竹生产企业无需自行填写声明内容,只需在相应的"填空"处如实填写相关内容。本声明的具体内容如下：

"＿＿＿＿（企业名称）（登记代码为）＿＿＿＿生产的＿＿＿＿（名称、型号、批号）产品。

共＿＿＿＿箱出口至＿＿＿＿国家,该批产品＿＿＿＿已按＿＿＿＿标准进行生产并自我检验合格,产品及包装均符合出口要求。

上述内容真实无误,如有虚假,愿承担全部责任。

特此声明。"

（二）法定代表人（签字）

本项目由签署本声明的出口烟花爆竹生产企业法定代表人签署姓名。

（三）出口企业（盖章）

本项目由签署本声明的出口烟花爆竹生产企业加盖本企业公章。

（四）日期

本项目由签署本声明的出口烟花爆竹生产企业填写签署本声明的日期。

三、出口烟花爆竹生产企业须知及注意事项

（一）主管部门

1. 国家质检总局统一管理全国出口烟花爆竹检验和监督管理工作。
2. 各直属出入境检验检疫机构负责所辖地区出口烟花爆竹的检验和监督管理工作。

（二）登记备案条件

各地出入境检验检疫机构对出口烟花爆竹的生产企业实施登记管理制度。出口烟花爆竹生产企业登记条件如下：

1. 具有工商营业执照、税收登记证和公安机关颁发的生产安全许可证；
2. 具有质量手册或质量管理的有关文件；
3. 应当具有完整的生产技术条件；
4. 应当有经过出入境检验检疫机构培训考试合格的检验人员，能按照产品图纸、技术标准和工艺文件进行生产过程中检验；
5. 应当具有专用成品仓库，仓库应清洁，有通风防潮、防爆措施，库内产品应分类按品牌堆放、隔地、离墙堆码整齐。

（三）申请及审批程序

1. 申请登记的企业应向所在地出入境检验检疫机构正式提交书面登记申请，并提供有关生产、质量、安全等方面的有关资料。
2. 根据生产企业的申请，各直属出入境检验检疫局由2~3人组成登记考核小组，按照技术规范条件规定的内容对申请登记企业进行考核。
3. 对考核合格的企业，由各直属出入境检验检疫局授予专用的登记代码，代码由出入境检验检疫机构按《出口烟花爆竹生产企业登记代码标记编写规定》编制。
4. 经考核不合格的企业，整改后可申请复核，经复核仍不合格，半年后才能重新申请。

（四）相关管理规定

1. 出口烟花爆竹的检验和监督管理工作采取产地检验与口岸查验相结合的原则。
2. 各地出入境检验检疫机构将已登记的生产企业名称、登记代码等情况及时报国家质检总局备案。出口烟花爆竹的生产企业在申请出口烟花爆竹的检验时，应当向出入境检验检疫机构提交出口烟花爆竹生产企业声明。凡经检验合格的出口烟花爆竹，由出入境检验检疫机构在其运输包装明显部位加贴验讫标志。

（五）申请登记注意事项

1. 申请登记与其他特定企业办理申请手续略有不同，申请登记单位向出入境检验检疫机构递交的正式书面登记申请无统一的固定申请表格，申请单位应按照检验检疫机关的要求自行写出书面申请。
2. 递交申请的同时应提供与生产、质量、安全等相关的资料。
3. 出口烟花爆竹生产企业声明为检验检疫机关规定的统一格式，申请单位一定要按要求填写，并由申请单位法人代表签字，加盖单位公章。

第五节 出口打火机、点火枪类商品生产企业声明

一、概述

(一) 基本定义

出口打火机、点火枪类商品生产企业声明是指出口打火机或点火枪类商品生产企业申请办理相关登记备案手续时，向出口打火机或点火枪类商品生产企业登记备案主管部门（出入境检验检疫机构）提交的一种统一格式的重要书面文件。

为加强安全管理，国家对出口打火机、点火枪类商品的生产企业实行登记管理制度。

(二) 主管部门

出入境检验检疫机构。

(三) 主要作用

1. 出口打火机或点火枪类商品生产企业申请办理相关登记备案手续时，向出口打火机或点火枪类商品生产企业登记备案主管部门作出的承诺与保证，对申请企业有信誉承诺和自律作用；

2. 对保障出口打火机、点火枪类商品的生产企业的产品质量、公共安全和人身安全具有一定的积极促进作用；

3. 出口打火机或点火枪类商品生产企业登记备案主管部门审核出口打火机或点火枪类商品生产企业登记备案申请，履行相关手续的重要依据。

(四) 适应范围

1. 出口打火机类商品的生产企业；
2. 出口点火枪类商品的生产企业。

二、出口打火机、点火枪类商品生产企业声明项目设置及填制

出口打火机、点火枪类商品生产企业声明由声明、法定代表人签字、出口企业签章和签署日期等项目组成（见本章附件14-6），具体项目内容如下。

(一) 声明

本项目为本声明的核心内容，由出口打火机或点火枪类商品生产企业向相关登记备案主管部门作出承诺与保证。声明的具体内容已统一印制在本项目中，出口打火机或点火枪类商品生产企业无需自行填写声明内容，只需在相应的"填空"处如实填写相关内容。本项目声明的具体内容如下：

"_____（企业名称）（登记代码为）_____ 生产的 _____（名称、型号、批号）产品。

产品共 _____ 箱出口至_____ 国家，该批产品已按 _____ 标准进行生产并自我检验合格，产品及包装均符合出口要求。

上述内容真实无误，如有虚假，愿承担全部责任。

特此声明。"

(二) 法定代表人（签字）

本项目由签署本声明的出口打火机或点火枪类商品生产企业法定代表人签署姓名。

(三) 出口企业（盖章）

本项目由签署本声明的出口打火机或点火枪类商品生产企业加盖本企业公章。

(四) 日期

本项目由签署本声明的出口打火机或点火枪类商品生产企业填写签署本声明的日期。

三、出口打火机、点火枪类商品生产企业须知及注意事项

(一) 登记备案条件

出口打火机或点火枪类商品生产企业向出入境检验检疫机构办理相关登记备案手续，应当符合以

下基本条件：

1. 具有工商营业执照、税收登记证和公安机关颁发的安全许可证；
2. 具有质量手册或质量管理的有关文件；
3. 具有完整的生产技术文件；
4. 具有专用成品仓库。

（二）申请及审批程序

1. 申请登记的企业应向所在地出入境检验检疫机构正式提交书面登记申请，并提供有关生产、质量、安全等方面的有关资料及出口打火机、点火枪类商品生产企业声明。

2. 根据生产企业的申请，由各直属出入境检验检疫局的登记考核小组对申请登企业进行考核。

3. 对考核合格的企业，由直属出入境检验检疫局颁发出口打火机、点火枪类品生产企业登记证和专用的登记代码。

4. 经考核不合格的企业，整改后可申请复核，经复核仍不合格，半年后才能重新申请。

（三）相关管理规定

已经登记的企业，其所在地的出入境检验检疫机构应当按照登记条件和安全要求进行日常的监督检查，发现问题及时纠正。

（四）申请登记注意事项

1. 申请登记与其他特定企业办理申请手续略有不同，申请登记单位向出入境检验检疫机构递交的正式书面登记申请无统一的固定申请表格，申请单位应按照检验检疫机关的要求自行写出书面申请。

2. 递交申请的同时应提供与生产、质量、安全等相关的资料。

3. 出口打火机、点火枪类商品生产企业声明为检验检疫机关规定的统一格式，申请单位一定要按要求填写，并由申请单位法人代表签字，加盖单位公章。

附件 14-1-1：出口食品生产企业卫生注册登记申请书（封面）样本

出口食品生产企业
卫生注册登记申请书

（2002 年版）

申请类别　　□注册　　　　　□登记

　　　　　　□国外注册

　　　　　　（申请国别/地区：_____）

申请形式　　□初次申请　　□换证复查

　　　　　　□重新申请　　□HACCP 验证

企 业 名 称 _____

产 品 名 称 _____

联 系 人 _____

电 　 　 话 _____

申 请 日 期 _____年_____月_____日

国家认证认可监督管理委员会　制

附件 14-1-2：出口食品生产企业卫生注册登记申请书（申请须知）样本

申 请 须 知

一、要求用黑色或蓝黑色钢笔填写或打印填写，文字工整、清楚。
二、在封面"申请类别"和"申请形式"的"□"中，根据企业情况选择打"√"。
三、申请注册登记的企业应当按照规定，逐项如实填写，申请书一式3份。
四、需随申请书附以下资料：
    1.《企业法人营业执照》复印件；
    2.卫生质量体系文件。对列入《卫生注册需评审HACCP体系的产品目录》的出口食品生产企业还应包括HACCP体系文件（含HACCP计划和危害分析工作单等）；
    3.厂区平面图、车间平面图、工艺流程图以及生产工艺关键部位的图片资料。
五、"企业地址"：企业地址应为企业法定地址，如果企业法定地址与车间所在地不在同一地点时，应同时注明车间所在地地址。
六、"申请类别"中，若选择"国外注册"，请在表内"企业名称"、"企业地址"、"产品名称"栏目中，用中、英文填写。
七、"重新申请"系指对被评审不合格的或被吊销卫生注册登记证书的出口食品生产企业，在满规定期限后，重新申请卫生注册登记。
八、"企业认证情况"系指企业获得HACCP、ISO9000、ISO14000等体系认证的情况。
九、在"卫生注册登记管理部门的受理意见"中，如同意接受申请，则选择第1项，同时确定评审组人选，签字日期视为受理日期；如申请不符合《出口食品生产企业卫生注册登记管理规定》第十四条或第十九条要求，则选择第2项，不同意接受申请。
十、评审组和直属检验检疫局卫生注册登民管理部门应在《出口食品生产企业卫生注册登记评审批准程序表》的"评审结论"和"审核意见"栏的"□"中，根据情况选择打"√"。

附件 14－1－3：出口食品生产企业卫生注册登记申请书（表体一）样本

企业名称					
企业地址					
法人代表			电话/传真		
营业执照编号及日期			邮　　编		
厂区面积		平方米	E－Mail		
建厂时间			改扩建时间		
加工车间总　面　积		平方米	本次申请品种的车间面积		平方米
冷藏库能力	面积容量	平方米吨	仓库能力	面积容量	平方米吨
速冻库能　力	面积容量	平方米吨	速冻机能　力		吨/时
本次申请的出口产品	产品名称	注册商标	设计生产能力	主要出口国家或地区	
其他产品	产品名称	注册商标	设计生产能力	主要销售市场	
管理负责人姓　　名	总负责人		生产负责人	质量管理负责人	
企业人数	总　人　数		生　产　人　员	质量管理人员	
HACCP实施情况	实施时间				
	HACCP小组成员				
企业认证情况	认证种类	认证机构		证书编号	颁发日期

附件14-1-4：出口食品生产企业卫生注册登记申请书（表体二）样本

企 业 基 本 情 况					
卫生质量体系运行状况					
主要生产设备	设备名称	规格型号	购置年份	运行现状	操作负责人
主要检验设备	设备名称	检测项目	计量检定情况	操作负责人	备　注

附件 14-1-5：出口食品生产企业卫生注册登记申请书（表体三）样本

申请人声明	我申请出口食品生产企业卫生注册/登记，保证遵守国家有关出入境检验检疫法律法规的规定，提供的申请资料真实、准确，愿支付出入境检验检疫机构对本企业评审、验证、检查、监督管理等发生的一切合理费用。 　　随附资料包括：_____、_____、_____、_____、_____、_____、_____、_____。 法定代表人签名： （企业公章） 　　　　　　　　　　　　　　　　　　　　　　　年　月　日
卫生注册登记管理部门的受理意见	□同意接受该企业提交的申请，决定由_____（评审组组长）、_____、_____（评审组组员）组成评审组，完成对该企业的评审工作。 □不符合《出口食品生产企业卫生注册登记管理规定》第14/19条有关期限的规定，不同意接受该企业提交的申请。 经办人：　　　　　　　　　　　负责人签名： 　　年　月　日　　　　　　　　　　　　　年　月　日

附件14-2：出口食品生产企业卫生注册证书样本

中华人民共和国
卫 生 注 册 证 书

企业名称：

企业地址：

注册编号：

　　经审查，你单位符合出口食品生产企业卫生要求，予以注册。

注册品种：

发证日期：　　　年　　月　　日

证书有效期至：　　　年　　月　　日

国家认证认可监督管理委员会

国家认证认可监督管理委员会印制

附件14-3：出口食品生产企业卫生登记证书样本

中华人民共和国
卫 生 登 记 证 书

企业名称：

企业地址：

登记编号：

  经审查，你单位符合出口食品生产企业卫生要求，予以登记。

登记品种：

发证日期： 年 月 日

证书有效期至： 年 月 日

国家认证认可监督管理委员会印制

附件14-4-1：动物饲料企业备案申请表（封面部分）样本

出口食用动物饲料生产企业登记备案

申 请 表

申请单位：_____

主管部门：_____

日　　期：_____

中华人民共和国国家出入境检验检疫局制

附件14-4-2：动物饲料企业备案申请表（填表说明部分）样本

填 表 说 明

1. 本表一式两份，要求用黑色或蓝色钢笔填写或打印，字迹工整。
2. "生产单位饲料检验机构名称"是指饲料生产单位的饲料质量检测机构名称，如"质检科"。
3. "主要检验项目"是指饲料生产单位对饲料实施检验的检验项目。
4. "生产许可证编号"是指国务院农业行政主管部门颁发的生产许可证编号。
5. "产品批准文号"是指由省、自治区、直辖市人民政府饲料管理部门对饲料添加剂、添加剂预混合饲料核准的文号。
6. "生产饲料种类"是指生产的供出口食用动物饲用的饲料种类。
7. "适饲动物种类"是指生产的不同种类、不同编号的饲料主要适用于何种动物和何种年龄段的动物。请分别填写，表中填写不下的，可附页说明。
8. "生产能力"是指生产企业按设计生产能力一天最多能够生产供出口食用动物饲用的饲料的重量，单位"吨/天"。
9. "饲料主要成分及含量"，生产的不同种饲料以及不同编号的饲料分别填写，表中填写不下的，可附页说明。
10. "提供附件材料名称"是指"出口食用动物饲用饲料生产企业登记备案管理办法"中要求申请单位提供的有关材料。
11. 必须由申请单位加盖单位印章。

附件 14-4-3：动物饲料企业备案申请表（表体部分）样本

企业名称	（中文名）							
	（英文名）							
法定地址					邮政编码			
法人代表			职 务			联系电话		
传 真								
企业法人代码				企业法人营业执照编号				
生产厂库地址				联系人			职务	
邮政编码				联系电话				
厂区面积（平方米）				厂区建筑面积（平方米）				
生产单位饲料检验机构名称				主要检验项目				
检验技术人员情况	姓 名		技术专业		饲料生产工艺流程简介			
生产许可证编号				添加剂和添加剂预混合饲料产品批准文号				
企业类别 （在□内选择）		□国营 □集体 □私营 □合资 □独资 □其他						
生产饲料品牌及代码								
	生产饲料种类	单一饲料	预混料	浓缩料	精料补充料	配合饲料	添加剂	其他
	适用动物种类							
	生产能力（吨/天）							
申请登记备案饲料的主要成分	饲料主要成分及含量							
	剂的要添加	名称及含量主						
	剂的物添加	名称及含量药						
名称	附件材料	提供						
申请企业声明	本企业声明：本企业自愿申请作为出口食用动物饲料生产企业登记备案单位，遵守国家出入境检验检疫局制定的"出口食用动物饲用饲料生产企业登记备案管理办法"的规定，并自愿接受出入境检验检疫机关的监督和管理。 法定代表人： （签名、单位公章） 年 月 日							

附件 14-5：出口烟花爆竹生产企业声明样本

出口烟花爆竹生产企业声明

_____（企业名称）

（登记代码为）_____生产的_____（名称、型号、批号）产品。

共_____箱出口至_____国家，该批产品_____已按_____标准进行生产并自我检验合格，产品及包装均符合出口要求。

上述内容真实无误，如有虚假，愿承担全部责任。

特此声明。

法定代表人（签字）：

出口企业　（盖章）：

年　　月　　日

附件 14-6：出口打火机、点火枪类商品生产企业声明样本

出口打火机、点火枪类商品生产企业声明

_____（企业名称）（登记代码为）_____生产的_____（名称、型号、批号）产品。

产品共_____箱出口至_____国家，该批产品已按_____标准进行生产并自我检验合格，产品及包装均符合出口要求。

上述内容真实无误，如有虚假，愿承担全部责任。

特此声明。

法定代表人（签字）：

出口企业　（盖章）：

年　　月　　日

第十五章　国境口岸相关行业卫生许可证

第一节　概述

一、基本定义

国境口岸相关行业卫生许可证，是指国家出入境检验检疫机关根据国家相关法律、法规，对在我国国境口岸从事食品生产经营单位、储存场地和服务行业等相关单位与行业进行核查，颁发给符合国家相关法律、法规的相关单位与行业，准予其在国家口岸从事相关经营活动的一种卫生检验许可文件。

本章国境口岸相关行业卫生许可证包括3种：

1. 中华人民共和国国境口岸食品生产经营单位卫生许可证（以下简称食品生产经营单位卫生许可证）；
2. 中华人民共和国国境口岸储存场地卫生许可证（以下简称储存场地卫生许可证）；
3. 中华人民共和国国境口岸服务行业卫生许可证（以下简称服务行业卫生许可证）。

二、主管部门

（一）主管部门

国家质检总局。

（二）审核发证部门

国家质检总局设在各省、自治区、直辖市的直属出入境检验检疫局。

三、主要作用

（一）食品生产经营单位卫生许可证主要作用

1. 相关食品生产经营单位在我国国境口岸从事食品生产加工和食品经营等相关活动的执业法律凭证；
2. 国家检验检疫机关依法有效监督管理相关食品生产经营单位在国境口岸从事食品生产加工和食品经营等相关活动的有效手段；
3. 国家保障进出境口岸食品生产加工与食品经营卫生安全及维护国境口岸食品生产加工与食品经营秩序的重要措施。

（二）储存场地卫生许可证主要作用

1. 相关仓储企业、单位在我国国境口岸从事仓库、货场、储存场所等与进出境运输工具、货物、物品等相关储存经营活动的执业法律凭证；
2. 国家检验检疫机关依法有效监督管理相关仓储企业、单位，在国境口岸从事仓库、货场、储存场所等与进出境运输工具、货物、物品等相关储存经营活动的有效手段；
3. 国家保障国境口岸从事与进出境运输工具、货物、物品等仓储经营的仓库、货场、储存场所等仓储环境卫生安全及维护国境口岸仓储经营活动秩序的重要措施。

（三）服务行业卫生许可证主要作用

1. 相关服务企业、服务行业，在我国国境口岸从事涉外宾馆、俱乐部、候船厅、候车厅、候机厅，以及为出入境交通工具提供食品、饮用水等生活服务等相关经营活动的执业法律凭证；
2. 国家出入境检验检疫机关依法有效监督管理相关服务企业、服务行业，在国境口岸从事涉外宾馆、俱乐部、候船厅、候车厅、候机厅，以及为出入境交通工具提供食品、饮用水等生活服务等相关经营活动的有效手段；

3. 国家保障进出境口岸涉外宾馆、俱乐部、候船厅、候车厅、候机厅等，以及为出入境交通工具提供食品、饮用水等生活服务的卫生安全，以及维护国境口岸服务企业、服务行业经营秩序的重要措施。

四、适用范围

（一）食品生产经营单位卫生许可证适用范围

1. 在我国进出境国境口岸从事食品生产单位和食品经营单位；
2. 在我国进出境国境口岸从事为出入境交通工具提供食品、饮用水服务的企业和单位；
3. 负责对国境口岸各类食品生产单位和食品经营单位进行监督管理的国家出入境检验检疫机关。

（二）储存场地卫生许可证适用范围

1. 在我国进出境国境口岸从事仓库、货场、储存场所等相关储存经营活动的经营企业和经营单位；
2. 在我国进出境国境口岸从事与进出境运输工具、货物、物品等相关储存经营活动的经营企业和经营单位；
3. 负责对国境口岸各类仓储单位和仓储场所进行监督管理的国家出入境检验检疫机关。

（三）服务行业卫生许可证适用范围

1. 在我国国境口岸从事涉外宾馆、俱乐部、候船厅、候车厅、候机厅等相关经营活动的经营企业和经营单位；
2. 在我国国境口岸为出入境交通工具提供食品、饮用水等生活服务的经营企业和经营单位；
3. 负责对国境口岸各类相关服务企业、服务行业进行监督管理的国家出入境检验检疫机关。

第二节　进境动植物检疫单证项目设置及填制

一、食品生产经营单位卫生许可证项目设置及填制

食品生产经营卫生许可证是相关国家出入境检验检疫机关受理食品生产加工和食品经营单位申请，经核查合格后颁发给食品生产加工和食品经营单位，凭以在国境口岸从事食品生产加工和食品经营活动的一种许可文件。

食品生产经营卫生许可证由正本和存根两大部分组成（见本章附件15-1），两者项目设置基本相同，具体内容如下。

（一）食品生产经营单位卫生许可证正本

1. 编号

本项目注明本许可证的编号，由颁发部门统一编制。

2. 许可证名称

本卫生许可证的全称为："中华人民共和国国境口岸食品生产经营单位卫生许可证"。

3. 单位名称

本项目注明本许可证的单位名称，一般应当注明食品生产经营单位的全称，并与该食品生产经营单位工商营业执照上所列明的食品生产经营单位名称一致。

4. 负责人姓名

本项目注明本许可证的负责人姓名，通常为该食品生产经营单位的法人代表的姓名，应当与该食品生产经营单位工商营业执照上所列明的法人代表姓名一致。

5. 经营范围

本项目注明本许可证的经营范围，一般应当与该食品生产经营单位工商营业执照上所列明的经营

范围一致。

6. 经营地址

本项目注明本许可证的经营地址，一般应当与该食品生产经营单位工商营业执照上所列明的经营地址一致。

7. 本证有效期

本项目本卫生许可证的有效期限。

8. 颁证词

本项目注明本许可证的颁证词，采用中英文两种文字表述，主要内容一般包含：颁发卫生许可证的法律依据、对于食品生产经营单位的考察审核、是否准予经营等。本颁证词的具体内容为："经检查审核符合《中华人民共和国食品卫生法》和《中华人民共和国国境卫生检疫法》及《实施细则》的规定，准予营业，特发此证。"

9. 颁证部门

本项目注明本许可证的颁证部门的名称并加盖颁证部门的印章，用中英文两种文字注明。

10. 颁证日期

本项目注明本许可证的颁证日期。

11. 印制

本项目注明本许可证的印制单位名称。

（二）食品生产经营单位卫生许可证存根

本存根主要由本许可证的颁发部门存档、备查，项目设置及具体内容与上述卫生许可证正本基本相同。因此，以下仅列明存根的项目设置，对各项目的具体内容不再逐一介绍。本存根的主要项目如下：

1. 编号；
2. 单位名称；
3. 负责人姓名；
4. 经营范围；
5. 经营地址；
6. 电话；
7. 发证日期；
8. 发证人；
9. 本证有效期。

（三）剪切线

本许可证的剪切线用于剪切卫生许可证正本与存根。在该剪切线的正中标注有该许可证的编号，同时在剪切线的许可证编号处加盖许可证颁发部门的印章，沿剪切线将许可证正本与许可证存根剪切开，剪切线上的许可证编号及颁证部门印章将一分为二，其中一半保留在许可证正本一侧，另一半则保留在许可证存根一侧，具有一定的防伪功能。

二、食品单位卫生许可证申请书项目设置及填制

食品单位卫生许可证申请书，是国境口岸食品生产加工和食品经营单位向国家出入境检验检疫机关申请办理在国境口岸从事食品生产加工和食品经营活动卫生许可证的一种申请文件。

本申请书由封面、企业基本情况栏、申请行政许可情况栏、申请单位主管部门意见、检验检疫机关审批栏和备注等栏目组成（见本章附件15-2），项目设置及填制要求如下。

（一）封面

1. 申请书名称

本申请书的全称为"国境口岸食品生产经营单位卫生许可证申请书"。

2. 单位名称

本项目填写申请单位的单位名称，应当与申请人工商营业执照上所列明的食品生产经营单位名称相一致。

3. 注册地址

本项目填写申请单位的注册地址，应当与申请人工商营业执照上所列明的食品生产经营单位注册地址相一致。

4. 经营地址

本项目填写申请单位的经营地址，应当填写申请人在国境口岸从事食品生产或经营活动的实际地址。

5. 申请日期

本项目填写申请单位的申请日期。

6. 监制

本项目注明本申请书的监制单位名称。

（二）填写说明

本项目为本申请书的填写说明，具体内容见本章附件15-2-2。

（三）申请表企业基本情况栏

1. 申请单位

本项目由申请人填写申请单位的名称，应当填写申请单位的全称，并应当与申请人工商营业执照上所列明的食品生产经营单位名称相一致。

2. 经营地址

本项目由申请人填写申请单位的经营地址，应当填写申请人在国境口岸从事食品生产或经营活动的实际地址。

3. 企业成立时间

本项目由申请人填写申请单位的企业成立时间，应当填写申请人工商营业执照上注明的工商主管部门颁发工商营业执照的日期。

4. 企业类型

本项目由申请人填写申请单位的企业类型。

5. 法人或代表

本项目由申请人填写申请单位的法人或代表姓名，应当与申请人工商营业执照上所列明的食品生产经营单位法人或代表姓名相一致。

6. 联系人

本项目由申请人填写申请单位的联系人姓名。

7. 传真

本项目由申请人填写申请单位的传真号码。

8. 电子件箱

本项目由申请人填写申请单位的电子件箱，一般应当填写申请单位的电子邮箱或申请单位联系人的电子邮箱。

9. 许可证编号

本项目由申请人填写申请单位的许可证编号。

10. 邮政编码

本项目由申请人填写申请单位的邮政编码。

11. 从业人员总数

本项目由申请人填写申请单位的从业人员总数，一般是指申请单位在国境口岸从事食品生产或经营活动的实际从业人员数量。

12. 经营面积

本项目由申请人填写申请单位的经营面积，一般是指在国境口岸用于从事食品生产或经营活动地点的实际面积。

13. 是否通过 HACCP 体系认证、验证（证书号）

本项目由申请人填写申请单位是否通过 HACCP 体系认证与验证，如果申请单位通过了 HACCP 体系认证与验证，则还应当填写认证书和验证书的编号。

14. 固定资产（万元）

本项目由申请人填写申请单位的固定资产数额，应当按照"万元"为单位填写。

（四）申请表申请行政许可情况栏

1. 申请许可项目

本项目由申请人填写申请单位所申请的行政许可项目。

2. 申请许可类别

本项目由申请人填写申请许可类别，为单项选择填写项目，申请人只需根据申请的实际情况，在申请表中列明的选项前的"□"中划"√"即可。本项目中列明的许可类别为：初次申请、年检申请、延续申请、变更申请。

3. 申报材料及保密要求

本项目由申请人填写申报材料和对申请采料的保密要求，为多项选择填写项目，申请人只需根据实际情况，在申请表中列明的相关项目前的"□"中划"√"即可，如果申请人选择所列项目中的"其他"，则还应当在该项目的下划线内填写具体内容。本项目中列明的具体项目分别为：卫生制度、从业人员名单、原许可证；生产经营场所平面图；生产经营场所使用证明；营业执照复印件（或企业名称预先核准通知书）；生产原料配方、生产设备资料和产品包装材料说明；产品卫生标准、标识，生产产品的卫生检验结果及安全卫生控制措施；其他。

4. 卫生设施

（1）冷藏设施。

本项目由申请人填写申请单位的冷藏设施情况，为选择填写项目，申请人只需根据实际情况，在申请表中列明的相关项目前的"□"中划"√"并填写具体数量。本项目中列明的具体项目分别为：冷藏柜、冰箱。

（2）消毒设施。

本项目由申请人填写申请单位的消毒设施情况，为选择填写项目，申请人只需根据实际情况，在申请表中列明的相关项目前的"□"中划"√"并填写具体数量。本项目中列明的具体项目分别为：紫外灯、消毒池、消毒柜、消毒蒸柜、洗碗机。

（3）降温设施。

本项目由申请人填写申请单位的降温设施情况，为选择填写项目，申请人只需根据实际情况，在申请表中列明的相关项目前的"□"中划"√"并填写具体数量。本项目中列明的具体项目为：空调（冷荤间）。

（4）三防设施。

本项目由申请人填写申请单位的三防设施情况，为选择填写项目，申请人只需根据实际情况，在申请表中列明的相关项目前的"□"中划"√"即可。本项目中列明的具体项目分别为：防尘设施、防鼠设施、防蝇设施。

（5）二次更衣设施。

本项目由申请人填写申请单位的二次更衣设施情况，为选择填写项目，申请人只需根据实际情况，在申请表中列明的相关项目前的"□"中划"√"即可。本项目中列明的具体项目为：有、无。

（6）垃圾密闭设施。

本项目由申请人填写申请单位的垃圾密闭设施情况，为选择填写项目，申请人只需根据实际情况，在申请表中列明的相关项目前的"□"中划"√"即可。本项目中列明的具体项目为：有、无。

（五）申请单位主管部门意见

本项目由本申请表申请单位的主管部门填写对于申请单位申请卫生许可证的意见。申请单位的主管部门填写意见后，应当加盖主管部门的印章，并填写签署意见的日期。

（六）检验检疫机关审批栏

本栏目全部由受理本申请的出入境检验检疫机关的检疫官员填写。

1. 受理人

本项目由受理本申请的检验检疫机关受理人签署姓名，并签署具体的受理日期。

2. 初审

本项目由受理本申请的检验检疫机关初审人签署姓名，并签署具体的受理日期。

3. 审批许可项目

本项目由受理本申请的检验检疫机关签注申请书的审批许可项目。

4. 主办人

本项目由受理本申请的检验检疫机关主办人签署姓名，并签署具体的受理日期。

5. 负责人

本项目由受理本申请的检验检疫机关主管部门负责人签署姓名，并签署具体的受理日期，同时加盖主管部门的印章。

6. 复审

本项目由受理本申请的检验检疫机关复审人签署姓名，并签署具体的受理日期。

7. 签发

本项目由受理本申请的检验检疫机关签发人签署姓名，并签署具体的受理日期。

8. 发证日期

本项目由受理本申请的检验检疫机关签署卫生许可证的签发日期。

9. 证书编号

本项目由受理本申请的检验检疫机关签注所签发卫生许可证的证书编号。

10. 制证日期

本项目由受理本申请的检验检疫机关签注所签发卫生许可证的制证日期。

11. 制证人

本项目由受理本申请的检验检疫机关的制证人签署姓名，并签署具体的受理日期。

12. 有效期限

本项目由受理本申请的检验检疫机关签注所签发卫生许可证的有效期限。

（七）备注

本项目填写本申请书中应当予以特别说明的相关项目，或填写其他应当填写的相关内容。

三、储存场地卫生许可证项目设置及填制

储存场地卫生许可证，是相关国家出入境检验检疫机关受理国境口岸储存场地经营单位申请，并经核查合格后颁发给国境口岸储存场地经营单位凭以在国境口岸从事相关仓储经营活动的一种许可文件。

储存场地卫生许可证由正本和存根两大部分组成（见本章附件15-3），两者项目内容设置基本相同，具体内容如下。

（一）储存场地卫生许可证正本

1. 编号

本项目注明本许可证的编号，由本许可证的颁发部门统一编制。

2. 许可证名称

本许可证全称为"中华人民共和国国境口岸储存场地卫生许可证"。

3. 单位名称

本项目注明本许可证的单位名称，一般应当注明储存场地经营单位的全称，并与该储存场地经营单位工商营业执照上所列明的储存场地经营单位名称一致。

4. 负责人姓名

本项目注明本许可证的负责人姓名，通常为该储存场地经营单位的法人代表，并应当与该储存场地经营单位工商营业执照上所列明的法人代表姓名相一致。

5. 经营范围

本项目注明本许可证的经营范围，一般应当与该储存场地经营单位工商营业执照上所列明的经营范围相一致。

6. 经营地址

本项目注明本许可证的经营地址，一般应当与该储存场地经营单位工商营业执照上所列明的经营地址相一致。

7. 本证有效期

本项目注明本许可证的有效期限。

8. 颁证词

本项目主要内容一般包含：颁发卫生许可证的法律依据、对于储存场地经营单位的考察审核、是否准予经营等。具体内容为：

"根据《中华人民共和国国境卫生检疫法》及其《实施细则》与有关卫生法规的规定，经检查审核符合国境口岸储存场地卫生条件，特发此证。"

9. 颁证部门

本项目注明本许可证的颁证部门的名称并加盖颁证部门的印章。

10. 颁证日期

本项目注明本许可证的颁证日期。

11. 印制

本项目注明本许可证的印制单位名称。

（二）储存场地卫生许可证存根

本许可证存根主要由颁发部门存档、备查，其项目设置及具体内容与上述正本基本相同。因此，以下仅列明存根的项目设置，对各项目的具体内容不再逐一介绍。本存根的主要项目如下：

1. 编号；

2. 单位名称；

3. 负责人姓名；

4. 经营范围；

5. 经营地址；

6. 电话；

7. 发证日期；

8. 发证人；

9. 本证有效期。

（三）剪切线

本项目为卫生许可证的剪切线，用于剪切卫生许可证正本与卫生许可证存根。在该剪切线的正中标注有该许可证的编号，同时在剪切线的许可证编号处加盖许可证颁发部门的印章，沿剪切线将许可证正本与许可证存根剪切开。剪切线上的许可证编号及颁证部门印章将一分为二，其中一半保留在许可证正本一侧，另一半则保留在许可证存根一侧，其本身具有一定的防伪功能。

四、储存场地卫生许可证申请书项目设置及填制

储存场地卫生许可证申请书，是国境口岸储存场地经营单位向国家出入境检验检疫机关申请办理在国境口岸从事储存场地经营活动卫生许可证的一种申请文件。

本申请书由封面、企业基本情况栏、申请行政许可情况栏、申请单位主管部门意见、检验检疫机关审批栏和备注等栏目组成（见本章附件15-4），项目设置及具体内容如下。

（一）封面

1. 名称

本申请书的全称为："国境口岸储存场地卫生许可证申请书"。

2. 单位名称

本项目填写申请单位名称，应当与申请人工商营业执照上所储存场地经营单位名称相一致。本项目要求填写申请单位的全称，并加盖申请单位的印章，如不加盖申请单位印章，则本申请被视为无效。

3. 注册地址

本项目填写申请单位的注册地址，应当与申请人工商营业执照上所列明的储存场地经营单位名称相一致。

4. 场地地址

本项目填写申请单位的场地地址，应当填写申请人在国境口岸从事储存场地经营活动的具体场地的详细地址，如果经营场地为多个地点的，应当将所有从事储存场地经营的地址全部具体列出。

5. 邮政编码

本项目由申请人填写申请单位的邮政编码。

6. 联系人

本项目由申请人填写申请单位的联系人姓名。

7. 联系电话

本项目由申请人填写申请单位的联系电话或联系人的联系电话。

8. 传真

本项目由申请人填写申请单位的传真号码。

9. 电子邮件

本项目由申请人填写申请单位的电子邮件地址，一般应当填写申请单位的电子邮箱或申请单位联系人的电子邮箱。如果申请单位没有电子邮件地址，则本项目可以不填。

10. 申请日期

本项目填写申请单位的申请日期。

11. 监制单位

本项目注明本申请书的监制单位名称。

（二）填写说明

本项目为本卫生许可证申请书的填写说明，具体内容见本章附件15-4-2。

（三）申请表

1. 场库业基本情况

（1）单位名称。

本项目由申请人填写申请单位的名称，应当填写申请单位的全称，并应当与申请人工商营业执照上所列明的储存场地经营单位名称一致。

（2）单位地址。

本项目由申请人填写申请单位的地址，应当与申请人工商营业执照上所列明的储存场地经营单位地址相一致。

（3）原卫生许可证。

本项目由申请人填写原出入境检验检疫机关颁发的国境口岸储存场地卫生许可证的名称及编号。如果申请人属于首次申请，本项目可不填写。

（4）经济性质。

本项目由申请人填写申请单位的经济性质。

（5）法人或代表。

本项目由申请人填写申请单位的法人或代表姓名，应当与申请人工商营业执照上所列明的储存场地经营单位法人或代表姓名一致。

（6）单位负责人。

本项目由申请人填写申请单位的负责人姓名，一般是指申请单位主管国境口岸储存场地经营业务的负责人。

（7）职工人数。

本项目由申请人填写申请单位的职工人数，一般是指申请单位在国境口岸从事储存场地经营活动的实际职工人员数量。

（8）应体检人数。

本项目由申请人填写申请单位的应体检人数，一般是指申请单位在国境口岸从事储存场地经营活动的应当进行体检的人员数量。

（9）占地面积。

本项目由申请人填写申请单位的占地面积，一般是指在国境口岸用于从事储存场地经营活动地点的占地面积。

（10）堆场/仓库面积。

本项目由申请人填写申请单位的占地面积，一般是指在国境口岸用于从事储存场地经营活动地点的储存场地实际占地面积。

（11）固定资产（万元）。

本项目由申请人填写申请单位的固定资产数额，单位为"万元"。

（12）竣工验收认可书（证）。

本项目由申请人填写申请单位的储存场地竣工验收认可书或竣工验收认可证的情况，一般填写竣工验收认可书或竣工验收认可证的编号。

（13）检验检疫场地。

本项目由申请人填写申请单位的检验检疫场地情况，一般是指出入境检验检疫机关核准的用于检验检疫的储存场地的情况。本项目为选择填写项目，申请人应当根据本单位的实际情况在本项目中的"无"或"有"处划"√"，如果选择"有"，则还应当填写其中的蒸熏专用场地面积。

2. 申请许可情况

（1）经营范围。

本项目由申请人填写申请单位的经营范围，为选择填写项目，申请人应当根据本单位的实际情况在本项目列明的相关项目前的"□"中划"√"，如果选择"其他"，则还应当填写相关的具体内容。本项目列明的经营范围项目选项分别为：一般集装箱、冷藏集装箱、一般出入境货物、储存食品、进口废物（料）、危险货物、其他。

(2) 卫生制度。

本项目由申请人填写申请单位的卫生制度情况。

(3) 消杀灭药械。

本项目由申请人填写申请单位的消杀灭药械情况。

(4) 三防设施。

本项目由申请人填写申请单位的三防设施情况，为选择填写项目，申请人只需根据实际情况，在申请表中列明的相关项目前的"□"中划"√"即可。本项目中列明的具体项目分别为：纱门、纱窗或者塑料门帘；木门下端装有金属防鼠板；下水道口处有金属隔栅。

(5) 防尘防雨设施。

本项目由申请人填写申请单位的防尘防雨设施情况。

(6) 卫生管理人员。

本项目由申请人填写申请单位的卫生管理人员情况。

(7) 垃圾密闭设施。

本项目由申请人填写申请单位的垃圾密闭设施情况。

(8) 其他。

本项目由申请人填写申请单位应当如实填报的其他相关情况。

3. 申请单位上级主管部门意见

本项目由本申请表申请单位的上级主管部门填写对于申请单位申请卫生许可证的意见。申请单位的上级主管部门填写意见后，应当加盖主管部门的印章，并填写签署意见的日期。

(四) 审批表

以下各栏由检疫官员填写。

1. 申请书接收人

本项目由受理本申请的检验检疫机关的申请书接收人签署姓名，并签署具体的接受日期。

2. 初审

本项目由受理本申请的检验检疫机关的初审人签署姓名，并签署具体的受理日期。

3. 审批许可项目

本项目由受理本申请的检验检疫机关签注申请书的审批许可项目。本项目包括"主办人"和"科室负责人"两项签署内容，分别应当由受理本申请检验检疫机关的主办人和科室负责人签署姓名，并签署具体的受理日期。

4. 复审

本项目由受理本申请的检验检疫机关的复审人签署姓名，并签署具体的受理日期。

5. 签发

本项目由受理本申请的检验检疫机关的签发人签署姓名，并签署具体的受理日期。

6. 发证日期

本项目由受理本申请的检验检疫机关签署卫生许可证的发证日期。

7. 编号

本项目由受理本申请的检验检疫机关签署签发卫生许可证的编号。

8. 有效期限

本项目由受理本申请的检验检疫机关签注所签发卫生许可证的有效期限。

9. 备注

本项目填写本申请书中应当予以特别说明的相关项目，或其他应当填写的相关内容。

五、服务行业卫生许可证项目设置及填制

服务行业卫生许可证，是相关国家出入境检验检疫机关受理从事涉外宾馆、俱乐部、候船厅、候车厅、候机厅，以及为出入境交通工具提供食品、饮用水等生活服务等相关经营活动的相关服务单位申请，并经核查合格后颁发给相关服务单位凭以在国境口岸从相关服务行业经营活动的一种许可文件。

服务行业卫生许可证主要由正本和存根两大部分组成（见本章附件15-5），两者项目设置基本相同，具体内容如下。

（一）服务行业卫生许可证正本

1. 编号

本编号由本许可证的颁发部门统一编制。

2. 许可证名称

本许可证的全称为："中华人民共和国国境口岸服务行业卫生许可证"。

3. 单位名称

本项目注明本许可证的单位名称，一般应当注明全称，并应当与其工商营业执照上所列明的食品生产经营单位名称相一致。

4. 负责人姓名

本项目注明本许可证的负责人姓名，通常是指该口岸服务行业经营单位的法人代表，并应当与该口岸服务行业经营单位工商营业执照上所列明的法人代表姓名相一致。

5. 经营范围

本项目注明本许可证的经营范围，一般应当与该口岸服务行业经营单位工商营业执照上所列明的经营范围相一致。

6. 经营地址

本项目注明本许可证的经营地址，一般应当与该口岸服务行业经营单位工商营业执照上所列明的经营地址相一致。

7. 本证有效期

本项目注明本许可证的有效期限。

8. 颁证词

本项目注明本许可证的颁证词，采用中英文两种文字表述，主要内容一般包含：颁发卫生许可证的法律依据、对于口岸服务行业经营单位的考察审核、是否准予经营等。本颁证词的具体内容为：

"根据《中华人民共和国国境卫生检疫法》及其《实施细则》和《公共场所卫生管理条例》的要求，经检查审核，准予营业，特发此证。"

9. 颁证部门

本项目注明本许可证的颁证部门名称并加盖颁证部门的印章，采用中文和英文两种文字注明。

10. 颁证日期

本项目注明本许可证的颁证日期。

11. 印制

本项目注明本许可证的印制单位名称。

（二）服务行业卫生许可证存根

本存根主要由颁发部门存档、备查，其项目设置及具体内容与上述正本基本相同。因此，以下仅列明存根的项目设置，对各项目的具体内容不再逐一介绍。本存根的主要项目如下：

1. 编号；

2. 单位名称；

3. 负责人姓名；

4. 经营范围；

5. 经营地址；

6. 电话；

7. 发证日期;

8. 发证人;

9. 本证有效期。

(三) 剪切线

本项目为卫生许可证的剪切线,用于剪切卫生许可证正本与卫生许可证存根。在该剪切线的正中标注有该许可证的编号,同时在剪切线的许可证编号处加盖许可证颁发部门的印章,沿剪切线将许可证正本与许可证存根剪切开。剪切线上的许可证编号及颁证部门印章将一分为二,其中一半保留在许可证正本一侧,另一半则保留在许可证存根一侧,其本身具有一定的防伪功能。

六、服务行业卫生许可证申请项目设置

服务行业卫生许可证申请,是国境口岸服务行业经营单位向国家出入境检验检疫机关申请办理在国境口岸从事涉外宾馆、俱乐部、候船厅、候车厅、候机厅,以及为出入境交通工具提供食品、饮用水等生活服务等相关经营活动卫生许可证的一种申请文件。

本申请书主要由封面、企业基本情况栏、申请行政许可情况栏、申请单位主管部门意见、检验检疫机关审批栏和备注等栏目组成(见本章附件15-6),项目设置及具体内容如下。

(一) 封面

1. 名称

本申请书的全称为:"国境口岸服务行业卫生许可证申请书"。

2. 单位名称

本项目填写申请单位的单位名称,应当与申请人工商营业执照上所列明的单位名称一致。

3. 注册地址

本项目填写申请单位的注册地址,应当与申请人工商营业执照上所列明的单位注册地址一致。

4. 经营地址

本项目填写申请单位的经营地址,应当填写申请人在国境口岸从事口岸服务经营活动的实际地址。

5. 申请日期

本项目填写申请单位的申请日期。

6. 监制

本项目注明本申请书的监制单位名称。

(二) 填表说明

本项目为本申请书的填写说明,具体内容见本章附件15-6-2。

(三) "申请表"企业基本情况栏

1. 申请单位

本项目由申请人填写申请单位名称,应当填写申请单位的全称,并应当与申请人工商营业执照上所列明的单位名称相一致。

2. 经营地址

本项目由申请人填写申请单位的经营地址,应当填写申请人在国境口岸服务经营活动的实际地址。

3. 企业成立时间

本项目由申请人填写申请单位的企业成立时间,应当填写申请人工商营业执照上注明的颁发工商营业执照的日期。

4. 企业类型

本项目由申请人填写申请单位的企业类型。

5. 法人或代表

本项目由申请人填写申请单位的法人或代表姓名,应当与申请人工商营业执照上所列明的单位法

人或代表姓名相一致。

6. 许可证负责人

本项目由申请人填写申请单位的许可证负责人姓名，一般是指申请单位负责办理本卫生许可证的主管负责人。

7. 联系人

本项目由申请人填写申请单位的联系人姓名。

8. 联系电话

本项目由申请人填写申请单位的联系电话或联系人的联系电话。

9. 传真

本项目由申请人填写申请单位的传真号码。

10. 电子件箱

本项目由申请人填写申请单位的电子件箱，一般应当填写申请单位的电子邮箱或申请单位联系人的电子邮箱。

11. 许可证编号

本项目由申请人填写申请单位的许可证编号。

12. 邮政编码

本项目由申请人填写申请单位的邮政编码。

13. 从业人员总数

本项目由申请人填写申请单位的从业人员总数，一般是指申请单位在国境口岸从事服务经营活动的实际从业人员数量。

14. 经营面积

本项目由申请人填写申请单位的经营面积，一般是指在国境口岸用于从事服务经营活动地点的实际面积。

15. 是否通过 HACCP 体系认证、验证（证书号）

本项目由申请人填写申请单位是否通过 HACCP 体系认证与验证，如果申请单位通过了 HACCP 体系认证与验证，则还应当填写认证书和验证书的编号。

16. 固定资产（万元）

本项目由申请人填写申请单位的固定资产数额，单位为"万元"。

（四）"申请表"申请许可情况

1. 申请许可项目

本项目由申请人填写申请单位所申请的行政许可项目。

2. 申请许可类别

本项目由申请人填写申请单位申请卫生许可证事项的许可类别，为单项选择填写项目，申请人只需根据申请的实际情况，在申请表中列明的选项前的"□"中划"√"即可。本项目中列明的许可类别为：初次申请、年检申请、延续申请、变更申请。

3. 申报材料及保密要求

本项目由申请人填写申报材料和对申请采料的保密要求，为多项选择填写项目，申请人只需根据实际情况，在申请表中列明的相关项目前的"□"中划"√"即可。如果申请人选择所列项目中的"其他"，则还应当在该项目的下划线内填写具体内容。本项目中列明的具体项目分别为：卫生制度、从业人员名单、服务场所平面图、服务场所使用证明、原卫生许可证、营业执照复印件（或企业名称预先核准通知书）、其他。

4. 卫生设施

（1）通风设施。

本项目由申请人填写申请单位的通风设施情况，为选择填写项目，申请人只需根据实际情况，在申请表中列明的相关项目前的"□"中"√"并填写具体数量。本项目中列明的具体项目分别为：通风机、空调机。

（2）消毒设施。

本项目由申请人填写申请单位的消毒设施情况，为选择填写项目，申请人只需根据实际情况，在申请表中列明的相关项目前的"□"中划"√"并填写具体数量。本项目中列明的具体项目分别为：紫外灯、消毒池、消毒柜、消毒蒸柜、洗碗机。

（3）三防设施。

本项目由申请人填写申请单位的三防设施情况，为选择填写项目，申请人只需根据实际情况，在申请表中列明的相关项目前的"□"中划"√"即可。本项目中列明的具体项目分别为：防尘设施、防鼠设施、防蝇设施。

（4）更衣设施。

本项目由申请人填写申请单位的更衣设施情况，为选择填写项目，申请人只需根据实际情况，在申请表中列明的相关项目前的"□"中划"√"即可。本项目中列明的具体项目为：有、无。

（5）二次供水设施。

本项目由申请人填写申请单位的二次供水设施情况，为选择填写项目，申请人只需根据实际情况，在申请表中列明的相关项目前的"□"中划"√"即可。本项目中列明的具体项目为：有、无。

（6）垃圾密闭设施。

本项目由申请人填写申请单位的垃圾密闭设施情况，为选择填写项目，申请人只需根据实际情况，在申请表中列明的相关项目前的"□"中划"√"即可。本项目中列明的具体项目为：有、无。

（7）其他。

本项目由申请人填写申请单位应当填报的其他相关情况。

（五）申请单位主管部门意见

本项目由本申请表申请单位的主管部门填写对于申请单位申请卫生许可证的意见。申请单位的主管部门填写意见后，应当加盖主管部门的印章，并填写签署意见的日期。

（六）检验检疫机关审批栏

本栏目全部由受理本申请的出入境检验检疫机关的检疫官员填写。

1. 受理人

本项目由受理本申请的检验检疫机关的受理人签署姓名，并签署具体的受理日期。

2. 初审

本项目由受理本申请的检验检疫机关的初审人签署姓名，并签署具体的受理日期。

3. 审批许可项目

本项目由受理本申请的检验检疫机关签注申请书的审批许可项目。

4. 主办人

本项目由受理本申请的检验检疫机关的主办人签署姓名，并签署具体的受理日期。

5. 负责人

本项目由受理本申请的检验检疫机关的主管部门负责人签署姓名，并签署具体的受理日期，同时加盖主管部门的印章。

6. 复审

本项目由受理本申请的检验检疫机关的复审人签署姓名，并签署具体的受理日期。

7. 签发

本项目由受理本申请的检验检疫机关的签发人签署姓名，并签署具体的受理日期。

8. 发证日期

本项目由受理本申请的检验检疫机关签署卫生许可证的签发日期。

9. 证书编号

本项目由受理本申请的检验检疫机关签注所签发卫生许可证的证书编号。

10. 制证日期

本项目由受理本申请的检验检疫机关签注所签发卫生许可证的制证日期。

11. 制证人

本项目由受理本申请的检验检疫机关的制证人签署姓名，并签署具体的受理日期。

12. 有效期限

本项目由受理本申请的检验检疫机关签注所签发卫生许可证的有效期限。

（七）备注

本项目填写本申请书中应当予以特别说明的相关项目，或其他应当填写的相关内容。

第三节　出入境口岸餐饮、存储、服务业类许可须知及注意事项

一、相关概念

（一）国境口岸

"国境口岸"是指在中华人民共和国国际通航的港口、机场及陆地边境和国界江河的口岸。

（二）国境口岸食品生产经营单位

"国境口岸食品生产经营单位"是指在国家出入境口岸从事食品生产经营的单位，以及为出入境交通工具提供食品、饮用水服务的口岸食品生产经营单位等。

（三）国境口岸服务行业

"国境口岸服务行业"是指在国家出入境口岸从事涉外宾馆、饭店、俱乐部、饮食服务等及其他口岸服务的单位与行业。

（四）国境口岸卫生检疫工作范围

"国境口岸卫生检疫工作范围"又称"出入境检验检疫机构在国境口岸的卫生检疫工作范围"，是指对为国境口岸服务的涉外宾馆、饭店、俱乐部，为出入境交通工具提供饮食、服务的单位和对入境、出境人员、交通工具、集装箱和货物实施卫生检疫、传染病监测、卫生监督、卫生处理和进出口食品卫生检验及监督。

（五）国境口岸的卫生要求

国境口岸的卫生要求主要包括：

1. 国境口岸和国境口岸内涉外宾馆、生活服务单位及候船厅、候车厅、候机厅应当有健全的卫生制度和必要的卫生设施，室内外环境整洁、通风良好。

2. 国境口岸有关部门应当采取切实可行的措施，控制啮齿动物、病媒昆虫，使其数量降低到不足为害程度。仓库、货场必须具有防鼠设施。

3. 国境口岸的垃圾、废物、污水、粪便必须进行无害化处理，保持国境口岸清洁卫生。

二、出入境口岸食品卫生监督管理相关规定

1. 国家对出入境口岸食品卫生监督管理主要适用于对在出入境口岸从事食品生产经营单位及为出入境交通工具提供食品、饮用水服务的口岸食品生产经营单位（以下简称食品生产经营单位）的卫生监督管理。

2. 国家质检总局主管全国出入境口岸食品卫生监督管理工作。

国家质检总局设在各地的出入境检验检疫机构负责本辖区出入境口岸食品卫生监督管理工作。

3. 检验检疫机构对食品生产经营单位实行卫生许可管理，对在出入境口岸内及出入境交通工具上的食品、饮用水从业人员实行健康许可管理。

检验检疫机构对口岸食品卫生监督管理实行风险分析和分级管理。

4. 食品生产经营单位的许可管理。

（1）食品生产经营单位在新建、扩建、改建时应当接受其所在地检验检疫机构的卫生监督。

（2）食品生产经营单位从事口岸食品生产经营活动前，应当向其所在地检验检疫机构申请办理食品生产经营单位卫生许可证。

（3）申请卫生许可证的食品生产经营单位应当具备以下卫生条件：

①具备与食品生产经营活动相适应的经营场所、卫生环境、卫生设施及设备；

②餐饮业应当制定符合餐饮加工、经营过程卫生安全要求的操作规范以及保证所加工、经营餐饮质量的管理制度和责任制度；

③具有健全的卫生管理组织和制度；

④从业人员未患有有碍食品卫生安全的传染病；

⑤从业人员具备与所从事的食品生产经营工作相适应的食品卫生安全常识。

（4）食品生产经营单位在申请办理卫生许可证时，须向检验检疫机构提交以下材料：

①卫生许可证申请书；

②营业执照复印件（取得后补交）；

③内部卫生管理组织、制度和机构资料；

④从业人员健康证明书和卫生知识培训合格证明；

⑤生产经营场所平面图和生产工艺流程图；

⑥生产原料组成成分、生产设备资料、卫生设施和产品包装材料说明；

⑦食品生产单位提交生产用水卫生检验报告；

⑧产品卫生标准、产品标识，生产产品的卫生检验结果及安全卫生控制措施；

⑨其他需要提交的有关资料。

（5）检验检疫机构按规定要求对申请材料进行审核，确定材料是否齐全、是否符合有关规定要求，作出受理或者不受理的决定，并出具书面凭证。对提交的材料不齐全或者不规范的，应当当场或者在受理后5日内一次告知申请人补正。逾期不告知的，自收到申请材料之日起即为受理。

检验检疫机构受理食品生产经营单位申请后，对申请材料进行审核，并按照国家质检总局的规定进行现场卫生许可考核及量化评分。

检验检疫机构根据材料审核、现场考核及评分的结果，自受理之日起20日内，对食品生产经营单位作出准予许可或者不予许可的决定（现场考核时间除外，现场考核时间最长不超过1个月），并应当自作出决定之日起10日内向申请人颁发或者送达卫生许可证件。

卫生许可证有效期为1年。食品生产经营单位需要延续卫生许可证有效期的，应当在卫生许可证期满前30日内向检验检疫机构提出申请。

（6）在卫生许可证有效期内，食品生产经营单位变更生产经营项目、变更法人、变更单位名称、迁移厂址、改建、扩建、新建项目时，应当向作出卫生许可决定的检验检疫机构申报。

（7）食品生产经营单位在停业时，应当到作出卫生许可决定的检验检疫机构办理注销手续，缴销卫生许可证。

（8）食品生产经营单位在向异地食品生产经营单位提供食品及食品用产品时，可凭有效的卫生许可证到该地的检验检疫机构备案。

5. 从业人员卫生管理。

（1）检验检疫机构对从业人员实行健康许可管理。从业人员每年必须到检验检疫机构认可的医疗卫生机构进行健康检查，新参加工作和临时参加工作的从业人员上岗前必须进行健康检查。

（2）从业人员应当向检验检疫机构申请健康证明书。申请办理健康证明书时，应当提交以下材料：

①健康证申请书；

②有效的身份证明；

③检验检疫机构认可的医疗卫生机构出具的体检报告。

检验检疫机构按照国家质检总局的有关规定对上述材料进行审查，对经审查合格的从业人员，颁发健康证明书。健康证明书有效期为1年。

取得健康证明书的人员，方可从事口岸食品生产经营工作。

（3）检验检疫机构负责监督、指导和协助本口岸食品生产经营单位的人员培训和考核工作。

从业人员应当具备食品卫生常识和食品法律、法规知识。

（4）检验检疫机构将健康检查合格和卫生知识培训合格的结果制作成胸卡。从业人员工作时应当佩戴胸卡以备检查。

6. 食品卫生监督管理。

（1）食品生产经营单位应当健全本单位的食品卫生管理制度，配备专职或者兼职的食品卫生管理人员，加强对所生产经营食品的检验工作。

（2）食品生产经营单位应当建立进货检查验收制度。采购食品及原料时，应当按照国家有关规定索取检验合格证或者化验单，查阅卫生许可证。

向出入境交通工具提供食品的单位应当建立进货检查验收制度，同时应当建立销售食品及原料单位的卫生档案。检验检疫机构定期对采购的食品及原料进行抽查，并对其卫生档案进行审核。

卫生档案应当包括下列资料：

①营业执照（复印件）；

②生产许可证（复印件）；

③卫生许可证（复印件）；

④使用进口原材料者，需提供进口食品卫生证书（复印件）；

⑤供货合同或者意向书；

⑥相关批次的检验合格证或者化验单；

⑦产品清单及其他需要的有关资料。

（3）检验检疫机构根据法律、法规、规章及卫生规范的要求对食品生产经营单位进行监督检查，监督检查主要包括：

①卫生许可证、从业人员健康证及卫生知识培训情况；

②卫生管理组织和管理制度情况；

③环境卫生、个人卫生、卫生设施、设备布局和工艺流程情况；

④食品生产、采集、收购、加工、贮存、运输、陈列、供应、销售等情况；

⑤食品原料、半成品、成品等的感官性状及食品添加剂使用情况及索证情况；

⑥食品卫生检验情况；

⑦对食品的卫生质量、餐具、饮具及盛放直接入口食品的容器进行现场检查，进行必要的采样检验；

⑧供水的卫生情况；

⑨使用洗涤剂和消毒剂的卫生情况；

⑩医学媒介生物防治情况。

（4）检验检疫机构对食品生产经营单位进行日常卫生监督，应当由2名以上口岸卫生监督员根据现场检查情况，规范填写评分表。评分表须经被监督单位负责人或者有关人员核实无误后，由口岸卫生监督员和被监督单位负责人或者有关人员共同签字，修改之处由被监督单位负责人或者有关人员签名或者印章覆盖。被监督单位负责人或者有关人员拒绝签字的，口岸卫生监督员应当在评分表上注明拒签事由。

（5）检验检疫机构应当根据食品卫生检验的有关规定采集样品，并及时送检。采样时应当向被采样单位或者个人出具采样凭证。

（6）向出入境交通工具供应食品、饮用水的食品生产经营单位，供应食品、饮用水前应当向检验检疫机构申报，经检验检疫机构对供货产品登记记录、相关批次的检疫合格证和检验报告及其他必要的有关资料等审核无误后，方可供应食品和饮用水。

（7）航空食品生产经营单位应当积极推行生产企业良好操作规范（GMP）、危害分析与关键控制点（HACCP）等质量控制与保证体系，提高食品卫生安全水平。

7. 检验检疫机构根据对口岸食品生产经营单位进行卫生许可审查和日常卫生监督检查的结果，对不同类型的食品生产经营单位实施分级管理。

（1）卫生许可审查和日常卫生监督检查均为良好的单位，评为A级单位，检验检疫机构对A级单位每月监督1次；

（2）卫生许可审查和日常卫生监督检查有一个良好的，评为B级单位，检验检疫机构对B级单位每月监督2次；

（3）卫生许可审查和日常卫生监督检查均为一般的，评为C级单位，检验检疫机构对C级单位每月监督4次；

（4）卫生许可审查结论为差，或者卫生许可审查结论为良好，但是日常卫生监督较差的，评为D级单位，检验检疫机构对D级单位不予卫生许可，或者次年不予续延卫生许可。

8. 检验检疫机构对不同级别的单位进行动态监督管理，根据风险分析和日常监督情况，每年1次进行必要的升级或者降级调整。

9. 检验检疫机构应当根据国家质检总局发布的食品预警通报，及时采取有效的措施，防止相关食品向出入境口岸及出入境交通工具供应。

10. 出入境口岸发生食物中毒、食品污染、食源性疾患等事故时，检验检疫机构应当启动出入境口岸食物中毒应急处理预案，及时处置，并根据预案要求向相关部门通报。

11. 处罚。

（1）口岸食品生产经营单位有下列情况之一的，检验检疫机构依照《国境卫生检疫法》及其实施细则等法律法规的相关规定予以行政处罚：

①未取得卫生许可证或者伪造卫生许可证从事食品生产经营活动的；

②涂改、出借卫生许可证的；

③允许未获得健康证明书的从业人员上岗的，或者对患有有碍食品卫生安全的传染病的从业人员不按规定调离的；

④拒不接受检验检疫机构卫生监督的；

⑤其他违反法律法规或者有关规定的。

（2）从业人员有下列情况之一的，由检验检疫机构依照《国境卫生检疫法》及其实施细则等法律法规的相关规定予以行政处罚：

①未取得健康证明书而从事食品生产经营活动的；

②伪造体检报告的；

③其他违反法律法规或者有关规定的。

12. 检验检疫机构工作人员滥用职权、徇私舞弊、玩忽职守的，根据情节轻重，给予行政处分或者依法追究刑事责任。

三、国境口岸储存场地卫生许可

（一）国境口岸储存场地卫生许可的主要依据

国境口岸储存场地卫生许可的主要依据是《国境卫生检疫法实施细则》第一百零七条第二项：国境口岸内的涉外宾馆，以及向入境、出境的交通工具提供饮食服务的部门，营业前必须向卫生检疫机关申请卫生许可。

（二）国境口岸储存场地卫生许可单位条件

申请国境口岸储存场地卫生许可证的单位应当具备下列条件：

1. 取得工商行政管理部门颁发的营业执照；
2. 有健全的卫生管理制度（卫生保洁制度、货物堆放卫生制度、医学媒介生物防控制度等）；
3. 有固定的储存场所；
4. 有完善的医学媒介生物控制设施。

（三）实施机关

1. 受理机构：国家质检总局各直属出入境检验检疫局所属的分支机构；
2. 审核机构：国家质检总局各直属出入境检验检疫局。

（四）提交文件资料

申请国境口岸储存场地卫生许可证，应当向主管出入境检验检疫机关提交下列文件、资料：

1. 储存场地卫生许可证申请书；
2. 营业执照复印件；
3. 卫生管理制度（卫生保洁制度、货物堆放卫生制度、医学媒介生物防治制度等）；
4. 储存场所平面图；
5. 相关卫生设施配置情况。

（五）许可程序

1. 申请人应当向口岸检验检疫机构提出申请并提交相关材料。
2. 口岸检验检疫机构对申请材料进行审查，根据材料是否齐全、是否符合法定格式作出受理或不受理的决定，并按规定出具相应的书面凭证。
3. 受理申请后，口岸检验检疫机构按规定要求对申请资料进行初审，必要时组织专家进行现场考核和监测。
4. 分支机构根据材料审核、现场考核的结果，拟制初审合格报告或现场考核报告报各直属出入境检验检疫局。
5. 各直属出入境检验检疫局根据材料审核、现场考核的结果，对于符合法定条件、标准的，作出准予卫生许可的书面决定，颁发储存场地卫生许可证；对于不符合法定条件、标准的，作出不予卫生许可的书面决定，并说明理由。
6. 分支机构将直属检验检疫局签发的行政许可文书送达申请人。对不予卫生许可的，需告知申请人享有依法申请行政复议或者提起行政诉讼的权利。

（六）审查期限

通常情况下，自受理之日起 20 日内作出卫生许可决定（现场媒介生物监测时间除外，监测时间最长不超过一个月）。

（七）收费

依据国家发展和改革委、财政部关于印发《出入境检验检疫收费办法》的通知规定收取证书费。每份许可证 30 元。专家审定费按规定收取。

四、国境口岸食品生产经营单位卫生许可审批

（一）审批依据

出入境检验检疫机关审查批准国境口岸食品生产经营单位卫生许可的主要依据如下。

1. 《国境卫生检疫法实施细则》第一百零七条第二项：国境口岸内的涉外宾馆，以及向入境、出境的交通工具提供饮食服务的部门，营业前必须向卫生检疫机关申请卫生许可。

2. 《中华人民共和国食品安全法实施条例》第六十三条第二款：国境口岸食品的监督管理由出入境检验检疫机构依照食品安全法和本条例以及有关法律、行政法规的规定实施。

（二）申请条件

申请国境口岸食品生产经营卫生许可证的单位应当具备下列条件：

1. 取得工商行政管理部门颁发的营业执照或企业名称预先核准通知书；
2. 有健全的卫生管理制度（包括卫生保洁制度、从业人员健康检查和卫生知识培训制度、消毒制度、采购制度等）；
3. 有固定的生产经营场所；
4. 食品生产经营从业人员必须持有检验检疫机构签发的健康证书。

（三）实施机关

1. 受理机构：国家质检总局各直属出入境检验检疫局所属的分支机构；
2. 审核机构：国家质检总局各直属出入境检验检疫局。

（四）提交文件资料

申请国境口岸食品生产经营卫生许可证，应当向主管出入境检验检疫机关提交以下文件及资料，其中标注有"*"标记的资料为非必需项目：

1. 食品生产经营单位卫生许可证申请书；
2. 营业执照复印件或企业名称预先核准通知书；
3. 卫生管理制度（如卫生保洁制度、从业人员健康检查和卫生知识培训制度、消毒制度、采购制度等）；
4. 从业人员的健康证书复印件或从业人员名单；
5. *生产经营场所平面图和生产工艺流程图；
6. *生产经营场所使用证明；
7. *原卫生许可证；
8. *生产原料配方、生产设备资料和产品包装材料说明；
9. *产品卫生标准、产品标识，生产产品的卫生检验结果及安全卫生控制措施。

（五）审批程序

1. 国境口岸食品生产经营单位应当向分支机构提出申请并提交相关材料。
2. 分支机构对申请材料进行审查，根据材料是否齐全、是否符合法定格式作出受理或不予受理的决定。
3. 受理申请后，分支机构按规定要求对申请资料进行审核，必要时由考核组进行现场考核和检查。
4. 分支机构根据材料审核、现场考核的结果，拟制初审合格报告或现场考核报告上报各直属出入境检验检疫局。
5. 各直属出入境检验检疫局根据分支机构提交的初审合格报告或现场考核报告作出准予许可或不予许可的决定。对于符合法定条件、标准的，作出准予卫生许可的书面决定，颁发食品生产经营单位卫生许可证；对于不符合法定条件、标准的，作出不予卫生许可的书面决定，并说明理由，告知申请人享有依法申请行政复议或者提起行政诉讼的权利。

（六）审批期限

通常情况，自受理之日起 20 个工作日内做出准予许可或不予许可的决定（现场考核时间除外，现场考核时间最长不超过一个月）。

（七）收费标准

依据国家发展和改革委、财政部关于印发《出入境检验检疫收费办法》的通知规定收取证书费。每份许可证 30 元。专家评审费按规定收取。

五、国境口岸服务行业卫生许可审批

（一）审批依据

出入境检验检疫机关审查批准国境口岸服务行业卫生许可的主要依据为：

《国境卫生检疫法实施细则》第一百零七条第二项：国境口岸内的涉外宾馆和向入境、出境的交通工具提供饮食服务的部门，营业前必须向卫生检疫机关申请卫生许可。

（二）申请条件

申请国境口岸服务行业卫生许可证的单位应当具备下列条件：

1. 取得工商行政管理部门颁发的营业执照或企业名称预先核准通知书；
2. 有健全的卫生管理制度（卫生保洁制度、从业人员健康检查和卫生知识培训制度、消毒制度、食品采购制度等）；
3. 有固定的营业场所；
4. 服务行业从业人员必须持有检验检疫机构签发的健康证书；
5. 有符合国家有关服务行业标准的卫生设施。

（三）实施机关

1. 受理机构：国家质检总局各直属出入境检验检疫局所属的分支机构；
2. 审核机构：国家质检总局各直属出入境检验检疫局。

（四）提交文件资料

申请国境口岸服务行业卫生许可证，应当向主管出入境检验检疫机关提交以下文件及资料，其中标注有"﹡"标记的资料为非必需项目：

1. 服务行业卫生许可证申请书；
2. 营业执照复印件或企业名称预先核准通知书；
3. 卫生管理制度（卫生保洁制度、从业人员健康检查和卫生知识培训制度、消毒制度、食品采购制度等）；
4. 从业人员的健康证书复印件或从业人员名单；
5. 营业场所平面图。
6. ﹡服务场所使用证明；
7. ﹡原卫生许可证。

（五）审批程序

1. 申请人应当向分支机构提出申请并提交相关材料。
2. 分支机构对申请材料进行审查，根据材料是否齐全、是否符合法定格式作出受理或不受理的决定。
3. 受理申请后，分支机构按规定要求对申请资料进行审核，必要时组织专家进行现场考核和检查。
4. 分支机构根据材料审核、现场考核的结果，拟制初审合格报告或现场考核报告上报各直属出入境检验检疫局。
5. 各直属出入境检验检疫局根据分支机构提交的初审合格报告或现场考核报告作出准予许可或不

予许可的决定。对于符合法定条件、标准的，作出准予卫生许可的书面决定，颁发服务行业卫生许可证；对于不符合法定条件、标准的，作出不予卫生许可的书面决定，并说明理由，告知申请人享有依法申请行政复议或者提起行政诉讼的权利。

（六）审批期限

一般情况，出入境检验检疫机关自受理之日起 20 个工作日内做出准予许可或不予许可的决定（现场考核时间除外，现场考核时间最长不超过一个月）。

（七）收费标准

依据国家发展和改革委、财政部关于印发《出入境检验检疫收费办法》的通知规定收取证书费。每份许可证 30 元。专家评审费按规定收取。

附件15-1：食品生产经营单位卫生许可证样本

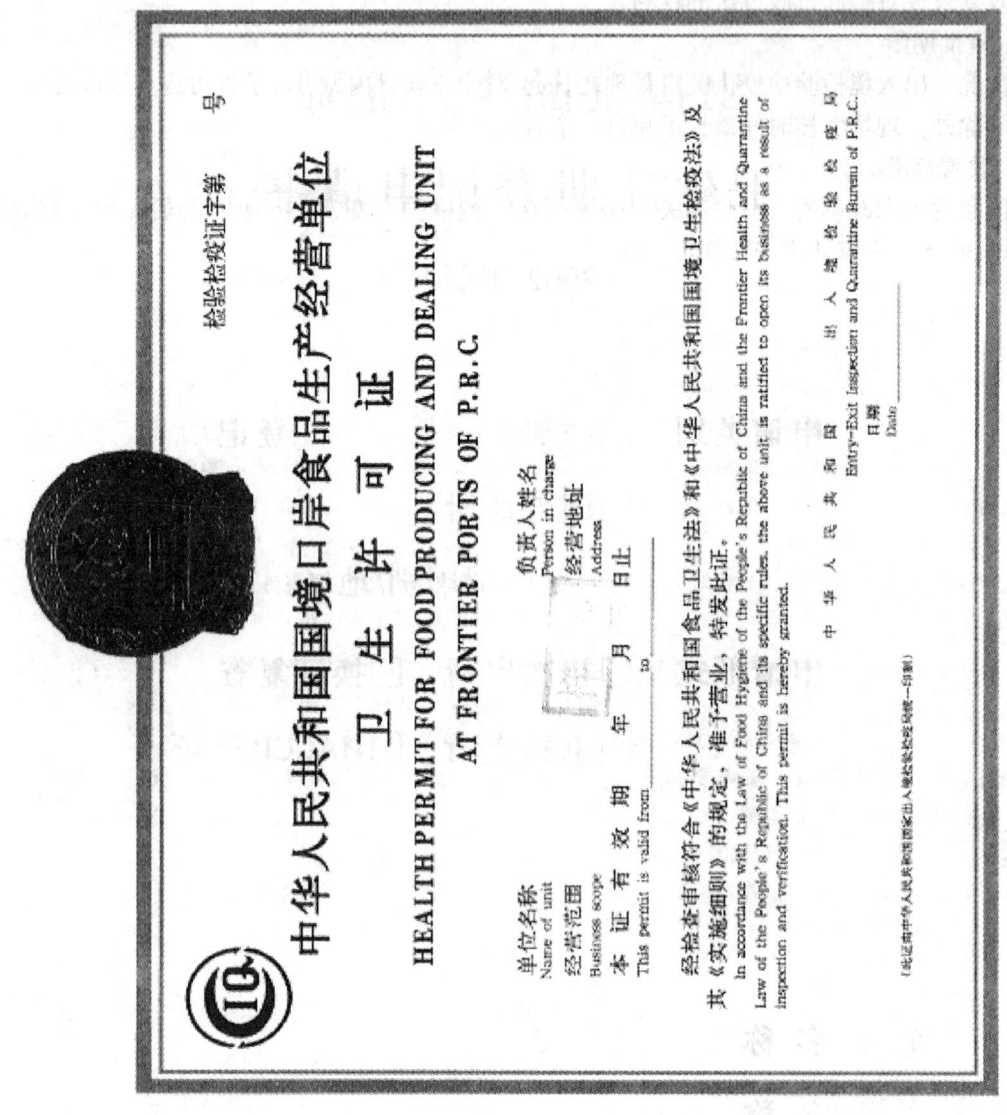

附件 15－2－1：食品单位卫生许可证申请书（封面）

国境口岸食品生产经营单位

卫 生 许 可 证 申 请 书

单位名称_____

注册地址_____

经营地址_____

申请日期_____

国家质量监督检验检疫总局监制

附件15-2-2：食品单位卫生许可证申请书（填表说明）

填 写 说 明

1、填写要求实事求是，不得弄虚作假。

2、填写时要用签字笔或钢笔，文字要求简练、清楚，不得有涂改

现象，空格处以"无"字填写。填写如纸张不够，可自行附页。

3、单位名称应填写全称，应与工商行政管理部门核发的营业执照

名称相同。

4、申请书封面须加盖公章。

5、本书由申请者填写后交指定检验检疫机构。

6、"申请许可项目"填写申请生产经营范围和种类。

7、"申报材料及保密要求"栏中"□"划"√"。"卫生设施"栏中已具备的请在

"□"中划"√"并注明数量。不具备的请在"□"中划"×"。

8、该申请书用于首次卫生许可申请、期满换证和扩项申请。

附件15-2-3：食品单位卫生许可证申请书（申请表）

<table>
<tr><td rowspan="9">企业基本情况</td><td>申请单位</td><td colspan="3"></td></tr>
<tr><td>经营地址</td><td colspan="3"></td></tr>
<tr><td>企业成立时间</td><td></td><td>企业类型</td><td></td></tr>
<tr><td>法人或代表</td><td></td><td>许可证负责人</td><td></td></tr>
<tr><td>联系人</td><td></td><td>联系电话</td><td></td></tr>
<tr><td>传真</td><td></td><td>电子件箱</td><td></td></tr>
<tr><td>许可证编号</td><td></td><td>邮政编码</td><td></td></tr>
<tr><td>从业人员总数</td><td></td><td>经营面积</td><td></td></tr>
<tr><td>是否通过HACCP体系认证、验证（证书号）</td><td></td><td>固定资产(万元)</td><td></td></tr>
<tr><td rowspan="4">申请许可情况</td><td colspan="4">申请许可项目：

□初次申请　□年检申请　□延续申请
□变更申请：</td></tr>
<tr><td colspan="4">申报材料及保密要求：
□ 卫生制度　□从业人员名单　□原许可证
□ 生产经营场所平面图　□生产经营场所使用证明
□　　　　　营业执照复印件(或企业名称预先核准通知书)
□ 生产原料配方、生产设备资料和产品包装材料说明
□　　　　　产品卫生标准、标识，生产产品的卫生检验结果及安全卫生控制措施
其他：_____</td></tr>
<tr><td colspan="4">卫生设施：
　　　冷藏设施：□ 冷藏柜____台，□ 冰箱____台；
　　　消毒设施：□ 紫外灯____只；□ 消毒池____个；□ 消毒柜____台；
　　　　　　　　□ 消毒蒸柜___台；□ 洗碗机___台；
　　　降温设施：□ 空调（冷荤间）____台；
　　　三防设施：□ 防尘设施，□ 防鼠设施，□ 防蝇设施；
　　　二次更衣设施：□ 有，□ 无；
　　　垃圾密闭设施：□ 有，□ 无。</td></tr>
</table>

附件15-2-4：**食品单位卫生许可证申请书（审批表）**

申请单位主管部门意见   （公章） 年　　月　　日
以下各栏由检疫官员填写
受理人：＿＿＿＿日期：＿＿＿＿；初　审：＿＿＿＿日期：＿＿＿＿
审批许可项目：   主　办　人：＿＿＿＿＿＿＿＿　　日　期：＿＿＿＿ 负　责　人：＿＿＿＿＿＿　日　期：＿＿＿＿　（分支机构盖章）
复　审：＿＿＿＿　日　期：＿＿＿＿ 签　发：＿＿＿＿　日　期：＿＿＿＿
发证日期：＿＿＿年＿＿月＿＿日　证书编号：＿＿＿＿＿ 制证日期：＿＿＿年＿＿月＿＿日　制证人：＿＿＿＿＿ 有效期限：＿＿＿年＿＿月＿＿日至＿＿＿＿年＿＿月＿＿日
备注：

附件15-3：储存场地卫生许可证样本

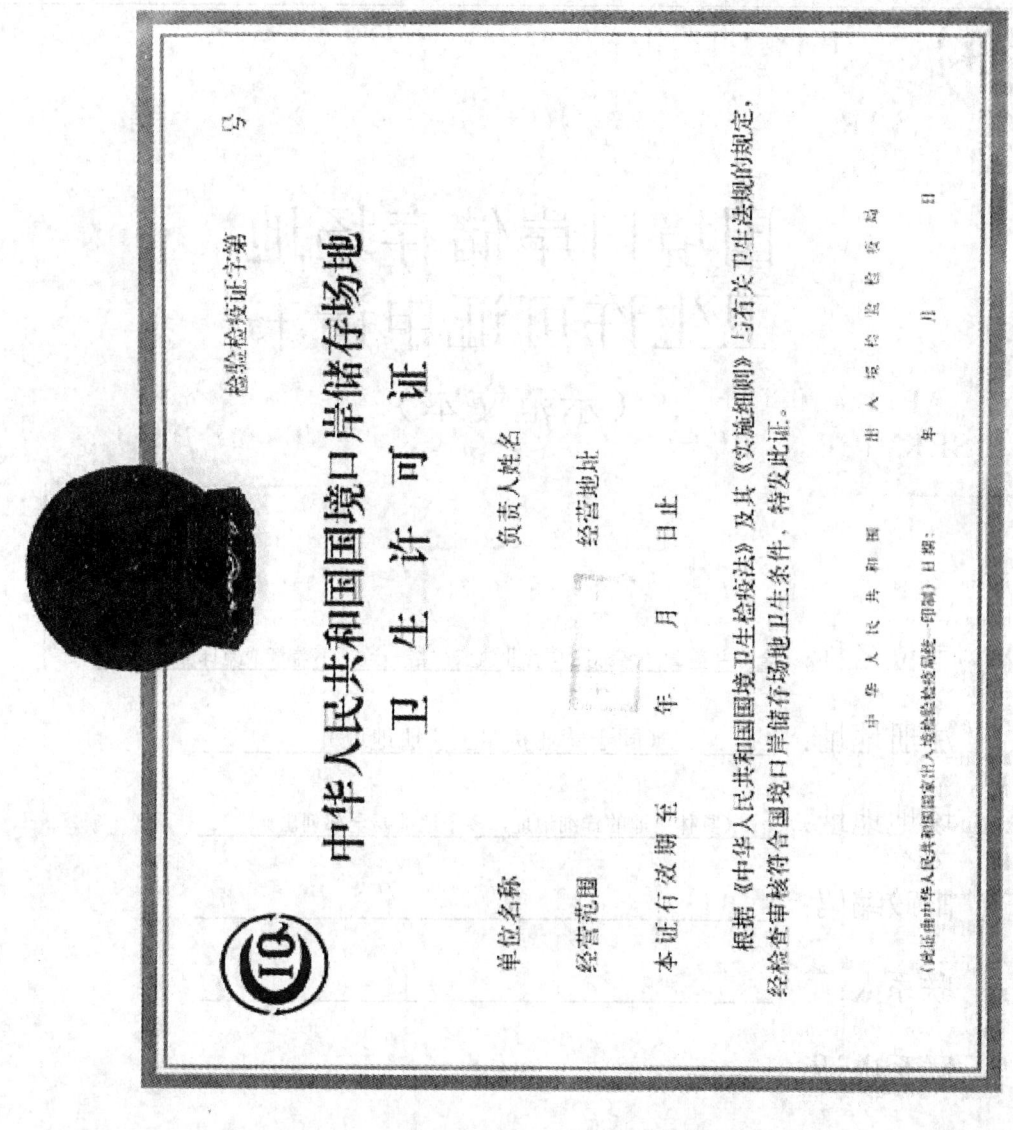

附件 15-4-1：储存场地卫生许可证申请书（封面）样本

国境口岸储存场地卫生许可证申请书

（示范文本）

单位名称：<u>全称并盖章（名称应与营业执照严格一致。不盖章或复印章无效）</u>

注册地址：<u>（同于营业执照上注册地址）</u>

场地地址：<u>（具体场地的详细地址，多个地址要全部列出）</u>

邮政编码：_____

联系人：_____

联系电话：_____ 传真：_____

电子邮件：<u>（申请单位没有电子邮件可不填）</u>

申请日期：_____年____月____日

国家质量监督检验检疫总局监制

附件15-4-2：储存场地卫生许可证申请书（填写说明）样本

填 写 说 明

1、填写要求实事求是，不得弄虚作假。

2、填写时要用签字笔或钢笔，文字要求简练、清楚，不得有涂改现象，空格处以"无"字填写。填写如纸张不够，可自行附页。

3、单位名称应填写全称，应与工商行政管理部门核发的营业执照名称相同。

4、申请书封面须加盖公章。

5、"申请许可情况"栏中已具备的请在"□"中划"√"，不具备的请在"□"中划"×"。

6、本书由申请者填写后交指定检验检疫机构。

7、该申请书用于首次卫生许可申请、期满换证和扩项申请。

附件15-4-3：**储存场地卫生许可证申请书（申请表）样本**

<table>
<tr><td rowspan="9">场库业基本情况</td><td colspan="2">单位名称</td><td></td><td></td><td></td></tr>
<tr><td colspan="2">单位地址</td><td colspan="3"></td></tr>
<tr><td>原卫生许可证</td><td>(首次申请不需填写)</td><td>经济性质</td><td></td><td></td></tr>
<tr><td>法人或代表</td><td></td><td>单位负责人</td><td colspan="2"></td></tr>
<tr><td>职工人数</td><td></td><td>应体检人数</td><td colspan="2"></td></tr>
<tr><td>占地面积</td><td></td><td>堆场/仓库面积</td><td colspan="2"></td></tr>
<tr><td>固定资产(万元)</td><td></td><td>竣工验收认可书（证）</td><td colspan="2"></td></tr>
<tr><td colspan="2">检验检疫场地</td><td colspan="3">无　　　　有
（其中蒸熏专用场地面积：　　　）</td></tr>
<tr><td colspan="2">经营范围</td><td colspan="3">☐ 一般集装箱
☐ 冷藏集装箱
☐ 一般出入境货物
☐ 储存食品
☐ 进口废物（料）
☐ 危险货物
☐ 其他（　　　　　　　　）</td></tr>
<tr><td rowspan="1">申请许可情况</td><td colspan="5">卫 生 制 度：☐
消杀灭药械：☐
三 防 设 施：☐纱门、纱窗或者塑料门帘; ☐木门下端装有金属防鼠板
　　　　　　　☐下水道☐处有金属隔栅
防尘防雨设施：☐
卫生管理人员：☐
垃圾密闭设施：☐
其　　　　他：</td></tr>
<tr><td colspan="6">申请单位上级主管部门意见：

　　　　　　　　　　　　　　　　　　　　（公章）
　　　　　　　　　　　　　　　　　　　＿＿＿＿年＿月＿日</td></tr>
</table>

附件 15－4－4：储存场地卫生许可证申请书（审批表）样本

以下各栏由检疫官员填写
申请书接收人_____ 日期_____ 初　　　审_____ 日期_____
审批许可项目：   　　　　　　　　　　　主　办　人_____ 日期_____ 　　　　　　　　　　　科室负责人_____ 日期_____
  　　　　　　　　　　　复　　　审_____ 日期_____
  　　　　　　　　　　　签　　　发_____ 日期_____
发证日期：___年___月___日 编　　号：_____ 有效期限：___年___月___日至___年___月___日
备注：

附件 15-5：服务行业卫生许可证样本

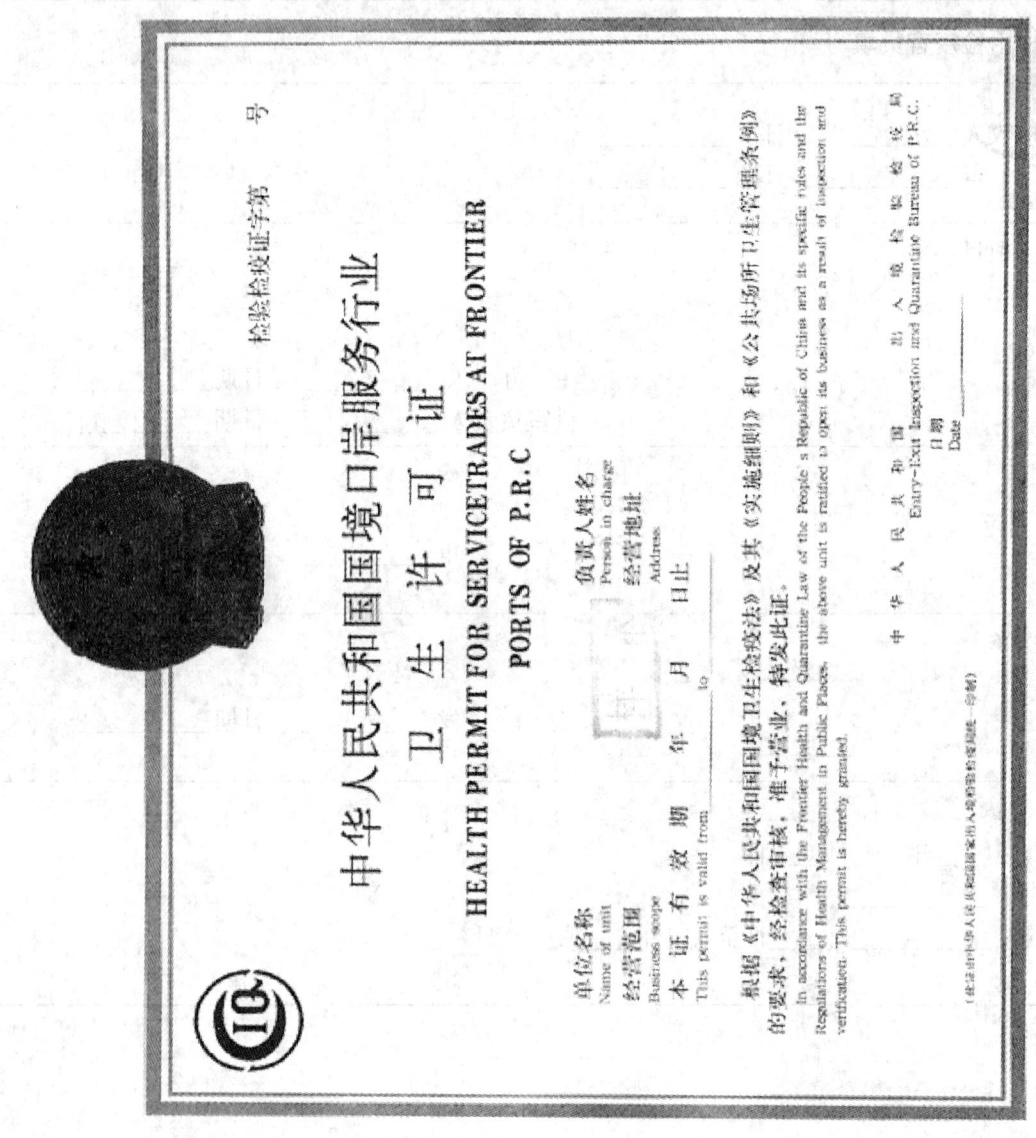

附件 15－6－1：服务行业卫生许可证申请书（封面）样本

国境口岸服务行业
卫 生 许 可 证 申 请 书

单位名称＿＿＿＿＿＿＿＿＿＿＿＿

注册地址＿＿＿＿＿＿＿＿＿＿＿＿

经营地址＿＿＿＿＿＿＿＿＿＿＿＿

申请日期＿＿＿＿＿＿＿＿＿＿＿＿

国家质量监督检验检疫总局监制

附件 15－6－2：服务行业卫生许可证申请书（填表说明）样本

填 写 说 明

1、填写要求实事求是，不得弄虚作假。

2、填写时要用签字笔或钢笔，文字要求简练、清楚，不得有涂改

现象，空格处以"无"字填写。填写如纸张不够，可自行附页。

3、单位名称应填写全称，应与工商行政管理部门核发的营业执照

名称相同。

4、申请书封面须加盖公章。

5、本书由申请者填写后交指定检验检疫机构。

6、"申请许可项目"填写申请生产经营范围和种类。

7、"申报材料及保密要求"栏中"□"划"√"。"卫生设施"栏中已具备的请在

"□"中划"√"并注明数量。不具备的请在"□"中划"×"。

8、该申请书用于首次卫生许可申请、期满换证和扩项申请。

附件 15-6-3：**服务行业卫生许可证申请书（申请表）样本**

企业基本情况	申请单位			
	经营地址			
	企业成立时间		企业类型	
	法人或代表		许可证负责人	
	联系人		联系电话	
	传真		电子件箱	
	许可证编号		邮政编码	
	从业人员总数		经营面积	
	是否通过HACCP体系认证、验证（证书号）		固定资产(万元)	
申请许可情况	申请许可项目： □初次申请　□年检申请　□延续申请 □变更申请：				
	申报材料及保密要求： □　卫生制度　　　　□从业人员名单 □　服务场所平面图　□服务场所使用证明 □　　　　　　　原卫生许可证 □　　　　　　　营业执照复印件(或企业名称预先核准通知书) □　其他：_____				
	卫生设施： 　　　　通风设施：□通风机____台，□空调机____台； 　　　　消毒设施：□紫外灯____只；消毒池____个；□消毒柜____台； 　　　　　　　　　□消毒蒸柜____台；□洗碗机____台； 　　　　三 防 设 施：□防尘设施，□防鼠设施，□防蝇设施； 　　　　更 衣 设 施：□有，□无； 　　　　二次供水设施：□有，□无； 　　　　垃圾密闭设施：□有，□无。 　　　　其　　　　他：				

附件 15-6-4：服务行业卫生许可证申请书（审批表）样本

申请单位主管部门意见
   （公章） 　　　　年　　月　　日
以下各栏由检疫官员填写
受理人：＿＿＿＿　日期：＿＿＿＿；初审：＿＿＿＿　日期：＿＿＿＿
审批许可项目： 主办人：＿＿＿＿＿＿＿＿＿＿＿＿＿　日期：＿＿＿＿ 负责人：＿＿＿＿＿　日期：＿＿＿＿　　(分支机构盖章)
复审：＿＿＿＿　日期：＿＿＿＿
签发：＿＿＿＿　日期：＿＿＿＿
发证日期：＿＿＿年＿＿月＿＿日　证书编号：＿＿＿＿＿ 制证日期：＿＿＿年＿＿月＿＿日　制证人：＿＿＿＿＿ 有效期限：＿＿＿年＿＿月＿＿日至＿＿＿＿年＿＿月＿＿日
备注：

第十六章 报检人注册登记单证

第一节 概述

一、基本定义

报检人注册登记单证，是指根据相关法律、行政法规规定的报检义务人，按照有关规定在向检验检疫机构办理报检人注册登记手续和年审时所使用的相关单证。

报检人注册登记单证包括代理报检单位注册登记单证和报检员注册登记单证。

本章所介绍的报检人注册登记单证主要包括代理出入境检验检疫单位注册登记申请书、代理出入境报检单位注册登记申请基本情况登记表、保证书、代理报检单位年审报告书、报检差错及原因和报检员注册申请书等9种。

（一）代理出入境检验检疫报检单位注册登记申请书

代理出入境检验检疫报检单位注册登记申请书，是符合代理出入境检验检疫报检单位基本条件的企业，在向检验检疫机构申请办理代理报检单位注册登记手续时，向检验检疫机构提交的一种正式申请文件。

（二）代理出入境检验检疫报检单位注册登记申请基本情况登记表

代理出入境检验检疫报检单位注册登记申请基本情况登记表，是符合代理出入境检验检疫报检单位基本条件的企业，在向检验检疫机构申请办理代理报检单位注册登记手续时，向检验检疫机构提交的一种如实、全面地反映申请企业基本情况的一种规定格式文件。

（三）保证书

保证书，是符合代理出入境检验检疫报检单位基本条件的企业在向检验检疫机构申请办理代理报检单位注册登记手续时，向检验检疫机构提交的一种以法律形式向出入境检验检疫机构作出保证和承诺的文件。

（四）代理报检单位注册登记证书

代理报检单位注册登记证书，是检验检疫机构向业经审查核准注册登记的代理报检单位核发的一种代理报检单位登记注册的证明文件。

（五）代理报检单位年审报告书

代理报检单位年审报告书，是经出入境检验检疫机构批准注册的代理出入境检验检疫报检单位在向检验检疫机构申请办理每年一度的报检单位年度审核手续时，向检验检疫机构提交的一种如实、准确反映代理报检单位经营运作情况的固定格式文件。

（六）报检差错及原因（续）

报检差错及原因（续），是经出入境检验检疫机构批准注册的代理出入境检验检疫报检单位，在向检验检疫机构申请办理每年一度的报检单位年度审核手续时，向检验检疫机构提交的一种如实报告代理报检单位上一年度办理报检业务时出现各类差错的固定格式文件。

（七）报检员注册申请书

报检员注册申请书，是符合出入境检验检疫报检员基本条件的人员，在向检验检疫机构申请办理报检员册登记手续时，向检验检疫机构提交的一种规定格式的书面申请文件。

（八）报检员资格证

报检员资格证，是检验检疫机构向经报检员资格统一考试合格者核发的一种证明通过报检员资格考试并具备报检员资格的证明文件。

（九）报检员证

报检员证，是经检验检疫机构审查核准，颁发给已取得报检员资格证，并向检验检疫机构申请办理报检员登记注册手续的报检从业人员的一种准予从事报检员职业的执业证明文件。

二、主管部门

国家质检总局。

三、主要作用

从广义方面讲，报检人注册登记单证具备报检执业的申请作用、特殊行业行政审批作用、检验检疫机构行政管理作用。

从狭义方面讲，本章介绍的报检人注册登记单证，各自的主要作用分别如下。

（一）代理出入境检验检疫报检单位注册登记申请书

表明准备成为代理报检单位的企业向检验检疫机构正式提出注册申请，同时承诺严格遵守出入境检验检疫有关法律、行政法规，并承担相应的法律责任。

（二）代理出入境检验检疫报检单位注册登记申请基本情况登记表的

如实、全面地反映准备成为代理报检单位的企业的基本情况，便于检验检疫机构根据相关规定对申请单位进行审核。

（三）保证书

申请单位以法律形式向出入境检验检疫机构作出保证和承诺。一经签字，必须严格遵守。

（四）代理报检单位注册登记证书

代理报检执业证明，用于证明代理报检单位经检验检疫机构审查核准，并准予登记注册。检验检疫机构对代理报检单位实施年检制度，本注册登记证书同时具有证明代理报检单位年检合格的作用。

（五）代理报检单位年审报告书

代理报检单位经出入境检验检疫机构批准注册、运营后，办理代理报检单位年度审核时必须递交的，用于如实、准确反映代理报检单位的经营运作情况，是出入境检验检疫机构对代理报检单位进行年度审核的重要依据。

（六）报检差错及原因（续）

代理报检单位经出入境检验检疫机构批准注册、运营后，办理代理报检单位年度审核时必须递交的，用于如实报告代理报检单位上一年度办理报检业务时出现各类差错情况，是出入境检验检疫机构对代理报检单位进行年度审核的重要依据。

（七）报检员注册申请书

报检人员在取得报检员资格证后，向检验检疫机构申请办理报检员注册手续时应向检验检疫机构递交的书面申请。

（八）报检员资格证

证明持证人参加报检员资格统一考试，考试合格并获得报检员资格，基本符合报检员基本条件，具备从事报检员执业资格。

（九）报检员证的主要作用

证明持证人符合检验检疫机构规定的报检员基本条件，检验检疫机构准予持证人从事报检员职业。

四、适用范围

1. 符合代理出入境检验检疫报检单位基本条件的企业；
2. 经出入境检验检疫机构批准注册的代理报检单位；
3. 符合出入境检验检疫报检员基本条件的人员。

五、报检人注册登记单证的种类

1. 代理出入境检验检疫报检单位注册登记申请书；
2. 代理出入境检验检疫报检单位注册登记申请基本情况登记表；
3. 保证书；
4. 代理报检单位年审报告书；
5. 报检差错及原因（续）；
6. 报检员注册申请书。

第二节　报检人注册登记单证项目设置及填制

一、代理出入境检验检疫报检单位注册登记申请书项目设置及填制

代理出入境检验检疫单位注册申请书是代理报检单位办理注册手续时必须填写并向检验检疫机构递交的关键性单证，由三部分组成，即：代理出入境检验检疫报检单位注册登记申请书（见本章附件16－1）、代理出入境检验检疫报检单位注册登记申请基本情况登记表和保证书。

（一）初审编号

本项目注明本申请书的初审编号。根据规定，代理报检单位的审批由国家质检总局负责，地方检验检疫机构负责受理企业的申请，初审合格后上报国家质检总局。本栏为地方检验检疫机构的初审编号，一般由受理本申请的地方检验检疫机构负责填写。

（二）初审日期

本项目注明本申请书的初审日期，指受理本申请的地方检验检疫机构对本申请进行初步审核的日期，一般由受理本申请的地方检验检疫机构负责填写。

（三）主报部门

本项目填写本申请主要报送的地方检验检疫机构名称。申请人应当在本申请已经统一印制的"中华人民共和国_____出入境检疫局"的填空处，填写申请单位所要申请并递交本申请书的地方检验检疫局的准确名称。本项目应当填写直属出入境检验检疫局，不得填写直属出入境检验检疫局所属的分局，或支局名称。

（四）申请内容

本项目由本申请书的申请人向检验检疫机构阐述申请内容。本申请书已将具体申请内容统一印制在申请书中，无须申请人自行填写，只要申请人在本申请书的相应位置加盖申请人的单位印章，则本申请内容便产生法律效力。本申请书统一印制的申请内容如下：

"根据《出入境检验检疫代理报检管理规定》，我单位特向贵局申请代理出入境检验检疫业务注册登记，并附上基本情况资料及保证书。

我单位将严格遵守出入境检验检疫有关法律、法规和规定，按照检验检疫机构的相关规定和要求办理代理报检业务，配合做好检验检疫工作并承担相应的经济责任和法律责任。

我单位保证所述各项属实，特请批准。"

（五）申请单位签章

本项目由本申请书的申请人加盖本单位公章，即代表法人单位的公章。

（六）法人代表签字

本项目由申请单位的法人代表签署姓名。本栏目必须由申请单位的法人代表本人亲笔签字，不得由他人代签，或者只加盖法人代表的名章。

（七）联系方式

本项目由本申请书的申请人填写申请人单位的联系方式，联系方式主要包括：

1. 联系人（签字）

本项目由本申请书的申请人所指定的本单位专门负责办理此项申请的联系人签署姓名。

2. 部门

本项目由本申请书的申请人填写本单位指定联系人所在部门的名称。

3. 职务

本项目由本申请书的申请人填写本单位指定联系人在所在部门的职务。

4. 电话

本项目由本申请书的申请人填写本单位指定联系人的联系电话。

（八）申请日期

本项目由本申请书的申请人填写填具申请日期，应当填写填具本申请书的实际日期。

二、代理出入境检验检疫报检单位注册登记申请基本情况登记表项目设置及填制

本登记表由单位名称、单位地址、联系方式、工商营业执照、组织机构代码、批准经营机构名称和报检人员栏等内容组成（见本章附件16-2），项目设置及填写要求如下。

（一）单位名称

本项目填写本申请书申请人的单位名称，应当同时使用中文和英文两种文字填写申报单位的全称，切忌填写简称。

（二）单位地址

1. 注册地址

本项目填写本申请书申请单位的注册地址，指申请单位工商营业执照上注明的注册地址。

2. 经营地址

本项目填写本申请书申请单位的经营地址，应当根据申请单位的实际经营地址填写。

（三）联系方式

1. 电话

本项目填写本申请书申请单位的联系电话号码。

2. 传真

本项目填写本申请书申请单位的传真号码。

3. 法人代表

本项目填写本申请书申请单位的法人代表姓名。

4. 电话

本项目填写本申请书申请单位的法人代表的联系电话号码。

（四）工商营业执

1. 工商营业执照号码

本项目填写本申请书申请单位的工商营业执照号码。

2. 有效期

本项目填写本申请书申请单位的工商营业执照的有效期限，应当填写工商营业执照上所标注的有效期限，并应当填写有效期截止的具体日期。

（五）组织机构代码

本项目填写本申请书申请单位的组织机构代码，指"中华人民共和国组织机构代码证"的编码。组织机构代码证是国家质量技术监督部门给每个机关、企事业单位和社会团体（包括法人和法人分支机构）颁发的在全国范围内唯一的、始终不变的法定代码标识，是组织机构的"身份证"，简称代码证。

（六）批准经营机构名称

本项目填写本申请书批准的申请单位经营机构名称。

(七) 报检人员栏

根据相关规定，申请代理报检单位必须具备检验检疫机构认可的 10 名报检员。因此，本栏内容十分重要，申请单位应当严格按照表内所列项目如实填写，不得遗漏，同时在填写每一位报检人员基本情况后，由该报检员本人亲笔签字。

1. 姓名

本项目填写本申请书申请单位报检员的姓名，指经检验检疫机构核准注册登记，并获得报检员证的报检人员。

2. 报检员编号

本项目填写本申请书申请单位报检员的编号，指本报检员的报检员证的编号。

3. 联系电话

本项目填写本申请书申请单位报检员的联系电话。

4. 身份证号码

本项目填写本申请书申请单位报检员的身份证号码。

5. 手签笔迹

本项目由本申请书所填报的报检员亲自签署本人姓名。

三、保证书项目设置及填制

本保证书是一种固定的格式化文书（见本章附件 16-3），内容均已明确列明，无需申请单位自行填写，只需填写所要递交申请的地方检验检疫机构名称，并由申请单位法人代表签字、加盖单位公章和签署日期即可。

（一）主报部门

本项目填写本保证书的主要报送部门名称，应当与代理出入境检验检疫报检单位注册登记申请书的主报部门相一致。

（二）保证事项

本项目由代理报检单位向检验检疫机构作出具保人的保证承诺。具保人应当保证的事项及相关的保证承诺已统一印制在保证书中，无须具保人自行填写，只要具保单位法人代表在本保证书相应位置签字，并加盖具保公章，则本保证内容和相关保证承诺自动生效。具体保证事项和保证承诺如下：

"为促进外贸的发展，给企业提供较多的方便，我单位现申请代理进出口商品报检业务，为使这项工作顺利健康发展，我单位作出如下保证：

1. 遵守出入境检验检疫法律、法规和规定，依法如实报检。
2. 承担被代理人在经济贸易活动中应承担或所涉及的有关出入境检验检疫方面的义务，承担或解决由代理报检所产生或涉及的纠纷及其后果。
3. 对我单位派出的或指定的代理报检员的一切涉及出入境检验检疫的行为负法律责任。
4. 自觉接受出入境检验检疫机构的管理，如实报告代理报检情况，不隐瞒、不欺骗。
5. 按国家有关规定，带被代理人缴纳检验检疫费及其他规定的费用。"

（三）法人代表签字

本项目由本保证书的具保人（单位）的法人代表签字，应当由举报单位的法人代表亲笔签字。

（四）保证单位签章

本项目由本保证书的具保人（单位）加盖具保单位的公章。加盖公章后，具保单位应当对本保证书所列各项保证事项和相关承诺承担相应的法律责任。

（五）签署日期

本项目由本保证书的具保人填写出具本保证书的日期，包括法人代表签字日期，以及具保单位加盖本单位公章的日期。

四、代理报检单位注册登记证书项目设置及填制

代理报检单位注册登记证书（见本章附件16-4）由检验检疫机构颁发给经审核核准的代理报检单位，各项目均由检验检疫机构签注。

（一）注册登记号

本项目注明本证书代理报检单位的注册登记编号，一般由10位数字组成，指检验检疫机构授予代理报检单位的10位注册编号。

（二）企业名称

本项目注明本证书代理报检单位的企业名称。

（三）法定代表人

本项目注明本证书代理报检单位的法定代表人姓名。

（四）组织机构代码

本项目注明本证书代理报检单位的组织机构代码。

（五）单位地址

本项目注明本证书代理报检单位的所在地址，一般应当与工商营业执照所注明的单位地址相一致。

（六）报检区域

本项目注明本证书代理报检单位的报检区域，指检验检疫机构在核准代理报检单位注册登记的同时，根据检验检疫机构对代理报检单位的有关规定，为代理报检单位规定的准许代理报检单位开展代理报检业务服务的地域范围。该代理报检地域范围一般与颁发注册登记证书的检验检疫机构所管辖的地域范围一致。

（七）发证机关

本项目注明颁发本证书的检验检疫机构的名称。

（八）发证日期

本项目注明检验检疫机构颁发本注册登记证的具体日期。

（九）签章

本项目由颁发本证书的检验检疫机构加盖其公章。

五、代理报检单位年审报告书项目设置及填制

根据出入境检验检疫代理报检单位相关管理规定，出入境检验检疫机构对代理报检单位实施年审制度，年审工作每两年进行一次。代理报检单位在向出入境检验检疫机构办理年审手续前，应当按照相关规定，结合本年检报告书所列的具体要求，对本企业的出入境检验检疫代报工作进行认真自查，并根据自查情况如实填写。

本年审报告书由9个主要部分组成（见本章附件16-5-1），具体项目设置及填报要求如下。

（一）填表日期

本项目由本报告书的报告人填写具体的填表日期。

（二）代理单位名称

本项目填写本报告书的报告人，也即代理单位的名称，应当填写代理报检单位的全称。

（三）注册登记号

本项目填写本报告书的代理报检单位的注册登记编号，应当填写出入境检验检疫机构批准注册为代理报检单位的10位编码。

（四）联系方式

1. 联系人

本项目填写本报告书的代理报检单位指定负责此项工作的联系人姓名。

2. 电话

本项目填写本报告书代理报检单位的联系电话号码。

3. 传真

本项目填写本报告书代理报检单位的传真号码。

（五）年代理报检业务量

本项目填写本报告书代理报检单位的年代理报检业务量，应当根据本报检单位实际代办出入境检验检疫报检手续的业务量，按照批次，分进、出口分别填写。

1. 进口（批）

本项目填写本报告书代理报检单位年代理进口货物报检的业务量，应当按照进口货物的批次为计量单位。

2. 出口（批）

本项目填写本报告书代理报检单位年代理出口货物报检的业务量，应当按照出口货物的批次为计量单位。

（六）经营管理情况说明

本项目由本报告书的代理报检单位填写经营管理情况的相关说明，应当简要描述本单位在经营和管理方面的有关情况。

（七）自我评估

本项目由本报告书的代理报检单位填写自我评估，应当根据本单位的实际经营管理情况，对本单位作出客观、实事求是的评价，文字要求简明扼要。

（八）遵守检验检疫规定情况

本项目由本报告书的代理报检单位填写遵守检验检疫规定的情况，应当实事求是地简要描述。负责办理年检的检疫检验机构一般应当在此栏加注相关意见，因此填报时一定要留有余地，尽量不要将本栏目全部填满。

（九）其他需说明的问题

本项目由本报告书的代理报检单位填写其他需说明的问题，本栏目不是必填项目，如无需说明可不填写。

六、报检差错及原因（续）项目设置及填制

报检差错及原因（续）（见本章附件16-5-2）属于代理报检单位年审报告书的补充要件，代理报检单位应当根据其在办理报检手续时出现的实际差错按照批次如实填写，每一批次差错按照发生的日期、具体差错和造成差错的原因详细填写。

（一）日期

本项目由填具本表的代理报检单位填写出现相关报检差错的具体发生日期。

（二）差错

本项目由填具本表的代理报检单位填写所出现的相关报检差错，填写应当实事求是。

（三）原因

本项目由填具本表的代理报检单位填写出现相关报检差错的具体发生原因，填写应当真实、客观。

七、报检员注册申请书项目设置及填制

报检员注册申请书（见本章附件16-6）由申请人的基本情况栏、申请人所属报检单位情况栏、申请事项及承诺栏、报检单位证明及承诺栏、检验检疫机构审批栏和备注栏等6部分组成。

（一）申请人的基本情况栏

1. 姓名

本项目填写本申请书申请人的姓名。

2. 性别

本项目填写本申请书申请人的性别。

3. 注册登记号

本项目填写本申请书申请人的注册登记号码。

4. 文化程度

本项目填写本申请书申请人的文化程度。

5. 出生年月

本项目填写本申请书申请人的出生年月。

6. 职务

本项目填写本申请书申请人在所属代理报检单位的职务。

7. 身份证号

本项目填写本申请书申请人的身份证号码。

8. 联系电话

本项目填写本申请书申请人的联系电话，一般填写申请人的手机号码。

9. 从事报检工作时间

本项目填写本申请书的申请人从事报检工作的时间，一般应当以年为计算单位。

（二）申请人所属报检单位情况栏

1. 名称

本项目填写本申请书申请人所属代理报检单位的名称，应当填写该报检单位的全称。

2. 地址

本项目填写本申请书申请人所属代理报检单位的地址，一般应当填写该报检单位的办公地址。

3. 联系电话

本项目填写本申请书申请人所属代理报检单位的联系电话。

4. 注册登记号

本项目填写本申请书申请人所属代理报检单位的注册登记编号，指代理报检单位在检验检疫机构注册登记时，检验检疫机构授予代理报检单位的10位注册编号。

（三）申请事项及承诺栏

1. 申请事项与承诺

本项目为本申请书申请人的具体申请事项和申请人向检验检疫机构作出的承诺。具体申请事项和承诺内容已统一印制在本栏目中，无需申请人自行填写，申请人只要在本栏目的相应位置签署姓名，则本栏的申请事项和承诺内容即产生法律效力。本项目的具体申请事项和承诺内容如下：

"本人系_____（企业）在职员工，并已取得报检员资格，现申请注册。本人保证遵守国家法律法规，按照检验检疫机构的规定和要求办理报检手续，配合做好检验检疫工作，并承担相应的法律责任。"

2. 签字

本项目由本申请书的申请人签署姓名，应由申请人亲笔签字，不得由他人代签，申请人签字后还应当签署具体签字日期。

（四）报检单位证明及承诺栏

1. 证明与承诺

本项目为本申请书申请人的所属代理报检单位向检验检疫机构作出的相关证明与承诺。本栏目要求申请人所属代理报检单位证明该申请人是否属于该单位，同时表明该单位是否同意该申请人向检验检疫机构申请办理报检员注册登记手续。

申请人所属代理报检单位所证明事项与承诺内容已统一印制在本栏目中，无需自行填写，所属代理报检单位的负责人在本栏目的相应位置签字,并加盖代理报检单位的印章后,则本栏所列证明事项与承诺内容即产生法律效力。本项目的具体证明事项与承诺内容如下:

"兹证明_____系我单位的注册报检员,我单位保证该报检员遵守国家有关法规,按照检验检疫机构的规定和要求办理报检手续,配合做好检验检疫工作,并承担相应的法律责任。"

2. 单位负责人签字

本项目由本申请书申请人所属代理报检单位的负责人签字,以表明该代理报检单位领导同意该申请人申请办理报检员注册登记手续。

3. 单位公章

本项目由本申请书申请人所属代理报检单位加盖本单位印章,以表明该代理报检单位同意该申请人申请办理报检员注册登记手续,并对代理报检单位作出的相关保证与承诺承担相应的法律责任。

(五)检验检疫机构审批栏

1. 审查意见

本项目由受理本申请书的检验检疫机构在对本申请书申请人申请办理报检员注册登记事项进行审查后,签署检验检疫机构的相关审查意见。

2. 经办人(日期)

本项目由受理本申请书的检验检疫机构的相关经办人员在签署具体审查意见后,签署经办人员姓名,并签署具体审批日期。

(六)备注栏

本项目为备注栏,由本申请书的申请人,以及受理本申请书的检验检疫机构填写或批注对申请书相关项目、内容需加以特别说明的其他相关事项。

八、报检员资格证项目设置及填制

报检员资格证(见本章附件16-7)由国家质检总局报检员资格考试委员会负责颁发,证书内容由颁证部门负责填制。

(一)颁证词

颁证词的内容为统一印制,具体如下:

"持证人参加报检员资格全国统一考试,成绩合格,特发此证。凭此证可按规定向检验检疫机构申请报检员注册。"

(二)发证机关(签章)

本项目由颁发本资格证的国家质检总局报检员资格考试委员会加盖公章。

(三)发证日期

本项目填注本资格证的发证日期。

(四)照片(粘贴处)

本项目粘贴本资格证所属人的照片,一般为二寸彩色照片。

(五)姓名

本项目填注本资格证所属人的姓名。

(六)性别

本项目填注本资格证所属人的性别。

(七)身份证号

本项目填注本资格证所属人的身份证号码。

(八)资格证号

本项目填注本资格证的编号。

九、报检员证项目设置及填制

报检员证(见本章附件16-8)由省级检验检疫机构颁发,由颁证的检验检疫机构负责填制。

（一）颁证词

颁证词的内容均为统一印制，颁证词的具体内容如下：

"持证人取得报检员资格证书（资格证书编号：_____），并符合报检员注册条件，特发此证。"

（二）注册编号

本项目填注本报检员证的注册编号，又称为报检员编号，由10位阿拉伯数字组成。

（三）发证机关（签章）

本项目注明颁发本报检员证的检验检疫机构名称，并加盖颁证的检验检疫机构公章。

（四）初次发证日期

本项目填注颁发报检员证的初次颁发日期。报检员因工作需要可能会出现调转代理报检单位情事，在报检员办理调转代理报检单位手续时，检验检疫机构一般会为其换发报检员证，换发报检员证时一般应填写该报检员第一次领取报检员证的时间。

（五）照片（粘贴处）

本项目粘贴本报检员证所属人的照片，一般为二寸彩色照片。

（六）姓名

本项目填注本报检员证所属报检员的姓名。

（七）身份证号

本项目填注本报检员证所属报检员的身份证编号。

（八）单位代码

本项目填注本报检员证报检员所在代理报检单位的检验检疫机构注册登记10位编号。

第三节　报检员须知及注意事项

一、相关概念

（一）报检员

"报检员"是指根据相关法律、行政法规规定，出入境检验检疫的义务报检人（法人）或其代理报检人（法人）指派的向出入境检验检疫机关履行报检事项的人员，简称报检员。

（二）报检员的管理

为加强对报检员的管理，出入境检验检疫机构对出入境检验检疫报检实行报检员凭证报检制度。

为更好地贯彻执行出入境检验检疫法律、法规，适应对外贸易发展的需要，出入境检验检疫机构严格实行检验检疫报检制度，对报检单位指定或派出的从事报检工作的报检员进行培训、考核，使其具有报检业务知识和技能，了解和掌握出入境货物、人员、交通工具等报检的程序规范；熟悉掌握相关法律、法规，尤其是进口食品、废旧物品及特种物品的报检要求，树立知法、懂法、守法的意识，做到依法办事，避免因其工作失误影响货物的正常进出口导致企业不必要的经济损失，避免因其对检验检疫的法律法规不了解而产生的违法违规行为。

二、报检员的基本条件

1. 报检员须经国家质检总局统一考试合格取得报检员资格证，并按规定办理注册登记手续。

2. 参加报检员资格统一考试人员应具备以下基本条件：

（1）年满18周岁，具有完全民事行为能力，品行良好；

（2）具有高中或中等专业学校毕业以上学历，有相关的英文水平和计算机应用能力；

（3）具有出入境检验检疫、国际贸易、运输、银行、保险、海关知识和商品学知识；

（4）具有知法、学法、懂法、守法的意识，能严格遵守出入境检验检疫法律法规，接受出入境检验检疫机构的培训和业务指导；

（5）明了出入境检验检疫法律法规，熟悉出入境检验检疫报检程序，能认真办理报检事项。

三、报检员注册登记

1. 报检单位或代理报检单位在向出入境检验检疫机构进行备案或注册登记时指派的报检人员，须经国家质检总局统一考试合格取得报检员资格证，并在报检员资格证有效期内向其所在地辖区的检验检疫机构注册登记。

2. 报检员注册应当由在检验检疫机构登记并取得报检单位代码的企业向登记地检验检疫机构提出申请。

3. 办理报检员注册登记需向检验检疫机构提交下列文件及资料：

（1）报检员注册申请书；

（2）拟任报检员所属企业在检验检疫机构的登记证书；

（3）拟任报检员的报检员资格证；

（4）检验检疫机构需要的其他证明文件。

四、其他相关注意事项

（一）报检员证的有效期

1. 报检员证的有效期为2年，期满之日前1个月，报检员应当向发证检验检疫机构提出审核申请，同时提交审核申请书。

2. 检验检疫机构结合日常报检工作记录对报检员进行审核。经审核合格的，其报检员证有效期延长2年。

3. 经检验检疫机构审核不合格的，报检员应当参加检验检疫机构组织的报检业务培训，经考试合格后，其报检员证有效期延长2年。

4. 未申请审核或者经审核不合格且未通过培训考试的，不予延长其报检员证有效期。

（二）报检员的调转

1. 报检员调往当地其他企业从事报检业务的，应当持调入企业的证明文件，向发证检验检疫机构办理变更手续。

2. 报检员调往异地企业从事报检业务的，应当向调出地检验检疫机构办理注销手续，并持注销证明向调入企业地检验检疫机构重新办理注册手续。

（三）报检员证的遗失与补办

报检员遗失报检员证的，应当在7日内向发证检验检疫机构办理递交情况说明，并登报说明作废。对在有效期内的，检验检疫机构予以补发。

（四）报检员的执业范围

代理报检单位的报检员，只允许办理本代理报检单位所承揽的代理报检业务，不允许办理其他法人或组织代理的代理报检业务，并负有一切法律责任。

（五）报检员的撤销

注册登记的代理报检单位，如需撤销本代理报检单位已注册的报检员，应向原注册登记的出入境检验检疫机构办理书面注销手续，并交回被撤换人员的报检员证。

（六）报检员证的吊销

报检员有下列行为之一的，由检验检疫机构取消其报检资格，吊销报检员证：

1. 不如实报检，造成严重后果的；

2. 提供虚假合同、发票、提单等单据的；

3. 伪造、变造、买卖或者盗窃、涂改检验检疫通关证明检验检疫证单、印章、标志、封识和质量认证标志的；

4. 其他违反检验检疫法律法规规定，情节严重的。

（七）报检员的违规处理

报检员在从事出入境报检活动中有逃避检验检疫或违反检验检疫有关规定行为的，检验检疫机构依照《进出口商品检验法》及其实施条例、《动植物检疫法》及其实施条例、《国境卫生检疫法》及实施细则、《食品卫生法》等有关法律法规，追究报检单位及其相关报检员的法律责任。

第四节　代理报检单位须知及注意事项

一、相关概念

（一）代理报检人

"代理报检人"又称代理报检单位，是指经国家工商行政部门注册的境内企业法人再经国家质检总局注册登记，取得代理报检资质的单位。

未经国家质检总局注册登记的单位不得从事出入境检验检疫代理报检事宜。

（二）代理报检

"代理报检"是指在工商行政部门注册登记的境内企业法人再经国家质检总局注册登记核准，依法接受进出口货物收发货人、货主等相关对外贸易法人的委托，为其向出入境检验检疫机关代理办理出入境检验检疫报检手续的行为。

（三）报检人基本含义

出入境检验检疫的义务报检人主要包括：

1. 进出口商品的收发货人或其代理人，生产出口危险货物的企业和其为出口危险货物生产包装容器的企业，装运出口易腐烂变质食品的船舱和集装箱的承运人或装箱单位；

2. 进出境动植物及产品的货主或代理人、承运人或押运人、携带人、邮寄人、物主、交通工具和人员；

3. 涉及国境卫生检疫事项的托运人或其代理人、出入境交通工具和人员、船舶和航空器的负责人、口岸有关单位负责人及向出入境检验检疫机构申请出入境检验检疫鉴定证书者，统称为报检人或其代理报检人。

（四）报检人的类别

根据《进出口商品检验法》、《动植物检疫法》、《国境卫生检疫法》和《食品卫生法》等有关法律、行政法规的规定，报检人（单位）分为以下两种类别：

1. 自理报检人（单位）；

2. 代理报检人（单位）。

二、报检人注册单证种类

根据相关法律、行政法规和出入境检验检疫报检人（单位）注册登记管理办法的有关规定，报检人在办理注册登记和年审等手续时主要涉及以下单证：

1. 代理出入境检验检疫报检单位注册登记申请书；

2. 代理出入境检验检疫报检单位注册登记申请基本情况登记表；

3. 保证书；

4. 代理报检单位年审报告书；

5. 报检差错及原因（代理报检单位年审报告书续表）；

6. 报检员注册申请书。

三、代理报检单位的审批与管理

根据出入境检验检疫机构的有关规定，对代理报检单位实行分级、分层次管理，不同级别的检验检疫机构分别负有不同的管理职责，具体如下。

（一）国家质检总局

国家质检总局对代理报检单位实行统一管理，负责办理代理报检单位的注册登记手续。

（二）各直属出入境检验检疫局

各直属出入境检验检疫局负责办理所辖地区代理报检单位的初审和年度考核工作。

（三）各地出入境检验检疫机构（检验检疫机构分支局）

各地出入境检验检疫机构负责代理报检单位的日常监督管理工作。

四、代理报检单位的基本条件

申请从事代理报检的企业应向所在地检验检疫机构办理代理报检注册登记手续，并应当具备下列基本条件：

1. 取得工商行政管理部门颁发的企业法人营业执照，该执照经营范围中列明有代理报检或与之相关的经营权；
2. 注册资金人民币 150 万元以上；
3. 有固定场所及符合办理检验检疫报检业务所需的条件；
4. 有健全的管理制度；
5. 有不少于 10 名经检验检疫机构考试合格并取得报检员资格证的人员；
6. 国家质检总局规定的其他必备条件。

五、代理报检单位注册登记

代理报检单位申请注册登记时应提供的下列相关文件：

1. 代理报检单位办理登记时需填写代理出入境检验检疫报检单位注册登记申请书，并由企业法定代表人署名、加盖单位公章；
2. 提供上级主管部门批准成立的文件；
3. 工商行政管理部门颁发的企业法人营业执照，该执照经营范围中应列明有代理报检或与之相关的经营权，经审验后交付复印件备案；
4. 提交代理报检单位的保证书；
5. 提交代理报检单位报检时使用的印章、印模及法人代表签名手迹备查；
6. 货运代理公司须提供交通主管部门的批准文件。

六、代理报检单位注册登记程序

1. 申请从事代理报检业务的代理报检单位应向所在地辖区的直属检验检疫局提出申请并提交有关材料。
2. 接受申请的直属检验检疫局对申请单位的申请进行初审。
3. 经直属检验检疫局初审后，符合条件的上报国家质检总局审核，经国家质检总局审核合格的颁发代理报检单位注册登记证书；取得代理报检单位注册登记证书的代理报检单位，应当在国家质检总局批准的区域内从事代理报检业务。

七、代理报检单位的年审

1. 检验检疫机构对代理报检单位实行年度审核制度，代理报检单位应在每年 3 月 31 日前向所在地的检验检疫机构申请年度审核，并提交上一年度的代理报检单位年审报告书。
2. 代理报检单位年审报告书的主要内容包括：该审核年度的代理报检业务量及业务情况分析、财务报告、报检差错及原因、遵守检验检疫规定情况及自我评估等。

3. 办理注册不满一年的，本年度可不参加年审。

八、代理报检单位的变更登记

代理报检单位遇有变更名称、地址、法定代表人、报检员、企业性质、经营范围及其他已在国家质检总局和直属局登记内容的，均应在发生变更之日起 15 日内以书面形式报所在地直属检验检疫局。

九、代理报检业务

1. 进口货物的收货人可以在报关地和收货地委托代理报检单位报检，出口货物发货人可以在产地和报关地委托代理报检单位报检。接受委托的代理报检单位应当完成下列代理报检事项：

（1）办理报检手续；

（2）缴纳检验检疫费；

（3）联系配合检验检疫机构实施检验检疫；

（4）领取检验检疫证单和通关证明；

（5）其他与检验检疫工作有关的事宜。

2. 代理报检单位接受收发货人的委托，应当遵守法律法规对收发货人的各项规定。代理报检单位在报检时，应当向检验检疫机构提交报检委托书。报检委托书应当载明委托人的名称、地址、法定代表人姓名（签字）、机构性质及经营范围，代理报检单位的名称、地址、代理事项及双方责任、权利和代理期限等内容，并加盖双方的公章。

3. 代理报检单位应当按照检验检疫机构的要求，负责落实检验检疫场地、时间等有关事宜。

4. 代理报检单位应当按照规定代委托人缴纳检验检疫费，不得借检验检疫机构名义向委托人收取额外费用。

代理报检单位应当将向检验检疫机构的缴费情况以书面形式如实通知委托人，检验检疫机构对此可随时进行抽查、核实。代理报检单位应当严格按照有关规定向委托人收取代理报检中介服务费。

5. 代理报检单位应当按照相关规定规范报检员的报检行为，并对报检员的报检行为承担法律责任。

6. 代理报检单位对实施代理报检中所知悉的商业秘密负有保密义务。

7. 代理报检单位可以以电子方式向检验检疫机构进行申报。

附件 16-1：代理出入境检验检疫报检单位注册登记申请书样本

 代理出入境检验检疫报检单位

注册登记申请书

初审编号：_____
初审日期：_____

中华人民共和国_____**出入境检验检疫局：**

根据"出入境检验检疫代理报检管理规定"，我单位特向贵局申请代理出入境检验检疫业务注册登记，并附上基本情况资料及保证书。

我单位将严格遵守出入境检验检疫有关法律、法规和规定，按照检验检疫机构的规定和要求办理代理报检业务，配合做好检验检疫工作，并承担相应的经济责任和法律责任。

我单位保证所述各项属实，特请批准。

申请单位（公章）：

法人代表（签字）： 联系人（签字）：

部门： 职务： 电话：

年 月 日

附件 16-2：代理出入境检验检疫报检单位注册登记申请基本情况登记表样本

<h2 style="text-align:center">代理出入境检验检疫报检单位注册登记申请基本情况登记表</h2>

单位名称	中文					
	英文					
单位地址	注册地址				邮政编码	
	经营地址				邮政编码	
电话		传真		法人代表	电话	
工商营业执照号码			有效日期： 年 月 日止			
组织机构代码						
批准经营机构名称						

报检人员	姓名	报检员编号	联系电话	身份证号码	手签笔迹

附件16-3：保证书样本

保　证　书

　　_____出入境检验检疫局：

　　为促进外贸的发展，给企业提供较多的方便，我单位现申请代理进出口商品报检业务，为使这项工作顺利健康发展，我单位做出如下保证：

　　1. 遵守出入境检验检疫法律、法规和规定，依法如实报检。
　　2. 承担被代理人在经济贸易活动中应承担或所涉及的有关出入境检验检疫方面的义务，承担或解决由代理报检所产生或涉及的纠纷及其后果。
　　3. 对我单位派出的或指定的代理报检员的一切涉及出入境检验检疫的行为负法律责任。
　　4. 自觉接受出入境检验检疫机构的管理，如实报告代理报检情况，不隐瞒，不欺骗。
　　5. 按国家有关规定，代被代理人交纳检验检疫费及其他规定的费用。

法人代表（签字）：　　　　　　　　　　　　　　　公司（公章）

　　年　月　日　　　　　　　　　　　　　　　年　月　日

附件16-4：代理报检单位注册登记证书样本

代理报检单位注册登记证书

注册登记号

企 业 名 称
法 定 代 表 人
组 织 机 构 代 码
单 位 地 址
报 检 区 域

发证机关
发证日期

国家质量监督检验检疫总局 制

附件16-5-1：代理报检单位年审报告书样本

代理报检单位年审报告书

填表日期：_____

代理单位名称			注册登记号	
联系人		电话	传真	
年代理报检业务量	进口（批）		出口（批）	
经营管理情况说明				
自我评估				
遵守检验检疫规定情况（此栏需检验检疫机构加注意见并盖章）				
其他需说明的问题				

附件16-5-2：报检差错及原因（续）样本

报检差错及原因 （续）

日 期	差 错	原 因

附件16-6：报检员注册申请书样本

报检员注册申请书

姓　　名		性　　别		注册登记号		照片
文化程度		出生年月		职　　务		
身份证号码				联系电话		
从事报检工作时间						
注册报检单　位	名　称					
	地　址					
	联系电话			注册登记号		

　　本人系_____（企业）在职员工，并已取得报检员资格，现申请注册。本人保证遵守国家有关法律法规，按照检验检疫机构的规定和要求办理报检手续，配合做好检验检疫工作，并承担相应的法律责任。

　　　　　　　　　　签字：　　　　　　　　　　　　　　　年　月　日

　　兹证明_____系我单位注册的报检员。我单位保证该报检员遵守国家有关法规，按照检验检疫机构的规定和要求办理报检手续，配合做好检验检疫工作，并承担相应的法律责任。

　　单位负责人（签名）：　　　　　　　　　　单位公章：

　　　　　　　　　　　　　　　　　　　　　　　　　年　月　日

检验检疫机构审查意见：

　　　　　　　　　经办人：_____　　　　　　　　　年　月　日

备　注	

附件 16-7：报检员资格证样本

附件16-8：报检员证样本

持证人取得报检员资格证书（资格证书编号：　　　　），并符合报检员注册条件，特发此证。

注册编号：

发证机关：

初次发证日期：

姓　　名

身份证号

所属单位

单位代码

第十七章 原产地证书

第一节 概述

一、基本概念

原产地证书（Certificate of Origin），简称原产地证，又称产地证，是证明货物原始生产地点，以及货物的生产或制造地点的一种文件。

原产地证书是货物的生产或制造地点的一种证明文件，某一商品进入国际贸易领域，原产地证书就是该商品的"护照"。原产地证书是各国和地区为证明货物原产国或地区的通行做法，也是其实行进出口贸易管制和配额管理的手段，各海关凭以核定减免进口关税。

二、原产地证书的主要作用

（一）确定商品关税待遇

在当今的国际贸易中，世界大多数国家对来自不同国家的商品，均采用不同的海关税率，这种关税方面的差异主要是根据商品的产地而决定的，各国海关通常将原产地证书作为征收关税和实施差别待遇的有效凭证。一般情况下，各国海关根据原产地证书确定进口货物适用何种税率，或是否减、免进口环节税等。给予不同关税待遇所遵循的原则是：

1. 普通税率（GT Rate），对于没有建立外交关系或未签订贸易协定，以及未加入多边贸易协议的国家的进口货物，采用普通税率征税；

2. 最惠国税率（MFN Rate），对于签订有双边或多边贸易协定的国家，对持有原产地证明的进口货物，采用最惠国税率征税；

3. 普惠制税率（GSP Rate），对于来自受惠国并持有普惠制产地证书的进口货物，采用普惠制税率征税，并实施关税减免。

（二）实施贸易管制措施

世界各国为保护本国的民族工业生产，提高本国产品在国际贸易中的竞争力，通常会根据本国的贸易政策，对某些商品实行限制，制定一些进口货物数量控制措施，如：进口许可配额、许可证制度、反倾销、反补贴等。为有效实行这些贸易控制措施，进口国海关只有在确认进口货物原产地的基础上，才能决定是否应当对进口货物采取相关的贸易壁垒措施。而货物的原产地证书，就是确定进口货物产地的最有效的证明。

此外，有些国家出于政治或其他目的，禁止某些国家的货物进口，此时原产地证书就是这些国家海关确认进口货物能否准予进口的重要依据。

（三）海关贸易统计

按照国际惯例，世界各国的进出口贸易统计都是以海关统计为准，海关的贸易统计数据客观、真实，并且在国际上具有可比性，同时海关统计对各国政府研究本国对外贸易活动，制定和调整国家经济贸易政策，具有极其重要的作用。原产地证书就是海关对进出口贸易进行统计的重要依据。

（四）证明货物品质与信誉

在国际贸易中，对于某些国家的传统商品、地域特色产品和名牌商品等，原产地证书起到了不可替代的证明作用，证明商品内在品质和良好信誉，大大提高了商品竞争力。

（五）货物交接及结付汇

在国际贸易中，原产地证书常常是贸易双方交接货物和结汇时必备的单据，是货物交接和费用结算的依据。如：买方在申请开立信用证时，要求对方提供原产地证书，以确保其自身利益，银行也常以原产地证书作为信用证是否解付的重要凭证。

（六）办理领事认证

在国际贸易中，原产地证书还被用来作为办理领事认证的必要凭证。凡是需要 2 份或 3 份原产地证明书的进口国，一般会要求对原产地证书进行领事认证，由领事部门保留一份原产地证书的复印件。

三、原产地证书的种类

（一）一般原产地证明书

一般原产地证明书，又称一般产地证，是用以证明有关出口货物和制造地的一种证明文件，是货物在国际贸易行为中的"原籍"证书（见本章附件 17-1）。它的适用范围是：征收关税、贸易统计、保障措施、歧视性数量限制、反倾销和反补贴、原产地标记、政府采购等。

（二）普惠制原产地证明书（FORM A）

普惠制原产地证明书（Generalized System of Preferences），又称普惠制产地证，全称为"普遍优惠制原产地证明书（申报与证明联合）格式 A"［Generalized System of Preferences Certificate of Origin (Combined Declaration and Certificate) Form A］，简称格式 A。

普惠制原产地证书是受惠国的原产产品出口到给惠国时，享受普惠制减免关税待遇的官方凭证（见本章附件 17-2），适用于一切有资格享受普惠制待遇的产品。

（三）区域性经济集团互惠原产地证书

区域性经济集团互惠原产地证书，又称区域优惠原产地证书，是一种具有法律效力的，在协定成员国（地区）之间就特定产品享受互惠减免关税待遇的官方凭证。区域优惠原产地证书主要包括：

1. 中国—东盟自由贸易区优惠原产地证书（FORM E）

出口到东盟的货物，凭中国—东盟自由贸易区优惠原产地证书（FORM E）可以享受关税优惠待遇。可以签发中国—东盟自由贸易区优惠原产地证书的国家有：文莱、柬埔寨、印尼、老挝、马来西亚、缅甸、菲律宾、新加坡、泰国、越南等 10 个国家。证书样本见本章附件 17-3。

2. 亚太贸易协定原产地证书（FORM B）

出口到韩国、斯里兰卡、印度、孟加拉等 4 个国家的货物，凭亚太贸易协定原产地证书（见本章附件 17-4）可以享受关税优惠待遇。

3. 中国与巴基斯坦自由贸易区原产地证书（FORM P）

出口到巴基斯坦的货物，凭中国与巴基斯坦自由贸易区原产地证书（FORM P）（见本章附件 17-5）可以享受关税优惠待遇。

4. 中国—智利自由贸易区优惠原产地证书（FORM F）

出口到智利的货物，凭中国—智利自由贸易区优惠原产地证明书（FORM F）（见本章附件 17-6）可以享受关税优惠待遇。

（四）专用原产地证书

专用原产地证书是指国际组织和相关国家，根据相关的国际贸易措施和相关贸易政策的特殊需要，针对某一特殊行业的某些特定商品所规定的一种专用的原产地证书（样式见本章附件 17-7）。例如：输往欧盟的蘑菇罐头原产地证书、烟草真实性证书等。

四、原产地证书的签发

（一）政府官方签证

政府官方签证，是指由政府主管部门或政府主管部门指定的部门出具的原产地证书。根据中国的法律、法规规定，中国出入境检验检疫部门及其设在各地的出入境检验检疫部门属于中国出口商品原产地证书的官方签证机关。出入境检验检疫部门主要负责签发普惠制原产地证明书、一般原产地证明书、中国政府与外国政府双边和多边贸易协定规定由中国官方负责签发的各种原产地证书，以及中国地域产品证明书等。

（二）商会签证

商会签证，是指相关商业、行业协会或商会等行业性组织出具的原产地证书。按照国际惯例，有相当一部分国家或地区的原产地证书并不是由政府官方部门出具的，法律将出具原产地证书的权力赋予了商业、行业等行业组织，商会出具的原产地证书具有绝对的权威性和法律效力。目前，在中国能够出具原产地证书的商会是中国国际贸易促进会及其分会，国际贸易促进会负责对外签发一般原产地证明书及根据政府主管部门的行政规定签发有关的原产地证明书，如专用原产地证明书等。

（三）使领馆认证

使领馆认证又称"领事认证"，是指一国驻另一国的外交、领事机构及其授权机构根据本国法律、法规规定，在公证文书或其他证明文书（包括原产地证明书等）上，确认公证机构、相应机关或者认证机构的最后一个签字或者印章属实的活动。经认证的原产地证书具有域外法律效力，为该进口国有关当局所承认。

（四）厂商签证

厂商签证，是指按照相关国际公约和国际贸易惯例，由货物的生产制造厂或货物的出口商出具的原产地证明，或者由货物的生产制造厂或货物的出口商在商业发票上申明货物的原产地（国），进行自我认证，以及将该货物商业发票提请官方权威机构认证，证明货物原产地的真实性、准确性。厂商签证，分货物的生产或制造厂出具及出口商出具两种签证方式。

按照国际贸易惯例，厂商签证通常会采用使用简易申明方式，即仅在商业发票上注明："本人申明全部货物原产于××国（地区）"或"本人申明：要求给予特别税率的货物之最后加工工序是在××国（地区）完成的。"最后签字并注明签字人的职务。

五、确认原产地的一般标准

根据相关国际公约和国际贸易惯例，各国海关确认货物原产地的标准通常是，对于完全在一个国家（地区）内生产或制造的货物，生产或制造国就是该货物的原产国，具体指：

1. 该国领土或领海内开采的矿产品；
2. 该国领土上收获采集的植物产品；
3. 该国领土出生或由该国饲养的活动物及从其所得产品；
4. 该国领土上狩猎或捕捞所得产品；
5. 从该国的船只上卸下的海洋捕捞物，以及由该国船只在海上取得的其他产品；
6. 该国加工以上第5项所列物品所得的产品；
7. 在该国收集的只适用于作再加工制造的废碎料和废旧品；
8. 在该国完全用上述1~7项所列产品加工成的制成品；
9. 石油产品以购自国为原产国；
10. 机器、仪器、器材或车辆所用零件、部件、配件、备件及工具，如与主件同时进口，而且数量合理，其原产地按主件的原产地予以确定，如分别进口，应按其各自的原产地确定。

第二节 原产地证书项目设置及填制

一、一般原产地证书项目设置及填制

（一）产地证书的编号（Certificate No.）[①]

本项目位于证书的右上方，由签证机构指定。此栏不得留空，否则证书无效。

（二）出口方（Exporter）

本项目不得留空，应当注明出口方的名称、详细地址、国家（地区）。如果需要经过其他国家或地区，需注明转口商名称时，可在出口商后面加注英文"VIA"，再标明转口商的名称、地址和国家。如果属于信用证项下的证书，在正常情况下应当注明信用证的受益人。

（三）收货方（Consignee）

本项目应当注明最终目的地收货人的名称、详细地址及国家（地区）的全称。信用证项下的证书，正常情况下本项目即信用证的开证申请人；托收支付方式项下的证书，本项目即合同规定的买方。作为产地证书，本栏目不能留空，如果信用证规定所有单证收货人一栏留空，那么本项目应当加注"To whom it may concern"或"To Order"。货物在运输途中需要转口，应当标注转口商名称时，可在收货人后面加填"VIA"字样，并将转口商的名称、地址及国家标注在后面。

（四）运输方式和路线（Means of Transport and Route）

本项目应当根据实际情况注明运输方式和运输路线，详细注明装运港和目的港、运输方式。若经转运，还应注明转运地。

（五）目的地国家或地区名称（Country Region of Destination）

本项目应当标注货物的最终抵达目的地所属的国名或地区名称，一般应与最终收货人或最终目的港（地）的国别相一致，也可以将目的地的名称和国家名称同时列出，不能填写中间商的国家名称。

（六）供签证机构使用栏（For Certifying Authority Use Only）

本项目由签证机构在签发后发证书、补发证书或加注其他声明时使用。证书申领单位应将本栏留空。

（七）运输标志（Marks and Numbers）

本项目注明实际货物的运输标志。应当按照信用证、合同及发票上所列的运输标记标注完整的图案、文字标记及包装号码等，不能简单标注"As per Invoice Number"（按照发票）或者"As per B/L Number"（按照提单）等字样。如果货物没有运输标记，可注明"No Marks"（无唛头）字样。一般情况下本项目不能为空，如运输标记较多，可以标注在第7、8、9栏内的空白处，或使用附页。

（八）商品名称、包装数量及种类（Description of Goods, Number and Kind of Packages）

本项目注明商品名称及包装数量等。商品名称应当详细具体，不能使用概括性的文字表述，如：服装、食品等。包装数量及种类要按照具体的计量单位注明，应当与信用证和其他相关单据一致。包装数量应当在阿拉伯数字后加注英文表述。如货物为散装货物，应当在商品名称后面加注"In Bulk"（散装）字样。如果信用证规定在所有单据上加注合同编号、信用证编号等，可以加注在本项目内。本项目的末行要打上表示结束的符号，以防加添内容。

（九）商品编码（H. S. Code）

本项目注明商品8位HS编码，不能为空。如果同一证书包含有多种商品，应当将相应的HS编码全部详细注明。

（十）数量（Quantity）

本项目应当根据商品的实际计量单位注明数量及计量单位。以重量计量的商品，在标注时应当注

[①] 括号内英文为单证原文，本章后同。

明毛重或净重。

（十一）发票编号及日期（Number and Date of Invoices）

本项目不能为空，应当按照所申请货物的商业发票注明编号及日期。可早于或同于实际出口日期，绝对不能迟于实际出口日期。为避免对月份、日期的误解，月份一律用英文或英文缩写表述。

（十二）出口方声明（Declaration by the Exporter）

本项目注明出口人的名称、申报地点及日期，由申请单位的法人代表或其指定人员签字，并加盖中英文对照的印章。签字人员必须事先经签证机构备案。签字与印章不能重叠。

（十三）签证机构签字、盖章（Certification）

本项目由签证机构签字、盖章。签字和盖章不得重合，并填写签证日期、地点。一般情况下签发日期不得早于发票日期和申请日期。

二、普惠制产地证格式A的项目设置及填制

普惠制产地证书格式A是目前我国出口企业使用比较普遍的一种原产地证书，出具此种原产地证书的部门以出入境检验检疫部门为主。因此，下面以出入境检验检疫部门签发的原产地证书为例，介绍普惠制产地证格式A的项目设置及填制。

普惠制产地证书格式A，一般要求使用英文填制，如果对方特别要求使用法文填制，也可接受以法文出证。

（一）产地证书的编号（Certificate No.）

产地证书的编号一般位于证书的右上方，注明出入境检验检疫部门指定的编号。一般由16个字符组成，其中第1位为英文字母，代表证书的类别，如"G"代表"Form A"；第2、3位为阿拉伯数字，代表年份；第4~12位由签证机构的组织机构代码和企业注册号组成；第13~16位为证书序号。

（二）签发国别（Issued in…）

本项目位于证书名称下面，应当注明"The People's Republic of China"（中华人民共和国），出入境检验检疫部门一般已将其印制在证书上。

（三）发货人（Goods Consigned from）

本项目注明出口商名称、地址、国别（Exporter, Address, Country），应当注明在中国境内的出口商详细地址、国名。代理其他公司或经其他公司代理出口的，可在出口商名称、地址、国名后加上"ON BEHALF OF (O/B)"、"CARE OF (C/O)"或"VIA"，再加上代理公司名称。不能出现香港、台湾、澳门地区及其他受惠国（地区）等名称和地址。

（四）收货人（Goods Consigned to）

本项目注明收货人的名称、地址、国别（Consignee's Name, Address, Country），应当注明实际给惠国的最终目的地收货人名称、地址和国别，不得标注中间商名称。一般应为信用证的开证申请人，如果开证申请人不是实际收货人，又无法明确实际收货人时，可填注"TO ORDER"字样。如果货物出口到欧盟国家，本栏允许留空不填。本栏地址后必须标示国名。

（五）运输方式和路线（Means of Transport and Route）

本项目的货物运输方式一般是指海运、陆运、空运、陆海联运等，运输路线应当注明货物的装货地点。由中国检验检疫部门核发的产地证，其始发地必须是中国的港口，目的地应当是给惠国港口。此外，还应当注明装运货物的运输工具的离境日期，日期的月份应当用英文大写表示，年份应当用4位数的年份表示。如果货物经非给惠国地区转运的应当使用联运提单，如果不清楚目的港，可以注明进口国的国家名称或地区名称。

（六）供官方使用（For Official Use）

本项目供签发本证书的出入境检验检疫部门专用。通常情况下，本产地证书应当在货物装运前向出入境检验检疫部门申请签证，如果因特殊情况需要"后发证书"或"补发证书"时，应当由签证部

门在证书的正本和副本上加盖相应的印章：属于后发证书的一般在第4栏加盖"Issued Retrospectively"字样印章；属于补发证书的应当在第4栏中注明原发证书的编号和签证日期，并声明原发证书作废（This certificate is in replacement of certificate of origin No. ××× dated ××× which is cancelled），并加盖"Duplicate"印章。

（七）商品顺序号（Item Number）

商品顺序号又称"项目号"，同一证书内如果有不同的商品种类，应当分别列出，一般使用阿拉伯数字按照顺序表示。可以为空。

（八）运输标记及包件号码（Marks and Numbers of Packages）

运输标记又称"唛头"。本项目一般不能为空，运输标记和包装号码应当按照货物的实际运输标记完整、准确地标注，并且应当与货物的发票、提单等的运输标记和包装号码一致。如果实际货物没有运输标记和包装号码，可以标注"N/M"（无唛头），如果运输标记和包装号码太多，本栏不够用，可在第7、8、9、10项结束以下的空白处填写。在本项目中不能出现"香港、台湾或其他国家和地区制造"或"见提单"、"见发票"等字样。

（九）商品名称，包装数量及种类（Description of Goods，Number & Kind of Packages）

本项目商品名称，应当根据商品的材质、用途等详细、准确地对商品进行描述，不能填统称，而且应当与发票所列一致，描述商品时应当以能够确定的HS编号为准。

商品的包装数量及种类应当包括各类商品的具体数量及其总数量，包装数量应当用阿拉伯数字和英文大写数字同时标注，同时应当标明货物包装种类或度量单位。如果货物没有包装，本栏目也不能为空，应当注明"In Bulk"（散装）或"In Nude"（裸装）等。最后应加上截止线，以防止添加伪造内容。如果信用证要求填具合同、信用证号码等内容，可加在截止线下方空白处。

（十）原产地标准（Origin Criterion）

本项目是本证书的核心内容，同时也是各国海关审核的核心项目。如果商品没有任何进口成分，全部是本国产品，本栏目应当注明"P"。如果商品中含有进口成分，应当根据商品中所含进口成分的国家或地区分别标注。具体标注方法如下：

1. 完全为中国原产产品，不含任何进口成分，出口到所有给惠国均填注"P"；

2. 商品含有进口成分，出口到欧盟27国、瑞士、挪威、土耳其、列支敦士登、日本等国，应当标注"W"，并在"W"的下方加注该商品的4位HS编码；

3. 商品含有进口成分，且进口成分的价值不超过该商品出厂总价的40%，出口到加拿大，应当标注"F"，无须加注HS编码；

4. 商品含有进口成分，出口到澳大利亚、新西兰等国家，本栏目应当标注"W"，加注商品的HS四位数编码，此外，本栏目也可为空。

5. 商品含有进口成分，且进口成分不超过离岸价的50%，商品出口到俄罗斯、白俄罗斯、乌克兰、哈萨克斯坦、乌兹别克斯坦、捷克和斯洛伐克等国家（地区），应当标注"Y"，并在"Y"下方加注该商品进口成分的价值占商品离岸价的百分比。

（十一）毛重或其他数量（Gross Weight or other Quantity）

本项目应当注明商品的计量单位，如："件"、"台"、"打"、"双"等，所标注的计量单位应当与发票等单据所列相符。如果商品是以重量计量的，应当标注商品的毛重，或毛重再加注件数。如果商品是散装货物，应当标注商品的净重，但要注明"N.W."（Net Weight，毛即净）。

（十二）发票编号及日期（Number and Date of Invoices）

本项目不能为空，应当按照发票的实际编号和日期进行标注。发票的日期不能晚于本证的申请签发日期和出货日期。为防止造成误解，日期中的月份一律使用英文缩写，年份应当为4位数字。

（十三）签证当局证明（Certification）

本项目由签证人员签名并加盖公章，签名应当与备案笔迹保持一致，签章不能与签名重叠。出证日期不能早于发票日期和申请日期,同时不能晚于提单的装运日期。一般情况下本证书只签一份正本,不签副本,如果申请人要求签发副本,应当在备注栏内提出申请,并提交注有需要副本原产地证书的信用证复印件,签证部门审核后予以加签副本。

(十四) 出口商声明 (Declaration by the Exporter)

出口商应当在本项目中注明以下几项基本内容。

1. 生产国别:应当注明"China"(中国)。

2. 进口国别:应当注明货物的进口国国名,应与货物的目的港同属于一个国家。如果货物运往欧盟,且又不能确定进口国时,可以在本栏目中标注"EU"或"EC"。

3. 出口商申请日期、地点及签章:应当注明本证书的申请日期和申请地点。出口商应当在本栏中签字、签章,签字人应当是出口商的法人代表或其授权人,所签印章应当是中、英文对照印章。此外,印章应当与本证发货人栏内的名称一致。

此外,出口商应当注意:签章不能加盖在进口国家名称和签字姓名上,本证书的正本与副本均应当签字和签章,签署日期不能得早于发票日期和申请日期,同时不能晚于提单的装运日期。

四、中国给予特别优惠关税待遇原产地证书项目设置及填制

中国给予特别优惠关税待遇原产地证书(申报与证书合一)分别由正本第1页、正本第2页和背页(填表说明)三大部分组成(见本章附件17-8),其各项目设置及填报要求如下。

(一) 正本第1页证书签发项目栏

本栏目主要包括本证书的名称、编号、签发国家,以及由签发官方签署相关事项等。

1. 证书编号 (Certificate No.)

本项目注明本证书的编号,指授权签证机构签发原产地证书的序列号,由本证书的签发机构统一编制。

2. 证书名称

本证书全称为"CERTIFICATE OF ORIGIN DUTY-FREE TREATMENT Granted by China (Combined Declaration and Certificate)",即"中国给予特别优惠关税待遇原产地证书(申报与证书合一)"。

3. 签发国家 (Issued in)

本项目注明本证书的签发国家,指受惠国出口商的名称、国家名称,以及出口商的具体地址。具体表述方式为:"Issued in _____ (See Instruction Overleaf)",即"签发国_____ (填制方法详见证书背页说明)"。填写时,应当在本项目所标注的横线处详细填写受惠国出口商的名称和其所在国家及具体地址。

4. 供官方使用 (For official use only)

本项目由本证书的签发机构签署相关事项。

(二) 正本第1页申请与证书栏

本项目主要由本证书的受惠国出口商填写与本证书所列货物的相关情况,其项目设置及具体填写要求如下。

1. 出口商的名称、地址 [Exporter (full name, address and country)]

本项目由申请人填写本证书所列货物的出口商的名称及其地址,应填写准确名称和其所在国家名称及详细地址。

2. 生产商的名称、地址(在已知情况下)(Producer's name and address, if known)

本项目由申请人填写本证书所列货物的生产商的名称及地址。填写人在知道实际生产商的情况下,应当填写受惠国生产商的准确名称和其所在国家的名称及其详细地址。如果本证书所列货物由一家以上生产商生产,仅填写最后对货物进行实质性加工生产的生产商的准确名称和其所在国家的名称及详细地址。如果生产商和出口商相同,则应当填写"同上"。如果不知道生产商,本项目可填写"不知

道"。

3. 收货人的名称、地址 [Consignee (full name, address and country)]

本项目由申请人填写本证书所列货物的收货人的名称及其地址,指本证书所列货物的中国关境内收货人的名称及其在关境内的详细地址。

4. 运输方式及路线 [Means of transport and route (as far as known)]

本项目由申请人填写本证书所列货物的运输方式及路线、离港日期、运输工具编号、装货港口和卸货港口。

(1) 离港日期 (Departure date)。

本项目由申请人填写本证书所列货物的离港日期,指载运本证书所列货物运输工具驶离港口或口岸的具体时间。

(2) 船舶/飞机/火车/车辆编号 (Vessel/Flight/Train/Vehicle No.)。

本项目由申请人填写载运本证书所列货物的船舶/飞机/火车/车辆具体名称及编号。

其中:载运货物的船舶应当填写该船舶的名称和航次;载运货物的飞机应当填写该飞机的航班编号;载运货物的火车应当填写该火车的车次编号;载运货物的汽车等车辆,应当填写该汽车车辆的牌照号。

(3) 装货口岸 (Port of loading)。

本项目由申请人填写本证书所列货物的装货口岸,指装运本证书所列货物的境外最后装运货物的口岸名称。装货口岸也可理解为货物的起运口岸。

(4) 卸货口岸 (Port of discharge)。

本项目由申请人填写本证书所列货物的卸货口岸名称,指本证书所列货物的运输工具进入境内的卸货口岸。

5. 备注 (Remarks)

本项目为备注栏,由申请人填写本证书所列货物的其他相关情况,本项目可以填写顾客订货单号码、信用证号码等其他信息。

6. 项目号 (Item number)

本项目由申请人填写本证书所列货物的项目号,指本证书所列货物的顺序编号。

7. 唛头及包装号 (Marks and numbers on packages)

本项目由申请人填写本证书所列货物的唛头及包装号,指本证书所列货物的买卖双方在合同中所约定的货物运输标记唛码,以及货物的包装编号。

8. 包装数量及种类;商品描述 (Number and kind of packages; Description of goods)

本项目由申请人填写本证书所列货物的包装数量及种类、商品描述,指货物的包装具体数量和包装种类,以及货物的商业名称。

如果证书所列货物是散装货物,则应当在本项目注明"散装"字样,并在商品描述的末尾加上"***"或"\"。

9. HS编码(6位数编码)[HS Code (6-digit) HS]

本项目由申请人填写本证书所列货物的6位HS编码。

10. 原产地标准 (Origin Criterion)

本项目由申请人填写本证书所列货物的原产地标准。应当填写所列货物享受优惠待遇所依据的具体原产地标准。通常包括:

(1) 该货物是根据第四条(完全获得货物)的相关规定,在受惠国境内完全获得或生产(The good is wholly obtained or produced in the territory of the beneficiary country as set out and defined in Rule 4.);

(2) 货物适用从价百分比40%或者四位数税号改变规则(When the good is subject to "ad valorem

percentage" no less than 40% or CTH.);

（3）货物适用产品特定原产地规则所规定的标准，应具体注明适用的标准（When the good is subject to a requirement stipulated in PSR, indicate the specified criteria.）。

11．毛重、数量（数量单位）或其他计量单位（升、立方米等）[Gross weight, quantity (quantity unit) or other measures (litres, m^3, etc)]

本项目由申请人填写本证书所列货物的毛重和数量（数量单位）或其他计量单位（升、立方米等）。填写人在填写本项目的过程中应当特别注意：填写货物的毛重时，应当按照千克计重，并填写"千克"。填写货物的数量时，除应当填写货物的具体数量外，还应当填写数量的计量单位，如果是"体积"则可以填写"升"或"立方米"等。

12．发票号码、发票日期及发票价格（Number, date of invoice and invoiced value）

本项目由申请人填写本证书所列货物的具体发票号码和发票日期，以及具体发票价格。

13．出口商声明栏（Declaration by the exporter）

本项目由申请人填写本证书所列货物的出口商声明。本栏目必须由出口商填写并签名，同时填写签名的具体日期。

（1）出口商声明词。

本项目由本证书所列货物的出口商填写对于本证书所列货物原产地的声明词。声明词的主要内容已统一印制在本栏目中，出口商只需在横线中填写货物的实际原产地国家（或地区）名称即可。具体内容如下：

"The undersigned hereby declares that the above details and statements are correct, that all the goods were produced in _____ (country) and that they comply with the origin requirements specified for these goods under the Duty-Free Treatment exported to China."

（参考译文：下列签字人声明上述资料及申报正确无讹，所有货物产自 _____（国家），且符合出口至中国的特别优惠关税待遇货物所适用的原产地要求。）

（2）出口商签署（Place and date, signature of authority signatory）

本项目由本证书所列货物的出口商填写声明词后签署姓名。出口商在填写本项目时，应当详细填写签署本声明的具体日期和签署的地点，其中签字必须是由该出口商有权签字的人员亲笔签名。

14．证明栏（Certification）

本栏目由本证书的授权签证机构的授权人员填写。

（1）证明词（Certification）。

本项目由本证书的授权签证机构的授权人员填写对于本证书所列相关内容的证明词。证明词已统一印制在本项目中，无需签证机构的授权人员自行填写。签证机构的授权人员一旦在本栏目签署姓名，则本证明词自动生效。证明词的具体内容为：

"It is hereby certified, on the basis of control carried out, that the declaration by the exporter is correct."

（参考译文：根据所实施的监管，兹证明出口商所做申报正确无讹。）

（2）签署（Signature and stamp）。

本项目由本证书的授权签证机构的授权人员签署姓名，并加盖印章，还应在本项目中签注签署本证书的具体签证地点和签证时间。

15．海关验核栏（Customs verification）

本项目必须由受惠国海关当局的授权人员填写地点、签证日期并盖章。

（1）验核批注。

本项目由受惠国海关当局的授权人员填写对于本证书所列申报出口的货物与本证书的验核情况。正常情况下的验核情况批注内容已统一印制在本项目中，如果申报出口货物与本证书所描述的货物情况基本相符，海关当局的授权人员无需自行填写批注内容。海关当局的授权人员一旦在本栏目中签字，

则本批注内容自动生效。本项目统一印制的批注内容为:

"This is to certify that the goods declared for exportation correspond to what is stated under this certificate."

(参考译文:兹证明申报出口的货物与此证书之描述相符。)

如果申报出口货物与本证书所描述的货物情况不相符,海关当局的授权人员应当根据实际情况,将验核的具体情况如实批注在本项目中。

(2)海关签署。

本项目由本证书受惠国海关当局的授权人员签署姓名,并加盖印章,还应当注明签署本证书的具体签证地点和签证时间。

(三)正本第 2 页

正本第 2 页为正本第 1 页的补充,当本原产地证书第 1 页填不下多项商品时,可以附加第 2 页填制。本原产地证书第 2 页应当列出原产地证书第 1 页所列的第 6 至 15 栏内容,并标注原产地证书的号码,该号码应当与第 1 页证书号码相同,同时必须有签证机构的印章和出口国海关印章。

1. 编号(Certificate No.)

本项目注明本证书编号,应当与第 1 页证书编号完全相同。

2. 申请与证书栏

本栏目的项目设置与证书第 1 页的相关项目基本相同,只是省略了出口商的名称及地址 [Exporter (full name, address and country)]、生产商的名称及地址(在已知情况下)[Producer's name and address, if known]、收货人的名称及地址 [Consignee (full name, address and country)]、运输方式及路线 [Means of transport and route (as far as known)]、备注(Remarks)等 5 项内容。

3. 项目号(Item number)

本项目由申请人填写本证书所列货物的项目号,指本证书所列货物的顺序编号。

4. 唛头及包装号(Marks and numbers on packages)

本项目由申请人填写本证书所列货物的唛头及包装号,指本证书所列货物的买卖双方在合同中所约定的货物运输标记唛码和货物的包装编号。

5. 包装数量及种类;商品描述(Number and kind of packages; Description of goods)

本项目由申请人填写本证书所列货物的包装数量及种类与商品描述,指本证书所列货物的包装具体数量和包装种类,以及对于本证书所列货物的商业名称。

如果本证书所列货物是散装货物,则应当在本项目注明"散装"字样,并在商品描述的末尾加上"＊＊＊"或"\"。

6. 编码(6 位数编码)[HS Code (6-digit) HS]

本项目由申请人填写本证书所列货物的 6 位 HS 编码。

7. 原产地标准(Origin Criterion)

本项目由申请人填写本证书所列货物的原产地标准。应当在本项目中填写所列货物享受优惠待遇所依据的具体原产地标准。主要包括:

(1)该货物是根据第四条(完全获得货物)的相关规定,在受惠国境内完全获得或生产(The good is wholly obtained or produced in the territory of the beneficiary country as set out and defined in Rule 4.);

(2)货物适用从价百分比 40% 或者 4 位数税号改变规则(When the good is subject to "ad valorem percentage" no less than 40% or CTH.);

(3)货物适用产品特定原产地规则所规定的标准,应具体注明适用的标准(When the good is subject to a requirement stipulated in PSR, indicate the specified criteria.)。

8. 毛重、数量（数量单位）或其他计量单位（升、立方米等）[Gross weight, quantity (quantity unit) or other measures (litres, m^3, etc)]

本项目由申请人填写本证书所列货物的毛重和数量（数量单位）或其他计量单位（升、立方米等）。填写人在填写过程中应当特别注意：填写货物的毛重时，应当按照千克计重，并填写"千克"。填写货物的数量时，除应当填写货物的具体数量外，还应当填写数量的计量单位，如果是"体积"则可以填写"升"或"立方米"等。

9. 发票号码、发票日期及发票价格（Number, date of invoice and invoiced value）

本项目由申请人填写本证书所列货物的具体发票号码和发票日期，以及具体发票价格。

10. 声明栏（Declaration by the exporter）

本项目由申请人填写声明并签名，同时填写签名的具体日期。

（1）出口商声明词。

声明词的主要内容已统一印制在本栏目中，出口商只需在国家名称处的横线中填写货物的实际原产地国家（或地区）名称即可。声明词具体内容如下：

"The undersigned hereby declares that the above details and statements are correct, that all the goods were produced in ＿＿＿＿＿＿ (country) and that they comply with the origin requirements specified for these goods under the Duty-Free Treatment exported to China."

（参考译文：下列签字人声明上述资料及申报正确无讹，所有货物产自 ＿＿＿＿＿＿（国家），且符合出口至中国的特别优惠关税待遇货物所适用的原产地要求。）

（2）出口商签署（Place and date, signature of authority signatory）

本项目由本证书所列货物的出口商填写声明词后签署姓名，应当详细填写签署本声明的具体日期和签署的地点。其中"出口商的签字"必须是该出口商有权签字的人员亲笔签名。

11. 证明栏（Certification）

本栏目必须由本证书的授权签证机构的授权人员填写。

（1）证明词（Certification）。

本项目由本证书的授权签证机构的授权人员填写对于本证书所列相关内容的证明词。本证明词已统一印制在本项目中，无需自行填写，签证机构的授权人员一旦在本栏目中签署姓名，则本证明词自动生效。证明词的具体内容为：

根据所实施的监管，兹证明出口商所作申报正确无讹（It is hereby certified, on the basis of control carried out, that the declaration by the exporter is correct.）。

（2）签署（signature and stamp）

本项目由本证书的授权签证机构的授权人员签署其姓名，并加盖印章，还应当签注签署本证明书的具体签证地点和签证时间。

12. 海关验核栏（Customs verification）

本栏目必须由受惠国海关当局的授权人员填写地点、签证日期并盖章。

（1）验核批注。

验核情况批注内容已统一印制在本项目中，如果申报出口货物与本证书所描述的货物情况基本相符，海关当局的授权人员无需自行填写批注内容。海关当局的授权人员一旦在本栏目中签字，则本批注内容自动生效。本项目统一印制的批注内容为：

"This is to certify that the goods declared for exportation correspond to what is stated under this certificate."

（参考译文：兹证明申报出口的货物与此证书之描述相符。）

如果申报出口货物与本证书所描述的货物情况不相符，海关当局的授权人员应当根据实际情况，将验核的具体情况如实批注在本项目中。

（2）海关签署（Place, date, signature and stamp of exporting customs authority）。

本项目由本证书受惠国海关当局的授权人员签署其姓名,并加盖印章,还应当在本项目中注明签署本证书的具体签证地点和签证时间。

(四)背页:填表说明

中国给予特别优惠关税待遇原产地证书(背页:填表说明)为本证书的填制说明,用于提示填写人如何准确理解和正确填制相关项目。原文如下:

Overleaf Instruction

Certificate No.: Serial number of Certificate of Origin assigned by the issuing body.

Box 1: State the full legal name, address (including country) of the exporter and the exporter should be in the beneficiary country.

Box 2: State the full legal name, address (including country) of the producer and the producer should be in the beneficial country. If more than one producer's good is included in the certificate, list the additional producers, including name, address (including country). If the exporter or the producer wishes the information to be confidential, it is acceptable to state "Available to the authorized body upon request". If the producer and the exporter are the same, please complete field with "SAME". If the producer is unknown, it is acceptable to state "UNKNOWN".

Box 3: State the full legal name, address (including country) of the consignee, and the consignee should be in the customs territory of China.

Box 4: Complete the means of transport and route and specify the departure date, transport vehicle No., port of loading and discharge.

Box 5: Any additional information such as Customer's Order Number, Letter of Credit Number, etc. may be included.

Box 6: State the item number.

Box 7: State the shipping marks and numbers on the packages.

Box 8: Number and kind of package shall be specified. Provide a full description of each good. The description should be sufficiently detailed to enable the products to be identified by the Customs Officers examining them and relate it to the invoice description and to the HS description of the good. If goods are not packed, state "in bulk". When the description of the goods is finished, add "＊＊＊" (three stars) or "\" (finishing slash).

Box 9: For each good described in Box 9, identify the HS tariff classification of China to six digits.

Box 10: If the goods qualify under the Rules of Origin, the exporter must indicate in Box 10 of this form the origin criteria on the basis of which he claims that his goods qualify for preferential tariff treatment, in the manner shown in the following table:

The origin criteria on the basis of which the exporter claims that his goods qualify for Duty-Free Treatment.	Insert in Box 10
The good is wholly obtained or produced in the territory of the beneficiary country as set out and defined in Rule 4.	WO
When the good is subject to "ad valorem percentage" no less than 40% or CTH.	CTH or Ad Valorem Percentage (40%)
When the good is subject to a requirement stipulated in PSR, indicate the specified criteria.	Criterion as specified in PSR.

Box 11: Gross weight in kilograms should be shown here. Other units of measurement e.g. volume or number of items which would indicate exact quantities may be used when customary.

Box 12: Invoice number, date of invoices and invoiced value should be shown here.

Box 13: The field must be completed, signed and dated by the exporter for exports from the beneficiary country.

Box 14: The field must be completed, signed, dated and stamped by the issuing body.

Box 15: The field must be completed, signed, dated and stamped by the Customs authority of the beneficiary country.

In case where there is not enough space on the first page of a Certificate of Origin for multiple lines of goods, additional pages can be used. The Certificate number will be the same as that shown on the first page. The main characteristics including box 6 to box 15 will be presented, together with the stamp of the issuing body and the Customs authority of the beneficiary country.

中文参考译文如下：

背页填制说明

证书编号：授权签证机构签发原产地证书的序列号。

第1栏：填写受惠国出口商的名称、地址（包括国家）。

第2栏：在知道实际生产商的情况下，填写受惠国生产商的名称、地址（包括国家）。如果出口货物由一家以上生产商生产，仅填写最后实质性加工生产的生产商的名称、地址（包括国家）。如果生产商和出口商相同，应填写"同上"。如果不知道生产商，可填写"不知道"。

第3栏：填写中国关境收货人的名称、地址。

第4栏：填写运输方式及路线、离港日期、运输工具编号、装货港口和卸货港口。

第5栏：可以填写顾客订货单号码，信用证号码等其他信息。

第6栏：填写货物项目号。

第7栏：填写唛头及包装号。

第8栏：填写货品名称、包装数量及种类。如果是散装货，应注明"散装"。在商品描述末尾加上"＊＊＊"（三颗星）或"\"（结束斜线符号）。

第9栏：填写货物对应的《协调制度》6位数编码。

第10栏：若货物符合原产地规则，出口商必须按照下表所示方式，在本证书第10栏中申明其货物享受优惠待遇所依据的原产地标准：

原产地标准	填入第10栏
该货物是根据第四条（完全获得货物）的相关规定，在受惠国境内完全获得或生产；	WO
货物适用从价百分比40%或者四位数税号改变规则。	CTH or Ad Valorem Percentage (40%)
货物适用产品特定原产地规则所规定的标准，应具体注明适用的标准。	Criterion as specified in PSR.

第11栏：毛重应填写"千克"，数量应填写数量单位，体积可填写升或立方米等。

第12栏：应填写发票号码、开发票日期以及发票价格。

第13栏：本栏目必须由出口商填写、签名并填写日期。

第14栏：本栏必须由授权签证机构的授权人员填写地点、签证日期并盖章。

第15栏：本栏必须由受惠国海关当局的授权人员填写地点、签证日期并盖章。

当原产地证书一页填不下多项商品时,可以附页填制。第二页应列出原产地证书第一页所列的第6至15栏内容,并标注原产地证书号码,该号码与第一页证书号码相同,同时必须有签证机构的印章和出口国海关印章。

第三节　原产地证书的审核

在国际贸易中,世界各国对来自不同国家的进口货物,普遍采用了不同的关税政策,给予哪些商品什么样的关税待遇,绝大多数是取决于商品来自哪些国家,取决于商品的真实产地。原产地证书恰恰是确认进出口商品原始产地的重要依据。此外,商品的原产地除在进口征税环节具有十分重要的意义以外,在国际贸易的其他方面也同样具有十分重要的意义和作用。因此,对审核原产地证书的审核就显得十分重要,在审核原产地证书时应当注意以下几个重点方面。

一、原产地证书审核的一般要点

(一)证书中的"人"及其相互关系

原产地证书中通常会涉及的"人"主要有:签证人、发货人和收货人等。审核原产地证书时,应当注意这3类主要人物,以及彼此之间的关系,这对确定该原产地证书的真实性和有效性等具有重要意义。

1. 发货人通常应当是出口商或其代理。审核时应当注意审核出口商的名称、地址和其所属国家与随附发票、装箱单及合同等商业单据上所列是否一致、相符,有无相互矛盾即不符逻辑的情事,特别审核各种单据的具体细微之处,如:出口商在各类单据中的地址,注意所属城市、街道,甚至是门牌号等细节。

2. 收货人通常应当是货物的进口商或其代理,一般应为信用证的开证申请人,应当是实际给惠国的最终目的地收货人,一般不应当是中间商。审核时应当注意审核进口商的名称、地址和其所属国家与随附发票、装箱单、合同及信用证等单证上所列是否一致、相符,有无相互矛盾即不符逻辑的情事。

3. 签证人又称原产地证书的出具人,对于原产地证书的效力至关重要,审核时应当注意其是否具备出证的资质、权力等,注意审核该原产地证书是否具有效力。按照国际惯例,通常情况下原产地证书的出证人主要有:政府官方签证部门、使领馆、相关主管商会和商品的实际生产厂商等。审核时要注意这些签证部门是否合法、是否具备签证权等,如有些国家或地区的商会是不具备签证权的,其签发的原产地证书不具备法律效力。

4. 在审核原产地证书的上述3类主要人物的基础上,应当结合相关商业单证,对出口方、进口方以及签证人三者的关系进行综合考虑,进一步确认三者的关系,审核是否符合国际贸易惯例,是否符合逻辑,以及是否对原产地证书的合法性、权威性、正确性等产生影响。

(二)证书中的"时间"

原产地证书中有些内容涉及时间概念,审核相关的时间及其相互的关联,是进一步确认原产地证书的另一个重点。证书中涉及时间的主要有:申请办理原产地证书的时间,原产地证的签发时间,以及其他涉及时间的项目,如:出口商声明日期和运输工具离境日期等。

1. 签证日期。审核签证日期应当注意,按照常规,原产地证书的签署日期不能早于发票日期和申请日期,同时不能晚于提单的装运日期。

2. 运输工具离境日期。一般原产地证书都有"运输方式和路线"或类似项目,在该项目中一般会涉及运输工具离境的时间,这个时间是审核的重要项目,通过运输工具的离境时间,进一步确认原产地证书。

3. 发票日期。原产地证书一般会有"发票编号及日期"或类似项目,证书中的发票日期一般是发票的实际开具日期,发票日期通常不能晚于证书的申请签发日期和出货日期。

4. 原产地证书的"出口商声明"项目中，同样会涉及时间，出口商应当在相关声明后，签署日期，反映该原产地证书的申请日期和申请地点等信息。

审核、分析上述几个时间概念，以及这些时间的相互关系是否符合逻辑，是否会影响原产地证书的合法性、权威性、正确性等。

（三）商品名称

一份原产地证书中的商品名称，是确认该商品能否享有相应的政策与税收等待遇的关键，也是该原产地证书能否发挥其真正效力的关键。因此，认真审核商品名称是十分重要的，审核时应当重点审核商品名称的描述是否清楚和准确，对于商品名称描述模糊不清的应当特别注意。此外，应当审核与该原产地证书相关的其他单据中的商品名称的描述与原产地证书是否一致。按照国际惯例，原产地证书中的商品名称通常会使用税则中的商品编号，该商品编号对于判断商品十分重要，因为世界各国海关基本都在使用国际统一的 HS 商品归类原则。

（四）签字与印章

审核原产地证书时，证书签发人的签字和印章是必不可少的审核项目，审核时应当注意签字与印章是否清晰，与备案的签字、印章是否一致，通过审核进一步确认证书的真伪。

（五）原产地标准

原产地证书中的"原产地标准"项目，是原产地证书的核心内容，同时也是各国海关审核的核心项目。一般是按照国际相对统一标准描述和标注，对于判断商品的准确和真实的原产地具有十分重要的作用。

审核时应当注意商品的 HS 编码及标注的百分比数据，因为相应的百分比数据决定商品在原产地国家或地区对商品的加工程度，以及该商品所含非原产地国家或地区生产的商品的进口成分所占比例等具体情况，这对于判断商品的真实、准确的产地至关重要。

（六）其他方面

注意审核原产地证书的有效期限。原产地证书的有效期限决定其效力。一般原产地证书都会标注有效期限，各类原产地证书的有效期限有所不同，有些国家的有效期限为 10 个月，而有些国家为 2 年，未列明有效期的可参考相关国家及其所属地区的相应标准。有效期限的起算时间为原产地证书的签署时间。

二、中国原产地证书审核要点及注意事项

中国原产地证书为是中国关境内申请人向出入境检验检疫部门或贸促会等原产地签发部门申领的，其中以普惠制原产地证明书（FORM A）为主，在审核中应当注意以下事项。

（一）原产地证书签证印章的区别

在中国国内签发的原产地证书，根据不同的原产地证书种类，签证部门加盖不同的印章，因此在审核原产地证书时应当特别注意印章的使用是否规范。

1. 普惠制原产地证书及其他优惠原产地证书通常加盖"FORM A"证章；
2. 一般原产地证书及其他证明产地证书或特种证书通常加盖"C. O."印章。

（二）粘贴图文唛头、特殊文体唛头的注意事项

在填制原产地证书的"运输标记及包件号码"栏目时，通常会遇到一些图文唛头或特殊文体唛头，对于此类唛头无法正常缮制，只能采取粘贴的方式解决。一般可将图文唛头或特殊文体唛头粘贴在"运输标记及包件号码"栏目内，如果唛头复印件过多，可以粘贴在"商品名称"、"商品序号"等栏目的空白处，或加接附页，粘贴时不能超出证书的边框线，而且不能遮盖证书的内容。粘贴的唛头必须加盖签证部门的骑缝印章。

（三）关于未再加工证明

对于经香港、澳门转运运抵欧盟的出口货物，应当向驻香港、澳门的中国检验有限公司申请办理

"未再加工证明"。未再加工证明一般签注在原产地证书的"供官方使用"栏目中。

(四) 关于原产地证书号的年份转换

每年1月1日至1月10日为年份转换期,上一年年份证书号可以继续沿用至本年1月10日,1月10日起证书号年份必须转为当年年份。

(五) 关于原产地证书的签证产品控制

根据我国原产地证书的有关规定,对于符合原产地标准的产品,方可签发原产地证书。原产地证书的签证部门根据注册企业的类型对申领优惠原产地证书实施签证产品控制。

1. 生产型企业。生产型企业的产品须经注册备案,签证部门根据产品备案手册办理原产地证书的签证手续。

2. 非生产型企业。根据产品的生产工艺、原材料来源及技术要求对产品进行敏感分类。非生产型企业不能代理敏感产品的原产地证书申领。

非生产型企业代理申领大型工业设备、医疗设备等商品的原产地证书,应当向原产地证书的签证部门提供产品产地出入境检验检疫部门签发的普惠制原产地标准调查结果单。

非生产型企业代理申报新型和首签的产品,须提供样品及产品成本明细单。根据材料审核结果确定是否需实地下厂调查或提供普惠制原产地标准调查结果单,或直接签发证书。

第四节 原产地证书的申领

一、原产地证书的签发部门

根据《中华人民共和国出口货物原产地规则》(以下简称《原产地规则》)和《中华人民共和国出口货物原产地规则实施办法》(以下简称《原产地规则实施办法》)的有关规定,国家质检总局及其设在各地的出入境检验检疫部门和中国国际贸易促进委员会及其分会负责中华人民共和国出口货物原产地证书的签发工作。

二、原产地证书的申领人

原产地证书的申领人应当符合相关申领条件,根据《中华人民共和国出口货物原产地规则》和《中华人民共和国出口货物原产地规则实施办法》的有关规定,中华人民共和国出口货物原产地证书申领人包括以下单位或部门:

1. 在中华人民共和国境内依法设立的,享有对外贸易经营权的企业;
2. 在中华人民共和国境内从事"来料加工"、"来样加工"、"来件装配"和"补偿贸易"等业务的企业;
3. 在中华人民共和国境内的外商投资企业等;
4. 在中华人民共和国境内可以申领出口货物原产地证书的其他单位或部门。

三、原产地证书的申请签发手续

(一) 注册登记

具备申领中华人民共和国出口货物原产地证书资格的申领人,应当持下列文件向原产地证书签发部门办理注册登记手续:

1. 工商管理部门核发的工商营业执照;
2. 主管部门核准经营对外经济贸易的批准文件;
3. 证明货物符合出口货物原产地标准的有关资料;
4. 合法原产地证书所需要的其他文件资料。

此外,在办理注册登记手续时,还应当将申请单位的印章和申领人员的姓名向原产地证书签发部门办理备案。

在原产地证书签发部门办理备案的证书申领人员,应当接受检验检疫部门的培训,培训后经考核合格者，由出入境检验检疫部门核发原产地证书申领员证。

（二）原产地证书的申请签发

原产地证书的申领人应当于出口货物装运前 3 天，向出入境检验检疫部门办理原产地证书的申领手续，办理申领手续时应当向出入境检验检疫部门提交下列文件：

1. 一般产地证申请书一份；
2. 申领单位正确缮制，并加盖申请单位公章的一般产地证一式四份；
3. 出口商出具的商业发票副本一份；
4. 出口商品产品成本（成分）明细单（仅限含有进口成分的出口商品）。

（三）后发证书的申请签发

一般情况下，出口货物原产地证书应当在货物出口装运前申请签发。如果由于某种属特殊情况，不能够在货物出口装运前申请签发原产地证书，原产地证书的签发部门可以根据不同情况，酌情予以办理"后发证书"。申领人在申请签发"后发证书"时，除提交上述应当正常提交的文件外，还应当提交未能按照规定正常办理原产地证书申领手续的说明函件。

（四）重发证书的申请签发

申请人领取原产地证书后，如果因出现原产地证书的正本损毁、遗失，或被盗等情事，自原产地证书签发之日起半年内，可以向原原产地证书的签发部门申请，重新签发原产地证书，即"复本证书"。

申请人在向原产地证书签发部门申请签发"复本证书"时，应向原产地证书签发部门提交重新缮制的"复本证书"，同时还应当申明理由并提供相关依据。此外，申请人在向原产地证书签发部门申请签发"复本证书"前，应当在原产地证书签发部门规定的报刊上刊登"遗失声明"。

（五）更改证书的申请签发

原产地证书的申领人如果要求更改或补充已签发的原产地证书的内容，应当向原产地证书的签发部门递交更改申请单，提供更改依据并申明更改理由，将原签发的原产地证书退回原签发部门。签发部门经审核无误后，予以签发新的原产地证书。

（六）原产地证书签发部门的区分

1. 进口方要求由官方机构签发一般原产地证书的，申领人应当向出入境检验检疫部门申办原产地证书；
2. 进口方要求由民间机构签发一般原产地证书的，申领人应当向贸促会申办原产地证书。

（七）原产地证书与相关证明书的区分

1. 货物虽然在中国境内经过加工，但由于加工或制造工序不足，不符合原产地规则，不能领取中国原产地证书的，可以申领加工装配证明书；
2. 根据原产地规则，外国货物经中国转口，不能领取中国原产地证书的，可以申领转口证明书。

以上加工装配证明书和转口证明书的申领手续以及所需要提交的资料和文件与申领一般原产地证书基本相同。

四、一般原产地证书的填制要求

1. 中国原产地证书的证面应当整洁，一般使用英文，如果信用证有特殊要求，可以使用其他文字。原产地证书不能手写，应当使用计算机打印；
2. 含有进口成分的商品应符合"中华人民共和国含有进口成分出口货物原产地标准主要制造、加工工序清单"的有关规定。签证部门在审核相关资料的同时，还将根据情况进行下厂调查，通过下厂调查判别商品是否符合原产地规则，重点调查商品的原料构成、加工工序，以及进口成分所占比例等情况。

五、加工装配证明书的作用及填制说明

（一）加工装配证明书的作用

加工装配证明书（Certificate of Procession）的主要作用是：证明出口货物在中国工厂、企业使用别国的原材料、零部件进行了加工、装配，但该货物在中国进行的制造工序不足，不符合"中华人民共和国含有进口成分出口货物原产地标准主要制造、加工工序清单"的要求，其原产地不属于中国，不能取得中国原产地证书。

（二）加工装配证明书的填制说明

加工装配证明书大部分栏目的内容及填制要求与原产地证书类似，主要区别如下。

1. 制造国家或地区。

本栏目应当注明所加工装配货物的材料或零部件的原制造国家或地区。

2. 在中国所进行的具体加工、装配工序及申请地点、日期、签字和盖章。

本栏目应当注明在中国具体加工、装配工序的名称。如：某种商品仅仅在中国进行了装配工序，在本栏目中就应当标注"Assembly"（装配）字样。

此外，申请日期不能早于发票日期、签字与签章不能重叠。

3. 签证机构证明。

本栏目由签证机构签字、盖章，并注明签证地点和日期。签字与签章不能重叠，签发日期不得早于发票日期和申请日期。

六、转口证明书的作用及填制说明

（一）转口证明书的作用

转口证明书（Certificate of Re-Export）的主要用途是：证明另一国家或地区的出口货物经中国转运或出口。

（二）转口证明书的填制说明

转口证明书不含证书名称和编号，大部分栏目的内容及填制要求与原产地证书类似，主要区别如下。

1. 离港日期。

本栏目应当注明转口货物离开中国港口的日期。

2. 运输工具名称及号码。

本栏目应当如实注明装载转口货物的运输工具名称及号码。

3. 装运地。

本栏目应当如实注明货物的实际装运地点。

4. 卸货港。

本栏目应当注明信用证和贸易合同等规定的卸货港口名称。

5. 最终目的地。

本栏目应当注明货物实际运抵的最终目的港的名称。

6. 货物原产国。

本栏目应当如实注明货物的实际原产国家或地区，并应当与货物进口合同及其他能证明货物实际原产地国的单据保持一致。

7. 签证机构证明。

本栏目应当如实注明货物实际原产国家或地区，以及本证书的签证日期和地点，并应当由本证书的签证部门签字和签章。签字与签章不能重叠，签发日期不能早于离港日期和发票日期。

七、一般原产地证书的调查

一般原产地证书的调查主要包括：注册调查、签证抽查和进口国查询调查等。

（一）注册调查

注册调查是指原产地证书的签证部门收到申请人注册登记申请后，派员到申请人所属企业进行实地调查，主要核实生产设备、生产及加工工序、原材料及零部件的产地来源、制成品及其内外包装等。原产地证书的签证部门对审核及调查合格的申请人企业及其产品予以注册，注册的有效期为一年，有效期满后可向签证部门办理展期，一般可展期一年。

（二）签证抽查

签证抽查是指原产地证书的签证部门在申请人办理原产地证书的签证过程中，对出口货物实施的随机抽查。

（三）进口国查询调查

原产地证书的签证部门收到货物进口国有关查询要求时，原原产地证书的签证部门应当进行调查核实，并且应当在收到查询信函6个月内向发出查询的进口国家或地区作出答复。

第五节　原产地证书须知及注意事项

一、相关概念

（一）货物原产地

"货物原产地"是指获得某一货物的国家（地区）。

（二）原产地证书

"原产地证书"是指出口国（地区）根据原产地规则和有关要求签发的，明确指出该证中所列货物原产于某一特定国家（地区）的书面文件。

（三）原产地标记

"原产地标记"是指在货物或者包装上用来表明该货物原产地的文字和图形。

（四）授权机构

"授权机构"是指缔约方国内立法授权签发原产地证书的任何实体。

（五）税号改变

"税号改变"是指非协约国原产材料在协约国境内加工后，所得产品在《中华人民共和国进出口税则》（以下简称《税则》）中4位数级的税目归类发生了变化，并且该产品不再在协约国以外的国家或地区进行任何改变4位数级的税目归类的生产、加工或者制造。

"税则归类改变"标准，是指在某一国家（地区）对非该国（地区）原产材料进行制造、加工后，所得货物在《税则》中的4位数级税目归类发生了变化。

（六）海关估价协定

"海关估价协定"是指作为《马拉喀什建立世贸组织协定》一部分的《关于履行1994年关税与贸易总协定第7条的协定》。

（七）直接运输

"直接运输"是指申报享受特别优惠关税待遇的进口货物从受惠国直接运输至我国境内，途中未经过中国和该受惠国以外的其他国家或者地区。

货物经过其他国家或者地区运输至我国境内，不论在运输途中是否转换运输工具或者作临时储存，同时符合下列条件的，应当视为"直接运输"：

1. 未进入其他国家或者地区的贸易或者消费领域；

2. 该货物在经过其他国家或者地区时，未作除装卸或者其他为使货物保持良好状态所必须处理以外的其他处理；

3. 处于该国家或者地区海关的监管之下。

（八）制造或者加工工序

"制造或者加工工序"是指赋予加工后所得货物基本特征的主要工序。

（九）产品特定原产地标准

"产品特定原产地标准"是指规定材料已经过税号改变或特定制造或加工工序，或者满足某一从价百分比标准，或者混合使用任何这些标准的规则。

（十）公认的会计原则

"公认的会计原则"是指在一缔约方境内有关记录收入、支出、成本、资产及负债、信息披露、编制财务报表方面的公认的一致意见或实质性权威支持。公认会计原则既包括普遍适用的概括性指导原则，也包括详细的标准、惯例及程序。

（十一）材料

"材料"是指在生产货物过程中所使用的任何组分、成分、原材料、零件或部件。

（十二）可互换材料

"可互换材料"是指为商业目的可互换的货物或材料，其性质实质相同，仅靠视觉检查无法加以区分。

（十三）非原产材料

"非原产材料"是指用于货物生产中的非任何一成员方原产的材料，以及不明原产地的材料。

（十四）间接材料

"间接材料"是指用于某一货物的生产、测试和检查，但没有实际性地组成到这一货物中的物品，或者是一种用于与某一货物的生产有关的厂房维护或设备操作的物品，包括：

1. 燃料与能源；
2. 工具、模具及铸模；
3. 用于设备及厂房维护的零件和材料；
4. 用于生产或设备操作和厂房的润滑剂、润滑油、混合材料及其他材料；
5. 手套、眼镜、鞋、衣服、安全装置及用品；
6. 用于货物的测试或检查的设备、装置和用品；
7. 催化剂和溶剂，以及其他任何可被证明用于货物的生产但未构成货物组成部分的货物。

（十五）生产

"生产"是指获得货物的方法，包括但不限于货物的种植、饲养、开采、收获、捕捞、耕种、诱捕、狩猎、捕获、采集、收集、养殖、提取、制造、加工或者装配。

（十六）生产者

"生产者"指种植、饲养、开采、收获、捕捞、诱捕、狩猎、制造、加工或装配货物的人。

（十七）水产养殖

"水产养殖"是指从卵、鱼苗、鱼虫和鱼卵等胚胎开始，对包括鱼、软体动物、甲壳动物、其他水生无脊椎动物及水生植物在内的水生生物的养殖。通过有序畜养、喂养或防止食肉动物掠食等方式，对饲养或生长过程加以干预，以提高产量。

（十八）获得

"获得"是指捕捉、捕捞、搜集、收获、采掘、加工或者生产等。

（十九）工厂交货价

"工厂交货价"是指支付给制造厂生产的成品的价格。

（二十）非该国（地区）原产材料价值

"非该国（地区）原产材料价值"是指直接用于制造或装配最终产品而进口原料、零部件的价值（含原产地不明的原料、零配件），以其进口"成本、保险费加运费"价格（CIF）计算。

（二十一）离岸价格（FOB）

"离岸价格（FOB）"又称"船上交货价格"，是指实付或应付给出口人的货物在指定出口港装上运输工具后的价格，包括货物的成本和将货物运至运输工具所需的所有成本。

（二十二）到岸价格（CIF）

"到岸价格"（CIF）又称"成本、保险费加运费价格"，是指实付或应付给出口人的货物在进口港从运输工具卸下后的价格，包括货物的成本和将货物运至指定进口国进境口岸或地点时所需的保险费和运费。

（二十三）制造、加工工序标准

"制造、加工工序"标准，是指在某一国家（地区）进行了赋予制造、加工后所得货物基本特征的主要工序。

（二十四）从价百分比标准

"从价百分比"标准，是指在某一国家（地区）对非该国（地区）原产材料进行制造、加工后的增值部分超过了所得货物价值的30%。用公式表示如下：

$$\frac{\text{工厂交货价} - \text{非该国（地区）原产材料价值}}{\text{工厂交货价}} \times 100\% \geqslant 30\%$$

二、中国原产地管理规定

1. 完全在一个国家（地区）获得的货物，以该国（地区）为原产地；两个以上国家（地区）参与生产的货物，以最后完成实质性改变的国家（地区）为原产地。其中所称完全在一个国家（地区）获得的货物，是指：

(1) 在该国（地区）出生并饲养的活的动物；

(2) 在该国（地区）野外捕捉、捕捞、搜集的动物；

(3) 从该国（地区）的活的动物获得的未经加工的物品；

(4) 在该国（地区）收获的植物和植物产品；

(5) 在该国（地区）采掘的矿物；

(6) 在该国（地区）获得的除上述第1项至第5项范围之外的其他天然生成的物品；

(7) 在该国（地区）生产过程中产生的只能弃置或者回收用作材料的废碎料；

(8) 在该国（地区）收集的不能修复或者修理的物品，或者从该物品中回收的零件或者材料；

(9) 由合法悬挂该国旗帜的船舶从其领海以外海域获得的海洋捕捞物和其他物品；

(10) 在合法悬挂该国旗帜的加工船上加工上述第（9）项所列物品获得的产品；

(11) 从该国领海以外享有专有开采权的海床或者海床底土获得的物品；

(12) 在该国（地区）完全从上述第（1）项至第（11）项所列物品中生产的产品。

2. 在确定货物是否在一个国家（地区）完全获得时，不考虑下列微小加工或者处理：

(1) 为运输、贮存期间保存货物而作的加工或者处理；

(2) 为货物便于装卸而作的加工或者处理；

(3) 为货物销售而作的包装等加工或者处理。

3. 所谓"实质性改变"的确定标准，是以税则归类改变为基本标准；税则归类改变不能反映实质性改变的，以从价百分比、制造或者加工工序等为补充标准。具体标准由海关总署会同商务部、国家质检总局制定。

所谓"税则归类改变"，是指在某一国家（地区）对非该国（地区）原产材料进行制造、加工后，所得货物在《税则》中某一级的税目归类发生了变化。

所谓"从价百分比"，是指在某一国家（地区）对非该国（地区）原产材料进行制造、加工后的增值部分超过所得货物价值一定的百分比。

4. 货物生产过程中使用的能源、厂房、设备、机器和工具的原产地，以及未构成货物物质成分或者组成部件的材料的原产地，不影响该货物原产地的确定。

5. 随所装货物进出口的包装、包装材料和容器，在《税则》中与该货物一并归类的，该包装、包装材料和容器的原产地不影响所装货物原产地的确定；对该包装、包装材料和容器的原产地不再单独确定，所装货物的原产地即为该包装、包装材料和容器的原产地。

随所装货物进出口的包装、包装材料和容器，在《税则》中与该货物不一并归类的，依照《中华人民共和国进出口货物原产地条例》（以下简称《原产地条例》）规定确定该包装、包装材料和容器的原产地。

6. 按正常配备的种类和数量随货物进出口的附件、备件、工具和介绍说明性资料，在《税则》中与该货物一并归类的，该附件、备件、工具和介绍说明性资料的原产地不影响该货物原产地的确定；对该附件、备件、工具和介绍说明性资料的原产地不再单独确定，该货物的原产地即为该附件、备件、工具和介绍说明性资料的原产地。

随货物进出口的附件、备件、工具和介绍说明性资料在《税则》中虽与该货物一并归类，但超出正常配备的种类和数量的，以及在《税则》中与该货物不一并归类的，依照《原产地条例》规定确定该附件、备件、工具和介绍说明性资料的原产地。

7. 对货物所进行的任何加工或者处理，是为了规避中华人民共和国关于反倾销、反补贴和保障措施等有关规定的，海关在确定该货物的原产地时可以不考虑这类加工和处理。

8. 进口货物的收货人按照《海关法》及有关规定办理进口货物的海关申报手续时，应当依照《原产地条例》规定的原产地确定标准如实申报进口货物的原产地；同一批货物的原产地不同的，应当分别申报原产地。

9. 进口货物进口前，进口货物的收货人或者与进口货物直接相关的其他当事人，在有正当理由的情况下，可以书面申请海关对将要进口的货物的原产地作出预确定决定；申请人应当按照规定向海关提供作出原产地预确定决定所需的资料。

海关应当在收到原产地预确定书面申请及全部必要资料之日起150天内，依照《原产地条例》的规定对该进口货物作出原产地预确定决定，并对外公布。

10. 海关接受申报后，应当按照《原产地条例》的规定审核确定进口货物的原产地。

已作出原产地预确定决定的货物，自预确定决定作出之日起3年内实际进口时，经海关审核其实际进口的货物与预确定决定所述货物相符，且《原产地条例》规定的原产地确定标准未发生变化的，海关不再重新确定该进口货物的原产地；经海关审核其实际进口的货物与预确定决定所述货物不相符的，海关应当按照《原产地条例》的规定重新审核确定该进口货物的原产地。

11. 海关在审核确定进口货物原产地时，可以要求进口货物的收货人提交该进口货物的原产地证书，并予以审验；必要时，可以请求该货物出口国（地区）的有关机构对该货物的原产地进行核查。

12. 根据对外贸易经营者提出的书面申请，海关可以依照《海关法》第四十三条的规定，对将要进口的货物的原产地预先作出确定原产地的行政裁定，并对外公布。

进口相同的货物，应当适用相同的行政裁定。

13. 国家对原产地标记实施管理。货物或者其包装上标有原产地标记的，其原产地标记所标明的原产地应当与依照《原产地条例》所确定的原产地相一致。

14. 出口货物发货人可以向国家质检总局所属的各地出入境检验检疫机构、中国国际贸易促进委员会及其地方分会（以下简称签证机构），申请领取出口货物原产地证书。

15. 出口货物发货人申请领取出口货物原产地证书，应当在签证机构办理注册登记手续，按照规定如实申报出口货物的原产地，并向签证机构提供签发出口货物原产地证书所需的资料。

16. 签证机构接受出口货物发货人的申请后,应当按照规定审查确定出口货物的原产地,签发出口货物原产地证书;对不属于原产于中华人民共和国境内的出口货物,应当拒绝签发出口货物原产地证书。

出口货物原产地证书签发管理的具体办法,由国家质检总局会同国务院其他有关部门、机构制定。

17. 应出口货物进口国(地区)有关机构的请求,海关、签证机构可以对出口货物的原产地情况进行核查,并及时将核查情况反馈进口国(地区)有关机构。

18. 用于确定货物原产地的资料和信息,除按有关规定可以提供或者经提供该资料和信息的单位、个人的允许,海关、签证机构应当对该资料和信息予以保密。

19. 违反原产地规定的处罚。

(1) 违反《原产地条例》规定申报进口货物原产地的,依照《中华人民共和国对外贸易法》、《海关法》和《中华人民共和国海关行政处罚实施条例》(以下简称《海关行政处罚实施条例》)的有关规定进行处罚。

(2) 提供虚假材料骗取出口货物原产地证书或者伪造、变造、买卖或者盗窃出口货物原产地证书的,由出入境检验检疫机构、海关处 5000 元以上 10 万元以下的罚款;骗取、伪造、变造、买卖或者盗窃作为海关放行凭证的出口货物原产地证书的,处货值金额等值以下的罚款,但货值金额低于 5000 元的,处 5000 元罚款。有违法所得的,由出入境检验检疫机构、海关没收违法所得。构成犯罪的,依法追究刑事责任。

(3) 进口货物的原产地标记与依照《原产地条例》所确定的原产地不一致的,由海关责令改正。

出口货物的原产地标记与依照《原产地条例》所确定的原产地不一致的,由海关、出入境检验检疫机构责令改正。

(4) 确定进出口货物原产地的工作人员违反规定的程序确定原产地的,或者泄露所知悉的商业秘密的,或者滥用职权、玩忽职守、徇私舞弊的,依法给予行政处分;有违法所得的,没收违法所得;构成犯罪的,依法追究刑事责任。

20. 出口货物原产地管理规定。

(1) 中华人民共和国出口货物原产地证明书是证明有关出口货物原产地为中华人民共和国的证明文件。

(2) 国家对外经济贸易主管部门对全国出口货物原产地工作实施统一监督管理。各省、自治区、直辖市人民政府对外经济贸易主管部门负责协调本行政区域内的出口货物原产地工作。

(3) 国家进出口商品检验部门设在地方的进出口商品检验机构、中国国际贸易促进委员会及其分会,以及国家对外经济贸易主管部门指定的其他机构,按照国家对外经济贸易主管部门的规定签发原产地证。

(4) 在中华人民共和国境内依法设立,享有对外贸易经营权的企业,从事"来料加工"、"来样加工"、"来件装配"和"补偿贸易"业务的企业及外商投资企业,可以根据需要向规定的签发机构申请领取原产地证。

(5) 申请领取原产地证的出口货物,应当符合原产地标准;不符合原产地标准的,签发机构应当拒绝签发原产地证。

(6) 申请领取和签发原产地证的程序由国家对外经济贸易主管部门规定。

(7) 普惠制原产地证依照普惠制给惠国原产地规则办理。

(8) 有下列行为之一的,国家对外经济贸易主管部门根据省、自治区、直辖市人民政府对外经济贸易主管部门的建议,可以区别情况通报批评、暂停直至取消其申请领取原产地证的资格:

①提供虚假材料,骗取原产地证的;

②伪造、变造原产地证的；

③非法转让原产地证的。

对有上述所列行为的企业的主管人员和直接责任人员，给予行政处分；情节严重，构成犯罪的，依法追究刑事责任。

21. 确定"中华人民共和国原产地"的标准。

符合下列标准之一的出口货物，其原产地为中华人民共和国：

（1）全部在中华人民共和国境内生产或者制造的产品，包括：

①从中华人民共和国领土和大陆架提取的矿产品；

②在中华人民共和国境内收获或者采集的植物及其产品；

③在中华人民共和国境内繁殖和饲养的动物及其产品；

④在中华人民共和国境内狩猎或者捕捞获得的产品；

⑤由中华人民共和国船只或者其他工具从海洋获得的海产品和其他产品及其加工制成的产品；

⑥在中华人民共和国境内制造、加工过程中回收的废物和废料及在中华人民共和国境内收集的其他废旧物品；

⑦在中华人民共和国境内完全用上述产品及其他非进口原料加工制成的产品。

（2）部分或者全部使用进口原料、零部件，在中华人民共和国境内进行主要的及最后的制造、加工工序，使其外形、性质、形态或者用途产生实质性改变的产品。制造、加工工序清单，按照以制造、加工工序为主，辅以构成比例的原则，由国家对外经济贸易主管部门商国务院有关部门制定、调整。

三、优惠贸易协定项下货物原产地管理规定

（一）原产地证书的管理

1. 实行联网管理的原产地证书，指证书的纸质文本和电子数据；未实行联网管理的原产地证书，指证书的纸质文本。

2. 原产地证书由出口货物的所在国家或地区指定机构签发。原产地证书的审核和认定应遵循我国与各协定成员国或地区签订的原产地规则及海关总署发布的有关原产地认定的海关规章。

（二）优惠原产地货物的通关

1. 对原产于与我国签订优惠贸易协定的国家和地区的进口货物，进口货物的收货人或其代理人只有按有关规定要求向海关提交符合优惠贸易协定规定的原产地证书，方可享受协定优惠关税税率。

2. 进口货物的收货人或其代理人应严格按照《海关总署关于执行优惠贸易协定项下进口货物报关单填制规范的公告》填制报关单，向海关申报。

3. 海关在审核原产地证书时，对优惠原产地进口货物参照海关总署发布的有关原产地证书及其签章的备案资料（港、澳地区CEPA原产地证书样本，其他地区的原产地证书应审核其发证机构名称、发证机构的签章是否与备案一致），结合有关单证（如原厂发票、提运单和其他有关单证等）及货物的实际情况（如货物包装、唛头标志等）进行审核。

4. 对实行联网管理的优惠原产地证书，海关对纸质文本和电子数据进行审核。原产地证书必须在有效期内，且证书编号和商品编码两项内容必须与报关单所报内容相符，申报数据不得超出原产地证书数量，原产地证书的签证机构、签发地区、到货口岸等内容应与实际相符。

5. 对于实行联网管理的原产地证书，有原产地纸质证书无电子数据或无原产地纸质证书有电子数据的，以及其他原因导致报关单电子数据与原产地证书电子数据不一致的，应进口货物的收货人或其代理人书面申请并经海关审核同意后，按非优惠贸易协定税率计征保证金，办理担保验放手续。在规定期限内，进口货物的收货人或其代理人可凭有效原产地纸质证书和电子数据，按优惠贸易协定进口货物报关单填制要求申报，办理保证金结案手续，否则到期后办理保证金转税手续，并不再享受协定

优惠关税税率。

根据"内地与港、澳紧密经贸关系安排"（CEPA）的有关规定，相关部门对优惠贸易协定项下进口货物原产地证书纸质文本和电子数据的认定应在海关办理担保验放手续后90天内完成。其他优惠贸易协定项下进口货物原产地证书的担保期限不应超过6个月。

6. 对于适用CEPA项下进口的货物，实行绿色关锁制度。对经香港海关查验并施加绿色关锁的CEPA项下享受关税优惠的商品，内地海关凭承运人提供的香港海关查验报告，一般可不再进行查验。

7. 根据优惠贸易协定项下优惠原产地规则中的直接运输标准的规定，对于经第三方转运的进口货物，进口申报时需向海关交验转运国（转运地）签发的未再进行加工的证明文件，其中，凡经香港或澳门转运的优惠原产地规则项下的进口货物向海关申报时，应提供香港中国检验有限公司或者澳门中国检验有限公司签发的"未再加工证明"；经其他未与我方签有优惠协议或安排的国家或地区转运的优惠原产地规则项下的进口货物向海关申报时，应提供转运国（转运地）海关出具的"未再加工证明"。海关应审核签发是否符合规定。

（三）优惠原产地货物的征税

1. 以报关单填报的商品编号、原产国及协定编号确定协定税率。同时有公开暂定税率和协定税率的，从低计征。

2. 计税公式与现行计税公式相同。

四、非优惠原产地规则中实质性改变标准的规定

1. 进出口货物实质性改变的确定标准，以税则归类改变为基本标准，税则归类改变不能反映实质性改变的，以从价百分比、制造或者加工工序等为补充标准。

2. "税则归类改变"标准，是指在某一国家（地区）对非该国（地区）原产材料进行制造、加工后，所得货物在《税则》中的4位数级税目归类发生了变化。

3. "制造、加工工序"标准，是指在某一国家（地区）进行的赋予制造、加工后所得货物基本特征的主要工序。

4. "从价百分比"标准，是指在某一国家（地区）对非该国（地区）原产材料进行制造、加工后的增值部分超过了所得货物价值的30%。"从价百分比"的计算应当符合公认的会计原则及《中华人民共和国进出口关税条例》。

5. "非该国（地区）原产材料价值"是指直接用于制造或装配最终产品而进口原料、零部件的价值（含原产地不明的原料、零配件），以其进口"成本、保险费加运费"价格（CIF）计算。

6. 以制造、加工工序和从价百分比为标准判定实质性改变的货物在"适用制造或者加工工序及从价百分比标准的货物清单"中具体列明，并按列明的标准判定是否发生实质性改变。未列入"适用制造或者加工工序及从价百分比标准的货物清单"货物的实质性改变，应当适用税则归类改变标准。

7. "适用制造或者加工工序及从价百分比标准的货物清单"由海关总署会同商务部、国家质检总局根据实施情况修订并公告。

五、海关最不发达国家特别优惠关税待遇原产地管理规定

1. 海关最不发达国家特别优惠关税待遇适用于从与我国建交的最不发达国家（以下称受惠国）进口并享受特别优惠关税待遇货物的原产地管理。海关凭中国给予特别优惠关税待遇原产地证书办理相关特别优惠关税手续。受惠国名单由海关总署另行公告。

2. 从受惠国直接运输进口的货物，符合下列条件之一的，为该受惠国原产货物，适用《税则》中相应的特惠税率：

（1）完全在受惠国获得或者生产的货物。所称"完全在受惠国获得或者生产"的货物是指：

①在该受惠国出生并饲养的活动物；
②在该受惠国从本条第①项所指的动物中获得的货物；
③在该受惠国收获、采摘或者采集的植物和植物产品；
④在该受惠国狩猎或者捕捞获得的货物；
⑤在该受惠国注册或者登记，并合法悬挂该受惠国国旗的船只，在该受惠国根据符合其缔结的相关国际协定可适用的国内法有权开发的境外水域得到的鱼类、甲壳类动物及其他海洋生物；
⑥在该受惠国注册或者登记，并合法悬挂该受惠国国旗的加工船上加工本条第⑤项所列货物获得的货物；
⑦在该受惠国开采或者提取的矿产品及其他天然生成物质，或者从该受惠国根据符合其缔结的相关国际协定可适用的国内法有权开采的境外水域、海床或者海床底土得到或者提取的除鱼类、甲壳类动物及其他海洋生物以外的货物；
⑧在该受惠国收集的该受惠国消费过程中产生的仅适用于原材料回收的废旧物品；
⑨在该受惠国加工制造过程中产生的仅适用于原材料回收的废碎料；
⑩利用本条第①项至第⑨项所列货物在该受惠国加工所得的货物。

2. 非完全在受惠国获得或者生产，但在该受惠国最后完成实质性改变的。其中"实质性改变"，依据以下标准确定：

①在受惠国境内非完全获得或者生产，但符合《与我国建交的最不发达国家产品特定原产地规则》的，应当视为该受惠国原产货物。

②除《与我国建交的最不发达国家产品特定原产地规则》另有规定外，在受惠国境内，部分或者完全使用非受惠国原产材料进行制造或者加工，所得货物在《税则》中的四位数级税则归类发生变化的，应当视为原产于受惠国的货物。

③除《与我国建交的最不发达国家产品特定原产地规则》另有规定外，在受惠国境内，部分或者完全使用非受惠国原产材料生产的货物，其增值部分不低于所得货物船上交货价格（FOB）40%的，应当视为原产于该受惠国的货物。

货物的增值部分应当按照下列方法计算比例：

$$\frac{货物船上交货价格（FOB）-非原产材料价格}{货物船上交货价格（FOB）} \times 100\% \geqslant 40\%$$

其中货物船上交货价格和非原产材料价格的计算应当符合《海关估价协定》。

3. 下列微小加工或者处理不影响货物原产地的确定：
(1) 为在运输或者贮存期间使货物保持良好状态而进行的加工或者处理；
(2) 为便于货物装卸而进行的加工或者处理；
(3) 为便于货物销售而进行的包装、展示等加工或者处理；
(4) 简单的稀释、混合、干燥、装配、分类或者装饰；
(5) 动物屠宰。

4. 属于《税则》归类总规则三所规定的成套货物，其中全部货物均原产于某一受惠国的，该成套货物即为原产于该受惠国；其中部分货物非原产于该受惠国，但是非原产货物的价格按照规定确定的比例未超过该成套货物价格15%的，该成套货物仍应当视为原产于该受惠国。

5. 在确定货物的原产地时，货物生产过程中使用本身不构成货物物质成分、也不成为货物组成部件的下列材料或者物品，其原产地不影响货物原产地的确定：
(1) 燃料、能源、催化剂及溶剂；

（2）用于测试或者检验货物的设备、装置及用品；

（3）手套、眼镜、鞋靴、衣服、安全设备及用品；

（4）工具、模具及型模；

（5）用于维护设备和厂房建筑的备件及材料；

（6）在生产中使用或者用于运行设备和维护厂房建筑的润滑剂、油（滑）脂、合成材料及其他材料；

（7）在货物生产过程中使用，未构成该货物组成成分，但能够合理表明其参与了该货物生产过程的任何其他货物。

6. 与货物一起申报进口并在《税则》中与该货物一并归类的包装、包装材料和容器的原产地，以及正常配备的附件、备件、工具及介绍说明性材料的原产地，不影响货物原产地的确定。

7. 申报享受特别优惠关税待遇的进口货物从受惠国直接运输至我国境内，途中未经过中国和该受惠国以外的其他国家或者地区的直接运输货物，经过其他国家或者地区运输至我国境内，不论在运输途中是否转换运输工具或者作临时储存，同时符合下列条件的，应当视为"直接运输"：

（1）未进入其他国家或者地区的贸易或者消费领域。

（2）该货物在经过其他国家或者地区时，未作除装卸或者其他为使货物保持良好状态所必须处理以外的其他处理。但该货物在经过其他国家或者地区时，相关货物进入其他国家或者地区停留时间最长不得超过3个月。

（3）处于该国家或者地区海关的监管之下。

8. 海关有证据证明进口货物有规避法规嫌疑的，该进口货物不得享受特别优惠关税待遇。

9. 适用特惠税率应提交的单证。

货物申报进口时，进口货物收货人或者其代理人应当按照海关的申报规定填制进口货物报关单，申明适用特惠税率，并同时提交下列单证：

（1）由出口受惠国政府指定的原产地证书签发机构（以下简称签证机构）签发，并由该国海关在出口时加盖印章的有效原产地证书正本及第二副本。

未提交有效原产地证书正本及第二副本的，应当按照《海关进出口货物优惠原产地管理规定》的规定，就该进口货物是否具备原产资格向海关进行补充申报。

（2）货物的商业发票正本。

（3）货物的运输单证：

①货物从受惠国直接运输至我国境内，进口货物收货人或者其代理人应当提交在出口受惠国签发的运输单证。

②货物经过其他国家或者地区运输至我国境内，进口货物收货人或者其代理人应当提交在出口受惠国签发的联运提单，以及该货物在经过其他国家或者地区时，未作除装卸或者其他为使货物保持良好状态所必须处理以外的其他处理的相关证明文件。

③受惠国为内陆国家，因运输原因货物必须从其他国家起运的，进口货物收货人或者其代理人可以提交国际联运始发的其他国家或者地区签发的联运提单、由出口受惠国运输至签发联运提单的国家或者地区的运输单证，以及该货物在经过其他国家或者地区时，未作除装卸或者其他为使货物保持良好状态所必须处理以外的其他处理的相关证明文件。

④在其他国家或者地区作临时储存的，进口货物收货人或者其代理人应当提交货物全程运输单证，以及临时储存货物的国家或者地区海关出具的证明符合下列情况的相关文件：

——未进入其他国家或者地区的贸易或者消费领域；

——该货物在经过其他国家或者地区时，未做除装卸或者其他为使货物保持良好状态所必须处理以外的其他处理；

——处于该国家或者地区海关的监管之下。

10. 特惠税率的申办。

（1）进口货物收货人或者其代理人对于符合特别优惠关税待遇进口货物原产地管理规定，就该进口货物具备受惠国原产资格向海关进行补充申报的，海关可以根据进口货物收货人或者其代理人的申请，依法选择按照该货物适用的最惠国税率、普通税率或者其他税率收取等值保证金后放行货物，并按照规定办理进口手续，进行海关统计。

（2）同时具备下列条件的，进口货物收货人或者其代理人可以自缴纳保证金之日起1年内，向海关申请退还已缴纳的等值保证金：

①进口时已就进口货物具备原产资格向海关进行补充申报，申明适用特惠税率；

②提交有效原产地证书正本、第二副本及海关要求提供的与货物进口相关的其他文件。

进口货物收货人或者其代理人未在缴纳保证金之日起1年内提出退还保证金申请的，海关应当立即办理保证金转为进口税款手续。海关统计数据同时作相应修改。

（3）享受特别优惠关税待遇进口货物适用的原产地证书应当由一份正本和三份副本组成。副本包括第二副本、第三副本和第四副本，其中第二副本海关认为必要时作核查之用，第三副本由出口受惠国签证机构留存，第四副本由出口人留存。

（4）原产地证书自签发之日起1年内有效。

（5）进口货物收货人或者其代理人向海关提交的原产地证书应当同时符合下列条件：

①由签证机构在货物出口前或者出口时签发；

②符合规定格式，以英文填制；

③符合与受惠国通知中国海关的印章样本相符等安全要求；

④具有出口受惠国海关在出口时加盖的印章；

⑤所列的一项或者多项货物为同一批次的进口货物；

⑥具有不重复的原产地证书编号；

⑦注明确定货物具有原产资格的依据；

⑧证书在其有效期内。

（6）海关对原产地证书的真实性、相关货物是否原产于相关受惠国或者是否符合相关规定产生怀疑时，海关总署可以直接或者通过中国驻相关受惠国使领馆经济商务参赞处（室）向受惠国海关或者原产地证书签证机构提出核查要求，并要求其自收到核查要求之日起的180日内予以答复。

未能在上述期限内收到答复的，该货物不得适用特惠税率。

在等待受惠国原产地证书核查结果期间，依照进口货物收货人或者其代理人的申请，海关可以依法选择按照该货物适用的最惠国税率、普通税率或者其他税率收取等值保证金后放行货物，并按规定办理进口手续、进行海关统计。核查完毕后，海关应当根据核查结果，立即办理退还保证金手续或者办理保证金转为进口税款手续，海关统计数据应当作相应修改。

对国家限制进口或者有违法嫌疑的进口货物，海关在原产地证书核查完毕前不得放行。

（7）具有下列情形之一的，进口货物不适用特惠税率：

①进口货物的原产地不符合规定的；

②货物申报进口时，进口货物收货人或者其代理人没有提交有效的原产地证书正本以及第二副本，也未就进口货物是否具备受惠国原产资格进行补充申报的；

③原产地证书所用的签证机构印章与海关备案资料不一致的；

④原产地证书所列货物与实际进口货物不符的；

⑤自受惠国海关或者签证机构收到原产地核查请求之日起180日内，海关没有收到受惠国海关或者签证机构答复结果，或者该答复结果未包含足以确定原产地证书真实性或者货物真实原产地信息的；

⑥进口货物收货人或者其代理人存在其他不遵守有关规定行为的。

11. 其他相关规定。

（1）原产地证书被盗、遗失或者损毁，并且未经使用的，进口货物收货人或者其代理人可以要求该进口货物的出口人凭原产地证书第四副本向受惠国原签证机构书面申请，在原证书正本有效期内签发经核准的原产地证书副本。该副本应当在备注栏注明"原产地证书正本（编号＿＿＿＿日期＿＿＿＿）经核准的真实副本"字样。经核准的原产地证书副本向海关提交后，原产地证书正本失效。

原产地证书正本已经使用的，经核准的原产地证书副本无效。

（2）违反《海关最不发达国家特别优惠关税待遇进口货物原产地管理办法》，构成走私行为、违反海关监管规定行为或者其他违反《海关法》行为的，由海关依照《海关法》和《海关行政处罚实施条例》的有关规定予以处理；构成犯罪的，依法追究刑事责任。

（3）海关对依照有关规定获得的商业秘密依法负有保密义务。未经进口货物收货人同意，海关不得泄露或者用于其他用途，但是法律、行政法规及相关司法解释另有规定的除外。

六、关于台湾地区原产地证相关规定

1. 从台湾直接运输进口的货物，符合下列条件之一的，其原产地为台湾，适用《税则》中的协议协定税率：

（1）在台湾完全获得的；

（2）在台湾仅由大陆或者台湾原产材料生产的；

（3）在台湾非完全获得，但符合《海峡两岸经济合作框架协议》项下产品特定原产地规则的。

2. "在台湾完全获得"的货物是指：

（1）在台湾出生并饲养的活动物；

（2）在台湾从上述第1项所述活动物中获得的货物；

（3）在台湾收获、采摘或者采集的植物、植物产品；

（4）在台湾狩猎、诱捕、捕捞、耕种、采集或者捕获获得的货物；

（5）在台湾采掘的矿物；

（6）在台湾相关的水域、海床或者底土获得的货物；

（7）在台湾注册的加工船上，完全用上述第（6）项所述货物加工、制造的货物；

（8）在台湾加工过程中产生并且仅适用于原材料回收的废碎料，或者在台湾消费后所收集并且仅适用于原材料回收的废品；

（9）在台湾完全从上述第（1）项至第（8）项所述货物获得的货物。

3. 《海峡两岸经济合作框架协议》项下进口货物在生产过程中使用了非台湾原产材料，非台湾原产材料的税则号列与进口货物的税则号列不同，但是从非台湾原产材料到进口货物的税则归类改变符合《海峡两岸经济合作框架协议》项下产品特定原产地规则中相应税则归类改变标准的，该进口货物应当视为原产于台湾的货物。此外：

（1）在台湾使用非台湾原产材料生产的货物，符合《海峡两岸经济合作框架协议》项下产品特定原产地规则中该货物所对应的区域价值成分标准的，应当视为原产于台湾的货物。

（2）在台湾使用非台湾原产材料生产的货物，符合《海峡两岸经济合作框架协议》项下产品特定原产地规则中该货物对应的加工工序标准的，应当视为原产于台湾的货物。

（3）原产于大陆的材料在台湾被用于生产另一货物，并构成另一货物组成部分的，在确定另一货物原产地时，该材料应当视为台湾原产材料。

非台湾原产材料，是指除依据《中华人民共和国海关〈海峡两岸经济合作框架协议〉项下进出口货物原产地管理办法》规定具备台湾原产资格的材料以外的其他材料。

4. 下列微小加工或者处理不影响货物原产地的确定：

（1）为确保货物在运输或者储藏期间处于良好状态而进行的处理，例如通风、干燥、冷藏、冷冻、上油、涂抹防锈漆、包覆保护层、加盐或者水溶液；

（2）为便利托运而对货物进行的拆解、组装；

（3）以销售或者展示为目的的包装、拆包或者重新包装等处理；

（4）动物屠宰、冷冻、分割、切片；

（5）过滤、筛选、挑选、分类、分级、匹配（包括成套物品的组合）、纵切、弯曲、卷绕、展开等作业；

（6）洗涤、清洁、除尘、去除氧化物、除油、去漆以及去除其他涂层；

（7）简单的上漆、磨光、削尖、研磨、切割、装配或者拆卸等作业；

（8）装瓶、装罐、装袋、装箱、装盒、固定于纸板或者木板及其他类似的包装工序；

（9）在产品或者其包装上粘贴或者印刷标志、标签、标识及其他类似的区别标记；

（10）稀释、溶解或者简单混合，未实质改变货物本质的；

（11）除稻米以外的谷物的去壳、部分或者完全的漂白、抛光及上光；

（12）食糖上色或者形成糖块的操作；

（13）纺织品的熨烫或者压平；

（14）水果、坚果及蔬菜的去皮、去核或者去壳。

5. 适用《海峡两岸经济合作框架协议》项下产品特定原产地规则中税则改变标准确定原产地的货物，其生产过程中所使用的部分非台湾原产材料未能满足税则归类改变标准，但这部分非台湾原产材料依据计算的价格不超过货物船上交货价格的10%，货物同时符合所有其他适用规定的，该货物应当视为原产于台湾。

6. 在确定货物原产地时，对性质相同，为商业目的可互换的货物或者材料，仅靠视觉观察无法加以区分的，应当通过下列方法加以区分：

（1）货物的物理分离；

（2）出口方公认会计原则承认的库存管理方法。

依照出口方公认会计原则承认的库存管理方法的，应当在其整个会计年度内连续使用该方法对上述货物或者材料进行管理。

7. 在确定货物的原产地时，货物生产过程中使用，本身既不构成货物物质成分、也不成为货物组成部件的下列材料或者物品，其原产地不影响货物原产地的确定：

（1）燃料、能源、催化剂及溶剂；

（2）用于测试或者检验货物的设备、装置及相关用品；

（3）手套、眼镜、鞋靴、衣服、安全设备及用品；

（4）工具及模具；

（5）用于维护设备和建筑的备用零件及材料；

（6）在生产过程中使用的其他材料或者物品。

8. 属于协调制度归类总规则三规定的成套货品，其中全部货物均原产于台湾的，该成套货品即为原产于台湾；其中部分货物非原产于台湾，但是按照规定确定的价格不超过该成套货品船上交货价格10%的，该成套货品仍然应当视为原产于台湾。

9. 运输期间用于保护货物的包装材料及容器的原产地不影响货物原产地的确定。

适用协议项下产品特定原产地规则中税则归类改变标准确定原产地的货物，其零售用包装材料及容器与该货物在税则中一并归类的，该零售用包装材料及容器的原产地不影响货物原产地的确定。

适用协议项下产品特定原产地规则中区域价值成分标准确定原产地的货物，其零售用包装材料及容器的价格应当纳入原产材料价格或者非台湾原产地材料价格予以计算。

10. 适用《海峡两岸经济合作框架协议》项下产品特定原产地规则中税则归类改变标准确定原产地的货物，与该货物一同申报进出口的配件、备用零件、工具、说明书及信息资料，在税则中与该货物一并归类，并且不单独开具发票的，其原产地不影响货物原产地确定。

适用《海峡两岸经济合作框架协议》项下产品特定原产地规则中区域价值成分标准确定原产地的货物，与该货物一同申报进出口的配件、备用零件、工具、说明书及信息资料，不单独开具发票的，在计算该货物的区域价值成分时，该配件、备用零件、工具、说明书及信息资料的价格应当纳入原产材料价格或者非台湾原产材料价格予以计算。

上述配件、备用零件、工具、说明书及信息资料的数量与价格应当在合理范围之内。

11. "台湾直接运输"，是指《海峡两岸经济合作框架协议》项下进口货物从台湾直接运输至大陆，途中未经过大陆、台湾以外的其他第三方。

原产于台湾的货物经过大陆、台湾以外的一个或者多个第三方，不论是否在第三方转换运输工具或者临时储存，同时符合下列条件的，应当视为"直接运输"：

（1）由于地理原因或者运输需要；

（2）货物在该第三方未进行贸易或者消费；

（3）除装卸、重新包装或者使货物保持良好状态所必需的处理外，货物在该第三方未经其他处理；

（4）该货物在第三方作临时储存时，处于该第三方海关监管之下。

上述规定情形下，货物进入第三方停留时间自运抵该方之日起不得超过60日。

12. 货物申报进口时，进口货物收货人或者其代理人应当按照海关的申报规定填制中华人民共和国海关进口货物报关单，申明适用《海峡两岸经济合作框架协议》协定税率，并同时提交下列单证：

（1）由台湾签证机构签发的有效原产地证书正本；

（2）货物的商业发票正本、装箱单及相关运输单证；

（3）货物经过大陆、台湾以外的第三方运输至大陆的，应当提交在台湾签发的联运提单、第三方海关出具的证明文件及海关认可的其他证明文件。

货物申报进口时，进口货物收货人或者其代理人未提交有效原产地证书正本，也未就该进口货物是否具备台湾原产资格向海关进行补充申报，海关应当依法按照该货物适用的最惠国税率、普通税率或者其他税率计征关税及进口环节海关代征税，并按照规定办理进口手续、进行海关统计。收货人或者其代理人在货物征税放行后向海关提交原产地证书的，海关不予受理，已征税款不予调整。

13. 原产地申报为台湾的进口货物，收货人或者其代理人在申报进口时未提交原产地证书的，应当在办结海关手续前就该进口货物是否具备台湾原产资格向海关进行补充申报。

进口货物收货人或者其代理人依照《中华人民共和国海关〈海峡两岸经济合作框架协议〉项下进出口货物原产地管理办法》规定就进口货物具备台湾原产资格向海关进行补充申报的，海关可以根据进口货物收货人或者其代理人的申请，收取相当于应缴税款的等值保证金后放行货物，并按照规定办理进口手续，进行海关统计。依照法律、行政法规规定不得办理担保的情形除外。

14. 同时具备下列条件的，进口货物收货人或者其代理人可以自缴纳保证金之日起1年内，向海关申请退还：

（1）进口时已就进口货物具备台湾原产资格向海关进行补充申报，申明适用协议协定税率；

（2）提交有效原产地证书及海关要求提供的与货物进口相关的其他文件。

进口货物收货人或者其代理人未在缴纳保证金之日起1年内提出退还保证金申请的，海关应当立即办理保证金转为进口税款手续，海关统计数据同时作相应修改。

15. 原产地证书自签发之日起12个月内有效。

16. 进口货物收货人或者其代理人向海关提交的原产地证书应当同时符合下列条件：

（1）由台湾签证机构在货物申报出口前签发；

（2）在有效期内；

（3）正确填制、署名和盖章；

（4）仅有一份正本，并且具有单一证书编号；

（5）所列的货物为同一批次的进口货物，项数不超过20项；
（6）一份进口报关单上所列货物对应一份原产地证书。

17. 具有下列情形之一的，出口商或者生产商可以自货物实际出口之日起90日内申请补发原产地证书：
（1）因不可抗力或者符合台湾规定的正当理由，未能在货物出口报关前申请签发原产地证书的；
（2）签证机构已签发原产地证书，但由于在填制或者签发证书时产生的技术性错误，出口商已申请注销在先原产地证书的；
（3）原产地证书遗失或者损毁，并且未经使用的。

补发的原产地证书应当注明"补发"字样，并自货物实际出口之日起12个月内有效。原产地证书已使用的，补发的原产地证书无效。

18. 海关对协议项下原产地证书的真实性、部分或者全部进口货物是否原产于台湾，或者是否符合相关规定产生怀疑时，可以通过以下方式进行核实：
（1）要求进口货物的收货人或者其代理人在协议规定的期限内提供补充资料；
（2）通过台湾原产地核查联络机构书面要求出口商、生产商或者签证机构提供相关核查协助；
（3）与台湾海关商定的其他方式。

19. 具有下列情形之一的，该进口货物不适用海峡两岸经济合作框架协议协定税率：
（1）进口货物的原产地不符合有关规定的；
（2）货物申报进口时，进口货物收货人或者其代理人未向海关提交有效原产地证书正本，也未就进口货物具备台湾原产资格进行补充申报的；
（3）原产地证书未按照规定的格式正确填制、署名和盖章的；
（4）原产地证书所列内容与实际进口货物不符的；
（5）在协议规定的期限内，海关未收到进口货物收货人或者其代理人、台湾有关部门答复结果，或者答复结果未包含足以确定原产地证书真实性、货物真实原产地信息的；
（6）原产地证书所列内容与其他申报单证不符的；
（7）原产地证书所列货物名称、8位税则号列、数量、重量、包装唛头、编号、包装件数或者种类等内容与进口货物不符的；
（8）进口货物收货人或者其代理人存在其他不遵守有关规定行为的。

20. 出口货物申报时，出口货物发货人或者其代理人应当按照海关的申报规定填制出口货物报关单，并向海关提交协议项下原产地证书电子数据或者原产地证书正本的复印件。

21. 海关对依照规定获得的商业秘密依法负有保密义务。未经进出口货物收发货人同意，海关不得泄露或者用于其他用途，但是法律、行政法规及相关司法解释另有规定的除外。

22. 违反《中华人民共和国海关〈海峡两岸经济合作框架协议〉项下进出口货物原产地管理办法》，构成走私行为、违反海关监管规定行为或者其他违反《海关法》行为的，由海关依照《海关法》和《海关行政处罚实施条例》的有关规定予以处理；构成犯罪的，依法追究刑事责任。

七、香港原产地证管理规定

1. 涉及香港原产地的相关概念。
（1）"制造或者加工工序"，是指赋予加工后所得货物基本特征的主要工序。在香港境内完成该工序的视为进行了实质性加工。
（2）"税号改变"，是指非香港原产材料经过在香港境内加工生产后，所得产品在税则中4位数级的税目归类发生了变化，并且该产品不再在香港以外的国家或者地区进行任何改变4位数级税目归类的生产、加工或者制造。
（3）"从价百分比"，是指完全在香港获得的原料、组合零件、劳工价值和产品开发支出价值的总和与出口制成品船上交货价格（FOB）的比值。该比值大于或者等于30%，并且产品的最后制造或者加工工序在香港境内完成的，视为进行了实质性加工。用公式表示如下：

$$\frac{原料价值+组合零件价值+劳工价值+产品开发支出价值}{出口制成品的船上交货价格（FOB）}\times100\%\geqslant30\%$$

（4）"产品开发"，是指在香港境内为生产或者加工有关出口制成品而实施的产品开发。产品开发支出价值应当与该出口制成品有关，包括生产加工者自行开发、委托香港境内的自然人或者法人开发以及购买香港境内的自然人或者法人拥有的设计、专利、专有技术、商标或者著作权而支付的费用。

（5）"其他标准"，是指除上述'制造或者加工工序'标准、"税号改变"标准和"从价百分比"标准之外，内地与香港主管部门一致同意采用的确定原产地的其他方法。

（6）"混合标准"，是指确定原产地时同时使用的上述两个或者两个以上的标准。

2. 对于直接从香港进口的《内地与香港关于建立更紧密经贸关系的安排》项下货物，应当根据下列原则确定其原产地：

（1）完全在香港获得的货物，其原产地为香港；

（2）非完全在香港获得的货物，只有在香港进行了实质性加工的，其原产地才可以认定为香港。

3. 完全在香港获得的货物是指：

（1）在香港开采或者提取的矿产品；

（2）在香港收获或者采集的植物或者植物产品；

（3）在香港出生并饲养的活动物；

（4）在香港从本条第（3）项所述动物获得的产品；

（5）在香港狩猎或者捕捞所获得的产品；

（6）持香港牌照并悬挂香港特别行政区区旗的船只在公海捕捞获得的鱼类和其他海产品；

（7）在持香港牌照并悬挂香港特别行政区区旗的船只上加工本条第（6）项所述产品获得的产品；

（8）在香港收集的香港消费过程中产生的仅适于原材料回收的废旧物品；

（9）在香港加工制造过程中产生的仅适于原材料回收的废碎料；

（10）利用上述第（1）项至第（9）项所述产品在香港加工所获得的产品。

4. 下列加工或者处理，无论是单独完成还是相互结合完成，均视为微小加工处理，在确定货物是否完全获得时应当不予考虑：

（1）运输或者贮存货物而进行的加工或者处理；

（2）为便于货物装运而进行的加工或者处理；

（3）为货物销售而进行的包装、展示等加工或者处理。

5. 简单的稀释、混合、包装、装瓶、干燥、装配、分类或者装饰不应当视为实质性加工。

以规避规定为目的的加工或者定价措施不应当视为实质性加工。

6. 货物制造过程中使用的能源、工厂、设备、机器、工具的产地，以及不构成货物组成成分或者组成部件的材料的产地，在确定货物原产地时不予考虑。

7. 随货物一起报关进口，并在税则中与该货物一并归类的包装、包装材料、容器以及附件、备件、工具、介绍说明性材料，在确定货物原产地时应当忽略不计。

8. 《内地与香港关于建立更紧密经贸关系的安排》项下的进口货物应当从香港直接运输至内地口岸。

9. 《内地与香港关于建立更紧密经贸关系的安排》项下的进口货物报关时，收货人应当主动向申报地海关申明该货物适用零关税，并提交符合《内地与香港关于建立更紧密经贸关系的安排》项下《关于原产地证书的签发和核查程序》规定的有效原产地证书。原产地证书经海关联网核对无误的，海关准予按照零关税办理货物进口手续。经海关核对确认证书无效的，不适用零关税。

申报地海关因故无法进行联网核对,且收货人要求放行货物的,海关可以按照非《内地与香港关于建立更紧密经贸关系的安排》项下该货物适用的税率征收相当于应缴税款的等值保证金后先予放行货物,并按规定办理进口手续,进行海关统计。申报地海关应当自该货物放行之日起 90 天内核定其原产地证书真实情况,根据核定结果办理退还保证金手续或者保证金转为进口关税手续,海关统计数据应当作相应修改。

10. 申报地海关对原产地证书内容的真实性产生怀疑时,可以经海关总署或者其授权的海关向香港海关提出协助核查的请求。在等待香港海关核查结果并确认有关原产地证书期间,申报地海关可以按照非《内地与香港关于建立更紧密经贸关系的安排》项下该货物适用的税率征收相当于应缴税款的等值保证金后先予放行货物,并按规定办理进口手续,进行海关统计。香港海关核查完毕后,申报地海关应当根据核查结果,立即办理退还保证金手续或者保证金转为进口关税手续,海关统计数据应当作相应修改。

11. 海关对进口货物收货人提供的用于原产地证书核查的资料负有保密义务。未经收货人同意,海关不得泄露或者用于其他用途,但法律、行政法规及相关司法解释另有规定的除外。

12. 违反有关规定的行为,海关按照《海关法》和《海关行政处罚实施条例》的规定处理;构成犯罪的,依法追究刑事责任。

八、澳门原产地证管理规定

1. 涉及澳门原产地的相关概念。
(1)"制造或者加工工序",是指赋予加工后所得货物基本特征的主要工序。在澳门境内完成该工序的视为进行了实质性加工。
(2)"税号改变",是指非澳门原产材料在澳门境内加工后,所得产品在《税则》中 4 位税目归类发生了变化,并且该产品不再在澳门以外的国家或地区进行任何改变 4 位税目归类的生产、加工或者制造。
(3)"从价百分比",是指完全在澳门获得的原料、组合零件、劳工价值和产品开发支出价值的总和与出口制成品离岸价格(FOB)的比值。该比值大于或者等于 30%,并且产品最后的制造或者加工工序在澳门境内完成的,视为进行了实质性加工。用公式表示如下:

$$\frac{原料价值+组合零件价值+劳工价值+产品开发支出价值}{出口制成品的 FOB 价格} \times 100\% \geqslant 30\%$$

(4)"产品开发"是指在澳门境内为生产或者加工有关出口制成品而实施的产品开发。产品开发支出价值必须与该出口制成品有关,包括生产加工者自行开发、委托澳门境内的自然人或者法人开发以及购买澳门境内的自然人或者法人拥有的设计、专利、专有技术、商标或者著作权而支付的费用。该价值应当能够依据公认的会计准则及相关国际惯例明确确定。

2. 对于直接从澳门进口的《内地与澳门关于建立更紧密经贸关系的安排》项下货物,应当根据下列原则确定其原产地:
(1)完全在澳门获得的货物,其原产地为澳门;
(2)非完全在澳门获得的货物,只有在澳门进行了实质性加工的,其原产地才可以认定为澳门。

3. "完全在澳门获得的货物"是指:
(1)在澳门开采或者提取的矿产品;
(2)在澳门收获或者采集的植物或者植物产品;
(3)在澳门出生并饲养的活动物;
(4)在澳门从本条第(3)项所述动物获得的产品;
(5)在澳门狩猎或者捕捞所获得的产品;
(6)持澳门牌照并悬挂澳门特别行政区区旗的船只在公海捕捞获得的鱼类和其他海产品;

(7) 在持澳门牌照并悬挂澳门特别行政区区旗的船只上加工本条第（6）项所述产品获得的产品；

(8) 在澳门收集的澳门消费过程中产生的仅适于原材料回收的废旧物品；

(9) 在澳门加工制造过程中产生的仅适于原材料回收的废碎料；

(10) 利用上述第（1）项至第（9）项所述产品在澳门加工所得的产品。

4. 下列加工或者处理，无论是单独完成还是相互结合完成，均视为微小加工处理，在确定货物是否完全获得时应当不予考虑：

(1) 为运输或者贮存货物而进行的加工或者处理；

(2) 为便于货物装运而进行的加工或者处理；

(3) 为货物销售而进行的包装、展示等加工或者处理。

5. 简单的稀释、混合、包装、装瓶、干燥、装配、分类或者装饰不应当视为实质性加工。

以规避本规定为目的的加工或者定价措施不应当视为实质性加工。

6. 随货物一起报关进口，并在税则中与该货物一并归类的包装、包装材料、容器以及附件、备件、工具、介绍说明性材料，在确定货物原产地时应当忽略不计。

7.《内地与澳门关于建立更紧密经贸关系的安排》项下的进口货物应当从澳门直接运输至内地口岸。进口货物从澳门经过香港运输至内地口岸，并且同时符合下列条件的，视为从澳门直接运输：

(1) 仅是由于地理原因或者运输需要；

(2) 未在香港进行贸易或者消费；

(3) 除装卸或者保持货物处于良好状态所需的加工外，在香港未进行其他任何加工。

8.《内地与澳门关于建立更紧密经贸关系的安排》项下的进口货物报关时，收货人应当主动向申报地海关申明该货物适用零关税，并提交符合《内地与澳门关于建立更紧密经贸关系的安排》项下《关于原产地证书的签发和核查程序》规定的有效原产地证书。

从澳门经过香港运输至内地口岸的进口货物，除符合前款规定外，收货人还应当向申报地海关补充提供下列单证：

(1) 在澳门签发的联运提单；

(2) 货物的原厂商发票；

(3) 符合上述规定的相关证明文件。

9. 原产地证书经海关联网核对无误的，海关准予按照零关税办理货物进口手续。经海关核对确认证书无效的，不适用零关税。

申报地海关因故无法进行联网核对，且收货人要求放行货物的，海关可以按照非《内地与澳门关于建立更紧密经贸关系的安排》项下该货物适用的税率征收相当于应缴税款的等值保证金后先予放行货物，并按规定办理进口手续，进行海关统计。申报地海关应当自该货物放行之日起90天内核定其原产地证书真实情况，根据核定结果办理退还保证金手续或者保证金转为进口关税手续，海关统计数据应当作相应修改。

10. 申报地海关对原产地证书内容的真实性产生怀疑时，可以通过海关总署或其授权的海关向澳门海关或者澳门经济局提出协助核查的请求。在等待澳门海关或者澳门经济局核查结果并确认有关原产地证书期间，申报地海关可以按照非《内地与澳门关于建立更紧密经贸关系的安排》项下该货物适用的税率征收相当于应缴税款的等值保证金后先予放行货物，并按规定办理进口手续，进行海关统计。澳门海关或者澳门经济局核查完毕后，申报地海关应当根据核查结果，立即办理退还保证金手续或者保证金转为进口关税手续，海关统计数据应当作相应修改。

11. 海关对进口货物收货人提供的用于原产地证书核查的资料负有保密义务。未经收货人同意，海关不得泄露或者用于其他用途，但法律、行政法规及相关司法解释另有规定的除外。

12. 违反《内地与澳门关于建立更紧密经贸关系的安排》项下《关于货物贸易的原产地规则》的行为，海关按照《海关法》和《海关行政处罚实施条例》的规定处理；构成犯罪的，依法追究刑事责任。

九、中国—东盟（东南亚）原产地管理规定

1. "东盟成员国"，是指与中国共同签订《中华人民共和国与东南亚国家联盟全面经济合作框架协议》的东盟成员国，包括文莱、柬埔寨、印度尼西亚、老挝、马来西亚、缅甸、菲律宾、新加坡、泰国和越南。

2. "完全在一个东盟成员国获得或者生产"的货物是指：

（1）在该东盟成员国收获、采摘或者收集的植物和植物产品；

（2）在该东盟成员国出生并饲养的活动物；

（3）在该东盟成员国从上述第（1）项活动物中获得的产品；

（4）在该东盟成员国狩猎、诱捕、捕捞、水生养殖、采集或者捕获所得的产品；

（5）在该东盟成员国领土、领水、海床或者海床底土开采或者提取的除上述第（1）项至第（4）项产品以外的矿物质或者其他天然生成的物质；

（6）在该东盟成员国领水以外的水域、海床或者海床底土获得的产品，只要按照国际法规定该国有权开发上述水域、海床及海床底土；

（7）在该东盟成员国注册或者悬挂该成员国国旗的船只在公海捕捞获得的鱼类及其他海产品；

（8）在该东盟成员国注册或者悬挂该成员国国旗的加工船上加工、制造上述第（7）项产品获得的产品；

（9）在该东盟成员国收集的既不能用于原用途，也不能恢复或者修理，仅适于废弃或者原材料回收，或者仅适于再生用途的废旧物品；

（10）在该东盟成员国完全采用上述第（1）项至第（9）项产品获得或者生产的产品。

3. 在东盟成员国非完全获得或者生产的货物，其生产过程中使用的非原产于中国—东盟自贸区的材料、零件或者产品的总价格不超过该货物船上交货价格（FOB）的60%，并且最后生产工序在东盟成员国境内完成的，应当视为原产于东盟成员国境内。

4. 在东盟成员国非完全获得或者生产的货物，其生产过程中使用的原产于任一东盟成员国的中国—东盟自贸区成分不低于该货物船上交货价格（FOB）40%的，应当视为原产于东盟成员国境内。

5. 除另有规定外，原产于中国的货物或者符合上述第3项的东盟成员国原产货物在其他东盟成员国境内被用作制造、加工其他制成品，最终制成品的中国—东盟自贸区成分累积值不低于40%的，该货物应当视为原产于制造或者加工该最终制成品的东盟成员国境内。

6. 在东盟成员国制造、加工的产品符合《中国—东盟自由贸易区原产地规则》项下产品特定原产地规则规定的，应当视为原产于东盟成员国的货物，制造、加工该产品的东盟成员国为其原产国。

7. 下列微小加工或者处理不影响货物原产地的确定：

（1）为确保货物在运输或者贮存期间保持良好状态而进行的加工或者处理；

（2）为便于货物装运而进行的加工或者处理；

（3）为货物销售而进行的包装、展示等加工或者处理。

8. 与货物一起申报进出口的包装、包装材料、容器以及附件、备件、工具、介绍说明性材料，在《税则》中与该货物一并归类的，其原产地不影响货物原产地的确定。

9. 除另有规定外，下列材料或者物品的原产地不影响货物原产地的确定：

（1）在货物制造过程中使用的动力及燃料、厂房及设备、机器及工具；

（2）未物化在货物内的材料；

（3）未构成货物组成部分的材料。

10. "直接运输"是指《中华人民共和国与东南亚国家联盟全面经济合作框架协议》项下的进口货物从东盟成员国直接运输至我国境内，途中没有经过中国—东盟自贸区成员国以外的其他国家或者

地区。

原产于东盟成员国的货物,经过其他国家或者地区运输至我国,不论在运输中是否转换运输工具或者作临时储存,同时符合下列条件的,应当视为"直接运输":

(1) 该货物经过这些国家或者地区仅是由于地理原因或者运输需要;

(2) 未进入这些国家或者地区进行贸易或者消费;

(3) 该货物经过这些国家或者地区时,未作除装卸或者为使货物保持良好状态所必须处理以外的其他处理。

11. 货物申报进口时,进口货物收货人或者其代理人应当按照海关的申报规定填制中华人民共和国海关进口货物报关单,申明适用中国—东盟自贸区协定税率,并同时提交下列单证:

(1) 由东盟成员国签证机构签发的有效原产地证书正本、有效流动证明正本。

(2) 货物的商业发票正本、装箱单及其相关运输单证。

货物经过其他国家或者地区运输至我国境内的,应当提交在出口国境内签发的联运提单、货物的商业发票正本以及其他国家或者地区海关出具的证明文件,或者其他证明货物符合《中华人民共和国海关〈中华人民共和国与东南亚国家联盟全面经济合作框架协议〉项下进出口货物原产地管理办法》规定的相关文件。

货物申报进口时,进口货物收货人或者其代理人未提交东盟成员国签证机构签发的有效原产地证书正本或者有效流动证明正本,也未就该进口货物是否具备东盟成员国原产资格向海关进行补充申报的,其申报进口的货物不适用中国—东盟自贸区协定税率,海关应当依法按照该货物适用的最惠国税率、普通税率或者其他税率计征关税及进口环节海关代征税,并按照规定办理进口手续、进行海关统计。收货人或者其代理人在货物放行后向海关提交原产地证书或者流动证明的,已征税款不予调整。

上述商业发票正本是否在东盟成员国境内签发,不影响货物原产地的确定,但进口货物收货人或者其代理人应当将第三方发票复印件随同原产地证书或者流动证明一并提交申报地海关。

12. 原产地申报为东盟成员国的进口货物,收货人或者其代理人在申报进口时未提交原产地证书或者流动证明的,应当在办结海关手续前就该进口货物是否具备东盟成员国原产资格向海关进行补充申报。

进口货物收货人或者其代理人就进口货物具备东盟成员国原产资格向海关进行补充申报的,海关可以根据进口货物收货人或者其代理人的申请,收取相当于应缴税款的等值保证金后放行货物,并按照规定办理进口手续,进行海关统计。

13. 同时具备下列条件的,进口货物收货人或者其代理人可以自收取保证金之日起 3 个月内,向海关申请退还保证金:

(1) 进口时已就进口货物具备东盟成员国原产资格向海关进行补充申报,申明适用中国—东盟自贸区协定税率;

(2) 提交有效原产地证书正本或者有效流动证明正本以及海关要求提供的与货物进口相关的其他文件。

自收取保证金之日起 3 个月内或者经海关批准延长的期限内进口货物收货人或者其代理人未提出退还保证金申请的,海关应当立即办理保证金转为进口税款手续,海关统计数据同时作相应修改。

14. 原产于东盟成员国的进口货物,每批船上交货价格(FOB)不超过 200 美元的,免予提交原产地证书或者流动证明。进口货物收货人应当同时按照《中华人民共和国与东南亚国家联盟全面经济合作框架协议》的要求就进口货物具备原产资格进行书面声明。

15. 具有下列情形之一的,该进口货物不适用中国—东盟自贸区协定税率:

(1) 进口货物的原产地不符合《中华人民共和国海关〈中华人民共和国与东南亚国家联盟全面经济合作框架协议〉项下进出口货物原产地管理办法》规定的;

(2) 货物申报进口时,进口货物收货人或者其代理人没有向海关提交有效原产地证书正本或者流动证明正本,也未就进口货物具备原产资格进行补充申报的;

（3）东盟成员国未将相关签证机构的名称、使用的印章样本、签证人员签名样本或者上述信息的任何变化通知中国海关的；

（4）原产地证书或者流动证明所用的签发印章、签证人员签名与海关备案资料不一致的；

（5）原产地证书或者流动证明所列内容与实际进口货物不符的；

（6）自提出原产地核查请求之日起，海关没有在《中华人民共和国与东南亚国家联盟全面经济合作框架协议》规定的期限内收到东盟成员国相关机构的核查反馈结果，或者反馈结果未包含足以确定原产地证书、流动证明真实性或者货物真实原产地信息的；

（7）进口货物收货人或者其代理人存在其他不遵守有关规定行为的。

16. 进口货物收货人或者其代理人向海关提交的原产地证书、流动证明应当同时符合下列条件：

（1）由东盟成员国签证机构签发；

（2）符合规定格式，以英文填制并由出口商署名和盖章；

（3）原产地证书、流动证明的签证机构印章、签证人员签名与东盟成员国通知中国海关的签证机构印章、签证人员签名样本相符；

（4）所列的一项或者多项货物为同一批次的进口货物；

（5）仅有一份正本，并且具有不重复的原产地证书编号；

（6）注明确定货物具有原产资格的依据。

《中华人民共和国与东南亚国家联盟全面经济合作框架协议》项下进口货物原产地证书应当由东盟成员国签证机构在货物装运前或者装运时签发；因不可抗力未能在货物装运前或者装运时签发的，可以在货物装运后3天内签发。

17. 原产于东盟成员国的货物经过我国关境运往中国—东盟自贸区其他成员国，同时符合下列条件的，可以向海关申请签发流动证明：

（1）该货物始终处于海关监管之下，除了装卸、搬运外，未作其他加工或者处理；

（2）申报该货物进入我国关境的收货人同时是申报该货物离开我国关境的发货人；

（3）申报该货物离开我国关境的发货人向海关提出书面签发申请。

依照上述规定申请签发流动证明的，发货人应当向海关提交如下单证：

（1）中国—东盟自由贸易区流动证明申请书；

（2）原产国签发的有效原产地证书正本；

（3）过境货物的商业发票、合同、提单等证明文件；

（4）海关认为需要提供的其他证明文件。

18. 进口货物原产证书自签发之日起1年内有效。进口货物流动证明的有效期与其据以签发的原产地证书的有效期相同。

19. 因不可抗力不能在规定的期限内签发原产地证书的，可以由东盟成员国签证机构在货物装运之日起12个月内补发。

补发的原产地证书应当注明"补发"字样。

20. 原产地证书被盗、遗失或者损毁，并且未经使用的，进口货物收货人或者其代理人可以要求进口货物的出口商或者制造商向东盟成员国签证机构书面申请在原证书正本的有效期内签发注明"经核准的真实副本"字样的原产地证书副本。

经核准的原产地证书副本向海关提交后，原产地证书正本失效。

原产地证书正本已经使用的，经核准的原产地证书副本无效。

21. 海关对中国—东盟自贸区进口货物原产地证书的真实性，相关进口货物是否原产于东盟成员国，或者是否符合相关规定产生怀疑的，可以按照协议规定向出口该货物的东盟成员国提出后续核查请求或者到该成员国进行核查访问。

海关对《中华人民共和国与东南亚国家联盟全面经济合作框架协议》项下进口货物所附流动证明

的真实性、流动证明涵盖的进口货物是否原产于东盟成员国或者是否符合相关规定产生怀疑时，可以按照协议规定向签发流动证明的东盟成员国和出口该货物的东盟成员国同时提出核查请求。

在等待核查结果期间，依照进口货物收货人或者其代理人申请，海关可以依法选择按照该货物适用的最惠国税率、普通税率或者其他税率收取相当于应缴税款的等值保证金后放行货物，并且按照规定办理进口手续，进行海关统计。核查完毕后，海关应当根据核查结果，立即办理保证金退还手续或者保证金转为进口税款手续，海关统计数据应当作相应修改。

进口货物属于国家禁止或者限制进口货物，或者存在瞒骗嫌疑的，海关在原产地证书或者流动证明核实完毕前不得放行货物。

22. 进口货物在向海关申报之后、放行之前，目的地发生变化需要运往其他国家的，进口货物的收货人或者其代理人应当向海关提出书面申请。

经审查确认的，海关应当在原产地证书正本加以签注并留存证书正本，同时将证书复印件提供给进口货物收货人或者其代理人。

23. 出口货物申报时，出口货物发货人应当按照海关的申报规定填制出口货物报关单，并向海关提交《中华人民共和国与东南亚国家联盟全面经济合作框架协议》项下原产地证书或者流动证明的电子数据，或者原产地证书、流动证明正本的复印件。

24. 《中华人民共和国与东南亚国家联盟全面经济合作框架协议》项下进出口货物及其包装上标有原产地标记的，其原产地标记应当与有关规定确定的货物原产地相一致。

25. 原产于东盟成员国的货物，在其他东盟成员国或者我国境内展览并于展览期间或者展览结束后销售至我国境内，同时符合下列条件的，可以适用中国—东盟自贸区协定税率：
（1）该货物已经以送展时的状态在展览期间或者展览后立即发运至中国；
（2）该货物送展后，除用于展览会展示外，未作他用；
（3）该货物在展览期间处于展览所在国家或者地区的海关监管之下。

上述展览货物申报进口时，收货人或者其代理人应当向海关提交原产该货物的东盟成员国签证机构签发的原产地证书正本、展览举办国有关政府机构签发的注明展览会名称及地址的证明书，以及证明货物符合有关规定的相关文件。

26. 海关对依照规定获得的商业秘密依法负有保密义务。未经进出口货物收发货人同意，海关不得泄露或者用于其他用途，但是法律、行政法规及相关司法解释另有规定的除外。

27. 违反《中华人民共和国海关〈中华人民共和国与东南亚国家联盟全面经济合作框架协议〉项下进出口货物原产地管理办法》，构成走私行为、违反海关监管规定行为或者其他违反《海关法》行为的，由海关依照《海关法》和《海关行政处罚实施条例》的有关规定予以处理；构成犯罪的，依法追究刑事责任。

十、中国—新加坡原产地规定

1. 下列产品应视为在一方完全获得或生产：
（1）在其境内收获、采摘或收集的植物及植物产品；
（2）在其境内出生并饲养的活动物；
（3）在其境内从上述第二项活动物中获得的产品；
（4）在其境内狩猎、诱捕、捕捞、水产养殖、收集或捕获所得的产品；
（5）从其领土、领水、海床或海床底土开采或提取的除上述第（1）至（4）项以外的矿物或其他天然生成物质；
（6）在该方领水以外的水域、海床或海床底土获得的产品，只要按照国际法的规定，该方有权开发上述水域、海床及海床底土；
（7）在该方注册或有权悬挂该方国旗的船只在公海捕捞获得的鱼类及其他海产品；

（8）在一方注册或有权悬挂该方国旗的加工船上完全采用上述第（7）项的产品进行加工或生产所得的产品；

（9）在该方收集的既不能用于原用途，也不能恢复或修复，仅适于弃置或回收部分原材料，或者仅适于再生用途的物品；

（10）完全采用上述第（1）至（9）项所列产品在一方生产或获得的产品。

2. 关于区域价值成分。

（1）货物的区域价值成分应当依据下列方法计算。

$$RVC = \frac{V - VNM}{V} \times 100$$

其中：RVC 是指以百分比表示的区域价值成分；V 是指按照《关于实施1994 年关税与贸易总协定第七条的协定》规定，在离岸价格（FOB）基础上调整的货物价格；VNM 应为材料进口时的到岸价格（CIF），或者最早确定的在进行制造或加工的一方境内为不明原产地材料支付的价格。

（2）除产品特定原产地规则规定的产品特定规则外，该区域价值成分比例不得少于40%。

（3）在根据上述规则计算货物的区域价值成分时，在货物的生产过程中生产商所使用的非原产材料的价值，不应包括随后在该货物生产过程中为生产原产材料而使用的非原产材料的价值。

（4）如货物的生产商在其所在一方境内获得非原产材料，该材料的价格不应包括将其从供应商的仓库运抵生产商厂址的过程中所产生的运费、保险费、包装费及任何其他费用。

3. 在一方经过实质性加工的产品，应当视为该方的原产货物。符合产品特定原产地规则的产品，应当视为在一方经过实质性加工的货物。

4. 根据《中华人民共和国政府和新加坡共和国政府自由贸易协定》规定，一项货物虽未满足税则归类改变要求，但仍应视为原产货物，只要：

（1）在该产品生产过程中使用的、未满足附件所列的税则归类改变或任何其他条件的所有非原产材料的价值，不超过该产品离岸价格（FOB）的10%；

（2）该产品满足本规则中所规定的原产产品的其他要求。

但是，在计算该产品所适用的任何价值成分的非原产材料价值时，应当把上述非原产材料的价值包括在内。

5. 下列操作本身不应视为赋予产品原产资格的充分加工或处理：

（1）为确保货物在运输或贮藏过程中完好无损而进行的保藏处理；

（2）包装的拆解和组装；

（3）洗涤、清洁、除尘、除去氧化物、除油、除漆或去除其他涂层；

（4）纺织品的熨烫或压平；

（5）简单的上漆及磨光处理；

（6）谷物及大米的去壳、部分或完全漂白、抛光及上光；

（7）食糖上色或加工成糖块的工序；

（8）水果、坚果及蔬菜的去皮、去核及去壳；

（9）削尖、简单研磨或简单切割；

（10）过滤、筛选、挑选、分类、分级、匹配（包括成套物品的组合）；

（11）简单的装瓶、装罐、装袋、装箱、装盒、固定于纸板或木板及其他任何简单的包装处理；

（12）在产品或其包装上粘贴或印刷标志、标签、标识及其他类似的用于区别的标记；

（13）对产品（无论是否为不同种类）进行简单混合；

（14）简单地把物品零部件组装成完整品或将产品拆解成零部件；

（15）仅为方便港口装卸所进行的处理；

(16) 上述第（1）至（15）项中两项以上处理的组合；

(17) 动物屠宰。

上述的"简单"通常是指既不需要专门的技能也不需要专门生产或装配的机械、仪器或设备的行为；"简单混合"通常是指既不需要专门的技能也不需要专门生产或装配的机械、仪器或设备的行为。但是，简单混合不包括化学反应。

6. 关于直接运输。

(1)《中华人民共和国政府和新加坡共和国政府自由贸易协定》中规定的优惠关税待遇，应当适用于满足本规则要求，并在双方之间直接运输的货物。

(2) 下列情况应当视为从出口缔约方向进口缔约方直接运输：

①货物运输未经非缔约方境内；

②货物运输途中经过一个或多个非缔约方境内，不论是否在这些非缔约方转换运输工具或临时贮藏未超过3个月，只要：

——货物在其境内未进入贸易或商业领域；

——除装卸或使货物保持良好状态所需的其他处理外，货物在其境内未经任何处理；

——过境运输是由于地理原因或仅基于运输需要。

7. 关于包装处理。

(1) 一方对产品及其包装分别计征关税时，也可针对从另一方进口的产品，单独确定该包装的原产地。

(2) 在上述第一款不适用的情况下，应当把包装与产品视为一个整体。在确定产品原产地时，应当把运输或贮藏所需的包装与产品一并考虑，而不应将其视为从非缔约方进口。

8. 与货物一同报验的附件、备件、工具及指导性或其他介绍说明性材料，如进口缔约方将其与货物一并归类和征收关税，在确定该货物的原产地时，应当忽略不计。

9. 在确定货物是否为原产货物时，任何可互换货物或材料应当通过下列方法加以区分：

(1) 货物或材料的物理分离；

(2) 出口缔约方公认会计原则承认的库存管理方法。

10. 中国—新加坡各方为在另一方获得优惠关税待遇，应当由出口缔约方授权机构签发原产地证书。各方应当将签发原产地证书的授权机构的名称、地址通知另一方海关，并提供签证机构所使用的印章样本。上述名称、地址或印章的变化应当立即通知另一方海关。

11. 原产地证书应当在货物出口前或出口时签发。出口人或生产商应当提交签发原产地证书的书面申请，并随附相关证明文件，以证明出口货物符合原产地证书的签发要求。

12. 原产地证书应当用英文填制并正确署名和盖章，可涵括同一批货物的一项或多项商品。一份原产地证书适用于进入一方境内的一批进口货物，原产地证书自签发之日起12个月内有效。

13. 由于非主观故意的差错、疏忽或其他合理原因，没有在货物出口时或者在货物装运后3天内签发原产地证书的，原产地证书可以在货物装运之日起1年内补发，并注明"补发"字样。

14. 原产地证书被盗、遗失或损毁时，如果出口商或生产商确信此前签发的原产地证书正本未被使用，则出口商或生产商可以在原证书的有效期内，向出口缔约方授权机构书面申请签发经核准的原产地证书副本。经核准的原产地证书副本上，应当注明"原产地证书正本（编号、日期）经核准的真实副本"字样。

15. 中国—新加坡各方均要求申明享受优惠关税待遇的进口商应当按下列要求办理：

(1) 根据其法律、法规，在进口前或进口时对货物的原产资格进行书面申报；

(2) 持有原产地证书；

(3) 应进口缔约方海关要求，提供原产地证书正本及与进口货物相关的其他文件；

(4) 当进口商有理由相信作为申报依据的原产地证书上含有不准确的信息时，应当立即更正申报并补缴所欠税款。

如果进口商不遵守相关规定，一方可以拒绝给予进口货物《中华人民共和国政府和新加坡共和国政府自由贸易协定》项下的优惠关税待遇。

16. 只要货物原产地不存在疑问，当发现原产地证书内容与为办理产品进口手续而向进口缔约方海关报验的单证有微小差异时，只要原产地证书与所报验的货物相符，原产地证书仍应有效；当多项货物按同一份原产地证书进行申报时，如果发现其中一项货物有问题，不应影响或延误该原产地证书中所列的其他货物享受优惠关税待遇和通关。

17. 进口时不能提供原产地证书的，应进口商请求，进口缔约方可以对货物征收非优惠关税或收取与税收等额的保证金。在此情况下，只要满足上述规定，进口商可自货物进口之日起1年内要求退还多征收税款或已收取的保证金。

18. 关于原产地的核查。

（1）原产地证书是自出口缔约方进口的货物享受优惠关税待遇的基础。必要时，进口缔约方可以通过以下方式进行核查：

①书面要求进口商提供补充信息；
②书面要求出口缔约方境内的出口商或生产商提供补充信息；
③要求出口缔约方主管机构对货物原产地进行核查；
④双方海关共同商定的其他程序。

（2）只有在有理由怀疑原产地文件、有关货物的原产地资格，且所涉关税金额值得提出要求的情况下，方可启动上述核查程序。

（3）向出口缔约方主管机构提出的核查请求应当说明原因，并将已获得的证明核查活动合理性的任何文件及信息，提供给被请求方的主管机构。

（4）出口缔约方的主管机构在其国内法律和惯例允许的范围内，应当在任何核查行动中全力予以配合。

（5）进行核查的一方应当通过其主管机构，将核查结果通知另一方。

19. 关于原产地证书的免除。

中国—新加坡各方，在下列情况下，无需提交原产地证书：

（1）商业进口货物价值不超过600美元或该方币值等额，或者缔约一方规定的更高货值，但可以要求其进口时所随附的发票上含有该货物符合原产货物条件的声明；

（2）非商业进口货物价值不超过600美元或该方币值等额，或者缔约一方规定的更高货值。

只要该项进口不属于为规避原产地证书要求而实施或者安排的一次或多次进口的一部分。

20. 关于预裁定。

（1）应出口商、进口商或其他任何人在货物进口前至少3个月所提出的申请，各方应当就该项申请涉及的货物作出预裁定。如果符合原产地规定，进口缔约方应当在收到申请60日内就货物的原产地作出预裁定。向中国海关申请预裁定的申请人，必须在中国海关注册。

（2）依据上述规定作出的预裁定应适用于进口缔约方。各方的海关应当规定，预裁定自其作出之日起至少2年内有效，或其有效期根据各自的国内法予以确定。

（3）在下列情况下，进口缔约方海关可以更改或撤销预裁定：

①该预裁定所依据的事实有误；
②预裁定所依据的事实或实际情形发生了变化；
③为与本程序已经修改的规定保持一致；
④为与其司法判决或其国内法律的变化保持一致。

（4）各方应当规定，任何预裁定的更改或撤销，应自作出预裁定更改或撤销决定之日起或该决定明确规定的晚于决定之日的日期起生效，并且不应适用于更改或撤销决定生效之前进口的货物，除非此预裁定的对象未依照预裁定的条款和规定执行。

21. 关于第三方发票。由驻在非缔约方的公司或者在出口缔约方为该公司代销的出口商开具发票的，只要产品符合《中华人民共和国政府和新加坡共和国政府自由贸易协定》原产地规则的要求，进口缔约方对原产地证书应当予以接受。

十一、中国—巴基斯坦原产地管理规定

1. 《中华人民共和国政府与巴基斯坦伊斯兰共和国政府关于自由贸易协定早期收获计划的协议》规定，从一成员方进口的符合以下任何一项原产地要求的产品，应视为原产并可以享受优惠关税减让：
（1）明确规定的完全获得或生产的产品；
（2）符合规定的非完全获得或生产的产品。

2. 下列产品应当视为完全在一成员方获得或生产的产品：
（1）在一成员方收获、采摘或收集的植物及植物产品；
（2）在一成员方出生和饲养的活动物；
（3）在一成员方从上述第（2）项活动物中获得的产品；
（4）在一成员方狩猎、诱捕、捕捞、水生养殖、收集或捕获所得的产品；
（5）从一成员方领土、领水、海床或海床底土开采或提取的除上述第（1）至（4）项以外的矿物或其他天然生成物；
（6）在一成员方领水以外的水域、海床或海床底土获得的产品，但该成员方须按照国际法规定有权开发上述水域、海床及海床底土；
（7）在一成员方注册或悬挂该成员方国旗的船只在公海捕捞获得的鱼类及其他海产品；
（8）在一成员方注册或悬挂该成员方国旗的加工船上仅从第（7）项产品中加工和/或制造所得的产品；
（9）在一成员方从既不能用于原用途，也不能恢复或修理的物品上回收的零件或原材料；
（10）在一成员方收集的既不能用于原用途，也不能恢复或修理，仅适于用作弃置或部分原材料的回收，或者仅适于作再生用途的物品；
（11）在一成员方境内生产加工过程中产生的废碎料；
（12）仅用上述第（1）至（11）项所列产品在一成员方加工获得的产品。

3. 非完全获得或生产的产品。
（1）如原产于一成员方的成分在产品中不少于40%，则该产品应视为该方原产。
（2）计算本地增值成分应适用以下方法：

$$\frac{非原产材料的价格}{船上交货价格（FOB）} \times 100\% < 60\%$$

（3）非原产材料价值应为：
①材料进口时的成本、运费加保险费价格（CIF）；
②在进行制造或加工的成员方境内最早确定的为不明原产地材料支付的价格。

4. 在一成员方经过充分加工的产品应视为该成员方的原产货物。符合特定原产地标准的产品，应视为在一成员方经过了充分的加工。

5. 下列的加工或处理均视为微小加工及处理，在确定货物原产地时，应不予考虑：
（1）为运输或贮存货物使货物保持良好状态的处理（例如干燥、冷冻、盐水保存、通风、摊开、冷却、置于盐及二氧化硫或其他水溶液中、去除已损害部分等类似处理）；
（2）除尘、筛选、分类、分级、匹配（指示组成成套物品）、洗涤、涂抹和切割；
（3）改变包装及为发货而进行的拆分、装配；
（4）简单的切割、切片和再包装，或者装瓶、入袋、进箱、固定在硬纸板或木板上，以及其他所

有的简单包装操作；

（5）在产品或包装上粘贴标志、标签或其他类似的区别标记；

（6）简单混合不论是否同种类的产品，而且该混合而得的一个或多个组成部分不得因满足规定的条件而获得原产地资格；

（7）简单组装产品的各部件以组成一个完整品；

（8）拆装；

（9）屠宰动物；

（10）仅用水或其他物质稀释，而不改变货物的性质；

（11）上述（1）到（10）项中的两项或多项操作的组合。

6. 下列情况应视为从出口成员方向进口成员方的直接运输：

（1）货物运输未经过中国和巴基斯坦以外的任何其他国家或地区境内；

（2）货物运输途中经过中国—巴基斯坦自由贸易区成员方之外的一个或多个国家境内，不论是否在这些国家转换运输工具或作临时储存，如果：

①可证明过境运输是由于地理原因或仅出于运输需要的考虑；

②货物未在这些国家进入贸易或消费领域；

③除装卸或其他为使货物保持良好状态的处理外，货物在这些国家未经任何其他操作。

7. 一成员方如对货物及其包装分别计征关税，就可对从另一成员方进口的货物及其包装分别确定原产地。

在上述不适用的情况下，包装应与货物视为一个整体，运输或贮藏所需的包装在确定货物原产地时应与货物一并考虑，而不应将其视为从中国—巴基斯坦自由贸易区外进口。

8. 如进口成员方将与货物一同报验的附件、备件、工具及指导性或其他介绍说明性材料同货物一并归类和征收关税，在确定该货物的原产地时，这些附件、备件及工具等应忽略不计。

9. 申请享受优惠关税减让的产品，申报时应提交由出口成员方指定并已按签证操作程序的规定通知《中华人民共和国政府与巴基斯坦伊斯兰共和国政府关于自由贸易协定早期收获计划的协议》另一成员方的政府机构签发的原产地证书。

10. 原产地证书应当由出口成员方的政府机构签发。

双方应将其签发原产地证书的政府机构名称及地址通知对方，并提供该政府机构使用的签名式样及签证印鉴样本。

双方应互相提供上述资料及样本。名称、地址或印章如有任何变化，应立即以双方同意的方式通知对方。

11. 出口人或其代理人在办理享受优惠待遇产品出口手续时，应提交原产地证书的书面申请，并随附相关证明文件，证明待出口产品符合原产地证书签发要求。

12. 签发原产地证书的政府机构应尽其所能对每一份原产地证书的申请进行适当检查以确保：

（1）申请书及原产地证书正确填写并经授权签署人签名；

（2）产品的原产地符合中国—巴基斯坦自由贸易区原产地规则；

（3）所提交的相关证明文件与原产地证书中的其他说明相符；

（4）所列明的货品名称、数量及重量、唛头及件号、件数及包装与待出口产品相符。

13. 原产地证书的签发。

（1）原产地证书必须依据规定格式用国际标准 A4 纸印制，所用文字为英语。

（2）原产地证书应由一份正本及二份复写副本组成。

（3）每份原产地证书应注明其签证单位的单独编号。

（4）出口人应向进口人提供正本，以便呈交给进口口岸的海关。第一副本应由出口成员方签证机构留存。第二副本由出口人留存。

14. 原产地证书不得涂改及叠印。任何更正必须先将错误项目划去，然后作必要的增改。所作更正应由原签证人认可，并由有关政府机构核定。所有未填空白之处应予划去，以防事后填写。

15. 原产地证书应由出口成员方的相关政府机构根据《中国—巴基斯坦自由贸易区原产地规则》在产品出口前、出口时或在出口后 15 天内签发。

在特殊情况下，如由于非主观故意的差错、疏忽或其他合理原因没有在货物出口前、出口时或出口后立即签发原产地证书，原产地证书可以在货物装运之日起一年内补发，但要注明"补发"字样。

16. 如原产地证书被盗、遗失或毁坏，出口人可以向原政府签证机构书面申请签发原证正本及第二副本的经证实的真实复制本，复制本可根据签证机构存档的有关出口文件制发，并在第 12 栏中注明"经证实的真实复制本"。该复制本应注明原证正本的签发日期。原产地证书的经证实的真实复制本应在出口人向原签证机构提供了第二副本的情况下，并在其正本签发之日起一年之内可补发。

17. 进口人应在向进口成员方的海关申报货物进口时，主动向海关申明要求享受优惠待遇。原产地证书的正本应在有关产品进境报关时向海关提交。原产地证书应按下列期限提交：

（1）原产地证书应在出口成员方有关政府机构签证之日起 6 个月之内向进口成员方的海关提交；

（2）如产品按照《中国—巴基斯坦自由贸易区原产地规则》中的规则八（二）的规定经过一个或多个非成员方境内，上述规定的原产地证书提交期限延长至 8 个月；

（3）如因不可抗力或其他出口人无法控制的合理原因致使不能遵守提交期限，进口成员方海关仍应接受已经超出期限提交的原产地证书；

（4）在任何情况下，如果货物在原产地证书提交期限内已经进口，进口成员方有关政府机构可接受该原产地证书。

18. 如果原产于出口成员方的每批产品的船上交货价格（FOB）不超过 200 美元，则无需交验原产地证书，而是使用出口人对有关产品原产于该出口成员方的简要声明即可。离岸价格不超过 200 美元的邮递品也应照此办理。

19. 如果发现原产地证书内容与为办理货物进口手续而提交给进口成员方海关的单证内容略有不符，只要原产地证书内容与所报验的货物相符，原产地证书仍应有效。

20. 原产地证书的核查。

（1）进口成员方可以要求进行后续随机抽查，也可在有理由怀疑有关文件的真实性或有关货物真实原产地的准确性时，要求进行后续核查。

（2）核查要求应随附有关原产地证书，并阐明原因及其他详细情况，列出该原产地证书中可能有问题的内容，但后续随机抽查请求不受此限。

（3）在等待核查结果期间，进口成员方海关可以暂缓执行优惠待遇的规定。如果该货物不属于禁止或限制进口的，又没有发现有瞒骗嫌疑，海关可以在履行必要的管理手续后将货物放行给进口人。

（4）收到后续核查请求的政府签证机构应及时作出回应，并在收到请求后 6 个月之内作出答复。

21. 如出口到一成员方的全部或部分货物的目的地发生变化，在货物到达该成员方之前或之后，应按下列规则办理：

（1）如果货已经向指定的进口成员方海关申报，进口人应向该海关提出书面申请，由海关对全部或部分货物改变目的地的情况在原产地证书上签注认可，然后将正本交还进口人，第二副本应返还签证机构。

（2）如果在运往原产地证书所指定的进口成员方途中目的地发生变化，出口人应提出书面申请，并随附已签发的原产地证书，要求对全部或部分产品重新发证。

22. 为实施《中国—巴基斯坦自由贸易区原产地规则》的规定，对经过一个或多个非中国—巴基斯坦自由贸易区成员方境内运输的产品，应向进口成员方政府机构提交下列单证：

（1）出口成员方签发的联运提单；

（2）出口成员方有关政府机构签发的原产地证书；

（3）产品的原始商业发票副本；

（4）符合《中国—巴基斯坦自由贸易区原产地规则》的规则八（二）项下的第1、2及3项所规定条件的证明文件。

23. 关于展览品的原产地。

（1）由出口成员方运至另一成员方展览并在展览期间或展览后销售给一成员方的产品，如该产品符合《中国—巴基斯坦自由贸易区原产地规则》的规定，应享受中国—巴基斯坦自由贸易优惠关税待遇，但应满足进口成员方相关政府机构的下列要求：

①出口人已将产品从出口成员方境内运送到展览会举办国并已在该国展出；

②出口人已将货物卖给或转让给进口成员方的收货人；

③该产品已经以送展时的状态在展览期间或展览后立即运到进口成员方。

（2）为实施以上规定，必须向进口成员方的有关政府机构提交原产地证书，还必须注明展览会名称及地址，提供展览举办地成员方有关政府机构签发的证明书以及规则十九（四）所列的证明文件。

（3）上述第（1）项规定的适用于任何以出售外国产品为目的的商贸、农业或手工业展览会、交易会或在商店或商业场所举办的类似展览或展示，展览期间产品应处于海关的监管之下。

24. 当怀疑存在与原产地证书相关的瞒骗行为时，有关成员方政府机构应相互合作，对涉嫌人员在各自境内采取行动。

每个成员方均应对与原产地证书有关的瞒骗行为实施法律制裁。

十二、中国—智利原产地管理规定

1. 货物在满足下列条件时应当被视为原产于中国或智利：

（1）货物按照下述第2条的规定在一缔约方境内完全获得或生产；

（2）货物完全在一缔约方或缔约双方的境内生产，且仅使用符合《中智自贸协定原产地规则及相关程序》规定的原产材料；

（3）除必须符合特别规定的要求以外，在一缔约方或缔约双方的境内使用非原产材料生产的货物符合区域价值成分不少于40%的标准，同时所有货物必须符合规则及程序的其他适用规定。

2. 下列货物应当视为在一缔约方境内完全获得或生产：

（1）在中国或智利的境内的领土或者海床提取的矿产品；

（2）在中国或智利收获的植物和植物产品；

（3）在中国或智利出生并饲养的活动物；

（4）由在中国或智利饲养的活动物中获得的产品；

（5）在中国或智利狩猎、诱捕或者在内陆水域捕捞所获得的产品；

（6）在中国或智利的领海或专属经济区捕捞获得的鱼类和其他产品，以及由在一方注册或登记并悬挂该方国旗的船只在其专属经济区海域捕捞获得的渔产品和其他产品；

（7）悬挂中国或智利国旗的船只在专属经济区以外的海域捕捞获得的鱼类及其他产品；

（8）在悬挂中国或智利国旗的加工船上仅由上述第（6）项和第（7）项的产品加工所得的产品；

（9）在中国或智利收集的仅适于原材料回收的旧物品；

（10）在中国或智利生产加工过程中产生且仅适于原材料回收的废碎料；

（11）在中国或智利领海以外，该方独享开发权的海床或海床底土提取的产品；

（12）在中国或智利由上述第（1）项至第（11）项所列产品加工获得的产品。

3. 关于区域价值成分。

（1）货物的区域价值成分应当依据下列方法计算：

$$RVC = \frac{V - VNM}{V} \times 100\%$$

上述 RVC 指以百分比表示的区域价值成分；V 指按照海关估价协定规定，在船上交货价格（FOB）基础上调整的货物价值；VNM 指除规定的情况外，按照海关估价协定规定，在成本、保险费加运费价格（CIF）基础上调整的非原产材料的价值。

（2）除规定的产品特定原产地标准外，货物区域价值成分不得少于40%。

（3）在根据上述公式计算货物的区域价值成分时，货物生产过程中所使用的非原产材料价值，应当不包括为生产原产材料而使用的非原产材料价值。

4. 当一缔约方境内的货物生产商获得非原产材料时，该材料价值不应当包括将非原产材料从供应商的仓库运到生产商厂址的过程中所产生的运费、保险费、包装费及任何其他费用。

5. 下列加工或者处理，在确定货物原产地时，应不予考虑：

（1）为在运输或贮存期间保存货物而作的加工或者处理；

（2）包装的拆解和组装；

（3）洗涤、清洁、除尘，去除氧化物、油、漆及其他涂层；

（4）纺织品的熨烫或压平；

（5）简单的上漆及磨光工序；

（6）谷物及大米的去壳、部分或完全的漂白、抛光及上光；

（7）食糖上色或加工成糖块的加工或者处理；

（8）水果、坚果及蔬菜的去皮、去核及去壳；

（9）削尖、简单研磨或简单切割；

（10）过滤、筛选、挑选、分类、分级、匹配（包括成套物品的组合）；

（11）简单的装瓶、装罐、装袋、装箱、装盒，固定于纸板或木板，以及其他任何简单包装的加工或者处理；

（12）在产品或其包装上粘贴或印刷标志、标签、标识及其他类似的用于区别的标记；

（13）对无论是否为不同种类的产品进行的简单混合；

（14）把物品零部件装配成完整品的简单装配或者将产品拆成零部件的简单拆卸；

（15）仅为方便港口装卸所进行的加工或者处理；

（16）上述第（1）至（15）项中的两项或多项加工或者处理的组合；

（17）屠宰动物。

6. 关于成套货品。

根据协调制度归类总规则三定义的成套货品中的全部部件为原产，则该成套货品应当被视为原产。当该成套货品由原产及非原产产品组成，但确定的非原产产品的价值不超过该成套货品的15%，该成套货品仍应当被视为原产。

7. 在货物原产地的确定过程中，与货物一起申报进口的附件、备件或工具，同时符合下述条件的，应当不予考虑：

（1）附件、备件或工具与产品一并归类并且不单独开具发票；

（2）上述附件、备件或工具的数量及价值在正常范围之内。

8. 当必须满足规定税则归类改变标准的要求时，对于货物原产地的确定，如果零售用包装材料和容器与该货物一并归类，其原产地应当不予考虑。当货物必须满足区域价值成分标准的要求时，对于该货物原产地的确定，零售用包装材料和容器的价值则应当予以计算。

9. 运输期间用于保护货物的包装材料和容器，在确定该货物原产地时，应当不予考虑。

10. 关于中性成分。

（1）在确定产品的原产地时，下述中性成分的原产地应当不予考虑。

（2）中性成分是指货物生产中使用的物品，该物品既不构成该货物物质成分也不成为该货物组成部件，其范围包括：

①燃料、能源、催化剂和溶剂；
②用于测试或检验货物的设备、装置和用品；
③手套、眼镜、鞋靴、衣服、安全设备和用品；
④工具、模具和模子；
⑤用于维护设备和厂房建筑的备件和材料；
⑥在生产中使用的，或者用于运行设备和厂房建筑的润滑剂、油（滑）脂、合成材料和其他材料；
⑦在货物生产过程中使用，虽不构成该货物组成成分，但能合理地表明为该货物生产过程中一部分的其他任何材料。

11. 关于直接运输。

（1）中智自贸协定规定的优惠关税待遇应当适用于满足本规则及程序要求并在缔约双方之间直接运输的货物。

（2）在不违背第（1）项规定的前提下，当货物经非缔约方转运时，不论是否换装运输工具，该货物进入非缔约方停留时间最长不超过3个月。

（3）为了确保货物享受优惠关税待遇，除装卸、重新装运、打包、包装、重新包装或任何其他为了使货物保持良好状态或运输货物所必需的操作外，货物不得在非缔约方进行任何加工及生产处理。

（4）上述第（1）、（3）项的情况，应当向进口方海关提交非缔约方海关文件或者任何能满足进口方海关要求的其他文件加以证明。

12. 关于展览。

（1）对于在中国或智利以外的国家展览并于展览后售往中国或智利的原产产品，于进口时应当准予享受中智自贸协定规定的优惠关税待遇，但需满足进口方海关认可的如下条件：
①出口商已将该产品从中国或智利发运至实际举办展览会的非缔约方；
②出口商已将该产品出售或用其他方式处置给在中国或智利的人；
③该产品已于展览期间发运或展览结束后以送展时的状态立即发运；
④该产品送展后，仅用于展览会展示，未移作他用；
⑤该产品在展览期间处于海关监管之下。

（2）在适用上述情况时，原产地证书应当根据规则及程序规定予以签发，并应当向进口方海关提交，同时须在该证书上注明展览的名称及地点。如有必要，可以要求提供与展览相关的其他证明文件。

（3）上述情况适用于任何贸易、工业、农业或手工业展览、交易会及类似公共展出或展示，在商店或商业场所以私售外国产品为目的的活动不在适用范围之内。

13. 关于原产地证书。

（1）享受优惠关税待遇的原产货物，在进口时应当提交符合规定的原产地证书。

（2）原产地证书由签证机构应出口商的书面申请签发。我国出口智利货物的原产地证书由国家质检总局设在各地的出入境检验检疫机构签发，智利出口至我国货物的原产地证书由智利外交部国际经济关系总司签发。

原产地证书必须以英文填具并署名，可涵括一项或多项同一批次进口的货物。原产地证书的正本必须向进口方海关提交。

（3）申请原产地证书的出口商应当根据签证机构的规定，提交所有证明有关产品原产资格的相关文件，并必须履行上述规则及程序中的其他规定。

（4）签证机构应当有权在货物出口前，采取任何适当的措施审核产品是否具有原产资格以及是否符合上述规则及程序的其他规定。为此，签证机构应当有权要求提供任何相关证据，审查出口商账目或开展任何其他适当的检查。

（5）原产地证书应当自出口方签发之日起一年内有效，原产地证书的正本必须在上述期限内向进口方海关提交。中国方面出具的原产地证书正本，在向智利海关提交时，应当不加盖"正本"字样；智利方面出具的原产地证书，在向中国海关提交时，应当仅有一份加盖"正本"字样。

（6）在《中智自贸协定》签署后两年内，缔约双方应当实施原产地证书签证核查联网系统（CVNSCO）。

14. 各缔约方应当规定，如果符合原产地标准的货物在进口到一缔约方境内时无法提供符合规则及程序的原产地证书，进口方海关可以视情况对该货物征收适用的普通关税或保证金。在这种情况下，进口商可以在货物进口之日起，在关税征收一年内或保证金收取三个月内，申请退还由于该货物未能享受优惠关税待遇而多付的关税或保证金，但需提交：

（1）关于货物符合原产资格的进口书面声明；

（2）在出口前或出口后30天内签发的原产地证书正本；

（3）进口方海关要求提供的与货物进口相关的其他文件。

15. 关于提交原产地证书的例外情况。

（1）各缔约方应当对以下情况作出无需提交原产地证书的规定：

①商业进口货物价值不超过600美元（或以缔约方货币折合等价），但可以作出规定，进口发票中应当包括该货物符合原产条件的声明；

②非商业进口货物价值不超过600美元（或以缔约方货币折合等价）；

③货物进口方作出对进口货物免于提交原产地证书规定的情形。如一缔约方决定采用此规定，该方应当通知出口方。

（2）如果有理由认为该进口确属为规避规定而实施或安排的一次或多次进口，则上述第①、②、③项规定的例外情况不予适用。

16. 各缔约方海关在进口商申请优惠关税待遇时应当：

（1）基于有效的原产地证书，在提交法律规定的进口文件中书面申报货物的原产资格；

（2）在进行进口申报时，持有原产地证书；

（3）应海关的要求，提交原产地证书的正本；

（4）在其有理由确信申报所依据的原产地证书含有不准确信息时，立即更正申报并缴纳应付税款。

各缔约方应当作出规定，如其进口商未遵守中智自贸协定的规定，该方应当拒绝给予自对方进口货物以优惠关税待遇。

17. 当交易货物由非缔约方开具发票时，货物原产国的出口商应当在相应原产地证书"备注"栏内注明原产国生产商的下列信息：名称、地址和国家。原产地证书中的收货人必须为中国或智利境内的人。

18. 关于原产地核查。

（1）进口方海关应当在怀疑原产地证书的真实性、产品原产资格或是否满足规则及程序其他要求时，核查其原产地。

（2）在执行上述规定时，进口方海关应当将原产地证书复印件送交出口方签证机构，并说明核查理由。所有用于确定原产地证书内容不实的文件及信息，也应当作为核查请求的证明材料一并送交。

（3）原产地核查应当由出口方签证机构承担。因此，该机构有权要求出口商提供任何证据，并对其账目进行审查或其他适当的检查。

（4）核查结果应当尽快告知提出核查请求的海关。该结果必须确认文件是否真实，相关产品是否可以视为原产产品并满足规则及程序的其他要求，包括对事实的裁定，以及做出判定的法律依据。

（5）如果自核查请求提出之日起六个月内没有收到答复或答复结果未包含足够的信息以确定有关文件真实性或产品的真实原产地，提出核查请求的海关应当拒绝给予优惠关税待遇。

（6）经进口方海关认定，同一进口商进口的相同货物不止一次使用不真实的原产地证书或该货物原产资格缺乏充分证据，该海关可以暂缓给予优惠关税待遇，直至中智自贸协定规定得以遵守。

（7）与上述所有要求提供的信息、相关文件和进口方海关与签证机构之间交流的其他信息均可以通过电子方式交换。

19. 对于违反中智自贸协定规定的行为，应当依照各缔约方国内法律作出处罚。

20. 关于原产地预确定。

（1）应一缔约方境内的进口商或另一缔约方境内的出口商（在中国，预归类的申请人应当在中国海关注册）在货物进口前提出的书面申请，各缔约方海关应当根据申请人提供的事实和情况说明，包括需要的详细信息说明，就下列事项做出书面预确定：

①税则归类；

②根据中智自贸协定的规定，货物是否具有原产资格。

（2）如果申请人已提交所有必需的信息，海关应当在收到书面申请后作出预确定。货物原产地的预确定应当在150天内作出。

（3）各缔约方应当规定，如果作出预确定所依据的事实和情况未改变，预确定自作出之日起或预确定中所确定的其他日期起至少一年内有效。

（4）如果事实或情况证明预确定所依据的信息是虚假或错误的，作出预确定的海关可以修改或废除该预确定。

（5）如果进口商依据已有预确定提出进口货物享受相应待遇的要求，海关可就进口的事实和情况与预确定所依据的事实和情况是否一致做出判定。

（6）为了促进其他货物适用预确定时的一致性，各缔约方应当在不违反各自国内法律有关保密规定的前提下公布其预确定。

（7）申请人在申请预确定时，如果提供虚假信息，或遗漏相关事实或情况，或未遵守申请预确定的规定，进口方可以按照其国内法律采取适当的措施，包括民事、刑事及行政措施、处罚或其他制裁。

21. 中智自贸协定的规定可以适用于符合规则及程序规定的、在中智自贸协定生效时已自中国或智利启运在途的、或在海关仓库或保税区暂存的货物。进口商应当在中智自贸协定生效之日起的4个月内，向进口方海关提交原产地证书，以及能够证明货物原产资格的各项文件。签证机构可以在上述过渡期内补发原产地证书。

十三、中国—秘鲁原产地管理规定

1. 符合下列条件的货物应当视为原产于一缔约方：

（1）该货物是根据下述第（3）条及产品特定原产地规则的相关规定，在一缔约方或缔约双方境内完全获得或生产的；

（2）该货物是在一缔约方或缔约双方境内，完全由其原产地符合本节规定的材料生产的；

（3）该货物是在一缔约方或缔约双方境内，使用符合产品特定原产地规则所规定的税则归类改变、区域价值成分、工序要求或其他要求的非原产材料生产的。

2. 下列货物应当视为在一缔约方境内完全获得或生产：

（1）在中国或秘鲁出生并饲养的活动物；

（2）从中国或秘鲁饲养的活动物中获得的货物；

（3）在中国或秘鲁通过狩猎、诱捕、捕捞或水产养殖获得的货物；

（4）在中国或秘鲁注册或者登记，并依法悬挂中国或秘鲁国旗的船只，在一缔约方境外的海域获得的鱼类、甲壳类动物及其他海洋生物；

（5）在中国或秘鲁注册或者登记，并依法悬挂中国或秘鲁国旗的加工船上，完全用上述第（4）项所述货物加工所得的货物；

（6）在中国或秘鲁收获、采摘或收集的植物及植物产品；

（7）从中国或秘鲁的土地、水域、海床或海床底土提取的矿物质及其他天然生成物质；

（8）从中国或秘鲁境外的水域、海床或海床底土得到或提取的除鱼类、甲壳类动物及其他海洋生物以外的货物，只要缔约方有权对上述水域、海床或海床底土进行开采；

（9）在中国或秘鲁的制造过程中得到，或者在中国或秘鲁收集的旧货中得到的废碎料；

（10）在中国或秘鲁完全从上述第（1）项至第（9）项所列货物生产的货物。

3. 进口货物在生产过程中使用了非原产材料，非原产材料税则号列与进口货物税则号列不同，但是从非原产材料到进口货物的税则归类改变符合（产品特定原产地规则）相应税则归类改变标准的，该进口货物应当视为原产于中国或者秘鲁的货物。

4. 对货物的基本特征影响轻微的加工或处理，无论是单独的还是相互结合的，尽管该货物或材料满足相关规定，仍应视为微小加工或处理而不赋予原产资格。其中包括：

（1）为确保货物在运输或贮存期间的保藏处于良好状态而进行的操作；

（2）托运货物的拆解或组装；

（3）以零售为目的的包装、拆包或重新打包的操作；

（4）动物屠宰。

5. 一缔约方的原产货物或材料在另一缔约方境内构成另一货物的组成部分时，该货物或材料应当视为原产于后一方境内。

6. 在确定货物原产地时，可互换货物或者材料应当通过下列方法加以区分：

（1）货物或者材料的物理分离；

（2）出口方公认会计原则承认的库存管理方法。该库存管理方法应当在至少1个以上的完整财政年度内持续使用。

7. 协调制度归类总规则三所定义的成套货物，如果其所有部件是原产的，则该成套货物应视为原产。当该成套货物是由原产及非原产货物组成时，如果按照区域价值成分确定的非原产货物的价值不超过该成套货物总值的15%，则该成套货品仍应视为原产。

8. 关于附件、备件及工具。

（1）对于产品特定原产地规则规定的原产地所需税则归类改变要求，在货物进口时，与货物一同报验的附件、备件、工具、说明书及信息材料如与该货物一并归类，且不单独开具发票，则在确定该货物原产地时，这些附件、备件、工具、说明书及信息材料等应当不予考虑。

（2）对于必须满足区域价值成分要求的货物，如果附件、备件、工具、说明书及信息材料与该货物一并归类，且不单独开具发票，则在计算该货物的区域价值成分时，这些附件、备件、工具、说明书及信息材料的价值应当作为原产材料或非原产材料予以考虑。

（3）本规定仅适用于上述附件、备件、工具、说明书及信息材料的数量和价值习惯上为该货物所需的情况。

9. 在货物运输期间用于保护该货物的包装材料及容器，在确定该货物原产地时应当不予考虑。

10. "中性成分"是指货物生产中使用的，既不构成该货物物质成分，也未成为该货物组成成分的物品，其中包括：

（1）燃料、能源、催化剂及溶剂；

（2）用于测试或检验货物的设备、装置及用品；

（3）手套、眼镜、鞋靴、衣服、安全设备及用品；

（4）工具、模具及型模；

（5）用于维护设备和建筑的备件及材料；

（6）在生产中使用或用于运行设备和维护厂房建筑的润滑剂、油（滑）脂、合成材料及其他材料；

（7）在货物生产过程中使用，未构成该货物组成成分，但能够合理表明为该货物生产过程一部分的任何其他货物。

11. 为保持原产货物的原产资格，货物应当在缔约双方之间直接运输。下列情况仍应视为从出口方向进口方直接运输：

（1）货物运输未经非缔约方境内的。

（2）货物运输途中经过一个或多个非缔约方境内，不论是否在这些非缔约方转换运输工具或临时储存不超过3个月，只要：

①货物在其境内未进入其贸易或商业领域；

②除装卸、重新包装或使货物保持良好状态所需的其他处理外，货物在非缔约方境内未经任何处理。

12. 关于展览品的原产地。

（1）运送非缔约方展览并于展览后售往中国或秘鲁的原产货物，在进口时应当准予本协定规定的优惠关税待遇，但必须满足进口方海关要求的下列条件：

①出口商已将该货物从中国或秘鲁运送实际举办展览会的非缔约方；

②出口商已将该货物售予或用其他方式给予在中国或秘鲁的人；

③货物已于展览期间或展览结束后，以送展时的状态立即发运；

④货物送展后，除用于展览会展示外，未移作他用；

⑤货物在展览期间处于海关监管之下。

（2）在适用上述条件时，应当根据本章的规定签发并且向进口方海关提交原产地证书，同时必须在该证书上注明展览的名称及地点。必要时，可以要求提供与展览相关的其他证明文件。

（3）上述情况适用于任何贸易、工业、农业或手工艺展览、交易会或类似公共展出或展示，但在商店或商业场所组织的以私售外国货物为目的的活动不在适用范围之内。

13. 原产地证书。

（1）为了使原产货物获得优惠关税待遇，进口商应当根据进口方海关法律规定，在进口时持有或者提交按要求格式书面签发的原始和有效的原产地证书。

（2）货物的出口商或最终生产商应当向出口方的授权机构书面申请签发原产地证书。原产地证书应当于出口前或出口时签发。

（3）原产地证书必须按规定以英文填具，可涵括同一批次进口的一项或多项货物。

（4）货物的出口商或最终生产商申领原产地证书时，应当提供商业发票、包含各自国内法律规定的最低限度信息资料的原产地申请表，以及主管机构或授权机构所需的用以证明货物原产资格的所有文件，并且应当满足相应的其他要求。

（5）上述原产地证书自签发之日起1年内有效。

（6）原产地证书被盗、遗失或损毁时，出口商可根据其持有的出口文件，向授权机构书面申请签发原产地证书副本。据此签发的原产地证书副本应当在备注栏注明"原产地证书正本（编号_____日期_____）经核准的真实副本"字样，其有效期按正本签发日期计算。

在特殊情况下，原产地证书仍可在货物出口后予以补发，如果：

①由于不可抗力没有在出口前或者出口时签发原产地证书的，只要出口商提供所有必需的商业单证和由出口方海关签注的出口报关单；

②授权机构确信已签发原产地证书，但由于技术原因，原产地证书在进口时未被接受。补发证书的有效期应当与原证书的有效期一致。

14. 原产地证书的免除。

（1）任何货物的完税价格不超过600美元或进口方币值等额，或者该缔约方所规定的更高货值的，出口商或生产商可以填具规定格式的原产地声明，用以代替原产地证书而被接受；

（2）一份原产地声明应当涵括一份进口报关单上报验的货物，并且应当自签发之日起1年内有效。

(3) 尽管有上述规定,如果有理由认为进口货物属于为规避本规定而实施或安排的一系列进口的一部分,进口方仍可拒绝给予优惠关税待遇。

15. 原产地证书的授权机构。

(1) 原产地证书只能由出口方的授权机构签发。

(2) 缔约双方应当将各自授权机构名称及相关的联系细节通知另一缔约方主管机构,并且应当在各自授权机构签发原产地证书之前,将该机构相关表格和文件上使用的安全特征的细节提供给另一缔约方主管机构。上述信息的任何变化应当立即通知另一缔约方主管机构。

(3) 授权机构有责任确保原产地证书上的信息与原产地证书所含货物相符,并且确保依据规定确定的该货物的原产资格无误。

16. 关于关税或保证金的退还。

(1) 如果符合原产资格的货物在输入一缔约方境内时,无法按协定规定提交有效的原产地证书,只要进口商在进口时提交书面声明,指明所报验的货物符合原产资格,进口方海关可以视情对该货物征收普通进口关税或者收取保证金。进口商可以在货物进口后,在缴税后 1 年内,或者在交纳保证金后的 3 个月或进口方法律规定的不超过 1 年的更长期限内,视情申请退还多征的关税或已交纳的保证金。进口商必须提交:

①符合规定的有效原产地证书;

②进口方海关要求的与货物进口相关的其他文件。

(2) 进口商在进口时未向进口方海关报明所进货物为协定项下的原产货物的,即使其在事后向海关提交有效的原产地证书,已缴税款或保证金不予退还。

17. 用于证明原产地证书所列货物为原产货物,并且符合相关其他要求的文件应当包括但不限于:

(1) 出口商或供应商加工获得有关货物的直接证据,例如,其账目或内部簿记;

(2) 所用原料原产资格的证明文件,但这些文件必须依照国内的法律规定使用;

(3) 原料生产和加工的证明文件,但这些文件必须依照国内的法律规定使用;

(4) 能够证明所用原料原产资格的原产地证书。

18. 关于原产地证书的核查。

(1) 为了确定从另一方进口的货物是否具备原产货物资格,进口方主管机构可以通过下列方式进行核查:

①书面要求进口商提供补充信息;

②通过出口方主管机构,书面要求出口商或生产商提供补充信息;

③要求出口方主管机构协助对货物原产地进行核查;

④如果第①项、第②项或第③项的要求未能消除进口方的关注,进口方主管机构可派员访问出口方境内的出口商或生产商所在地,对出口方主管机构的核查程序进行实地考察。

(2) 就上述第(1)条第①项、第②项及第③项而言,进口方主管机构请求获得或者出口方主管机构回复的所有信息,均应使用英语进行传送。

(3) 就上述第(1)条第①项及第②项而言,如果进口商、出口商或生产商在收到进口方书面请求后 90 天内未能提供补充信息,进口方可以拒绝给予优惠关税待遇。

(4) 就上述第(1)条第③项而言,进口方主管机构应当向出口方主管机构提供:

①请求协助核查的理由;

②货物原产地证书或其复印件;

③请求协助核查所必需的任何信息及文件。

出口方主管机构应当向进口方主管机构提供核查所涉货物原产地的英文书面声明,其中应当包含下列信息:货物生产工序的描述;指明供应商的原产及非原产材料的商品描述及税则归类;货物获得原产货物资格的详细说明。

如果出口方主管机构在提出请求后 150 天内未能提供书面声明，或者所提供的书面声明没有包含充分信息，进口方应当依据当时掌握的信息确定货物的原产地。

（5）就上述第（1）条第④项而言，进口方应当在实地核查访问 30 天前，将核查访问的请求书面通知出口方主管机构。

如果出口方主管机构在收到通知 30 天内对该项请求未作出书面同意，进口方可以拒绝给予相关货物优惠关税待遇。

（6）进口方应当在核查程序启动后 300 天内，将认定货物原产地的结果及其法律依据和事实书面通知出口方。

（7）货物进口申报时依原产地证书证明其原产资格，但进口方海关有理由怀疑货物的原产地的，可以在交纳保证金或税款后放行货物，等待原产地核查结果。经原产地核查确认该货物符合原产资格后，上述已交纳的保证金或关税应当予以退还。

（8）一缔约方的主管机构认定某项货物不符合优惠关税待遇的条件时，可以暂停给予进口商随后进口的任何相同货物优惠关税待遇，直到其证明这些货物符合规定为止。

十四、中国—哥斯达黎加原产地管理规定

1. 从哥斯达黎加直接运输进口的货物，符合下列条件之一的，其原产国为哥斯达黎加，适用《税则》中的《中华人民共和国政府和哥斯达黎加共和国政府自由贸易协定》（以下简称中哥自贸协定）协定税率：

（1）哥斯达黎加完全获得或者生产的；

（2）在哥斯达黎加境内全部使用符合规定的中国或者哥斯达黎加原产材料生产的；

（3）在哥斯达黎加境内非完全获得或者生产，但符合中哥自贸协定项下产品特定原产地规则规定的税则归类改变、区域价值成分、特定加工工序等要求的。

2. "在哥斯达黎加完全获得或者生产"的货物是指：

（1）在哥斯达黎加境内出生并饲养的活动物；

（2）在哥斯达黎加境内从活动物中获得的货物；

（3）在哥斯达黎加境内收获、采摘或者采集的植物及植物产品；

（4）在哥斯达黎加境内狩猎、诱捕、捕捞、水产养殖、耕种或者捕获获得的货物；

（5）从哥斯达黎加领土、领水、海床或者海床底土提取或者得到的矿物质，以及不包括在上述第（1）项至第（4）项内的其他天然资源；

（6）在哥斯达黎加领海以外的水域、海床或者海床底土提取的货物，只要哥斯达黎加根据符合其缔结的相关国际协定可适用的国内法，有权开发上述水域、海床或者海床底土；

（7）在哥斯达黎加的领海或者专属经济区捕捞获得的鱼类及其他产品；

（8）在哥斯达黎加注册或者登记，并悬挂其国旗的船舶在公海捕捞获得的鱼类及其他产品；

（9）在哥斯达黎加注册或者登记，并悬挂其国旗的加工船上，完全用上述第（7）项、第（8）项所述货物加工、制造的货物；

（10）在哥斯达黎加境内加工过程中产生的、仅适用于原材料回收的废碎料；或者在哥斯达黎加境内收集的、仅适用于原材料回收的废旧物品；

（11）在哥斯达黎加境内完全从上述第（1）项至第（10）项所列货物获得或者生产的货物。

3. 中哥自贸协定项下进口货物在生产过程中使用了非原产材料，非原产材料的税则号列与进口货物的税则号列不同，从非原产材料到进口货物的税则归类改变符合中哥自贸协定项下产品特定原产地规则中相应的税则归类改变标准的，该进口货物应当视为原产于哥斯达黎加的货物。

4. 在哥斯达黎加境内，使用非哥斯达黎加原产材料生产的货物，符合中哥自贸协定项下产品特定原产地规则中该货物所对应的区域价值成分标准的，应当视为原产于哥斯达黎加的货物。

区域价值成分应当按照下列方法计算：

$$区域价值成分 = \frac{货物价格 - 非原产材料价格}{货物价格} \times 100\%$$

其中，"货物价格"是指按照《海关估价协定》规定，在货物船上交货价格（FOB）基础上经过调整的价格。"非原产材料价格"是指非哥斯达黎加原产材料的进口成本、运至目的港口或者地点的运费和保险费（CIF），不包括在生产过程中为生产原产材料而使用的非原产材料的价值。原产地不明的材料按照最早可以确定的在哥斯达黎加境内为该材料实付或者应付的价格，计入非原产材料价格。非原产材料由货物生产商在哥斯达黎加境内获得的，从供应商仓库运抵生产商所在地的运费、保费、包装费及任何其他费用均不计入非原产材料价格。

5. 在哥斯达黎加境内，使用非哥斯达黎加原产材料生产的货物，其制造、加工工序符合中哥自贸协定项下产品特定原产地规则中相应的特定加工工序标准的，应当视为原产于哥斯达黎加的货物。

6. 原产于中国的货物或者材料在哥斯达黎加境内被用于生产另一货物，并构成另一货物的组成部分的，该货物或者材料应当视为原产于哥斯达黎加境内。

7. 适用中哥自贸协定项下产品特定原产地规则税则归类改变标准确定原产地的货物，其生产过程中所使用的非哥斯达黎加原产材料未能满足该税则归类改变标准，但是上述非哥斯达黎加原产材料按照规定确定的价格不超过该货物船上交货价格10%，并且货物符合相关所有其他适用规定的，应当视为原产于哥斯达黎加的货物。

8. 下列微小加工或者处理不影响货物原产地的确定：
（1）为确保货物在运输或者贮存期间处于良好状态而进行的处理；
（2）货物的拆解和简单组装；
（3）以销售或者展示为目的的包装、拆包或者重新打包等处理；
（4）动物屠宰。

9. 属于《税则》归类总规则三所规定的成套货物，其中全部货物均原产于哥斯达黎加的，该成套货物即为原产于哥斯达黎加；其中部分货物非原产于哥斯达黎加，但是按照规定确定的价格不超过该成套货物价格15%的，该成套货物仍应视为原产于哥斯达黎加。

10. 运输期间用于保护货物的包装材料及容器的原产地不影响货物原产地的确定。

适用中哥自贸协定项下产品特定原产地规则中税则归类改变标准的货物，其零售用包装材料及容器与该货物一并归类的，该零售用包装材料及容器的原产地不影响货物原产地的确定。

适用中哥自贸协定项下产品特定原产地规则中区域价值成分标准确定原产地的货物，其零售用包装材料和容器的价格应当纳入原产材料价格或者非原产材料价格予以计算。

11. 适用中哥自贸协定项下产品特定原产地规则中税则归类改变标准确定原产地的货物，与该货物一起申报进口的附件、备件或者工具，在《税则》中与该货物一并归类，并且不单独开具发票的，其原产地不影响货物原产地的确定。

适用中哥自贸协定项下产品特定原产地规则中区域价值成分标准确定原产地的货物，在计算区域价值成分时，与该货物一起申报进口的附件、备件或者工具的价格应当纳入原产材料价格或者非原产材料价格予以计算。

上述附件、备件或者工具的数量与价格应当在合理范围之内。

12. 在确定货物的原产地时，货物生产、测试或者检验过程中使用，但本身不构成货物物质成分的下列材料或者物品，其原产地不影响货物原产地的确定：
（1）燃料、能源、催化剂及溶剂；
（2）用于测试或者检验货物的设备、装置及用品；
（3）手套、眼镜、鞋靴、衣服、安全设备及用品；

（4）工具、模具及型模；

（5）用于维护设备和建筑的备件及材料；

（6）在生产中使用或者用于运行设备和维护厂房建筑的润滑油、油（滑）脂、合成材料及其他材料；

（7）在货物生产过程中使用，未构成该货物组成成分，但能够合理表明其参与了该货物生产过程的任何其他货物。

13. 在确定货物原产地时，对性质相同、在商业上可以互换的货物或者材料，应当通过下列方法加以区分：

（1）货物或者材料的物理分离；

（2）出口方公认会计原则承认的库存管理方法。该库存管理方法应当在整个财政年度内连续使用。

14. "直接运输"是指中哥自贸协定项下进口货物从哥斯达黎加直接运输至我国境内，途中未经过中国、哥斯达黎加以外的其他国家或者地区。

原产于哥斯达黎加的货物，经过其他国家或者地区运输至我国，不论在运输途中是否转换运输工具或者作临时储存，同时符合下列条件的，应当视为"直接运输"：

（1）该货物经过这些国家或者地区仅是由于地理原因或者运输需要；

（2）未进入这些国家或者地区进行贸易或者消费（相关货物进入其他国家或者地区停留时间最长不得超过3个月）；

（3）该货物经过这些国家或者地区时，未作除装卸、重新包装或者其他为使货物保持良好状态所必须处理以外的其他处理；

（4）处于这些国家或者地区海关的监管之下。

15. 货物申报进口时，进口货物收货人或者其代理人应当按照海关的申报规定填制进口货物报关单，申明适用中哥自贸协定协定税率，并同时提交下列单证：

（1）由哥斯达黎加授权机构签发的有效原产地证书正本；

（2）货物的商业发票正本、装箱单及其相关运输单证。

货物经过其他国家或者地区运输至我国境内的，应当提交在哥斯达黎加境内签发的联运提单、货物的商业发票正本及证明货物符合相关规定的相关文件；货物在其他国家或者地区境内临时储存的，还应提交该国家或者地区海关出具的证明文件。

货物申报进口时，进口货物收货人或者其代理人未提交有效原产地证书正本，也未就该进口货物是否具备哥斯达黎加原产资格向海关进行补充申报的，其申报进口的货物不适用中哥自贸协定协定税率，海关应当依法按照该货物适用的最惠国税率、普通税率或者其他税率计征关税及进口环节海关代征税，并按照规定办理进口手续、进行海关统计。收货人或者其代理人在货物征税放行后向海关提交原产地证书的，已征税款不予调整。

16. 原产地申报为哥斯达黎加的进口货物，收货人或者其代理人在申报进口时未提交原产地证书的，应当在办结海关手续前就该进口货物是否具备哥斯达黎加原产资格向海关进行补充申报。

进口货物收货人或者其代理人依照上述规定就进口货物具备哥斯达黎加原产资格向海关进行补充申报的，海关可以根据进口货物收货人或者其代理人的申请，收取相当于应缴税款的等值保证金后放行货物，并按照规定办理进口手续、进行海关统计。

17. 同时具备下列条件的，进口货物收货人或者其代理人可以自收取保证金之日起3个月内，向海关申请退还保证金：

（1）进口时已就进口货物具备哥斯达黎加原产资格向海关进行补充申报，申明适用中哥自贸协定协定税率；

(2) 提交有效原产地证书及海关要求提供的与货物进口相关的其他文件。

自缴纳保证金之日起 3 个月内或者经海关批准延长的担保期限内，进口货物收货人或者其代理人未提出退还保证金申请的，海关应当立即办理保证金转为进口税款手续，海关统计数据同时作相应修改。

18. 原产于哥斯达黎加的进口货物，经海关依法审定的完税价格不超过 600 美元的，免予提交原产地证书。进口货物收货人应当同时按照中哥自贸协定的要求就进口货物具备原产资格进行书面声明。

19. 具有下列情形之一的，该进口货物不适用中哥自贸协定协定税率：

（1）进口货物的原产地不符合上述规定的；

（2）货物申报进口时，进口货物收货人或者其代理人没有向海关提交有效原产地证书正本，也未就进口货物具备哥斯达黎加原产资格进行补充申报的；

（3）哥斯达黎加未将授权机构名称、原产地证书安全特征或者上述信息的任何变化通知中国海关的；

（4）原产地证书未正确填写，或者原产地证书所使用的安全特征与海关备案资料不一致的；

（5）原产地证书所列内容与其他证明文件所列信息不符的；

（6）原产地证书所列内容与实际进口货物不符的；

（7）自提出原产地核查请求之日起，海关没有在中哥自贸协定规定的期限内收到进口货物收货人或者其代理人、哥斯达黎加出口商或者生产商就进口货物原产资格提供的补充信息的；

（8）自提出原产地核查请求之日起，海关没有在中哥自贸协定规定的期限内收到哥斯达黎加授权机构的核查反馈结果，或者反馈结果未包含足以确定原产地证书真实性或者货物真实原产地信息的；

（9）进口货物收货人或者其代理人存在其他不遵守有关规定行为的。

20. 进口货物收货人或者其代理人向海关提交的原产地证书应当同时符合下列条件：

（1）由哥斯达黎加授权机构在货物出口前或者出口时签发；

（2）符合《中国和哥斯达黎加贸易协定项下原产地管理办法》规定格式，以英文填制并由出口商署名和盖章；

（3）含有包括哥斯达黎加通知中国海关的印章样本等内容的安全特征；

（4）所列的一项或者多项货物为同一批次的进口货物；

（5）仅有一份正本，并且具有不重复的原产地证书编号；

（6）注明确定货物具有原产资格的依据。

21. 原产地证书自签发之日起 12 个月内有效。

22. 具有下列情形之一的，原产地证书可以自货物出口之日起 12 个月内予以补发：

（1）由于不可抗力没有在出口前或者出口时签发原产地证书的；

（2）哥斯达黎加授权机构确信已签发原产地证书，但由于技术原因，原产地证书在进口时未被接受的。

补发的原产地证书应注明"补发"字样；补发证书自货物实际出口之日起 12 个月内有效；补发证书的有效期应当与原证书的有效期一致。

23. 原产地证书被盗、遗失或者损毁，并且未经使用的，进口货物收货人或者其代理人可以要求进口货物的出口商或者制造商向哥斯达黎加授权机构书面申请在原证书正本有效期内签发注明"经核准的真实副本"字样的原产地证书副本。

经核准的原产地证书副本向海关提交后，原产地证书正本失效。

原产地证书正本已经使用的，经核准的原产地证书副本无效。

24. 海关对中哥自贸协定项下原产地证书的真实性，相关进口货物是否原产于哥斯达黎加，或者是否符合其他规定产生怀疑时，可以通过以下方式进行核实：

（1）书面要求进口货物的收货人或者其代理人提供补充信息；

（2）书面要求哥斯达黎加境内的出口商或者生产商提供补充信息；

（3）要求哥斯达黎加授权机构对货物原产地进行核查；

（4）与哥斯达黎加海关商定的其他程序。

在等待核查结果期间，依照进口货物收货人或者其代理人申请，海关可以依法选择按照该货物适用的最惠国税率、普通税率或者其他税率收取相当于应缴税款的等值保证金后放行货物，并且按照规定办理进口手续，进行海关统计。核查完毕后，海关应当根据核查结果，立即办理保证金退还手续或者保证金转为进口税款手续，海关统计数据应当作相应修改。

进口货物属于国家禁止或者限制进口货物，或者存在瞒骗嫌疑的，海关在原产地证书核实完毕前不得放行货物。

25. 出口货物申报时，出口货物发货人或者其代理人应当按照海关的申报规定填制出口货物报关单，并向海关提交中哥自贸协定项下原产地证书电子数据或者原产地证书正本的复印件。

26. 中哥自贸协定项下进出口货物及其包装上标有原产地标记的，其原产地标记应当与依照规定确定的货物原产地相一致。

27. 进出口货物收发货人可以依照《中华人民共和国海关行政裁定管理暂行办法》的规定，向海关申请中哥自贸协定项下进出口货物原产地行政裁定。

违反《中国和哥斯达黎加贸易协定项下原产地管理办法》，构成走私行为、违反海关监管规定行为或者其他违反《海关法》行为的，由海关依照《海关法》和《海关行政处罚实施条例》的有关规定予以处理；构成犯罪的，依法追究刑事责任。

十五、欧盟在华纺织品加工贸易复输欧盟及纺织品原产地证书管理规定

1. 根据中欧双边纺织品协议和双边丝麻协议的规定，对于中方企业出口的在中国加工后复进口到欧盟的纺织品，如符合欧盟现行外部加工规定，则不受双边协议规定的被动配额限制，适用由欧盟自主管理的外部加工贸易配额（以下简称OPT配额）。对于符合外部加工贸易规定的复进口，欧盟将事先给欧盟进口商签发"预先进口授权书"（PRIOR AUTHORIZATION FOR ECONOMIC OUTWARD PROCESSING）。

2. 中方企业出口OPT配额项下纺织品时，应凭进口商提供的预先进口授权书复印件（两份）以及相关出口文件，向所属纺织品出口证书签证机关申领原产地证书，原产地证书第9栏内应标明预先进口授权书的号码。

3. 签证机关在审核预先进口授权书复印件及相关出口文件后，为出口企业签发原产地证书。同时，在一份预先进口授权书复印件上加盖欧盟纺织品出口许可证签证章，退还出口企业。另一份预先进口授权书留存签证机关。

4. 出口企业向海关申报OPT配额项下纺织品出口时，须向海关提交加盖了签证机关纺织品出口许可证签证章的预先进口授权书复印件，无须出具纺织品出口许可证。海关凭加盖签证章的"预先进口授权书"复印件办理出口验放手续。

5. 根据中欧双边协议规定，中方企业向欧盟出口双边协议项下纺织品（含配额和非配额）时，按不同产品分别向签证机关申领纺织品原产地证书，向普惠制原产地证书签发机关申领普惠制原产地证书，或在发票或其他票据上声明产品系中国原产。上述两类原产地证书只供欧方海关进口时核验。向欧盟出口配额项下纺织品须同时申领纺织品出口许可证。

6. 出口企业向我海关申报对欧盟的纺织品出口时，海关不再验核原产地证书，对属配额项下纺织

品验核纺织品出口许可证。

十六、海关总署关于加工贸易内销货物的原产地证书使用问题的批复

按照海关关于贸易救济措施实施和原产地管理的相关要求，涉及反倾销措施的进口货物应提交原产地证书。鉴于加工贸易企业普遍存在同一批次进口的料件一段时间后内销的特点，办理内销征税手续时，海关如果能够确认进口货物收货人或者其代理人已经在口岸海关提交原产地证书原件，且报关单申报内容、原产地证书复印件内容与货物实际情况相符，可以凭进口货物收货人提交的加盖口岸海关印章的原产地证书复印件确定内销货物的原产地。

附件 17-1：一般原产地证明书（格式）样本

1.Exporter	Certificate No.
	CERTIFICATE OF ORIGIN OF THE PEOPLE'S REPUBLIC OF CHINA
2.Consignee	
3.Means of transport route	5.For certifying authority use only
4.Country/region of destination	

6.Marks and numbers	7.Number and kind of packages; description of goods	8.H.S.Code	9.Quantity	10.Number and date of invoices

11.Declaration by the exporter	12. Certification
The undersigned hereby declares that the above details and statements are correct, that all the goods were produced in China and the they comply with the Rules of the Origin of the People's Republic of China.	It is hereby certified that the declaration by the exporter is correct.
....	....
Place and date, signature and stamp of authorized signatory	Place and date, signature and stamp of certifying authority

附件 17－2：普惠制原产地证明书（FORM A）样本

普惠制产地证样式：

1. Goods consigned from (Exporter's business name, address, country)	ORIGINAL Reference No. JS7/00033/0046 **GENERALIZED SYSTEM OF PREFERENCES** **CERTIFICATE OF ORIGIN** (Combined declaration and certificate) **FORM A** Issued in **THE PEOPLE'S REPUBLIC OF CHINA** (country) See Notes overleaf
2. Goods consigned to (Consignee's name, address, country)	
3. Means of transport and route (as far as known)	4. For official use

5. Item Number	6. Marks and numbers of packages	7. Number and kind of packages; description of goods	8. Origin criterion (see Notes overleaf)	9. Gross weight or other quantity	10. Number and date of invoices

11. Certification It is hereby certified, on the basis of control carried out, that the declaration by the exporter is correct. .... Place and date. Signature and stamp of certifying authority	12. Declaration by the exporter The undersigned hereby declares that the above details and statements are correct, that all the goods were produced in ....**CHINA**........................... and that they comply with the origin requirements specified for those goods in the Generalized System of Preferences for goods exported to .... (Importing country) .... Place and date. Signature of authorized signatory

附件17-3-1：中国—东盟自由贸易区优惠关税原产地证书（格式）样本

Original (Duplicate/Triplicate)

1. Products consigned from (Exporter's business name, address, country)	Reference No. ASEAN-CHINA FREE TRADE AREA PREFERENTIAL TARIFF CERTIFICATE OF ORIGIN (Combined Declaration and Certificate) FORM E Issued in _____ (Country) See Overleaf Notes
2. Products consigned to (Consignee's name, address, country)	
3. Means of transport and route (as far as known) Departure date Vessel's name/Aircraft etc. Port of Discharge	4. For Official Use ☐ Preferential Treatment Given ☐ Preferential Treatment Not Given (Pleasestate reason/s) Signature of Authorised Signatory of the Importing Party

5. Item number	6. Marks and numbers on packages	7. Number and type of packages, description of products (including quantity where appropriate and HS number of the importing Party)	8. Origin criteria(see Overleaf Notes)	9. Gross weight or other quantity and value(FOB)	10. Number and date of invoices

11. Declaration by the exporter The undersigned hereby declares that the above details and statement are correct; that all the products were produced in _____ (Country) and that they comply with the origin requirements specified for these products in the Rules of Origin for the ACFTA for the products exported to _____ (Importing country) Place and date, signature of authorised signatory	12. Certification It is hereby certified, on the basis of control carried out, that the declaration by the exporter is correct. _____ Place and date, signature and stamp of certifying authority
13. ☐ Issued Retroactively ☐ Exhibition ☐ Movement Certificate ☐ Third Party Invoicing	

附件 17-3-2：中国—东盟自由贸易区优惠关税原产地证书（背页说明）样本

OVERLEAF NOTES

1. Parties which accept this form for the purpose of preferential treatment under the ASEAN-CHINA Free Trade Area Preferential Tariff:

BRUNEI DARUSSALAM   CAMBODIA   CHINA   INDONESIA   LAOS   MALAYSIA
MYANMAR   PHILIPPINES   SINGAPORE   THAILAND   VIETNAM

2. CONDITIONS: The main conditions for admission to the preferential treatment under the ACFTA Preferential Tariff are that products sent to any Parties listed above:

(i) must fall within a description of products eligible for concessions in the country of destination;

(ii) must comply with the consignment conditions that the products must be consigned directly from any ACFTA Party to the importing Party but transport that involves passing through one or more intermediate non-ACFTA Parties, is also accepted provided that any intermediate transit, transshipment or temporary storage arises only for geographic reasons or transportation requirements; and

(iii) must comply with the origin criteria given in the next paragraph.

3. ORIGIN CRITERIA: For exports to the above mentioned countries to be eligible for preferential treatment, the requirement is that either:

(i) The products wholly obtained in the exporting Party as defined in Rule 3 of the Rules of Origin for the ACFTA;

(ii) Subject to sub-paragraph (i) above, for the purpose of implementing the provisions of Rule 2 (b) of the Rules of Origin for the ACFTA, products worked on and processed as a result of which the total value of the materials, parts or produce originating from non-ACFTA Parties or of undetermined origin used does not exceed 60% of the FOB value of the product produced or obtained and the final process of the manufacture performed within territory of the exporting Party;

(iii) Products which comply with origin requirements provided for in Rule 2 of the Rules of Origin for the ACFTA and which are used in a Party as inputs for a finished product eligible for preferential treatment in another Party/Parties shall be considered as a product originating in the Party where working or processing of the finished product has taken place provided that the aggregate ACFTA content of the final product is not less than 40%; or

(iv) Products which satisfy the Product Specific Rules provided for in Attachment B of the Rules of Origin for the ACFTA shall be considered as products to which sufficient transformation has been carried out in a Party.

If the products qualify under the above criteria, the exporter must indicate in Box 8 of this form the origin criteria on the basis of which he claims that his products qualify for preferential treatment, in the manner shown in the following table:

Circumstances of production or manufacture in the first country named in Box 11 of this form	Insert in Box 8
(a) Products wholly produced in the country of exportation (see paragraph 3 (i) above)	"WO"
(b) Products worked upon but not wholly produced in the exporting Party which were produced in conformity with the provisions of paragraph 3 (ii) above	Percentage of single country content, example 40%
(c) Products worked upon but not wholly produced in the exporting Party which were produced in conformity with the provisions of paragraph 3 (iii) above	Percentage of ACFTA cumulative content, example 40%
(d) Products satisfied the Product Specific Rules (PSR)	"PSR"

4. EACH ARTICLE MUST QUALIFY: It should be noted that all the products in a consignment must qualify separately in their own right. This is of particular relevance when similar articles of different sizes or spare parts are sent.

5. DESCRIPTION OF PRODUCTS: The description of products must be sufficiently detailed to enable the products to be identified by the Customs Officers examining them. Name of manufacturer, any trade mark shall also be specified.

6. The Harmonised System number shall be that of the importing Party.

7. The term "Exporter" in Box 11 may include the manufacturer or the producer. In the case of MC the term "Exporter" also includes the exporter in the intermediate Party.

8. FOR OFFICIAL USE: The Customs Authority of the importing Party must indicate (✓) in the relevant boxes in column 4 whether or not preferential treatment is accorded.

9. Movement Certificate: In cases of Movement Certificate, in accordance with Rule 12 of the Operational Certification Procedures, "Movement Certificate" in Box 13 should be ticked (?). The name of original Issuing Authorities of the Party, date of the issuance and the reference number of the original Certificate of Origin (Form E) to be indicated in Box 13.

10. THIRD PARTY INVOICING: In cases where invoices are issued by a third country, "the Third Party Invoicing" in Box 13 shall be ticked (?). The invoice number shall be indicated in Box 10. Information such as name and country of the company issuing the invoice shall be indicated in Box 7.

11. EXHIBITIONS: In cases where products are sent from the exporting Party for exhibition in another Party and sold during or after the exhibition or importation into a Party, in accordance with Rule 22 of Attachment A of the Rules of Origin for the ACFTA, the "Exhibitions" in Box 13 should be ticked (?) and the name and address of the exhibition indicated in Box 2.

12. ISSUED RETROACTIVELY: In exceptional cases, due to involuntary errors or omissions or other valid causes, the Certificate of Origin (Form E) may be issued retroactively in accordance with Rule 11 of Attachment A of the Rules of Origin for the ACFTA. The "Issued Retroactively" in Box 13 shall be ticked (?).

附件17-3-3：中国—东盟自由贸易区优惠关税原产地证书正本（第二副本/第三副本）中文参考文本

正本(第二副本/第三副本)

1.产品运自(出口商名称、地址、国家)：	编号：
	中国-东盟自由贸易区 优惠关税 原产地证书 （申报与证书合一） 表格 E _____签发 （国家） 见背页说明
2.产品运至（收货商名称、地址、国家）：	
3.运输工具及路线（已知）： 离港日期： 船舶名称/飞机等： 卸货口岸：	4.官方使用 ☐ 给予优惠待遇； ☐ 不给予优惠待遇（请注明原因） 进口成员方有权签字人签字

5.项目编号	6.包装唛头及编号	7.包装件数及种类；产品名称（包括相应数量及进口成员方HS编码）	8.原产地标准（见背页说明）	9.毛重或其他数量及价格（FOB）	10.发票编号及日期

11.出口商声明 　下列签字人声明上述资料及申报正确无讹，所有产品产自 　_____ 　（国家） 　且符合中国—东盟自由贸易区原产地规则所规定的原产地要求，该产品出口至 　_____ 　（进口国） 　地点和日期，有权签字人的签字	12.证明 　根据所实施的监管，兹证明出口商所做申报正确无讹。 　地点和日期，签字和发证机构印章
13. 　☐ 补发　　　　　☐ 展览 　☐ 流动证明　　　☐ 第三方发票	

附件 17-3-4：中国—东盟自由贸易区优惠关税原产地证书（背页说明）中文参考文本

背页说明

1. 为享受中国-东盟自由贸易区优惠关税协议下优惠待遇而接受本证书的缔约各方：文莱、柬埔寨、中国、印度尼西亚、老挝、马来西亚、缅甸、菲律宾、新加坡、泰国、越南。

2. 条件：出口至上述任一方的产品，享受中国-东盟自由贸易区优惠关税协议下优惠待遇的主要条件是：

必须是在目的国可享受关税减让的产品；

必须符合产品由中国东盟自由贸易区任一方直接运至进口方的运输条件，但如果过境运输、转换运输工具或临时储存仅是由于地理原因或仅出于运输需要的考虑，运输途中经过一个或多个中国-东盟自由贸易区非缔约方境内的运输亦可接受；以及必须符合下述的原产地标准。

3. 原产地标准：出口到上述国家可享受优惠待遇的货物必须符合下列要求之一：

符合中国-东盟自由贸易区原产地规则三的规定，在出口成员方完全获得的产品；

除上述第（1）项的规定外，为实施中国-东盟自由贸易区原产地规则二（二）的规定，使用原产于中国-东盟自由贸易区非缔约方或无法确定原产地的材料、零件或物生产和加工产品时，所用材料、零件或产物的总值不超过生产或获得产品船上交货价格的60%，且最后生产工序在出口方境内完成；

符合中国-东盟自由贸易区原产地规则二规定的原产地要求的产品，且该产品在一方用作生产在其他一个或多个缔约方可享受优惠待遇的最终产品的投入品，如最终产品中中国东盟自由贸易区成分总计不少于最终产品的40%，则该产品应视为原产于对最终产品进行生产或加工的一方；或符合中国-东盟自由贸易区原产地规则附件二的产品特定原产地标准的产品应视为在一方进行了充分加工的货物。

若产品符合上述标准，出口商必须按照下列表格中规定的格式，在本证书第八栏中标明其产品申报享受优惠待遇所依据的原产地标准：

本表格第11栏列名的第一国生产或制造的详情	填入第8栏
（a）出口国完全生产的产品（见上述第3款（1）项）	"完全获得"
（b）符合上述第3款（2）项的规定，在出口方加工但并非完全获得的产品	单一国家成分的百分比，例如40%
（c）符合上述第3款（3）项的规定，在出口方加工但并非完全获得的产品	中国-东盟累计成分的百分比，例如40%
（d）符合产品特定原产地标准（PSR）的产品	"PSR"

4. 每一项商品都必须符合规定：应注意一批货物中的所有产品都必须各自符合规定，尤其是不同规格的类似商品或备件。

5. 产品名称：产品名称必须详细，以使验货的海关官员可以识别。生产商的名称及任何商标也应列明。

6. 协调制度编码应为进口方的编码。

7. 第11栏"出口商"可包括制造商或生产商。作为流动证明时，"出口商"也包括中间方的出口商。

8. 官方使用：不论是否给予优惠待遇，进口方海关必须在第4栏作出相应的标注（？）。

9. 流动证明：作为流动证明时，按照签证操作程序规则十二条的规定，第13栏中的"流动证明"应予以标注（？）。成员方的原始签证机构名称、签发日期以及原始原产地证书（Form E）证书的编号也应在第13栏中注明。

10. 第三方发票：当发票是由第三国开具时，第13栏中的"第三方发票"应予以标注（？）。该发票号码应在第10栏中注明。开具发票的公司名称及所在国家等信息应在第7栏中注明。

11. 展览：当产品由出口方运至另一方展览并在展览期间或展览后销售给一方时，按照中国-东盟自由贸易区原产地规则22的规定，第13栏中的"展览"应予以标注（？）。展览的名称及地址应在第2栏中注明。

12. 补发：在特殊情况下，由于非主观故意的差错、疏忽或者其他合理原因，可按照中国东盟自由贸易区原产地规则十一的规定补发原产地证书（Form E）。第13栏中的"补发"应予以标注（？）。

附件 17-4-1：亚太贸易协定原产地证书（格式）样本

Asia-Pacific Trade Agreement
(Combined declaration and certificate)

1. Goods consigned from: (Exporter's business name, address, country)	Reference No. Issued in _____ (Country)
2. Goods consigned to: (Consignee's name, address, country)	3. For Official use
4. Means of transport and route:	

5. Tariff item number:	6. Marks and number of Packages:	7. Number and kind of packages /description of goods:	8. Origin criterion (see Notes overleaf):	9. Gross weight or other quantity	10. Number and date of invoices:

| 11. Declaration by the exporter:
    The undersigned hereby declares that the above details and statements are correct: that all the goods were produced in...
 _____(Country)

 and that they comply with the origin requirements specified for these goods in the Asia-Pacific Trade Agreement for goods exported to

 _____
 (Importing Country)

 _____
 Place and date, signature of authorized Signatory | 12. Certificate
    It is hereby certified on the basis of control carried out, that the declaration by the exporter is correct.

 _____
 Place and date, signature and Stamp of Certifying Authority |

附件 17-4-2：亚太贸易协定原产地证书（格式）中文参考文本

亚太贸易协定原产地证书
（申报和证书合一）

1. 货物运自(出口人名称、地址、国家)：	编号：
	_____签发 （国家）
2. 货物运至（收货人名称、地址、国家）：	3. 官方使用
4. 运输工具及路线	

5. 税则号列	6. 包装唛头及编号	7. 包装件数及种类；货物名称	8. 原产地标准（见背页说明）	9. 毛重或者其他数量	10. 发票编号及日期

| 11. 出口人声明

下列签字人证明上述资料及申明正确无讹，所有货物产自_____
（国家）

且符合亚太贸易协定原产地规则的相关规定，该货物出口至_____
（进口国）

_____
申报地点、日期及授权签字人的签字 | 12. 证明

根据所实施的监管，兹证明上述出口商的申报正确

_____
地点和日期，签字和签证机构印章 |

附件17-4-3：亚太贸易协定原产地证书（格式）（背页说明）

Notes for completing Certificate of Origin

I. General Conditions:
To qualify for preference, products must:

a) fall within a description of products eligible for preference in the list of concessions of an Asia-Pacific Trade Agreement country of destination;

b) comply with Asia-Pacific Trade Agreement rules of origin. Each article in a consignment must qualify separately in its own right; and

c) comply with the consignment conditions specified by the Asia-Pacific Trade Agreement rules of origin. In general, products must be consigned directly within the meaning of Rule 5 hereof from the country of exportation to the country of destination.

II. Entries to be made in the boxes

Box 1 Goods Consigned from
Type the name, address and country of the exporter. The name must be the same as the exporter described in the invoice.

Box 2 Goods Consigned to
Type the name, address and country of the importer. The name must be the same as the importer described in the invoice. For third party trade, the words "To Order" may be typed.

Box 3 For Official Use
Reserved for use by certifying authority.

Box 4 Means of Transport and Route
State in detail the means of transport and route for the products exported. If the L/C terms etc. do not require such details, type "By Air" or "By Sea". If the products are transported through a third country this can be indicated as follows: e.g. "By Air"   "Laos to India via Bangkok"

Box 5 Tariff Item Number
Type the 4-digit HS heading of the individual items.

Box 6 Marks and Numbers of Packages
Type the marks and numbers of the packages covered by the Certificate. This information should be identical to the marks and numbers on the packages.

Box 7 Number and Kind of Packages; Description of Goods
Type clearly the description of the products exported. This should be identical to the description of the products contained in the invoice. An accurate description will help the Customs Authority of the country of destination to clear the products quickly.

Box 8 Origin Criterion
Preference products must be wholly produced or obtained in the exporting Participating State in accordance with Rule 2 of the Asia-Pacific Trade Agreement Rules of Origin, or where not wholly produced or obtained in the exporting Participating State must be eligible under Rule 3 or Rule 4.

a) Products wholly produced or obtained: enter the letter "A" in Box 8.
b) Products not wholly produced or obtained: the entry in Box 8 should be as follows:

1. Enter letter "B" in Box 8, for products which meet the origin criteria according to Rule 3. Entry of letter "B" would be followed by the sum of the value of materials, parts or produce originating from non-Participating States, or undetermined origin used, expressed as a percentage of the f.o.b. value of the products; (example "B" 50 per cent);

2. Enter letter "C" in Box 8 for products which meet the origin criteria according to Rule 4. Entry of letter "C" would be followed by the sum of the aggregate content originating in the territory of the exporting Participating State expressed as a percentage of the f.o.b. value of the exported product; (example "C" 60 per cent);

3. Enter letter "D" in Box 8 for products which meet the special origin criteria according to Rule 10.

Box 9 Gross Weight or Other Quantity
Type the gross weight or other quantity (such as pieces, kg) of the products covered by the Certificate.

Box 10 Number and Date of Invoices
State number and date of the invoice in question. The date of the invoice attached to the Application should not be later than the date of approval on the Certificate.

Box 11 Declaration by the Exporter
The term "Exporter" refers to the shipper who can either be a trader or a manufacturer. Type the name of the producing country and the importing country and the place and date when the declaration is made. This box must be signed by the Company's authorized signatory.

Box 12 Certification
The certifying authority will certify in this Box.

附件17-4-4：亚太贸易协定原产地证书（格式）（背页说明）中文参考文本

背页填制说明

一、总原则

享受关税减让优惠的货物必须符合以下条件：

1. 属于"亚太贸易协定"进口成员国关税减让优惠产品清单的范围。
2. 符合"亚太贸易协定"原产地规则。同批货物中的每项商品均要符合该规则。
3. 符合"亚太贸易协定"原产地规则中的直接运输条款规定。一般情况下，货物必须按照第五条的规定从出口国直接运输到进口国。

二、表格各栏应填写的内容

第1栏：货物出口人。注明出口人的全称、地址和国家。须与发票上的出口人名称一致。

第2栏：货物收货人。注明收货人的全称、地址和国家。该收货人名称必须与发票上的进口商名称一致。如果属于第三方贸易，应该注明"凭背书"字样。

第3栏：官方使用。由签发证书机构填写。

第4栏：运输工具和线路。详细注明出口货物的运输工具和路线。如果信用证等单证未详细列明时，应注明"空运"或"海运"字样；如果货物运输途中经过第三国时，应当按照下列方式注明：

例如："空运""从老挝至印度途经曼谷"

第5栏：税则号列。注明各项商品的4位HS编码。

第6栏：包装唛头及编号。注明包装上的唛头及编号。应当与货物包装上的唛头及编号相一致。

第7栏：包装件数及种类；货物名称。注明出口货物名称。应当与发票上的名称相符。准确的货物名称有助于进口国海关快速清关。

第8栏：原产地标准。享受关税减让优惠的货物必须符合《亚太贸易协定》原产地规则第二条规定，是在出口成员国完全获得或者生产的；或者在出口成员国非完全获得或者生产的符合原产地规则第三条、第四条规定的。

1. 完全获得或者生产的：在第8栏中填写字母"A"
2. 非完全获得或者生产的：在第8栏中应当按照下列方式填写：

（1）如果符合第三条规定的原产地标准，则在第8栏中填写字母"B"。在字母"B"的后面填上使用非成员国原产或不明原产地的材料、零件或产物的总价值，以在船上交货价格（FOB价格）中所占的百分比表示，（如"B"50%）；

（2）如果符合第四条规定的原产地标准，则在第8栏中填写字母"C"。在字母"C"的后面填上在出口成员国原产成分的累计总和，以占出口货物的成本加运费、保险费价格（CIF价格）的百分比表示，（如"C"60%）；

（3）如果符合原产地规则第十条规定的特殊比例标准，则第8栏中填写字母"D"；

第9栏：毛重或者其他数量。注明货物毛重或其他数量（如件数、公斤）。

第10栏：发票编号及日期。注明发票编号及日期。随附发票上的日期不应当迟于原产地证书格式正式启用的日期。

第11栏：出口人声明。"出口人"是指发货人，该发货人可以是贸易商也可以是制造商。声明中应当注明原产国、进口国、地址和日期。且该栏目应当由公司授权人员签名。

第12栏：证明。本栏目由签证机构签章确认。

附件17-5-1：中国—巴基斯坦自由贸易区原产地证书（申报与证书合一）格式样本

正 本

1. 出口人名称、地址、国家：	编号：
	签发日期：
2. 收货人名称、地址、国家：	
	中国－巴基斯坦自由贸易区
3. 生产商名称、地址、国家：	原产地证书
	（申报与证书合一）
	签发在：
4. 运输工具及路线（如已知）： 离港日期 船舶/飞机/火车/汽车 号 装货口岸 卸货口岸	5 官方使用 　　根据中华人民共和国政府与巴基斯坦伊斯兰共和国政府关于自由贸易协定早期收获计划的协议 给予优惠待遇 不给予优惠待遇（请注明原因） 进口国有权签字人签字：

6. 项目编号	7. 包装唛头及编号；包装件数及种类；货物名称；进口国 HS 编码	8. 原产地标准	9. 毛重、数量、船上交货价格（FOB）	10. 发票编号及日期	11. 备注

| 12. 出口人声明
　　下列签字人声明上述资料及申报正确无讹，所有货物产自 ＿＿＿＿＿＿＿＿＿（国家）且符合中华人民共和国政府与巴基斯坦伊斯兰共和国政府关于自由贸易协定早期收获计划的协议所规定的原产地要求，该货物出口至 ＿＿＿＿＿＿（进口国）

地点和日期，授权签字人的签字 | 13. 证明
　　根据所实施的监管，兹证明出口商所做申报正确无讹。

地点和日期，签字和签证机构印章 |

附件17-5-2：中国—巴基斯坦自由贸易区原产地证书（说明）格式样本

中国—巴基斯坦自由贸易区原产地证书说明

第1栏：注明出口人的合法的全称、地址（包括国家）。

第2栏：注明收货人的合法的全称、地址（包括国家）。

第3栏：注明生产商的合法的全称、地址（包括国家）。如果证书上的货物生产商不止一个时，其他的生产商的全称、地址（包括国家）也必须列明。如果出口人或者生产商希望该信息保密时，也可以接受在该栏注明"应要求向海关提供"（Available to Customs upon request）。如果生产商与出口商相同时，该栏只须填写"相同"（SAME）。

第4栏：注明运输方式和路线，并详细说明离港日期、运输工具编号、装货港和卸货港。

第5栏：由进口成员方海关在该栏简要说明根据协议是否给予优惠待遇。

第6栏：注明项目编号。

第7栏：该栏的货品名称必须详细，以使验货的海关官员可以识别，并使其能与发票上的货名及HS编码的货名对应。包装上的运输唛头及编号、包装件数和种类也应当列明。每一项货物的HS编码应当为货物进口国的6位HS编码。

第8栏：从一成员方出口到另一成员方可享受优惠待遇的货物必须符合下列要求之一：（根据特定原产地规则可做调整）

1. 符合原产地规则规定，在出口成员方内完全获得的产品；

2. 为实施中国—巴基斯坦自由贸易区原产地规则的规定，使用非原产于中国、巴基斯坦或者无法确定原产地的原材料生产和加工产品时，所用这种原材料的总价值不超过由此生产或者获得的产品的离岸价格的40%，且最后生产工序在该出口成员方境内完成；

3. 符合中国—巴基斯坦自由贸易区原产地规则规则五的产品，且该产品在一成员方被用于生产可享受另一成员方优惠待遇的最终产品时，如在最终产品中原产于中国、巴基斯坦成分总计不少于最终产品的40%，则该产品应当视为原产于对最终产品进行生产或加工的成员方；或者

4. 符合原产地规则产品特定原产地标准的产品，应当视为在一成员方进行了充分加工的货物

若货物符合上述标准，出口商必须按照下列表格中规定的格式，在本证书第八栏中标明其货物申报享受优惠待遇所根据的原产地标准：

本表格第12栏列名的原产国生产或制造的详情	填入第8栏
出口国完全生产的产品（见上述第8款1项）	"P"
符合上述第8款2项的规定，在出口成员方加工但并非完全生产的产品	单一国家成分的百分比，例如40%
符合上述第8款3项的规定，在出口成员方加工但并非完全生产的产品	累计成分的百分比，例如40%
符合产品特定原产地标准的产品	"PSR"

第9栏：该栏应当注明毛重的公斤数。其他的按惯例能准确表明数量的计量单位，如体积、件数也可用于该栏。离岸价格应该是出口人向签证机构申报的发票价格。

第10栏：该栏应当注明发票号和发票日期。

第11栏：如有要求，该栏可注明订单号，信用证号等。

第12栏：该栏必须由出口人填制、签名、签署日期和加盖印章。

第13栏：该栏必须由签证机构经授权的签证人员签名、签署日期和加盖签证印章。

附件 17-6-1：中国—智利自贸区原产地证书（FORM F）样本

ORIGINAL

1. Exporter's name, address, country:	Certificate No.:
2. Producer's name and address, if known:	**CERTIFICATE OF ORIGIN** Form F for China-Chile FTA Issued in _____ (see Instruction overleaf)
3. Consignee's name, address, country:	
4. Means of transport and route (as far as known) Departure Date Vessel /Flight/Train/Vehicle No. Port of loading Port of discharge	5. For Official Use Only ☐ Preferential Tariff Treatment Given Under _____ ☐ Preferential Treatment Not Given (Please state reasons) - - - - - - - - - - - - - - - - - - - Signature of Authorized Signatory of the Importing Country
	6. Remarks

7. Item number (Max 20)	8. Marks and numbers on packages	9. Number and kind of packages: description of goods	10. HS code (Six digit code)	11. Origin criterion	12. Gross weight, quantity(Quantity Unit) or other measures (liters, m³, etc)	13. Number, date of invoice and invoiced value

| 14. Declaration by the exporter
The undersigned hereby declares that the above details and statement are correct, that all the goods were produced in

_____
(Country)
and that they comply with the origin requirements specified in the FTA for the goods exported to

_____
(Importing country)

Place and date, signature of authorized signatory | 15. Certification
It is hereby certified, on the basis of control carried out, that the declaration of the exporter is correct.

_____
Place and date*, signature and stamp of certifying authority

Certifying authority
Tel: Fax:
Address: |

附件 17-6-2：中国—智利自贸区原产地证书（FORM F）（背面说明）样本

Overleaf Instruction

Box 1: State the full legal name, address (including country) of the exporter.

Box 2: State the full legal name, address (including country) of the producer. If more than one producer's good is included in the certificate, list the additional producers, including name, address (including country). If the exporter or the producer wishes the information to be confidential, it is acceptable to state "Available to the competent governmental authority upon request". If the producer and the exporter are the same, please complete field with "SAME". If the producer is unknown, it is acceptable to state "UNKNOWN".

Box 3: State the full legal name, address (including country) of the consignee.

Box 4: Complete the means of transport and route and specify the departure date, transport vehicle No., port of loading and discharge.

Box 5: The customs authorities of the importing country must indicate (?) in the relevant boxes whether or not preferential tariff treatment is accorded.

Box 6: Customer's Order Number, Letter of Credit Number, and etc. may be included if required. If the invoice is issued by a non-Party operator, the name, address of the producer in the originating Party shall be stated herein.

Box 7: State the item number, and item number should not exceed 20.

Box 8: State the shipping marks and numbers on the packages.

Box 9: Number and kind of package shall be specified. Provide a full description of each good. The description should be sufficiently detailed to enable the products to be identified by the Customs Officers examining them and relate it to the invoice description and to the HS description of the good. If goods are not packed, state "in bulk". When the description of the goods is finished, add "***" (three stars) or " \ " (finishing slash).

Box 10: For each good described in Box 9, identify the HS tariff classification to six digits.

Box 11: If the goods qualify under the Rules of Origin, the exporter must indicate in Box 11 of this form the origin criteria on the basis of which he claims that his goods qualify for preferential tariff treatment, in the manner shown in the following table:

The origin criteria on the basis of which the exporter claims that his goods qualify for preferential tariff treatment	Insert in Box 11
Goods wholly obtained	P
General rule as ? 40% regional value content	RVC
Products specific rules	PSR

Box 12: Gross weight in Kilos should be shown here. Other units of measurement e.g. volume or number of items which would indicate exact quantities may be used when customary.

Box 13: Invoice number, date of invoices and invoiced value should be shown here.

Box 14: The field must be completed, signed and dated by the exporter. Insert the place, date of signature.

Box 15: The field must be completed, signed, dated and stamped by the authorized person of the certifying authority. The telephone number, fax and address of the certifying authority shall be given.

附件 17-6-3：中国—智利自贸区原产地证书（FORM F）中文参考文本

正本

1. 出口商的名称、地址、国家	证书号：
	原产地证书 中国—智利自贸区 FORM F 签发国＿＿＿＿＿＿ （填制方法详见证书背面注释）
2. 生产商的名称、地址，在已知情况下	
3. 收货人的名称、地址、国家	5. 供官方使用 　□　可享受＿＿＿＿自贸区优惠待遇 　□　不能享受＿＿＿＿自贸区优惠待遇 　　理由＿＿＿＿＿＿＿＿＿＿＿＿ 进口国官方机构的授权人手签
4. 运输方式及路线（就所知而言） 离港日期 船只/飞机/火车/货车编号 装货口岸 到货口岸	6. 备注：

7. 项目号（最多20项）	8. 唛头及包装号	9. 包装数量及种类，商品名称	10. HS 编码（以六位编码为准）	11. 原产地标准	12. 毛重、数量（数量单位）或其它计量单位（升、立方米等）	13. 发票号、发票日期及发票价格

14. 出口商申明	15. 证明
下列签字人证明上述资料及申明正确无误，所有货物产自＿＿＿＿＿＿＿＿＿＿＿＿＿＿＿ 　　　　　　（XX 国家） 且符合自贸区原产地规则的相关规定，该货物出口至 ＿＿＿＿＿＿＿＿＿＿＿＿＿＿＿＿ 　　　　　（XX 进口国） ＿＿＿＿＿＿＿＿＿＿＿＿＿＿＿＿ 申报地点、日期及授权签字人的手签	根据所实施的监管，兹证明上述出口商的申报正确。 ＿＿＿＿＿＿＿＿＿＿＿＿＿＿＿＿ 地点、日期、签字及签证机构印章 签证机构 电话　　　　　　　传真 地址

附件 17-6-4：中国—智利自贸区原产地证书（FORM F）（背面说明）中文参考文本

背面说明

第一栏：应填写出口商详细的依法登记的名称、地址（包括国家）。

第二栏：在已知的情况下填写生产商详细的依法登记的名称、地址（包括国家）。如果证书包含一个以上生产商的商品，应该列出其他生产商的详细名称、地址（包括国家）。如果出口商或生产商希望对信息予以保密，可以填写"应要求提供给签证机构（Available to competent governmental authority upon request）"。如果生产商和出口商相同，应填写"相同（SAME）"。如果不知道生产商，可填写"不知道（UNKNOWN）"。

第三栏：应填写收货人详细的依法登记的名称、地址（包括国家）。

第四栏：应据所知填写运输方式及路线、详细说明离港日期、运输交通工具的编号、装货口岸和到货口岸。

第五栏：不论是否给予优惠待遇，进口方海关必须在相应栏目标注（√）。

第六栏：如有要求可以填写顾客顺序号、信用证号等。如果发票是由非缔约方开出的，应在此栏标注原产国生产商的名称、地址和国家。

第七栏：应填写项目号，但不得超过20项。

第八栏：应填写唛头及包装号。

第九栏：应详细列明包装数量及种类。对每种货物提供详细的货物描述，以便于查验的海关关员可以识别。货物描述应与发票描述及货物的协调制度编码相符。如果是散装货，应注明"散装"。当货物描述结束时，加上"＊＊＊"（三颗星）或"\"（结束斜线符号）。

第十栏：应对应第九栏中的每种货物填写协调制度编码，以六位编码为准。

第十一栏：若货物符合原产地规则，出口商必须按照下列表格中规定的格式，在本证书第十一栏中标明其货物申报享受优惠待遇所根据的原产地标准。

出口商申报其货物享受优惠待遇所根据的原产地标准	填入第11栏
（1）在出口方完全获得的产品	"P"
（2）符合基本标准，即区域价值成分大于等于40%的产品	"RVC"
（3）符合产品特定原产地规则的产品	"PSR"

第十二栏：毛重应填写"千克"，可依照惯例，使用其他计量单位例如体积、数量等来精确地反映量。

第十三栏：应填写发票号、发票日期及发票价。

第十四栏：本栏必须由出口商填写、签名并填写日期。且应该填写签名的地点及日期。

第十五栏：本栏必须由签证机构的授权人员填制、签名、填写签证日期并盖章。并应提供签证机构的电话号码、传真及地址。

＊ A Certificate of Origin under China-Chile Free Trade Agreement shall be valid for one year from the date of issue in the exporting country.

中国—智利自贸区协定项下的原产地证书应在自出口方签发之日起一年内有效。

附件17-7：专用原产地证明书（格式）样本

1.Exporter	2.Number	**ORIGINAL**
	3.Issuing authority	
2.Consignee		
	5.CERTIFICATE OF AUTHENTICTTY TOBACCO (CCRSUBHEADINF 24. 01 A)	
6.Means of transport		
7. Marks and numbers, number and kind of packages	8.Gross weight (kg)	9.Net weight (kg)

10. Net weight (kg) (in words)

11. Certificate of the issuing authority

　　I hereby certify that the tobacco described in this certificate is flue cured Virginia type tobacco – light air cured Burley type tobacco (including Burley hybrids) light air cured Maryland type tobacco – fire cured tobacco within the meaning of Article 1 (2) of Regulation (EEC) No.3035/79 (see the translation under No.12. overleaf)

　　Palace …………………………………　　Date……………………………………
　　　　　　　　　　　　　　　　　　　　　Stamp (or printed seal) and signature

附件17-8-1：中国给予特别优惠关税待遇原产地证书（申报与证书合一）（正本第1页）样本

Original

1. Exporter (full name, address and country):	Certificate No.:
2. Producer's name and address, if known:	**CERTIFICATE OF ORIGIN** **DUTY-FREE TREATMENT** **Granted by China** (Combined Declaration and Certificate) Issued in _____ (See Instruction Overleaf)
3. Consignee (full name, address and country):	
4. Means of transport and route (as far as known) 　Departure date 　Vessel /Flight/Train/Vehicle No. 　Port of loading 　Port of discharge	For official use only: 5. Remarks

6. Item number	7. Marks and numbers on packages	8. Number and kind of packages; Description of goods	9. HS Code (6-digit)	10. Origin Criterion	11. Gross weight, quantity (quantity unit) or other measures (litres, m³, etc)	12. Number, date of invoice and invoiced value

13. Declaration by the exporter	14. Certification	15. Customs verification
The undersigned hereby declares that the above details and statements are correct, that all the goods were produced in .... (country) and that they comply with the origin requirements specified for these goods under the Duty-Free Treatment exported to China. .... Place and date, signature of authority signatory.	It is hereby certified, on the basis of control carried out, that the declaration by the exporter is correct. .... Place and date, signature and stamp of issuing body.	This is to certify that the goods declared for exportation correspond to what is stated under this certificate .... Place, date, signature and stamp of exporting customs authority.

Page 1 of

附件17－8－2：中国给予特别优惠关税待遇原产地证书（申报与证书合一）（正本第2页）样本

Certificate No:

6. Item number	7. Marks and numbers on packages	8. Number and kind of packages; Description of goods	9. HS Code (6-digit)	10. Origin Criterion	11. Gross weight, quantity (quantity unit) or other measures (litres, m^3, etc)	12. Number, date of invoice and invoiced value

13. Declaration by the exporter	14. Certification	15. Customs verification
The undersigned hereby declares that the above details and statements are correct, that all the goods were produced in ………………………………… (country) and that they comply with the origin requirements specified for these goods under the Duty-Free Treatment exported to China. ………………………………… Place and date, signature of authority signatory	It is hereby certified, on the basis of control carried out, that the declaration by the exporter is correct. ………………………………… Place and date, signature and stamp of issuing authority	This is to certify that the goods declared for exportation correspond to what is stated under this certificate ………………………………… Place, date, signature and stamp of exporting customs authority.

Page 2 of

附件17-8-3：中国给予特别优惠关税待遇原产地证书（申报与证书合一）（背页：填表说明）样本

Overleaf Instruction

Certificate No.: Serial number of Certificate of Origin assigned by the issuing body.

Box 1: State the full legal name, address (including country) of the exporter and the exporter should be in the beneficiary country.

Box 2: State the full legal name, address (including country) of the producer and the producer should be in the beneficial country. If more than one producer's good is included in the certificate, list the additional producers, including name, address (including country). If the exporter or the producer wishes the information to be confidential, it is acceptable to state "Available to the authorized body upon request". If the producer and the exporter are the same, please complete field with "SAME". If the producer is unknown, it is acceptable to state "UNKNOWN".

Box 3: State the full legal name, address (including country) of the consignee, and the consignee should be in the customs territory of China.

Box 4: Complete the means of transport and route and specify the departure date, transport vehicle No., port of loading and discharge.

Box 5: Any additional information such as Customer's Order Number, Letter of Credit Number, etc. may be included.

Box 6: State the item number.

Box 7: State the shipping marks and numbers on the packages.

Box 8: Number and kind of package shall be specified. Provide a full description of each good. The description should be sufficiently detailed to enable the products to be identified by the Customs Officers examining them and relate it to the invoice description and to the HS description of the good. If goods are not packed, state "in bulk". When the description of the goods is finished, add "***" (three stars) or " \ " (finishing slash).

Box 9: For each good described in Box 9, identify the HS tariff classification of China to six digits.

Box 10: If the goods qualify under the Rules of Origin, the exporter must indicate in Box 10 of this form the origin criteria on the basis of which he claims that his goods qualify for preferential tariff treatment, in the manner shown in the following table:

The origin criteria on the basis of which the exporter claims that his goods qualify for Duty-Free Treatment	Insert in Box 10
The good is wholly obtained or produced in the territory of the beneficiary country as set out and defined in Rule 4.	WO
When the good is subject to "ad valorem percentage" no less than 40% or CTH.	CTH or Ad Valorem Percentage (40%)
When the good is subject to a requirement stipulated in PSR, indicate the specified criteria.	Criterion as specified in PSR.

Box 11: Gross weight in kilograms should be shown here. Other units of measurement e.g. volume or number of items which would indicate exact quantities may be used when customary.

Box 12: Invoice number, date of invoices and invoiced value should be shown here.

Box 13: The field must be completed, signed and dated by the exporter for exports from the beneficiary country.

Box 14: The field must be completed, signed, dated and stamped by the issuing body.

Box 15: The field must be completed, signed, dated and stamped by the Customs authority of the beneficiary country.

In case where there is not enough space on the first page of a Certificate of Origin for multiple lines of goods, additional pages can be used. The Certificate number will be the same as that shown on the first page. The main characteristics including box 6 to box 15 will be presented, together with the stamp of the issuing body and the Customs authority of the beneficiary country.

附件17-8-4：中国给予特别优惠关税待遇原产地证书（申报与证书合一）（正本第1页）中文参考文本

正本

1.出口商的名称、地址：	证书编号：
2.生产商的名称、地址（在已知情况下）：	**中国给予特别优惠关税待遇原产地证书** **（申报与证书合一）** 签发国 _____ (填制方法详见证书背页说明)
3.收货人的名称、地址：	供官方使用：
4.运输方式及路线 　离港日期 　船舶/飞机/火车/车辆编号 　装货口岸 　卸货口岸	5.备注：

6.项目号	7.唛头及包装号	8.包装数量及种类；商品描述	9.HS编码（6位数编码）	10.原产地标准	11.毛重、数量（数量单位）或其它计量单位（升、立方米等）	12.发票号码、发票日期及发票价格

13.出口商声明 下列签字人声明上述资料及申报正确无讹，所有货物产自 .... （国家） 且符合出口至中国的特别优惠关税待遇货物所适用的原产地要求。 .... 地点和日期，有权签字人的签字	14.证明 根据所实施的监管，签证明出口商所做申报正确无讹。 地点、日期和签证机构印章	15.海关验核 兹证明申报出口的货物与此证书之描述相符。 地点、时间和出口国海关当局的印章

第 1 页（共 　页）

附件 17－8－5：中国给予特别优惠关税待遇原产地证书（申报与证书合一）（正本第 2 页）中文参考文本

6.项目号	7. 唛头及包装号；	8. 包装数量及种类；商品描述	9. HS 编码（6位数中国编码）	10. 原产地标准	11. 毛重、数量（数量单位）或其它计量单位（升、立方米等）	12.发票号码、发票日期及发票价格
13. 出口商声明 下列签字人声明上述资料及申报正确无讹，所有货物产自 .... （国家） 且符合出口至中国的特别优惠关税待遇货物所适用的原产地要求。 .... 地点和日期，有权签字人的签字			14. 证明 根据所实施的监管，兹证明出口商所做申报正确无讹。 .... 地点、日期和签证机构印章		15. 海关验核 兹证明申报出口的货物与此证书之描述相符。 .... 地点、时间和出口国海关当局的印章	

第 2 页（共 页）

附件17-8-6：中国给予特别优惠关税待遇原产地证书（申报与证书合一）（背页：填表说明）中文参考文本

背页填制说明

证书编号：授权签证机构签发原产地证书的序列号。

第1栏：填写受惠国出口商的名称、地址（包括国家）。

第2栏：在知道实际生产商的情况下，填写受惠国生产商的名称、地址（包括国家）。如果出口货物由一家以上生产商生产，仅填写最后实质性加工生产的生产商的名称、地址（包括国家）。如果生产商和出口商相同，应填写"同上"。如果不知道生产商，可填写"不知道"。

第3栏：填写中国关境收货人的名称、地址。

第4栏：填写运输方式及路线、离港日期、运输工具编号、装货港口和卸货港口。

第5栏：可以填写顾客订货单号码，信用证号码等其他信息。

第6栏：填写货物项目号。

第7栏：填写唛头及包装号。

第8栏：填写货品名称、包装数量及种类。如果是散装货，应注明"散装"。在商品描述末尾加上"***"（三颗星）或"\"（结束斜线符号）。

第9栏：填写货物对应的《协调制度》六位数编码。

第10栏：若货物符合原产地规则，出口商必须按照下表所示方式，在本证书第10栏中申明其货物享受优惠待遇所依据的原产地标准：

原产地标准	填入第10栏
该货物是根据第四条（完全获得货物）的相关规定，在受惠国境内完全获得或生产；	WO
货物适用从价百分比40%或者四位数税号改变规则。	CTH or RVC40%
货物适用产品特定原产地规则所规定的标准，应具体注明适用的标准。	Criterion as specified in PSR

第11栏：毛重应填写"千克"，数量应填写数量单位，体积可填写升或立方米等。

第12栏：应填写发票号码、开发票日期以及发票价格。

第13栏：本栏目必须由出口商填写、签名并填写日期。

第14栏：本栏必须由授权签证机构的授权人员填写地点、签证日期并盖章。

第15栏：本栏必须由受惠国海关当局的授权人员填写地点、签证日期并盖章。

当原产地证书一页填制不下多项商品时，可以附页填制。第二页应列出原产地证书第一页所列的第6至15栏内容，并标注原产地证书号码，该号码与第一页证书号码相同，同时必须有签证机构的印章和出口国海关印章。

附件17-9-1：海峡两岸经济合作框架协议原产地证书（正本）（格式）样本

海峡两岸经济合作框架协议原产地证书
（正本）

如有任何涂改、损毁或者填写不清均将导致本原产地证书失效

1. 出口商（名称、地址）： 电话：　　　　传真： 电子邮件：	编号： 签发日期： 有效期至：
2. 生产商（名称、地址）： 电话：　　　　传真： 电子邮件：	5. 受惠情况 　　根据海峡两岸经济合作框架协议给予优惠待遇； 　　拒绝给予优惠关税待遇（请注明原因） ――――――――――― 进口方海关已获授权签字人签字
3. 进口商（名称、地址）： 电话：　　　　传真： 电子邮件：	
4. 运输工具及路线： 离港日期： 船舶/飞机编号等： 装货口岸： 到货口岸：	6. 备注：

7. 项目编号	8. HS编码	9. 货品名称、包装件数及种类	10. 毛重或者其他计量单位	11. 包装唛头或者编号	12. 原产地标准	13. 发票价格、编号及日期

| 14. 出口商声明
-本人对于所填报原产地证书内容的真实性与正确性负责；
-本原产地证书所载货物，系原产自本协议一方或者双方，且货物属符合海峡两岸经济合作框架协议之原产货物。

―――――――――――
出口商或者已获授权人签字

―――――――――――
地点和日期 | 15. 证明
依据《海峡两岸经济合作框架协议》临时原产地规则规定，兹证明出口商所做申报正确无讹。

―――――――――――
地点和日期，签字和签证机构印章
电话：　　　　传真：
地址： |

第　　页，共　　页

附件 17-9-2：海峡两岸经济合作框架协议原产地证书（填表须知）样本

填写须知

第1栏：应填写海峡两岸经济合作框架协议下双方注册登记的海峡两岸双方出口商详细名称、地址、电话、传真和电子邮件等联系方式。如无传真或者电子邮件，应填写"无"。

第2栏：应填写海峡两岸经济合作框架协议下在双方注册登记的海峡两岸双方生产商的详细名称、地址、电话、传真和电子邮件等联系方式。如无传真或者电子邮件，应填写"无"。如果证书包含一家以上生产商，应详细列出所有生产商的名称、地址，如果证书填写不下，可以随附生产商清单。如果生产商和出口商相同，应填写"同上"。若本栏资料属机密性资料时，请填写"签证机构或者相关机关要求时提供"。

第3栏：应填写海峡两岸经济合作框架协议下双方注册登记的海峡两岸双方进口商的详细名称、地址、电话、传真和电子邮件等联系方式，如无传真或者电子邮件，应填写"无"。

第4栏：应填写运输方式及路线，详细说明离港日期、运输工具（船舶、飞机等）的编号、装货口岸到货口岸。如离港日期未最终确定，可填写预计的离港日期，并注明"预计"字样。

第5栏：不论是否给予优惠关税待遇，进口方海关可在本栏标注（√）。如果不给予优惠关税待遇，请在该栏注明原因。该栏应由进口方海关已获授权签字人签字。

第6栏：如有需要，可填写订单号码、信用证号等。

第7栏：应填写项目编号，但不得超过20项。

第8栏：应对应第9栏中的每项货物填写《协调制度》编码，以进口方8位编码为准。

第9栏：应详细列明货品名称、包装件数及种类，以便于海关关员查验。货品名称可在中文名称外辅以英文，但不能仅以英文填写。货品名称应与出口商发票及《协调制度》上的商品描述相符。如果是散装货，应注明"散装"。当本栏货物信息填写完毕时，加上"＊＊＊"（三颗星）或者"\"（结束斜线符号）。

第10栏：每种货物的数量可依照海峡两岸双方惯例采用的计量单位填写，但应同时填写以国际计量单位衡量的数量，如毛重（用千克衡量），容积（用公升衡量），体积（用立方米衡量）等，以精确地反映货物数量。

第11栏：应填写唛头或者包装号，以便于海关关员查验。

第12栏：若货物符合临时原产地规则，出口商必须按照下列表格中规定的格式，在本证书第12栏中标明其货物申报适用优惠关税待遇所依据的原产地标准。

本表格第9栏列名的货物生产或者制造的详情	填入第12栏
出口方完全获得的货物	"WO"
完全是在一方或者双方，仅由符合本附件的临时原产地规则的原产材料生产	"WP"
（c）符合产品特定原产地标准的货物	"PSR"

此外，如果货物适用的原产地标准依据"累积规则"条款、"微小含量"条款或者"可互换材料"条款，亦应于本栏相应填写"ACU"、"DMI"或者"FG"。

第13栏：应填写海峡两岸经济合作框架协议下海峡两岸双方出口商开具的商业发票所载明的货物实际成交价格、发票编号及发票日期。

第14栏：应由出口商或者已获授权人填写、签名，并应填写签名的地点及日期。

第15栏：应由签证机构的授权人员填写签证地点和日期，并签名、盖章。同时应提供签证机构的电话号码、传真及地址。

证书应以中文填写，必要时辅以英文，但不能仅以英文填写。所有栏目必须填写。证书如有续页，亦按照本须知填写，续页也应填写同一证书编码。同时请在证书下方填写"第X页，共×页"。如果证书仅有1页，亦应填写"第1页，共1页"。

附件17-9-3：海峡两岸经济合作框架协议原产地证书（正本续页）（格式）样本

海峡两岸经济合作框架协议原产地证书

(正本续页)

证书编号：

如有任何涂改、损毁或者填写不清均将导致本原产地证书失效

7. 项目编号	8. HS编码	9. 货品名称、包装件数及种类	10. 毛重或者其他计量单位	11. 包装唛头或者编号	12. 原产地标准	13. 发票价格、编号及日期

14. 出口商声明 －本人对于所填报原产地证书内容的真实性与正确性负责； －本原产地证书所载货物，系原产自本协议一方或者双方，且货物属符合海峡两岸经济合作框架协议之原产货物。 ———————————— 出口商或者已获授权人签字 地点和日期	15. 证明 依据《海峡两岸经济合作框架协议》临时原产地规则规定，兹证明出口商所做申报正确无讹。 ———————————— 地点和日期，签字和签证机构印章 电话：　　　　　传真： 地址：

第　　页，共　　页

附件 17-9-4：海峽兩岸經濟合作架構協議原產地證明書（格式）样本

海峽兩岸經濟合作架構協議原產地證明書

（正本）

如有任何塗改、損毀或填寫不清均將導致本原產地證明書失效

1. 出口商(名稱、地址)： 電話：　　　傳真： 電子郵件：	編號： 簽發日期： 有效期至：
2. 生產商（名稱、地址）： 電話：　　　傳真： 電子郵件：	5. 受惠情況 依據海峽兩岸經濟合作架構協議給予優惠關稅待遇； 拒絕給予優惠關稅待遇（請註明原因） _____ 進口方海關已獲授權簽字人簽字
3. 進口商（名稱、地址）： 電話：　　　傳真： 電子郵件：	
4. 運輸工具及路線： 離港日期： 船舶/飛機編號等： 裝貨口岸： 到貨口岸：	6. 備註：

7. 項目編號	8. HS編碼	9. 貨品名稱、包裝件數及種類	10. 毛重或其他計量單位	11. 包裝嘜頭或編號	12. 原產地標準	13. 發票價格、編號及日期

14. 出口商聲明 --本人對於所填報原產地證明書內容之真實性與正確性負責； --本原產地證明書所載貨物，係原產自本協議一方或雙方，且貨物屬符合海峽兩岸經濟合作架構協議之原產貨物。 _____ 出口商或已獲授權人簽字 _____ 地點和日期	15. 證明 依據「海峽兩岸經濟合作架構協議」臨時原產地規則規定，茲證明出口商所做申報正確無訛。 _____ 地點和日期，簽字和簽證機構印章 電話：　　　傳真： 地址：

第　　頁，共　　頁

附件17-8-5：海峽兩岸經濟合作架構協議原產地證明書（填寫須知）（格式）樣本

填寫須知

第1欄：應填寫海峽兩岸經濟合作架構協議下在雙方註冊登記的海峽兩岸雙方出口商詳細名稱、地址、電話、傳真和電子郵件等聯繫方式。如無傳真或電子郵件，應填寫「無」。

第2欄：應填寫海峽兩岸經濟合作架構協議下在雙方註冊登記之海峽兩岸雙方生產商的詳細名稱、地址、電話、傳真和電子郵件等聯繫方式。如無傳真或電子郵件，應填寫「無」。如證明書包含一家以上生產商，應詳細列出所有生產商的名稱、地址，如證明書填寫不下，可以隨附生產商清單。如生產商和出口商相同，應填寫「同上」。若本欄資料屬機密性資料時，請填寫「簽證機構或相關機關要求時提供」。

第3欄：應填寫海峽兩岸經濟合作架構協議下在雙方註冊登記之海峽兩岸雙方進口商的詳細名稱、地址、電話、傳真和電子郵件等聯繫方式，如無傳真或電子郵件，應填寫「無」。

第4欄：應填寫運輸方式及路線，詳細說明離港日期、運輸工具（船舶、飛機等）的編號、裝貨口岸和到貨口岸。如離港日期未最終確定，得填寫預計的離港日期，並註明「預計」字樣。

第5欄：不論是否給予優惠關稅待遇，進口方海關可在本欄標註(v)。如果不給予優惠關稅待遇，請在該欄註明原因。該欄應由進口方海關已獲授權簽字人簽字。

第6欄：如有需要，得填寫訂單號碼、信用狀號碼等。

第7欄：應填寫項目編號，但不得超過20項。

第8欄：應對應第9欄中的每項貨物填寫「調和制度」編碼，以進口方8位碼為準。

第9欄：應詳細列明貨品名稱、包裝件數及種類，以便於海關關員查驗。貨品名稱可在中文名稱外輔以英文，但不能僅以英文填寫。貨品名稱應與出口商發票及「調和制度」上的商品描述相符。如果是散裝貨，應註明"散裝"。當本欄貨物資料填寫完畢時，加上"***"（三顆星）或"\"（結束斜線符號）。

第10欄：每種貨物的數量可依照海峽兩岸雙方慣例採用的計量單位填寫，但應同時填寫以國際計量單位衡量的數量，如毛重（用千克衡量），容積（用公升衡量），體積（用立方米衡量）等，以精確地反映貨物數量。

第11欄：應填寫嘜頭或包裝號，以便於海關關員查驗。

第12欄：若貨物符合臨時原產地規則，出口商必須按照下列表格中規定的格式，在本證明書第12欄中標明其貨物申報適用優惠關稅待遇所根據的原產地標準。

本表格第9欄列名的貨物生產或製造的詳情	填入第12欄
(a)出口方完全獲得的貨物	"WO"
(b)完全是在一方或雙方，僅由符合本附件的臨時原產地規則的原產材料生產	"WP"
(c)符合產品特定原產地標準的貨物	"PSR"

此外，如果貨物適用的原產地標準依據「累積規則」條款、「微小含量」條款或「可互換材料」條款，亦應於本欄相應填寫"ACU"、"DMI"或"FG"。

第13欄：應填寫海峽兩岸經濟合作架構協議下海峽兩岸雙方出口商開具的商業發票所載明的貨物實際成交價格、發票編號及發票日期。

第14欄：應由出口商或已獲授權人填寫、簽名，並應填寫簽名的地點及日期。

第15欄：應由簽證機構的授權人員填寫簽證地點和日期，並簽名、蓋章。同時應提供簽證機構的電話號碼、傳真及地址。

證明書應以中文填寫，必要時輔以英文，但不能僅以英文填寫。所有欄位必須填寫。證明書如有續頁，亦按照本須知填寫，續頁也應填寫同一證明書編號。同時請在證明書下方填寫「第X頁，共X頁」。如果證明書僅有1頁，亦應填寫「第1頁，共1頁」。

附件 17-9-6：海峽兩岸經濟合作架構協議原產地證明書（正本續頁）（格式）样本

海峽兩岸經濟合作架構協議原產地證明書
（正本續頁）

證明書編號：

如有任何塗改、損毀或填寫不清均將導致本原產地證明書失效

7. 項目編號	8. HS編碼	9. 貨品名稱、包裝件數及種類	10. 毛重或其他計量單位	11. 包裝嘜頭或編號	12. 原產地標準	13. 發票價格、編號及日期
14. 出口商聲明 --本人對於所填報原產地證明書內容之真實性與正確性負責； --本原產地證明書所載貨物，係原產自本協議一方或雙方，且貨物屬符合海峽兩岸經濟合作架構協議之原產貨物。 _____ 出口商或已獲授權人簽字 _____ 地點和日期			15. 證明 依據「海峽兩岸經濟合作架構協議」臨時原產地規則規定，茲證明出口商所做申報正確無訛。 _____ 地點和日期，簽字和簽證機構印章 電話：　　　　　傳真： 地址：			

第　　頁，共　　頁

附件 17-10：香港 CEPA 原产地证书样本

出口商（名称及香港地址）Exporter (Full name and Hong Kong address)	证书编号 CERTIFICATE NO
	签证日期 DATE OF ISSUE
	有效期截止日期 VALID UP TO
收货人（名称及内地地址）Consignee (Full name and Mainland address)	原 产 地 证 书 [内地与香港关于建立更紧密经贸关系的安排] **CERTIFICATE OF HONG KONG ORIGIN** (CLOSER ECONOMIC PARTNERSHIP ARRANGEMENT) (CEPA) 【原产地证书发证机构标志】
离港日期 Departure Date　　工厂登记编号 Factory Number	
船只/飞机/火车/货车编号 Vessel/Flight/Train/Vehicle No.　　装货港 Place of Loading	内签专用 For Internal Use Only
到货口岸 Port of Discharge	

包装标志、数量及货柜编号；包装件数及种类；货物描述及产品内地税则编号；离岸价（港元） Marks, Nos. and Container No.; No. and Kind of Packages; Description of Goods and Mainland HS Code; FOB value (HK$)	数量（计量单位） Quantity (Quantity unit)	商标名称或标签 Brand Names or Labels (if any)
[原产地证书采用浅绿色纸质文本，纸张上已加入发证机构防伪水印。]		

本人谨证明以上描述之货物均符合《内地与香港关于建立更紧密经贸关系的安排》下货物贸易的原产地规则的要求。
I HEREBY CERTIFY THAT THE GOODS DESCRIBED ABOVE COMPLY WITH THE REQUIREMENTS OF THE RULES OF ORIGIN FOR TRADE IN GOODS UNDER CEPA.

【原产地证书发证机构印鉴】　　　　　　　　　　　　【原产地证书发证机构签署】

版权所有　COPYRIGHT RESERVED

附件 17-11：澳门 CEPA 原产地证书样本

澳门 CEPA 原产地证书样本

出口商（名稱及澳門地址） Exportador (nome completo e morada em Macau)	證書編號 N°. DO CERTIFICADO 簽證日期 DATA DA EMISSÃO 證書有效截止日期 VÁLIDO ATÉ
收貨人（名稱及內地地址） Consignatário (nome completo e morada no continente)	原產地證書 【內地與澳門關於建立更緊密經貿關係的安排】 **CERTIFICADO DE ORIGEM DE MACAU** 澳門特別行政區政府經濟局 Governo da Região Administrativa Especial de
離境日期 Data de Saida	工廠登記編號 N°. de Registo da Fábrica	
船隻／飛機／火車／貨車編號 N°de Navio/Voo/Comboio/Veículo	裝貨地 Local de Carregamento	內部專用 Apenas para Uso Interno
到貨口岸 Porto de Descarga	最終目的地（貨物須駁運者適用） Destino Final(no caso de haver Transbordo)	
包裝標誌，數量及貨櫃編號；包裹件數及種類；貨物摘要及產品內地協制編號；離岸價(澳門幣) Marcas, Quantidades e Número de Contentor; Quantidades e Tipos de Embalagem; Descrição das Mercadorias e Número de SH do continente；Valor FOB (MOP$)	數量（計量單位） Quantidade (Unidade)	商標名稱或標籤 Denominação da Marca ou Etiqueta (se tiver)

本人謹證明以上描述之貨物均符合「內地與澳門關於建立更緊密經貿關係的安排」下貨物貿易的原產地規則的要求。EU, ABAIXO ASSINADO, CERTIFICO QUE AS MERCADORIAS ACIMA MENCIONADAS OBEDECEM AS REGRAS DE ORIGEM ESPECIFICADAS PARA AQUELAS MERCADORIAS NO ÂMBITO DO CEPA.

鋼印
Selo Branco

簽署
Assinatura

附件17-12-1：新加坡签发优惠原产地证书（格式）样本

China-Singapore Free Trade Agreement Preferential Tariff Certificate of Origin
Original (Copies)

1. Goods consigned from (Exporter's business name, address, country)	Reference No. **CHINA-SINGAPORE FREE TRADE AREA PREFERENTIAL TARIFF CERTIFICATE OF** ORIGIN (Combined Declaration and Certificate) Issued in _____ (Country) See Notes Overleaf
2. Goods consigned to (Consignee's name, address, country)	
3. Means of transport and route (as far as known) Departure date Vessel's name/Aircraft etc. Port of Discharge	4. For Official Use Preferential Treatment Given Under CHINA- SINGAPORE Free Trade Area Preferential Tariff Preferential Treatment Not Given (Please state reason/s) .... Signature of Authorised Signatory of the Importing Country

5. Item number	6. Marks and numbers on packages	7. Number and type of packages, description of goods (including quantity where appropriate and HS number of the importing country)	8. Origin criterion (see Notes overleaf)	9. Gross weight or other quantity and value (FOB)	10. Number and date of invoices

11. Declaration by the exporter The undersigned hereby declares that the above details and statement are correct; that all the goods were produced in .... (Country) and that they comply with the origin requirements specified for these goods in the China-Singapore Free Trade Area Preferential Tariff for the goods exported to .... (Importing Country) .... Place and date, signature of authorised signatory	12. Certification It is hereby certified, on the basis of control carried out, that the declaration by the Exporter is correct. .... Place and date, signature and stamp of certifying authority

附件17－12－2：新加坡共和国优惠原产地证书（背页说明）（格式）样本

OVERLEAF INSTRUCTION

Box 1: State the full legal name, address (including country) of the exporter in China.

Box 2: State the full legal name, address (including country) of the consignee in Singapore.

Box 3: Complete the means of transport and route and specify the departure date, transport vehicle, port of discharge.

Box 4: The customs authorities of the importing country must indicate (?) in the relevant boxes whether or not preferential tariff treatment is accorded.

Box 5: State the item number.

Box 6: State the shipping marks and numbers on the packages.

Box 7: Number and type of packages shall be specified. Provide a full description of each good. The description should be sufficiently detailed to enable the products to be identified by the Customs Officers examining them and relate it to the invoice description and to the HS description of the good. If goods are not packed, state "in bulk". When the description of the goods is finished, add "***" (three stars) or " \ " (finishing slash). For each good described in Box 7, identify the HS tariff classification to six digits.

Box 8: If the goods qualify under the Rules of Origin, the exporter must indicate in Box 8 of this form the origin criteria on the basis of which he claims that his goods qualify for preferential tariff treatment, in the manner shown in the following table:

The origin criteria on the basis of which the exporter claims that his goods qualify for preferential tariff treatment	Insert in Box 8
(a) Products wholly obtained in the exporting Party as defined in China-Singapore FTA Rules of Origin	"P"
(b) Region value content ≧ 40%	"RVC"
(c) Products satisfied the Products Specific Rules	"PSR"

Box 9: Gross weight in Kilos should be shown here. Other units of measurement e.g. volume or number of items which would indicate exact quantities may be used when customary; the FOB value shall be indicated here.

Box 10: Invoice number and date of invoices should be shown here.

Box 11: The field must be completed, signed and dated by the exporter. Insert the place, date of signature.

Box 12: The field must be completed, signed, dated and stamped by the authorised person of the certifying authority.

附件17-12-3：新加坡共和国优惠原产地证书（格式）中文参考文本

新加坡共和国优惠原产地证书
（中文参考文本）

1. 出口商(名称及地址)	新加坡共和国 优惠原产地证书 证书号码： 未经授权不得对本证书内容进行增改
2. 收货人(名称、地址及国家)	
3. 启运日期	8. 出口商声明 　　兹申明本证书上的内容及说明正确无误。 签名： 姓名： 职称： 日期：　　　　　　签章
4. 船舶名称/飞机航班号码	
5. 卸货口岸	
6. 最终目的地国	
7. 货物原产国	
9. 唛头及编号　　　　10. 包装号码及种类　　　　11. 数量及单位 商品描述(必要时包括品牌)		
12. 主管机构证明 兹证明，上述资料足以证明上述货物原产于第7栏所述的国家。	

附件 17-12-4：新加坡共和国优惠原产地证书（背页说明）中文参考文本

背页说明

第一栏：应填写中国出口商的法人全称、地址（包括国家）。
第二栏：应填写新加坡收货人的法人全称、地址（包括国家）。
第三栏：应填写运输方式、路线，并详细说明离港日期、运输工具的编号及卸货口岸。
第四栏：不论是否给予优惠关税待遇，进口方海关必须在相应栏目标注（√）。
第五栏：应填写项目号码。
第六栏：应填写唛头及包装号码。
第七栏：应详细列明包装数量及种类。详细列明每种货物的商品描述，以便于海关关员查验时识别。商品描述应与发票所述及《协调制度》的商品描述相符。如果是散装货，应注明"散装"。在商品描述末尾加上"＊＊＊"（三颗星）或"\"（斜杠结束号）。

第七栏的每种货物应填写《协调制度》六位数编码。
第八栏：若货物符合原产地规则，出口商必须按照下列表格中规定的格式，在第八栏中标明其货物享受优惠关税待遇所依据的原产地标准：

出口商申明其货物享受优惠关税待遇所依据的原产地标准	填入第八栏
（1）中国—新加坡自贸区原产地规则规定在出口方完全获得的产品	"P"
（2）区域价值成分≥40%的产品	"RVC"
（3）符合产品特定原产地规则的产品	"PSR"

第九栏：毛重应填写"千克"。可依惯例填写其他计量单位，例如体积、数量等，以准确反映其数量。FOB价格应在此栏中注明。
第十栏：应填写发票号码及开发票的日期。
第十一栏：本栏必须由出口商填写、签名并填写日期。应填写签名的地点及日期。
第十二栏：本栏必须由签证机构的授权人员填写、签名、填写签证日期并盖章。

附件17-12-5：中国—新加坡自由贸易区优惠税率原产地证书（格式）样本

China's Certificate of Origin：
Original (Copies)

1. Goods consigned from (Exporter's business name, address, country)	Reference No. **CHINA-SINGAPORE FREE TRADE AREA** **PREFERENTIAL TARIFF** **CERTIFICATE OF ORIGIN** (Combined Declaration and Certificate) Issued in _____ (Country) See Notes Overleaf
2. Goods consigned to (Consignee's name, address, country)	
3. Means of transport and route (as far as known) Departure date Vessel's name/Aircraft etc. Port of Discharge	4. For Official Use ☐　Preferential Treatment Given Under SINGAPORE Free Trade Area Preferential Tariff ☐　Preferential Treatment Not Given (Please state reason/s) .... Signature of Authorised Signatory of the Importing Country

5. Item number	6. Marks and numbers on packages	7. Number and type of packages, description of goods (including quantity where appropriate and HS number of the importing country)	8. Origin criterion (see Notes overleaf)	9. Gross weight or other quantity and value (FOB)	10. Number and date of invoices

11. Declaration by the exporter The undersigned hereby declares that the above details and statement are correct; that all the goods were produced in _____ (Country) and that they comply with the origin requirements specified for these goods in the China-Singapore Free Trade Area Preferential Tariff for the goods exported to _____ (Importing Country) _____ Place and date, signature of authorised signatory	12. Certification It is hereby certified, on the basis of control carried out, that the declaration by the exporter is correct. _____ Place and date, signature and stamp of certifying authority

附件 17-12-6：中国—新加坡自由贸易区优惠税率原产地证书（背页说明）（格式）样本

OVERLEAF INSTRUCTION

Box 1: State the full legal name, address (including country) of the exporter in China.

Box 2: State the full legal name, address (including country) of the consignee in Singapore.

Box 3: Complete the means of transport and route and specify the departure date, transport vehicle, port of discharge.

Box 4: The customs authorities of the importing country must indicate (？) in the relevant boxes whether or not preferential tariff treatment is accorded.

Box 5: State the item number.

Box 6: State the shipping marks and numbers on the packages.

Box 7: Number and type of packages shall be specified. Provide a full description of each good. The description should be sufficiently detailed to enable the products to be identified by the Customs Officers examining them and relate it to the invoice description and to the HS description of the good. If goods are not packed, state "in bulk". When the description of the goods is finished, add "***" (three stars) or " \ " (finishing slash). For each good described in Box 7, identify the HS tariff classification to six digits.

Box 8: If the goods qualify under the Rules of Origin, the exporter must indicate in Box 8 of this form the origin criteria on the basis of which he claims that his goods qualify for preferential tariff treatment, in the manner shown in the following table:

The origin criteria on the basis of which the exporter claims that his goods qualify for preferential tariff treatment	Insert in Box 8
(a) Products wholly obtained in the exporting Party as defined in China-Singapore FTA Rules of Origin	"P"
(b) Region value content $\geqq 40\%$	"RVC"
(c) Products satisfied the Products Specific Rules	"PSR"

Box 9: Gross weight in Kilos should be shown here. Other units of measurement e.g. volume or number of items which would indicate exact quantities may be used when customary; the FOB value shall be indicated here.

Box 10: Invoice number and date of invoices should be shown here.

Box 11: The field must be completed, signed and dated by the exporter. Insert the place, date of signature.

Box 12: The field must be completed, signed, dated and stamped by the authorised person of the certifying authority.

附件17-12-7：中国—新加坡自由贸易区优惠税率原产地证书（格式）中文参考文本

正 本

1.货物启运自（出口商的名称、地址、国家）	证书号码：
	中国-新加坡自由贸易区 优惠税率 原产地证书 （申请表格和证书合一） 签发国_____ （填制方法详见证书背面说明）
2. 货物运输至（收货人的名称、地址、国家）	
3．运输方式及路线（就所知而言） 离港日期 船舶/飞机等的名称 卸货口岸	4．供官方使用 ☐ 享受中国-新加坡自贸区优惠关税待遇 ☐ 不能享受优惠待遇（须说明理由）： .... 进口国官方机构的授权人签名

5．项目号码	6．唛头及包装号码	7．包装数量及种类、商品描述包括数量以及进口国的HS编码）	8．原产地标准（详见背页说明）	9．毛重或其它计量单位及FOB价格	10．发票号码及日期

11．由出口商申报 兹申明上述填报资料及说明正确无误，所有货物产自 _____ （XX国家） 且符合中国-新加坡自贸区原产地规则的相关规定，该货物出口至 _____ （XX进口国） 地点、日期及签名	12．证明 根据实际监管，兹证明出口商的申报正确。 地点、日期、签名及签证机构印章

附件 17-12-8：中国—新加坡自由贸易区优惠税率原产地证书（背页说明）中文参考文本

背页说明

第一栏：应填写中国出口商的法人全称、地址（包括国家）。

第二栏：应填写新加坡收货人的法人全称、地址（包括国家）。

第三栏：应填写运输方式、路线，并详细说明离港日期、运输工具的编号及卸货口岸。

第四栏：不论是否给予优惠关税待遇，进口方海关必须在相应栏目标注（√）。

第五栏：应填写项目号码。

第六栏：应填写唛头及包装号码。

第七栏：应详细列明包装数量及种类。详细列明每种货物的商品描述，以便于海关关员查验时识别。商品描述应与发票所述及《协调制度》的商品描述相符。如果是散装货，应注明"散装"。在商品描述末尾加上"＊＊＊"（三颗星）或"\"（斜杠结束号）。第七栏的每种货物应填写《协调制度》六位数编码。

第八栏：若货物符合原产地规则，出口商必须按照下列表格中规定的格式，在第八栏中标明其货物享受优惠关税待遇所依据的原产地标准：

出口商申明其货物享受优惠关税待遇所依据的原产地标准	填入第八栏
（1）中国—新加坡自贸区原产地规则规定在出口方完全获得的产品	"P"
（2）区域价值成分≥40%的产品	"RVC"
（3）符合产品特定原产地规则的产品	"PSR"

第九栏：毛重应填写"千克"。可依惯例填写其他计量单位，例如体积、数量等，以准确反映其数量。FOB价格应在此栏中注明。

第十栏：应填写发票号码及开发票的日期。

第十一栏：本栏必须由出口商填写、签名并填写日期。应填写签名的地点及日期。

第十二栏：本栏必须由签证机构的授权人员填写、签名、填写签证日期并盖章。

附件 17-13-1：中国—哥斯达黎加自由贸易协定原产地证书（格式）样本

Certificate of Origin

1. Exporter's name, address, country:	Certificate No.: **CERTIFICATE OF ORIGIN** **Form for China-Costa Rica Free Trade Agreement** _____ Issued in (see Overleaf Instruction)
2. Producer's name and address, if known:	
3. Importer's name, address, country:	For Official Use Only:
4. Means of transport and route (as far as known) Departure Date: Vessel /Flight/Train/Vehicle No.: Port of loading: Port of discharge:	5. Remarks:

6. Item number (Max. 20)	7. Marks and Numbers on packages	8. Number and kind of packages; Description of goods	9. HS code (6 digit code)	10. Origin criterion	11. Gross weight or other quantity (e.g. Quantity Unit, liters, m^3.)	12. Number, date of invoice and Invoiced value

13. Declaration by the exporter The undersigned hereby declares that the above stated information is correct, and that all the goods are produced in _____ (Country) and that they comply with the origin requirements specified in the Free Trade Agreement for the goods exported to _____ （Importing country） _____ Place, date and signature of authorized person	14. Certification On the basis of the carried out control, it is hereby certified that the information herein is correct and that the described goods comply with the origin requirements of the China -Costa Rica Free Trade Agreement. _____ Place and date[2], signature and stamp of the Authorized Body Tel: Fax: Address:

附件 17-13-2：中国—哥斯达黎加自由贸易协定原产地证书（背页说明）（格式）样本

Overleaf Instruction

Box 1: State the full legal name, address of the exporter in China or Costa Rica.

Box 2: State the full legal name, address (including country) of the producer. If more than one producer's good is included in the certificate, list the additional producers, including name, address (including country). If the exporter or the producer wish the information to be confidential, it is acceptable to state "Available to the competent authority or authorized body upon request". If the producer and the exporter are the same, please complete the box with "SAME". If the producer is unknown, it is acceptable to state "UNKNOWN".

Box 3: State the full legal name, address of the importer in China or Costa Rica.

Box 4: Complete the means of transport and route and specify the departure date, transport vehicle No., port of loading and discharge, as far as known.

Box 5: Customer's Order Number, Letter of Credit Number, among others, may be included if required. If the invoice is issued by a non-Party operator, the name, address of the producer in the originating Party shall be stated herein.

Box 6: State the item number, and item number should not exceed 20.

Box 7: State the shipping marks and numbers on packages, as applicable.

Box 8: Number and kind of packages shall be specified. Provide a full description of each good. The description should be sufficiently detailed to enable the products to be identified by the Customs Officers examining them and relate it to the invoice description and to the HS description of the good. If goods are not packed, state "in bulk". When the description of the goods is finished, add "***" (three stars) or " \ " (finishing slash).

Box 9: For each good described in Box 8, identify the HS tariff classification to 6 digit code.

Box 10: For each good described in Box 8, state which criterion is applicable, according to the following instructions. The rules of origin are contained in Chapter 4 (Rules of Origin and Related Operational Procedures) and Annex 3 (Product Specific Rules of Origin).

Origin Criterion	Insert in Box 10
The good is "wholly obtained" in the territory of one or both Parties, as referred to in Article 22 (Wholly Obtained Goods).	WO
The good is produced entirely in the territory of one or both Parties, exclusively from materials whose origin conforms to the provisions of Chapter 4 (Rules of Origin and Related Operational Procedures).	WP
The good is produced in the territory of one or both Parties, using non-originating materials that comply with the Product Specific Rules and other applicable provisions of Chapter 4 (Rules of Origin and Related Operational Procedures).	PSR

Box 11: State gross weight in kilos or other units of measurement for each good described in Box 8. Other units of measurement e.g. volume or number of items which would indicate exact quantities may be used when customary.

Box 12: Register the invoice number, date of invoice and the invoiced value, for each good described in Box 8.

Box 13: The box must be completed, signed and dated by the exporter. Insert the place (including the country where the goods are produced and imported), date and signature of authorized person.

Box 14: The box must be completed, signed, dated and stamped by the authorized person of the authorized body. The telephone number, fax and address of the authorized body should be given.

[1] 依照《中国-哥斯达黎加自由贸易协定》签发的原产地证书应当自出口方签发之日起一年内有效。

[2] A Certificate of Origin issued under China-Costa Rica Free Trade Agreement shall be valid for one year from the date of issuance in the exporting country.

附件17-13-3：中国—哥斯达黎加自由贸易协定原产地证书（格式）中文参考文本

原产地证书

1.出口商的名称、地址、国家：	证书编号：
	中国-哥斯达黎加自由贸易协定原产地证书 签发国 _____ （填制方法详见背页说明）
2.生产商的名称、地址，在已知情况下：	
3.进口商的名称、地址、国家：	仅供官方使用：
4.运输方式及路线（就所知而言） 离港日期： 船舶/飞机/火车/车辆编号： 装货口岸： 到货口岸：	5.备注：

6.项目号（最多20项）	7.唛头及包装号	8.包装数量及种类；商品描述	9.HS编码6位数编码）	10.原产地标准	11.毛重或其它计量单位（如数量、升、立方米等）	12.发票号码、开发票日期及发票价格

13.出口商申明 下列签字人证明上述资料及声明正确无误，所有货物产自 _____ （国家） 且符合自由贸易协定原产地规则的相关规定。 该货物出口至 _____ （进口国） 地点、日期及授权人签名	14.证明 根据所实施的监管，兹证明上述信息正确无误，且所述货物符合《中国哥斯达黎加自由贸易协定》的原产地要求。 _____ 地点、日期11、签名及授权机构印章 电话：　　　传真： 地址：

附件 17-13-4：中国—哥斯达黎加自由贸易协定原产地证书（背页说明）中文参考文本

背页说明

第一栏：应填写中国出口商的法人全称、地址（包括国家）。

第二栏：应填写新加坡收货人的法人全称、地址（包括国家）。

第三栏：应填写运输方式、路线，并详细说明离港日期、运输工具的编号及卸货口岸。

第四栏：不论是否给予优惠关税待遇，进口方海关必须在相应栏目标注（√）。

第五栏：应填写项目号码。

第六栏：应填写唛头及包装号码。

第七栏：应详细列明包装数量及种类。详细列明每种货物的商品描述，以便于海关关员查验时识别。商品描述应与发票所述及《协调制度》的商品描述相符。如果是散装货，应注明"散装"。在商品描述末尾加上"＊＊＊"（三颗星）或"\"（斜杠结束号）。

第七栏的每种货物应填写《协调制度》六位数编码。

第八栏：若货物符合原产地规则，出口商必须按照下列表格中规定的格式，在第八栏中标明其货物享受优惠关税待遇所依据的原产地标准：

出口商申明其货物享受优惠关税待遇所依据的原产地标准	填入第八栏
（1）中国—新加坡自贸区原产地规则规定在出口方完全获得的产品	"P"
（2）区域价值成分≥40%的产品	"RVC"
（3）符合产品特定原产地规则的产品	"PSR"

第九栏：毛重应填写"千克"。可依惯例填写其他计量单位，例如体积、数量等，以准确反映其数量。FOB 价格应在此栏中注明。

第十栏：应填写发票号码及开发票的日期。

第十一栏：本栏必须由出口商填写、签名并填写日期。应填写签名的地点及日期。

第十二栏：本栏必须由签证机构的授权人员填写、签名、填写签证日期并盖章。

附件 17-14：《海峡两岸经济合作框架协议》项下进口货物原产资格申明书（格式）样本

《海峡两岸经济合作框架协议》项下
进口货物原产资格申明书

本人_____（姓名及职务）/本单位_____（单位名称及海关注册编码）为进口货物收货人（不适用的部分请划去），兹申明编号为_____的报关单所列第_____项货物原产台湾，且货物符合《海峡两岸经济合作框架协议》原产地规则的要求。

本人/本单位申请对上述货物适用《海峡两岸经济合作框架协议》协定税率，并申请缴纳保证金后放行货物。本人/本单位承诺自货物进口之日起 1 年内补交《海峡两岸经济合作框架协议》原产地证书。

签名：_____

日期：_____

附件17-15：《中华人民共和国与东南亚国家联盟自由贸易协定》项下进口货物原产资格申明（格式）样本

《中华人民共和国与东南亚国家联盟自由贸易协定》项下进口货物原产资格申明

本人_____（姓名及职务）为进口货物收货人/进口货物收货人代理人（不适用的部分请划去），兹申明编号为_____的报关单所列第_____项货物原产自东盟成员国，且货物符合《中华人民共和国与东南亚国家联盟自由贸易协定》原产地规则的要求。

本人申请对上述货物适用《中华人民共和国与东南亚国家联盟自由贸易协定》协定税率，并申请缴纳保证金后放行货物。本人承诺自货物进口之日起1年内补交《中华人民共和国与东南亚国家联盟自由贸易协定》原产地证书。

签名：_____

日期：_____

附件 17-16：《中华人民共和国政府和哥斯达黎加共和国政府自由贸易协定》项下进口货物原产资格申明（格式）样本

《中华人民共和国政府和哥斯达黎加共和国政府自由贸易协定》项下进口货物原产资格申明

本人_____（姓名及职务）为进口货物收货人／进口货物收货人代理人（不适用的部分请划去），兹申明编号为_____的报关单所列第_____项货物原产自哥斯达黎加，且货物符合《中华人民共和国政府和哥斯达黎加共和国政府自由贸易协定》原产地规则的要求。

本人申请对上述货物适用《中华人民共和国政府和哥斯达黎加共和国政府自由贸易协定》协定税率，并申请缴纳保证金后放行货物。本人承诺自缴纳保证金之日起3个月内或者在海关批准延长的担保期限内补交《中华人民共和国政府和哥斯达黎加共和国政府自由贸易协定》原产地证书。

签名：_____

日期：_____